주제별용어설교사전

⟨상⟩

주제별용어 설교사전 〈상〉

초판 1쇄 발행	2010. 11. 5.
초판 2쇄 발행	2016. 10. 31.
엮은이	편집부
펴낸이	박성숙
펴낸곳	도서출판 예루살렘
주소	(10252) 경기도 고양시 일산동 고봉로 776-92(설문동)
전화 | 팩스	031) 976-8972~3 | 031) 976-8974
이메일	jerusalem80@naver.com
출판등록	1980년 5월 24일(제 16-75호)
ISBN	978-89-7210-513-8 03230
책값	뒤표지에 있습니다.

ⓒ 이 출판물은 저작권법에 의해 보호를 받는 저작물이므로
무단 전재와 복제를 할 수 없습니다.

도서출판 예루살렘은
하나님을 사랑하며 하나님 말씀대로 순종하며 살기를 원하는
청소년, 성도, 목회자들을 문서로 섬기며
이를 위하여 기도하며 정성을 다하여
모든 사역과 책을 기획, 편집, 출판하고 있습니다.

오직 성령이 너희에게 임하시면 너희가 권능을 받고
예루살렘과 온 유대와 사마리아와 땅끝까지 이르러 내 증인이 되리라 (행 1:8)

주제별용어설교사전

〈상〉

편집부 엮음

●머리말●

설교사전 시리즈를 기획할 때만 해도 이 책들이 21세기의 시대적 소명에 부응해 말씀으로 강단을 새롭게 할 것이라는 자부심으로 가득했으나 한 권씩 편들이 거듭될수록 주님의 주신 은혜는 크고 많았지만 받을 그릇이 작고 적어 능력의 한계에 마음을 많이 끓였습니다. 실력이 일천하여 곳곳에서 실수가 되는 부분들이 발견되어 많이 망설이다가 독자들의 사랑과 관심에, 그리고 너그러운 아량과 아낌없는 지적을 기대하며 부끄럽지만 다시 설교사전 4권과 5권을 연이어 출간하게 되었습니다.

이제 '주제별 용어 설교사전'을 세상에 내어놓으며 한가닥 아쉬움과 자괴감, 그리고 알지 못하는 가슴 떨림이 교차하여 밀려오는 것이 마치 첫날밤을 맞이하는 새색시의 마음과 같습니다. 철도 없고 여러 가지로 미숙한 점들이 쉽게 발견되어지는 햇병아리 신부와 같은 이 책을 신랑되시는 여러 주의 귀하신 종들께서 모자라는 부분을 더욱 아끼고 사랑하고 채워 주셔서 여러분의 손으로 이 책을 원숙한 여인으로 거듭나게 만들어 주시면 더할 나위없이 영광이요 기쁨이 되겠습니다.

유난히도 무더웠고 비가 많이 온 올해 초여름부터 옛 백제의 고도에서 시작된 작업이 어느덧 초겨울 삭풍이 부는 지금에야 그 끝을 맺었습니다. 주님의 도우심과 지키심이 아니었으면 이 책이 어찌 세상에 나왔을까 싶습니다. 오직 주님의 함께 하시는 은혜에 감사와 영광을 돌립니다. 온갖 시련과 풍파 속에서도 주님을 의지하게 하시는 믿음을 주시고 격려하신 주님의 사랑만이 큰 힘이 되었습니다. 끝이 없는 고난의 땀과 눈물과 핏방울이 의와 영광과 생명의 면류관으로 탈바꿈 될 그 날을 바라보면서 푯대를 향해서 달려가는 생의 발걸음을 더욱 힘차게 할 것을 다짐합니다.

지금까지 지내 온 것 크신 주님의 은혜라고 생각하면서 주님께 개인적인 기도를 드립니다.

주님! 사랑하는 동생 미국의 박용준, 최미정 부부의 간절한 소원을 들어주시고 재범과 재한을 통하여 당신께서 큰 영광받으시옵소서. 특히 재범이 밟는 세계의 곳곳마다 놀라운 은혜의 역사가 일어나게 하옵소서.

주님! 머나먼 캐나다에서 공부에 힘쓰고 있는 당신의 사랑하시는 딸 예솔을 지켜주시고 그 앞길을 인도해 주옵소서. 삶이 외롭고 힘들 때 당신께서 은혜로 그 마음을 채우시고 이 딸을 통하여 큰 영광 받으시옵소서.

주님! 문서선교의 사명을 감당하고자 열악한 환경 속에서도 묵묵히 맡은 바 일을 책임 있게 해나가는 오승한, 김대훈 형제의 가정을 지켜주시고 건강을 책임져 주시옵소서.

주님! 멀리 러시아의 선교지에서 귀한 선교 사역을 하면서 귀한 시간을 내어 이 책의 편찬을 위해 노심초사 함께 애쓰신 이재섭 목사님의 가정과 그의 건강을 지켜주시옵소서.

주님! 아끼는 동생 조성연 사장의 앞길을 복되게 하옵소서.

주님! 이 책의 출간을 위해 많은 자료와 조언을 아끼지 않은 여러 당신의 귀하신 종들께 한 가지 은혜로 함께 내려주시옵소서. 아멘.

2010년 11월 1일
예루살렘 편집실에서

대표 편집위원
相道 정 용 한 드림

●참고의 말씀●

- **이 책** 주제별 용어 설교사전은 성경에 나타난 각종 주제들을 선별하여 상권에 '가' 부에서 '사' 부까지 도합 123 항목 주제의 설교 225편과, 하권에 '사' 부에서 '하' 부까지 도합 123 항목 주제의 설교 225편을 실었습니다. 따라서 이 책에는 도합 246 항목의 주제별 설교가 500편 실려 있습니다.

- **이 책**은 복잡다단하고 변화무쌍한 21세기를 살아가는 현대의 성도들에게 하나님의 귀하신 복음의 말씀을 전파하실 이 땅의 주님의 귀하신 종들을 위해 꾸며진 설교자료집으로서 상, 하권의 500편 설교는 강단의 곁에서 말씀의 진수를 말없이 제공할 것입니다.

- **이 책**은 도서출판 예루살렘에서 출판한 각종 설교자료의 노하우를 총망라한 대작으로 기존의 자료와 중복되지 않도록 세심히 배려하여 편집한 최고의 설교자료로서 각종 성경주석 200여 권, 각종 대사전 20여 권, 각종 해설서 100여 권을 참조하여 편집한 영양가 있는 자료들로 구성되어 있습니다.

- **이 책**은 한 편의 설교와 자료가 책을 펼친 좌측과 우측, 곧 두 쪽에 농축되어 실려 있으므로 설교자들이 번거롭지 않게 한 눈에 참조하실 수 있도록 편집되어 있습니다.

- **이 책**은 편집의 효율성을 극대화하여 책의 좌측면에는 설교하실 설교의 성경 본문과 서론, 말씀, 결론으로 구성되어 있고, 책의 우측면에는 본문 설교와 연관된 특징 자료인 해설, 참고, 예화가 자리하고 있어 좋은 균형을 유지하고 있습니다.

- **이 책**은 '목차'에 핵심 주제별 설교가 책의 상, 하권에 걸쳐 항목별로 '가' 부에서 '하' 부까지 분류된 500편의 설교가 주제별, 내용별로 자세히 나열되어 있어 설교자가 전하실 메시지를 간편하게 찾으실 수 있도록 소개되어 있습니다.

- **이 책**의 '제목'은 말씀을 전하실 주제어로서 다양한 설교의 핵심적 요지를 '세 가지'로 묶어서 제목을 달아 분류하였습니다.

- **이 책**의 '본문'은 대한성서공회 발행의 최신 개역개정 성경 4판인 2008년도 간행본을 대본으로 하여 발췌한 것으로, 기존 개역성경의 고어(古語) 및 번역상의 오류, 바뀐 한글맞춤법이 새롭게 정리되어 하나님의 말씀이 더욱 친밀하게 느껴질 것입니다.

- **이 책**의 '서론'은 설교의 주제에 합당한 동, 서양의 위인들과 신학자, 목회자의 금언을 서두에 인용하였으므로 설교를 듣는 이에게 시공을 초월한 진리에의 체험을 함께 공유할 수 있게 하였습니다.

- **이 책**의 '말씀'은 설교를 명료하게 하기 위하여 제목이 의미하는 '세 가지'의 설교 주제를 성경 말씀에서 발췌하여 3단락 대지화(大旨化)하였고, 소지에 해당하는 말씀은 대지의 내용을 성경말씀으로 명기하였고, 이어진 해설은 주제별 용어 설교사전에 걸맞게 국어, 영어 그리고 성경 원어인 히브리어, 아람어, 헬라어를 대입하여 말씀의 해석과 원전의 의미 전달이 정확하고 깊이를 더하게 하였으며, 참고성구는 대지와 말씀에 짝이 맞는 관주로 채워서 성경이 성경 스스로 설교하도록 꾸몄습니다.

- **이 책**의 '결론'은 설교를 들었던 성도들에게 설교의 내용의 핵심을 잊지 않도록 요약하여 정리한 것입니다.

- **이 책**의 '해설'은 설교사전의 사전적 의미를 함축하여 주제별 용어에 대한 깊이 있는 해설과 내용의 보충을 위하여 각종 모범 자료로 채웠습니다.

- **이 책**의 '참고'는 오직 성경에서 발췌한 말씀의 자료로서 설교 제목과 연관이 있는 성경 인물과 사건 및 교리, 교훈 등을 모은 충실한 자료입니다.

- **이 책**의 '예화'는 설교의 제목 혹은 각 대지와의 내용이 일치하는 은혜로운 간증들로서, 설교를 듣는 이들의 심령에 역사하여 예화의 은혜를 성령님의 감동으로 성도가 평생의 신앙생활에서 결코 잊지 않게 하였습니다.

- **이 책**은 신앙인으로 꼭 알아야 할 모든 주제를 포괄한 것으로 주일 대예배 설교뿐만 아니라 새벽예배의 연속 강해, 수요 성경공부, 금요 철야예배 및 각종 심방예배, 그리고 교회 임직원, 직장 신우회, 셀 지도자, 구역(속회) 예배지도자, 순모임 순장의 교육용 자료로 활용하셔도 좋도록 꾸몄습니다.

●차 례●

- 머리말 ·· 4
- 참고의 말씀 ·· 6

ㄱ

가난
- 가난한 자를 천대 말아야 할 이유 세 가지 / 잠 14:31 ············· 22

가르침
- 가르치는 권한의 의미 세 가지 / 갈 1:11-12 ·························· 24

가정
- 가정의 좋은 신앙적 모습 세 가지 / 수 24:15 ························ 26

가증
- 가증한 발람의 특성 세 가지 / 벧후 2:15-16 ························· 28

간구
- 간구하는 자를 향한 하나님의 세 모습 / 시 99:6 ··················· 30

간음
- 간음하는 자들을 멀리하는 이유 세 가지 / 히 13:4 ················ 32

감사
- 감사로 얻는 성도의 유익 세 가지 / 눅 17:16-19 ··················· 34

강제
- 강제로라도 하면 좋은 것 세 가지 / 눅 14:23-24 ··················· 36

거듭남
- 거듭난 자가 행해야 하는 세 가지 / 롬 12:2 ························· 38

거룩
- 거룩한 삶을 영위하는 이유 세 가지 / 벧전 1:15-16 ·············· 40

거짓
- 거짓 교훈에 대한 바른 태도 세 가지 / 롬 16:18 ········· 42
- 거짓 예배자 세 부류 / 롬 1:25 ················· 44
- 거짓으로 미혹하는 것 세 종류 / 마 24:24 ·········· 46

거짓말
- 거짓말이 끼치는 악영향 세 가지 / 잠 21:6 ············ 48

견실
- 견실한 성도의 세 모습 / 룻 1:17 ··················· 50

겸손
- 겸손의 영적 의미 세 가지 / 눅 18:13 ················ 52

경건
- 경건한 삶이 주는 유익 세 가지 / 창 39:9 ············· 54
- 경건한 아버지 세 사람 / 왕상 2:3 ··················· 56

경계
- 경계해야 할 악한 것 세 가지 / 살전 5:19-22 ·········· 58

경배
- 경배하는 자에게 도래하는 세 가지 / 요 12:26 ········· 60

경외
- 경외하는 자를 향한 약속 세 가지 / 시 31:9 ··········· 62

고난
- 고난의 영적 의미 세 가지 / 호 6:1 ·················· 64

고용
- 고용된 자의 좋은 자세 세 가지 / 마 20:12 ············ 66

관리(관원)
- 관리에 대한 합당한 태도 세 가지 / 벧전 2:13-14 ······· 68

관용
- 관용이 필요한 세 경우 / 고후 2:7-8 ················· 70

괴로움
- 괴로움을 극복하는 방법 세 가지 / 엡 4:31-32 ········· 72

교만
- 교만한 자를 대하시는 하나님의 세 가지 / 약 4:6 ················ 74

교회
- 교회가 받은 사명 세 가지 / 마 28:19-20 ··················· 76
- 교회가 용납하면 안 되는 세 가지 / 고후 6:14 ··············· 78
- 교회를 향해서 주신 권세 세 가지 / 마 16:18 ················ 80
- 교회 부흥의 원리 세 가지 / 행 2:40-41 ···················· 82
- 교회에서 징계가 필요한 이유 세 가지 / 고전 5:13 ············ 84

교훈
- 교훈을 주신 목적 세 가지 / 엡 4:14 ······················· 86

구원
- 구원을 베푸신 세 모습 / 엡 2:8 ··························· 88
- 구원의 근거 세 가지 / 롬 5:8 ····························· 90

구제
- 구제할 때 취하는 태도 세 가지 / 마 6:3-4 ················· 92

국가
- 국가의 지나친 세금이 초래하는 세 가지 / 왕상 12:16 ········· 94

굴욕
- 굴욕을 당하지 않는 비결 세 가지 / 눅 22:33-34 ············ 96

궁핍
- 궁핍한 자에게 대한 바른 태도 세 가지 / 마 25:40 ··········· 98

권능
- 권능으로 역사하실 때에 일어나는 세 가지 / 행 1:8 ·········· 100

꾸어 주다
- 꾸어 주는 자에게 임하는 축복 세 가지 / 시 37:25-26 ········ 102

그리스도 (예수 그리스도, 별도 항목)
- 그리스도가 생명임을 증거하는 세 곳 / 요 14:6 ·············· 104
- 그리스도가 으뜸인 이유 세 가지 / 빌 2:11 ·················· 106
- 그리스도가 이루신 속죄의 과정 세 가지 / 사 53:10 ·········· 108
- 그리스도를 보고 놀란 것 세 가지 / 막 5:41-42 ·············· 110
- 그리스도를 본받는 자세 세 가지 / 고후 3:18 ················ 112
- 그리스도를 증거하는 세 가지 / 행 2:36 ····················· 114

- 그리스도를 통해 나타난 하나님의 세 권능 / 고후 13:4 ………… 116
- 그리스도와 영생의 관계 세 가지 / 롬 5:21 ………………… 118
- 그리스도의 구원 사역을 예표한 세 가지 / 요 3:14-15 ………… 120
- 그리스도의 성도를 위한 사역 세 가지 / 사 53:5 …………… 122
- 그리스도의 신성을 증거한 세 분 / 마 3:17 ………………… 124
- 그리스도의 인성이 예언된 세 군데 / 창 3:15 ……………… 126
- 그리스도의 중보 사역 세 가지 / 엡 2:16 …………………… 128
- 그리스도의 참된 능력 세 가지 / 히 7:25 …………………… 130
- 그리스도의 통치 영역 세 군데 / 벧전 3:22 ………………… 132
- 그리스도의 화목이 가져온 세 가지 / 엡 2:16 ……………… 134

그리스도인 (성도, 별도 항목)
- 그리스도인과 율법의 관계 세 가지 / 롬 13:8 ……………… 136
- 그리스도인에게 금욕이 필요한 이유 세 가지 / 벧전 1:15-16 … 138
- 그리스도인을 지칭한 세 가지 / 고후 3:3 …………………… 140
- 그리스도인의 대적에 대한 자세 세 가지 / 빌 1:28 ………… 142
- 그리스도인의 세상을 향한 자세 세 가지 / 요일 2:15 ……… 144
- 그리스도인의 육신에 대한 자세 세 가지 / 롬 8:12-13 ……… 146
- 그리스도인의 자비로움 세 가지 / 고후 2:7-8 ……………… 148
- 그리스도인의 자유에 대한 세 가지 / 갈 5:1 ………………… 150
- 그리스도인의 참된 승리 세 가지 / 요일 5:4 ………………… 152
- 그리스도인이 멀리해야 할 세 부류 / 막 12:38-40 ………… 154
- 그리스도인이 바라는 소망 세 가지 / 벧전 1:3 ……………… 156
- 그리스도인이 받은 사명 세 가지 / 롬 14:8 ………………… 158
- 그리스도인이 버려야 할 세 가지 / 살전 5:21-22 …………… 160
- 그리스도인이 서로 해야 할 세 가지 / 벧전 4:7-8 ………… 162

근면
- 근면한 자에게 임하는 축복 세 가지 / 잠 10:4 ……………… 164

근신
- 근신이 주는 좋은 결과 세 가지 / 벧전 5:8 ………………… 166

근심
- 근심에 대한 성도의 모습 세 가지 / 고후 7:10 ……………… 168

금식
- 금식할 때 유념할 세 가지 / 시 35:13 ………………………… 170

긍휼
- 긍휼하신 하나님의 베푸시는 모양 세 가지 / 요일 4:10 …… 172

기도
- 기도가 응답되지 않는 이유 세 가지 / 약 1:6-7 ·················· 174
- 기도의 응답에 대한 세 가지 / 고후 12:8-9 ·························· 176
- 기도하는 예수의 특징 세 가지 / 마 11:25-26 ······················ 178

기독교
- 기독교의 역설적 교훈 세 가지 / 막 10:43-44 ····················· 180
- 기독교의 유일성이 잘 설명된 세 군데 / 행 4:12 ················ 182
- 기독교의 참된 특성 세 가지 / 고전 3:11 ··························· 184

기업
- 기업을 얻을 세 사람 / 고전 15:50 ·· 186

기초
- 기초에 대한 바른 견해 세 가지 / 마 7:25 ····························· 188

기회
- 기회를 놓친 세 사람 / 히 12:16-17 ·· 190

ㄴ

나태함
- 나태함을 고치는 방법 세 가지 / 마 25:26 ···························· 192

낙심
- 낙심될 때 취하는 자세 세 가지 / 출 14:13 ·························· 194

남편
- 남편의 아내에 대한 성경의 언급 세 가지 / 고전 7:14 ·········· 196
- 남편의 아내에 대한 의무 세 가지 / 벧전 3:7 ······················· 198

노동
- 노동의 대가를 지불하는 원칙 세 가지 / 약 5:4 ···················· 200

노래
- 노래하는 바른 자세 세 가지 / 고전 14:15 ···························· 202

노인
- 노인에 대한 합당한 생각 세 가지 / 잠 16:31 ·············· 204

농사
- 농사짓는 자가 지녀야 할 세 가지 / 고전 9:10 ·············· 206

뇌물
- 뇌물이 끼치는 악영향 세 가지 / 암 5:12 ·············· 208

다툼
- 다툼을 피하는 방법 세 가지 / 빌 2:2-3·············· 210

담대
- 담대함을 갖게 하는 세 가지 / 요일 4:17 ·············· 212

덕
- 덕을 세우는 데 걸림돌이 되는 세 가지 / 계 3:15-16·············· 214

돈
- 돈을 사랑함으로 생기는 폐해 세 가지 / 딤전 6:10 ·············· 216

동의
- 동의를 잘못하여 정죄받은 세 부류 / 마 27:21 ·············· 218

마귀
- 마귀를 이기는 성도의 능력 세 가지 / 고후 2:11 ·············· 220

마술
- 마술에 대한 성경의 가르침 세 가지 / 신 18:9-12 ·············· 222

마음
- 마음으로 하지 말아야 할 세 가지 / 마 14:31-32 ············· 224
- 마음을 연합하게 하는 세 가지 / 행 2:46 ···················· 226
- 마음을 함께 할 세 때 / 삼상 7:5 ··························· 228

말세
- 말세를 준비하는 자세 세 가지 / 마 25:21 ··················· 230
- 말세에 나타나는 미혹 세 가지 / 딤전 4:1 ··················· 232
- 말세에 더욱 감소되는 세 사람 / 마 7:13-14 ················· 234

맹세
- 맹세를 금지하는 것 세 가지 / 마 5:34-35 ··················· 236

멸망
- 멸망에서 벗어나는 경우 세 가지 / 욘 3:10 ·················· 238

명령
- 바울이 엄하게 내린 명령 세 가지 / 딤후 2:14 ··············· 240

명성
- 명성의 개요 세 가지 / 행 6:3 ······························ 242

모범
- 모범을 보이신 그리스도의 행위 세 가지 / 빌 2:6-8 ·········· 244

목적
- 목적을 이루는 성경의 세 교훈 / 수 1:8 ····················· 246

목회자
- 목회자의 임무 세 가지 / 엡 4:11-12 ························ 248
- 선한 목자의 참된 모습 세 가지 / 고전 15:10 ················ 250

무관심
- 무관심하면 할수록 좋은 것 세 가지 / 갈 1:10 ··············· 252

무서움
- 무서움을 물리치는 법 세 가지 / 시 112:78 ·················· 254

무신론
- 무신론의 특징 세 가지 / 출 5:2 ·················· 256

무자비
- 무자비함이 가지고 있는 속성 세 가지 / 요 8:3-5 ·················· 258

무지
- 무지하면 안 되는 것 세 가지 / 딤후 3:15 ·················· 260

묵상
- 묵상이 주는 유익 세 가지 / 시 63:5-6 ·················· 262

물질
- 물질을 선하게 사용한 세 가지 / 대상 29:3 ·················· 264

미련
- 미련한 자로 성경에 기록된 세 사람 / 삼상 25:10 ·················· 266

미신
- 미신의 특징 세 가지 / 행 17:22-23 ·················· 268

믿음
- 믿음을 가져오게 하는 세 요소 / 요 20:31 ·················· 270
- 믿음이 연약한 자에 대한 자세 세 가지 / 롬 15:1 ·················· 272

박해(핍박)
- 박해받을 때의 당당한 변명 세 가지 / 딤후 4:16 ·················· 274
- 박해받을 때 취하는 성도의 자세 세 가지 / 마 5:44 ·················· 276

방언
- 방언의 의미 세 가지 / 행 10:45-46 ·················· 278

방탕
- 방탕한 자의 결국 세 가지 / 갈 5:21 ·················· 280

배교
- 배교자의 모양새 세 가지 / 딤후 3:8 ················· 282

배은망덕
- 배은망덕한 자들의 소행 세 가지 / 사 1:3 ················· 284

병
- 나병으로 표출된 하나님의 의지 세 가지 / 출 4:6 ··········· 286
- 물로써 병을 고친 사례 세 가지 / 요 9:7 ··················· 288
- 병에 대한 성경의 교훈 세 가지 / 고후 12:7 ················ 290

범죄
- 범죄자를 향한 하나님의 의지 세 가지 / 사 59:2 ············ 292

복수
- 복수에 대한 올바른 교훈 세 가지 / 롬 12:20-21 ············ 294

복음
- 복음을 접한 자들이 하는 생활 세 가지 / 빌 1:27 ··········· 296

본
- 본을 보이는 참된 목적 세 가지 / 딛 2:7-8 ················· 298

부르심
- 부르심을 입은 자가 행할 세 가지 / 벧후 1:10 ·············· 300

부모
- 부모에 대한 자녀의 의무 세 가지 / 엡 6:1-2 ··············· 302
- 부모의 자녀에 대한 의무 세 가지 / 엡 6:4 ················· 304

부지런함
- 부지런한 성도의 자세 세 가지 / 벧후 1:4 ·················· 306

부패
- 부패한 신앙적 특징 세 가지 / 고후 11:3 ··················· 308

부활
- 부활의 시기를 묘사한 세 군데 / 고전 15:51-52 ············· 310

부흥
- 부흥을 위한 조건 세 가지 / 대하 7:14 ····················· 312
- 밤일지라도 쉬면 안 되는 일 세 가지 / 행 16:25-26 ········· 314

분노
- 분노에 대한 합당한 자세 세 가지 / 엡 4:26-27 ················· 316

분쟁
- 분쟁을 방지하는 방법 세 가지 / 창 13:8-9 ···················· 318

불신앙
- 불신앙을 막는 방법 세 가지 / 엡 6:13 ························ 320

불신자
- 불신자들이 행하는 일 세 가지 / 요 8:44 ······················ 322
- 불신자에 대한 하나님의 언급 세 가지 / 계 20:13-15 ··········· 324
- 불신자와 마귀와의 관계 세 가지 / 눅 22:3-4 ·················· 326

불안
- 불안을 이기는 비결 세 가지 / 마 11:28-29 ···················· 328

불의
- 불의에 대한 온당한 자세 세 가지 / 롬 6:13 ··················· 330

비유
- 비유를 사용하신 의도 세 가지 / 마 13:34-35 ·················· 332

사도
- 사도의 중요한 사명 세 가지 / 마 28:19-20 ···················· 334

사람
- 사람의 별칭을 언급한 세 곳 / 엡 4:23-24 ····················· 336
- 사람의 의가 가진 맹점 세 가지 / 롬 10:3 ····················· 338
- 사람이 사귀지 말아야 할 세 부류 / 잠 22:24-25 ··············· 340
- 사람이 형통하지 못한 이유 세 가지 / 약 4:8 ·················· 342

사별
- 사별을 당했을 때의 자세 세 가지 / 고전 15:19 ········· 344

사악
- 사악한 자들의 일 세 가지 / 요 3:19-20 ················ 346

사탄
- 사탄의 특성 세 가지 / 계 12:9 ························ 348
- 사탄이 시험한 세 무리 / 창 3:4-5 ···················· 350

상급
- 상급으로 묘사된 면류관 세 가지 / 약 1:12 ············ 352

생명
- 생명에 대한 성도의 자세 세 가지 / 행 20:24 ·········· 354

선교
- 선교를 향한 명령 세 가지 / 행 16:9 ·················· 356

선행
- 선행을 자랑하지 말아야 할 이유 세 가지 / 롬 4:2 ····· 358

성경
- 성경에 기록된 시민권 세 종류 / 빌 3:20 ·············· 360
- 성경에 나타난 오해 세 가지 / 마 20:28 ··············· 362
- 성경에 나타난 표적의 의미 세 가지 / 롬 4:11 ········· 364
- 성경에 지적된 잘못된 상행위 세 가지 / 약 4:13 ······· 366
- 성경을 오용한 악한 세 무리 / 마 22:23-28 ············ 368
- 성경을 잘못 대하는 자세 세 가지 / 계 22:19 ·········· 370
- 성경의 특징 세 가지 / 히 4:12 ······················· 372
- 성경의 특징이 잘 나타난 세 군데 / 딤후 3:16 ········· 374
- 성경이 말하는 자녀관 세 가지 / 시 127:3 ············· 376
- 성경이 영감으로 기록된 목적 세 가지 / 갈 1:9 ········ 378
- 성경이 증언한 영원한 것 세 종류 / 요 10:28 ·········· 380

성도(그리스도인, 별도 항목)
- 성도가 갈망해야 할 것 세 가지 / 빌 3:12 ············· 382
- 성도가 기다리는 주의 세 가지 / 막 15:43 ············· 384
- 성도가 마음에 품을 사랑 세 가지 / 롬 9:3 ············ 386
- 성도가 생활 속에서 먼저 할 일 세 가지 / 마 6:33 ····· 388
- 성도가 복종하는 세 가지 / 삼상 15:22 ················ 390

- 성도가 비방을 받는 이유 세 가지 / 히 11:24-26 ·········· 392
- 성도가 숙지해야 할 교리 세 가지 / 고전 15:3-4 ·········· 394
- 성도가 절제하는 이유 세 가지 / 고전 7:5 ·········· 396
- 성도가 취할 영생의 세 단면 / 마 19:29 ·········· 398
- 성도가 취할 영적 생명의 세 특징 / 골 3:3-4 ·········· 400
- 성도가 하는 대답 세 가지 / 벧전 3:15 ·········· 402
- 성도가 하나님께 해야 할 의무 세 가지 / 요 4:23 ·········· 404
- 성도가 항상 해야 할 세 가지 / 빌 2:12 ·········· 406
- 성도가 해야 할 말 세 가지 / 딤전 6:3 ·········· 408
- 성도가 흘리는 값진 눈물 세 가지 / 마 26:75 ·········· 410
- 성도로서 금지해야 하는 세 가지 / 갈 6:8 ·········· 412
- 성도로서 부끄러워하지 않을 세 가지 / 롬 1:16 ·········· 414
- 성도로서 지녀야 할 것 세 가지 / 요 1:12 ·········· 416
- 성도를 격려하는 세 가지 / 살전 4:17-18 ·········· 418
- 성도를 속량하신 세 가지 / 엡 1:4 ·········· 420
- 성도를 온전하게 하는 세 요소 / 엡 4:11-12 ·········· 422
- 성도에게 올무가 되는 것 세 가지 / 딤전 6:9 ·········· 424
- 성도의 고난의 특징 세 가지 / 롬 8:17 ·········· 426
- 성도의 국가에 대한 의무 세 가지 / 마 22:20-22 ·········· 428
- 성도의 바람직한 자세 세 가지 / 딤전 6:12 ·········· 430
- 성도의 선택이 올바른 이유 세 가지 / 시 119:10-11 ·········· 432
- 성도의 신앙을 시험하는 세 가지 / 욥 2:7-8 ·········· 434
- 성도의 영적 노동 세 가지 / 빌 3:14 ·········· 436
- 성도의 의미 있는 연합 세 가지 / 엡 6:9 ·········· 438
- 성도의 이름에 대한 증거 세 가지 / 요 10:3 ·········· 440
- 성도의 죽음에 대한 묘사 세 가지 / 계 14:3 ·········· 442
- 성도의 충실한 모습 세 가지 / 요삼 1:5 ·········· 444

성령
- 성령께서 임재하신 세 단계 / 행 2:1-3 ·········· 446
- 성령 충만한 베드로의 의의 세 가지 / 행 4:19-20 ·········· 448

성막
- 성막이 예표하는 것 세 가지 / 히 10:19-20 ·········· 450

성만찬
- 성만찬에 조심할 규례 세 가지 / 고전 11:28-29 ·········· 452

성삼위일체
- 성삼위일체를 증거한 신약의 세 곳 / 마 28:19 ·········· 454

속이다
- 속이는 자의 특징 세 가지 / 롬 16:18 ·················· 456

속히
- 속히 하여 해를 당하는 세 부류 / 약 1:19 ·················· 458

순결
- 순결을 유지하는 가르침 세 가지 / 마 5:27-28 ·················· 460

순교
- 순교에 대한 성도의 자세 세 가지 / 마 10:21-22 ·················· 462

순식간
- 순식간에 지나가는 세 가지 / 눅 4:5-7 ·················· 464

순종
- 순종에 모범을 보이신 그리스도의 세 가지 / 히 5:8-9 ·················· 466
- 순종의 좋은 자세 세 가지 / 롬 6:17-18 ·················· 468
- 순종하신 예수의 특징 세 가지 / 요 14:31 ·················· 470

주제별용어설교사전

● 가난 ●

가난한 자를 천대 말아야 할 이유 세 가지

■본 문■ 가난한 사람을 학대하는 자는 그를 지으신 이를 멸시하는 자요 궁핍한 사람을 불쌍히 여기는 자는 주를 공경하는 자니라 【잠 14:31】

■서 론■ 독일의 종교개혁자 마르틴 루터는 "주 하나님, 주께서 나를 세상에서 가난하고 궁핍한 자로 만들고 기뻐하시나이다. 나는 내 뒤에 남길 집도, 땅도 없나이다"라고 했다. 가난한 자를 천대하지 말 것은?

■말 씀■

I. 하나님을 멸시하는 것이기 때문이다 【잠 14:31】

성경은 '가난한 사람을 학대하는 자는 그를 지으신 이를 멸시하는 자요'라고 했다. 멸시가 무엇인가? 이는 남을 업신여기거나 깔보는 것을 말한다. 사람은 하나님의 피조물로서 하나님께서 최고의 솜씨를 발휘하여 창조하신 영혼을 가진 거룩한 존재이다. 따라서 물질의 유무를 가지고 사람을 천시하거나 학대하는 행위는 하나님께 대한 멸시와 같다.

참고 성구 창 1:27 시 8:4-8 미 6:8 삼상 25:10-17,38 마 5:7

II. 자신이 도움을 받지 못하기 때문이다 【잠 21:13】

성경은 '귀를 막고 가난한 자가 부르짖는 소리를 듣지 아니하면 자기가 부르짖을 때에도 들을 자가 없으리라'고 했다. 사람은 서로 돕고 살도록 창조된 존재이다. 이 세상에 독불장군은 없다. 돌고 도는 인생사에서 영원한 부자가 어디 있는가. 이웃의 어려운 형편을 외면하고 어려운 사연에 귀를 막는 자는 자신도 똑같은 경우를 당하게 된다.

참고 성구 잠 29:14 행 10:4 행 9:36-42 시 41:1 마 25:44-46

III. 가난해지기 때문이다 【잠 22:16】

성경은 '이익을 얻으려고 가난한 자를 학대하는 자와 부자에게 주는 자는 가난하여질 뿐이니라'고 했다. 학대란 심하게 괴롭히거나 혹독하게 대우하는 것을 의미하는데 구박은 비슷한 용어이다. 자신의 이익을 위하여 가난한 사람을 이용하거나 구박하거나 학대하는 자는 가난한 자의 기도를 들으시는 하나님의 분노를 초래하여 자신도 가난의 형벌을 받게 된다.

참고 성구 잠 16:8 마 5:42 잠 28:8 렘 17:11 룻 2:13, 4:1-12

■결 론■ 이와 같이 가난한 자를 천대하지 말아야 할 이유를 알았으니 성도는 가난한 자를 함께 지음 받은 이웃으로 여겨 그를 긍휼히 여기고 돕는 자들이 되자.

■해설■ **가난**

'가난'(Poverty), 혹은 '가난한'(Poor)은 구약성경에서는 '에비온', '달', '아니', '루쉬' 등으로 나타난다. 한편 신약성경에서는 '페네스', '페니크로소', '엔데에스', 그리고 특히 '프토코스'와 그 동계어가 사용되고 있음을 본다. 프토코스는 남의 도움이 없이 살 수 없는 극심한 가난 상태를 말한다. 신약에서는 물질적인 가난도 언급되지만 비유적인 가난으로도 언급되어 있다. 즉, ①그리스도 왕국의 심령이 가난한 사람(마 5:3) ②부패한 교회들에서 영적 생활의 부족(가난)을(계 2:9, 3:17) ③그리스도의 성육신은 부요한 자로서 우리를 위해 가난하게 되심(고후 8:9, 빌 2:6-8) 등이다.

■참고■ **성경에 나타난 가난한 의인의 모습**
- 기드온 - '나의 집은 므낫세 중에 극히 약하고 나는 내 아버지 집에서 가장 작은 자니라'고 말함(삿 6:15)
- 사렙다 과부 - 엘리야에게 '나는 떡이 없고 다만 통에 가루 한 움큼과 병에 기름 조금뿐이라'고 말함(왕상 17:12)
- 선지자 생도의 아내 - '이제 빚 준 사람이 와서 나의 두 아이를 데려가 그의 종을 삼고자 하나이다'고 엘리사에게 말함(왕하 4:1)
- 예수 - '인자는 머리 둘 곳이 없다'고 하셨음(마 8:20, 고후 8:9)
- 어느 과부 - 자신이 지닌 전액인 두 렙돈을 헌금했음(막 12:42)
- 바울 - '나는 아무것도 없는 자 같다'고 말함(고후 6:10)

■예화■ **주는 자의 멋**

이상재 선생님에 대한 재미있는 이야기가 있다. 어느 날, 이상재 선생님께서 늦도록 책을 읽는데, 도둑이 들었다. 도둑은 이 방 저 방 다니며 물건을 훔쳐 한 보따리 싸들고 드디어 선생님이 계신 방문을 열었다. 이 때에 깜짝 놀란 도둑에게 이상재 선생님은 여유 있게도 "안녕하십니까?" 하고 인사를 했다. 그리고는 안절부절 못하는 도둑에게 필요한 것이 있으면 염려 말고 가져 가라고 하셨다. 도둑은 얼떨결에 고맙다는 인사를 하고 나가다가 그만 순경에게 붙들렸다. 순경은 도둑을 끌고 다시 선생님 댁으로 와서 도둑을 잡았으니 물건을 도로 받으시라고 했다. 이 때 선생님은 "내가 가지고 가라고 주었는데 어찌 그가 도둑이오? 우리 집에 온 손님이오."라고 태연히 말씀하셨다는 일화이다. 빼앗기는 것과 주는 것은 확실히 다르다. 언제나 주는 자에게는 멋이 있다. 안 주겠다고 움켜쥐는 자에게는 빼앗겠다고 안간힘을 쓰는 자가 곁에 있기에 항상 문제가 있다. "오직 선을 행함과 서로 나눠주기를 잊지 말라 이 같은 제사는 하나님이 기뻐하시느니라."(히 13: 16) (김선도)

●가르침●

가르치는 권한의 의미 세 가지

■본문■ 형제들아 내가 너희에게 알게 하노니 내가 전한 복음은 사람의 뜻을 따라 된 것이 아니니라 이는 내가 사람에게서 받은 것도 아니요 배운 것도 아니요 오직 예수 그리스도의 계시로 말미암은 것이라 【갈 1:11-12】

■서론■ 사도 바울이 전한 복음, 곧 '유앙겔리온'은 예수 그리스도의 계시로 말미암은 것이다. 말씀을 가르치는 권한의 의미는?

■말씀■

I. 누구로부터 위임받았나? / 그리스도로부터 【마 28:20】

성경은 '내가 너희에게 분부한 모든 것을 가르쳐 지키게 하라 볼지어다 내가 세상 끝날까지 너희와 항상 함께 있으리라 하시니라'고 했다. '분부하다'의 헬라어 '엔텔로'는 '명령하다', '지시하다'는 뜻으로 특히 왕이나 통치자의 위임받은 명령을 가리킨다. 주님 예수께서는 자신이 분부한 모든 것을 사도들이 가르치고 지키게 할 것을 명령하셨다. 이것은 부활, 승천시의 주님의 지상 명령이다.

참고 성구 눅 9:1-2, 10:1-2 요15:16 행 9:15 고전 4:1

II. 누구의 깨우침이 함께 해야 하나? / 성령의 【요 14:26】

성경은 '보혜사 곧 아버지께서 내 이름으로 보내실 성령 그가 너희에게 모든 것을 가르치고 내가 너희에게 말한 모든 것을 생각나게 하리라'고 했다. '보혜사'란 헬라어 '파라클레토스'인데 이는 '돕기 위해 부름받은 자, 중매자, 변호사, 조정자'라는 의미가 있다. 주님 예수께서는 보혜사 성령님께서 주님의 모든 것을 가르치고 생각나게 하신다고 했다.

참고 성구 눅 12:12 요일 2:27 행 11:15-18 고전 2:13

III. 가르치는 내용은 무엇인가? / 그리스도의 복음 【갈 1:11,12】

성경은 '형제들아 내가 너희에게 알게 하노니 내가 전한 복음은 사람의 뜻을 따라 된 것이 아니니라 이는 내가 사람에게서 받은 것도 아니요 배운 것도 아니요 오직 그리스도의 계시로 말미암은 것이라'고 했다. 복음, 곧 '유앙겔리온'은 무엇인가? 이는 주님 예수 그리스도의 죽으심과 부활을 통하여 성취된 구원의 복된 좋은 소식을 말함이다.

참고 성구 계 1:1 고전 2:7 골 1:25-27 엡 1:9 계 22:7,13

■결론■ 이와 같이 가르치는 권한의 의미를 알았은즉 성도들은 주의 종이 선포하는 말씀의 권위를 아멘으로 화답하여 구원의 복음으로 영생을 취하는 자들이 되자.

■해설■ **가르치다, 가르침, 교사**
- 구약의 단어들 ① 빈- 깨닫다(단 8:16, 시 119:34) ② 자하르 - 가르치다(출 18:20) ③ 라마드 - 길들이다(호 10:11, 사 2:3) ④ 라아 - 교육하다, (목자가) 가축을 먹이다(잠 10:21, 전 12:11)
- 신약의 단어들 ① 디다스코 - 가르치다(마 28:19, 엡 4:11) ② 디에르메네우오 - 해설하다(눅 24:27, 고전 14:5) ③ 파라티데미 - 곁에 두다 ④ 엑티데미 - 밖에 두다(행 11:4) ⑤ 만다노 - 배우다(마 28:19)

■참고■ **이런 자의 잘못된 가르침에 주의하라**
- 선지자 - 그 꼬리는 곧 거짓말을 가르치는 선지자라(사 9:15)
- 제사장 - 돈을 위하여 교훈함(미 3:11)
- 바리새인과 서기관들 - 사람의 계명으로 교훈을 삼아 가르침(마 15:9)
- 거짓 교사들 - 미혹케 하는 영과 귀신의 가르침을 좇음(딤전 4:1-3)
- 율법적인 그리스도인 - '모세의 율법대로 할례를 받지 않으면 구원을 받지 못하리라' 고 가르침(행 15:1)
- 거짓 신자들 - 자기의 사욕을 좇을 스승을 많이 두고 귀를 진리에서 돌이켜 허탄한 이야기를 따름(딤후 4:3-4)

■예화■ **작은 키, 눈높이**

영국에 있는 대영박물관에서 이런 일이 있었다. 어느 날, 어떤 젊은 신사가 이 박물관에 들어와 그곳에 진열된 작품 앞에서 엉거주춤하게 앉은 자세로 그 작품들을 한참 들여다 보더니 무엇인가 노트에 적으면서 여러 시간을 보내다가 돌아갔다. 처음부터 이 신사의 수상한 거동을 지켜보던 수위는 이상하게 생각하였다. 그런데 바로 그 다음날 그 젊은 신사는 한 무리의 어린이들을 데리고 와서 같은 작품들 앞에서 이것 저것을 설명하는 것이었다. 그의 설명하는 태도는 너무나 진지했고 어린이들은 아주 잘 이해된다는 표정으로 그의 말을 듣고 있었다. 관람이 끝나고 돌아가려던 그 신사에게 어제 그 수위가 궁금했던 것을 물어 보았다. "선생님, 어째서 어제는 그렇게 불편한 자세로 작품들을 보셨습니까?" 그러자 그 선생은 "바로 이 아이들의 작은 키로 이들이 볼 수 있는 눈 높이에서 작품들을 보고 이해하기 위해서였죠." 예수님은 천지 만물을 지으시고 손수 인간을 창조하신 분으로서 인간의 마음을 이해하지 못하실 일이 없다. 그럼에도 불구하고 그 분은 하늘 보좌의 높은 자리를 버리시고 인간의 신을 신고 인간이 되셔서 이 땅에 오셨다. 그것은 그 분이 바로 인간의 입장에서 인간의 연약함과 실수와 슬픔을 이해하고자 하셨기 때문이다. 우리도 다른 사람을 비판하고 정죄하기 이전에 먼저 그의 신을 신고 그의 입장에서 상대방을 이해해야 할 것이다.

● 가정 ●

가정의 좋은 신앙적 모습 세 가지

■ 본 문 ■ 만일 여호와를 섬기는 것이 너희에게 좋지 않게 보이거든 너희 조상들이 강 저쪽에서 섬기던 신들이든지 또는 너희가 거주하는 땅에 있는 아모리 족속의 신들이든지 … 오직 나와 내 집은 여호와를 섬기겠노라 하니 【수 24:15】

■ 서 론 ■ 영국의 과학자 헨리 드럼몬드는 "가정이 기독교의 최고의 안내자이다"라고 했다. 신앙적인 가정의 모습은?

■ 말씀 ■

I. 성경 말씀대로 자녀를 양육하는 가정 【엡 6:4】

성경은 '또 아비들아 너희 자녀를 노엽게 하지 말고 오직 주의 교훈과 훈계로 양육하라'고 했다. 양육이란 무엇인가? 이는 어린 아이를 기르는 것을 말함인데 사도 바울은 에베소 교회에 보낸 그의 편지에서 자녀를 '주의 교훈과 훈계로 양육하라'고 당부했다. 성도들은 성경 말씀에 나타난 주님 예수의 교훈과 그의 훈계로 자녀를 양육하여 훌륭한 신앙인이 되게 하자.

참고 성구 신 6:7 골 3:21 딤전 3:12 딤후 1:3-5 왕상 2:1-4

II. 종교적 예식을 모두 거행하는 가정 【행 10:48】

성경은 '명하여 예수 그리스도의 이름으로 세례(침례)를 베풀라 하니라 그들이 베드로에게 며칠 더 머물기를 청하니라'고 했다. '예식'이란 무엇인가? 이는 예법에 따른 의식, 혹은 예의의 법식을 의미하는데 기독교 가정에서는 기독교의 전통적인 예식을 모두 거행해야 한다. 성찬과, 특히 세례(침례)는 중요한 예식의 하나로서 그리스도의 몸의 지체가 됨을 상징한다.

참고 성구 행 16:15 삿 13:5,20,24 삼상 1:21 눅 2:21-24 고전 11:26

III. 신앙에 투철하게 헌신하는 가정 【수 24:15】

성경은 '… 너희가 섬길 자를 오늘 택하라 오직 나와 내 집은 여호와를 섬기겠노라 하니라'고 했다. 헌신이란 무엇인가? 이는 어떤 일이나 남을 위해서 자기의 이해관계를 돌보지 아니하고 몸과 마음을 다하여 힘씀을 의미한다. 성도의 가정은 하나님 아버지를 섬기며 하나님의 말씀을 준행하고 순종하여 그분의 뜻을 이루어드려야 한다.

참고 성구 민 14:9,30 삼상 17:47 룻 1:16 행 16:1-2

■ 결 론 ■ 이와 같이 가정의 좋은 신앙적 모습을 보았으니 성도들은 하나님이 원하시고 그분의 뜻을 이 땅에 구현하는 좋은 가정이 되도록 신앙적 열심을 다하자.

■해설■ **가정**

'가정'(family)이란 인간 사회에 나타난 최초의 사회적 집단이다. 그리고 이러한 가정 속에 국가와 교회의 원형이 나타나 있다. 가정은 그 자체가 선한 것일 뿐 아니라 더욱 많은 선을 창조하는 곳이다. 가정이 존재하는 목적은 육신적으로는 자녀를 낳는 것이며, 도덕적으로는 보다 고등한 사회 집단 속에서 적응키 위해 인격을 수련하는 것이다. 에밀 부르너는 "교육은 일차적으로 학교나 국가의 관심 사항이 아니고 가정의 관심 사항이다"라고 갈파했다(The Divine Imperative, p.512).

■참고■ **이런 가정의 신앙을 본받자**

• 여호수아 - 이스라엘 백성들에게 '오늘 택하라 나와 내 집은 여호와를 섬기겠노라'고 말함(수 24:15) • 욥 - 잔칫날이 지나면 그들을 불러 성결케 하는 번제를 드리며 자식의 신앙을 항상 신경을 씀(욥 1:4-5) • 마리아 - 베다니의 삼 남매 가운데 막내로서 집에서 주님의 발 앞에 앉아서 말씀을 경청함(눅 10:39) • 안드래 - 자기 형제 시몬 베드로를 그리스도께 인도함(요 1:41) • 루디아 - 자색 옷감 장사 여인으로 자신뿐 아니라 온 집안이 구원을 받게 이끔(행 16:14-15) • 빌립보 감옥의 간수 - 구원을 갈구하여 전 가족을 바울 앞에 데려와 세례를 받음(행 16:30-34)

■예화■ **어머니의 유서**

미국 어떤 동네에 어머니와 공장에 다니는 아들이 함께 사는 가정이 있었다. 어머니는 불량한 아들로 인하여 고심하며 아들의 회개를 위하여 늘 기도했다. 또 아들이 매일 공장에서 밤늦게 돌아오므로 문 앞에 늘 외등을 켜주었다. 그리하여 아들은 밤늦게 돌아와도 켜진 등 때문에 실족하지 않았다. 어머니는 평안할 때는 물론이요, 몸이 불편할 때에도 늘 외등을 밝혀 주었다. 그런데 어머니가 병이 들었다. 아들은 어머니의 병환을 정성껏 간호하였다. 그러나 공장에는 계속 출근해야 했다. 어머니의 병환은 점점 심해졌다. 그러던 어느 날, 밤 늦게 집에 돌아와 보니 외등의 불이 켜지지 않았다. 그리하여 방에 뛰어들어가 보니 어머니는 이미 임종하시고 난 후였다. 아들이 너무 슬프게 눈물을 흘리며 울다가 보니 어머니의 손에 유서 한 장이 들려 있었다. 거기에는 "내 사랑하는 아들아, 나는 너의 방탕한 생활을 회개키 위하여 매일 세 번씩 기도했다. 또 너로 하여금 광명한 빛 되신 예수를 알게 하기 위하여 매일 밤 늦게 돌아오는 네 앞 길을 밝혀 주었다. 예수는 이 밤중과 같은 어두운 세상에 광명한 빛이시니 너는 예수를 믿고 의로운 사람이 되기를 바란다."라는 내용의 유언이 적혀 있었다. 이 유서를 읽고 난 후, 아들의 생활은 변화하여 회개하고 진실한 그리스도인이 되었다. 어머니는 먼저 주님 곁으로 가셨지만 그가 남겨준 유언은 아들의 마음을 평생토록 사로잡았다.

● 가증 ●

가증한 발람의 특성 세 가지

■본문■ 그들이 바른 길을 떠나 미혹되어 브올의 아들 발람의 길을 따르는도다 그는 불의의 삯을 사랑하다가 자기의 불법으로 말미암아 책망을 받되 말하지 못하는 나귀가 사람의 소리로 …
【벧후 2:15-16】

■서론■ 발람은 유브라데 강가 브돌 사람 브올의 아들로서 이름의 뜻은 '탐식가' 이다. 그는 이스라엘을 저주하기 위하여 발락 왕에게 고용된 점술가였다. 가증한 발람은?

■말씀■

I. 발람은 불법의 사람이었다 / 탐욕 【벧후 2:16】

성경은 '자기의 불법으로 말미암아 책망을 받되 말하지 못하는 나귀가 사람의 소리로 말하여 이 선지자의 미친 행동을 저지하였느니라' 고 했다. 불법의 헬라어 '파라노미아' 는 범법, 악행을 뜻하는데 성경에서 이곳에만 나오는데 이것은 하나님의 계명을 벗어나 거스리는 행위를 강조하기 위한 표현으로 보인다. 탐욕은 자신의 함정을 스스로 파게 할 만큼 사람의 마음을 혼미하게 한다.

참고 성구 민 22:6-9 골 3:2,15 출 20:17 눅 12:15 히 13:5

II. 발람은 어그러진 길로 갔다 / 음행 【유 1:11】

성경은 '화 있을진저 이 사람들이여, 가인의 길에 행하였으며 삯을 위하여 발람의 어그러진 길로 몰려갔으며 고라의 패역을 따라 멸망을 받았도다' 라고 했다. 음행이란 사람의 음란한 행실을 의미하는데 성경에서는 정조를 깨뜨리는 행위나 실제상의 성행위 외에도 우상을 섬기는 등 종교적 불성실에 대해서도 이 말을 쓰고 있다. 발람의 길은 어그러진 길이다.

참고 성구 민 22:22 신 23:4 잠 1:5 벧후 2:14,18 수 13:22

III. 발람은 가르침이 참되지 못했다 / 부도덕【계 2:14】

성경은 '그러나 네게 두어 가지 책망할 것이 있나니 거기 네게 발람의 교훈을 지키는 자들이 있도다 발람이 발락을 가르쳐 이스라엘 자손 앞에 걸림돌을 놓아 우상의 제물을 먹게 하였고 또 행음하게 하였느니라' 고 했다. 부도덕이란 도덕에 어긋남이나 도덕적이 아님을 말한다. 발람은 자신이 선지자임에도 하나님의 뜻과 달리 선민 이스라엘 민족에게 우상의 제물을 먹게 하고 또 행음하게 함으로써 도덕적으로 타락하게 만들었다.

참고 성구 민 25:1-2,18 고전 10:8 히 13:4 벧후 2:1

■결론■ 이와 같이 발람의 가증한 특성을 알았은즉 성도는 탐욕을 버리고 영육 간에 음행을 멀리하고 부도덕한 삶을 멀리하여 거룩하신 하나님을 닮는 자들이 되자.

■해설■ **가증한 것**

성경에서 '가증한 것'(abomination) - 혐오해야 만할 것은 히브리어 '토에바'와 헬라어 '브델루그마'에 대한 번역으로 이 말은 외국인의 풍습과의 어떤 접촉과 그런 풍습에 따른 세속적인 면에 적용된다. 비록 선한 것이라 할지라도 악인들이 행할 때는 하나님에 의해 가증한 것으로 판단된다. 하나님이 가증한 것으로 여기시는 부도덕한 행위들은 거짓된 저울추와 되를 사용함, 허위보고, 부정한 재판, 부적절한 제물을 가져옴 등으로 성적 변태 행위와 이방인의 종교의식은 여호와께 혐오스러운 것이다. 이외에도 '피굴'과 '쉐케쓰'가 '가증한 것'으로 번역됨은 하나님께 열납될 수 없는 것을 말한다.

■참고■ **성경에 나타난 교묘하게 행한 일들**

• 가롯 유다 - 마리아의 나드 한 근을 시비 잡은 그는 실은 도적이라 돈 궤를 맡아 거기 넣는 것을 훔쳐감(요 12:1-6) • 야곱 - 형 에서에게서 장자의 명분과 복을 탈취해감(창 27:36) • 발람 - 자신의 목적의 이익을 위하여 드리는 제사의 원리로, 말 못하는 나귀에게 책망받은 간사한 자임(민 22:25-35, 벧후 2:15, 유 1:11) • 아나니아 - 양심을 속이고 사도들까지 속이려 함(행 5:2) • 서기관과 제사장들의 정탐꾼들 - 아무것도 없는 허물을 책잡고자 교묘한 질문을 던짐(눅 20:19-26) • 사탄 - 하와에게 했듯이 말의 미끼로 교묘히 불순종하게 만듦(창 3:1-6, 고후 11:3)

■예화■ **길**

길의 의미는 첫째, 사람이나 물건들이 어떠한 곳에서 다른 곳으로 옮겨가려고 물에나 공중에나 두고 다니는 선이고 둘째, 사람이 사는 동안에 꼭 지켜야 하는 도리라고 사전에 기록되어 있다. 인구가 증가하고 교통이 범람하다보니 인간의 생명을 보전하고 안전하게 하기 위해서 사람에게는 길이 필요하다. 자동차가 다니는 길도 있고 우마차가 다니는 길, 바다에는 배가 다니는 길, 하늘에는 비행기가 다니는 길이 정해져 있다. 만일 길이 아닌 곳을 가다가는 사고를 당한다. 나 하나가 차선을 안 지킴으로 나도 죽고 남도 죽이는 결과가 된다. 옛말에 "길이 아닌 곳은 가지도 말고 보지도 말라"고 했다. 길의 존재는 인간의 생명을 안전하게 보호하기 위한 것이므로 좀 돌아간다 하더라도 바른 길을 찾아가는 것이 인간이 지킬 의무요, 도리라고 생각한다. 요새 우리 기독교 안에는 자칭 구세주들이 많이 나타난다. 그리스도를 가장하여 축복을 준다고 유혹하니 철없는 어린 신자들이 따라가다가 잘못되어 가정이 파탄되고, 사업이 망하고, 패가망신하는 사람들을 많이 본다. 전도관 박태선 장로, 통일교 문선명 같은 인간이 어떻게 인간의 참된 길이 될 수 있단 말인가? 예수님은 "내가 곧 길이요 진리요 생명이니 나로 말미암지 않고는 아버지께로 올 자가 없느니라"(요 14:6)라고 하셨다. (숨겨진 보화 / 김리관)

● 간구 ●

간구하는 자를 향한 하나님의 세 모습

■본 문■ 그의 제사장들 중에는 모세와 아론이 있고 그의 이름을 부르는 자들 중에는 사무엘이 있도다 그들이 여호와께 간구하매 응답하셨도다 [시 99:6]

■서 론■ 독일의 종교개혁자 마르틴 루터는 "내가 믿는 바를 고칠 수 없거니와 앞으로도 고치지 않으렵니다. 이것이 나의 주장이오니 하나님이여, 나를 도와주소서!"라고 했다. 하나님은 간구하는 자에게?

■말씀■

Ⅰ. 간구하는 자에게 응답하신다 [시 99:6]

성경은 '그의 제사장들 중에는 모세와 아론이 있고 그의 이름을 부르는 자들 중에는 사무엘이 있도다 그들이 여호와께 간구하매 응답하셨도다'라고 했다. 응답하셨도다는 히브리어 '아나'로 물음이나 부름에 대답하는 것을 말한다. 하나님은 자신의 의도에 맞게 당신의 이름을 부르며 간구하는 자에게 응답하시는 성도의 아버지이시다. 하나님은 '너는 내게 부르짖으라'고 하셨다.

참고 성구 눅 2:37-38 사 58:9 렘 33:3 눅 11:9 요 15:7

Ⅱ. 간구하는 자의 영혼을 강건케 하신다 [시 138:3]

성경은 '내가 간구하는 날에 주께서 응답하시고 내 영혼에 힘을 주어 나를 강하게 하셨나이다'라고 했다. 하나님은 간구, 곧 바라고 구하는 자에게 응답하시고, 간구하는 자의 영혼을 돌아보시고 그 영혼을 강건케 하시는 성도의 하나님이시다. 우리의 간구를 들으시는 하나님 아버지는 전지전능하시며 무소부재하신 천지를 지으신 창조주이시다.

참고 성구 사 40:31 엡 3:16 사 41:10 요삼 1:2 고후 12:9

Ⅲ. 간구하는 자를 가까이 하신다 [시 145:18]

성경은 '여호와께서는 자기에게 간구하는 모든 자 곧 진실하게 간구하는 모든 자에게 가까이 하시는도다'라고 했다. 가까이 하는 것은 무엇인가? 이는 허물이 없이 사귄다는 뜻이다. 우리의 하나님 아버지는 당신에게 진실되게 바라고 구하는 성도들에게 자신을 나타내시고 뿐만 아니라 허물이 없이 사귀고 싶어 하시므로 간구로 하나님과 교제하는 성도가 되자.

참고 성구 요 4:24 시 16:8 시 34:18 렘 23:23 행 17:27

■결 론■ 이와 같이 간구하는 자를 향한 하나님의 모습을 알았으니 성도는 항상 간구하는 자가 되어 하나님 아버지와 영혼의 교제를 통해 동행하는 삶을 사는 자들이 되자.

■해설■ 간구

R.A. 토리 박사는 "은혜를 받기 위해 간구하자. 간구하되 항상 쉬지 말고 간구하자. 꾸준히 싫증내지 말고 간구하자. 하나님께서는 이런 점의 염치없는 구걸을 기뻐하신다. 왜냐하면 이런 추근추근한 애걸은 하나님께 대한 믿음을 표시하는 것이며, 하나님께서는 이 믿음을 매우 즐겨하시기 때문이다. 우리가 염치없이 간구함으로써 하나님께서는 우리의 간구를 들으시고, 우리의 요구하는 바를 들어주신다(눅 11:8). 하나님께서는 넘쳐 흐르는 강물 같은 궁휼과 은혜를 준비하고 계시는데 우리는 실날 같은 물줄기의 은혜를 받고 있으니 이 얼마나 유감스런 일인가!"라고 말했다.

■참고■ 각종 간구자들

- 이삭 - 아내 리브가의 잉태를 위해 간구함(창 25:21) • 야곱 - 사람이 할 일을 다한 뒤 하나님께 형 에서로부터 구원함을 간구함(창 32:11) • 모세 - 주의 기업인 이스라엘 백성을 멸하지 않도록 간구함(신 9:26-29) • 다윗 - 밧세바와의 불륜으로 잉태된 자식의 생명을 간절히 간구함(삼하 12:16, 대상 21:8) • 히스기야 - 앗수르 왕 산헤립의 침공시 구국의 간구를 드림(왕하 19:14-19, 사 38:1-8) • 다니엘 - 하나님의 진리를 깨닫기 원했을 때(단 9:18-22) • 야이로 - 딸의 고침을 간구함(눅 8:41) • 요한 - 가이오에게 성도의 형통을 구함(요삼 1:2)

■예화■ 최선의 응답

"구하라, 받을 것이다. 찾으라, 얻을 것이다. 문을 두드리라, 열릴 것이다. 너희 중에 아들이 빵을 달라는데 돌을 줄 사람이 어디 있으며 생선을 달라는데 뱀을 줄 사람이 어디 있겠느냐. 너희는 악하면서도 자기 자녀에게 좋은 것을 줄 줄 알거든, 하물며 하늘에 계신 너희 아버지께서야 구하는 사람에게 더 좋은 것을 주시지 않겠느냐?"(마 7:7-12) 예수께서 분명히 이렇게 말씀하셨으니 믿고 기도하는 자에게 형통치 못함이 있을 리 없다. 단지 어떤 형통인가가 문제다. 세상 모든 것이 금이 되게 해 달라는 어리석은 임금의 소원이나, 비 오는 날만 계속 되게 해 달라는 우산 장수의 소원, 맑은 날만 계속되게 해 달라는 짚신 장수의 소원 같은 것이 그대로 성취되기는 어려울 것이고, 노력하지 않는 학생이 비는 합격이나 살인강도가 참회도 않고 비는 무사태평이 이루어질 수는 없을 것이다. 하나님께서 사람들의 소원을 들어주시는 것은 문제도 아니다. 그러나 초능력만을 과시하는 수퍼맨도 아니고 자비와 사랑의 아버지이신 하나님이시니 길이 복되고 유익한 것으로 주시는 것이 당연한 것이다. 그래서 떡을 달라는 자에게 때로 돌을 주실 것이고 합격을 비는 자에게 낙방도 주실 것이다. 그러나 어떤 것이든 일단 소원을 들으시면, 비록 그가 달라는 그때 바로 그것이 아니라도, 그에게 맞는 최선의 것을 주실 것은 틀림없다. 그러므로 참 믿음은 '오직 당신의 뜻'임을 기도하며 순종하는 것이다. (행복한 마음)

● 간음 ●

간음하는 자들을 멀리해야 하는 이유 세 가지

■ 본 문 ■ 모든 사람은 결혼을 귀히 여기고 침소를 더럽히지 않게 하라 음행하는 자들과 간음하는 자들을 하나님이 심판하시리라 [히 13:4]

■ 서 론 ■ 신학자 허쉘 포오드는 "성경은 이해하기 힘든 곳이 많다. 하지만 십계명 중 제 7계명인 '간음하지 말지니라'에 대해서는 아주 분명하다"라고 했다. 간음하는 자들을 멀리하는 이유는?

■ 말씀 ■

I. 간음하는 자들은 성도의 교제를 파괴하기에 [고전 5:11]

성경은 '이제 내가 너희에게 쓴 것은 만일 어떤 형제라 일컫는 자가 음행하거나 … 사귀지도 말고 그런 자와는 함께 먹지도 말라 함이라'고 했다. 간음이란 무엇인가? 이는 아내 있는 남자가, 또는 남편 있는 여자가 다른 이성과 성적인 관계를 맺는 일로서 이는 음행, 곧 음란한 행실이다. 성도는 거룩한 행실로 하나님께 영광을 돌리는 자이다.

참고 성구 고전 5:9 고후 6:17-18 살후 3:6 약 4:4

II. 간음하는 자들은 하나님 나라에 못 들어가기에 [고전 6:9]

성경은 '불의한 자가 하나님의 나라를 유업으로 받지 못할 줄을 알지 못하느냐 미혹을 받지 말라 음행하는 자나'라고 했다. 유업이란 헬라어 '클레로노미아'로 자녀들이 보통 선대로부터 물려받은 유업을 이르는 말이다. 성경에서는 하나님의 백성들이 얻게 되는 하나님의 나라, 곧 천국 그 자체를 의미하기도 한다. 천국은 의로운 하나님의 자녀들이 소유하는 본향이다.

참고 성구 벧후 2:14 고전 6:19 출 20:14 신 22:22-29 계 21:8

III. 간음하는 자들은 하나님의 심판을 받기에 [히 13:4]

성경은 '모든 사람은 결혼을 귀히 여기고 침소를 더럽히지 않게 하라 음행하는 자들과 간음하는 자들을 하나님이 심판하시리라'고 했다. 심판이 무엇인가? 이는 지상에서의 삶에 대하여 사후나 역사의 종말에 내리는 하나님의 판정을 이르는 말로서, 음행하는 자들과 간음하는 자들은 그들의 행위대로 심판을 받아 영원한 불못에 참여한다.

참고 성구 마 5:28-29 전 3:17 유 1:7 롬 1:24-27 계 22:15

■ 결 론 ■ 이와 같이 간음하는 자들을 멀리해야 하는 이유를 알았은즉 성도는 하나님의 형상대로 지음을 받은 거룩한 자로서 영육 간에 순결을 유지하는 자들이 되자.

■해설■ **간음**
성경에서의 '간음'은 결혼한 사람이 자기의 합법적인 배우자가 아닌 사람과 계획적으로 동침함을 가리킨다. 그러나 때로 성경은, 비록 이러한 죄가 바로 결혼하지 않은 자와 이성의 사람 사이의 계획적인 동침의 죄를 가리키기는 하지만, 이런 죄를 '포르네이아' 곧 '음행'(고전5:1)이란 말로 나타낸다. 이러한 두 종류의 비행을 구별해야 할 곳에서 성경은 이 두 비행을 '포르노이' 곧 '음행자들'과 '모이코이' 곧 '간음자들'(고전 6:9)이라는 각각 다른 말로 나타낸다. 간음은 성경에서 특별히 가정과 가족의 신성을 위하여 금해져 있다(출 20:14, 신 5:18, 레 18:20, 20:10).

■참고■ **이들의 간음이 성경에 기록되어 있음**
• 롯 - 근친상간하여 큰 딸에게서 모압 족속이, 작은 딸에게서 암몬 족속이 생겨남(창 19:31-38) • 히위 족속 중 하몰의 아들 세겜 - 야곱의 딸 디나를 강제 성폭행함(창 34:2) • 유다 - 며느리인 다말과 근친상간하여 베레스와 세라를 얻음(창 38:1-24) • 엘리의 아들인 홉니와 비느하스 - 회막문에서 수종드는 여인을 범함(삼상 2:22) • 다윗 - 자기 부하 우리아의 아내 밧세바를 취함(삼하 11:4) • 다윗의 맏아들 암논 - 그의 이복동생 다말을 요나답의 계책으로 강제로 범함(삼하 13:1-20).

■예화■ **주홍글씨**
헤스터 프린이 죽은 후에도 친절과 자비의 한 상징으로 그녀의 묘비명에는 A자가 새겨져 있다. 나다니엘 호오돈의 〈주홍글씨〉는 인간의 양심과 죄로 인해 인간의 삶에 끼치는 영향, 죄를 자백하도록 인도해 주신 하나님의 자비로우심이 나타나 있는 작품이라고 할 수 있다. 젊고 아름다운 유부녀 헤스터 프린이 죄의 표적인 주홍글씨 A자를 달고 아기를 안은 채 처형대 위에 서 있는 장면이 이 책의 전반적인 줄거리를 암시해 주고 있다. 딤즈데일 신부와 간음죄를 저지르고서도 끝까지 간음의 상대를 밝히지 않은 채 자비와 선행에 힘씀으로써 속죄를 하는 헤스터, 그러나 그녀의 남편인 찰링워즈는 무자비한 방법으로 딤즈데일 신부를 괴롭히고 희롱하여 인간의 고귀한 영혼을 파괴시킨다. 딤즈데일 신부는 한 때의 열정으로, 십계명의 하나를 범한 죄로, 가책과 고통에 시달리는 심령의 지도자로 살아가다가 처형대 위에 서 있는 모녀를 보는 순간 군중들 앞에서 죄를 고백하고 죽는 것으로 이 책은 끝을 맺는다. 이 세 사람을 통해서 내면적인 죄악과 구원에 대한 열망, 간음죄를 고백함으로써 도덕적 승리와 성도의 성별됨을 암시하고 있다.

● 감사 ●

감사로 얻는 성도의 유익 세 가지

■본문■ 예수의 발 아래에 엎드리어 감사하니 그는 사마리아 사람이라 … 그에게 이르시되 일어나 가라 네 믿음이 너를 구원하였느니라 하시더라 【눅17:16-19】

■서론■ 영국의 작가 아이작 윌튼은 "하나님이 거하시는 곳은 두 곳이다. 하나는 천국이요, 다른 하나는 겸손하고 감사하는 심령이다"라고 했다. 감사로 얻는 성도의 유익은?

■말씀■
Ⅰ. 성도의 믿음을 온전케 한다 【눅 17:19】
성경은 '그에게 이르시되 일어나 가라 네 믿음이 너를 구원하였느니라 하시더라'고 했다. 열 명의 나병환자가 고침을 받았으나 오직 한 명만이 주님 예수께 와서 사례하며 하나님께 영광을 돌렸다. 하나님의 은혜는 예수를 통해서 모든 사람에게 주어졌다. 따라서 성도는 예수를 믿는 믿음에 더하여 감사하는 마음을 가질 때 믿음이 더욱 온전케 된다.

　　　참고 성구 살전 5:18 눅 17:16 골 3:15 빌 4:7 시 116:17

Ⅱ. 성도의 삶을 윤택케 한다 【고후 9:6】
성경은 '이것이 곧 적게 심는 자는 적게 거두고 많이 심는 자는 많이 거둔다 하는 말이로다'라고 했다. 신앙생활에 있어 믿음은 뿌리요 감사는 열매이다. 감사로 하나님께 영광을 돌리는 자는 그 삶이 항상 윤택할 것이다. 감사로 드리는 연보는 '율로기아', 곧 '복'으로 심어 '복'으로 거두는 것으로서, 이는 하나님께 감사와 찬양을 돌리게 하는 것이다.

　　　참고 성구 빌 2:17 눅 6:38 요 6:11 골 3:17 시 140:13

Ⅲ. 성도의 미래를 보장케 한다 【마 6:20】
성경은 '오직 너희를 위하여 보물을 하늘에 쌓아 두라 거기는 좀이나 동록이 해하지 못하며 도둑이 구멍을 뚫지도 못하고 도둑질도 못하느니라'고 했다. 보장이 무엇인가? 이는 잘못되는 일이 없도록 보증함을 의미하는 말로서, 감사로 제사를 드리는 성도는 하늘에 보물을 쌓는 자로서 하나님께서 그의 미래를 책임져 주실 것은 자명한 이치이다.

　　　참고 성구 눅 9:16-17 마 26:12 계 7:12 시 107:1,9 고전 15:57

■결론■ 이와 같이 감사로 얻는 성도의 유익을 알았으니 성도는 항상 기뻐하며, 쉬지 말고 기도하고, 범사에 감사하는 자세를 견지하여 하나님의 뜻을 이루자.

■해설■ **감사**

감사(Thanksgiving)는 구약 성경에서는 '토다', 신약 성경에서는 '유카리스티아' 혹은 '카리스'가 사용되고 있다. 감사는 타인에 의해 자기에게 보여진 호의에 대한 승인의 정을 의미하는데 기독교에 있어서는 특히 하나님 은혜에 대해 응답하는 사람의 물심(物心)의 표현을 말한다. 구약에서는 역사적 관점에서의 감사가 강하여 역사를 통해서 선민 이스라엘에 베푸신 구원의 행위에 대한 감사가 드려져 있다. 따라서 예배에 있어서 중요한 역할을 하는 것이 감사이고(시 95:2), 노래로서 또는 희생제물을 드리는 일로서 감사한 마음이 표시되었다(시 54:6). 신약에 있어서는 그리스도에게 감사의 원천이 있고 그 속죄해 주신데 내해 주께 감사하는 것이다. 예수께서는 감사의 중요성을 가르치셨고(눅 17:16-18) 또한 최후의 만찬 시 이에 새로운 의미를 더하셨다(막 14:22-23). 이로부터 '유카리스트'로 불리우게 되는 성만찬이 예배의 중심이 되었고(고전 11:24, 14:16) 바울은 범사에 감사하라(살전 5:18)고 하여 감사야말로 하나님을 향한 성도의 본분이자 일체의 장애를 극복하게 되는 힘인 것을 보여주고 있다.

■참고■ **주님, 참 감사합니다**

주님, 나는 당신에게 출세의 길을 위해 힘을 원했으나 당신은 제게 순종을 배우라고 나약함을 주셨습니다. 주님, 나는 위대한 일을 하고 싶어 건강을 청했으나 당신은 보다 큰 선을 행하게 하시려고 병고를 주셨습니다. 주님, 나는 행복하게 살고 싶어 부귀를 청했으나 당신은 내가 지혜로운 자가 되도록 가난을 주셨습니다. 주님, 나는 만인이 우러러 존경하는 자가 되고 싶어 명예를 청했으나 당신은 나를 비참하게 만드시어 당신만을 필요로 하게 해 주셨습니다. 주님, 나는 홀로 있기가 외로워 우정을 청했으나 당신은 세계의 형제들을 사랑하라는 넓은 마음을 주셨습니다. 주님, 나는 당신에게 내 삶을 즐겁게 해 줄 수 있는 모든 것을 청했으나 당신은 다른 모든 사람들을 즐겁게 해 주어야 하는 삶의 길을 주셨습니다. 비록 내가 당신께 청한 것을 하나도 받지 못하였으나 당신이 나에게 바라시던 그 모든 것을 주셨사오니 주님, 참으로 감사합니다. (그리스도의 편지 / 김성한)

■예화■ **하나님, 감사합니다**

영국의 유명한 매튜 헨리 목사에 얽힌 이야기이다. 매튜 헨리 목사는 우리가 잘 아는 대로 매튜 헨리 주석의 저자이다. 그 매튜 헨리 목사가 하루는 어떤 골목길을 가다가 강도를 만나 옷과 돈을 다 빼앗기고 매를 맞고 정신을 잃어버리게 되었다. 얼마쯤 지났을까! 정신을 차려보니 찬이슬이 내리고 있었다. 온 몸이 찌르는 듯이 아프고 상처투성이이며 피가 낭자히 흐르고 있었다. 간신히 일어나 비틀거리며 집을 찾아갔다. 쓰러질 듯이 집안으로 들어서니까 온 식구가 그 처참한 모습에 깜짝 놀라는 것이었다. 그러나 그는 아무 말도 하지 않고 서재로 들어갔다. 그리고는 피투성이의 몸을 엎드려 하나님께 감사의 기도를 드렸다. 그는 기도하였다. "하나님! 감사합니다. 비록 강도는 당했으나 생명만은 살아 돌아와서 가족들을 만나게 되었으니 감사합니다. 또한 감사한 것은 하나님께서 저를 택하여 예수를 믿게 해 주신 것을 감사합니다. 만약에 예수를 안 믿었다고 하면 나도 나를 때린 저 강도와 같이 범죄자가 되었을지 모를 것을 예수를 믿고 목사가 되게 하여 주셨으니 감사합니다. 또 이 세상의 모든 것을 다 버린다고 하더라도 내가 영원한 천국을 소유하게 되었으니 감사합니다."라고……(살전 5:18).

● 강제 ●

강제로라도 하면 좋은 것 세 가지

■본문■ 주인이 종에게 이르되 길과 산울타리 가로 나가서 사람을 강권하여 데려다가 내 집을 채우라 내가 너희에게 말하노니 전에 청하였던 그 사람들은 하나도 내 잔치를 맛보지 못하리라 하였다 하시니라 【눅 14:23,24】

■서 론■ 강제(强制)란 본인의 의사를 무시하고 우격다짐으로 따르게 함을 의미하는 말이다. 다음은 강제로라도 하면 좋은 것을 서술한 것으로 이는?

■말 씀■

Ⅰ. 하나님의 말씀을 들으려고 서로 밀치는 것 【눅 5:1】

성경은 '무리가 몰려와서 하나님의 말씀을 들을새 예수는 게네사렛 호숫가에 서서' 라 했다. 하나님의 말씀은 사람에게 필요한 영혼의 양식이다. 그래서 선지자 아모스는 '여호와의 말씀을 듣지 못한 기갈이라' 고 했다. 사람들이 이 영의 양식을 목말라하여 사모함은 구원과 영생을 얻기 위함이다. 따라서 사람들을 강제로라도 주님 앞에 나아오게 해야 한다.

　　참고 성구 암 8:11　고후 6:2　행 16:15,40　사 55:6　히 4:11

Ⅱ. 하나님 나라에 들어가려고 사람들이 밀려오는 것 【눅 13:29】

성경은 '사람들이 동서남북으로부터 와서 하나님의 나라 잔치에 참여하리니' 라고 했다. 하나님의 나라는 하나님의 뜻대로 정의와 사랑을 실천하며 사는 의인들이 들어가는 곳이다. 사람들이 영생이 있는 하나님의 나라에 들어가려고 서로 밀치며 침노하고 있다. 성도들은 강제로라도 불신자들에게 천국 복음을 전파하여 그들을 구원의 반열에 들게 해야 한다.

　　참고 성구 마 7:13-14, 11:12　눅 14:23,16:16　행 2:41, 28:23

Ⅲ. 하나님의 부르신 부름의 상을 위해 좇는 것 【빌 3:14】

성경은 '푯대를 향하여 그리스도 예수 안에서 하나님이 위에서 부르신 부름의 상을 위하여 달려가노라' 고 했다. 푯대란 무엇인가? 이는 목표나 표지로 세우는 대를 이른 말로서, 사도 바울은 자기에게 유용했던 모든 것을 배설물과 같이 여기고 오로지 하나님께서 위에서 부르신 부름의 상을 목표로 하여 그의 전 생애를 복음을 위해서 질주했다. 주님은 바울을 택한 나의 그릇이라고 했다.

　　참고 성구 마 19:12,27　행20:24　고전 9:24　딤후 4:7-8　벧전 5:4　행 9:15

■결 론■ 이와 같이 강제로라도 천국 잔치에 인도하면 좋은 것을 알았은즉 성도는 육적인 것을 버리고 영적인 것을 취하여 주의 말씀과 하나님 나라를 대망하고 주신 전도의 사명을 완수하는 자들이 되자.

■해설■ **공정한 재판**

미국의 미조리 주의 '제임스 허킨스 페트' 판사는 1823년에 센트루이스의 지방 재판소의 판사로 임명되어 무려 14년 동안이나 재직했다. 그는 항상 정의와 진실이 밝혀지고 억울한 사람이 없도록 재판할 수 있게 해 달라고 기도했다. 그는 재판 중에는 언제나 흰 헝겊으로 눈을 싸매고 있었으니 그것은 공정한 재판을 위해서였다. 그래서 그에게 제출된 서류는 모두 법정의 서기가 낭독하였다. 그가 아침마다 법정에 들어갈 때 흰 헝겊으로 눈을 가리고 있는 동안은 부축하는 사람이 꼭 따라다녔다. 이토록 철저히 재판을 하니 벌을 받은 사람조차도 그를 존경하였다고 한다.

■참고■ **자기의 목적을 이루려고 강압을 편 사람들**
- 소돔 백성 - 롯의 집에 몰려와 저녁에 네게 온 사람을 끌어내라고 하면서 상관(성행위)하리라고 위협함(창 19:5-9)
- 들릴라 - 블레셋의 사주를 받아 삼손의 힘의 비밀을 알고자 날마다 재촉하여 삼손이 번뇌하여 죽을 지경이 됨(삿 16:16)
- 압살롬 - 누이 다말이 이복 형 암논에게 욕을 보자 2년 뒤에 에브라임에서 양 털깎는 큰 연회를 배설해 복수코자 다윗에게 초청을 간청함(삼하 13:23-30)
- 유대인들 - 예수를 십자가에 못 박으라고 빌라도를 강권하고 정치적인 말을 서슴지 않음(눅 23:23, 요19:12)

■예화■ **결단의 밤**

UCLA 대학의 학생 집회의 설교를 마쳤을 때 내 설교의 결론 부분에 화가 난 어떤 학생이 내게 찾아왔다. 그는 큰소리로 다음과 같이 말했다. "당신은 이 학생들에게 자신의 견해를 강요할 권리가 없습니다. 당신의 종교적인 견해에 부분적으로 동조할지는 모르지만 나는 전적으로 거부합니다." 나는 그가 캠퍼스의 공산주의자들의 지도자이며 성경도 하나님도 믿지 않는다는 것을 알았다. 나는 그와 저녁 식사를 하면서 많은 이야기를 나누었다. 논쟁은 전혀 없었고 단지 그에게 아주 중요한 것을 읽어 주고 싶다고 말했다. 그는 "나는 성경에 대해서 아무것도 듣고 싶지 않을 뿐만 아니라, 믿지 않습니다."라고 말하면서 거절했다. 나는 다시 "괜찮으시다면 조금만 읽어 드리겠습니다."라고 말하고 요한복음 1장을 펼쳤다. "태초에 말씀이 계시니라 이 말씀이 하나님과 함께 계셨으니 이 말씀은 곧 하나님이시라……" 그리고는 골로새서 1장, 히브리서 1장 등 그리스도를 보이지 않는 형상으로, 창조주로서 동일시하고 있는 부분들을 읽어 주었다. 내가 각 구절을 읽을 때 그의 불꽃 같던 분노는 흥미로, 그리고 하나님의 사랑과 따뜻함을 체험하고는 회개하는 아들의 모습이 되었다. 그는 모든 저항을 포기했다. 그날 밤 그가 떠나려고 일어섰을 때 방명록에 서명을 해 달라고 요청했다. 그는 다음과 같이 서명했다. '결단의 밤' 이라고……. (오늘도 주님과 함께 / 빌 브라이트)

● 거듭남 ●

거듭난 자가 행해야 하는 세 가지

■본 문■ 너희는 이 세대를 본받지 말고 오직 마음을 새롭게 함으로 변화를 받아 하나님의 선하시고 기뻐하시고 온전하신 뜻이 무엇인지 분별하도록 하라 【롬 12:2】

■서 론■ 거듭남, 곧 중생(重生)은 새 생명의 원리를 인간 속에 심어주고 영혼의 주도적 성향을 성화시키는 하나님의 행위를 일컫는 말이다. 거듭난 자가 행해야 하는 일들은?

■말 씀■

Ⅰ. 옛 사람을 벗어 버려야 한다 【엡 4:22,23】

성경은 '너희는 유혹의 욕심을 따라 썩어져 가는 구습을 따르는 옛 사람을 벗어 버리고 오직 너희의 심령이 새롭게 되어' 라고 했다. 옛 사람이 무엇인가? 이는 새 사람에 반대되는 말로서 아담에 속한 사람으로 죄를 섬기고, 죄로 인하여 멸망당할 사람을 일컫는 말로서 낡은 자아(自我), 옛 자아, 육(肉)이라는 말과도 같다. 성도는 옛 사람을 벗고 새사람이 된 자이다.

참고 성구 요 3:5 딛 3:3 고후 4:16 골 3:9-10 엡 2:3,15, 4:24

Ⅱ. 육신의 일을 도모하지 말아야 한다 【롬 12:2】

성경은 '너희는 이 세대를 본받지 말고 오직 마음을 새롭게 함으로 변화를 받아 하나님의 선하시고 기뻐하시고 온전하신 뜻이 무엇인지 분별하도록 하라' 고 했다. 육신이 무엇인가? 이는 성경에 있어서 주로 인간의 한계를 나타내는데 쓰는 용어로서 하나님 또는 영과의 대비에 있어서 많이 쓰여졌다. 거듭난 자는 이제 육신의 일을 도모하지 말아야 한다.

참고 성구 갈 5:19-21 요 6:63 고전 2:14, 15:50, 롬 8:6-8

Ⅲ. 영적 양식을 사모해야 한다 【벧전 2:2】

성경은 '갓난 아기들 같이 순전하고 신령한 젖을 사모하라 이는 그로 말미암아 너희로 구원에 이르도록 자라게 하려 함이라' 고 했다. 젖이란 무엇인가? 이는 자식을 키우기 위해 포유류의 유선에서 분비되는 액체를 이르는 말로서, 신령한 젖은 그리스도 안에서 새로 거듭난 자가 건전한 성도의 생활을 지키고, 성장하기 위한 영양이 되는 하나님의 말씀 곧 영적 양식을 일컫는 말이다.

참고 성구 시 119:103 요 6:55 딤후 3:15-16 요 6:27

■결 론■ 이와 같이 거듭난 자가 행해야 하는 것들을 알았은즉 성도는 새 사람을 입은 자답게 육신의 일을 버리고 영의 사람으로 영적 양식을 사모하는 자들이 되자.

■해설■ 중생

중생(regeneration, 重生) 혹은 신생(新生)이란 성령님의 은혜롭고 주권적 행위로 타락했던 인간의 본성이 내적으로 재창조(再創造)되는 것이다(요 3:5-8, 고후 5:17). 중생을 뜻하는 '팔링게네시아'란 명사는 성경에서 마 19:28과 딛 3:5 두 곳에 나온다. 마 19:28에는 종말에 메시야의 통치하에 만물이 회복되는 것(행 3:21), 우주가 새로워지는 것을 가리키는데, 개인의 신생은 그 안에 포함된다. 디도서 3:5에서는 개인이 다시 새로워지는 것을 의미한다. 그 외에 중생이란 사상은 여러 가지로 표현되었다. 요한복음과 요한일서에서 신생은 '위로부터 난 것'(요 3:3,7), '물과 성령으로 된 것'(요 3:5, 3:8, 겔 36:25-27), 거저 하나님으로부터 난 것인데(요 1:13), 모두 개인의 구원을 제시하고 있고, 동사(겐나오, 낳다)를 사용하여 단번에(once for all) 이루신 하나님의 사역을 가리켰다(히 9:28).

■참고■ 중생의 다른 표현

• 거듭남 - 예수 그리스도의 죽은 자 가운데서 부활하심으로 우리를 거듭나게 하사 산 소망이 있게 하시며(벧전 1:3) • 이름이 하늘에 기록됨- 귀신들이 너희에게 항복하는 것으로 기뻐 말고 너희 이름이 하늘에 기록된 것으로 기뻐하라(눅 10:20) • 하나님의 씨 - 하나님께로서 난 자마다 죄를 짓지 아니하나니 이는 하나님의 씨가 그 속에 거함이요(요일 3:9) • 마음의 할례 - 여호와께서 네 마음과 네 자손의 마음에 할례를 베푸사(신 30:6) • 새로운 피조물 - 누구든지 그리스도 안에 있으면 새로운 피조물이라 이전 것은 지나갔으니 보라 새것이 되었도다(고후 5:17) • 새 생명 - 우리로 또한 새 생명 가운데서 행하게 하려 함이라(롬 6:4).

■예화■ 어머니의 기도

위대한 복음 전도자요, 신학자요, '나 같은 죄인 살리신'의 찬송가의 작시자로 알려진 존 뉴턴은 영국 태생으로, 7세 때 어머니를 잃고 비뚤게 자라났다. 학교마저 그만두고 지중해를 항해하던 아버지를 따라 배를 타고 다니면서 뱃사람들의 좋지 않은 습성들을 배우기 시작했으며 나중에는 비정한 사람이 되어 온갖 나쁜 짓을 일삼았다. 그러다가 그는 아프리카 선단에 가입하여 그 배의 선장이 되었다. 그가 하는 일은 아프리카의 흑인을 잡아다가 노예 상인들에게 팔아 넘기는 일이었다. 그는 인정이라고는 조금도 없는 아주 흉악한 사람이었다. 그런데 그의 어머니는 아들의 신앙을 위해 끊임없이 눈물로 기도하는 기도의 사람이었다. 아들을 위한 기도는 결코 땅에 떨어지는 헛된 기도가 아니었다. 어느 날, 뉴턴이 대서양을 항해하는데 큰 폭풍우가 몰아닥쳤다. 순식간에 배는 파선의 위험에 처하게 되었고 배 안은 온통 수라장이 되었다. 그 때 뉴턴은 어릴 적 어머니의 기도를 떠올리게 되었고, 항상 호주머니 속에만 넣어 두었던 성경을 꺼내 들고는 하나님께 간절히 기도를 드렸다. "내 어머니의 하나님이시여, 저의 모든 죄를 용서해 주시고 저에게 단 한 번만 기회를 주옵소서. 저를 이 죽음에서 구해주시면 내 일생을 주님께 바치겠습니다." 그 무섭던 바다가 잠잠해졌을 때 그는 더 이상 예전의 그가 아니었다. 그는 위대한 복음 전도자요, 신학자요, 찬송가 작시자로 새롭게 거듭난 사람이 된 것이다. 부모가 자녀에게 주어야 할 것은 진정한 기도가 최상인 것이다. (국민일보)

● 거룩 ●

거룩한 삶을 영위하는 이유 세 가지

■본 문■ 오직 너희를 부르신 거룩한 이처럼 너희도 모든 행실에 거룩한 자가 되라 기록되었으되 내가 거룩하니 너희도 거룩할지어다 하셨느니라 [벧전 1:15-16]

■서 론■ 신학자 존 스토트는" 거룩함이 생명의 길이라고 확신한다면 우리는 더 열심히 거룩함을 추구할 것이다" 라고 했다. 성도가 거룩한 삶을 영위하는 이유는?

■말씀■

I. 하나님이 거룩하시므로 [벧전 1:15]

성경은 '오직 너희를 부르신 거룩한 이처럼 너희도 모든 행실에 거룩한 자가 되라' 고 했다. 거룩이란 무엇인가? 이는 성스럽고 위대하는의 뜻으로, 불의와 더러움에서 분리된 거룩한 상태에 대한 용어이다. '거룩' 으로 번역된 헬라어 '하기오스' 는 주로 하나님과 연관되어 사용되었다. 거룩은 하나님의 속성이다. 성도는 성별함을 받은 귀한 존재로서 하나님의 거룩하신 빛을 반사하는 그의 성민이다.

참고 성구 레 11:45 고후 7:1 계 15:4 딛 2:14

II. 세상의 종말이 임박했으므로 [벧후 3:11,12]

성경은 '너희가 어떠한 사람이 되어야 마땅하냐 거룩한 행실과 경건함으로 하나님의 날이 임하기를 바라보고 간절히 사모하라' 고 했다. 종말이 무엇인가? 이는 계속 되어온 일이나 현상의 마지막으로 맨 나중의 끝을 의미하는 말이다. 성도는 이 세상의 종말이 임박했고 주님 예수의 재림이 가까워 오므로 주님의 신부답게 거룩한 삶을 영위해야 한다.

참고 성구 롬 13:11-14 딤후 3:5 마 24:37-39, 42-44

III. 하나님 나라의 기업을 얻으므로 [엡 5:5]

성경은 '너희도 정녕 이것을 알거니와 음행하는 자나 더러운 자나 탐하는 자 곧 우상 숭배자는 다 그리스도와 하나님의 나라에서 기업을 얻지 못하리니' 라고 했다. 기업이 무엇인가? 이는 부모나 근친으로부터 물려받은 재산과 사업을 일컫는 말로서, 신약에서는 기업의 개념이 하나님의 아들이신 만물의 상속자 예수 그리스도의 인격과 사업과 연관되며 이는 성도의 분깃이다.

참고 성구 행 20:32 골 1:12 벧전 1:4 고전 6:9-11 스 10:10-11

■결론■ 이와 같이 거룩한 삶을 영위하는 이유를 알았은즉 성도는 세상의 종말에 거룩함을 유지하여 하나님이 주시는 기업을 취하는 하나님의 백성이 되자.

■해설■ **거룩**

구약에는 '거룩'을 의미하는 카도쉬와 '거룩함'을 의미하는 카데쉬가 830회 이상 나온다. 어원학적으로 확실치 않지만 종교적 의미에서 본 히브리어의 근본개념은 '탈퇴', '헌신'의 의미, 곧 세속적인 것이나 부정한 것으로부터의 탈퇴, 신성하고 성스럽고 순수한 것에 대한 헌신을 뜻한다. 이는 하나님께 적용(출 3:4-5, 레 11:44)과 기물과 제도에 적용(출애굽기와 레위기의 장막과 부속물과 부류를 언급)과, 사람에게 적용(출29:1, 시 15:1, 사57:15)되었다. 신약에서는 같은 어원의 말인 '하기오스'를 사용, 표현했는데 다음의 성경 구절을 참조하라(고전 1:30, 요일 2:1-6, 롬 6:22, 고후 7:1, 살전 5:23, 엡 1:4, 벧전 2:9).

■참고■ **거룩한 성도의 갖가지 행함들**
- 빛 가운데 거함(요일 1:7) • 진리 안에서 행함(요삼 1:3-4) • 그리스도 안에서 행함(갈 5:16,25) • 사랑 가운데서 행함(엡 5:8) • 빛의 자녀들처럼 행함(엡 5:8) • 그리스도가 행하신대로 행함(요일 2:6) • 계명을 좇음(요이 1:6) • 믿음으로 행함(고후 5:7) • 선한 일을 위해 행함(엡 2:10, 골 1:10) • 하나님의 부르심에 합당하게 행함(엡 4:1, 살전 2:12) • 주의하여 행함(엡 5:15) • 지혜롭게 행함(골 4:5) • 하나님을 기쁘시게 행함(살전 4:1)

■예화■ **거룩한 결정**

존 웨슬리가 젊었을 때 그는 자신에게는 1년에 28파운드(65달러)가 필요하다고 생각했다. 기본적으로 물가는 동일했기 때문에 그는 일생동안 그 소비수준을 유지할 수가 있었다. 웨슬리가 처음 이러한 결정을 내렸을 때 그의 연간 수입은 30파운드였다. 다음해의 책 판매는 그로 하여금 연간 1,400파운드를 벌게 했지만 그는 여전히 28파운드로 생활했으며 나머지는 투자를 했다. 물론 웨슬리는 그의 생 대부분을 혼자 지냈고 자녀들도 전혀 없었기 때문에 가족에 대한 재정적인 부담은 없었다. 이러한 생각은 건전한 것이다. 우리는 이와 같은 일을 할 수 있다. 원칙은 확고하다. 또 다른 예가 있다. 만약 아내와 남편이 맞벌이를 하고자 한다면 한쪽 봉급만을 가지고 생활하는 훈련을 하라. 그리고 다른쪽 봉급은 투자하라. 이런 식으로 한 부부가 잠재적으로 한 선교사 가족 전체를 부양할 수 있다. 이보다 더 나은 투자가 어디에 있겠는가? 모든 신앙인 맞벌이 부부들이 한쪽의 봉급을 선교에 투자한다면 전세계의 선교사역에 무슨 일이 일어날지 생각해 보라. 당신의 수입을 주의깊게 분석해 보라. 당신의 삶에 있어서 소비를 축소화함으로써 당신이 번 수입의 반으로만 살 수 있는 방법이 있는가? 그렇다면 그 돈을 쓰는 것보다 하나님의 나라를 위해서 투자하라. 보통 일반예금이나 저축을 하기 시작하는 것이 최선이다. 이렇게 예금된 돈은 전적으로 하나님의 나라를 위해 쓰여지는 것이다. (소박함의 자유 / 리차드 포스터)

● 거짓 ●

거짓 교훈에 대한 바른 태도 세 가지

■ 본 문 ■ 이같은 자들은 우리 주 그리스도를 섬기지 아니하고 다만 자기들의 배만 섬기나니 교활한 말과 아첨하는 말로 순진한 자들의 마음을 미혹하느니라 【롬 16:18】

■ 서 론 ■ 프랑스의 과학자요 저술가인 파스칼은 "무지함을 두려워 말라. 거짓 지식을 두려워 하라"고 했다. 성도가 거짓 교훈에 대한 바른 태도는?

■ 말씀 ■

I. 거짓 교사에게서 떠난다 【롬 16:17】

성경은 '형제들아 내가 너희를 권하노니 너희가 배운 교훈을 거슬러 분쟁을 일으키거나 거치게 하는 자들을 살피고 그들에게서 떠나라'고 했다. 교훈이란 무엇인가? 이는 사람으로서 나아갈 길을 그르치지 않도록 가르치고 깨우침, 또는 그 가르침을 말한다. 성도는 거짓 교훈을 가르치는 거짓 교사에게서 떠나 그들의 미혹에 현혹되지 말아야 한다.

　　참고 성구 빌 3:18-19 딤전 6:20-21 딤후 4:3 벧전 4:7

II. 영을 시험해 본다 【요일 4:1】

성경은 '사랑하는 자들아 영을 다 믿지 말고 오직 영들이 하나님께 속하였나 분별하라 많은 거짓 선지자가 세상에 나왔음이라'고 했다. 분별이 무엇인가? 이는 무슨 일을 사리에 맞게 판단하는 것이나 그 판단력을 말한다. 성도는 하나님께 속한 천사의 영인가 아니면 사탄과 그에 속한 귀신들의 영인가 그 영적 실체를 시험하고 판단해야 한다.

　　참고 성구 딛 3:10 요일 4:2-3 요이 1:7 고전 12:3

III. 거짓 교훈을 싫어한다 【유 1:23】

성경은 '또 어떤 자를 불에서 끌어내어 구원하라 또 어떤 자를 그 육체로 더럽힌 옷까지도 미워하되 두려움으로 긍휼히 여기라'고 했다. 어떤 사람은 이단자에게 미혹되어 멸망의 불속에 들어가 있으면서도 자신에 닥친 영적 위급성을 알지 못한다. 성도는 거짓 교훈을 싫어하고 불구덩이에서 그을린 나무를 끄집어내듯 미혹된 이들을 거짓 교사의 소굴에서 건져내야 한다.

　　참고 성구 마 24:24 벧후 2:2 딤후 3:8 딤전 6:11-12

■ 결 론 ■ 이와 같이 거짓 교훈에 대한 바른 태도를 알았으니 성도는 이단사설을 퍼뜨리는 거짓 교사를 배척하고 그들의 교훈에 미혹되지 않도록 말씀에 바로 서는 자가 되자.

■해설■ 교훈

'교훈'(Doctrine)이란 신학적인 주제들에 관한 성경의 가르침이다. 이것은 '교리'(Dogma)와는 다르다. 즉 '교훈'이란 교회 회의에서 신학적인 진리를 교리의 형식으로 작성하기 위해 결정적이고 때로는 논쟁적인 형태로 사용된 하나님의 말씀 자체를 가리키지만, '교리'란 교회에서 권위적으로 확정된 것을 가리킨다. 오늘날 신학적인 논문들에 있어서 교훈이란 때때로 영적인 삶과 대조적으로 사용되고 있는데 교훈과 영적인 삶, 곧 신령한 생활이 반대적인 의미로 사용되는 것은 온당치 못하다. 이 둘은 상호보완적이므로 바울은 바른(건전한) 교훈(딤전 1:10, 딛 2:1)을 언급하면서 참된 교리는 생명을 주는 것임을 확증하고 있다.

■참고■ 참된 교훈을 준 이들과 이름이 지닌 뜻(롬 16장)
- 뵈뵈(빛을 비춤) - 우리는 주 안에서 빛임(엡 5:8, 마 5:16)
- 안드로니고(유명히 여김을 받은 자) - 더욱 큰 은사를 사모하라(고전12:31)
- 우르바노(정중함) - 너희 말을 항상 은혜 가운데서 소금으로 고루게 함같이 하라(골 4:6)
- 아리스도불로(가장 좋은 상담자) - 말씀을 전파하라 때를 얻든지 못 얻든지 항상 힘쓰라(딤후 4:2)
- 블레곤(열심있는 자) - 선한 일에 열심하는 친 백성이 되게(딛2:14)
- 올름바(하늘의) - 함께 하늘의 부르심을 입은 형제들아(히 3:1, 요 17:14)
- 디모데(하나님의 인정을 받은 자) - 너희는 택하신 족속이요(벧전 2:9-10)

■예화■ 죽을 각오로 드리는 예배

전세계의 크리스천들로부터 존경을 받는 할머니 코리 텐 붐(Corrie Ten Boom)이 다음과 같은 사실을 말했다. 구 소련의 어떤 교회에서 예배를 올리려고 하는데, 예배당 문을 걷어차면서 두 명의 소련 군인이 들이닥쳤다. 기관단총의 총부리를 겨누어 흔드는 두 군인은 다음과 같이 소리를 질렀다. "5분간의 시간을 준다! 예배당 안에 남아 있는 자들은 5분 후에는 모두 죽음을 맛볼 것이다!" 모든 신자들이 이 무서운 시험에서 이길 수 있는 용기의 믿음을 위해 조용히 기도하며 견디고 있는 순간, 몇 사람이 일어나서 밖으로 나갔다. 시계를 바라보고 서 있던 군인들은 "마지막 50초다! 또 나갈 사람은 없느냐?"라고 소리를 쳤다. 남아 있는 성도들의 얼굴은 모두 거룩한 표정으로, 자기들의 주님을 위해 죽을 각오가 되어 있는 결단적인 모습들이었다. 드디어 군인들은 안으로 문을 걸어 잠갔다. 그러더니 총을 땅에서 내려놓은 두 군인은 다음과 같이 말했다. "형제들이여, 우리 두 사람은 크리스천입니다. 그러나 우리는 주님께 진정으로 헌신하고 주님을 위해서 죽을 각오가 되어 있는 크리스천이 아닌 다른 사람들과는 함께 예배를 드릴 수 없었던 것입니다. 자, 이제 우리 주님께 함께 경배를 드리실까요?"

● 거짓 ●

거짓 예배자 세 부류

■본 문■ 이는 그들이 하나님의 진리를 거짓 것으로 바꾸어 피조물을 조물주보다 더 경배하고 섬김이라 주는 곧 영원히 찬송할 이시로다 아멘 【롬 1:25】

■서 론■ 프랑스의 궁내관 라 로슈푸코는 "거짓에 대한 혐오는 우리의 말에 신빙성을 더하고 우리의 발언을 종교적 교리처럼 존중하게 하려는 작은 야심이다"라고 했다. 거짓 예배자는 누구인가?

■말씀■

I. 불의한 이방인 【롬 1:25】

성경은 '이는 그들이 하나님의 진리를 거짓 것으로 바꾸어 피조물을 조물주보다 더 경배하고 섬김이라 주는 곧 영원히 찬송할 이시로다 아멘' 이라 했다. 이방인이란 무엇인가? 이는 이스라엘 사람들이 그들 이외의 민족, 국민에 대해서 부르는 용어로서 이것은 그들의 순수성을 지키기 위함이었다. 불의한 자들은 우상 숭배자들로서 피조물을 섬겼다.

참고 성구 행 17:22-27 롬 2:14 출 20:3 사 49:6

II. 자칭 그리스도인 【골 2:18】

성경은 '아무도 꾸며낸 겸손과 천사 숭배를 이유로 너희를 정죄하지 못하게 하라 그가 그 본 것에 의지하여 그 육신의 생각을 따라 헛되이 과장하고' 라 했다. 골로새 교회에 침입한 이단은 사람이 절대자이신 하나님께 직접 경배드리는 것은 교만하므로 그보다 못한 천사에게 경배해야 하며 그것이 겸손한 행위라고 했는데 이는 인간의 이성에서 비롯되었다.

참고 성구 계 2:14-22 롬 6:19 딤전 4:3,8 딛 1:14-16

III. 미혹된 이 세상 【살후 2:11,12】

성경은 '이러므로 하나님이 미혹의 역사를 그들에게 보내사 거짓 것을 믿게 하심은 진리를 믿지 않고 불의를 좋아하는 모든 자들로 하여금 심판을 받게 하려 하심이라' 고 했다. 미혹이란 무엇인가? 이는 사람을 설득하여 거짓되거나 잘못되거나 비논리적인 것을 참이며 올바르며 논리적이라고 믿게 하는 행위를 가리킨다. 이 세상을 사랑함은 하나님과 원수 된다.

참고 성구 약 4:4, 5:20 딤후 3:1-5 벧후 3:17 요일 2:16-17 요이 1:7

■결 론■ 이와 같이 거짓 예배자들이 어떤 자인지를 알았은즉 성도는 미혹된 세상에서 구원 받아 하나님의 백성이 된 만큼 오직 참 하나님만 경배하고 그분을 섬기는 자 되자.

■해설■ **예배, 경배**

'예배'(worship)란 말은 특별한 존경을 받기에 합당한 어떤 대상에게 그것을 돌려 드리는 것이다. 이에 해당하는 중요한 성경 용어로는 히브리어 '솨하'와 헬라어 '프로스쿠네오'가 있는데 어떤 대상을 향해 엎드려 경배하고 절하는 행위를 특별히 강조하고 있다. 이 단어들은 높은 차원에서 참되시고 살아 계시며 성경과 그 아들 안에서 자신을 계시하신 유일하신 하나님께든지(출 24:1) 신에게 경배한다는 의미로 사용되었으며 또한 이방 민족들의 신에게도(출 20:5) 사용되었다. 우상이나 이방 신을 향한 잘못된 경배는 원래 하나님께만 돌려 드려야 할 것을 찬탈하려는 사탄의 탐욕적 노력과(마 4:9) 모독적인 짐승의 모습에서(계 13:4) 찾아 볼 수 있다. 사람에게 맹목적으로 복종하는 것은 예배 행위나 다름이 없으므로 거부되어야 한다(행 14:11-14, 계 22:9).

■참고■ **예배드릴 대상이 아닌 것들**

• 하나님 외의 잡신들 - 너는 다른 신에게 절하지 말라 여호와는 질투하시는 하나님이심(출 34:14) • 일월성신 - 내가 명하지 아니한 일월성신에게 절한 일이 있으면 가증하니 돌로 죽이라 함(신 17:3) • 마귀 - 알지 못하던 신, 근래 일어난 새 신, 열조가 두려워하지 않던 것이라는 모세의 노래(신 32:17) • 신상 - 다니엘과 그의 세 친구는 느부갓네살이 세운 금신상에 절하지 않음(단 3:5-18) • 피조물 - 진리를 거짓 것으로 바꿈(롬 1:25) • 사람 - 베드로: 고넬료의 절을 말림(행 10:25-26)., 모르드개: 하만에게 절하지 않음 (에 3: 5) • 천사 - 천사 숭배는 육체 좇는 것을 금하는 데 유익이 없음(골 2:18-23) • 적그리스도 - 짐승으로 큰 이적을 행하여 사람들을 미혹케 함(계13:4-13)

■예화■ **타락한 사람들**

북한의 부수상을 지낸 강양욱은 원래 목사였으며, 평양 신학교에서 교편까지 잡았던 사람이다. 그러던 사람이 공산 정권 아래서 권력을 갖게 되니까 하나님을 헌신짝 같이 내버리고 공산당에 충성을 다하였다. 또한 구 소련의 무서운 독재자였던 스탈린도 신학교를 나온 사람이다. 그러나 하나님을 배반하고 타락함으로 마귀가 그의 마음을 사로잡아 그는 철저한 무신론자가 되었으며, 무서운 독재자로 군림하였던 것이다. 그러므로 이러한 사람들은 다시 회개하여 새롭게 될 수 없다. 회개의 역사는 성령께서 그의 마음에 감동하심으로 이루어지는데, 한 번 예수님을 구주로 믿은 후 타락한 자는 성령이 떠나므로 다시금 회개할 수 없게 되는 것이다. 이러한 사람들은 예수 그리스도를 다시 십자가에 못 박는 자들이다. 그러므로 우리들은 하나님을 믿은 후 다시 타락하지 않도록, 신앙의 초보적인 단계에서 빨리 성장하여 주님의 깊은 은혜 가운데로 들어가야 하겠다. (조용기)

● 거짓 ●

거짓으로 미혹하는 것 세 종류

■본 문■ 거짓 그리스도들과 거짓 선지자들이 일어나 큰 표적과 기사를 보여 할 수만 있으면 택하신 자들도 미혹하리라 【마 24:24】

■서 론■ 영국의 시인 바이런은 "거짓이란 무엇인가? 그것은 변장된 진실에 지나지 않는다" 라고 했다. 거짓으로 성도를 미혹하는 것들은?

■말씀■

Ⅰ. 거짓 그리스도 【마 24:24】

성경은 '거짓 그리스도들과 거짓 선지자들이 일어나 큰 표적과 기사를 보여 할 수만 있으면 택하신 자들도 미혹하리라' 고 했다. 거짓 그리스도란 무엇인가? 이는 종말의 고난시대에 그리스도가 아님에도 자기를 그리스도, 곧 약속된 메시야 라고 자칭하는 지도자를 가리킨다. 성도는 큰 표적과 기사를 보이며 미혹하는 거 짓 그리스도를 배격하자.

참고 성구 막 13:21,22 살후 2:4 요일 2:18 살후 2:8

Ⅱ. 거짓 선지자 【벧후 2:1】

성경은 '그러나 백성 가운데 또한 거짓 선지자들이 일어났었나니 이와 같이 너희 중에도 거짓 선생들이 있으리라 그들은 멸망하게 할 이단을 가만히 끌어들여' 라 고 했다. 거짓 선지자란 무엇인가? 이는 사리사욕을 위해 거짓으로 자기를 하나 님의 선지자라고 하는 자나 거짓으로 예언하는 사람을 가리킨다. 성도는 거짓 선 지자와 거짓 선생을 배격하자.

참고 성구 마 7:15 벧후 2:1 요일 4:1 마 7:22 계 20:10

Ⅲ. 거짓 사도 【고후 11:13】

성경은 '뱀이 그 간계로 하와를 미혹한 것 같이 너희 마음이 그리스도를 향하는 진실함과 깨끗함에서 떠나 부패할까 두려워하노라' 고 했다. 거짓 사도란 무엇인 가? 이는 사도의 직분에 필요한 하나님으로부터의 참된 사명이 없이 자기를 사도 로 위장하고 있는 사람들을 가리킨다. 성도는 사명감도 없이 자기 잇속을 채우기 위해 교회에 접근하는 자들을 배격하자.

참고 성구 딛 1:11 갈 2:4 계 2:2-3 마 13:42

■결 론■ 이와 같이 거짓으로 미혹하는 것들을 알았은즉 성도는 거짓 그리스도와 거짓 선지 자와 거짓 사도를 배격하고 믿음에 바로 서서 오직 참 진리이신 주님 예수만 섬기는 자 되자.

■해설■ 거짓

'속임수' 혹은 '거짓'(Deceit)은 특히 도덕적이고 영적인 문제들에 있어서 사람들을 그릇된 길로 유인하기 위해 고의적으로 속이고 진실을 왜곡시키는 것을 의미한다. 구약성경에서는 이런 뜻을 지닌 히브리어 중 대표적인 단어는 '미르마'인데 이것은 20회 나온다. 신약성경에서 이에 해당하는 단어인 '돌로스'는 특별한 기만행위를 가리킨다. 돌로스는 낚시 미끼를 뜻하는 말로 예수님이 나다니엘을 가리켜 '그 속에 간사한 것이 없도다'라고 말씀하실 때 사용되었다(요 1:47). 이 단어는 마 7:22와 롬 1:29에 나오는 속임수와 구별된다. 이것은 '살인' 등과 더불어 언급되어 있는 중대한 기만행위이다. 롬 3:13에서는 동사형인 '돌리오오' 형태로 나오는데 우리말 성경에 '속임을 베풀며'라고 번역되었다.

■참고■ 거짓 교사들의 명단을 공개함

• 발람 - 뇌물을 받고 이스라엘을 저주케 하려다가 말 못하는 당나귀에게 경고를 받고, 끝내 우상의 제물을 이스라엘에게 먹게 하고 행음케 함(민 22:28-35, 계 2:14) • 바예수 - 총독 서기오를 믿지 못하게 하고 바울과 바나바를 대적함(행 13:6) • 에비구레오와 스도이고 - 철학자들(행 17:18) • 후메내오와 빌레도 - 부활이 지나갔다 하여 사람의 믿음을 무너뜨림(딤후 2:17-18) • 헤롯당(막 3:6) • 니골라당(계 2:15) • 바리새인(마 23:26) • 사두개인(마 16:12) • 서기관(마 12:38-39) • 뱀(마귀) - 인류의 시조를 하나님께 불순종케 함(창 3:4)

■예화■ 구원에 이르는 길

어느 처녀에게 예수를 믿으라고 전도를 한 적이 있다. "아가씨, 하나님 믿어요?" "믿고 말고요." "어떤 하나님을 믿는데요?" "하나님을 믿으면 되었지, 종류까지 따질 필요가 어디 있어요?" "아, 그것은 잘못된 생각이에요. 이 세상에는 신도 많고 주도 많지만 우리에게 구원을 주시는 참 하나님은 천지를 지은 여호와 하나님밖에 없으며 이 하나님을 믿는 길은 예수밖에 없답니다." 그랬더니 이 처녀가 "아무거나 믿으면 되지 유독히 예수만 믿어야 하나요?" 하며 빈정거렸다. 이때 옆에 계시던 집사님이 좋은 말씀을 해주셨다. "아가씨, 세상에 부모가 많다고 모두 처녀의 부모예요? 내 친부모가 따로 있는데 아무나 보고 부모라고 한다고 남의 부모가 내 부모가 될 수는 없는 거죠. 이와 마찬가지로 세상에는 많은 신이 있지만 우리를 창조하고 구원해 주실 분은 오직 하나님 한 분이며, 이 분을 믿기 위해서는 먼저 예수 그리스도의 말씀을 따르는 것이라요." 집사님께서 말씀하신 것과 같이 아무것이나 보이는 대로 믿는다고 해서 구원받는 것은 아니다. 사람에게는 올바르게 보이는 길이라도 종국에는 멸망하는 길이 참으로 많다. 불교, 유교, 도교, 마호메트교는 종교로서는 좋다. 그러나 예수님께서 "내가 곧 길이요 진리요 생명이니 나로 말미암지 않고는 아버지께로 올 자가 없느니라"(요 14:6)고 말씀하셨듯이 천하 인간에게 구원받을 만한 다른 이름은 주신 적이 없다(행 4:12). (조용기)

● 거짓말 ●

거짓말이 끼치는 악영향 세 가지

■본 문■ 속이는 말로 재물을 모으는 것은 죽음을 구하는 것이라 곧 불려다니는 안개니라 【잠 21:6】

■서 론■ 미국의 시인 올리베 웬텔 홈즈는 "죄악은 많은 도구를 가지고 있으나 거짓말은 그것들 모두에게 알맞은 손잡이이다"라고 했다. 거짓말이 끼치는 악영향은 무엇인가?

■말씀■

I. 거짓말은 악을 증가시킨다 【잠 29:12】

성경은 '관원이 거짓말을 들으면 그의 하인들은 다 악하게 되느니라'고 했다. 거짓말은 무엇인가? 이는 사실과 어긋나게 말하거나 꾸미는 일, 속임, 허위 등으로 말하고 있으며 일반적으로 거짓말은 그렇지 않은 것을 그렇다고 꾸미거나 변조해서 말하는 행위이다. 거짓말은 또 거짓말을 낳게 되고 끝내는 무수한 악을 증가시키므로 이를 금하여야 한다.

참고 성구 행 5:3-4 창 27:36, 29:25 37:31-35 골 3:9-10 왕상 12:14

II. 거짓말은 파멸하게 만든다 【호 10:15】

성경은 '너희의 큰 악으로 말미암아 벧엘이 이같이 너희에게 행하리니 이스라엘 왕이 새벽에 정녕 망하리로다'라고 했다. 파멸이 무엇인가? 이는 사람의 인격이나 집안, 나라 등이 그 존재의 의미가 없을 정도로 망해버리거나 또는 그러한 상태를 일컫는 말이다. 거짓말은 궁극적으로 파멸로 인도하는 무서운 죄악이므로 성도는 진실만 말하자.

참고 성구 창 4:9-12 시 101:7, 120:2 왕하 5:20-27 삼하 15:6

III. 거짓말은 죽음을 가져온다 【잠 21:6】

성경은 '속이는 말로 재물을 모으는 것은 죽음을 구하는 것이라 곧 불려다니는 안개니라'고 했다. 독일의 종교개혁자 마르틴 루터는 "거짓말은 눈덩이와 같다. 이것을 굴리면 굴릴수록 그 덩어리는 그만큼 커지는 것이다"라고 했다. 거짓말은 또 다른 거짓말이 필요하게 되고 끝내는 거짓이 죄를 낳고 죄가 장성해 사망을 낳게 된다.

참고 성구 약 1:15 행 5:5,10 출 20:16 계 21:8 엡 4:25

■결 론■ 이와 같이 거짓말이 끼치는 악영향을 알았으니 성도는 죄악의 근원인 거짓말을 배격하고 빛의 자녀답게 오직 열매가 모든 착함과 의로움과 진실함이 되게 하자.

■해설■ **거짓말, 거짓말함**

거짓말, 혹은 거짓말하다에 해당하는 히브리어는 몇 개 있지만 가장 흔히 사용되는 단어는 '카자브'와 '쉬케르'이다. 이 단어들의 뜻은 속임(거짓말)이나 공허함인데 이에 해당하는 신약성경의 단어는 '퓨도스'이다. 거짓말이란 하나님께 받았다고 속이는 거짓된 메시지나 거짓 증언을 뜻하기도 하며, 사람과 사람 사이의 거짓말도 있는데 구약성경에서 이것은 '거짓 증거'로서 대표적으로 예시되어 있다(잠 6:19). 거짓말하는 것은 율법으로 금지되어 있으며(출 20:16, 레 19:11) 신자들로서는 벗어버려야 마땅한 옛 사람에 속한 행위이다(골 3:9). 마지막 날 성 밖에 있게 될 정도로 중대한 범죄 행위 가운데 거짓말을 좋아하는 자도 포함되어 있다(계 22:15).

■참고■ **거짓말에 대한 성경의 정의**

• 거짓을 말할 때마다 제 것으로 말한 거짓말쟁이요 거짓의 아비가 된 마귀(요 8:44) • 거짓말은 예수께서 그리스도이심을 부인하는 것임(요일 2:22) • 예수를 아노라 하고 그의 계명을 지키지 않는 자(요일 2:4) • 하나님을 사랑하노라 하고 그 형제를 미워하는 것(요일 4:20) • 진리에서 나지 않은 모든 것이 거짓임(요일 2:21) • 성도들이여 아나니아와 삽비라를 기억하라!(행 5:1-10)

■예화■ **거짓말 다루는 법**

미국의 한 여성지에서 소개한 '거짓말 다루는 법'이다. 보통 사람들은 하루 평균 두 번 꼴로 거짓말을 한다. 대부분의 거짓말은 다른 사람의 감정을 상하지 않게 하기 위한 긍정적인 것인데, 문제는 직장내의 인간관계를 해치는 권력과 관계되는 거짓말이라고 한다. 누군가를 희생시키고 사람들을 조롱하는 종류의 거짓말은 가장 파괴적인 것이지만, 이보다 더욱 흔히 있는 것은 동료나 경쟁자를 미묘한 방법으로 곤경에 빠뜨리는 거짓말이다. 예를 들어 같은 상사 밑의 두 직원이 일을 분담했을 때 한 사람이 상사의 지시를 다른 사람에게 고의로 부정확하게 전달할 수 있다. 또는 직장을 구할 때 이력서에 가짜 이력을 써넣거나 과장을 하는 경우도 있다. 그 외 악의, 혹은 선의의 거짓말들은 무수하다. 거짓말을 해야 할 경우에는 다음 다섯 가지 질문을 스스로에게 던져보자. 첫째, 나의 거짓말이 다른 사람에게 얼마나 해를 끼칠 것인가. 둘째, 거짓말이 단 한 번으로 끝나는 것인가. 셋째, 나의 거짓말이 탄로 날 경우 정당화할 수 있는가. 거짓말에 대한 설명이 다른 사람에게 어떻게 들릴 것인가. 넷째, 나의 거짓말이 나의 자존심에 어떤 영향을 미칠 것인가. 다섯째, 다른 사람이 내게 같은 거짓말을 한다면 어떤 느낌이 들겠는가. 하나님의 계명 하나 하나를 기억하고 그대로 행함은 두말할 나위 없는 그리스도인의 의무인 것이다. 하나님의 계명과 벗하는 실천적인 그리스도인이 되어야 한다.

● 견실 ●

견실한 성도의 세 모습

■ 본 문 ■ 어머니께서 죽으시는 곳에서 나도 죽어 거기 묻힐 것이라 만일 내가 죽는 일 외에 어머니를 떠나면 여호와께서 내게 벌을 내리시고 더 내리시기를 원하나이다 하는지라 【룻 1:17】

■ 서 론 ■ 견실이란 무엇인가? 이는 사상이나 심성 따위가 미덥고 확실한 것을 의미하는 말로서 견실이란 말은 성도의 모습을 가리키기에 적합한 말이다. 견실한 성도는 어떤 모습인가?

■ 말 씀 ■

I. 사람에 대하여 견실함 【룻 1:17】

성경은 '어머니께서 죽으시는 곳에서 나도 죽어 거기 묻힐 것이라 만일 내가 죽는 일 외에 어머니를 떠나면 여호와께서 내게 벌을 내리시고 더 내리시기를 원하나이다 하는지라' 고 했다. 모압 여인 룻은 이방인이었지만 시어머니 나오미에게 전인격적이며 사상적, 심지어 종교적 차원에까지 깊은 동조를 보이며 모든 희생을 감수하려는 눈물겨운 결의를 보였다.

참고 성구 룻 1:16 룻 2:2 삼상 20:30 고전 15:58

II. 지도자에게 대하여 견실함 【렘 35:8】

성경은 '우리가 레갑의 아들 우리 선조 요나답이 우리에게 명령한 모든 말을 순종하여 우리와 우리 아내와 자녀가 평생 동안 포도주를 마시지 아니하며' 라 했다. 레갑 족속은 비록 아브라함의 혈통이 아니었지만 누구보다도 하나님의 말씀에 철저히 순종하였다. 성도는 꾸준히 경건을 훈련하고 레갑 족속처럼 하나님의 뜻을 발견하고 그 뜻에 순종하자.

참고 성구 렘 35:6,9,10 출 33:11 빌 2:22,25,30 딤전 1:2 딤후 1:2-4

III. 정한 뜻에 대하여 견실함 【단 1:8】

성경은 '다니엘은 뜻을 정하여 왕의 음식과 그가 마시는 포도주로 자기를 더럽히지 아니하리라 하고 자기를 더럽히지 아니하도록 환관장에게 구하니라' 고 했다. 다니엘과 세 친구가 왕의 진미와 포도주를 거부하고 채식과 물을 마시기로 결심한 것은 그것들이 우상에게 바쳤던 음식일 수가 있기 때문이었다. 성도는 순수한 신앙을 지키고 부정에 빠지지 않도록 하자.

참고 성구 레 3:17,7:26 출34:15 고전 10:20 벧후 3:17 수 24:15

■ 결 론 ■ 이와 같이 견실한 성도의 모습을 알았은즉 택함을 입은 성도는 사람과 지도자와 정한 뜻뿐만 아니라 하나님 중심주의 신앙을 모든 이에게 보여주는 견실한 자들이 되자.

■해설■ **견실했던 인생**
　서양 근세 교육사를 빛나게 한 위대한 스위스의 교육자 페스탈로치의 묘비명을 소개한다. "여기에 하인리히 페스탈로치 길이 잠들다. 1746년 1월 12일 튜리히에서 나서 1827년 2월 17일 부르크에서 죽다. 노이호프에서는 빈민의 구조자, 린하르트와 게르트루트에 있어서는 국민의 설교자, 스탄츠에서는 고아의 아버지, 부르크도르프와 뮌헨부흐제에서는 새 초등학교의 건설자, 이 페르텐에서는 인류의 교육자였다. 참된 인간이요, 크리스찬이요, 시민이었다. 모든 일을 다른 사람을 위하여 하고 아무것도 자기를 위하여 한 일이 없다. 그의 이름에 하나님의 축복 있기를."

■참고■ **성경에 그 견실한 이름이 명예롭게 기록된 이들**
- 하나님의 사람 - 왕의 집 절반을 내게 준다 할지라도 나는 왕과 함께 들어가지도 아니하고(왕상13:8) • 요시야 - 여호와 보시기에 정직히 행하여 조상 다윗의 길로 행함(왕하 22:2) • 욥 - 내가 그의 길을 치우치지 않았으니(욥 23:11) • 사드락, 메삭, 아벳느고 - 금신상에 절하지 않은 히브리의 세 청년(단 3:16-18) • 베드로와 요한 - 우리는 보고 들은 것을 말하지 않을 수 없다(행 4:19-20) • 바울 - 복음 증거하는 일에 자기의 생명조차 귀하게 여기지 않음(행 20:24) • 예수 - 묵묵히 십자가를 향해 나아가심(눅 9:51, 요 19:17).

■예화■ **남을 도울 기회**
　영국의 유명한 군인이며 정치가로 널리 알려진 윈스턴 처칠이 훌륭한 사람으로 성공하게 된 데는 아름다운 일화가 있다. 처칠이 어렸을 때 런던에 있는 템즈 강가에서 수영을 하다가 깊은 물에 빠진 적이 있었다. 그런데 마침 어떤 청년이 지나가다가 뛰어들어 처칠을 구해 주었다. 이것을 안 처칠의 할아버지가 젊은이에게 "은혜를 보답하려면 끝이 없겠지만 당신의 소원이 있으면 말해 보십시오." 라고 하자 청년은 "선생님, 저는 의학 공부를 하는 것이 소원입니다." 하고 대답했다. 그래서 그가 의과 대학을 졸업하기까지 학비를 대주었다. 그 청년이 바로 알렉산더 플레밍이라는 사람인데 열심히 공부하여 교수가 된 것이다. 그는 항상 연구실에서 실험을 계속하여 여러 가지 약을 발견하였다. 그 중에서 유명한 것은 지금도 많이 알려져 있는 페니실린 주사약이다. 플레밍은 이 약을 성공시킴으로 노벨 의학상을 타기도 했다. 그 후 세계 2차 대전 때 처칠 장군이 아프리카 전쟁에서 큰 병에 걸렸었다. 이 소식을 전해들은 플레밍 박사는 직접 비행기를 타고 아프리카로 건너가, 페니실린으로 그의 병을 고쳐 주었다. 처칠과 플레밍은 서로 어려움에 처해 있을 때 도움을 주고 은혜를 갚는 아름다운 사람이었다. 사람은 어떤 때든지 남을 도울 수 있을 때 그 기회를 놓치지 말고 보답해야 한다. 그리고 도움 받은 사람도 그 은혜를 잊지 말고, 보답하고자 노력 가운데 자신은 물론 다른 사람에게 성공의 기회, 사랑의 기회를 주게 되는 것이다. (5분 예화설교집)

● 겸손 ●

겸손의 영적 의미 세 가지

■ **본 문** ■ 세리는 멀리 서서 감히 눈을 들어 하늘을 쳐다보지도 못하고 다만 가슴을 치며 이르되 하나님이여 불쌍히 여기소서 나는 죄인이로소이다 하였느니라 【눅 18:13】

■ **서 론** ■ 러시아의 작가 레오 N. 톨스토이는 "겸손하라, 진실로 겸손하라, 왜냐하면 그대는 아직 위대하지 못하기 때문이다. 진실로 겸손은 자기 완성의 토대이다"라고 했다. 겸손의 영적 의미는?

■ **말 씀** ■

I. 겸손은 죄인 됨을 인식하는 것이다 【눅 18:13】

성경은 '세리는 멀리 서서 감히 눈을 들어 하늘을 쳐다보지도 못하고 다만 가슴을 치며 이르되 하나님이여 불쌍히 여기소서 나는 죄인이로소이다 하였느니라'고 했다. 겸손이란 무엇인가? 성경은 하나님 앞에서 자기의 죄를 자각하여 자긍하는 마음을 버리고 낮은 데에 처하는 마음가짐을 말하고 있다. 성도의 하나님 앞에서의 겸손은 자신의 죄인 됨을 깨닫는 것이다.

참고 성구 잠 22:4 눅 5:4-8 벧전 5:5 마 11:29 대하 33:12

II. 겸손은 자신의 무가치함을 인식하는 것이다 【눅 15:19】

성경은 '지금부터는 아버지의 아들이라 일컬음을 감당하지 못하겠나이다 나를 품꾼의 하나로 보소서 하리라 하고'라 했다. 겸손은 자신은 아버지의 뜻에 복종치 못하는 존재로서 도저히 하나님을 기쁘시게 할 수 없음을 아는 일로서, 따라서 반역자로서의 책임을 통감하고 두려움으로써 하나님의 긍휼을 구하는 일인데 이것이 겸손이고 참된 신앙을 가지는 마음이다.

참고 성구 약 4:10 고전 15:9-10 창 41:16 마 5:3-4

III. 겸손은 하나님의 의를 인식하는 것이다 【빌 3:9】

성경은 '내가 가진 의는 율법에서 난 것이 아니요 오직 그리스도를 믿음으로 말미암은 것이니 곧 믿음으로 하나님께로부터 난 의라'고 했다. 이 구절은 '이신칭의'에 관한 것으로, 사람이 하나님으로부터 얻을 수 있는 의는 그리스도 안에서 믿음으로 말미암아 값없이 주시는 하나님의 선물임을 자각하고 구원을 위해 인간이 한 일은 전무함을 철저히 인식해야 한다.

참고 성구 미 6:8 마 3:15 합 2:4 롬 3:20-22

■ **결 론** ■ 이와 같이 겸손의 영적 의미를 알았으니 성도는 주님 예수의 보혈의 공로로 구원을 받았음을 감사드리고 자신의 죄인됨을 자각하고 겸손히 행하는 자들이 되자.

■해설■ **겸손**

바울은 일찍이 말하기를 '나는 사도 중 제일 작은 자' (고전 15:8-9)라 하였고 또 말하기를 '만삭되지 못하여 낳은 자 같다' (고전 15:8)고 하였으며, 나중 말할 수 없는 은혜에 들어갈 때는 자기 명예도 문별도 지식도 분토와 같이 버리는 동시에 자기까지도 부인하여 '나는 죄인 중 괴수' (딤전 1:15)라고 외쳤다. 그러면 자기를 부인했다고 해서 바울을 무명인, 하등인, 무식자로 돌릴 것인가? 결코 아니다. 바울이 죄인이라고 외쳤다고 그가 참 죄인이며, 우리가 그를 죄인으로 취급할 것인가? 아니다. 그의 깊은 신앙과 훌륭한 인격, 영적생활이 얼마나 겸손하고 고상한 것임을 가히 알 수 있다. 우리 모두 바울의 겸손을 본받자.

■참고■ **겸손함이 성경에 기록된 인물들**

• 야곱 - 내가 지팡이만 가지고 요단을 건넜더니 지금은 두 떼나 이루었다(창 32:10) • 사울 - 나는 이스라엘 지파의 가장 작은 지파 베냐민 사람이 아니니이까 또 나의 가족은 베냐민 지파 모든 가족 중에 가장 미약하지 아니하니이까 (삼상 9:21) • 다윗 - 주 여호와여 나는 누구이오며 내 집은 무엇이기에 나를 여기까지 이르게 하셨나이까 (삼하 7:18) • 솔로몬 - 종은 작은 아이라 출입할 줄을 알지 못하고라 함(왕상 3:7) • 세례 요한 - 내가 당신에게서 세례를 받아야 할 터인데 당신이 내게로 오시나이까(마 3:14) • 수로보니게 여인 - 개들도 자기 주인의 상에서 떨어지는 부스러기를 먹나이다 함(마 15:27) • 바울 - 아들 같은 디모데에게 보낸 글에 죄인 중에 내가 괴수니라고 씀 (딤전 1:15)

■예화■ **조지 워싱턴**

미국 독립전쟁 당시 전투 준비를 하느라고 바쁘게 움직이는 동안 사복 차림의 신사가 부하들에게 무거운 지렛대를 들어올리라고 거만스럽게 명령하고 있는 하사 옆을 지나가게 되었다. 신사는 걸음을 멈추고 하사에게 "왜 저 사병들을 도와주지 않습니까?" 하고 물었다. 그는 퉁명스러운 어조로 "난 하사란 말야!" 하고 쏘아 붙였다. 신사는 정중하게 사과를 하고 나서 코트를 벗어놓고 달려들어 사병들을 도와주었다. 일이 다 끝난 후에 그는 이렇게 말했다. "하사님, 일할 사람이 모자라면 언제든지 사령관에게 찾아오시오. 기꺼이 도와드리겠소." 이 말을 남기고 조지 워싱턴은 총총 걸음으로 사라졌다. 이웃을 돕기 위해서는 간혹 자신을 비하시켜야 한다. 겸손한 자는 항상 이긴다. 그래서 "마음이 겸손하면 영예를 얻게(잠 29:23)되는 것이다." 그리스도는 그 친구가 되셨다. 그래서 인류는 그리스도를 존경하는 것이다. "너희 중에 큰 자는 너희를 섬기는 자가 되어야 하리라" (마 23:11). 오만 불손한 태도는 그리스도인에게 합당하지 않은 태도이다. 그리스도의 겸손한 표양을 본받자. (예화메시지 / 이상길)

● 경건 ●

경건한 삶이 주는 유익 세 가지

■본 문■ 이 집에는 나보다 큰 이가 없으며 주인이 아무것도 내게 금하지 아니하였으되 금한 것은 당신뿐이니 당신은 그의 아내임이라 그런즉 내가 어찌 이 큰 악을 행하여 하나님께 죄를 지으리이까 【창 39:9】

■서 론■ 영국의 극작가 윌리엄 셰익스피어는 "경건에는 휴식이 없다"라고 했다. 경건한 삶이 주는 유익은?

■말씀■

Ⅰ. 경건은 범사에 유익함 【딤전 4:8】

성경은 '육체의 연단은 약간의 유익이 있으나 경건은 범사에 유익하니 금생과 내생에 약속이 있느니라'고 했다. 경건으로 번역된 헬라어 '유세베이아'는 '좋은 예배'라는 뜻으로 영어로는 'piety'의 의미를 지닌다. 기독교 입장에서 볼 때 오로지 하나님께 자기를 맡기는 마음, 깊은 존경심을 가지고 하나님을 대하는 태도를 말한다. 성도의 경건은 범사에 유익하며 금생과 내생에 약속이 있다.

참고 성구 신 33:8 빌 4:8 딤전 4:7, 6:3-11 딤후 3:5 딛 3:8 벧후 1:6-7

Ⅱ. 경건은 시험으로부터 보호함 【창 39:9】

성경은 '그런즉 내가 어찌 이 큰 악을 행하여 하나님께 죄를 지으리이까'라고 했다. 경건이 성도의 삶에 적용될 때 성도는 하나님을 기쁘시게 하려는 생활과 말씀에 충실하려는 심정과 그 생활까지도 포함하게 된다. 이 사악한 세대에 있어서 경건하게 산다는 것은 쉬운 일이 아니다. 그러므로 그 가치는 세상의 눈에 보이는 일체의 가치를 초월한 은사이다.

참고 성구 삼하 11:2-5 롬 13:14 벧전 5:8 약 1:14-15 딤후 3:12

Ⅲ. 경건은 천국에서 보상을 받게 함 【계 14:13】

성경은 '지금 이후로 주 안에서 죽는 자들은 복이 있도다 하시매 성령이 이르시되 그러하다 그들이 수고를 그치고 쉬리니 이는 그들의 행한 일이 따름이라 하시더라'고 했다. 하나님을 의뢰하고 하나님을 섬긴 성도들은 하나님이 다스리시는 하나님의 왕국인 천국에서 그에 합당한 보상을 받게 된다. 사도 요한은 새 예루살렘 성을 우리에게 보여주었다.

참고 성구 살전 1:3 마 25:34-35 계 22:12-14 히 11:5 창 5:24

■결 론■ 이와 같이 경건한 삶이 주는 유익을 알았은즉 성도는 경건한 삶을 영위하여 현세에서 시험에 빠지지 않고 범사에 유익하며 내세에 보상을 주는 경건생활에 최선을 다하자.

■해설■ **경건**

경건(godliness)은 보통 '유세베이아' 와 '데오세베이아' 로 기록되었다. '유세베이아' 란 명사는 목회서신의 특색이며 그밖의 신약 성경에서는 단지 행 3:12(베드로의 설교)과 벧후 1:3,6,7, 3:11에만 나온다. '데오세베이아' 는 딤전 2:10에 사용되었다. 일반적으로 '유세베이아' 는 사람이나 하나님께 대한 '경건, 공경' 을 뜻한다. 그러나 그리스도인의 '유세베이아' 는 '데오세베이아', 곧 하나님을 공경함과 같이 오직 하나님께 대해서만 사용된다. 경건은 교훈을 시험해 보는 기준이다(딤전 6:3, 딛 1:1).

■참고■ **칭찬받은 경건한 신앙의 인물들**
- 욥 - 잔칫날이 지나면 자식들을 불러다가 성결케 하는 번제를 드림(욥 1:5)
- 요셉 - 보디발의 아내를 물리치고 하나님 앞에서 악을 행치 않음(창39:9-10)
- 시므온 - 메시야를 대망하여 예수를 안고서 찬양함(눅 2:25)
- 고넬료 - 경건했던 이방인 백부장으로 최초로 성령을 체험했음(행 10:1-2,45)
- 아나니아 - 핍박자 사울(바울)을 안수하고 가르침을 준 자(행 22:12, 9:10)
- 초대 교회의 경건했던 신자들 - 최초로 복음을 위해 순교한 스데반을 묻고서 크게 울고 슬퍼함(행 8:2)
- 헬라인 몇 명 - 바울과 실라를 좇음(행 17:4)

■예화■ **목걸이**

자연주의 작가인 모파상의 단편 중에 〈목걸이〉라는 작품이 있다. 가난한 가정에서 태어난 마띨드라는 여인은 하급관리와 결혼하여 불만과 사치와 허영과 쾌락에 사로잡혀 언제나 몽상에 잠기어 뭇 남성들에게 찬사받기 원하는 여인이었다. 그러던 어느 날, 남편이 무도회 초청장을 가지고 오나 그것은 그들에게 투정과 걱정의 요소가 된다. 남편은 저축한 전액을 털어 부인의 옷을 사준다. 그뿐만 아니라 그녀는 친구에게 다이아몬드 목걸이까지 빌려 무도회에 참석한다. 그녀는 누구보다도 아름답고 남성들의 극찬과 그녀와 춤추기를 열망했던 것이다. 황홀한 무도회가 끝날 무렵 그녀는 목걸이가 없어진 것을 알고 비명을 지른다. 이들 부부는 똑같은 목걸이를 돌려주기 위하여 유산과 집을 정리하고 빚을 지었다. 그리고 그 빚을 갚기 위해 10년이라는 긴 세월 동안 젊음을 잃어버린 채 일을 하였다. 하지만 그 목걸이가 나중에 가짜 목걸이라는 것을 알고 그들 부부는 허탈에 빠지고 만다. 한순간의 화려한 대가가 10년이라는 덧없는 우겨쌈의 세월이 음악되어 흐른다. 황금만능주의와 사치와 허영이 밀물처럼 밀려오는 시대에 현대인들에게 경각심을 일깨워주는 이야기이다.

● 경건 ●

경건한 아버지 세 사람

■본문■ 네 하나님 여호와의 명령을 지켜 그 길로 행하여 그 법률과 계명과 율례와 증거를 모세의 율법에 기록된 대로 지키라 그리하면 네가 무엇을 하든지 어디로 가든지 형통할지라 【왕상 2:3】

■서론■ "세상을 사랑하지 않는 것, 이것이 경건생활의 첩경이다"라고 어느 교부는 말했다. 성경에 나타난 경건한 아버지는 누구인가?

■말씀■

Ⅰ. 아브라함 【창 18:19】

성경은 '내가 그로 그 자식과 권속에게 명하여 여호와의 도를 지켜 의와 공도를 행하게 하려고 그를 택하였나니 이는 나 여호와가 아브라함에게 대하여 말한 일을 이루려 함이니라' 고 했다. 아브라함은 그 이름의 뜻이 '많은 무리의 아버지' 로서 모든 믿는 자의 신앙의 조상이다. 그는 하나님의 택하심으로 인류 구원이란 하나님의 계획과 섭리에 선택되었다.

참고 성구 창 12:1-4 히 11:8,17 창 15:6 갈 3:6 약 2:23 마 1:1

Ⅱ. 여호수아 【수 24:15】

성경은 '너희가 섬길 자를 오늘 택하라 오직 나와 내 집은 여호와를 섬기겠노라 하니라' 고 했다. 여호수아는 그 이름의 뜻이 '여호와는 구원이심' 으로서 출애굽 때에는 모세의 수종자였다. 모세가 죽고 나서 이스라엘을 가나안으로 이끈 지도자가 되었다. 가나안 정착 이후 그가 나이 많아 죽게 되었을 때에 이스라엘 백성을 향한 신앙의 외침이 본 구절이다.

참고 성구 민 14:6-8 신 34:9 수 1:5-9, 10:12-14, 11:15 왕상 16:34

Ⅲ. 다윗 【왕상 2:3】

성경은 '네 하나님 여호와의 명령을 지켜 그 길로 행하여 그 법률과 계명과 율례와 증거를 모세의 율법에 기록된 대로 지키라 그리하면 네가 무엇을 하든지 어디로 가든지 형통할지라' 고 했다. 다윗은 그 이름의 뜻이 '사랑받은 자' 로서 이름 없는 목동에서 일약 이스라엘의 2대 왕이 된 자이다. 하나님은 다윗을 '내 마음에 맞는 사람이라' 고 하셨다.

참고 성구 삼상 16:12, 17:45-47 시 23:1-6 행 13:22-23

■결론■ 이와 같이 경건한 아버지가 누구인가를 살펴보았은즉 우리 성도들도 아브라함과 같이 훌륭한 신앙의 조상으로 여호수아와 같이 신앙의 정절을 지켜 다윗과 같이 하나님의 뜻을 이루어드리는 자들이 되자.

■해설■ **경건**

경건한(godliness)에 해당하는 히브리어로는 '하시드'란 단어가 있다. 레위에 대하여는 일렀으되 주의 둠밈과 우림이 주의 경건한 자에게 있도다(신 33:8). 하시드(형용사)는 하사드에서 유래했으며, '친절한, 충실한, 경건한'을 의미하며, 실명사로 '경건한 자' 즉 '성도'를 의미한다. 구약성경에서 이 단어는 32회 나온다. 하시드는 '경건한 자, 성도'란 의미로 사용되었다. 구약성경에서 하나님의 백성들이 하시드라고 불리웠다. 하시드는 시 16:10에서 단 한 번 장차 올 거룩하신 분을 가리킨다: "이는 내 영혼을 음부에 버리지 아니하시며 주의 거룩한 자로 썩지 않게 하실 것임이니이다".

■참고■ **아버지로서 자녀에 대한 여러 의무들**

• 자녀를 사랑함 - 그를 깊이 사랑하여 채색옷을 입힘(창 37:3) • 자녀를 꾸짖음 - 그리하면 나와 내 집이 멸망하리라(창 34:30) • 자녀에게 명령함 - 당신의 아버지가 돌아가시기 전에 명하여 이르기를(창 50:16) • 자녀를 훈계함 - 내 아들아 네 아비의 훈계를 들으며(잠 1:7) • 권면, 위로, 경고함 - 아비가 자기 자녀에게 하듯(살전 2:11) • 자녀를 징계함 - 아비가 징계치 않는 아들이 있을까(히 12:7) • 노엽게 않음 - 너희 자녀를 노엽게 말고 양육할 것(엡 6:4) • 자녀에게 공급함 - 자식에게 좋은 것으로 줌(마 7:9-11) • 자녀에게 금함 - 그릇된 길을 가는 자녀에 대한 부모의 관용은 죄악임(삼상 3:13)

■예화■ **경건의 흉내**

아일리우스(Aerlius)는 그가 사랑했던 여인들의 태도와 외모에 따라 얼굴을 그렸다. 그리고 또한 모든 사람들이 자신의 열정과 환상에 따라 경건함을 드리고 있다. 금식하는 자는 그의 마음이 미움으로 가득 차 있음에도 불구하고 금식을 하며 자신이 매우 경건하다고 생각한다. 금주(禁酒)에 대단히 신경을 쓰기 때문에 포도주로서 아니 물로써 조차 자기 혀를 감히 적시려고 하지 않지만, 중상모략과 비방으로 이웃의 피를 깊이 들여마시는 데에는 주저함이 없다. 어떤 한 여인이 자신은 매일 상당한 양의 기도문을 암송하기 때문에 자신을 경건하다고 생각하지만, 그 기도문을 읽고 나서 그녀는 가장 혐오스럽고도 오만하며 해로운 말들을 집에서 또 이웃들 사이에서 내뱉는다. 또 어떤 사람은 자신의 지갑에서 동전 하나를 기꺼이 꺼내어 가난한 자들에게 주지만, 그의 마음으로부터 친절함을 이끌어 내지도 못하고 또 그의 적을 용서할 수도 없다. 또 어떤 사람은 자기의 적들을 용서하지만, 자신의 채권자에게는 법에 따라 강제로 채무를 이행할 수밖에 없게 될 때까지 결코 채무를 이행하지 않는다. 이 모든 사람들은 보통 경건하다고 생각된다. 그러나 그들은 결코 그렇지 못하다. 많은 사람들이 자신을 거룩한 경건과 관련된 바깥으로 드러난 어떤 행동으로 포장한다. 그래서 세상은 그들이 정말로 경건하며 영적이라고 믿는다. 그러나 사실 그들은 경건의 흉내만 낼 뿐이요 경건의 허상에 불과하다. (성프란시스 드 세일즈)

● 경계 ●

경계해야 할 악한 것 세 가지

■본문■ 성령을 소멸하지 말며 예언을 멸시하지 말고 범사에 헤아려 좋은 것을 취하고 악은 어떤 모양이라도 버리라【살전 5:19-22】

■서론■ "말과 행동이 다른 사람을 경계하라"고 로렌조 그라시안은 말했다. 성도가 경계해야 할 악한 것들은 무엇인가?

■말씀■

I. 성도는 악한 생각을 경계하자【약 2:4】

성경은 '너희끼리 서로 차별하여 악한 생각으로 판단하는 자가 되는 것이 아니냐'라고 했다. 주님 예수께서는 속에서, 곧 사람의 마음에서 나오는 것은 악한 생각 곧 음란과 도둑질과 살인과 간음과 탐욕과 악독과 속임과 음탕과 질투와 비방과 교만과 우매함이니 이 모든 악한 것이 다 속에서 나와서 사람을 더럽게 한다고 하셨다. 악한 생각은 사탄이 주는 멸망의 지름길이다.

참고 성구 마 7:3, 24:48-51 약 2:9 갈 5:19-21 막 7:21-22

II. 성도는 악한 사람을 경계하자【고전 5:13】

성경은 '밖에 있는 사람들은 하나님이 심판하시려니와 이 악한 사람은 너희 중에서 내쫓으라'고 했다. 사도 바울은 만일 어떤 형제라 일컫는 자가 음행하거나 탐욕을 부리거나 술 취하거나 속여 빼앗거든 사귀지도 말고 그런 자와는 함께 먹지도 말라고 했다. 성도는 악한 자가 꾈지라도 따르지 말고 악을 행하여 자기 생명을 잃지 말자. 악한 사람은 사탄의 하수인이다.

참고 성구 벧후 2:12-19 잠 1:10-19 딤후 4:14-15 고전 5:11

III. 성도는 악한 모양을 경계하자【살전 5:21,22】

성경은 '범사에 헤아려 좋은 것을 취하고 악은 어떤 모양이라도 버리라'고 했다. 여기서 '모양'은 헬라어 '에이도스'인데 이것에는 '눈에 들어오는 것', '외적인 모습', '형상', '자태', '종류'라는 여러 가지 뜻이 있는데 악에 관한 외형의 모든 것을 의미하는 말이다. 성도는 참된 신앙을 미혹하고 유혹하여 시험으로 이끄는 모든 악의 모양을 경계하자. 악한 모양은 사탄이 임하는 모습이다.

참고 성구 히 10:22-25 고전 10:6-12 롬 13:11-14 유 1:4 딤전 6:9,20

■결론■ 이와 같이 경계해야 할 악한 것들을 살펴보았은즉 성도는 악한 생각과 악한 사람과 악한 모양을 경계하여 죄에 빠지지 않도록 항상 경성하는 자가 되자.

■해설■ **경계하다**
　신약성경에서 6개의 헬라어 중 4개가 그리스도의 재림과 윤리적으로 경성해 있을 것을 언급한 구절에서 은유적으로 사용됐는데, 곧 '아그뤼프네오'와 '그레고레오'는 '깨어 있다', '영적으로 경성해 있다'는 뜻이며 '네포'는 '근신하다', '절제하다'라는 은유적인 뜻으로만 사용됐다. '블레포'는 '경계하다', '삼가 조심하다'라는 개념을 가지고 있다. 이 네 단어들은 우리의 정신적, 영적으로 그리스도의 재림을 예비하라는 암시를 하고 있다. 이러한 예비는 그리스도께 대한 헌신을 통해서 이뤄진다. 이밖에 '테레오'(지키다, 감시하다)와 '파라테레오'(지키다, 다른 사람이 일하는 것을 감찰하다)가 있다.

■참고■ **성도들이 힘써야 할 것들**
　• 주님의 사업을 힘씀(살후 3:7-11) • 기도를 힘씀(눅 18:1-6) • 주님을 섬기는 것을 힘씀(롬12:11) • 복음의 전파를 힘씀(막 16:15) • 주님의 양을 먹이는 일을 힘씀(요 21:15-18) • 성경을 상고하는 것을 힘씀(요 5:39) • 서로 사랑할 것을 힘씀(요 13:34) • 마귀를 대적하는 것을 힘씀(엡 6:11) • 재물을 천국에 쌓는 일을 힘씀(마 6:20-21) • 교회에 모이기를 힘씀(히 10:25)

■예화■ **마귀들의 회의**
　마귀들이 하루는 모여서 착한 사람을 죄짓게 하려고 회의를 했다. 한 마귀가 말을 꺼냈다. "내가 그를 죄짓게 할 수 있다!" "어떻게 할 수 있느냐?"고 물었다. "그 앞에 죄악 된 향락을 놓으면 거기에 빠질 것이다." 그 때 다른 마귀가 하는 말이 "아니다. 그것으로는 안 될 것이다. 우리가 이미 해 본 일이다. 그는 우리가 내놓은 세상 향락보다 더 좋은 것을 가지고 있다." 또 다른 마귀가 말했다. "그러면 내가 그를 죄짓게 하겠다." 사탄이 물었다. "어떻게 하겠느냐?" "내가 그에게 말할 수 없는 고통과 슬픔을 주고, 그것을 참아도 아무런 기쁨이나 상급이 없다는 것을 보여 주겠다." 그 때 사탄이 "아니다. 그것으로는 안 된다. 그는 이미 고통과 슬픔 속에서도 평화롭게 사는 길을 알고 있어." 다른 마귀가 "그럼 내가 그를 죄짓게 할 자신이 있다." "어떻게 하겠느냐? 말해 봐." "나는 그의 심령이 낙심되게 하겠다." 그 때 사탄이 무릎을 치면서 "바로 그걸세. 그렇게 하면 될 거야. 우리는 그를 정복하겠다."고 하였다고 한다. 마귀는 우리를 낙심시키려 한다. 그러나 성령은 우리가 낙심하려 할 때 새 용기를 주어 다시 일어나게 하신다. 그러므로 성령으로 사는 사람은 시험을 당하나 시험을 이긴다. (그리스도인의 행복한 생활의 비결 / 한나 위탈 스미스)

● 경배 ●

경배하는 자에게 도래하는 세 가지

■ 본문 ■ 사람이 나를 섬기려면 나를 따르라 나 있는 곳에 나를 섬기는 자도 거기 있으리니 사람이 나를 섬기면 내 아버지께서 그를 귀히 여기시리라 【요 12:26】

■ 서론 ■ 작가 맥스 루케이도는 "경배는 침묵을 거부하고 '감사하다' 라는 말을 하는 것이다" 라고 했다. 신실히 경배하는 자에게 도래하는 것들은 무엇인가?

■ 말씀 ■

Ⅰ. 하나님의 귀하게 여기심을 받는다 【요 12:26】

성경은 '사람이 나를 섬기면 내 아버지께서 그를 귀히 여기시리라' 고 했다. 주님 예수께서는 주님을 잘 섬기면 하나님 아버지께서 섬기는 그를 귀히 여기신다고 했다. 여기서 '귀히 여기시리라' 는 헬라어 '티마오' 로서 이는 '값을 정한다' 는 뜻이다. 이것은 주님을 섬기고 봉사한 자에게는 하나님께서 꼭 보상해 주시겠다는 의미이다.

참고 성구 삼상 2:30 왕상 3:13 마 18:19-20 마 16:24

Ⅱ. 하나님의 기뻐하심을 받는다 【롬 14:18】

성경은 '이로써 그리스도를 섬기는 자는 하나님을 기쁘시게 하며 사람에게도 칭찬을 받느니라' 고 했다. 사도 바울은 그리스도를 섬기는 것은 하나님을 기쁘시게 하는 것이라고 했다. 그러면 섬긴다는 것은 무엇인가? 이는 윗사람이나 어른을 모시어 받드는 것을 말함인데 우리의 예수 그리스도는 성도의 구주가 되시므로 마땅히 섬기고 경배해야 할 대상이다.

참고 성구 행 10:34-35 엡1:6 히 11:6 마 17:5

Ⅲ. 하나님의 기업의 상을 받는다 【골 3:24】

성경은 '이는 기업의 상을 주께 받을 줄 아나니 너희는 주 그리스도를 섬기느니라' 고 했다. 상이란 무엇인가? 이는 수고나 선행 및 공로 등을 칭찬하는 뜻에서 주어지는 것을 일컫는 말인데 헬라어 '안타포도시스' 가 명사형으로 '보수' (reward), '되갚음' (repaying)의 뜻으로 번역되었고 본 구절에서는 '상' (reward) 으로 번역되었다.

참고 성구 시 61:5 벧전 1:4 엡 1:11 마 5:12,46

■ 결론 ■ 이와 같이 경배하는 자에게 도래하는 것들을 살펴보았은즉 성도는 주님 예수를 잘 섬겨서 하나님으로부터 귀히 여기심을 받고 기업의 상을 얻는 자들이 되자.

■해설■ **경배**

경배(adoration)의 머리를 숙임(출34:8), 손을 듦(딤전 2:8), 무릎을 꿇음(왕상 8:54), 엎드림(창 17:3, 계1:17)과 같은 행동은 외적으로 하나님에 대한 영혼의 내적 경배를 나타낸다. 예수께서는 그의 탄생에서(마 2:11), 그의 사역에서(마 8:2, 9:18), 그리고 그의 부활 후에 경배를 받으셨다(마 28:9,17), 사람들과 천사들 뿐 아니라 귀신들(막 5:6)까지도 이러한 경배를 드렸다. 실로 예수는 육신을 입으신 하나님이시기 때문에(빌 2:5-11) 그를 경배함에는 어떠한 위험도 없다. 이와 반대로 물질적 대상(출 20:1-6, 사 44:12-20), 천사들(골 2:18, 계 19:10), 죄악된 인간(살후 2:1-12, 계 13장), 사탄(눅4:7)에 대한 경배는 정죄된다.

■참고■ **잘못된 경배는 이런 것들임**

• 우상에게 경배하는 것(레 26:1, 왕하 21:21) • 일월성신에게 경배하는 것(신 4:19, 습1:5-6) • 마귀 사탄에게 경배하는 것(마 4:9) • 용과 짐승에게 경배하는 것(계13:4,12,15) • 피조물을 경배하는 것(롬 1:25) • 입술로만 하나님을 경배하는 것(마 15:8-9, 막 7:6-7) • 하나님에 의해 지음받은 영계의 천사들을 경배하는 것(계 22:8-9)

하나님께서 모세에게 주신 십계명의 제1, 제2, 제3계명 모두가 잘못된 경배를 우려하시므로 주셨다(출 20:3-7)

■예화■ **아기 예수님의 피난 이야기**

아기 예수님의 피난 이야기 가운데 이런 전설이 있다. 요셉과 마리아 그리고 예수님이 애굽으로 가는 도중에 날이 저물어 쉴 곳을 찾았으나 인가는 없고 피곤한데 동굴 하나를 발견하였다. 날씨는 대단히 추워서 땅바닥엔 하얀 서리가 깔려 있었다. 한 마리의 거미가 아기 예수님을 보았다. 그리고 이 거미는 '이 추운 밤에 아기 예수님을 보호하기 위하여 내가 무엇을 할 수 있을까?' 생각하다가 그는 그가 할 수 있는 꼭 한 가지 일을 하기로 작정하였다. 그것은 동굴 입구를 거미줄로 얽어서 막을 만드는 것이었다. 한참 후, 헤롯의 파견을 받은 군대가 어린 아기를 찾아 죽이라는 피어린 명령을 수행하기 위하여 뒤따라오고 있었다. 그들이 동굴까지 조사해 보려고 몰려왔다. 그런데 그들 중에 우두머리가 거미줄을 발견하였다. 거미줄은 하얀 서리로 뒤덮여 있는 동굴 입구를 가로질러 가득 차 있었다. 그때 그 우두머리가 하는 말이 "여보게들, 거미줄을 보게. 만일 누가 이 속에 들어갔다면 거미줄을 걷고야 들어갈 게 아니야? 그런데 거미줄은 전혀 상하지 않았어. 그러니 이 속엔 아무도 없다는 거야." 그리고는 헤롯의 군인들은 예수님의 가족엔 손을 대지 않고 지나가 버리고 말았다. 우리가 크리스마스 트리에 금,은,사슬을 두르는 것은 이 전설에서 유래된 풍습이라고 한다. (박조준 목사 예화 모음 / 최영자)

● 경외 ●

경외하는 자를 향한 약속 세 가지

■ 본문 ■ 주를 두려워하는 자를 위하여 쌓아 두신 은혜 곧 주께 피하는 자를 위하여 인생 앞에 베푸신 은혜가 어찌 그리 큰지요 【시 31:19】

■ 서론 ■ 스코틀랜드의 의사 조지 포디스는 "하나님의 위엄을 경외하며 그를 두려워하라. 그리하면 당신에게는 두려울 것이 없다"라고 했다. 하나님을 경외하는 자를 향한 약속은 무엇인가?

■ 말씀 ■

I. 경외하는 자에게 택할 길을 가르치신다 【시 25:12】

성경은 '여호와를 경외하는 자 누구냐 그가 택할 길을 그에게 가르치시리로다' 라고 했다. 경외란 무엇인가? 이는 하나님의 권위와 거룩하심에 대한 공경과 두려움을 나타내는 데에 쓰이는 말로서, 성도가 하나님을 두려워하는 일은 신앙에 있어서 없어서는 안 될 요소이다. 하나님께서는 당신을 경외하는 성도에게 택할 길을 인도하시고 지도하신다.

참고 성구 시 32:8 잠 1:7 룻 1:16-18, 4:11 민 14:1-35 눅 2:25-33

II. 경외하는 자에게 은혜를 베푸신다 【시 31:19】

성경은 '주를 두려워하는 자를 위하여 쌓아 두신 은혜 곧 주께 피하는 자를 위하여 인생 앞에서 베푸신 은혜가 어찌 그리 큰지요' 라고 했다. 은혜란 무엇인가? 이는 인간에 대한 하나님의 자발적이고도 제한을 받는 일 없는 사랑의 은사(선물)를 말한다. 하나님은 당신을 경외하는 자에게 당신의 한량없이 큰 은혜로 채우시고 베풀어 주신다.

참고 성구 출 23:25-28 엡 1:17-19 빌 4:19 딛 3:7 창 12:1-3

III. 경외하는 자에게 긍휼을 베푸신다 【딛 3:5】

성경은 '우리를 구원하시되 우리가 행한 바 의로운 행위로 말미암지 아니하고 오직 그의 긍휼하심을 따라 중생의 씻음과 성령의 새롭게 하심으로 하셨나니' 라고 했다. 긍휼은 무엇인가? 이는 곧 하나님의 속성의 하나로서 하나님께서 비참한 상태에 있는 자를 불쌍히 여기시는 것을 뜻한다. 하나님은 당신에게 도움을 바라는 인생에게 긍휼로써 응답하신다.

참고 성구 눅 1:49-50 행 10:35 롬 9:16-18 창 39:23 시 103:13-14

■ 결론 ■ 이와 같이 경외하는 자를 향한 하나님의 약속을 알았은즉 성도는 하나님을 경외하여 택할 길을 지도받고 평탄한 가운데 은혜를 체험하여 이웃에서 받은바 긍휼을 베푸는 자 되자.

■해설■ **경외**

경외(awe)는 하나님과 관련된 특징적인 경우에는 '두려움'(fear)으로 표현된다. 사실상 하나님을 두려워하는 것(경외하는 것)은 구약 성경에 있어서 참된 신앙에 대한 정의다. 하나님을 경외하는 것은 지혜의 근본이며(시 111:10), 지식의 근본이다(잠 1:7). 또한 정직함의 열쇠이고(시 11:7, 잠 2:7), 하나님 명령을 지킬 수 있게 하는 원동력이며(겔 12:1-28), 성령께서 이새의 가지에게 주신 선물(은사)이기도 하다(사 11:2-5). 신약성경의 하나님 경외(두려워함)는 그럼으로써 정직하게 하나님을 섬길 수 있으며(골 3:2), 거룩한 생활을 추구해 갈 수도 있다(고후 7:1). 바울은 두려움을 가지고 악을 피하고 하나님이 기뻐하시는 일로 구원을 이루며 섬기라 했다(빌 2:12, 엡 6:5-8).

■참고■ **성경에 기록된 진실했던 하나님 경외자들**
- 노아 - 보지 못하는 일에 경고하심을 받아 경외하여 방주를 예비함(히 11:7)
- 아브라함 - 독자 이삭을 모리아 산에서 잡아 번제로 드리려 했음(창 22:12)
- 야곱 - 이곳이 하나님의 전이요 하늘의 문이라 고백함(창 28:16-19)
- 요셉 - 나는 하나님을 경외하니 너희는 이렇게 하여 생명을 보전하라 함(창 42:18)
- 느헤미야 - 하나님을 경외하므로 백성을 압제치 않음(느 5:15)
- 다윗 - 주를 경외함으로 성전을 향해 경배한다 함(시 5:7)
- 오바댜 - 엘리야에게 당신의 종은 어려서부터 여호와를 경외하는 자라고 말함(왕상 18:12)

■예화■ **하나님을 바라보라**

한 신발 회사의 외판원이 신발을 판매하기 위해서 외딴 지방으로 가게 되었는데 그가 가서 보니 그곳 사람들은 대부분이 신발을 신지 않고 맨발로 다니는 것을 보고 매우 실망하여 회사 앞으로 "신발 판매 전망 없음. 여기서는 아무도 신발을 신지 않음"이라고 전보를 보냈다고 한다. 그런데 얼마 지난 후에 같은 회사의 다른 외판원 하나가 또 그 지방을 가게 되었는데 그 외판원은 본사에 서둘러서 전보를 쳤는데 "판매 가능성 무궁무진, 여기서는 아무도 신발을 신지 않고 있음!" 이와 같은 일이 구약성경에도 기록된 일이 있다. 여호와께서 이스라엘 자손들에게 주려고 약속한 가나안 땅을 탐지하기 위해 모세가 보낸 12명의 정탐꾼들은 똑같이 가나안 땅을 "젖과 꿀이 흐르는 땅"으로 보았으나 그곳을 정복하는 데는 각기 의견이 달랐다. 10명은 전혀 불가능한 것으로 보았고, 여호수아와 갈렙 두 사람은 희망을 가지고 가능하게 보았다. 어떻게 똑같은 일에 대하여 두 의견이 그렇게 다를 수가 있었겠는가? 대답은 다주 간단하다. 10명은 자신들을 바라보았고, 여호수아와 갈렙은 전능하신 하나님을 바라보았기 때문이다. 이러한 믿음은 주님을 바라볼 때에만 가능한 것이다.

● 고난 ●

고난의 영적 의미 세 가지

■ 본 문 ■ 오라 우리가 여호와께로 돌아가자 여호와께서 우리를 찢으셨으나 도로 낫게 하실 것이요 우리를 치셨으나 싸매어 주실 것임이라【호 6:1】

■ 서 론 ■ 목사요 작가인 조엘 오스틴은 "고난은 우리의 등을 떠밀어 하나님이 정하신 목적지로 이끈다"고 했다. 성도에게 닥치는 고난의 영적 의미는?

■ 말씀 ■

I. 고난으로 하나님의 사랑과 긍휼을 알게 됨【사 63:9】

성경은 '그들의 모든 환난에 동참하사 자기 앞의 사자로 하여금 그들을 구원하시며 그의 사랑과 그의 자비로 그들을 구원하시고 옛적 모든 날에 그들을 드시며 안으셨으나' 라고 했다. 고난이란 무엇인가? 이는 영육의 괴로움과 어려움을 의미한다. 성도가 고난을 당했을 때 자기를 향한 하나님의 사랑과 긍휼을 깨닫게 된다. 고난의 보자기에 축복을 싸서 주시는 하나님이시다.

참고 성구 고후 12:9 벧전 4:12-13 욥 42:6 히 12:6-8

II. 고난으로 하나님을 간절히 찾게 됨【호 6:1】

성경은 '오라 우리가 여호와께로 돌아가자 여호와께서 우리를 찢으셨으나 도로 낫게 하실 것이요 우리를 치셨으나 싸매어 주실 것임이라' 고 했다. 성도가 고난을 당했을 때 비로소 하나님을 간절히 찾게 된다. 바울은 우리 자신이 사형 선고를 받은 줄 알았으니 이는 우리로 자기를 의지하지 말고 오직 죽은 자를 다시 살리시는 하나님만 의지하게 하심이라고 했다.

참고 성구 눅 15:17-18 욘 2:2 출 2:23 삿 4:3 고후 1:9

III. 고난으로 하나님의 말씀을 지키게 됨【시 119:67】

성경은 '고난 당하기 전에는 내가 그릇 행하였더니 이제는 주의 말씀을 지키나이다' 라고 했다. 고난은 하나님의 백성인 성도를 순화하여 하나님에 대한 신앙을 깊게 하는 시련의 의미를 가진다. 따라서 시편 기자도 고난당하기 전에는 내가 그릇 행하였다고 했고, 욥도 그가 나를 단련하신 후에는 내가 순금 같이 되어 나오리라고 고백했다.

참고 성구 욥 23:10 시 94:12 계 3:19 삿 16:28 왕하 5:17

■ 결 론 ■ 이와 같이 고난의 영적 의미를 알았은즉 성도는 고난을 통해 하나님의 사랑과 긍휼을 체험하고 이제는 오직 하나님만을 찾고 그분의 말씀을 지키는 자들이 되자.

■해설■ **고난**

고난(suffering) 혹은 고난당하다(suffer)의 의미를 지닌 히브리어 중 중요한 것은 ①야사르 -이 말은 고난의 목적은 '징계' (호 10:10), '교훈' (시 2:10) '훈계하는 것' (렘 6:8) 등이다. ②아나 - 이것은 '남을 괴롭히다' (창 15:13), '괴롭게 하다' (민 24:24), '고난을 당하다' (시 107:17) 등을 뜻한다. ③차라르 - 이 단어의 일차적 뜻은 '속박하다, 압박하다' 인데 이것이 '고난당하다, 괴롭히다' (렘 10:18)란 뜻으로 발전했다. 신약성경의 헬라어는 일반적으로 '파스코' 이다. 이 단어는 신약성경에 42회 나오고 70인역에는 외경을 포함, 약 20회 나온다. 기본적 뜻은 '경험하다' 이나 헬라 문학에선 거의 불쾌한 경험, 고통을 의미한다.

■참고■ **성도로서 받아야 할 고난이 있음**
- 말씀을 인하여 환난이나 핍박이 일어남(막 4:17)
- 주의 이름을 인하여 모든 민족에게 받는 미움이 있음(마 24:9)
- 잠시 받는 환난의 경한 것이 있음(고후 4:17)
- 참 성도는 주를 위한 고난을 겪게 된다(마 10:38)
- 살 소망까지 끊어지고 마음에 사형선고를 받는 것 같은 고난(고후 1:8-10)
- 괴로움에 함께 참여하는 고난(빌 4:14)
- 하나님께서 고난을 이기게 하심(롬 8:36-37)
- 예수 그리스도의 재림으로 말미암아 모든 고난이 끝남(살후 1:3-12)

■예화■ **참고 견디는 인간의 위대함**

빛나는 것이라고 다 금은 아니다. 도금도 빛나고 진금도 빛난다. 건강한 것과 건강해 보이는 것은 분명히 다르다. 모든 사물에는 진짜와 가짜가 있다. 사물의 진가를 가리려면 어떤 시금석이 필요하다. 물건이 무거운지 가벼운지는 저울로 다루어 보아야 한다. 겉만 보아서는 알 수가 없다. 인간도 마찬가지다. 인간의 시금석의 하나는 고난이다. 어려운 일을 한 번 당해 보면 그 사람의 진가를 알 수 있다. 몸에 백화(百花)가 난만하게 피었을 때에는 모든 꽃이 다 오래갈 것 같고, 생명력이 강한 것같이 보인다. 그러나 가을에 서리가 내리고 추위가 다가오면 시드는 꽃과 시들지 않는 것이 판연히 드러난다. 고난을 당하였을 때 힘없이 쓰러지는 사람이 있고 끝까지 용기와 지구력을 가지고 고난을 극복하는 사람이 있다. 고난은 인간의 진가와 실력을 판가름하는 엄연한 시금석이다. "고난은 인간의 진가를 증명하는 것이다." 이 말을 한 에픽테토스는 희랍의 노예 철학자다. 그는 원래 노예였다. 그는 노예였기 때문에 주인에게 온갖 학대와 괴로움을 겪었다. "참고 견디어라" 그것이 그의 인생의 좌우명이다. 그는 나중에 대단히 지혜롭고 덕이 높은 사람이 되었다. 그래서 노예에서 해방되어 자유인이 되었다. 그는 마침내 유명한 철학자가 되었다. 그는 누구보다도 인생의 고난을 많이 겪은 사람이기 때문이다. 고난에 견디고 이기는 자가 참으로 위대한 인간이다. (안병욱)

● 고용 ●

고용된 자의 좋은 자세 세 가지

■본 문■ 나중 온 이 사람들은 한 시간밖에 일하지 아니하였거늘 그들을 종일 수고하며 더위를 견딘 우리와 같게 하였나이다 [마20:12]

■서 론■ 고용이란 무엇인가? 이는 보수를 받고 남의 일을 하여 주는 것을 뜻한다. 현대의 민주주의 시장경제의 체제 아래서 많은 사람들이 고용되어 삶을 영위하고 있다. 고용된 자의 바람직한 자세는?

■말 씀■

I. 자기의 임금에 만족함 [눅 3:14]
성경은 '사람에게서 강탈하지 말며 거짓으로 고발하지 말고 받는 급료를 족한 줄로 알라 하니라' 고 했다. 만족이 무엇인가? 이는 마음에 부족함이 없이 흐뭇함을 일컫는 말이다. 세례 요한은 군인들에게 '받는 급료를 족한 줄 알라' 고 했다. 만족을 모르는 자는 항상 불평과 불만에 싸여 매사를 부정적으로 보고 있다. 성도는 노력의 대가에 만족하는 삶을 살자.
참고 성구 창 3:19 살후 3:12 말 3:5 마 20:10-14 요 6:27

II. 자기가 약정한 것을 이행함 [마 20:12]
성경은 '나중 온 이 사람들은 한 시간밖에 일하지 아니하였거늘 그들을 종일 수고하여 더위를 견딘 우리와 같게 하였나이다' 라고 했다. 약정이란 무엇인가? 이는 약속하여 정한 것을 의미한다. 사람의 이해타산은 감정에 의해 움직이는 경우가 많다. 따라서 고용한 사람과 고용된 사람은 약정을 맺고서 이것을 충실히 이행하려는 자세를 견지해야 한다.
참고 성구 잠 25:13 살후 3:10 마 21:33-41 행 19:24-41

III. 자기의 상전을 공경함 [딤전 6:1]
성경은 '무릇 멍에 아래에 있는 종들은 자기 상전들을 범사에 마땅히 공경할 자로 알지니 이는 하나님의 이름과 교훈으로 비방받지 않게 하려 함이라' 고 했다. 상전(上典)이란 종에 대하여 그 '주인' 을 이르는 말이다. 성경이 기록되었을 때는 전제군주 시대로서 노예제도가 확립되었다. 따라서 오늘의 시대에는 상전을 고용주로 이해하면 된다.
참고 성구 벧전 2:18 골 3:22 잠 17:2 창 39:9, 41:41-44

■결 론■ 이와 같이 고용된 자의 좋은 자세를 알았으니 성도는 자기의 임금에 만족하고 자기가 약정한 것을 이행하고 일터의 고용주를 공경하여 노사를 원만하게 하는 자 되자.

■해설■ **임금**

삯, 품삯, 임금(Wages)이란 단어는 영어 성경에서 2개의 헬라어와 5개의 히브리어가 흠정역(AV)에는 18회 RSV에서는 무려 42회가 나오는데 이는 번역자가 여러 가지 단어와 구들을 '임금, 품삯'으로 같은 범주로 번역했기 때문이다. 성경에서 이에 대한 최초의 언급은 창 29:15이다. 레 19:13, 렘 22:13을 참조하라. 신약성경에는 이 단어가 단지 5회 나오는데(AV) 일에 대한 보상의 개념을 지니고 있다. 즉 군인에게 지불하는 삯(눅 3:14), 죄에 대한 형벌(롬 6:23) 등이다. 미스도스는 일반적으로 '보상, 상급'으로 번역되어 있는데 흠정역(AV)에는 두 번 '임금, 품삯'으로 되어 있다(요 4:36, 벧후 2:15).

■참고■ **성경이 말하는 고용주의 자세**

• 그 품삯을 당일에 주고 해 진 후까지 미루지 말라 이는 그가 가난하므로 그 품삯을 간절히 바람이라 그가 너를 여호와께 호소하지 않게 하라 그렇지 않으면 그것이 네게 죄가 될 것임이라 (신 24:15) • …내가 그의 권리를 저버렸다면 하나님이 일어나실 때에 내가 어떻게 하겠느냐 하나님이 심판하실 때에 내가 무엇이라 대답하겠느냐(욥 31: 13:-14) • 상전들아 너희도 그들에게 이와 같이 하고 위협을 그치라 이는 그들과 너희의 상전이 하늘에 계시고 그에게는 사람을 외모로 취하는 일이 없는 줄 너희가 앎이라(엡 6:9) • 상전들아 의와 공평을 종들에게 베풀지니 너희에게도 하늘에 상전이 계심을 알지어다(골 4:1)

■예화■ **달란트에 충실한 일꾼**

미국 뉴욕, 어느 큰 백화점에서 점원을 모집하였다. 많은 청년들이 찾아왔다. 그들은 한결같이 좋은 자리를 원하였다. 그러나 유독 한 청년만이 엘리베이터를 맡겨 달라고 하였다. 지배인은 짐짓 물었다. "왜 하필 엘리베이터를 맡겨 달라고 하는가?" "이유는 없습니다." "월급도 적고 갇혀 사는 신세인데……." "좋습니다. 그걸 시켜 주십시오." 지배인은 그 청년에게 엘리베이터를 맡겼다. 반 년 후, 그는 성실하였으므로 칭찬이 나돌았다. 지배인은 좋은 청년이라고 생각하면서 좋은 자리를 주려고 생각하였다. "이제 다른 데로 자리를 옮기게." "아닙니다. 3년간만 계속 시켜 주십시오." 3년의 세월이 흘렀다. 그 때, 청년은 지배인에게 상세한 통계표를 한 장 제시하였다. 그 통계표에는 이 백화점에 오는 사람들의 여러 가지 모양의 형을 나누어 세밀하게 조사보고가 되어 있었다. 어떤 옷차림의 사람들은 어느 상점으로 들어가고, 어떤 성질의 사람들은 어떤 물건을 산다는 것이 상세하게 표시되어 있었다. 지배인은 무릎을 치면서 말했다. "자네야말로 내가 지금까지 기다리던 가장 적합한 우리 회사의 일꾼일세. 나의 비서 일을 맡아주게." 청년은 가장 신임 받는 사원이 되었다. 우리도 비록 작고 초라할지라도 주님께서 우리에게 맡겨주신 달란트를 주님을 위하여 잘 활용하며, 충성하는 크리스천이 되자. (예화 / 심군식)

● 관리(관원) ●
관리에 대한 합당한 태도 세 가지

■ 본 문 ■ 인간의 모든 제도를 주를 위하여 순종하되 혹은 위에 있는 왕이나 혹은 그가 악행하는 자를 징벌하고 선행하는 자를 포상하기 위하여 보낸 총독에게 하라 【벧전 2:13-14】

■ 서 론 ■ 관리란 관직에 있는 사람을 말하는 것으로 벼슬아치 혹은 공무원을 일컫는 말이다. 성도가 행하는 관리에 대한 합당한 태도는 무엇인가?

■ 말 씀 ■

Ⅰ. 관리를 비방하지 말 것 【행 23:5】
성경은 '바울이 이르되 형제들아 나는 그가 대제사장인 줄 알지 못하였노라 기록하였으되 너의 백성의 관리를 비방하지 말라 하였느니라 하더라' 고 했다. 비방이 무엇인가? 이는 남에 대해서 나쁘게 말하거나 남을 헐뜯고 욕하는 것을 일컫는 말이다. 성경은 나라에서 세운 관리 혹은 관원을 비방하지 말라고 했다. 이는 권세가 하나님으로 비롯되었기 때문이다.
참고 성구 삼상 24:6 전 10:20 벧전 2:17 행 4:17-21 출 22:28

Ⅱ. 관리를 위해 기도할 것 【딤전 2:1,2】
성경은 '그러므로 내가 첫째로 권하노니 모든 사람을 위하여 간구와 기도와 도고와 감사를 하되 임금들과 높은 지위에 있는 모든 사람을 위하여 하라' 고 했다. 기도는 성도와 하나님과의 교제 혹은 대화로서, 기도의 내용으로는 찬양, 감사, 회개, 간구, 중보기도 혹은 도고가 있다. 성도는 나라를 다스리는 대통령과 각료를 위해서 기도해야 한다. 이는 성도의 안녕을 위함이기 때문이다.
참고 성구 시 148:11-13, 마 7:7-8 롬 13:3-6

Ⅲ. 관리에게 순종할 것 【벧전 2:13,14】
성경은 '인간의 모든 제도를 주를 위하여 순종하되 혹은 위에 있는 왕이나 혹은 그가 악행하는 자를 징벌하고 선행하는 자를 포상하기 위하여 보낸 총독에게 하라' 고 했다. 순종이란 무엇인가? 헬라어 '휘포타쏘' 는 '복종하다, 예속하다, 종속시키다, ~의 통치를 따르다' 는 뜻으로 성경은 성도가 나라의 제도를 주를 위해 순종하되 위에 있는 왕이나 총독에게까지 하라고 했는데 이는 세상 질서와 권력에 대한 성도의 태도이다.
참고 성구 롬 13:1 딛 3:1 행 5:34-41 잠 24:21

■ 결 론 ■ 이와 같이 관리에 대한 합당한 태도를 보았으니 성도는 관리를 비방 말고, 관리를 위해 기도하며, 관리에게 순종하는 것이 성도 자신을 위함인 줄 알고 말씀대로 사는 자들이 되자.

■해설■ 관원

신약성경에서 '아르콘'이라는 헬라어는 일반적으로 종교적으로나 정치적으로 지도자의 위치에 있는 사람들을 가리키는 말로서 회당에 종사하고 있는 관리들도 다스리는 자로 불리웠다(눅 8:41). 그리고 산헤드린의 구성원들도 역시 이 명칭(관원)으로 불리웠다(요 3:1). '아르콘'은 헬라어 동사 아르코에서 나온 분사로서 '다스리다'라는 의미를 가지고 있다. 참고로 '다스리다' 곧 '통치' (rule), '통치자' (ruler)에 해당하는 히브리어는 열한 가지가 있으나 그 중 마샬이 구약성경 전반에 걸쳐 사용되고 있다. 애굽의 통치자 요셉(창 45:8), 다윗의 계보(대하 7:18)와 야곱을 다스리는 하나님의 통치(시 59:13) 등이다.

■참고■ 하나님 우리에게 이런 훌륭한 관리를 보내주십시오

• 요셉 - 바로의 산하 시위대장 보디발의 집에서 총무 일을 맡아 하나님의 형통이 임하게 함(창 39:1-6). 또한 바로로부터 '하나님의 신에 감동한 사람을 우리가 어찌 얻으리요'라는 말을 들음(창 41:38) • 다니엘 - 느부갓네살 왕으로부터 절까지 받고 하나님을 존중케 한 신앙의 인물(단 2:46-48) • 모르드개 - 아하수에로 왕의 다음이 되고 허다한 형제에게 꿈을 받고 백성의 이익을 도모하며 그 모든 종족을 안위하였음(에 10:3) • 느헤미야 - 무너진 조국의 비보에 울고 슬퍼하며 금식하며 하나님께 부르짖음(느 1:1-11).

■예화■ 건실한 지도자

미국의 제16대 대통령인 아브라함 링컨은 건실한 삶을 살려고 노력하는 세 가지 중요한 요소가 있다고 했다. 첫 번째는 깨끗한 생활이라고 했다. 사회가 어떻게 변하든지 '아니면 아니고, 예면 예라'선한 판단을 분명히 할 수 있는 깨끗한 양심을 가진 사람이어야 한다는 것이다. 이는 언행이 일치한 사람이요 한 걸음 더 나아가 마음과 행동(心行)이 일치한 사람인 것이다. 두 번째는 열심히 일하는 생활이라고 했다. 어떤 환경에서든지 우리는 우리가 맡은 일을 열심히 해야 할 것이다. 이렇게 사회가 급변할 때에는 기회주의가 난무한다. 그러나 우리는 최선을 다해서 일하는 사람이 되어야 한다. "당신은 천재입니다."라고 치하하는 말에 대한 에디슨의 답변은 "천재가 되기 전에 종이 되어야 합니다." 하였다는 것이다. 위대하게 되는 사람은 먼저 한 가지 일에 종살이를 하다시피 열심히 일하는 사람이다. 우리가 근심하는 것은 일이 많아서가 아니라 열심이 식어서 그런 것이 아닌지 살펴야 할 것이다. 마지막으로 하나님을 믿으라고 했다. 아브라함 링컨만큼 그의 생전에 공격과 모함을 많이 받은 지도자도 없다. 한번은 내각이 총사퇴하겠다고 압력을 가해 왔을 때 링컨이 백악관의 기도실에 들어가 기도를 하는데 밤새도록 카페트를 얼마나 쥐어뜯으면서 기도했는지 카페트가 다 찢어질 정도였다고 한다. 오늘 우리도 어려운 때일수록 변하지 않는 신앙을 가지고 하나님을 굳건히 의지해야 할 것이다.

● 관용 ●

관용이 필요한 세 경우

■본 문■ 그런즉 너희는 차라리 그를 용서하고 위로할 것이니 그가 너무 많은 근심에 잠길까 두려워하노라 그러므로 너희를 권하노니 사랑을 그들에게 나타내라 【고후 2:7-8】

■서 론■ "관용은 사고의 위대함의 선물이다. 자전거를 탈 때 균형을 잡는 것처럼 뇌의 균형 있는 배려를 요구한다"고 헬렌 켈러는 말했다. 성도에게 관용이 필요한 경우는?

■말 씀■

I. 주님으로 인한 형제들 사이의 논쟁 때 【막 9:38】

성경은 '요한이 예수께 여짜오되 선생님 우리를 따르지 않는 어떤 자가 주의 이름으로 귀신을 내쫓는 것을 우리가 보고 우리를 따르지 아니하므로 금하였나이다'라고 했다. 논쟁이 무엇인가? 이는 서로 다른 의견을 가진 사람이 각각 자기의 설을 주장하며 다투는 것을 말한다. 성도는 그릇된 신앙과 편협된 안목을 버리고 주님의 관용을 본받자.

참고 성구 눅 9:54-56 마 9:10-12 눅 9:49-50 막 9:39 갈 3:28

II. 믿음이 약한 성도에게 【롬 14:15】

성경은 '만일 음식으로 말미암아 네 형제가 근심하게 되면 이는 네가 사랑으로 행하지 아니함이라 그리스도께서 대신하여 죽으신 형제를 네 음식으로 망하게 하지 말라'고 했다. 믿음이 강한 자는 자기 이익의 추구가 정당하다고 해도 형제애를 위하여 절제하고 관용을 행하는 것이 성도의 공동체에서 건덕을 행하는 일이 됨을 명심하자.

참고 성구 롬 14:1-4, 15:1 고전 8:9-13 행 20:35 행 15:19-20

III. 회개하고 돌이킨 형제에게 【고후 2:7】

성경은 '그런즉 너희는 차라리 그를 용서하고 위로할 것이니 그가 너무 많은 근심에 잠길까 두려워하노라'고 했다. 성도는 징계를 받고 회개하고 있는 형제를 더 이상 질책하지 말고 용서와 사랑으로 대해야 한다. 그 이유는 이 회개하고 돌이킨 형제를 위하여 주님 예수께서 자기 몸을 십자가에 달려서 돌아가셔서 구원을 이루었기 때문이다.

참고 성구 딤후 2:25-26 눅17:4 엡 4:32 골 3:12-14 몬1:16,21

■결 론■ 이와 같이 매사에 관용이 필요하다. 성도는 신앙생활을 하면서 논쟁이 있거나, 믿음이 약한 성도에게, 회개하고 돌이킨 형제를 관용으로 대하는 자들이 되자.

■해설■ 관용

관용(moderation)이란 말은 자신의 권리만을 주장하거나 율법의 문자에 얽매여 그것만을 고집하는 것이 아니라 공평과 공정의 마음가짐으로 다른 사람들의 안녕을 고려해 줄 줄 아는 사려깊은 의지를 의미한다. 이것이 결여될 때 분쟁이 야기될 수 있다(빌 4:2-5). 헬라어로는 명사인 '에피에이케이아'가 행 24:4, 고후 10:1에 '관용'으로 나온다. 그리스도의 '에피에이케이아'는 요 8:1-11과 특히 빌 2:5-8에 잘 나타나 있다. 영어성경에는 AV에 꼭 한번 나오며(빌 4:5) RV에서는 '절제'란 말로나온다. 이 말은 형용사 '에피에이케스'에서 온 중성명사를 번역한 것이다(딤전 3:3, 딛 3:2).

■참고■ 성경에 기록된 이런 저런 관용들
- 보아스 - 룻이 이삭을 주우러 일어날 때에 자기 소년들에게 그로 곡식 단 사이에서 줍게 하라고, 또 책망치 말라고 함(룻 2:15)
- 엘리사 - 사로잡은 아람 사람을 치지 말고 떡과 물을 마시우게 하라 함(왕하 6:22)
- 에브라임의 자녀들 - 옷을 취하여 벗은 자에게 입히고 신을 신기고 약한 자는 나귀에 태워서 여리고에 데려다 주고 사마리아로 돌아감(대하 28:15)
- 데마 땅의 거민들 - 물을 가지고 목마른 자들에게 주고(사 21:14)
- 선한 사마리아 사람 - 자기 종족을 멸리하는 유대인이 강도 만난 것을 보고 도와줌(눅 10:34-35)

■예화■ 관용

레오나르도 다 빈치가 '최후의 만찬'을 그리려고 시작하기 전에 동료 화가와 격한 싸움을 했었다. 너무 화가 나고 분해서 다 빈치는 그와 싸운 화가의 얼굴을 유다의 얼굴로 그리기로 작정했다. 그렇게 해서 복수도 하고, 그 사람을 불명예스럽게 하여 울화도 풀 겸, 대대로 비난을 받게 하고자 했다. 그래서 유다의 얼굴이 제일 처음으로 완성되었다. 누가 봐도 그것이 레오나르도와 싸운 화가의 얼굴임을 쉽게 식별할 수 있었다. 그런데 그가 그리스도의 얼굴을 그리는 데에 이르러서는 전혀 손을 댈 수가 없었다. 뭔가 꺼림칙하고 그가 최선을 다할 수 없게 만드는 것이 있었다. 생각 끝에 그 원인은 바로 그와 싸운 사람의 얼굴을 유다의 얼굴로 그렸다는 사실이라고 결론지었다. 그러자 그는 유다의 얼굴을 지워버리고 예수의 얼굴로 다시 그리기 시작했다. 드디어 당대의 걸작품인 '최후의 만찬'이 성공리에 완성되었다. 사람은 누구나 모두 단 한 번에 자신의 생활 안에 그리스도의 상을 그려나갈 수는 없다. 그것도 증오와 미움의 빛깔로 다른 얼굴을 그리면서는 그리스도의 상을 온전히 나타낼 수는 없는 것이다. "너희 관용을 모든 사람에게 알게 하라 주께서 가까우시니라" (빌 4:5).

● 괴로움 ●
괴로움을 극복하는 방법 세 가지

■ 본 문 ■ 너희는 모든 악독과 노함과 분냄과 떠드는 것과 비방하는 것을 모든 악의와 함께 버리고 서로 친절하게 하며 불쌍히 여기며 서로 용서하기를 하나님이 그리스도 안에서 너희를 용서하심과 같이 하라 [엡 4:31-32]

■ 서 론 ■ 러시아의 소설가 도스토에프스키는 "많은 괴로움이 부여되어 있는 사람은 많은 괴로움을 견딜 수 있는 힘이 있기 때문이다"라고 했다. 여러 관계에서 괴로움을 극복하는 방법은?

■ 말 씀 ■

I. 기꺼이 서로 용납함 [엡 4:32]

성경은 '서로 친절하게 하며 불쌍히 여기며 서로 용서하기를 하나님이 그리스도 안에서 너희를 용서하심과 같이 하라'고 했다. 용납이 무엇인가? 이는 남의 언행을 너그러운 마음으로 받아들임을 뜻한다. 성도가 인간관계에서 당하는 괴로움을 극복하려면 한 차원이 높게 오히려 친절하게 하며 불쌍히 여기고 용서하는 마음을 가지는 것이다.

참고 성구 골 3:13-14 창 33:1-17 창 45:1-15 빌 4:2

II. 더러움의 원인을 두려워함 [히 12:15]

성경은 '너희는 하나님의 은혜에 이르지 못하는 자가 없도록 하고 또 쓴 뿌리가 나서 괴롭게 하여 많은 사람이 이로 말미암아 더럽게 되지 않게 하여'라고 했다. 쓴 뿌리가 무엇인가? 이는 신앙 공동체 안에서 은밀하게 사악한 영향을 끼치는 교훈 및 사람을 가리킨다. 성도는 신앙생활에서 성도를 고통하게 하며 도덕적으로 타락하게 하는 자를 경계하여 더러움을 면하자.

참고 성구 신 29:18-19 벧후 2:15-16 삼하 15:11,23, 16:23

III. 진리를 거스리지 않음 [약 3:14]

성경은 '그러나 너희 마음속에 독한 시기와 다툼이 있으면 자랑하지 말라 진리를 거슬러 거짓말하지 말라'고 했다. 진리란 무엇인가? 일반적으로 진리는 어떤 명제가 사실과 일치하거나 논리의 법칙에 맞는 것을 의미하는데, 성경에서는 '계시'(그리스도)에 의해 보여진 하나님 및 그리스도와의 관계에 의해 말해진다. 진리는 헬라어 '알레데이아'를 번역한 것인데 이는 덮은 것을 제거하고 사실을 드러낸다는 뜻이다.

참고 성구 딛 1:16 막 7:6 행 13:7-12 요 8:32 마 27:19

■ 결 론 ■ 이와 같이 괴로움을 극복하는 방법을 알았으니 성도는 인간적인 용납과 신앙적인 순결과 진리되신 주님을 거스리지 말고 온전히 순복하는 자들이 되자.

■해설■ **괴로움**

D.L. 무디 선생은 괴로움에 대해서 다음과 같이 설파한 적이 있다. "많은 사람들은 고통스러운 일이나 괴로움이 닥칠 때 이를 억지로 참으려 한다. 그러나 나는 그 고통스런 일이 오는 것을 볼 때 피하려는 심정을 가진다. 그리고 그것을 주께 맡긴다. 여러분! 여러분에게 고통이 있을 때마다 그대로 묶어 두거나 참으려 하지 말라. 그럴 때마다 빨리 그 고통스러운 일을 주께로 가져가라. 그리하면 주께서 그 무거운 짐을 벗겨 주실 것이다." 또한 작가 '토스토에프스키'는 "인생은 괴로움이다. 인생에 괴로움이 없다면 또한 만족이 있을 수 있을까!"라며 긍정적인 대처를 하기 바랐다.

■참고■ **인생에 닥치는 갖가지 괴로움들**
- 한나처럼 자식이 없이 하나님께 기도하며 통곡하고(삼상 1:10-11)
- 미련한 아들로 인해 그 아비는 근심하고 어미에게는 고통이 됨(잠 17:25)
- 마음이 올무와 같고 그물 같은 여인의 손은 포승 같아 사망보다 독한 여인(전 7:26)
- 질병으로 인하여 얼굴을 벽으로 향하고 여호와께 기도하고 심히 통곡한 히스기야 (사 38:1-7)
- 라헬이 그 자식을 위하여 애곡하는 것(렘 31:15)
- 마술사 시몬과 같이 악독이 가득하며 불의에 매인 자와 같이 영적 속박을 당한 자 (행 8:18-24)
- 자기 혀를 연마하여 독한 말로 겨눔(시 64:3)

■예화■ **인생의 고난과 고뇌**

"추위에 떤 사람일수록 태양의 따뜻함을 느낀다. 인생의 고뇌를 겪은 사람일수록 생명의 존귀함을 안다." 미국의 민중시인 휘트먼의 말이다. 겨울의 추위를 경험하지 못한 사람은 따뜻한 봄의 태양의 고마움을 모른다. 배고프고 굶주려본 사람이 한 조각의 빵과 한 그릇의 국의 진미를 느낄 수 있다. 압제의 학대를 겪어본 사람이 자유의 행복을 공감한다. 사랑에 굶주린 자가 인정의 고마움을 뼈저리게 느낀다. 인간의 생명의 존귀성은 인생의 고뇌를 겪은 사람일수록 강하게 느낀다. 비바람을 겪을수록 초목은 견고해진다. 인간도 마찬가지다. 아무 고생도 눈물도 모르고 인생을 살아가는 사람은 깊이가 없는 인간이 되기 쉽다. 행복한 세월보다도 고난의 세월이 인간에게 많은 지혜와 깊이와 높이와 무게를 준다. 추위에 떨어보아야 태양의 고마움을 느낀다. 인생의 고뇌를 겪어야 생명의 존귀성을 정말 느낄 수 있다. 고뇌는 인간을 심화시킨다. 세계의 위대한 문학이나 철학이나 종교나 사상이 고난을 많이 겪은 인간이나 민족에게서 나온 것은 결코 우연한 일이 아니다. 이런 차원과 관점에 설 때 비로소 우리는 고난이나 고뇌의 깊은 정신적 인생적 의미와 가치를 인식할 수 있다. 그런 의미에서 볼 때 유난히 고난의 십자가를 짊어지고 살아온 우리 민족은 깊은 문학이나 종교나 사상을 낳을 가능성이 많다고 보아야 한다. (안병욱)

● 교만 ●

교만한 자를 대하는 하나님의 세 가지

■본 문■ 그러나 더욱 큰 은혜를 주시나니 그러므로 일렀으되 하나님이 교만한 자를 물리치시고 겸손한 자에게 은혜를 주신다 하였느니라 【약 4:6】

■서 론■ 미국의 목사 헨리 워드 비처는 "교만한 자는 감사할 줄 모른다. 자기가 받을 만한 것을 받는다고 생각할 뿐이다"라고 했다. 교만한 자를 하나님은 어떻게 대하시는가?

■말씀■

Ⅰ. 하나님은 교만한 자를 꾸짖으심 【시 119:21】

성경은 '교만하여 저주를 받으며 주의 계명들에서 떠나는 자들을 주께서 꾸짖으셨나이다'라고 했다. 교만이란 무엇인가? 이는 겸손의 반대 개념으로 스스로의 우월감을 심중에 품고서 언제나 자기가 중심이 아니어서는 만족치 못하는 마음의 상태를 일컫는 말이다. 시편 기자는 이런 자들을 하나님께서는 꾸짖으신다고 경고하고 있다.

참고 성구 잠 11:2 눅 18:11-14 사 14:12-17 계 12:9

Ⅱ. 하나님은 교만한 자를 싫어하심 【잠 6:16,17】

성경은 '여호와께서 미워하시는 것 곧 그의 마음에 싫어하시는 것이 예닐곱 가지이니 곧 교만한 눈과'라고 했다. 여기서 '교만한'은 '오르다, 올리다, 높다, 높이다'는 뜻을 지닌 '룸'이란 히브리어가 사용되었다. 즉 교만은 자신을 높이 올리는 것이다. 시편 기자는 하나님께서 미워하시는 것, 교만은 일곱 가지 죄목 중에 제일 먼저 등장하는데 이는 교만이 모든 죄의 근본이 되기 때문이다. 천사장 루시퍼가 교만으로 타락하여 사탄이 되었다.

참고 성구 계 3:17 잠 16:18 삼상 2:3 삼상 15:11,23 겔 28:13,17

Ⅲ. 하나님은 교만한 자를 물리치심 【약 4:6】

성경은 '그러나 더욱 큰 은혜를 주시나니 그러므로 일렀으되 하나님이 교만한 자를 물리치시고 겸손한 자에게 은혜를 주신다 하였느니라'고 했다. 하나님을 경외하는 일은 최고의 덕이고 교만은 최대의 죄이다. 왜냐하면 교만은 하나님께 속한 주권을 자기의 것으로 하려는 데에 지나지 않기 때문이다. 따라서 하나님은 당연히 교만한 자를 물리치신다.

참고 성구 눅 3:8 겔 28:13-19 행 12:23 잠 3:34

■결 론■ 이와 같이 교만한 자를 대하는 하나님의 모습을 살펴보았으니 성도들은 교만으로 인해 패망하지 말고 겸손으로 옷입고 하나님을 잘 섬기는 그의 백성들이 되자.

■해설■ 교만

미국의 백화점 왕이 된 '페니'는 자기가 대성하기 전 1930년대의 큰 실패는 오히려 교만을 버리고 하나님을 찾게 된 큰 은혜였다고 다음과 같이 술회했다. "나는 어떻게 지내왔던가? 아무것도 한 일이 없다. 기도도 하지 않았다. 정직하게 말해서 기도하려고 노력한 일조차 없었다(이때 그에게 다음과 같은 소리가 들려왔다). 겸양을 몸에 지녀라. 하나님은 오만한 자를 물리치시고 겸손한 자에게 은혜를 베푸시나니 그러므로 하나님의 강하신 손 아래 순복할지어다. 모든 근심을 하나님께 맡기면 너희를 보아주시리라." 참으로 국가나 개인이나 예로부터 교만으로 다 망했음을 깨닫는 자는 복 있는 자이다.

■참고■ 교만이 극에 달한 자들의 모습

• 바로 - 여호와가 누구관대 내가 그의 말을 듣고 이스라엘을 보내겠느냐 나는 여호와를 알지 못하니(출 5:2) • 나아만 - 내 생각에는 저가 내게로 나아와 서서 그 하나님 여호와의 이름을 부르고(왕하 5:10-14) • 웃시야 - 저가 강성하여지매 여호와께 범죄하여 여호와의 전에 들어가 향단에 분향하려 한지라(대하 26:16) • 하만 - 모르드개가 꿇지도 절하지도 아니함을 보고 심히 노하여(에 3:5) • 느부갓네살 - 이 큰 바벨론은 내가 능력으로 건설하여(단 4:30) • 벨사살 - 스스로 높여서 하늘의 주재를 거역하고(단 5:23)

■예화■ 재난의 원인

톨스토이의 소설에 이런 이야기가 있다. 담장을 사이에 두고 사이좋은 두 집이 있었다. 어느 날, 이쪽 집의 닭 한 마리가 담을 넘어 저쪽 집에 가서 알을 낳았다. 이쪽 집 아이가 그것을 보고 우리 집 닭이 너희 집에 계란을 낳았으니 가져오라고 했다. 그 집 아이는 집에 들어가 보더니 없다고 했다. 이 아이들끼리 싸움이 벌어졌다. 이것을 보고 엄마들이 싸웠다. 또 이것 때문에 아버지들이 싸웠다. 너무 화가 나서 저쪽 집에 불을 질러 버렸다. 그런데 바람이 돌아 불어서 이쪽 집도 다 타버렸다. 그래서 잿더미에 앉아서 별을 쳐다보면서 하룻밤을 지내며 이제 반성을 한다. 도대체 무엇 때문에 싸웠나 생각을 했다. 계란 하나 때문이었을까? 아니다. 계란 하나 때문이 아니다. 깊이 들어있는 자존심, 교만, 오만 이런 것들이 이와 같은 엄청난 사고를 만들었다. 우리는 나타나는 결과보다는 근원으로 돌아가서 욕심과 불신과 정욕과 교만을 찾아내어 뿌리째 뽑아 버려야 한다. 실패한 원인이 있다면 지나친 욕심 때문이요 고민이 있다면 쓸데없는 교만 때문이다. 잠언 16:32절에서 "노하기를 더디하는 자는 용사보다 낫고 자기의 마음을 다스리는 자는 성을 빼앗는 자보다 나으니라"고 하였다. 아간은 외투 한 벌과 한 덩이 은 금을 본 순간 탐심을 이기지 못하여 스스로 파멸의 길을 재촉했고(수 7장), 아나니아와 삽비라는 자기 마음대로 할 수 있었던 재물이지만 정직하지 못함으로 인하여 죽고 말았다(행 5장). (황의봉)

● 교회 ●

교회가 받은 사명 세 가지

■본문■ 그러므로 너희는 가서 모든 민족을 제자로 삼아 아버지와 아들과 성령의 이름으로 세례를 베풀고 내가 너희에게 분부한 모든 것을 가르쳐 지키게 하라 … 【마 28:19-20】

■서론■ 영국의 감리교 창시자 요한 웨슬레는 "교회가 망하면 구원받을 사람이 없어진다"고 했다. 주님 예수로부터 교회가 받은 사명은 무엇인가?

■말씀■

Ⅰ. 복음 전파의 사명 【마 28:19】

성경은 '그러므로 너희는 가서 모든 민족을 제자로 삼아 아버지와 아들과 성령의 이름으로 세례(침례)를 베풀고' 라고 했다. 복음이 무엇인가? 이는 하나님께서 인간의 구원을 위해 예수 그리스도를 통하여 주신 기쁨의 소식을 말한다. 주님은 부활, 승천 시 제자들에게 모든 민족을 제자로 삼아 세례(침례)를 베풀고 주님의 분부하신 것을 가르쳐 지키게 하라고 하셨다.

참고 성구 막 16:15 딤후 4:2 눅 24:47 행 1:8

Ⅱ. 진리 수호의 사명 【딤후 2:2】

성경은 '또 네가 많은 증인 앞에서 내게 들은 바를 충성된 사람들에게 부탁하라 그들이 또 다른 사람들을 가르칠 수 있으리라' 고 했다. 진리란 무엇인가? 기독교에서의 진리는 예수 그리스도의 계시에 의해 보여진 하나님 및 그리스도와의 관계에 있어서 말해지는 특징을 의미하는데, 교회는 이 진리를 수호하는 사명을 가진 공동체이다.

참고 성구 딤전 6:12 행 26:29 딤전 1:19-20 딤후 2:17-18

Ⅲ. 성도 교훈의 사명 【엡 4:12】

성경은 '이는 성도를 온전하게 하여 봉사의 일을 하게 하며 그리스도의 몸을 세우려 하심이라' 고 했다. 교훈이란 무엇인가? 이는 가르치고 타이르며 이끌어 주는 일을 말하는데, 교회는 하나님으로부터 지식을 받고 이것을 사람에게 전달하는 매개체의 사명이 있다. 이 교훈을 받은 성도는 온전하게 되어 주의 일에 봉사의 일을 하게 된다.

참고 성구 행 20:31 갈 6:9 고전 5:5 롬 12:14-21

■결론■ 이와 같이 교회가 받은 사명을 알았은즉 성도는 교회의 일원으로서, 그 지체로서 복음을 전파하고 진리를 수호하며 교훈을 잘 받아 주의 몸된 교회를 섬기는 데 최선을 다하자.

■해설■ **교회**

영어의 교회에 해당하는 말들 - church, kirche, kerk, kirk - 은 모두 헬라어 형용사 '퀴리아콘'에서 나왔다. 이것은 처음엔 '주의 집'을 가리키는 말로 사용되다가 나중에는 '주의 백성'을 가리키는 말로 사용되었다. 그리고 신약성경에 나오는 '에클레시아'라는 단어는 전령에 의해서 소집된 회중을 뜻한다(행 19:32,39,40). 그러나 이 단어가 70인역에서는 이스라엘의 회중을 뜻하며 특히 종교적인 목적으로 하나님 앞에 모인 이스라엘 회중을 뜻한다. 따라서 에클레시아가 신약성경에서는 살아 계신 하나님께서 그리스도이신 예수를 중심하여 모으신 회중을 가리키는 말로 사용된다.

■참고■ **그리스도와 교회와의 상관관계**
- 교회는 그리스도께서 보양하듯 하심(엡 5:29)
- 교회는 하나님이 자기 피로 사신 것임(행 20:28)
- 교회는 그리스도께서 물로 씻어 말씀으로 깨끗하게 하사 거룩하게 하셨음(엡 5:26)
- 교회는 그리스도 예수께서 친히 모퉁이 돌이 되셔 터를 세우신 것임(엡 2:20)
- 교회는 그리스도께서 직접 세우셨음(마 16:18)
- 교회는 남편된 그리스도의 사랑을 듬뿍 받는 아내와 같음(엡 5:25)
- 교회는 그리스도에게 속해 하나님을 위하여 열매를 맺음(롬 7:4)

■예화■ **김화식 목사**

1944년 봉천에 있는 만주신학교에서 부흥회가 열렸는데, 강사는 평양 장대현교회 김화식(金化湜 1894-1947 장로교 목사, 수난자. 평남 숙천 출생) 목사였다. 둘째 날 아침 시간을 마친 후에 셋째 아들이 죽었다는 전보가 날아왔다. 장남 '동진', 차남 '동훈'까지는 이름이 생각나는데 죽었다는 삼남의 이름이 생각나지 않았다. 김 목사의 눈에는 눈물이 고였다. 김화식 목사는 곁에 있던 안광국(安光國 109-1978 장로교 목사, 만주신학교 신학과장) 목사에게 부탁했다. "안 목사! 차표를 사 오시오. 돌아가야 되겠소." "목사님, 평양에서 국경을 넘어 봉천까지 왔는데 장로들이 장례식을 했을 줄 믿고 부흥회를 마치고 가십시오. 그리하면 신앙의 모범이 될 것입니다." "그럴까요?" 김 목사는 숙소로 갔다가 다시 돌아와서 "안 목사! 차표 사 오시오." "마치고 가시지요." 이렇게 하기를 서너 차례 하고 있을 때 전재선 목사가 찾아왔다. 전목사는 말을 다 듣더니 이렇게 충고했다. "김 목사, 섭섭하시겠지만 어떻게 하시겠습니까? 목사가 부흥회 하다가 가정 일로 돌아가면 됩니까? 나는 중지(中支)에 갔을 때 전쟁에서 죽은 내 아들의 뼈를 담은 상자를 내 여관방에 놓고 집회를 맡았습니다. 그리하였더니 많은 은혜가 있었습니다. 김 목사도 집회를 계속하면 강단에 서기만 해도 은혜가 될 것입니다." 김 목사는 전 목사의 말을 듣고 신학교 부흥회와 봉천 제2교회 부흥회까지 마치고 평양으로 돌아왔다. (예화대백과사전)

● 교회 ●

교회가 용납하면 안 되는 세 가지

■ 본 문 ■ 너희는 믿지 않는 자와 멍에를 함께 매지 말라 의와 불법이 어찌 함께 하며 빛과 어둠이 어찌 사귀며 【고후 6:14】

■ 서 론 ■ 주석가 매튜 헨리는 "교회의 평화를 유지하는 길은 그의 순결을 보존하는 것이다" 라고 했다. 교회가 용납하면 안 되는 것은 무엇인가?

■ 말씀 ■

I. 교회는 거짓된 죄악을 용납하면 안 됨 【고후 6:14】

성경은 '너희는 믿지 않는 자와 멍에를 함께 매지 말라 의와 불법이 어찌 함께 하며 빛과 어둠이 어찌 사귀며' 라고 했다. 죄악이 무엇인가? 이는 의도적이며 의식적인 악을 의미하는데, 이것은 죄의 내용적 측면을 보이는 말이다. 주의 몸된 교회는 이와 같은 거짓된 죄악을 너그러운 마음으로 받아들이면 안 된다. 죄악의 척결은 단호해야 한다.

참고 성구 롬 1:28-32 고후 6:17 행 5:11 고전 5:1-5 고후 13:2

II. 교회는 거짓으로 가르치는 것을 용납하면 안 됨 【요이 1:10,11】

성경은 '누구든지 이 교훈을 가지지 않고 너희에게 나아가거든 그를 집에 들이지도 말고 인사도 하지 말라 그에게 인사하는 자는 그 악한 일에 참여하는 자임이라' 고 했다. 교회는 예수 그리스도를 주님으로 모시는 자들이 모인 공동체이다. 따라서 교회에서는 예수 그리스도의 진리만이 선포되어야 한다. 거짓 가르침을 용납하는 것은 그 악한 일에 참여하는 것이다.

참고 성구 딤후 2:17-18 벧후 2:1-3 딛 1:11, 3:10 갈 5:19-21

III. 교회는 거짓된 다른 복음을 용납하면 안 됨 【갈 1:8】

성경은 '그러나 우리나 혹은 하늘로부터 온 천사라도 우리가 너희에게 전한 복음 외에 다른 복음을 전하면 저주를 받을지어다' 라고 했다. 복음은 하나님께서 인간의 구원을 위해 예수 그리스도를 통하여 주신 기쁨의 소식이다. 복음, 곧 '유앙겔리온' 은 인간구원의 메시지이다. 따라서 그리스도의 순수한 복음과 다른, 곧 바울이 가르친 복음에 반대되는 것은 교회를 무너뜨릴 위험이 있다.

참고 성구 갈 1:7 딤후 4:3-4 고후 11:4 계 22:19

■ 결 론 ■ 이와 같이 교회가 용납하면 안 되는 것을 알았으니 성도는 거짓 죄악, 거짓 교훈, 거짓 복음을 배격하고 주님 예수의 참된 진리만을 사수하는 자들이 되자.

■해설■ **유혹**
마르틴 루터(Martin Luther)는 악마의 소행을 생생하게 묘사한 적이 많았다. 한번은 어떻게 악마를 이겨냈느냐는 질문에 그는 이렇게 대답했다. "악마가 내 마음의 문을 두드리며 '여기 누가 사시오?' 하고 물으면 주 예수께서 문에 나가 말씀하지요. '마르틴 루터가 여기 살았는데 이사 가고 지금은 내가 사오' 그러면 악마가 그의 손에 못 자국을 보고는 황급히 도망가지요. 예수님이 모든 가정의 영원한 거주자이면 얼마나 좋을 것인가." 악마는 '거짓'으로 위장된 모습으로 항시 우리의 마음을 두드린다. 그때 우리는 주님을 힘입어 단호히 배격할 것이다.

■참고■ **교회가 알아야 할 사탄의 전술전략**
- 속임 - 거짓 빛으로 조난당한 배를 유도함 같이 하여 숨어 기다림(엡 6:11)
- 해침 - 그의 불화살은 욥의 경우와 같이 우리를 해하려 함(엡 6:16)
- 빠뜨림 - 교만, 부함, 실수는 다 그의 올무이다(딤전 3:7, 6:9, 딤후 2:26)
- 사취함 - 우리를 유린하려고 함(고후 2:11)
- 상처를 입힘 - 꽉 쥔 주먹으로 사람을 때리는 것처럼 함(고후 12:7)
- 제거함 - 믿음, 사랑, 헌신, 기도, 충성, 능력을 없애려고 키질 함(눅 22:31)
- 질식시킴 - 가라지는 밀과 비슷하지만 그것은 밀을 파멸시킨다(마 13:25)

■예화■ **내 생명의 주인 - 예수**
우리의 모습은 교회이다. 그에게 물었다. "교회는 무엇 때문에 출석하십니까?" 사람들과 쉽게 만나 어울릴 수 있기 때문인가? 만약 그렇다면 기억하라 : 교회는 사교를 목적으로 모이는 '단체'가 아니다. 내가 하고 싶은 말이나 행동을 내 마음대로 할 수 있기 때문인가? 만약 그렇다면 기억하라 : 교회는 자기가 먹고 싶은 것만을 특별히 주문하여 먹을 수 있는 '햄버거 가게' 같은 음식점이 아니다. 성가대의 아름다운 찬양, 재미있는 프로그램, 귀를 즐겁게 하는 설교가 좋아서인가? 만약 그렇다면 기억하라 : 교회는 멋있고 재미있는 연극을 일년 내내 공연하는 '극장'이 아니다. 외적인 질병은 물론 마음의 상처를 치료받고 그밖의 모든 문제들에 대한 해결책을 얻기 위함인가? 만약 그렇다면 기억하라 : 교회는 한 달에 한두 번씩 당신을 즐겁게 만들어 주고 당신의 모든 문제를 해결해 줄 수 있는 신비스러운 기적의 약을 제조해 주는 '약방'이 아니다. 여러 면에서 큰 부담없이 즐길 수 있고 모든 일에 적극적으로 참여해야 한다든가 또는 꼭 감당해야만 하는 의무나 희생 등이 없기 때문인가? 만약 그렇다면 기억하라 : 교회는 고된 훈련을 쌓거나 직접 경기에 참여하지 않고서도 텔레비전을 통하여 마냥 즐길 수 있는 '축구경기'가 아니다. 교회는 바로 '내가 구원 받아야 할 죄인'임을 깨닫고 '예수 그리스도가 바로 나를 죄에서 구원해 주시는 분'이며 '내 생명의 주인'이심을 고백하기 위한 곳이다.

● 교회 ●

교회를 향해서 주신 권세 세 가지

■본 문■ 또 내가 네게 이르노니 너는 베드로라 내가 이 반석 위에 내 교회를 세우리니 음부의 권세가 이기지 못하리라 【마 16:18】

■서 론■ "그리스도의 교회는 세상에서 유일한 소망이요, 평화의 약속이다"라고 더글라스 헤이그는 말했다. 주께서 교회를 향해서 주신 권세는?

■말씀■

Ⅰ. 교회는 음부의 권세를 쳐서 이김 【마 16:18】

성경은 '또 내가 네게 이르노니 너는 베드로라 내가 이 반석 위에 내 교회를 세우리니 음부의 권세가 이기지 못하리라' 고 했다. '음부' 란 무엇인가? 이는 지하의 세계, 죽은 자의 거처로서 사후 모든 인간의 영혼이 예외 없이 가는 곳으로 여기지고 있는 곳이다. 주님은 음부의 열쇠를 가지신 분으로, 음부에서도 주가 되시며, 음부까지도 지배하시는 분이시다.

참고 성구 계 1:18 행 2:24-27 엡 4:9 빌 2:10 벧전 3:18-20

Ⅱ. 교회는 하나님의 지혜를 알게 함 【엡 3:10】

성경은 '이는 이제 교회로 말미암아 하늘에 있는 통치자들과 권세들에게 하나님의 각종 지혜를 알게 하려 하심이니라' 고 했다. 지혜란 무엇인가? 이는 관찰, 경험, 반성에 의해 얻어지는 적정한 생활에 대한 지식과 감정을 말하는데, 성경에서의 지혜는 예수 자신이 인격화 된 복음으로서 하나님의 지혜이시며, 그리스도의 복음은 모든 보화이며 인간의 측량을 불허한다.

참고 성구 골 2:2-3 롬 11:33 고전 1:25 골 1:27 엡 1:3-4

Ⅲ. 교회는 예수 그리스도께서 머리가 되심 【골 1:18】

성경은 '그는 몸인 교회의 머리시라 그가 근본이시요 죽은 자들 가운데서 먼저 나신 이시니 이는 친히 만물의 으뜸이 되려 하심이요' 라고 했다. 교회의 머리란 무엇인가? 이는 그리스도께서 교회의 주권자이심과 동시에 교회와 유기적인 관계를 맺고 계신다는 말이다. 따라서 예수 그리스도께서 교회의 머리가 되시는 교회의 권세는 심판의 날까지 영원할 것이다.

참고 성구 엡 1:22 엡 4:15, 5:23 골 2:19 벧전 2:5-8

■결 론■ 이와 같이 교회를 향해서 주신 권세를 알았으니 성도는 주님이 주신 권세로 마귀를 이기며 하나님의 지혜로 바른 삶을 영위하여 주의 몸된 교회의 지체로서의 사명을 다하는 자들이 되자.

■해설■ **권세**

보통 '권세'(authority)란 의미의 '권'(power)이라 번역된 '엑수시아'라는 말은 신약에서 문맥에 따라 다양하게 사용된다. 이것은 죄를 사하는 권세(눅 5:24), 귀신을 몰아내는 권세(막 6:7), 하나님의 자녀가 되는 특권(요 1:12), 부부간의 권리나 의무(고전 7:4), 사도의 특권(고전 9:6), 그리스도의 우주적인 왕권(마 28:18), 혹은 더욱 특별하게는 서기관들의 것과 대조되는 그리스도의 말씀과 역사의 권세(마 7:29)를 가리킬 수 있다. 권리, 특권과 강압적인 권세의 사상은 모두 그런 개념으로 일관된다. 권세의 참된 출처는 하나님 안에 있음을 알자.

■참고■ **교회의 비유적인 명칭들**

• 그리스도의 신부(엡 5:22-32) • 그리스도의 몸(엡 4:12) • 장자들의 총회(히 12:23) • 하나님의 교회(고전 1:2) • 살아 있는 하나님의 교회(딤전 3:15) • 그리스도의 교회(롬 16:16) • 이방인의 교회(롬 16:4) • 하나님의 도성(히 12:22) • 하나님의 양떼(벧전 5:2) • 하나님의 거하시는 처소(엡 2:22) • 하나님의 집(고전 3:9) • 하나님의 밭(고전 3:9) • 하나님의 권속(엡 2:19) • 하나님의 이스라엘(갈 6:16) • 예루살렘(갈 4:26) • 하나님의 나라(히 12:28) • 하나님이 사랑하시는 아들의 나라(골 1:3) • 어린 양의 신부(계 19:7) • 하나님의 백성(벧전 2:10) • 신령한 집(벧전 2:5) • 하나님의 전(고전 3:16) • 시온 산(히 12:22)

■예화■ **마귀의 충동**

몇 년 전 뉴욕 재판소에서는 한 죄수에게 무려 315년 징역형을 선고한 일이 있다. 그 죄수는 「샘의 아들」로 알려진 희대의 살인범 「데이비드 버코위츠」라는 청년으로서 그는 여섯 명을 살해하고 일곱 명에게 중상을 입혔다. 푸른 수의를 입고 체념한 듯한 표정으로 재판정에 들어선 버코위츠는 재판 도중 자발적으로 그런 끔찍한 범행을 한 것이냐는 판사의 질문에 "어떤 악령이 범행을 충동했었다."고 말했다. 성서에 의하면 천사장 루시퍼가 타락하여 악마의 원조가 되었다고 한다. 문학에서 보면 셰익스피어는 악령의 충동을 받아 멕베드 장군이 임금을 모살 하였다고 썼으며, 괴테도 악마의 농간으로 파우스트 박사가 한 때 부도덕한 인간으로 전락되었다고 했다. 루터도 종교개혁의 대사명을 수행해 나가는 과정에서 쉼 없이 유혹하는 마귀를 향해서 잉크병을 내던졌다. 우리가 말하는 마귀는 관념적 존재이거나 추상적인 세력으로서가 아니라 사기와 거짓, 감언이설과 유혹, 시기와 다툼과 파괴를 일삼는 실체인 것이다. 성서는 사탄이 천사로 가장하며 능동적인 힘을 가졌고 현명하며 얄밉고 계획적임을 가르쳐 준다. 베드로 사도는 '마귀가 신자의 대적'(벧전 5:8)이며 "마치 울부짖는 사자처럼 삼킬 자를 찾는다"고 했다. (명작예화설교 / 장자옥)

● 교회 ●

교회 부흥의 원리 세 가지

■ 본문 ■ 또 여러 말로 확증하며 권하여 이르되 너희가 이 패역한 세대에서 구원을 받으라 하니 그 말을 받은 사람들은 세례를 받으매 이 날에 신도의 수가 삼천이나 더하더라 【행 2:40-41】

■ 서론 ■ "교회는 잃어버린 영혼을 구원하는 일을 할 수밖에 없다. 그러므로 그 일에 헌신하라"고 감리교를 만든 요한 웨슬레는 말했다. 교회 부흥의 원리는 무엇인가?

■ 말씀 ■

I. 성령께서 진리로 인도하심으로 【요 16:13】

성경은 '그러나 진리의 성령이 오시면 그가 너희를 모든 진리 가운데로 인도하시리니 그가 스스로 말하지 않고 오직 들은 것을 말하며 장래 일을 너희에게 알리시리라'고 했다. 진리, 곧 헬라어 '알레데이아'는 덮은 것을 제거하고 사실을 드러낸다는 의미이다. 보혜사 성령께서 모든 진리 가운데로 인도하시므로 진리를 갈구하는 교회는 부흥될 수밖에 없다.

참고 성구 행 8:29,39, 9:31 행 16:6-10 요 14:26 행 8:1

II. 복음이 하나님의 능력이 됨으로 【롬 1:16】

성경은 '내가 복음을 부끄러워하지 아니하노니 이 복음은 모든 믿는 자에게 구원을 주시는 하나님의 능력이 됨이라 먼저는 유대인에게요 그리고 헬라인에게로다'라고 했다. 능력이란 무엇인가? 이는 사물을 움직일 수 있는 힘을 말하는데 이것을 주시는 이는 하나님이시다. 능력으로 번역된 '뒤나미스'는 '초월적 권능', '전능한 역사'의 뜻으로 복음의 위력을 잘 암시한다. 폭발물을 뜻하는 영어 '다이나마이트'가 이 말에서 나왔다.

참고 성구 눅 14:23 히 4:12 계 14:6 고전 4:20

III. 말씀을 담대히 전파함으로 【행 2:40, 41】

성경은 '또 여러 말로 확증하여 권하여 이르되 너희가 이 패역한 세대에서 구원을 받으라 하니 그 말을 받은 사람들은 세례를 받으매 이 날에 신도의 수가 삼천이나 더하더라'고 했다. 담대는 무엇인가? 이는 담력이 크거나 겁이 없고 용기가 많음을 뜻하는데, 오순절 성령 체험 이후 제자들은 죽음을 두려워하지 않고 예수께서 주 되심과 그리스도이심을 전하였다.

참고 성구 행 2:36, 4:12 딤후 4:2 눅 12:54 고후 4:5 행 18:8

■ 결론 ■ 이와 같이 교회 부흥의 원리를 알았으니 성도는 진리의 성령을 힘입고 하나님의 능력을 덧입어 말씀을 담대히 전하여 불신자들을 구원의 대열에 참여시키는 자들이 되자.

■해설■ **부흥의 처방**

R.A 토리 박사는 "나는 지구상의 어떤 교회, 사회나 도시에도 부흥을 가져다 줄 수 있는 처방을 내릴 수 있습니다. 첫째, 소수의 기독교인들(많이는 필요 없음)을 하나님과 함께 하게 한다. 이것이 가장 중요한 첫 번째의 것이며 이것이 행해지지 않으면 나머지는 아무것도 할 수 없다. 둘째, 하나님이 하늘 문을 열고 내려오실 때까지 그들로 하여금 부흥을 위해 기도하는 모임으로 서로를 묶게 한다. 셋째, 하나님께서 그들을 사용하여 다른 사람들을 그리스도에게로 오게 한다. 이상, 나는 이러한 처방을 전세계에 주었습니다. 이것은 여러 교회와 사회에서 받아들여져 실패한 예가 없었으며 실패할 수가 없습니다."라고 했다.

■참고■ **교회의 부흥이 묘사된 성경의 언급**
- 예수의 승천을 목격하고 예루살렘에 모였던 일백 이십 명의 무리(행1:15)
- 베드로의 설교로 당일에 제자의 수가 삼천이나 더함(행 2:4)
- 주께서 구원받는 사람을 날마다 더하게 하심(행 2:47)
- 사도들의 표적과 기사로 믿고 주께로 나아오는 자가 남녀의 큰 무리임(행 5:14)
- 하나님의 말씀이 왕성하자 제자의 수가 심히 많아짐(행 6:7)
- 헬라인들에게 주의 손이 그들과 함께 하여 수다한 사람이 돌아옴(행 11:21)
- 안디옥에 바나바를 파견하여 큰 무리가 주께 더하게 함(행 11:24)
- 바울이 디모데와 동행하여 여러 교회의 수가 더함(행 16:5)

■예화■ **민족교회로서의 한국교회**

1919년 3월 1일 33인의 민족대표가 독립선언문을 발표하면서 3·1운동의 불길은 한반도 전역으로 확산되었다. 그것은 일제의 주권 강탈과 무력 강점에 대한 민족의 최대의 항거였다. 그런데 여기에서 오늘의 기독교인들은 민족과 아픔을 같이 한 민족교회로서의 한국교회를 찾아 볼 수 있어야 하며, 또한 찾아야 하는 것이다. 잘 알려진 바와 같이 33인의 민족대표 중에는 16명의 기독교인들이 포함되어 있었으며, 준비과정에서도 기독교인들은 매우 크고 중요한 역할들을 담당하였다. 그러나 더욱 중요한 것은 33인의 민족대표들이 독립선언문을 발표한 이후의 기독교의 역할이다. 3·1운동이 전국적으로 확산되어지게 되는 데는 교회의 지도자들과 교회의 조직의 역할이 심히 컸다. 전국의 각 지방에서 일어난 최초의 시위는 대부분 기독교인들이 중심이 되어 진행되는 목사·장로·전도사·교사·평신도 등 많은 교인들이 3·1운동을 적극 주동하고 참여함으로써 일제의 가혹하고 잔인한 탄압을 받게 되었다. 일제 헌병대의 조사에 의하면 1919년 말까지 3·1운동과 관련된 19,525명의 검거자 중 3,426명이 기독교인으로 17.6%의 비율을 보이고 있다. 이 당시 총인구의 1.5%가 기독교인이었음을 생각해 볼 때 엄청난 숫자라고 볼 수 있다. 이제 오늘의 한국교회와 기독교인들은 이러한 본을 따라야 할 것이다. 그때에 한국교회도 민족과 함께 하는 교회가 될 수 있다.

● 교회 ●

교회에서 징계가 필요한 이유 세 가지

■본 문■ 밖에 있는 사람들은 하나님이 심판하시려니와 이 악한 사람은 너희 중에서 내쫓으라【고전 5:13】

■서 론■ 러시아의 작가 레오 톨스토이는 "전도자들이 참으며 고통을 받는 사이에는 교회는 존재했다. 그들이 살이 찌기 시작하자 그들의 전도활동은 끝났다"라고 했다. 교회에서 징계가 필요한 이유는?

■말씀■

Ⅰ. 악한 자를 내어 쫓기 위해서【고전 5:13】

성경은 '밖에 있는 사람들은 하나님이 심판하시려니와 이 악한 사람은 너희 중에서 내쫓으라'고 했다. 사도 바울은 고린도 교회 내에서 음행으로 인하여 분란이 일자 음행으로 인한 배척의 대상을 교회 내에서 쫓음으로써 성도들에게 영적 질서와 규범을 실천하도록 했다. 교회의 징계는 악한 자들을 통해서 죄악이 물드는 것을 사전에 방지함에 있다.

　　참고 성구 고후 13:2 고전 5:5 딤전 1:20 딤후2:17, 4:14 딛 3:10

Ⅱ. 무질서를 바로 잡기 위해서【살후 3:11】

성경은 '우리가 들은즉 너희 가운데 게으르게 행하여 도무지 일하지 아니하고 일을 만들기만 하는 자들이 있다 하니'라고 했다. 사도 바울은 데살로니가 교회 내에서 자기의 손으로 자기 먹을 것을 만들지 않고 게으르게 행하며 도무지 일하지 않고 놀고먹는 자들의 무질서를 엄하게 책망하고 교회 안에서 분란을 일으키는 자들을 징계토록 했다.

　　참고 성구 히 6:12 딤전 5:13 딛 1:10 벧전 4:15

Ⅲ. 믿음을 온전케 하기 위해서【딛 1:13】

성경은 '이 증언이 참되도다 그러므로 네가 그들을 엄히 꾸짖으라 이는 그들로 하여금 믿음을 온전하게 하고'라 했다. 온전이란 무엇인가? 온전의 말뜻은 결점이 없이 완전함을 말하는데, 이 말은 하나님의 사랑에 동화될 것을 목표로 하는 삶을 의미한다. 사도 바울은 그레데에서 목회하는 디도에게 거짓 교훈을 쫓는 자들을 엄히 꾸짖으라고 했다.

　　참고 성구 갈 2:11 유 1:3 딛 2:15 요삼 1:9-12

■결 론■ 이와 같이 교회에서 징계가 필요한 이유를 잘 알았으니 성도는 교회 안에서 분란을 일으키는 악한 자와 무질서한 자를 징계하여 믿음을 온전히 세우는 데에 일익을 다 하자.

■해설■ **교회의 법정**

　교회 법정(consistory)은 장로교회의 총회 재판국, 영국 국교회의 감독 법정, 천주교회의 추기경 회의를 뜻한다. 원래 이 용어는 황실에 딸린 방을 의미했었다. 이 방에서 황제는 재판을 하기 위해 보좌에 앉아 있고, 그 주위에는 자문위원들인 조신들(consistentes)이 둘러서 있었다. 그런데 나중에 이 용어가 교회의 법정에 전용되어서 교회법을 집행하는 데 사용되었다. 그래서 어떤 장로교회에서는 그 교회 회의가 이 용어로 불리워졌고, 영국 국교회에서는 대개 국교회법을 집행하는 감독법정이, 로마 가톨릭 교회에서는 교황 앞에 모이는 추기경 회의가 이 용어로 불리워졌다.

■참고■ **성경에 기록된 교회의 분쟁**
- 내 형제들아 글로에의 집 편으로 너희에게 대한 말이 내게 들리니(고전 1:11)
- 너희가 아직도 육신에 속한 자로다 너희 가운데 시기와 분쟁이 있으니 어찌 육신에 속하여 사람을 따라 행함이 아니리요(고전 3:3)
- 형제가 형제로 더불어 송사할 뿐더러 믿지 아니하는 자들 앞에서 하느냐(고전 6:6)
- 나의 원하는 것과 같이 보지 못하고 … 다툼과 시기와 분냄과 당 짓는 것과 중상함과 수군수군하는 것과(고후 12:20)
- 내가 유오디아를 권하고 순두게를 권하노니 주 안에서 같은 마음을 품으라(빌 4:2)

■예화■ **기독교 문화**

　영화를 감상한 것은 오래 전이지만 영화 한편으로도 사람의 인생관과 세계관을 바꿀 수 있다라는 의견에는 지금도 전적으로 동의하고 있다. 그것은 최근에 '터미네이터 2' 라는 영화를 봤을 때도 마찬가지였다. 처음에는 그저 호기심으로, 그 다음에는 영화 감상에 대한 즐거움으로 막상 극장에 들어가 앉은지 10분이 지났을 때는 '아! 여기까지 왔구나' 하는 생각밖에 들지 않는 것이었다. 그 기막힌 연출기법, 그 기막힌 파괴 장면, 그 끔찍한 총격 살해장면, 더 이상 다른 수법이 나오지 않을 것처럼 완벽해 보이는 촬영 테크닉에 대해 잘 알고 있으면서도 영화 속의 장면이 너무 끔찍해 속이 니글니글 거릴 정도였다. 도대체 그 영화를 누가 폭력적이라고 했는가? 내가 보기에 그 영화는 폭력이라는 수준을 훨씬 넘어버린 것이었으며 잔인하다고 표현하기엔 단어에 함축된 뜻이 너무나 연약한, 무서운 파괴 영화였다. 이밖에도 '엘리게이터', '양들의 침묵', '미저리' 등 히트에 히트를 거듭한 영화들이 극도의 잔인함과 냉혈적 폭력인간들을 주제로 하여 우리의 영혼을 어둡게 하고 있다. 우리가 서둘러 대안을 만들지 않는다면 이 세상 대부분의 영화가 사탄 나라 하수인들이 벌이는 어둠의 축제 무대로 치장되고 말 것은 불을 보듯 뻔한 일이다. 이제 크리스천인 우리는 합당한 기독교 문화가 이 땅에 정립되는 데 더 관심을 가져야 하겠다. (사탄은 마침내 대중문화를 선택했습니다 / 신상언)

● 교훈 ●

교훈을 주신 목적 세 가지

■본 문■ 이는 우리가 이제부터 어린 아이가 되지 아니하여 사람의 속임수와 간사한 유혹에 빠져 온갖 교훈의 풍조에 밀려 요동하지 않게 하려함이라 【엡 4:14】

■서 론■ 미국의 정치가 벤자민 프랭클린은 "우리가 역사에서 교훈을 얻을 능력이 있다면 잘못된 자기 만족의 전형적인 사례에서 많은 것을 배울 수 있다"고 했다. 우리에게 교훈을 주신 목적은?

■말씀■

I. 요동치 않기 위해서 【엡 4:14】

성경은 '이는 우리가 이제부터 어린 아이가 되지 아니하여 사람의 속임수와 간사한 유혹에 빠져 온갖 교훈의 풍조에 밀려 요동하지 않게 하려 함이라' 고 했다. 요동이 무엇인가? 이는 흔들림을 말하는 것으로 우리에게 교훈을 주신 목적은 사람의 속임수와 간사한 유혹에 빠져 온갖 세상 교훈의 풍조에 밀려 흔들리지 않게 하기 위해서이다.

참고 성구 딤전 6:3-5 약 1:6 히 13:9 마 7:24-27 눅 6:48-49

II. 믿음을 온전하게 하기 위해서 【골 2:7】

성경은 '그 안에 뿌리를 박으며 세움을 받아 교훈을 받은 대로 믿음에 굳게 서서 감사함을 넘치게 하라' 고 했다. 온전이 무엇인가? 이는 결점이 없이 완전함을 일컫는 말로서 성도의 믿음의 온전함은 하나님의 사랑에 동화될 것을 목표로 하는 삶이다. 바울은 골로새 교회 성도들에게 교훈을 받은 대로 믿음에 굳게 서서 감사함을 넘치게 하라고 권면했다.

참고 성구 딤전 6:18-19 살후 2:17 시 40:2 행 14:22 고전 15:58 골 2:7

III. 바르게 권면하기 위해서 【딛 1:9】

성경은 '미쁜 말씀의 가르침을 그대로 지켜야 하리니 이는 능히 바른 교훈으로 권면하고 거슬러 말하는 자들을 책망하게 하려 함이라' 고 했다. 권면이란 무엇인가? 이는 알아듣도록 잘 타일러서 선한 일에 힘쓰게 하는 일을 말한다. 주의 말씀으로 성도들에게 권면을 하는 것은 미쁜 말씀의 가르침으로 주님이 원하시는 선한 일에 매진하고자 함이다.

참고 성구 왕상 2:2-3 딤후 3:16 딤전 4:13 히 3:13 12:5

■결 론■ 이와 같이 교훈을 주신 목적을 알았으니 성도는 주의 말씀의 교훈으로 굳건히 요동치 않고 믿음을 온전히 하여 바른 교훈을 권면하는 자들이 되자.

■해설■ 교훈

교훈(Doctrine)이란 말은 구약성경에서는 자주 나오지 않는 말로서 '듣거나 받는 것'을 가리키는 말로 표현되었다. 신약성경에서는 '교훈하다,' '가르치다' 라는 뜻을 지닌 '디다스코' 로부터 '디다케' 와 '디다스칼리아' 라는 단어들이 나왔다. 이는 가르치는 행위나 가르침을 받은 내용 즉 교훈을 의미한다. '교훈' 이란 신학적인 주제들에 관한 성경의 가르침으로서 이것은 '교리' 와는 다르다. 사도 바울은 '바른 교훈' (딤전 1:10, 딛 2:1)을 언급하면서 참된 교리는 생명을 주는 것이라고 확증하고 있다.

■참고■ 갖가지 바른 교훈들

• 성경의 영감 - 모든 성경은 하나님의 감동으로 된 것으로 교훈과 책망과 바르게 함과 의로 교육하기 유익하니(딤후3:16) • 그리스도의 신성 - 성령으로 아니하고는 누구든지 예수를 주시라 할 수 없느니라(고전12:3) • 그리스도의 성육신 - 예수 그리스도께서 육체로 오신 것을 시인하는 영마다 하나님께 속한 것이요(요일 4:1-6) • 그리스도의 부활 - 그리스도께서 다시 살아 잠자는 자들의 첫 열매가 되심(고전 15:20) • 그리스도의 재림 - 다 회개하기를 원하심(벧후 3:3-10) • 믿는 자의 구원 - 죄 사함을 얻으라(행 2:38)

■예화■ 염려하지 말라

독일 담스타트라는 곳에 바슬리에 슐링크라는 분이 개설한 신교 수도원이 있다. 그는 철학박사이며 심리학박사로서 이 수도원을 운영하는데 직접 농사를 지어가며 약 200명의 식구들을 자급자족하게 했다. 처음에는 농약을 많이 쓰며 농사를 지었는데, "너희들만 먹고 살려고 하느냐, 새도 먹고 벌레도 먹어야 되지 않겠느냐" 는 하나님의 말씀을 들었다는 것이다. 그 이후로는 아무리 어려워도 농약을 전혀 쓰지 않고 그대로 농사를 지었다. 벌레가 많이 끼어도 내버려두니 자연히 새들이 모여 들고 새들이 모이니 농사가 잘 되고 공기는 맑아지며 결과적으로는 공해 없는 좋은 농사가 되어 200명이 건강하게 잘 사는 수도원이 된 것이다. 그래서 이 샘을 '기적의 샘' 이라 하여 많은 사람들이 구경을 갈 정도이다. 사람들의 근시안적인 식견으로 자연의 질서를 깨뜨리면 오히려 더 크게 어려움을 당한다. 하나님께서 인간을 창조하셨음을 믿는다면 먹을 것도 겸하여 주셨음을 믿어야 하는 것이다. 또한 양식은 하늘로부터 내려오는 것이다. 그러므로 염려하지 말라는 것이다. 염려가 높아지면 신앙이 내려가고 신앙이 높아지면 염려는 내려간다. 그러므로 걱정과 괴로움이 쌓이게 되면 믿음이 내려간 줄 알고 기도해야 한다. (천국의 윤리 / 곽선희)

● 구원 ●

구원을 베푸신 세 모습

■본문■ 너희는 그 은혜에 의하여 믿음으로 말미암아 구원을 받았으니 이것은 너희에게서 난 것이 아니요 하나님의 선물이라【엡 2:8】

■서론■ 프랑스의 종교개혁자 깔뱅은 "인류의 구원은 하나님의 절대적인 의지와 목적에 따라 정한 것이다"라고 했다. 성도에게 구원을 베푸신 세 때는?

■말씀■

I. 구원의 선포【엡 2:8】

성경은 '너희는 그 은혜에 의하여 믿음으로 말미암아 구원을 받았으니 이것은 너희에게서 난 것이 아니요 하나님의 선물이라'고 했다. 구원이란 무엇인가? 이는 하나님의 은혜 또는 하나님의 긍휼하심에 의해 사탄의 세력과 죄로 인한 멸망에서 인간을 구해내는 일을 말한다. 구원은 전적 하나님의 은혜에 의한 하나님의 선물이다.

참고 성구 창 3:15, 12:1-3 엡 1:4-5 벧전 1:10-12 시 119:81 사 45:21-22

II. 구원의 성취【고전 1:18】

성경은 '십자가의 도가 멸망하는 자들에게는 미련한 것이요 구원을 받은 우리에게는 하나님의 능력이라'고 했다. 하나님의 지혜인 십자가의 도는 불신자에게 비록 미련한 것으로 보일지라도 생명을 구하는 것이다. 이 십자가의 도를 믿는 자는 구원을 받는데 이는 곧 하나님의 능력이다. 십자가는 헬라어로 '스타우로스' 인데 '이룩하다'는 뜻으로 십자가와 인류 구속의 상관관계를 잘 드러내 준다.

참고 성구 마 1:21 행 15:11 히 5:9 딛 2:11 고후 6:2 요 19:30

III. 구원의 완성【히 9:28】

성경은 '이와 같이 그리스도도 많은 사람의 죄를 담당하시려고 단번에 드리신 바 되셨고 구원에 이르게 하기 위하여 죄와 상관없이 자기를 바라는 자들에게 두 번째 나타나시리라'고 했다. 그리스도의 속죄는 완전하므로 단 한 번의 죽음으로써 많은 사람의 죽음을 대신하셨고 이제 마지막 심판의 날에 성도의 구원은 완성될 것이다.

참고 성구 벧후 3:9 롬 13:11 고전 3:15, 5:5 계 7:10

■결론■ 이와 같이 구원을 베푸신 세 모습을 보았으니 성도는 구원을 베푸신 하나님의 은혜에 감사드리고 또한 구원을 이룩하신 주님 예수의 피의 공로에 의지하여 마지막 심판 날에 당당히 하나님 앞에 서는 자들이 되자.

■해설■ **구원의 세 개념**
① 칭의 - 인간은 하나님의 공의로운 심판의 형벌을 벗어나 화목되어야 한다. 공의로우신 하나님은 피의 희생 제사를 통해(그리스도의 죽으심으로 완성) 진노를 유화하셨고 인간은 구원받았다(롬 5:9). ② 현세적 승리 - 악에 대한 승리는 '여자의 후손'(창 3:15)을 통해 약속되어졌고 그리스도께서 사탄을 이기심으로 결정적으로 성취되었고, 교회시대에 성령이 오셔서 역사하심으로 신자들이 악을 이겨내게 되는 것이다(빌 2:12-13, 딤전 3:15, 4:16). ③ 최후의 구원과 축복 - 그리스도의 재림은 악과 죄의 세력을 마지막으로 다루시는 동시에 신자들에겐 죽지 않는 몸과 새 하늘 새 땅으로 인도하실 것이다(히 9:28, 요 14:2-3).

■참고■ **하나님이 베푸신 구원 역사의 실태**
• 아담에게 약속됨(창 3:15) • 아브라함에게 선포됨(창 12:1-3) • 선지자들에게 계시됨(벧전 1:10-12) • 성도들의 대망(시 119:81) • 이방인에게 약속됨(사 45:21-22) • 메시야에 의한 성취(사 59:16-17) • 그리스도의 탄생(눅 1:69-77) • 구원의 주 그리스도(히 5:9) • 모든 사람에게 나타남(딛 2:11) • 이스라엘에게 선포됨(스 9:9) • 십자가에 의한 성취(요 3:14-15) • 복음의 가르침(엡 1:3) • 이스라엘의 거절(행 13:26-46) • 이방에게 퍼짐(행 28:28) • 현 세대(행 28:28) • 여호와께서 오래 참으심(벧후 3:9) • 종말이 가까움(롬 13:11) • 재림에의 완성(히 9:28) • 하늘에서의 찬양(계 7:10)

■예화■ **탕자의 문명**
미국에 건너온 어느 한국 청년이 미국 시민권을 가진 여자와 결혼하여 살게 되었다. 그는 열심히 돈을 벌어 주말이나 휴가가 되면 미국의 향락도시인 라스베가스에 가서 돈을 물 쓰듯하며 쾌락을 추구하며 살았다. 그 날도 그는 자기의 아내를 옆에 태우고 뒷좌석에는 어린 자녀를 태운 캐딜락 승용차를 몰고서 라스베가스를 향해서 갔다. 이른 새벽에 고속도로를 달리던 중 앞에서 달려오는 거대한 트레일러와 정면으로 충돌하고 말았다. 그 자리에서 그는 목숨을 잃었고 옆에 있던 아내는 식물인간이 되었으며 뒤에 있던 자녀들도 피투성이가 되고 말았다. 그의 죽음에 대하여 주변사람들은 과연 그가 졸다가 운전부주의로 죽었는가? 아니면 무의미한 삶을 살 바에 차라리 죽고 말자는 생각을 하고서 저지른 일인가? 하는 의문을 가지게 되었다. 돼지우리와도 같은 일차원적인 탕자의 문화 속에서 사는 현대인들이 궁극적으로 만나게 되는 것은 정신적인 공허와 비극일 뿐이다. 물질의 부요함과 권세가 인간의 공허감을 채워줄 수 없는 것이다. 파스칼이 말한 대로 인간에게는 하나님만이 채우실 수 있는 공간이 있다는 말이 백 번 옳은 말이다. 인간은 하나님의 형상(the image of God)대로 지음을 받은 까닭에 돼지우리 안에서 겪는 탕자의 문명은 결코 참다운 인간이 살아가는 모습이 아닌 것이다. 우리는 탕자 문명의 종말을 직시하고 날마다 아버지의 집으로 돌아가는 결단이 필요한 것이다.

● 구원 ●

구원의 근거 세 가지

■ 본 문 ■ 우리가 아직 죄인 되었을 때에 그리스도께서 우리를 위하여 죽으심으로 하나님께서 우리에 대한 자기의 사랑을 확증하셨느니라 【롬 5:8】

■ 서 론 ■ "내가 구원을 얻은 것은 공작인 때문도 아니요 지금 왕의 부친 된 때문도 아니요 오직 죄인인 때문이다"라고 영국 빅토리아 여왕의 부친 컨트는 말했다. 성도의 구원의 근거는?

■ 말 씀 ■

I. 성도의 구원은 하나님의 은혜에 근거한다 【엡 2:8】

성경은 '너희는 그 은혜에 의하여 믿음으로 말미암아 구원을 받았으니 이것은 너희에게서 난 것이 아니요 하나님의 선물이라'고 했다. 은혜란 무엇인가? 이는 하나님께서 인간에 대해 그 죄와 무가치함에도 불구하고 그 크신 사랑으로 인해 사죄와 생명주심을 의미한다. 예수 그리스도야말로 하나님의 은혜의 압축이자 은혜 자체이다. 따라서 그를 믿음으로 의롭게 되고 영생을 얻게 된다.

참고 성구 롬 3:24 롬 5:15 롬 11:6 딛 3:7 창 3:15

II. 성도의 구원은 하나님의 사랑에 근거한다 【롬 5:8】

성경은 '우리가 아직 죄인 되었을 때에 그리스도께서 우리를 위하여 죽으심으로 하나님께서 우리에 대한 자기의 사랑을 확증하셨느니라'고 했다. 사랑이란 무엇인가? 이는 최고 극한의 희생을 나타내는 성경의 가장 중요한 용어로서, 하나님의 사랑은 위에서 아래로 향해지는 무조건적인 '아가페' 사랑을 가리킨다. 이 사랑에 기초하여 인간의 구원이 이루어지게 되었다.

참고 성구 창 3:21 신 7:8 요 3:16 요일 4:8, 19

III. 성도의 구원은 하나님의 긍휼에 근거한다 【딛 3:5】

성경은 '우리를 구원하시되 우리가 행한 바 의로운 행위로 말미암지 아니하고 오직 그의 긍휼하심을 따라 중생의 씻음과 성령의 새롭게 하심으로 하셨나니' 라 했다. 긍휼이란 무엇인가? 이는 하나님의 속성의 하나로서 하나님께서 비참한 상태에 있는 자를 불쌍히 여기시는 일을 의미한다. 인간의 구원은 오직 하나님의 긍휼하심에 따라 발현되었다.

참고 성구 애 3:22-23 시 103:17-18 엡 2:4-5 시 78:38-39 호 2:23, 11:8

■ 결 론 ■ 이와 같이 구원의 근거를 살펴보았으니 성도는 구원의 역사가 오직 하나님의 은혜와 하나님의 사랑과 하나님의 긍휼에 기인된 것임을 알고 오직 구원을 주신 하나님을 찬송하는 자 되자.

■해설■ 구원, 구주

성부 하나님과 성자 그리스도께서는 모두 구원자(구주)로 언급되며 구원하시는 주체로 나타나는데 구약성경에서 메시야는 하나님께 구원을 받아서(시 19:6, 삼하 22:51) 세상 끝까지 구원을 베푸는 분으로 나타나 있다(슥 9:9, 사 49:6,8 등). 신약성경에 있어서 하나님께서 '구원자시라' 는 의미는 하나님께서 자기 '아들' 을 보내시고 그 아들을 통해서 성령님을 보내어 주심으로써 구원을 이루어 주신다는 것이다(눅 1:47,67, 딤전 2:13-15 딛 3:4-6). 헬라어 '소조' 는 '구원하다' 라는 동사요 그 동족어인 명사형 '소테르' 는 '구주' 라는 의미인데 70인역에서는 '야솨' 를 번역했고, 신약성경의 예수의 이름은 이 히브리어 어근 '야솨' 에 근거를 두고 있다.

■참고■ 구원을 위한 전제사항 다섯 가지

• 인내 - 또 너희가 내 이름으로 말미암아 모든 사람에게 미움을 받을 것이나 끝까지 견디는 자는 구원을 얻을 것임(마 10:22) • 믿음과 회개 - 네 입으로 예수를 주로 시인하며 또 하나님께서 그를 죽은 자 가운데서 살리신 것을 네 마음에 믿으면 구원을 얻으리라 함(롬 10:9) • 영적인 이해력 - 능히 구원할 바 마음에 심겨진 말씀을 온유함으로 받음(약 1:21) • 영적인 부지런함 - 형제들아 더욱 힘써 너희 부르심과 택하심을 굳게 하라 너희가 이것을 행한즉 실족치 아니하리라(벧후 1:10-11) • 영적인 씻음 - 두루마기를 빠는 자들은 복이 있으니(계 22:14)

■예화■ 그 절뚝발이 거지

한 선교사가 아시아에 있는 어느 크리스천 여인과 그녀의 집에서 담소하고 있었다. 그런데 한 절뚝발이 거지가 구걸하러 왔다. 선교사는 동전과 함께 그들의 언어로 된 전도지를 주었다. "당신의 전도지를 그에게 허비하지 마세요." 그 여인은 농담조로 말했다. "그는 결코 크리스천이 될 수 없어요." 그 거지에 대한 그녀의 의견이 전혀 근거없는 것은 아니었다. 절뚝발이에다 형편없는 그가 그것을 읽을 수 있을까 의심할 만했다. 거기에다 그는 힌두교인이었다. 어찌했던 이 선교사가 놀랄 수밖에 없었던 것은 3일 후에 이 절뚝발이 거지가 선교사의 집 문앞에 나타난 것이었다. 그는 돈을 요구하지 않고 단지 다른 전도지만을 원했다. 선교사는 전도지 3장을 주었다. 거지는 그 집 문 앞에 몇 시간 앉아서 그것을 공부했다. 얼마 후에 다시 와서 그는 말하기를, "그들은 성경책이라고 하는 것에 대해 이야기했군요. 저도 그런 책을 좀 빌려서 읽어볼 수 있을까요?" 1달간의 교육을 받은 후에, 그 절뚝발이 거지는 세례를 받게 되었다. 그는 기독교 서점의 경비로 사무원으로 일하면서 틈틈이 책꽂이의 모든 책을 읽기 시작했다. 당신이 그리스도를 증거할 때, 어떤 사람에게는 전도가 합당치 않은 것 같지만, 하나님께서는 당신의 증거를 통해 무엇을 하실지 결코 알 수 없다. 그 분은 우리가 알 수 없는 놀라운 장소와 상황 가운데 택한 사람을 가지고 계신다. (온 세상으로 알게 합시다 / 김연택)

● 구제 ●

구제할 때 취하는 태도 세 가지

■본 문■ 너는 구제할 때에 오른손이 하는 것을 왼손이 모르게 하여 네 구제함을 은밀하게 하라 은밀한 중에 보시는 너의 아버지께서 갚으시리라 【마 6:3-4】

■서 론■ 구제란 무엇인가? 구제는 고난이나 불행 및 재해 등으로 어려운 지경에 빠진 사람을 돕는 행위를 일컫는 말이다. 성도가 구제할 때 취하는 바른 태도는?

■말씀■

Ⅰ. 구제할 때 은밀하게 할 것 【마 6:3,4】

성경은 '너는 구제할 때에 오른손이 하는 것을 왼손이 모르게 하여 네 구제함을 은밀하게 하라 은밀한 중에 보시는 너의 아버지께서 갚으시리라'고 했다. 은밀하게는 헬라어 '크룹토스'로 생각이나 행동 따위를 숨겨서 형적이 드러나지 아니함을 말하는 것으로, 주님 예수께서는 성도의 구제를 은밀히 하라고 말씀하시면서 은밀한 중에 하나님께서 갚아주신다고 했다.

참고 성구 마 6:1 행 10:4 마 19:21 눅 11:41 딤전 6:17-19

Ⅱ. 구제할 때 기쁨으로 할 것 【고후 9:7】

성경은 '각각 그 마음에 정한 대로 할 것이요 인색함으로나 억지로 하지 말지니 하나님은 즐겨 내는 자를 사랑하시느니라'고 했다. 성도는 청지기 의식을 가져야 한다. 기쁨이 무엇인가? 이는 마음의 즐거움을 뜻하는 말로서, 헌금은 기독교 공동체 내에 있는 가난한 성도를 구제하는 데에 사용되는 것이므로 성도는 구제할 때에 기쁨으로 해야 한다. 하나님은 즐겨 내는 자를 사랑하신다.

참고 성구 요 12:3-8 롬 12:8 욥 1:21, 2:10 딤전 6:7 행 9:36-42

Ⅲ. 구제할 때 사랑으로 할 것 【고전 13:3】

성경은 '내가 내게 있는 모든 것으로 구제하고 또 내 몸을 불사르게 내줄지라도 사랑이 없으면 내게 아무 유익이 없느니라'고 했다. 인간의 인간에 대한 사랑은 전적으로 하나님의 아가페 사랑과 하나님에의 사랑에 기초하여 성립이 된다. 사랑은 성령의 최고의 은사이다. 성도는 이 사랑에 의거하여 이웃을 구제하여 그리스도의 사랑을 공유해야 한다.

참고 성구 갈 6:2, 5:13 골 3:14 신 10:9 요일 3:17-18

■결 론■ 이와 같이 구제할 때 취하는 태도를 보았으니 성도는 구제 시 기쁨으로 은밀하게 사랑으로 불행한 일을 당한 이웃을 구제하여 하나님께 영광을 돌리는 자들이 되자.

■해설■ **재산의 공유**

원래 '코이노니아' (참여함, 교제)는 행 2:42-46, 4:32-5:4에 국한된 것이다. 그러나 눅 5:10의 '코이노노스' (동업자)와 롬 12:13의 '코이노네인' (분담하다, 공급하다)와 딤전 6:18의 '코이노니코스' (기꺼이 나누어 주는)와 고전 10:16의 '코이노니아' (참여함)과 친교(교제)라는 뜻의 히브리어 '아하드'도 참고하라. 초대교회의 물건의 공유(통용)제도는 오래 지속되지 못했으나 '재산의 공유' (community of goods)는 자발적이었다. 점차 공유적인 '코이노니아'는 사라지고 제도적인 '디아코니아' (봉사, 헌금)로 대치됐고(행 6:1-2), 바울은 이방인 교회의 신자들에게 디아코니아에 참여토록 하여 예루살렘의 가난한 성도들을 구제했다(행 24:17, 롬 15:26).

■참고■ **물질로 구제한 각양의 모양들**

• 빌립보 교회 - 바울을 위해 마게도냐를 떠날 때나 데살로니가에 있을 때에 쓸 것을 보냈음(빌 4:15-16) • 마게도냐와 아가야 성도들 - 예루살렘 성도 중 가난한 자들을 위해 헌금했음(롬 15:25-27, 고후 8,9장 참조) • 갈라디아 교회 - 고린도 교회에 연보를 언급하면서 갈라디아 교회들에게 명한 것 같이 하라고 함으로써 구제함이 알려짐(고전 16:1-3) • 사도들 - 각 사람의 필요에 따라 나눠줌(행 4:35) • 빌레몬 - 바울이 오네시모의 쓸 것을 공급함을 부탁하여 행했을 것임(몬 1:17-22)

■예화■ **김병찬 장로**

남대문교회에 김병찬이라는 장로가 있었다. 그는 매일 아침 남산 범바위 약수터에 가서 기도를 하였다. 당시 남산으로 올라가는 길옆에는 큰 쓰레기통이 하나 있는데, 거기에다가 장안의 쓰레기를 모아 두었었다. 또한 이 곳은 갈 곳이 없는 거지들이 밤이면 잠을 자고 가는 곳이기도 하였다. 어느 날, 김병찬 장로는 그곳에서 걸레나 종이들을 걷어 가지고 가는 걸 보았다. 이것을 본 김 장로는 속으로 '저 아이들은 귀한 인간이지만 부모가 없고 의지가 없어서 얻어 먹으면서 쓰레기통 속에서 자는데, 귀한 사람은 내버려두고 쓰지 못할 물건만 가져가니 웬일인가? 물건이 사람을 위하여 있느냐? 사람이 물건을 위하여 있느냐? 하며 답답해 하였다. 김 장로는 깊이 생각한 끝에 그 쓰레기통 가까운 곳에 있는 큰 집 한 채를 구입하였다. 그리고는 깨끗이 수리하여 불을 때서 장안의 거지들을 모아서 잠을 자게 하였다. 곧 이 소문이 장안에 퍼져 많은 거지 아이들이 모여들어 자연히 고아원이 되었다. 그래서 김 장로는 오긍선·윤치호·김일선 등과 협의하여 영천 독립관 근처에다 '경성고아원'을 설립하고 정식으로 원아를 모집하였다. 이것이 조선인의 손에 의해 세워진 첫 번째 고아원이었다. (예화대백과사전 2)

● 국가 ●
국가의 지나친 세금이 초래하는 세 가지

■ 본문 ■ 온 이스라엘이 자기들의 말을 왕이 듣지 아니함을 보고 왕에게 대답하여 이르되 우리가 다윗과 무슨 관계가 있느냐 이새의 아들에게서 받을 유산이 없도다 … 이스라엘이 그 장막으로 돌아가니라 [왕상 12:16]

■ 서론 ■ "국가의 불의는 국가를 몰락으로 이끄는 가장 정확한 길이다"라고 글래드스턴은 말했다. 국가의 지나친 세금이 초래하는 것은?

■ 말씀 ■

I. 지나친 세금은 반역의 한 원인이 된다 [왕상 12:16]
성경은 '온 이스라엘이 자기들의 말을 왕이 듣지 아니함을 보고 왕에게 대답하여 이르되 우리가 다윗과 무슨 관계가 있느냐 이새의 아들에게서 받을 유산이 없도다'라고 했다. 반역이 무엇인가? 이는 배반하여 돌아서는 것을 말하는 것으로, 솔로몬 왕의 지나친 과세를 약화해 달라는 백성들의 탄원을 르호보암이 듣지 않자 왕국이 분열되었다.
　　참고 성구 왕상 12:4,19-20 왕상 9:10,15 대하 8:1,15-16 왕상 12:7-11,24

II. 지나친 세금은 백성에게 빚을 지게 한다 [느 5:4]
성경은 '어떤 사람은 말하기를 우리는 밭과 포도원으로 돈을 빚내서 왕에게 세금을 바쳤도다'라고 했다. 빚이 무엇인가? 이는 남에게 갚아야 할 돈으로 꾸어 쓴 돈이나 외상값 같은 것으로 부채를 말한다. 총독 느헤미야가 예루살렘 성을 재건할 당시에 가난한 백성들이 부르짖은 것이 밭과 포도원을 저당잡혀 빚을 내어서 바사 제국의 왕에게 세금을 바쳤다는 원망이었다.
　　참고 성구 창 41:34-36 롬 13:5-7 왕하 4:1 사 50:1

III. 지나친 세금은 끝내는 종이 되게 한다 [느 9:36]
성경은 '우리가 오늘날 종이 되었는데 곧 주께서 우리 조상들에게 주사 그것의 열매를 먹고 그것의 아름다운 소산을 누리게 하신 땅에서 우리가 종이 되었나이다'라고 했다. 종이란 무엇인가? 이는 남을 섬기고 쓰이는 일에 종사하는 자의 총칭으로 강제적인 경우에는 노예라는 말이 사용되지만 성경에는 거의 종이라는 말을 사용했다. 지나친 과세는 백성을 인신매매 하여 종이 되게 한다.
　　참고 성구 레 25:39 마 17:24-27, 22:21 눅 3:12-13 느 5:5

■ 결론 ■ 이와 같이 국가의 지나친 세금이 초래하는 것을 보았으니 성도는 백성된 의무를 다하고 국가를 다스리는 위정자는 백성을 섬기는 자세로 치국의 도리를 다하자.

■해설■ **국가**

성경에는 국가(state)와 시민은 모두 다 하나님의 관할 하에 있다고 기록되어 있다. 이 양자는 모두 빼앗길 수 없는 권리와 의무를 가지고 있다. 그리고 신자들은 국가에 복종해야 하는데 체념적으로만이 아니라 양심적으로 그것을 지지하지 않으면 안 된다(롬 13:5). 그러나 국가가 전능적인 존재라는 이론은 배제되어야 한다. 즉 국가는 마땅히 인간의 하나님께 해야 될 의무와 복종을 저해해서는 안 된다. 구약에는 왕이 국민의 사유재산을 탈취치 못하도록 규정되어 있고(왕상 21장), 또한 사도들은 복음전파를 훼방하는 지도자들에게 저항했다(행 4:19, 5:29).

■참고■ **납세의 의무에 대한 주님의 견해**

• 바리새인과 헤롯당 중에서 사람을 보내어 예수님을 책잡으려 납세의 문제를 아첨과 함께 늘어놓았다(막 12:12-13). 이때 주님은 명확한 선을 그어 진리를 가르치셨는데, 납세의 가함은 비유대주의자로, 불가함은 로마의 반역자가 되는 찰나에 주님의 지혜로운 대답을 살펴보자. • '가이사의 것은 가이사에게'(막 12:17) - 국민으로 국민의 의무를 지켜라. 유대인도 로마 국민으로 예속되었으니 지키라. • '하나님의 것은 하나님께'(막 12:17) - 천국 자녀로서의 성민의 의무를 지켜라. • 정치와 종교를 혼동치 말라(막 12:15-16) - 정치적인 것과 종교적인 것을 각각 해결하여 지키라.

■예화■ **국가에 봉사하는 세 가지 방식**

간디는 그의 자서전에서 자기가 생애에 결정적 영향을 받은 책을 약 열 권을 들고 있다. 그 중의 하나가, 미국의 유명한 사상가요 문필가인 헨리 소로(H.D. Thoreau 1817-1862)의 〈시민의 반항 1849〉이란 글이다. 이 글은 25페이지 정도밖에 안 되는 짧은 글이지만, 꼭 한 번 읽어볼 만한 글이다. 자연을 한없이 사랑한 소로는 월덴이라는 숲 속에서 일생 독신으로 간소한 생애를 보냈다. "간소한 생활, 그러나 고원(高遠)한 사색", 시인 워즈워드의 이 말을 그는 자기의 생활의 지표로 삼고 살았다. 월덴의 자연생활을 기록한 책이 그 명저 〈월덴〉이다. 그는 미국 정부가 침략전쟁(멕시코 전쟁)을 한다고 믿었기 때문에 국가에 대한 납세를 거부했다. 그는 비판의식과 반골정신(反骨精神)이 강한 민주적 시민이었다. 미국 정부는 그를 투옥했다. 친구가 세금을 내주었기 때문에 그는 그 다음 날 석방되었다. 그가 감옥에서 하룻밤 고생하면서 생각한 것을 글로 쓰고 강연으로 표현했다. 이것이 〈시민의 반항〉이라는 글이다. 그는 인간이 국가에 봉사하는데 세 가지 방식이 있다고 하였다. 첫째는 육체로써 봉사하는 것이다. 많은 사람이 여기에 속한다. 둘째는 두뇌로써 봉사하는 것이다. 지식인들은 대체로 이 부류에 속한다. 그러나 극소수의 사람은 양심으로써 국가에 봉사한다. 이것이 셋째의 방식이다. 진정한 애국자·순교자·개혁자들이 이 범주에 속한다. (안병욱)

● 굴욕 ●

굴욕을 당하지 않는 비결 세가지

■ 본 문 ■ 그가 말하되 주여 내가 주와 함께 옥에도, 죽는 데에도 가기를 각오하였나이다 이르시되 베드로야 내가 네게 말하노니 오늘 닭 울기 전에 네가 세 번 나를 모른다고 부인하리라 하시니라 【눅 22:33-34】

■ 서 론 ■ 굴욕이 무엇인가? 이는 (남에게) 억눌리어 업신여김을 받는 모욕을 일컫는 말이다. 성도가 굴욕을 당하지 않는 비결은 무엇일까?

■ 말 씀 ■

Ⅰ. 하나님께 순종함 【수 7:11】
성경은 '이스라엘이 범죄하여 내가 그들에게 명령한 나의 언약을 어겼으며' 라고 했다. 순종이란 무엇인가? 이는 성경에서는 특히 하나님의 말씀을 듣고 따르는 일 또는 그대로 준행하는 일을 말한다. 이스라엘은 강적 여리고를 크게 무찔렀으나 미약한 아이 성에게는 크게 패했다. 하나님께서는 여호수아에게 대패한 원인을 범죄하여 자신과의 언약을 어겼기 때문이라고 하셨다.

　　참고 성구 삼상 15:23,26 행 7:51 출 32;9 수 1:8 삼상 15:22

Ⅱ. 자만하지 않음 【눅 22:33】
성경은 '그가 말하되 주여 내가 주와 함께 옥에도, 죽는 데에도 가기를 각오하였나이다' 라고 했다. 자만이란 무엇인가? 이는 자기에게 관계되는 일을 남 앞에서 뽐내고 자랑하여 오만하게 행동함을 일컫는 말이다. 베드로는 마지막 만찬 후 주님 예수께 큰 소리를 쳤으나 끝내 기도하지 않은 그는 주님의 말씀대로 세 번이나 주님을 부인하는 모습을 보였다.

　　참고 성구 마 26:33 고전 10:12 눅 18:11-14 욥 1:3-4 눅 16:15, 14:11

Ⅲ. 하나님을 의지함 【고후 12:9】
성경은 '그러므로 도리어 크게 기뻐함으로 나의 여러 약한 것들에 대하여 자랑하리니 이는 그리스도의 능력이 내게 머물게 하려 함이라' 고 했다. 의지란 무엇인가? 이는 다른 것에 몸을 기댐이나 기댈 대상을 말하는 것으로, 바울은 육체의 가시(간질 혹은 안질이라고도 함)로 인해 고통을 받고 세 번이나 기도하였으나 주님으로부터 온전해지는 능력의 비결을 알고서 오히려 기뻐했다.

　　참고 성구 삼상 2:30 욥 2:9-10 단 3:13-30 삼상 17:37 고후 1:9

■ 결 론 ■ 이와 같이 굴욕을 당하지 않는 비결을 알았은즉 성도는 주께 순종하고 자만하지 말며 오직 하나님만 의지함으로써 세인들로부터 굴욕을 당하지 않는 신실한 신앙인이 되자.

■해설■ **이런 망신**

그리스의 철학자 소크라테스의 제자 한 사람이 하루는 아테네 근처에 있는 자기의 넓은 땅에 대해 자랑을 늘어놓고 있었다. 그때 소크라테스는 커다란 지도를 한 장 책상 위에 펴고는 그 제자에게 "아시아는 어디지?"하고 물었다. 그러자 그 제자는 "이 지방입니다"라며 지도를 가리켰다. 그때 "그럼 그리스는?"하고 재차 묻자 그는 그리스를 가리켰는데 아시아에 비해 보이지 않을 정도로 작은 것에 불과했다. 그때 또 "아테네는?"하고 소크라테스가 물었는데 제자는 점 같은 것을 가리켰다. "그러면 당신의 그 넓은 땅은 어디지?"라고 물었다. 그때 제자는 머리를 숙이고 침묵했다.

■참고■ **굴욕을 초래한 이들의 이유**

• 하만 / 교만으로 인하여 - 하만이 심중에 이르되 왕이 존귀하게 하기를 원하시는 자는 나 외에 누구리요 하고 (에 6:6-13) • 느부갓네살 / 거만으로 인하여 - 나 왕이 말하여 가로되 이 큰 바벨론은 내가 능력과 권세로 건설하여 나의 도성을 삼고 이것으로 내 위엄의 영광을 나타낸 것이 아니냐 하였더니 (단 4:29-33) • 골리앗 / 자랑으로 인하여 - 블레셋 사람이 다윗에게 이르되 네가 나를 개로 여기고 막대기를 가지고 내게 나아왔느냐 (삼상 17:43-51) • 탕자 / 제 멋대로 함으로 인하여 - 아버지여 재산 중에서 내게 돌아올 분깃을 주소서 (눅 15:11-19)

■예화■ **조국을 먼저 사랑하라**

우리는 흔히 이스라엘의 기적과 라인강의 기적을 말한다. 여기에 또 하나의 기적이 있다. 그것이 덴마크의 기적이다. 1864년 프로이사, 오스트리아의 전쟁에서 참패한 덴마크는 땅을 잃고 민족의 비운에 빠졌다. 국토는 황폐하고 민생은 가난하고 국민은 절망에 빠졌다. "밖에서 잃은 것을 안에서 찾자"는 기치를 내어 걸고 민족자력갱생의 횃불을 든 애국자 사상가가 그룬트비다. 그는 국민고등학교의 창건을 힘쓰고 저서를 통하여 애국심을 고취하고 설교에 의해서 종교적 신앙을 역설하고 시를 써서 민족혼을 깨우쳤다. 그는 삼애(三愛)사상을 강조했다. "우선 참된 덴마크 사람이 되라. 그리고 신에게 의지하라. 조국 덴마크를 사랑할 줄 모르는 사람이 신을 사랑한다 함은 믿을 수 없는 일이다. 그러한 인간에게 신의 축복은 있을 수 없다." 그는 시인이요, 목사요, 역사가요, 저술가요, 사상가요, 애국자요, 신학자로서 덴마크를 멸망의 위기에서 구출하여 자력갱생과 부강의 길을 열어 놓은 덴마크의 세계적인 위인이다. 오늘날 덴마크가 세계에서 가장 모범적인 사회복지의 낙토를 이룬 근본은 그룬트비의 힘이 절대적으로 크다. 그는 조국애와 민족혼을 가장 강조했다. 제 나라를 사랑할 줄 모르는 사람이 인류애나 하나님의 사랑을 운운하는 것은 우스운 얘기다. 먼저 우리는 한국인이 되어야 한다. 한국인의 민족혼 위에 종교적 신앙을 구축해야 한다. 제 나라를 사랑하지 못하는 사람은 하나님의 축복을 받을 수 없다. (안병욱)

● 궁핍 ●

궁핍한 자에 대한 바른 태도 세 가지

■ 본 문 ■ 임금이 대답하여 이르시되 내가 진실로 너희에게 이르노니 너희가 여기 내 형제 중에 지극히 작은 자 하나에게 한 것이 곧 내게 한 것이니라 하시고 [마 25:40]

■ 서 론 ■ 독일 격언에 "굶주린 자들에게 '기다려'라는 말은 가장 어려운 말이다"라는 것이 있다. 궁핍한 자에 대한 바른 태도는 무엇인가?

■ 말 씀 ■

I. 품삯은 당일에 주어야 한다 [신 24:15]

성경은 '그 품삯을 당일에 주고 해 진 후까지 미루지 말라 이는 그가 가난하므로 그 품삯을 간절히 바람이라'고 했다. 품삯이 무엇인가? 이는 노동자가 노동의 대가로 받는 보수를 말하는 것으로 성경에서는 고가, 노임, 삯 등으로도 쓰여졌다. 가난한 자는 일용할 양식 때문에 그 품삯을 간절히 바라고 있다. 따라서 품삯을 당일에 주어야지 미루면 안 된다.

참고 성구 약 5:4 레 19:13 욥 31:13 마 20:13

II. 가난한 자를 신원하고 형통케 해야 한다 [렘 22:16]

성경은 '그는 가난한 자와 궁핍한 자를 변호하고 형통하였나니 이것이 나를 앎이 아니냐 여호와의 말씀이니라'고 했다. 신원이 무엇인가? 이는 억울하게 뒤집어쓴 죄를 씻음을 뜻하며, 형통은 모든 일이 뜻대로 잘 되어 가는 것을 말한다. 하나님은 여호야김의 아버지 요시야 왕이 가난한 자를 위한 것이 여호와 하나님의 뜻을 알고 행하여 형통케 되었다고 하셨다.

참고 성구 말 3:5 골 4:1 출 23:11 잠 19:17 신 15:7

III. 지극히 작은 자라도 돌아보아야 한다 [마 25:40]

성경은 '임금이 대답하여 이르시되 내가 진실로 너희에게 이르노니 너희가 여기 내 형제 중에 지극히 작은 자 하나에게 한 것이 곧 내게 한 것이니라'고 했다. 주님은 양과 염소의 비유에서 평소 주변의 가난한 이웃에게 베푼 조그마한 선행이 결국은 그리스도를 섬긴 것과 다를 바 없음을 알려주고 있다. 성도는 작은 자에게 아낌없이, 대가를 바라지 않는 사랑을 베풀자.

참고 성구 엡 6:9 마 18:5 고전 8:12 마 25:45

■ 결 론 ■ 이와 같이 궁핍한 자에 대한 바른 태도를 살펴보았으니 성도는 궁핍한 자를 돌아보며 그 억울함을 신원케 하고 일용할 양식을 챙겨주는 신실한 신앙인이 되자.

■해설■ 이웃 사랑

미국의 인권 목사요 흑인들의 정신적 지도자로서 1964년 노벨평화상을 수상한 뒤 암살당한 위대한 사람 '마틴 루터 킹' 목사는 다음과 같이 술회한 바 있다. "현대인은 과학적 성공의 눈부신 절정에 도달했다. 현대인은 사고하는 기계와 깊이를 알 수 없는 우주의 공간을 들여다보는 기구를 만들고 바다에까지 뻗치는 교량과 하늘에 닿을 만한 건물도 세웠다. 그러나 이토록 찬란함에도 근본적인 그 무엇이 빠졌다. 그것은 정신의 빈곤이다. 우리는 물질적으로 풍족해지면서 도의적, 정신적으로 더욱 빈곤해졌다. 우리는 모든 것을 배웠으나 형제처럼 함께 사는 단순한 수법을 배우지 않았다. 사랑을 잃었다."

■참고■ 성경에 나타난 궁핍한 자를 위한 구제

• 일곱째 해에는 갈지 말고 묵혀두어서 네 백성의 가난한 자로 먹게 하라 그 남은 것은 들짐승이 먹으리라(출 23:11) • 네 하나님 여호와께서 네게 주신 땅 어느 성읍에서든지 가난한 형제가 너와 함께 거주하거든 그 가난한 형제에게 네 마음을 완악하게 하지 말며 (신 15:7) • 가난한 자를 보살피는 자에게 복이 있음이여 (시 41:1) • 가난한 자를 불쌍히 여기는 것은 여호와께 꾸어 드리는 것이니 (잠 19:17) • 네 소유를 팔아 가난한 자에게 주라 그리하면 하늘에서 보화가 네게 있으리라 (마 19:21) • 다만 우리에게 가난한 자들을 기억하도록 부탁하였으니 이것은 나도 본래부터 힘써 행하여 왔노라(갈 2:10)

■예화■ 정의 위에 사랑

마태복음 20장에 나오는 유명한 예수님의 가르침이 있다. 한 포도원 주인이 있었다. 그는 일꾼들에게 한 데나리온을 주기로 약속하고 포도원에 가서 일하기를 부탁했다. 한참 뒤 9시쯤 되어 일거리를 찾지 못해서 있는 사람들을 보고 또 포도원으로 보냈다. 주인은 12시에도, 오후 3시에도 사람을 보냈다. 오후 5시가 되었을 때 장터에 서성거리고 있는 사람들을 보고 왜 종일 이렇게 서성거리느냐고 물었다. 그들은 가족들이 굶주리고 있고, 우리는 일할 곳이 없다고 말했다. 주인은 그들도 포도원으로 보냈다. 저녁 때가 되자 주인은 나중 사람부터 모두에게 똑같이 한 데나리온씩 주라고 말했다. 그때 처음부터 일한 사람이 불평과 항의를 했다. "어째서 같은 삯을 주는 것입니까?" 그러자 주인은 "그대와 나는 한 데나리온을 약속했고 저 사람들에게는 가족의 어려움을 참작해서 똑같이 주었을 뿐이다. 그들에게 사랑을 베푼 것이 그대에게 잘못된 것은 없지 않으냐?" 공평과 정의 위에 사랑의 질서가 보충되었을 때, 포도원 주인처럼 가난한 품꾼들에게 사랑을 베풀게 되는 것이다. 사회 각 계층의 지도자들도 그리스도의 사명을 받들어 사랑과 실천이 공존하는 사회가 되도록 꾸밈의 은사가 필요하다. 누가 그들에게 인생의 정의를 가르쳐줄 수 있을까?

● 권능 ●

권능으로 역사하실 때에 일어나는 세 가지

■본문■ 오직 성령이 너희에게 임하시면 너희가 권능을 받고 예루살렘과 온 유대와 사마리아와 땅 끝까지 이르러 내 증인이 되리라 하시니라 【행 1:8】

■서론■ 권능이란 무엇인가? 이는 하나님의 권세와 능력을 뜻하는 말로서 본문의 권능은 헬라어 '뒤나미스'가 쓰여졌다. 권능으로 역사하실 때에 일어나는 것은 무엇인가?

■말씀■

I. 우리를 그리스도의 증인이 되게 하신다 【행 1:8】

성경은 '오직 성령이 너희에게 임하시면 너희가 권능을 받고 예루살렘과 온 유대와 사마리아와 땅 끝까지 이르러 내 증인이 되리라'고 했다. 증인이 무엇인가? 증인은 일반적으로는 재판석에서 증언하는 자를 말하는데 신약에서는 복음의 진리를 증거하는 사람을 말하고 있다. 하나님의 권능을 받은 자는 복음의 증인(헬, 마르투스)으로 순교를 각오한 자이다.

참고 성구 행 2:36 계 2:13 행 4:19-20 행 7:52-56 벧후 1:1 히 12:1-2

II. 우리에게 소망이 넘치게 하신다 【롬 15:13】

성경은 '소망의 하나님이 모든 기쁨과 평강을 믿음 안에서 너희에게 충만하게 하사 성령의 능력으로 소망이 넘치게 하시기를 원하노라'고 했다. 소망이란 무엇인가? 이는 현존하지는 않지만 장래에 있어서 실현될 것에 대한 기대를 일컫는 말이다. 소망은 헬라어 '엘피스'로서 '바라다, 기대하다'는 뜻의 '엘포'의 명사형이다. 신약에서는 소망이 보편적, 궁극적인 성격과 내용을 단적으로 가진다.

참고 성구 롬 8:24 행 24:15 골 1:23,27 히 6:18-19 벧전 1:21

III. 우리를 부활하게 하신다 【고후 13:4】

성경은 '그리스도께서 약하심으로 십자가에 못 박히셨으나 하나님의 능력으로 살아 계시니 우리도 그 안에서 약하나 너희에게 대하여 하나님의 능력으로 그와 함께 살리라'고 했다. 부활이란 무엇인가? 이는 다시는 죽는 일 없는 썩지 않을 영체(부활체)로 다시 살아나는 일을 말한다. 성도는 하나님의 권능으로 그리스도 안에서 함께 부활될 존재이다.

참고 성구 살전 4:14-16 고후 4:14 고전 15:42-44 요 6:40

■결론■ 이와 같이 권능으로 역사하실 때에 일어나는 일들을 보았으니 성도는 성령의 권능을 힘입어 소망이 넘쳐서 주의 증인이 되어 부활하여 새 예루살렘 성에서 영원히 왕 노릇하는 자 되자.

■해설■ **권능**

권능이란 자기의 뜻을 실행할 수 있는 능력을 의미하는 말로서 구약에서는 주로 '코아', '오즈', '게부라', '메오드' 등이, 신약에서는 주로 '뒤나미스', '이스쿠스', '크라토스' 등이 쓰인다. 영어성경 AV, ERV, RSV는 이들을 적절히 '권능'(might), '능력'(power), 또는 '힘(strength) 등으로 다양하게 번역된다. 이 말은 창조주시요 주관자이신 하나님을 표현할 때, 하나님을 섬기는 사람들에게 부여한 능력을 의미한다. 하나님의 권능적인 능력이 가장 뚜렷하게 드러난 사건은 예수 그리스도를 죽은 자 가운데서 살리신 일로 결국엔 하늘에서 모든 권능과 존귀가 그에게 돌려질 것이다.

■참고■ **하나님의 권능이 이렇게 나타남**

• 여호와께서 그 능력으로 땅을 지으셨고 그 지혜로 세계를 세우셨고 그의 명철로 하늘들을 펴셨으며(렘 51:15) • 이러므로 나실 바 거룩한 이는 하나님의 아들이라(눅 1:35) • 하나님의 손을 힘입어 귀신을 쫓아낸다면(눅 11:20) • 하나님의 능력으로 살아 계시니(고후 13:4) • 그의 능력이 그리스도 안에서 역사하사 죽은 자들 가운데서 다시 살리시고 하늘에서 자기의 오른편에 앉히사(엡 1:20) • 하나님이 주를 다시 살리셨고 또한 그의 권능으로 우리를 다시 살리시리라(고전 6:14)

■예화■ **새벽으로 돌아가는 길**

나는 매년 여름 메인 주의 해안에서 얼마 떨어지지 않은 한 작은 섬의 오두막에 간다. 거기에서 난 최소한 번은 동트기 전에 보트를 몰아 바다로 나가서 일출을 즐긴다. 지난 여름 머무를 때는 거의 마지막까지 일출을 보지 못하여 우울한 심사를 달래고 있었다. 어느 날, 새벽 5시, 보트를 끄집어내어 할 수 있는 한 섬으로부터 멀리 떨어져 나와 곧장 수 마일을 달려나갔다. 동쪽 하늘이 분홍빛으로 변하여 뿌옇게 밝아왔다. 동트는 광경을 지켜보면서 난 짤막한 기도를 드렸다. "주님, 전 지금 우울합니다……" 그 순간 하나님께서는 말씀 가운데 한 생각을 내게 떠올려 주셨다. "애야, 성경을 좀 암송해 보아라." 그래서 난 시편부터 시작했다. "내 영혼아 여호와를 송축하라. 내 속에 있는 것들아 그 성호를 송축하라." 난 문득 내가 목청을 다하여 노래하고 있는 것을 발견했다. 나는 이어서 시편 23편과 주기도문을 낭송했다. 바로 그 순간 공 모양의 둥그런 태양이 내 앞에 나타났다. 태양은 불끈 솟아올라, 불과 몇 초만에 찬란한 붉은 빛 덩어리가 눈에 들어오는 것이다. 내 얼굴은 빛과 눈물로 범벅이 되었다. 난 태양의 온기를 온 몸에 느꼈다. 내 우울한 기분은 눈 녹듯 사라져 버렸다. 밤이 분명히 오듯 우울은 다시 찾아올 것이다. 하지만 난 새벽으로 돌아가는 길을 알고 있다. 난 하나님이 지으신 우주의 장관을 뚜렷하게 보았고 그의 권능으로 채워졌다. 아침이 내게 말하였던 것이다. (아서 칼리안드로)

● 꾸어주다 ●

꾸어 주는 자에게 임하는 축복 세 가지

■본 문■ 내가 어려서부터 늙기까지 의인이 버림을 당하거나 그의 자손이 걸식함을 보지 못하였도다 그는 종일토록 은혜를 베풀고 꾸어 주니 그의 자손이 복을 받는도다 【시37:25-26】

■서 론■ 본문은 성도는 선을 행하고 살아가므로 그 자신과 후손이 다 평안과 축복을 얻게 된다는 말씀이다. 꾸어 주는 자에게 임하는 하나님의 축복은?

■말 씀■

I. 하나님은 꾸어 주는 자를 축복하심 【신 28:12】

성경은 '여호와께서 너를 위하여 하늘의 아름다운 보고를 여시사 네 땅에 때를 따라 비를 내리시고 네 손으로 하는 모든 일에 복을 주시리니' 라고 했다. 축복이란 무엇인가? 이는 종교적인 의미를 가진 특별 용어의 하나로서 성경의 본래 축복이란 사람들에게 번영과 행복을 가져다주는 하나님의 호의 또는 은혜를 말한다. 하나님은 하늘 보고의 주인이시다.

참고 성구 행 10:1-3 행 20:35 잠 11:24-25 마 25:34

II. 하나님은 꾸어 주는 자를 기억하심 【시 112:5,6】

성경은 '은혜를 베풀어 꾸어 주는 자는 잘되나니 그 일을 정의로 행하리로다 그는 영원히 흔들리지 아니함이여 의인은 영원히 기억되리로다' 고 했다. 기억이란 무엇인가? 이는 지난 일을 잊지 않고 외워둠을 말하는데 은혜를 베풀며 꾸어 주는 자는 영육이 잘되고 그는 흔들리지 아니하며 그가 행한 의로운 일들은 하나님께 영원히 기억되어 있다.

참고 성구 잠 21:13 마 25:35-36 행 10:4 눅 6:38 롬 12:7-8

III. 하나님은 꾸어 주는 자를 보상하심 【시 37:25,26】

성경은 '내가 어려서부터 늙기까지 의인이 버림을 당하거나 그의 자손이 걸식함을 보지 못하였도다 그는 종일토록 은혜를 베풀고 꾸어 주니 그의 자손이 복을 받는도다' 라고 했다. 보상이란 무엇인가? 이는 남에게서 진 빚을 갚음을 뜻하는데 어려운 사람을 도와주는 것은 하나님께 꾸어 드리는 것이므로 따라서 하나님은 은혜와 복을 주심으로 보상을 하신다.

참고 성구 행 10:38 잠 11:25 잠 28:27 마 25:40,46 잠 19:17

■결 론■ 이와 같이 꾸어 주는 자에게 임하는 축복을 알았으니 성도는 어려운 자에게 꾸어 줌으로써 하나님께 기억되신 바 되어 축복으로 영육 간에 보상을 받아 이웃을 섬기고 더욱 많이 꾸어 주는 자가 되자.

■해설■ **도움**
어느 비 오는 날 오후, 가구점의 처마 끝에서 한 할머니가 비를 피하려고 서 있었다. 모두들 등한히 했으나 한 점원이 가엽게 생각하여 그 할머니를 모시고 들어와 불 옆으로 앉게 하면서 "할머니, 여기서 비가 멎으면 가세요"라고 상냥하게 이야기했다. 조금 후 웬 차가 와서 할머니를 모셔 갔다. 며칠이 지난 후 그 점원에게 편지가 한 통 날아왔다. 그 편지는 당대 재계의 거성 강철왕 '카네기'의 편지였다. 편지의 내용은 어머니께 행한 친절에 감사를 표하면서, 이제부터 자기네 회사의 모든 곳에 당신의 가구를 쓰겠다는 간략한 문구였다. 얼마 되지 않아 이 점원은 거부가 되었다.

■참고■ **성경에 빌려 쓴 자로 나타난 자들**
- 선지자 생도의 아내 - 남편이 죽어 빚을 갚지 못해 아들을 종으로 내어줄 딱한 처지에 놓였으나 엘리사의 말대로 그릇을 빌려 기름을 팔게 됨(왕하 4:1-7)
- 엘리야 - 사르밧 과부에게 물과 가루와 기름을 공궤 받음(왕상 17:9-16)
- 선지자의 생도 - 요단에서 나무를 베다가 도끼를 물에 떨어뜨렸는데 이는 빌려온 것임(왕하 6:5)
- 예수 - 예루살렘 입성 때 새끼나귀를 빌려 타시고(마 21:2-5), 장사될 때 아리마대 요셉의 무덤을 빌려 장사되심(마 27:57-60)
- 바울 - 빌레몬에게 오네시모의 빚을 자기에게 회계하라 함(몬 1:18)

■예화■ **성서헌금**
국제 기드온 협회에서는 교회를 순회하며 성도들로부터 성서헌금을 받는다. 서울 동숭교회에서 기드온 순방예배를 드리며 성서헌금을 바치는 시간이었다. 어떤 자매가 5,000원짜리 지폐에 무엇을 싸서 성경 위에 놓고 갔다. 집계할 때 펴 보니 그 속에는 다이아몬드 반지가 들어 있었는데 필경 결혼반지 같았다. 그것을 받은 기드온에서 임원회가 열렸을 때 결혼반지를 성서헌금으로 바친 자매에게 그대로 있을 수 없지 않느냐며 자그마한 금반지에 기드온 마크를 넣어서 주기로 하였다. 그 후 동숭교회에 연락하여 그 자매를 찾았으나 도무지 나타나질 않았다. 여러 번 수소문 끝에 수개월 후 그 자매를 찾았는데 예수를 영접한 지 얼마 되지 않은 자매로서 예배 후에는 주방에서 이름 없이 봉사하고 있는 자매였다. 그때 그녀는 남편의 사업이 한창 어려워 그 결혼반지를 처분해서 사업자금에 써 버리기 전에 하나님께 성서헌금으로 바쳐야겠다는 생각이 들어 남편에게 의논했더니 그렇게 하라고 했다는 것이다. 자매가 결혼반지를 바치자 하나님은 얼마나 급하셨는지 그 후 그 부부의 사업을 축복해 주셔서 이미 사업장을 확장하여 옮긴 후였다. 기드온에서는 그들 부부에게 기드온 반지와 기드온 성경을 기증했다.

● 그리스도 ●

그리스도가 생명임을 증거하는 세 곳

■ 본문 ■ 예수께서 이르시되 내가 곧 길이요 진리요 생명이니 나로 말미암지 않고는 아버지께로 올 자가 없느니라【요 14:6】

■ 서론 ■ 미국의 목사 로버트 슐러는 "그리스도와의 삶은 끝없는 소망이요, 그가 없는 삶은 소망이 없는 끝이다"라고 했다. 그리스도가 생명임을 증거하는 곳은?

■ 말씀 ■

Ⅰ. 생명의 떡이신 그리스도 【요 6:35】

성경은 '예수께서 이르시되 나는 생명의 떡이니 내게 오는 자는 결코 주리지 아니할 터이요 나를 믿는 자는 영원히 목마르지 아니하리라' 고 했다. 떡이 무엇인가? 이는 식물성 음식물의 일종으로 밥이나 빵과 마찬가지이다. 떡은 헬라어 '아르토스' 로서 '양식' 으로 많이 번역되었다. 주님 예수는 태초에 선재하신 하나님으로 사람들에게 생명을 주는 유일한 떡으로(헬, 호 아르토스) 육신을 입고 세상에 오신 하늘의 산 떡이시다.

　참고 성구 마 2:5-6 요 6:33-35, 11:25-26 계 22:2 마 26:26

Ⅱ. 생명의 문이신 그리스도 【요 10:9】

성경은 '내가 문이니 누구든지 나로 말미암아 들어가면 구원을 받고 또는 들어가며 나오며 꼴을 얻으리라' 고 했다. 팔레스틴에서는 들판에서 양떼와 목자가 함께 야숙하는 경우가 많았는데 이 때 목자가 출입구에 가로 누워 문 역할을 했다. 따라서 목자를 통하지 않고는 아무도 양 우리를 출입할 수 없었다. 헬라어 '뒤라' 가 문에 해당하며 '헤' 가 앞에 있어 구원의 유일한 문임을 가리킨다.

　참고 성구 행 4:12 딤전 2:4 행 15:11 요 10:7-9

Ⅲ. 생명의 길이신 그리스도 【요 14:6】

성경은 '예수께서 이르시되 내가 곧 길이요 진리요 생명이니 나로 말미암지 않고는 아버지께로 올 자가 없느니라' 고 했다. 진리란 무엇인가? 이는 일반적으로 통행하는 도로를 가리키나 신약에 있어서는 하나님에의 길이 그리스도 자신 안에 있음이 고백되어 있다. 헬라어 '호도스' 가 길로 번역되었고 앞에 '헤' 가 있어 오직 하나의 구원의 유일한 길임을 가리키고 있다.

　참고 성구 딤전 2:5 히 9:15 요 6:68 히 12:24

■ 결론 ■ 이와 같이 그리스도가 생명임을 증거하는 곳을 보았으니 성도는 하나님이 보내신 유일한 구원자로서 생명의 떡이요, 문이시며, 길 되신 그리스도 예수를 잘 믿어 영생하는 자들이 되자.

■해설■ 최후의 만찬

레오나르도 다 빈치(Leonardo da Vinci)는 43세가 되던 해에 밀란의 루도빈코 공작의 요청을 받아 예수님의 최후의 만찬 장면을 그리게 되었다. 심혈을 기울이고 세심하게 작업을 하여 3년만에 그림을 완성하였다. 예수님을 중심으로 제자들을 양쪽으로 나누어서 배치하고는 중앙의 예수님은 양팔을 펼친 모습으로 그렸다. 예수님은 오른손에 아름답게 보이는 잔을 들고 있었다. 이 걸작품을 완성하고서 다 빈치는 그의 친구에게 작품을 감상하게 하고 평을 물었다. 그러자 "대단하군. 저 잔이 너무나 실물같이 아름다워 다른 곳으로 눈을 돌릴 수가 없군."이라고 외쳤다. 그 소리를 들은 다 빈치는 그 현란한 잔을 지워 버렸다. 그리고 외쳤다. "어떤 것도 예수님의 모습을 가려서는 안 돼." 그렇다. 오직 주님만이 우리의 생명이시므로 주님만 드러낼 일이다.

■참고■ 주가 주신 생명을 어떻게 할까?

• 생명을 죽이는 자를 두려워하지 않음 - 몸은 죽여도 영혼은 능히 죽이지 못하는 자들을 두려워 말고 오직 몸과 영혼을 능히 지옥에 멸하실 수 있는 이를 두려워하라(마 10:28) • 예수의 생명이 나타나게 함 - 우리 살아 있는 자가 항상 예수를 위하여 죽음에 넘겨짐은 예수의 생명이 또한 우리 죽을 육체에 나타나게 하려 함이라(고후 4:11) • 사명을 위해 생명을 아끼지 않음 - 주 예수께 받은 사명 곧 하나님의 은혜의 복음을 증언하는 일을 마치려함에는 나의 생명조차 아끼지 않음(행 20:24) • 그리스도를 위해 생명을 포기함 - 자기 목숨을 얻는 자는 잃을 것이요 나를 위하여 자기 목숨을 잃는 자는 얻으리라(마 10:39) • 생명보다 예수를 사랑함 - 바나바와 바울은 주 예수 그리스도의 이름을 위하여 생명을 아끼지 아니했다(행 15:25-26)

■예화■ 나에게 빛을 주는 사람

미국의 유명한 흑인 맹인 가수 스티비 원더는 어렸을 때 너무도 가난했고 흑인에다 소경이어서 세상을 비관하며 지냈다. 그러던 어느 날, 라디오를 통해 레이 찰스의 노래와 그에 대한 소개를 들었는데, 그때 그는 마음속에 비춰는 한줄기 환한 빛을 느낄 수 있었다. 레이 찰스가 가난한 흑인 가정에서 태어난 맹인이었지만 유명한 가수로 성공했다는 얘기였다. 스티비 원더는 자기와 똑같은 환경과 처지에서 어려움을 극복하고 성공한 레이 찰스처럼 될 것을 다짐하고 피아노 연습을 시작했다. 또 노래도 연습했다. 좋지 않은 여건 속에서 어려움도 많았지만 이를 극복하기 위해 최선의 노력을 다하였다. 결국 그는 성공하게 되었고 미국의 유명한 가수로 손꼽히게 되었다. 훗날 스티비 원더는 말하기를 "레이 찰스는 나에게 빛을 주었다"고 하였다. "빛을 주었다"는 말은 "나에게 본이 되었다", "생기를 불어넣어 주었다", "새 희망을 가지게 하였다" 등으로 이해할 수 있을 것이다. 이 이야기는 인간으로서의 한 성공담이다. 성경에 보면 참 빛이 세상에 왔으니 곧 그리스도 예수라고 하였다. 그 빛이 우리에게 주어졌다고 했다. 그런데 그 빛은 인간의 구원을 위한 빛이다. 그리고 예수 그리스도로 말미암아 구원받은 사람은 "세상의 빛"이 된다. 즉 우리는 예수 그리스도가 우리의 빛이요, 그로 인해서 구원을 받아 기쁘하게 되는 것이다. 빛 없는 심판, 빛 없는 마음은 곧 지옥이다. 빛 없는 세월은 생기(生氣)없는 세월이다.

● 그리스도 ●

그리스도가 으뜸인 이유 세 가지

■본문■ 모든 입으로 예수 그리스도를 주라 시인하여 하나님 아버지께 영광을 돌리게 하셨느니라
【빌 2:11】

■서론■ 미국의 언론인이요, 노예제도 폐지론자인 가말리엘 베일리는 "그리스도의 성호는 이 땅이나 하늘의 모든 말 중 가장 위대한 말이다"라고 했다. 그리스도가 으뜸인 이유는?

■말씀■

Ⅰ. 천사의 수태고지에서 선포되었으므로 【눅 1:32】

성경은 '그가 큰 자가 되고 지극히 높으신 이의 아들이라 일컬어질 것이요 주 하나님께서 그 조상 다윗의 왕위를 그에게 주시리니' 라고 했다. 선포가 무엇인가? 이는 공적으로 세상에 널리 알림을 의미하는데, 하나님의 천사는 마리아에게 예수께서 지극히 높으신 이 곧 하나님의 아들이신 메시야이시며 하나님 나라의 왕권을 물려받은 분임을 밝히고 있다.

참고 성구 창 49:10 삼하 7:12-14 마 1:1 눅 3:23-38, 8:1 계 5:5

Ⅱ. 하나님께서 친히 음성으로 인정하셨으므로 【마 17:5】

성경은 '말할 때에 홀연히 빛난 구름이 그들을 덮으며 구름 속에서 소리가 나서 이르시되 이는 내 사랑하는 아들이요 내 기뻐하는 자니 너희는 그의 말을 들으라 하시는지라' 고 했다. 인정이 무엇인가? 이는 옳다고 믿고 정함을 뜻하는데, 변화산에서 주님께서 모세와 엘리야와 말씀하실 새 하나님께서 예수를 내 사랑하는 아들이라고 말씀하시며 그를 따르라고 하셨다.

참고 성구 마 3:17 요 5:32, 37 요일 5:9 요 12:28

Ⅲ. 모든 사람들을 예수의 이름에 무릎 꿇게 하셨으므로 【빌 2:10】

성경은 '하늘에 있는 자들과 땅에 있는 자들과 땅 아래에 있는 자들로 모든 무릎을 예수의 이름에 꿇게 하시고' 라 했다. 하나님은 예수 그리스도를 지극히 높여 모든 이름 위에 뛰어난 이름을 주시고 하늘(천사들), 땅(현존하는 사람), 땅 아래(사탄의 무리 또는 죽은 자) 모든 무릎을 예수의 이름에 꿇게 하셨으니 주님은 전 피조물에게 경배를 받으시는 분이시다.

참고 성구 빌 2:11 행 7:55-60 엡 1:20-23 행 4:12 롬 14:11

■결론■ 이와 같이 그리스도가 으뜸인 이유를 알았으니 성도는 예수께서 하나님의 아들이신 그리스도로서 우리의 주님이 되심을 알고 그리스도의 이름을 찬양하는 자들이 되자.

■해설■ **으뜸이 됨**
그리스도께서 으뜸이 되심(preeminence)에 대한 증거들로 ①그리스도만이 홀로 보이지 아니하시는 하나님의 형상이시다(골 1:15, 요 1:14, 히 1:3) ②그는 선재하신 창조주시며, 우주의 영원한 보존자시며, 창조의 우두머리시다(골 1:15-17, 요 1:3, 히 1:2) ③그는 승리하신 교회의 머리가 되시며 사망의 처음 정복자시다(골 1:13, 엡 1:20-23, 4:15-16) ④그는 모든 충만 -덕성에 관한 것이든 축복에 관한 것이든- 의 소유주시며 특히 하나님과 화목을 이루는 축복의 소유주시다(골1:19-20, 요 1:16)

■참고■ **스스로 으뜸이 되려 하다 망친 자**
• 아담과 하와(인류의 시조) - 뱀의 꼬임에 넘어가 선악과를 먹게 되면 죽지 않고 눈이 밝아 하나님 같이 되어 선악을 안다는 말에 기어이 이를 행함(창 3:5-6,16-19) • 계명성(사탄) - 본래 하나님 곁에서 비파를 타며 찬양을 맡아 하던 천사장 루시퍼로 교만과 영화로 인해 하나님을 배반하고 결국 하늘에서 떨어지고 땅에 찍히게 됨(겔 28:13-19, 사 14:12-20, 계 12:7-9, 유1:6,9) • 디오드레베 - 교회 지도자임에도 불구하고 전도자와 그들을 접대하던 자들까지 박대한 자로서 그는 우두머리직, 곧 교권과 허영을 탐해 오명을 길이길이 남김(요삼 1:9-10)

■예화■ **참 행복**
미국의 아주 큰 부자였던 구울드는 수백만 장자로 한평생을 살았지만 그의 생을 종지부 찍는 날 무슨 말을 남겼는지 아는가? 그것은 "나야말로 세상의 가장 처참한 천치였구나!"라는 말이었다. 그렇다면 즐거움을 많이 누리고 향락적으로 사는 것이 행복일까? 영국의 미남자요 걸출한 시인이었던 바이런은 그의 일생을 향락적으로 산 사람인데 그는 자기의 마지막 인생에 다음과 같은 침통한 말을 했다. "나의 인생은 말라버린 노란 낙엽과 같구나! 나는 버러지다! 나에게는 슬픔만이 있을 뿐이로구나!" 평생을 하나님이 없다고 주장하며 크리스천들을 멸시하고 큰소리치며 살았던 불란서의 철학자 볼테르는 "나는 차라리 세상에 태어나지 않았더라면 더 좋았을 것! 나는 지옥에 가는구나!"라고 처절한 마지막 말을 남기고 죽었다. 혹시 많은 권세를 갖는 일이 인간의 행복일까? 천하 최고의 권세를 누렸던 프랑스의 나폴레옹 황제가 귀향살이를 하던 세인트 헬레나 섬에서 외친 소리는 아직도 인류의 역사의 페이지 속에서 소리치고 있다. "알렉산더, 시저, 살레망, 그리고 나는 힘으로 대제국을 설립했다. 그러나 그것은 아무것도 아니었구나! 그러나 사랑으로 제국을 세운 예수 그리스도의 깃발은 영원히 온 세상에서 빛나고 있구나!" 그리스도를 주님으로 섬기고 사는 진실한 신앙의 사람에게는 참 행복이 있음을 잊지 말도록 합시다. (잊을 수 없는 경례 / 윤영준)

● 그리스도 ●

그리스도가 이루신 속죄의 과정 세 가지

■ 본 문 ■ 여호와께서 그에게 상함을 받게 하시기를 원하사 질고를 당하게 하셨은즉 그의 영혼을 속건 제물로 드리기에 이르면 그가 씨를 보게 되며 … 여호와께서 기뻐하시는 뜻을 성취하리로다 【사 53:10】

■ 서 론 ■ "그리스도는 그의 창조에서 성육신과 구속의 사역과 부활에서 철저하게 인간 역사 속에서 주인공으로 계셨다"고 퀴스트는 말했다. 그리스도가 이루신 속죄의 과정은?

■ 말 씀 ■

I. 속죄를 이루심은 예언되었음 【사53:11】

성경은 '그가 자기 영혼의 수고한 것을 보고 만족하게 여길 것이라 나의 의로운 종이 자기 지식으로 많은 사람을 의롭게 하며 또 그들의 죄악을 친히 담당하리로다' 라고 했다. 예언은 무엇인가? 이는 하나님으로부터 직접 계시된 진리를 사람들에게 전하는 일을 말하는 것으로, 그리스도께서 속죄를 이루심은 성경의 많은 곳에서 이미 예표로서 보여졌고 선지자로부터 예언되었다.

참고 성구 단 9:24 창 3:21, 22:10-13 사 53:4 민 21:5-9 출 12:7,22

II. 속죄를 이루심은 상징되었음 【슥 3:8】

성경은 '대제사장 여호수아야 너와 네 앞에 앉은 네 동료들은 내 말을 들을 것이니 이들은 예표의 사람들이라 내가 내 종 싹을 나게 하리라' 고 했다. 상징이란 무엇인가? 이는 어떤 사상이나 개념 등에 대하여 그것을 상기시키거나 연상시키는 구체적인 사물이나 감각적인 말로 바꾸어 나타내는 일을 뜻한다. 싹(순)은 나약하고 연하지만 자라나서 많은 열매를 맺는 가지가 되는 메시야의 예표이다.

참고 성구 슥 3:7, 6:12 사 53:2, 11:1-10 출 29:14 레 4:11-12 히 13:11

III. 속죄를 이루심은 성취되었음 【행 8:35】

성경은 '빌립이 입을 열어 이 글에서 시작하여 예수를 가르쳐 복음을 전하니' 라고 했다. 성취란 무엇인가? 이는 목적한 바를 이룸을 뜻하는데, 빌립이 가사로 내려가는 길에서 에디오피아 여왕 간다게의 국고를 맡은 내시가 선지자 이사야의 글을 이해하지 못하자 그에게 성경을 풀어 이사야의 고난받는 종이 메시야로 오신 예수임을 알리고 세례를 베풀었다.

참고 성구 롬 3:24-25 벧전 1:18-19 히 9:12 갈 3:13 골 1:14 요 19:30

■ 결 론 ■ 이와 같이 그리스도가 이루신 속죄의 과정을 알았으니 인간의 구원을 위한 하나님의 계획의 놀라운 섭리에 감사드리며 속죄 사역을 이루신 주님 예수를 잘 섬기는 자들이 되자.

■해설■ **간단한 진리**

미국 인디언들에게 전도사업을 펴서 유명해진 데이비드 브레나르드(David Brainard)는 그의 전도를 통해서 그리스도의 진리를 깨닫게 하였다. "나는 설교에서 예수 그리스도를 뺀 적이 없다. 그리스도가 우리들을 대신해서 희생한 위대한 사실을 깨닫는 사람들에게는 그들의 행동을 변화시키기 위한 교훈들을 가르칠 필요가 없었다." 찰스 스펄전(Charles Spurgeon)은 임종 시에 그의 친구에게 다음과 같이 말했다. "이제 나의 신학은 다음 네 마디로 요약할 수 있을 것 같네. '예수님은 나를 위해 돌아가셨다' 만약 내가 다시 일어설 수 있다면 이렇게 말하지 않겠지만, 나는 죽어도 여한이 없다."

■참고■ **그리스도께서 흘리신 속죄의 피**

- 죄를 속하심 - 피가 죄를 속하느니라(레 17:11, 히 10:2) • 새 언약을 확증함 - 이것은 너희를 위하는 내 몸이니(고전 11:24) • 칭의를 완성시킴 - 그 피를 인하여 의롭다 하심을 얻었은즉(롬 5:9) • 구속을 이루심 - 그의 피로 구속 곧 죄사함을 받았으니(엡 1:7) • 하나님께 데려감 - 예수 안에서 가까워졌느니라(엡 2:13) • 자유케 함 - 우리를 해방하시고(계 1:5) • 깨끗케 함 - 죽은 행실에서(히 9:14) • 담력을 줌 - 지성소에 나아감(히 10:19) • 화해시킴 - 십자가의 피로 화평을 이루사(골 1:20)

■예화■ **이미 포함된 식사 대금**

어느 영국 사람이 대서양을 건너서 뉴욕으로 가는 여객선을 타고 미국으로 건너가게 되었다. 그런데 그에게는 식사시간이 되면 한 가지 걱정거리가 있는데 그것은 다른 사람들은 식당에 들어가서 맛있는 음식을 먹는데 그는 가진 돈이 없기 때문에 음식을 사먹을 수 없었던 것이다. 그래서 그는 슬그머니 갑판으로 나와서 싸 가지고 온 비스켓과 치즈를 먹곤 했다. 이렇게 며칠이 지났는데, 이제는 더 이상 견딜 수 없을 정도로 허기진 상태가 되었다. 어느 날, 선장은 식사시간만 되면 혼자 갑판 위에 앉아 있는 그에게, "왜 당신은 식사시간만 되면 여기서 비스켓만 잡수십니까?"라고 물었다. 그는 "선장님, 저에게 식당에 가서 음식을 사 먹을 돈이 없기 때문에 그렇습니다"라고 힘없이 대답했다. 그 때에 선장은 말하기를, "당신이 이 배를 탈 때 사 둔 승선비 속에는 이미 식사 대금이 모두 포함되어 있습니다. 마음 놓고 가서 잡수십시오." 그제야 비로소 그는 식당을 사용했고 한 끼의 식사를 하니 곧 미국에 도착했다는 것이다. 당신이 하나님 앞에 나올 때에 이미 당신의 죄는 갈보리 언덕 위에서 흘리신 그리스도의 십자가의 피로 용서함을 받은 것이다. 믿음으로, 용서함을 받은 우리는 충성하고 전적인 신앙으로 헌신할 때에 하나님의 축복이 임할 것이다.

● 그리스도 ●

그리스도를 보고 놀란 것 세 가지

■본 문■ 그 아이의 손을 잡고 이르시되 달리다굼 하시니 번역하면 곧 내가 네게 말하노니 소녀야 일어나라 하심이라 소녀가 곧 일어나서 걸으니 나이가 열두 살이라 사람들이 곧 크게 놀라고 놀라거늘 【막 5:41-42】

■서 론■ 인도의 선다 싱은 "그리스도란 이름은 세계를 들어올리는 지레이다"라고 했다. 사람들이 그리스도를 보고 놀란 것은 무엇인가?

■말씀■

I. 그리스도의 가르치시는 말씀의 권세에 놀람 【눅 4:32】

성경은 '그들이 그 가르치심에 놀라니 이는 그 말씀이 권위가 있음이러라'고 했다. 권세(권위)란 무엇인가? 헬라어 '엑수시아'로 남을 승복하게 하고 복종하게 하는 통치력이나 권력자를 말한다. 예수께서 회당에서 더러운 귀신 들린 사람을 향해 '잠잠하고 그 사람에게서 나오라'고 하여 그를 온전케 하자 모두가 놀라 '이 어떤 말씀인고 권위와 능력으로 귀신을 쫓았다'고 했다.

참고 성구 마 7:29 막 1:27 요 7:46 눅 1:37, 4:36 요 12:44-49

II. 그리스도의 행하신 기적을 보고 놀람 【막 5:42】

성경은 '소녀가 곧 일어나서 걸으니 나이가 열두 살이라 사람들이 곧 크게 놀라고 놀라거늘' 이라 했다. 기적(이적)이란 무엇인가? 일반적으로는 상식적으로는 생각할 수 없는 이상야릇한 일을 뜻하지만, 성경에서는 인간의 힘으로는 불가능한 일을 성령의 힘을 입은 사람이 이루어 내는 일을 이르는 말이다. 기적은 결국 하나님의 존재와 능력을 드러내는 것이다. 주님 예수께서 죽은 야이로의 딸을 소생시키고 나사로를 다시 살리시자 모두가 놀랐다.

참고 성구 막 6:50 요 2:7-11 마 15:31 요 11:39-45 요 21:6

III. 그리스도의 충격적인 교훈에 놀람 【마 19:24,25】

성경은 '다시 너희에게 말하노니 낙타가 바늘귀로 들어가는 것이 부자가 하나님의 나라에 들어가는 것보다 쉬우니라 하시니 제자들이 듣고 몹시 놀라 이르되 그렇다면 누가 구원을 얻을 수 있으리이까' 라고 했다. 교훈이란 사람으로서 나아갈 길을 그르치지 않도록 가르치고 깨우침을 말하는데, 주님 예수의 상식을 초월한 충격적인 교훈에 모두들 놀라고 놀랐다.

참고 성구 요 3:4-5 막 2:5-7 요 2:19-21 마 26:61 요 18:37-38

■결론■ 이와 같이 그리스도를 보고 놀란 것을 알았으니 성도는 불신 이웃에게 그리스도 예수의 말씀과 기적과 교훈을 가지고 나아가서 그들도 구원의 반열에 들게 하는 자들이 되자.

■해설■ **놀람**

놀람(amazement)에 관한 표현, 곧 막 1:27에서 '에담베데산' 막2:12에서 '엑시스타스타이' 와 이와 연결된 '격발', '대경실색' 막 1:22에서 '엑제프레스돈토', 경이(막 5:20에서 '에사위마존'), 그리고 '두려움' (막 4:41)에서 '에포베세단' (무섭게 하다)은 공관복음(마태, 마가, 누가) 가운데서 예수님의 말씀과 사역에 대한 여러 가지 반응들을 묘사할 때 사용되었다. 이러한 말들은 예수님의 말씀과 사역의 성격을 드러내어 준다. 경이는 예수에게 두 번 돌려졌다(마 8:10, 막 6:6). 여기서 사용된 '다우마제인' 이란 단어는 예상하지 못한 것이라기보다는 오히려 비상하고 특이한 반응임을 강조한다.

■참고■ **이런저런 모양으로 놀란 사람들**

• 발람 - 나귀가 말하는 것을 듣고 놀랐음(민 22:28) • 요나 - 고기의 뱃속에 거할 곳이 있음을 보고 놀랐음(욘 1:17) • 나다나엘 - 주님이 네가 무화과나무 아래 있을 때 보았다는 말씀에 놀랐음(요 1:48) • 삭개오 - 주님이 그를 뽕나무에서 내려오라 했을 때 놀랐음(눅 19:5) • 아합 - 엘리야가 네가 나를 찾았느냐고 반문했을 때 놀랐음(왕상 21:20) • 게하시 - 엘리야가 그의 재물 탐복한 사실을 알고 있음에 놀랐음(왕하 5:20-27) • 하사엘 - 그의 상전을 내쫓고 왕이 된다는 악한 목적이 예언될 때 놀랐음(왕하 8:7-15)

■예화■ **주인이 바뀌면 삶이 바뀐다**

어느 목사님이 점심을 먹기 위해 한 식당에 찾아갔다. 그런데 그 식당의 테이블 보는 더러워진 채 그대로 있었고, 음식을 나르는 웨이터들의 옷도 추했다. 친절과 정성이 부족했고 음식 맛도 좋지 못했다. 큰 기대를 가지고 음식점에 들어갔던 그 목사는 실망을 하고 나왔으며 그 식당을 예약하여 초대하려던 계획을 취소해 버렸다. 얼마 후에 다시 그 식당 앞을 지나면서 보니 그 식당 문 앞에 큰 팻말이 붙어 있는데 거기에는 '새 주인이 경영합니다' 라는 문구가 적혀 있었다. 그래서 그 목사님은 다시 한번 그 식당에 들어가서 새 주인이 경영하는 그 식당이 얼마나 달라졌는가를 알아보려고 했다. 들어서자마자 인상 좋은 사람이 나오더니 친절하게 인사를 하고 안내를 했다. 식탁의 테이블 보는 깨끗이 세탁이 되었고, 웨이터들의 옷도 깨끗한 차림이어서 얼마나 기분이 상쾌한지 몰랐다. 모든 사람이 친절하고 겸손했으며 음식 맛도 매우 훌륭했다. 그래서 다음 기회에는 모든 손님들을 청해서 그 식당에서 대접하리라고 뜻을 정했다. 어찌하여 이 식당이 달라졌는가? 주인이 다른 사람으로 바뀌었기 때문이다. 인간의 삶도 이와 같다. 우리의 삶을 주장하는 분이 누구인가에 따라서 우리의 삶은 바뀌어진다. 이제 다시 한번 예수 그리스도를 우리의 주인으로 고백하며 살아가자.

● 그리스도 ●

그리스도를 본받는 자세 세 가지

■ 본문 ■ 우리가 다 수건을 벗은 얼굴로 거울을 보는 것 같이 주의 영광을 보매 그와 같은 형상으로 변화하여 영광에서 영광에 이르니 곧 주의 영으로 말미암음이니라 【고후 3:18】

■ 서론 ■ 작가 프라운드는 "그리스도를 좇았던 사람 중에 길을 잃어버린 자는 없었다"라고 했다. 성도가 그리스도를 본받는 자세는 어떠해야 하는가?

■ 말씀 ■

I. 그리스도의 본을 점진적으로 따라감 【고후 3:18】

성경은 '우리가 다 수건을 벗은 얼굴로 거울을 보는 것 같이 주의 영광을 보매 그와 같은 형상으로 변화하여 영광에서 영광에 이르니 곧 주의 영으로 말미암음이니라'고 했다. 본이란 무엇인가? 이는 본보기가 될 만한 바른 방법으로, 신약에서는 거의 윤리적인 의미로 나타나 있다. 성도가 지금은 주님을 거울로 보는 것 같이 하지만 장래에는 그분의 실체를 접하게 된다.

참고 성구 롬 8:29 고전 15:49 벧후 1:4 요일 3:2-3

II. 그리스도의 본으로 교훈을 받음 【엡 4:20,21】

성경은 '오직 너희는 그리스도를 그같이 배우지 아니하였느니라 진리가 예수 안에 있는 것 같이 너희가 참으로 그에게서 듣고 또한 그 안에서 가르침을 받았을진대'라고 했다. 교훈은 가르치고 타이르며 이끌어 주는 일로서, 성도는 주님 예수께서 보여주신 본을 교훈으로 삼아 나그네 같은 인생길에서 그리스도의 진리로 바르게 삶을 살아야 한다.

참고 성구 살전 4:9 요 15:10 롬 5:19 히 5:8-10

III. 그리스도의 본을 모방함 【벧전 2:21】

성경은 '이를 위하여 너희가 부르심을 받았으니 그리스도도 너희를 위하여 고난을 받으사 너희에게 본을 끼쳐 그 자취를 따라오게 하려 하셨느니라'고 했다. 모방이란 무엇인가? 이는 본을 뜨거나 흉내를 내는 것을 이르는 말로서, 성도가 선을 행함으로 고난을 받는 것은 주님 예수께서 이미 본을 보이신 일인즉 주님의 자취를 따라서 하나님 앞에 아름다운 모습을 보여야 한다.

참고 성구 마 16:24 눅 14:26-27 요 15:8, 13:5-8 계 14:4

■ 결론 ■ 이와 같이 그리스도를 본받는 자세를 알았으니 성도는 주님의 본을 점차적으로 좇아 인생의 교훈을 삼고 나아가 주님을 모방하여 이 땅에 작은 예수로서의 삶을 사는 자 되자.

■해설■ **제자 훈련**

누가복음 9:57-62에 나오는 세 가지 기사를 통해 매일 그리스도를 따르는 제자 훈련이란 무엇인지 그 의미를 생각해 보면, ①자기를 완전히 부인하고 자발적으로 이 세상에서는 안주하려 하지 않는 것. ②가정에서의 의무보다 그리스도의 일에 우선권을 두고 그 일에 즉시로 순종하는 것. ③전적으로 그리스도께 충성하는 것으로 나타난다. 그리스도를 따르는 데 대한 상급은 요 8:12의 매일의 인도, 막 10:28-31의 박해와 더불어 영적인 친족들과 재물을 얻음. 롬 8:17-18의 영원한 영광으로 예시되어 있음을 볼 수 있다. 그리스도를 따르는 성도는 베드로처럼 죽음으로써 따를 것이다(요 21:18-22).

■참고■ **그리스도는 우리에게 무슨 본을 보이셨나**
- 온유 - 나는 마음이 온유하고 겸손하니(마 11:29)
- 자기 부인 - 나를 따라 오려거든 자기를 부인하고(마 16:24)
- 사랑 - 새 계명을 주노니 서로 사랑하라(요 13:34)
- 자비 - 부요하신 이로서 너희를 위하여 가난하게 되심은(고후 8:9)
- 겸손 - 자기를 비워 종의 형체를 가져 사람들과 같이 되셨고(빌 2:7)
- 용서 - 주께서 너희를 용서하신 것과 같이(골 3:13)
- 순종 - 내가 아버지의 계명을 지켜(요 15:10)
- 고난 - 그리스도도 너희를 위하여 고난을 받으사(벧전 2:21)
- 성결 - 그의 깨끗하심과 같이 자기를 깨끗하게 하느니라(요일 3:3)

■예화■ **그리스도의 성품을 생활화하라**

'행진곡의 왕'이라고 불리는 존 필립 슈저 씨는 어느 날 호텔 방에 있다가 "성조기는 영원히 빛나라"라는 자신의 곡이 연주되는 것을 듣게 되었다. 그 연주는 손풍금 악사가 호텔 밖에서 연주하는 소리였다. 그러나 그 곡은 자신의 작곡 의도와는 달리 매우 느리고 졸리는 듯한 속도였다. 존 필립 슈저는 곧 밖으로 뛰쳐나가서 졸리는 듯이 연주하는 악사에게 소리쳤다. "여보, 여보, 내 곡은 그렇게 연주하는 게 아니오!" 그는 악사의 악기를 빼앗아 힘있게 연주하기 시작하였다. 그 곡은 다시 활기를 되찾고 생명감이 넘쳐흘렀다. 옆에서 지켜보고 있던 그 악사는 미소를 지으면서 슈저 씨에게 깊숙이 고개를 숙여 경의를 표하였다. 그 다음날 저녁, 슈저 씨는 그 곡이 다시 연주되는 것을 들었는데, 이번에는 그 속도가 정상이었다. 그가 창문에서 밖을 내다보니 악사의 손풍금 위에는 연주자의 이름이 써어 있었고, 그 아래에는 "존 필립 슈저의 제자"라고 크게 사인이 되어 있는 것이 눈에 들어왔다. 우리가 그리스도 안에서 그 분의 성품을 배웠다면—물론 그래야 한다.—우리는 "예수 그리스도의 제자"로서 그 분의 성품을 생활화하는 실천력을 가져야 하는 것이다. "주 안에서 항상 기뻐하라 내가 다시 말하노니 기뻐하라 너희 관용을 모든 사람에게 알게 하라 주께서 가까우시니라." (빌 4:4-5) (김선도)

● 그리스도 ●

그리스도를 증거하는 세 가지

■본 문■ 그런즉 이스라엘 온 집은 확실히 알지니 너희가 십자가에 못 박은 이 예수를 하나님이 주와 그리스도가 되게 하셨느니라 하니라 【행 2:36】

■서 론■ 윌리엄 드라몬드는 "그리스도는 교회를 세운 적도 없고 책 한 권 쓴 적이 없으며 돈 한 푼 남긴 것이 없고 비석하나 세운 것이 없으나 인간의 삶과 여인들의 순수성이 지켜지는 곳이라면 어디에나 기독교가 있다"고 했다. 그리스도를 증거할 것은?

■말씀■

Ⅰ. 성도는 그리스도의 고난을 널리 증거해야 한다 【벧전 5:1】

성경은 '너희 중 장로들에게 권하노니 나는 함께 장로 된 자요 그리스도의 고난의 증인이요 나타날 영광에 참여할 자니라'고 했다. 고난이란 무엇인가? 이는 영육의 괴로움과 어려움을 말하는데 신약은 예수 그리스도께서 인간의 죄를 속량하기 위하여 죄인을 대신하여 친히 고난을 받으심을 전하고 있다. 성도는 자신의 구원에 대한 확신을 갖고 구원을 위한 주님의 고난을 증거하는 중인이 되어야 한다.

참고 성구 벧후 1:16 마 17:18 히 2:10, 5:7 마 26:38-43

Ⅱ. 성도는 그리스도의 부활을 널리 증거해야 한다 【행 1:22】

성경은 '항상 우리와 함께 다니던 사람 중에 하나를 세워 우리와 더불어 예수께서 부활하심을 증언할 사람이 되게 하여야 하리라 하거늘' 이라 했다. 부활이란 다시는 죽는 일이 없는 썩지 않을 영체(부활체)로 다시 살아나는 것을 말한다. 기독교는 부활의 종교이다. 주님 예수의 부활이 없었다면 우리가 전파하는 것도 헛것이요 믿음도 헛것이다.

참고 성구 행 2:21-24, 25:19 행 26:23-29 롬 6:9 고전 15:12-21, 42-54

Ⅲ. 성도는 그리스도의 구주 되심을 널리 증거해야 한다 【행 2:36】

성경은 '그런즉 이스라엘 온 집은 확실히 알지니 너희가 십자가에 못 박은 이 예수를 하나님이 주와 그리스도가 되게 하셨느니라'고 했다. 주(主)란 무엇인가? 이는 하나님 혹은 그리스도께서 우주와 전 인류에 대한 유일한 주권자요, 세계의 창조주요, 생과 사의 지배자라는 의미이다. 하나님은 예수를 그리스도라 시인하고 그 이름에 모두 무릎을 꿇게 하셨다.

참고 성구 고전 8:6 엡 4:5 고전 12:3 행 3:6 빌 2:10-11

■결 론■ 이와 같이 그리스도를 증거하는 것들을 알았으니 성도는 주님 예수의 고난과 부활과 구주 되심을 널리 증거하여 복음이 확장되는 일에 전력을 다하는 자 되자.

■해설■ **증거, 증언, 증인**

원래 '증인' (마르투스)이란 진리에 대한 자기의 증거(마르튀리온)를 말이나 행동으로써 증명하는(마르투페오) 사람이다. 이러한 증거 행위를 '증언' (마르투리아)라고 한다. 예나 지금이나 이 말은 법정에서 심문을 받을 때 어떤 사람에 대해서 증언하는 행위를 가리키는 법률 용어이다. 이 용어가 그리스도인들에게 있어서는 그리스도인들이 그리스도와 그의 구원하시는 능력을 증거한다는 뜻으로 사용된다. 이러한 증거 행위는 종종 매맞음(막 13:9), 쫓겨남(계 1:9), 죽음(행 22:20)을 의미했기 때문에 이 헬라어 마르투스에서 영어의 '순교자' (martyr) - 신앙을 포기하기보다는 차라리 고난을 당하거나 죽임을 당하는 사람- 란 말이 유래되었다. 그러나 신약성경에서 고난이란 증거에 뒤따르는 부수적인 것이었다.

■참고■ **그리스도를 전파함**

• 베드로 - 회개하여 각각 예수 그리스도의 이름으로 세례를 받고 죄 사함을 얻으라 함 (행 2:38) • 맛디아 - 봉사와 사도의 직무를 대신할 자로 뽑힘(행1:25-26) • 요한 - 베드로와 더불어 미문의 앉은뱅이를 일으킬 때 나사렛 예수 그리스도의 이름으로 걸으라 외침(행 3:6, 4:20) • 스데반 - 은혜와 권능이 충만하여 큰 기사와 이적을 민간에 행하고 기독교 최초로 순교함(행 6:8-15, 7:59-60) • 빌립 - 사마리아 성으로 내려가 그리스도를 백성에게 전파함(행 8:5-6) • 바나바 - 조카 마가와 함께 선교여행을 떠남(행 15:39) • 바울 - 기독교 최대의 선교사로 3차례 선교여행을 떠났고 실라로 더불어 이방인의 구원을 위해 주님이 택하신 그릇임(행 9:15, 15:40)

■예화■ **자라는 믿음**

믿음은 자라는 것이다. 아니 마땅히 자라야 한다. 처음 예수를 믿은 사람은 구도자(求道者)이다. 그런 다음에는 신도자(信道者)가 된다. 진리이신 예수 그리스도를 믿기 때문이다. 믿는다는 것은 예수님을 '마음에 모시는 것'을 말한다. 예수님을 문 밖에 세워두는 한 아무리 그 분을 상세히 알고 있다 해도 믿는 것은 아니다. 그 분을 마음에 모시고 그 분과 더불어 먹고 마시며 함께 생활하는 것이다(계 3:20). 그런데 믿음은 한 단계 더 높아져야만 한다. 그것이 곧 행도자(行道者)이다. 야고보서에 있는 대로 '행함이 있는 믿음' 이라야 살아 있는 믿음이다. 그리고, 믿음의 최종단계는 전도자(傳道者)이다. 복음의 말씀을 전파하는 사람이다. 때를 얻든지 못 얻든지 하나님의 말씀을 선포하는 사람이 믿음이 제일 높은 단계에 도달한 신앙이다. 말씀으로 자신을 넘어서서 다른 사람들에게까지 확장시키는 사람이 전도자이기 때문이다. 베드로의 생애를 보면 믿음의 성장이 명확하게 구별된다. 동생 안드레의 소개로 예수님을 만나면서부터 그는 구도자였다. 두 해쯤 지나서 "주는 그리스도시요, 살아 계신 하나님의 아들" 이라고 고백할 때에는 신도자가 되었다. 행도자가 되기까지는 오랜 시간이 걸렸다. 예수님이 부활하신 후에야 행도자가 된 것이다. 그리고 드디어 오순절 후에 전도자가 되었다. 삼천 명 이상을 한꺼번에 구원의 문으로 안내한 것이다. (예수주의라야 한다 / 이정근)

● 그리스도 ●

그리스도를 통해 나타난 하나님의 세 권능

■본 문■ 그리스도께서 약하심으로 십자가에 못 박히셨으나 하나님의 능력으로 살아 계시니 우리도 그 안에서 약하나 너희에게 대하여 하나님의 능력으로 그와 함께 살리라 【고후 13:4】

■서 론■ 미국의 자동차 왕 헨리 포드는 "나는 하나님을 믿는다. 하나님은 모든 것을 다스리시며 나의 도움은 필요가 없다. 하나님께 맡기면 무엇이든 최후에는 좋은 결과가 나오는 것이다"라고 했다. 하나님의 권능이 어떻게 나타났는가?

■말씀■

I. 그리스도의 탄생에서 나타난 권능 【눅 1:35】

성경은 '천사가 대답하여 이르되 성령이 네게 임하시고 지극히 높으신 이의 능력이 너를 덮으시리니 이러므로 나실 바 거룩한 이는 하나님의 아들이라 일컬어지리라' 고 했다. '권능' 이란 '권세와 능력' 을 말하는데, 성경에서는 '능, 능력, 능하심, 권능, 힘' 등으로 번역되어 나타난다. 여기서 능력은 헬라어 '뒤나미스' 로서 사물을 움직일 수 있는 힘을 의미한다. 그리스도의 동정녀 탄생은 하나님의 능력이다.

참고 성구 미 5:2 마 1:16,18 눅 1:34 사 7:14

II. 그리스도의 부활에서 나타난 권능 【고후 13:4】

성경은 '그리스도께서 약하심으로 십자가에 못 박히셨으나 하나님의 능력으로 살아 계시니 우리도 그 안에서 약하나 너희에게 대하여 하나님의 능력으로 그와 함께 살리라' 고 했다. 하나님의 능력, 곧 '뒤나미스' 로 예수 그리스도는 죽은 지 사흘 만에 부활하였다. 이 능력을 의미하는 헬라어 '뒤나미스' 에서 폭발물을 지칭하는 '다이나마이트' 라는 말이 나왔다.

참고 성구 행 2:23-24 고후 4:14 벧전 3:18 살전 4:14

III. 그리스도를 보좌 우편에 앉히신 권능 【엡 1:20】

성경은 '그의 능력이 그리스도 안에서 역사하사 죽은 자들 가운데서 다시 살리시고 하늘에서 자기의 오른편에 앉히사' 라고 했다. 하나님은 예수 그리스도를 부활시켜 승천케 하시고 보좌의 우편에 앉히셨다. 우편(오른편)은 위엄과 영광, 존귀와 생명, 그리고 힘의 근원을 상징하며, 좌편(왼편)은 저주와 사망, 미련함과 힘의 상실을 상징하는 것으로 성경에 나타나 있다.

참고 성구 빌 2:9-11 행 7:55-56 히 1:3 출 15:6 삿 3:15

■결 론■ 이와 같이 그리스도를 통해 나타난 하나님의 권능을 알았으니 성도는 이 권능의 하나님을 힘입어 힘난한 인생길에 항상 그분만 의지하며 살아가는 자 되자.

■해설■ **권능**

권능(might)이란 자신의 뜻을 실행할 수 있는 능력을 의미하는 말로서 구약성경에는 주로 '코아', '오즈', '게부라', '메오드' 등이 쓰이며, 신약성경에서는 주로 '뒤나미스', '이스쿠스', '크라토스', '엑수시아' 등이 쓰인다. 여러 영어 성경에서는 이들을 적절히 권능(might), 능력(power), 힘(strength)등으로 다양하게 번역한다. 이 말은 우주의 창조주시며 주관자이신 하나님을 표현할 때 쓰이며(대하 20:6), 또한 하나님께서 자신을 섬기게 하기 위해 사람들에게 부여한 능력을 말한다(삿 6:14, 단 2:23, 골 1:11-12). 하나님의 권능적인 능력이 가장 뚜렷하게 드러난 사건은 예수 그리스도를 죽은 자 가운데서 살리신 일로(엡 1:19-22), 결국에는 하늘에서 모든 권능과 존귀가 그에게 돌려질 것이다(계 7:12).

■참고■ **하나님의 뜻에 의한 그리스도의 성육신(incarnation)**

• 나타내심 - 나를 본 자는 아버지를 보았거늘 어찌하여 아버지를 보이라 하느냐(요 14:9-11). • 행하심 -내가 하나님의 뜻을 행하러 왔나이다 하셨으니 그 첫째 것을 폐하심은 둘째 것을 세우려 하심이라 (히 10:7-9). • 성취하심 - 선지자 이사야의 글을 읽은 뒤 이 글이 오늘 너희 귀에 응하였다 하신 예수(눅 4:17-21). • 죽으심 - 한 번 죄를 위하여 죽으사 의인으로서 불의한 자를 대신하셨음(벧전 3:18). • 이루심 - 요한에게 모든 의를 이루는 것이 합당하다 하심(마 3:15). • 화목케 하심 - 저가 그리스도로 말미암아 우리를 자기와 화목케 하시고(고후 5:18-19). • 되심 - 우리의 대제사장이 되시고, 본을 끼쳐 그 자취를 따라오게 하심(히 7:24-28, 벧전 2:21-25).

■예화■ **세 가지 인간상**

"믿음은 바라는 것들의 실상이요 보지 못하는 것들의 증거"이다. 이 말이 성경에서 주장되듯이 우리의 삶의 시간에도 주장되어야 할 것이다. 세상에는 세 가지의 인간상이 있다. 오늘도 세 가지의 인간상을 만나게 될 것이다. 첫 번째, 지배자의 얼굴(독립선언자) 두 번째, 고용자의 얼굴(평범한 관리자) 세 번째, 하수인의 얼굴(종속된 삶). 이렇게 세 가지의 얼굴로 인간관계를 맺으며 생활한다. 이런 내용을 신앙에 연결하여 생각하면 재미있다. 예를 들어 구약시대에 비교하면 애굽은 지배자였다. 타협하며 살았던 이스라엘 백성들은 고용자, 또는 관리인이었다. 그리고 무능력하다고 포기한 이스라엘 백성들은 종속된 노예의 삶이었다. 헤롯은 고용인의 얼굴이었다. 그리고 가난하고 무능력했던 천민 또는 항쟁하는 유대인은 하수인의 얼굴(종속된 삶)이었다. 이토록 하수인의 삶, 종속된 삶을 해방시키려는 하나님의 전권대사가 구약에는 모세, 신약에는 예수님, 즉 하나님의 독생자이다. 예수 그리스도로 말미암아 죄에서, 억압에서, 권세에서 해방되었으므로 우리는 자유자, 즉 독립선언자이다. 따라서 현대 그리스도인들은 자유롭게 오늘을 만나야 할 것이다. (현대인의 시간테크 / 윤도중)

● 그리스도 ●
그리스도와 영생의 관계 세 가지

■본 문■ 이는 죄가 사망 안에서 왕 노릇 한 것 같이 은혜도 또한 의로 말미암아 왕 노릇 하여 우리 주 예수 그리스도로 말미암아 영생에 이르게 하려 함이라【롬 5:21】

■서 론■ "그리스도의 부활은 오늘의 소망의 중심이다. 우리의 여행은 무작정 상경이 아니요 죽음에서 생명과 영원에 이르는 여정이다"라고 맥케니는 말했다. 그리스도와 영생은?

■말 씀■
Ⅰ. 그리스도 안에 영생이 있다【딤후 1:1】
성경은 '하나님의 뜻으로 말미암아 그리스도 예수 안에 있는 생명의 약속대로 그리스도 예수의 사도 된 바울은'이라 했다. 사도 바울은 그리스도 예수 안에 있는 생명의 약속이라 했는데, 이것은 예수 그리스도의 십자가와 부활을 통해 나타난 구원의 복음을 말한다. 사람이 이 구원의 복음을 믿을 때 그리스도 안에 있는 '영생'(헬, 아이오니오스 조에 영, Eternal life)을 취할 수 있다.
참고 성구 요 1:1,4 요일 5:11-12 요 3:16 계 20:5-6 롬 6:23

Ⅱ. 그리스도를 통해 영생이 나타난다【딤후 1:10】
성경은 '이제는 우리 구주 그리스도 예수의 나타나심으로 말미암아 나타났으니 그는 사망을 폐하시고 복음으로써 생명과 썩지 아니할 것을 드러내신지라'고 했다. 예수 그리스도께서 십자가로써 사망 권세를 물리치셨으므로 성도에게는 더 이상 사망이 존재하지 않으며, 뿐만 아니라 부활을 통해 영원한 생명을 보장받았는데 그 성취는 주님의 재림 시 이루어진다.
참고 성구 요일 1:2 요 5:24 요일 4:9 요 6:68-69

Ⅲ. 그리스도를 통해 영생에 이른다【롬 5:21】
성경은 '이는 죄가 사망 안에서 왕 노릇 한 것 같이 은혜도 또한 의로 말미암아 왕 노릇 하여 우리 주 예수 그리스도로 말미암아 영생에 이르게 하려 함이라'고 했다. 영생이란 헬라적인 영혼불멸이 아니라 인간이 그리스도를 믿고서 하나님과의 새로운 관계에 들어가는 일을 말한다. 현재 주님과의 교제로 새로운 생명임과 동시에 마지막 날에 완성되며 이후 한없이 지속된다.
참고 성구 요 3:16,36 요 14:6, 17:3 행 4:12 계 22:12 요일 2:24-25

■결 론■ 이와 같이 그리스도와 영생의 관계를 알았으니 성도는 그리스도 안에 있는 영생을 취하여 그리스도와 함께 하고 주님 재림 이후 영원히 하나님 품에서 영생을 누리는 자들이 되자.

■해설■ **영생**

영생(eternal life)이란 개념은 구약에도 예견되어 있지만 주로 신약에 계시됐다. 영생, 혹은 영원한 생명이란 말은 일반적으로 '조에'(생명)와 '아이오니온'(영원한)을 번역한 것으로 신약성경 전반에 걸쳐 나타난 표현인데 특별히 요한복음과 요한일서에 많이 나와 있다. 성경에서 영생이란 일상의 육신생활과 대조되어 나타난다. 물론 인간의 삶은 무한히 계속되지만 그것은 본질적으로 영생(영원한 생명)에 들어가는 성질의 것이 아니다. 영생이란 영원에 적합한 질적인 삶을 의미하는데 성도들은 중생을 통해서 이미 영생을 얻어 누리고 있다(요 5:24).

■참고■ **성경이 증거한 영생을 취할 방법**
- 하나님의 은사 - 죄의 삯은 사망, 하나님의 은사는 그리스도 안의 생명(롬 6:23)
- 하나님의 아들 - 하나님이 영생을 주신 것과 이 생명이 그의 아들 안에 있는 그 것임(요일 5:11-12)
- 하나님을 인지 - 영생은 유일하신 참 하나님과 그의 보내신 자 예수 그리스도를 아는 것(요 17:3)
- 성경 - 이것을 기록함은 너희로 그 이름을 힘입어 생명을 얻게 하렴임(요 20:31)
- 예수를 믿음 - 믿는 자마다 영생을 얻음(요 3:16)
- 믿음의 선한 싸움 - 영생을 취하라 이를 인해 부르심을 입음(딤전 6:12,19)
- 생명수와 생명의 떡 - (요 4:14, 6:50-58)

■예화■ **어머니의 손길**

미국 남북전쟁 당시에 부상을 당한 한 병사가 그의 막사 안에 누워 있는데 그 병사의 어머니가 아주 먼길을 달려와 아들을 보고자 했지만 군 병원 당국은 어머니를 비롯하여 어떤 사람도 그 병사와의 면회가 허락되지 않았다. 그래서 어머니는 아들이 누워 있는 막사 뒷쪽으로 슬그머니 돌아가서 귀를 기울이자 아들의 신음소리가 들려왔고 어머니의 가슴은 찢어질 듯한 아픔으로 견딜 수가 없었다. 어머니가 막사의 틈바구니 안으로 손을 넣어 아들의 이마 위에 한 손을 올려놓자 아들의 신음소리가 뚝 그치면서 "아, 이 손은 꼭 우리 어머니의 손길 같구나!" 하고 중얼거리는 소리가 들렸다. 그와 함께 그 아들의 영혼에는 평안과 고요한 안도가 물밀듯이 넘쳐흘렀다. 여러분의 인생은 혹시 죄악과 온갖 갈등으로 설자리를 잃고 있지나 않는가? 예수님은 항상 그의 손길을 여러분에게 얹으시고 평안을 주시고자 기다리신다. 여러분의 모든 죄를 용서하시고 영원한 천국의 본향으로 향한 길에 여러분의 두 발을 굳게 세우기를 기다리신다. (하나님, 입장을 바꾸어 놓고 생각해 보세요 / 용혜원)

● 그리스도 ●

그리스도의 구원 사역을 예표한 세 가지

■ **본 문** ■ 모세가 광야에서 뱀을 든 것 같이 인자도 들려야 하리니 이는 그를 믿는 자마다 영생을 얻게 하려 하심이니라 【요 3:14-15】

■ **서 론** ■ 프랑스의 작가요 예수전을 최초로 지은 어네스트 르랑은 "모든 역사는 그리스도를 제외하고는 이해되지 않는다"라고 했다. 그리스도의 구원 사역을 예표한 것은?

■ **말씀** ■

I. 가죽옷 【창 3:21】

성경은 '여호와 하나님이 아담과 그의 아내를 위하여 가죽옷을 지어 입히시니라'고 했다. 범죄한 인류의 시조 아담과 하와를 위해서 하나님은 그들에게 가죽옷을 입히셨다. 이는 범죄한 인간을 긍휼히 여기시는 하나님의 모습을 잘 나타내며, 이것은 또한 예표적으로 하나님과의 관계 회복을 위해서는 양이 죽듯이 피흘림이 반드시 있어야 됨을 나타내며, 그리스도의 죽음을 통한 화해를 의미한다.

　　참고 성구 롬 3:25 히 9:22 엡 2:13-16 빌 2:8

II. 도피성 【민 35:25】

성경은 '피를 보복하는 자의 손에서 살인자를 건져내어 그가 피하였던 도피성으로 돌려보낼 것이요 그는 거룩한 기름부음을 받은 대제사장이 죽기까지 거기 거주할 것이니라'고 했다. 도피성이란 과실로 사람을 죽인 자를 피의 복수에서 보호하기 위해 설치된 성읍이다. 피흘린 자는 피에 의해서만이 속함을 받으므로 이는 그리스도께서 우리 죄를 짊어지시고 죽으심으로 구원을 받은 것을 예표한다.

　　참고 성구 민 35:6,9-15 눅 23:39-43 신 4:14 롬 5:8-10

III. 놋뱀 【민 21:9】

성경은 '모세가 놋뱀을 만들어 장대 위에 다니 뱀에게 물린 자가 놋뱀을 쳐다본즉 모두 살더라'고 했다. 하나님은 죄의 상징물인 뱀을 보게 함으로써 자신들의 허물을 다시 한 번 깨닫게 하셨다. 이 놋뱀은 죽음의 권세를 물리치기 위해 십자가에 달리시고 끝내 사탄을 이기신 예수 그리스도의 사역을 상징한다. 주님은 우리를 살리는 생명의 길이 되신다.

　　참고 성구 요 3:14-15 엡 2:8-9 롬 10:9 갈 3:13 골 2:15

■ **결 론** ■ 이와 같이 그리스도의 구원 사역을 예표한 상징을 보았으니 성도는 구약시대부터 범죄한 우리를 위한 하나님의 배려를 감사하고 그의 독생자 예수 그리스도를 믿고 구원의 삶을 사는 자 되자.

■해설■ **예표, 모형**
성경에 나타난 '모형' (예표, 유형)의 용어들로는 '튀포스' (모형), '스키아' (그림자), '휘포데이그마' (사본), '세메이온' (표적), '파라볼레' (비유), '안티튀포스' (원형)가 있다. 튀포스는 롬 5:14, 고전 10:6,11에, 스키아는 골 2:17, 10:1에, '휘포데이그마'는 히 8:5, 9:23에, 세메이온은 마12:39, 파라볼레는 히 9:9, 11:19에 안티튀포스는 히 9:24, 벧전 3:21에 나타난다. 이러한 단어들이 지니는 모형의 특징은 ① 철저하게 역사에 근거하고 있다(마 12:40, 요 3:14). ② 성격상 예언적으로 언제나 메시야 시대에 성취되어진다(창 14장, 시 110편, 히 7장). ③ 구속 역사를 완성하는 데 절대적으로 필요한 것들이다. ④ 그리스도 중심적이다. ⑤ 교훈적인 것으로 신구약 시대의 하나님의 백성들에게 영적인 교훈을 제시해 주고 있다.

■참고■ **구약성경에 신약의 그리스도의 그림자로 나타난 것들**
• 가죽옷 - 여호와 하나님이 아담과 그 아내를 위하여 가죽옷을 지어 입히시니라(창 3:21). • 유월절 - 우리의 유월절 양 곧 그리스도께서 희생이 되셨느니라(고전 5:7). • 만나 - 예수께서 이르시되 내가 진실로 진실로 너희에게 이르노니 모세가 너희에게 하늘로부터 떡을 준 것이 아니라 내 아버지께서 너희에게 하늘로부터 참 떡을 주시나니…나는 생명의 떡이니 내게 오는 자는 결코 주리지 아니할 터이요(요 6:32-35). • 아담 - 아담은 오실 자의 표상이라(롬 5:14). • 아벨 - 새 언약의 중보이신 예수와 및 아벨의 피보다 더 낫게 말하는 뿌린 피니라(히 12:24). • 모세 - 이스라엘 자손을 대하여 하나님이 너희 형제 가운데서 나와 같은 선지자를 세우시리라 하던 자가 곧 이 모세라(행 7:37, 신 18:15).

■예화■ **우리를 해방시키신 예수**
미국의 텍싱톤 노예시장에서 아름다운 노예 엘사가 팔리게 되었다. 젊은 감리교 목사 페어뱅크와 어느 프랑스 사람이 서로 그녀를 사려고 했다. 프랑스 사람이 망설이고 있는 사이에 노예상인이 엘사의 옷을 뒤로 젖혀 가슴을 드러나게 하고는 이렇게 말했다. "자 이렇게 좋은 기회를 놓치지 마시오." 나중에는 치마를 걷어 올렸다. "이 멋진 물건을 갖고 싶은 사람 없습니까?" 그러자 페어뱅크가 "내가 사겠소." 하며 돈을 지불하고 그녀를 샀다. 그리고 그는 이어서 엘사에게 말했다. "이제 당신은 자유니 가고 싶은 곳으로 가시오." 모든 정치적, 종교적 운동이 당신을 끌어들이는 것은 그 운동들의 이익을 위해서이다. 그런데 예수께서는 당신에게 아무것도 바라지 않는다. 그분은 자신이 지불할 수 있는 최고의 값—즉 자기의 목숨—을 내셨는데 그것은 자기자신의 만족을 위해서가 아니라 당신을 자유롭게 하고 당신을 유익하게 하려는 사랑 때문이셨다. 페어뱅크 목사는 노예반대운동을 하다가 17년이나 옥살이를 했다. 그러나 우리를 죄의 사슬로부터, 죽음과 환경의 사슬로부터 풀어 주려고 자기의 목숨을 십자가에 매단 예수님에게 우리가 무슨 말로 찬양하겠는가? 예수님은 죄로부터 만이 아니라 심한 고독감으로부터도 우리를 해방시킨다. 예수님을 안 뒤로 당신은 생활과 환경에 매인 노예가 아니다. 한 걸음 더 나아가 당신은 주님 자신과 더불어 인생을 참 자유롭게 살아가게 될 것이다. (R. 범브란트)

● 그리스도 ●

그리스도의 성도를 위한 사역 세 가지

■ 본문 ■ 그가 찔림은 우리의 허물 때문이요 그가 상함은 우리의 죄악 때문이라 그가 징계를 받으므로 우리는 평화를 누리고 그가 채찍에 맞으므로 우리는 나음을 받았도다【사 53:5】

■ 서론 ■ 프랑스의 과학자 파스칼은 "예수 그리스도는 우리가 아무런 긍지 없이 접근할 수 있는 하나님이요, 우리는 그 앞에서 절망 없이 우리들 자신을 낮출 수 있다"라고 했다. 성도를 위한 그리스도의 사역은?

■ 말씀 ■

I. 우리를 위해 구원자로 오신 그리스도【마 1:21】

성경은 '아들을 낳으리니 이름을 예수라 하라 이는 그가 자기 백성을 그들의 죄에서 구원할 자이심이라 하니라'고 했다. 예수라는 이름의 뜻은 무엇인가? 이는 구세주, 여호와는 구원이심으로서 사도 마태는 예수께서 '자기 백성을 그들의 죄에서 구원할 자'라고 했다. 하나님의 인류 구원의 역사는 예수 그리스도의 십자가와 부활로서 정점을 이루고 있다.

참고 성구 요 3:16 딤전 2:4 딤후 3:15 고전 1:21 롬 11:26-27

II. 우리의 허물로 인해 곤욕을 당하신 그리스도【사 53:5】

성경은 '그가 찔림은 우리의 허물 때문이요 그가 상함은 우리의 죄악 때문이라 그가 징계를 받으므로 우리는 평화를 누리고 그가 채찍에 맞으므로 우리는 나음을 받았도다'라고 했다. 곤욕이 무엇인가? 이는 심한 모욕을 뜻하는 것으로 하나님의 아들로 이 땅에 오신 주님은 선지자 이사야의 예언대로 고난 받는 종으로서 갖은 곤욕을 치르시고 끝내는 저주의 십자가에 달리셨다.

참고 성구 마 26:27 사 53:3 시 22:16 벧전 2:24 엡 2:1-5

III. 우리의 범죄를 속하시려 대신 죽으신 그리스도【히 9:15】

성경은 '이로 말미암아 그는 새 언약의 중보자시니 이는 첫 언약 때에 범한 죄에서 속량하시려고 죽으사 부르심을 입은 자로 하여금 영원한 기업의 약속을 얻게 하려 하심이라'고 했다. 속량이 무엇인가? 이는 포로 또는 노예를 속전(대가)을 주고 되사서 자유롭게 하는 일로서, 그리스도 예수께서는 범죄한 인간을 위해 대신 죽으심으로 그 값을 치루셨다.

참고 성구 롬 5:18 히 9:28 갈 3:13 창 3:15,21 요 19:30

■ 결론 ■ 이와 같이 그리스도의 성도를 위한 사역을 살펴보았으니 성도는 범죄한 우리를 위하여 십자가에서 고난을 당하신 주님 예수의 은혜를 감사드리고 그분이 우리의 구주이심을 늘 감격하는 자 되자.

■해설■ **우리의 신앙고백**

고백(confession)이란 뜻의 헬라어 '호모로기아'는 다른 사람들과 함께 어떤 사실을 인정하는 것이나, 어떤 일을 사실이라고 수긍하는 것을 의미한다. 신자들은 예수님이 그리스도이심을(마 16:16, 요 9:22, 행 9:22), 하나님의 아들이심을(행 9:20, 요일 4:15), 성육신 하셨음을(요일 4:2), 주님이심을 -주로 그의 부활에 근거하여-(롬 10:9, 빌 2:11) 고백한다. 예수님은 사람들 앞에서 예수님께 대한 신앙을 고백할 필요성을 가르치셨다. 신앙 고백이 구원의 조건인 믿음과 필연적인 연관은 없지만 회개나 믿음이 구원에 대한 필수적 조건으로(항상 언급되지는 않더라도) 이해된다면 참된 신앙도 신앙고백에서 나온다 할 수 있다.

■참고■ **자신을 중히 여기지 않는 이들**

• 모세 - 범죄한 이스라엘 민족을 살려 주신다면 자기의 이름이 하나님의 생명책에서 빠져도 좋다 함(출 32:32-33) • 사무엘 - 이스라엘과 사울 왕이 죄로 인하여 고통당하고 있을 때 그들을 위해 간구함(삼상 7:8-9, 15:24-31) • 다니엘 - 국가의 죄를 자기 자신의 죄로 알아 포로생활을 하는 유대를 위해 간구함(단9:3-20) • 에바브로 - 골로새 성도를 위해 확신있게 서기를 간구함(골 4:12) • 바울 - 그리스도의 사랑에서 끊어지더라도 골육의 형제를 생각함(롬 9:3) • 에바브로디도 - 자기의 병보다 교회가 걱정할까 두려워함(빌 2:25-27)

■예화■ **허물과 죄로 죽었던 너희를 살리셨도다**

흑인 병사와 결혼하여 딸을 낳은 한국 여인이 있었다. 미국에 도착하는 대로 즉시 수속을 밟아 아내와 딸을 미국으로 꼭 데려가겠다던 흑인 병사는 한국을 떠나자 소식이 없었다. 어느덧 그 딸이 자라 학교에 들어갈 나이가 되자 딸을 학교에 보냈다. 학교에 간 딸은 '깜둥이'라는 심한 놀림을 받았다. 딸은 엄마와 똑같이 밥을 먹고 김치를 먹는데 자기만 유독 까만 이유를 아무리 생각해도 알 수가 없었다. 하루는 여인이 외출했다가 돌아오니까 딸아이가 물을 가득 담은 세숫대야를 마당에 내놓고 그 옆에 앉아서 짚으로 팔뚝을 밀고 있는데 피가 뚝뚝 떨어지고 있었다. 깜짝 놀라 이유를 묻자 짚을 가리키면서 "이걸로 씻으면 까만 것이 벗겨질 거 아냐?"고 하자, 여인은 아이를 와락 끌어안고 통곡을 했다고 한다. 흑인 부모를 가진 아이는 흑인으로 태어나고 싶지 않아도 흑인으로 태어날 수밖에 없다. 울어도, 몸부림쳐도, 물로 씻어도 흑인은 흑인이다. 표범이 자기의 얼룩무늬를 없앨 수 없듯 흑인도 검은 피부를 어떻게 할 수 없다. 아담과 하와가 하나님을 반역하고 에덴에서 쫓겨났을 때 그들은 허물과 죄로 이미 죽은 사람이었다. 그러므로 아담과 하와의 후예인 우리들은 어쩔 수 없이 허물과 죄로 영적으로 죽은 사람들이다. 그러나 예수 그리스도께서 우리를 위해서 십자가에 못 박혀 우리의 허물과 죄를 대신 짊어지셨으므로 우리는 하나님의 사랑으로 살아날 수 있게 된 것이다. (조용기)

● 그리스도 ●

그리스도의 신성을 증거한 세 분

■본 문■ 하늘로부터 소리가 있어 말씀하시되 이는 내 사랑하는 아들이요 내 기뻐하는 자라 하시니라 【마 3:17】

■서 론■ 철학자 히포는 "하나님으로서의 그리스도는 우리의 본향이요, 인간으로서의 그리스도는 우리의 모범이다"라고 했다. 그리스도의 신성을 증거하신 분은?

■말 씀■

I. 하나님이 증거하심 【마 3:17】

성경은 '하늘로부터 소리가 있어 말씀하시되 이는 내 사랑하는 아들이요 내 기뻐하는 자라 하시니라' 고 했다. 신성(神性)이란 하나님의 성격 혹은 속성을 가리킨다. 예수께서 요한에게 세례를 받으시고 물에서 올라오시자 하늘이 열리고 하늘로서 소리가 있어 이는 내 사랑하는 아들이요 내 기뻐하는 자라는 하나님의 음성이 들렸다. 예수 그리스도는 하나님의 외아들로서 성삼위 중 2위격인 성자이시다.

참고 성구 마 17:5 벧전 1:7 요 5:37 요일 5:9

II. 그리스도 자신이 증거하심 【요 20:28,29】

성경은 '도마가 대답하여 이르되 나의 주님이시요 나의 하나님이시니이다 예수께서 이르시되 너는 나를 본 고로 믿느냐 보지 못하고 믿는 자들은 복되도다 하시니라' 고 했다. 예수 그리스도의 부활을 의심한 도마는 부활하신 주님을 뵙고 놀라운 신앙을 고백했다. 도마는 예수를 나의 하나님이라고 했는데 이것은 그러한 사실의 확신을 의미한다. 예수께서는 이 고백을 가납하셨다.

참고 성구 눅 22:69-70 요 10:30, 12:45, 14:7-10, 16:15 마 28:18-20

III. 주의 사도들이 증거하심 【롬 9:5】

성경은 '조상들도 그들의 것이요 육신으로 하면 그리스도가 그들에게서 나셨으니 그는 만물 위에 계셔서 세세에 찬양을 받으실 하나님이시니라 아멘' 이라고 했다. 증거가 무엇인가? 이는 일반적으로는 증언, 증명, 확증한다는 의미인데 신약에서는 특히 예수 그리스도에 의한 구원에 대하여 증언하는 것을 나타낸다. 바울은 그의 로마서에서 그리스도가 세세토록 찬양받으실 하나님이라고 했다.

참고 성구 요 1:1-2 골 2:9 히 1:3 마 16:16 고후 13:13

■결 론■ 이와 같이 그리스도의 신성을 증거한 말씀을 보았으니 성도는 행여라도 예수 그리스도를 인류의 4대 성인의 한 분으로 여기지 말고 오직 우리를 구원하신 하나님이심을 명심하는 자들이 되자.

■해설■ **그리스도의 신성**

종교 개혁자 '루터'는 그의 '탁상담화'에서 이와 같이 말했다. "그리스도께서 신이시고 인간이시라는 것은 모든 이성과 오성에 배치된다. 우리가 그리스도의 두 본성인 신성과 인성을 한 품격 안에 결합시키려 할 때 이성은 튀어나와 '그것은 이해할 수 없다'고 말한다. 그러나 이런 지식에 대해 오히려 감사드리라. 성서에 의하면 그리스도 안에 있는 두 본성을 인간의 이성으로 파악하고 이해하리라고 하지 않고 오히려 자신을 한 포로가 된 것처럼 포기하고 성령의 힘으로 복음을 믿으며 하나님을 신실하신 분으로 여기라고 하는 것이다. 그리스도는 모든 것을 소유하시고 믿음으로 구하는 자에게만 주신다."

■참고■ **신약성경에 기록된 예수 그리스도의 신성을 의미한 명칭**

- 하나님의 아들 - 이후에 권능의 우편에 앉은 것과(마 26:63-64)
- 아버지의 독생자 - 우리가 그 영광을 보니 아버지의 독생자의 영광이요(요 1:14)
- 거룩한 자 - 너희가 거룩하고 의로운 자를 부인하고(행 3:14)
- 만유의 주 - 한 주께서 모든 사람의 주가 되사(롬 10:12)
- 하나님 구주 예수 그리스도 - (딛 2:13)
- 처음과 나중 - 나는 알파와 오메가요 처음과 나중이요 시작과 끝이라(계 22:13)
- 만주의 주, 만왕의 왕 - 어린 양은 만주의 주시요 만왕의 왕이시므로 그들을 이기실 터이요 또 그와 함께 있는 자들 곧 부르심을 받고 택하심을 받은 진실한 자들도 이기리로다 (계 17:14)

■예화■ **예수전**

모리악의 〈예수전〉을 읽어본 적이 있다. 프랑스의 2대 문인인 모리악은 〈예수전〉에서 자기의 신앙을 고백하고 싶었다. 그래서 이론적이고 철학적이고 신학적인 기독론을 쓰는 것이 아니라 산 채로 예수 그리스도의 생생한 전기를 쓰고 싶어서 그는 〈예수전〉이라고 말했다. 모리악은 〈예수전〉에서 생생하게 참 그대로의 예수님을 그리고 싶었다. 물론 모리악도 근대 자유주의 사상이 팽창한 곳에서 살아왔다. 그는 청춘과 모든 열정을 그리스도께 다 바쳤던 인물이었다. 그는 예수 그리스도가 하나의 소설적인 가공의 인물이 아니고 사람들이 만들어낸 존재가 아니라는 사실을 설득시키기 위해서 〈예수전〉을 썼다. 그는 역사 속에 살았던 모든 인물 중에서 예수님이 가장 생생한 사람이었다고 주장했다. 이런 구절도 있다. '세상과 과학자와 철학자들이 그리스도를 우리에게서 빼앗아 가 버렸다. 저녁 그림자가 짙어오는 엠마오 마을로 내려가는 실의와 공포에 싸인 두 제자 곁을 함께 걸어가는 누군가가 있었다.' 해 저무는 엠마오 도상의 두 제자의 실망한 가슴속에 뜨거운 감동을 불러 일으키는 그리스도를 생각하면서 모리악은 잃어버린 그리스도와의 청춘을 다시 한번 회상시키는 것이다. 이미 낙엽이 지고 가을이 짙어가는데 어디선가 겨울을 지나서 마음 깊은 곳에 봄이 찾아오는 약속처럼, 엠마오 도상으로 가는 제자들의 곁에서 가만히 말해 주시던 예수님이 우리의 인생 곁에 계신다.

● 그리스도 ●
그리스도의 인성이 예언된 세 군데

■ 본문 ■ 내가 너로 여자와 원수가 되게 하고 네 후손도 여자의 후손과 원수가 되게 하리니 여자의 후손은 네 머리를 상하게 할 것이요 너는 그의 발꿈치를 상하게 할 것이니라 하시고 【창 3:15】

■ 서론 ■ 밀라노의 감독 성 암브로스는 "밀랍에 새겨진 인(印)의 흔적은 그 인(印) 자체의 형상을 나타내고 있듯이 그리스도는 하나님을 완전히 나타내는 형상이시다"라고 했다. 그리스도의 인성이 예언된 것은?

■ 말씀 ■

I. 그리스도는 여인의 후손으로 예언되었음 【창 3:15】

성경은 '내가 너로 여자와 원수가 되게 하고 네 후손도 여자의 후손과 원수가 되게 하리니 여자의 후손은 네 머리를 상하게 할 것이요 너는 그의 발꿈치를 상하게 할 것이니라' 고 했다. 그리스도가 여인의 후손으로 태어나 십자가의 죽음(발꿈치를 상함)으로 사탄을 쳐부수어 최후의 승리를 하심(머리를 치심)을 뜻하는 원시 복음이 본 3장 15절이다.

참고 성구 마 1:21 사 7:14 갈 4:4 요 1:14 요일 4:2

II. 그리스도는 아브라함의 후손으로 예언되었음 【갈 3:16】

성경은 '이 약속들은 아브라함과 그 자손에게 말씀하신 것인데 여럿을 가리켜 그 자손들이라 하지 아니하시고 오직 한 사람을 가리켜 네 자손이라 하셨으니 곧 그리스도라' 고 했다. 하나님은 아브라함에게 땅의 모든 족속이 너로 말미암아 복을 얻을 것이라고 하셨다. 이 말씀은 아브라함의 후손 가운데서 메시야가 나서서 모든 민족을 죄악에서 구원하신다는 의미이다.

참고 성구 창 12:3, 49:10 창 22:17-18 눅 3:23-38 갈 3:7-9 마 1:1

III. 그리스도는 다윗의 후손으로 예언되었음 【눅 1:32】

성경은 '그가 큰 자가 되고 지극히 높으신 이의 아들이라 일컬어질 것이요 주 하나님께서 그 조상 다윗의 왕위를 그에게 주시리니' 라고 했다. 하나님의 천사는 마리아에게 수태고지를 하면서 그리스도가 어떤 분이신지를 예언하였다. 그리스도는 하나님의 아들로서 하나님 나라의 왕권을 물려받는 자로서 다윗의 왕위를 이으실 만민의 구주가 되시는 분이시다.

참고 성구 사 9:7, 11:10 단 7:13-14 미 5:2 삼상 16:1 계 5:5

■ 결론 ■ 이와 같이 그리스도의 인성이 예언된 말씀을 보았으니 상도는 완전한 신성과 인성을 겸비하신 예수 그리스도의 성육신을 확실히 알고 믿어 이단사설에 빠지지 않는 자들이 되자.

■해설■ 그리스도의 인성

그리스도의 인성은 성경을 통해 명확히 알 수 있다. 곧 '여자의 후손'이 사탄의 머리를 상하게 할 것(창 3:15), '아브라함의 씨'로서 천하만민이 복을 얻을 것이라 했다(창 22:18). 바울은 그 씨는 오직 한 분이신 그리스도(갈 3:16)라고 설명한다. 메시야 언약은 '유다 지파'에 속한 것이고(창 49:10) '다윗 왕의 혈통'에 속한 것이다(사 11:1,10 렘 23:5). 마태복음 기자는 그리스도의 계보를 아브라함으로부터 다윗을 거쳐서(마 1:1이하) 추정하고, 누가복음 기자는 다윗에서 아브라함을 거쳐 첫 사람 아담에까지 거슬러 올라간다(눅 3:23이하), 예언에 따라 (사 7:14) 예수는 이적으로 처녀인 어머니에게서 태어났다.

■참고■ 신약성경에 묘사된 예수 그리스도의 인성에 관한 증거

- 그리스도의 탄생 - (마 1:16,25)
- 그리스도의 족보 - (마 1:1-17)
- 할례를 받으심 - (눅 2:21)
- 그리스도의 성장 - (눅 2:52)
- 그리스도의 성육신 - (요 1:14)
- 그리스도 자신의 증거 - (요 8:40)
- 육체와 영혼을 소유하심 - (요 11:33)
- 인간적인 고난과 결핍을 경험하심 - (배고픔, 마 4:2), (주무심, 마 8:24), (피로하심, 요 4:6), (눈물을 흘리심, 요 11:35), (죽으심, 요 19:30,34), (장사되심, 마 27:59-60), (사도들의 증거, 딤전 2:5, 계 1:8)

■예화■ 예수님의 피

하나님께서 여자를 창조하셨을 때 피가 여자에게서 여자의 후손에게 흘러가지 않도록 여자를 만드셨다. 아담의 자손이 될 수 없는 죄 없는 인간을 만들기 위해서, 하나님께서는 인간의 육신은 아담에서 나왔지만 피는 다른 근원에서 나오는 한 방법을 준비하셨던 것이다. 성경은 분명히 예수께서는 인간의 육신에 함께 하셨지만 아담의 피에는 같이 참여하지 않았음을 가르치고 있다. 히브리서 2장 14절에서 "자녀들은 혈육에 함께 속하였으매 그도 또한 한 모양으로 혈육에 함께 속하심은…", 여러분은 자녀, 즉 인간의 자녀들이 육신과 피에 함께 속하였다는 점(partakers)과 예수님 자신도 또한 한 모양으로 혈육에 함께 속하셨음(took part)을 주목하게 될 것이다. 그리스도께 적용된 "took part"라는 말은 자녀들에게 적용된 "partakers"와는 완전히 다른 말인 것이다. "took part"로 번역된 말은 자기 자신의 본성을 벗어나서 어떤 일에 참여함을 암시한다. partakers에 해당하는 희랍어 '코이노네호'는 "완전히 함께 부담하다"를 의미한다. 그래서 아담의 모든 자녀들은 아담의 혈육을 공동 부담한 것이다. 우리가 "예수께서 또한 한 모양으로 혈육에 함께 속하셨다"라고 읽을 때에 거기에 해당하는 희랍어는 '메텍호'인데 이는 "단지 전부가 아닌 일부분만 참여하다"를 의미한다. 예수는 인간이 창조된 이후로 완전하신 인간이셨다. (예수의 피 / 엠 알 디안)

● 그리스도 ●

그리스도의 중보 사역 세 가지

■본 문■ 또 십자가로 이 둘을 한 몸으로 하나님과 화목하게 하려 하심이라 원수 된 것을 십자가로 소멸하시고 【엡 2:16】

■서 론■ 목사 찰스 스펄전은 "세계 역사가 기록하고 있는 가장 위대하고 가장 순간적인 사실은 그리스도의 탄생 사실이다"라고 했다. 그리스도의 중보 사역의 모습은?

■말씀■

I. 인간의 모습으로 오신 그리스도 【요일 1:2】

성경은 '이 생명이 나타내신 바 된지라 이 영원한 생명을 우리가 보았고 증언하여 너희에게 전하노니 이는 아버지와 함께 계시다가 우리에게 나타내신 바 된 이시니'라고 했다. 그리스도는 하나님과 함께 천지를 창조하시고 말씀으로 선재하신 성삼위 중 2위격인 '성자' 하나님이시다. 이 하나님께서 낮고 척박한 이 땅에 종의 형체인 사람의 모습으로 오셨다.

참고 성구 요 1:1-9,11 빌 2:6-8 요일 1:1 벧전 1:20 히 2:14-17

II. 그의 백성을 위해 죽으신 그리스도 【벧전 1:19】

성경은 '오직 흠 없고 점 없는 어린 양 같은 그리스도의 보배로운 피로 된 것이니'라고 했다. 그리스도는 이 땅에 낮은 모습으로 오셔서 마구간에서 태어나시고 말구유에 뉘어 모든 사람을 위한 '먹이'가 되심을 암시하셨고, 공생애를 거쳐 인류의 구원이란 목적을 위하여 십자가에서 돌아가심으로써 구약성경에 예언된 대로 하나님의 사역을 이루셨다.

참고 성구 갈 3:13 롬 5:8 사 53:3-9 시 22:1 마 27:45-50

III. 죄인과 하나님을 화목케 하신 그리스도 【엡 2:16】

성경은 '또 십자가로 이 둘을 한 몸으로 하나님과 화목하게 하려 하심이라 원수 된 것을 십자가로 소멸하시고'라 했다. 화목이란 무엇인가? 이는 신약성경에 있어서 특히 예수 그리스도의 죽으심과 부활에 의해 변해진 하나님과 사람과의 관계를 가리키는 용어이다. 그리스도의 십자가는 가로로는 인간과 인간, 세로로는 하나님과 인간을 화목하게 했고 그 정점에 주님이 계신다.

참고 성구 골 1:20-23 딤전 2:5 히 7:25 고후 5:20

■결 론■ 이와 같이 그리스도의 중보 사역을 알았으니 성도는 인류의 구원을 위해 인간으로 오셔서 십자가에 달려 죽으시고 우리를 하나님과 화목케 하신 그리스도 예수의 공로를 찬양하자.

■해설■ **중보자**

중보자(mediator)란 말은 구약에는 전혀 없고 신약에는 갈 3:19, 딤전 2:5, 히 8:6, 9:15, 12:24에만 나온다. 그러나 말의 횟수가 적다 하나 그 의미는 성경상 중요한 개념의 하나이다. 하나님께서 인간과 실제로 동행하신다는 의미에서 그리스도의 사역은 유일무이하며 다른 중보자는 없다. 중보자의 역할은 죄를 위해 죽는 것이고 그럼으로써 진실로 인간을 하나님께로 이끈다는 새 언약을 실현하는 것이다. 그 중보자는 인간의 죄와 하나님의 징계로 비롯된 환경에 서서 멀어진 그 둘 사이를 하나로 만든다(히브리서 참조). 선지자, 대제사장, 왕의 구약 개념을 모두 충족시키며, 인간에겐 하나님의 대표자이고 하나님께는 인간의 대표자란 점에서 하나님이신 동시에 인간이신 그리스도의 본질에서도 중보의 개념을 찾을 수 있다. 인간은 스스로 하나님께 합당히 행할 수 없으나 예수만이 인간을 하나님께로 이끌 수 있다.

■참고■ **참된 중보자의 자격 요건**

• 참된 중보자는 하나님과 동등한 자로서 인간의 형체를 입어야 한다(빌 2:6-8, 히 2:14-18) • 참된 중보자는 죄가 전혀 없는 자로 죄를 담당해야 한다(엡 2:13-18, 사 53:6-10) • 참된 중보자는 하나님의 진노를 감당하고 의를 전가해 줄 수 있는 분이라야 한다(롬 5:6-19) • 참된 중보자는 제물과 제사장의 위치를 다 수행해야 한다(히 7:27, 10:5-22). 오직 그리스도 예수만이 위의 요건을 다 갖추신 참된 중보자요, 화목 제물이심을 성경은 밝히 우리에게 알려 주고 있다.

■예화■ **개통**

영국에는 〈개통〉이라는 제호의 유명한 그림이 있다고 한다. 한 통신병이 어딘가에 끊어진 전선을 찾아 연결하기 위해 적탄이 비오듯 하는 최전방으로 나갔다. 이 전선을 통해 연락되는 통신은 수십만 장병들의 생사와 조국의 승패를 좌우하는 것이었다. 통신병은 전선이 끊어진 데를 발견하였지만 수리에 필요한 도구가 전혀 없었다. 그는 양쪽에 전선을 두 손으로 쥐고 잡아당겨 접선을 시켜 놓았다. 그는 적탄을 맞아 쓰러졌지만 양손에 쥔 손은 놓지 않았다. 예수님은 십자가에서 죽으시며, 위로는 하나님의 자비의 손을, 아래로는 죄로 인하여 더러워진 인간의 손을 잡아당겨 하나로 이어 놓으셨다. 예수님은 우리 인간에게 화평을 주시기 위해서 오신 평화의 왕이시다. 그러므로 인간이 이 사실을 깨닫고 예수를 믿음으로 영접하고 예수 안에 거하는 사람은 평화를 만드는 자가 될 것이다. 그래서 예수님은 말씀하신다. "화평케 하는 자(Peace-maker)는 복이 있나니 저희가 하나님의 아들이라 일컬음을 받을 것임이요" (마 5:9)

● 그리스도 ●

그리스도의 참된 능력 세 가지

■**본 문**■ 그러므로 자기를 힘입어 하나님께 나아가는 자들을 온전히 구원하실 수 있으니 이는 그가 항상 살아 계셔서 그들을 위하여 간구하심이라 【히 7:25】

■**서 론**■ 금세기 최고의 설교가 찰스 스펄전은 "나에겐 그리스도를 향한 거대한 필요가 있고 또 나의 필요를 채우는 위대한 예수가 있다"라고 했다. 그리스도의 참된 능력은?

■**말 씀**■

Ⅰ. 그리스도는 만물을 복종하게 하심 【빌 3:21】

성경은 '그는 만물을 자기에게 복종하게 하실 수 있는 자의 역사로 우리의 낮은 몸을 자기 영광의 몸의 형체와 같이 변하게 하시리라'고 했다. 복종이란 무엇인가? 이는 명령 또는 요구에 그대로 좇음을 말한다. 성경에 있어서 누구의 명령과 요구에 그대로 좇고 복종하느냐는 대단히 중요한 개념이다. 그리스도는 만물을 지으신 조물주요, 창조자로서 피조된 만물은 당연히 복종하게 마련이다.

　　참고 성구 골 1:16-17 요 1:3 빌 2:10 눅 8:25 롬 11:36

Ⅱ. 그리스도는 시험받는 자를 도우심 【히 2:18】

성경은 '그가 시험을 받아 고난을 당하셨은즉 시험 받는 자들을 능히 도우실 수 있느니라'고 했다. 시험이란 무엇인가? 이는 성경에 있어서 신앙의 시험은 신자가 하나님께 충실하느냐의 여부 또는 그 신앙이 진실된 것인지의 여부를 알기 위해 주어지는데, 신자의 고난은 보통 시련으로, 죄에의 쾌락 등은 유혹으로 말해진다. 그리스도는 고난을 당한 자로서 시험받는 자를 능히 도우신다.

　　참고 성구 약 1:12 계 3:10 눅 4:5-12 히 4:15-16 창 22:1-12

Ⅲ. 그리스도는 하나님께 나아가는 자를 구원하심 【히 7:25】

성경은 '그러므로 자기를 힘입어 하나님께 나아가는 자들을 온전히 구원하실 수 있으니 이는 그가 항상 살아 계셔서 그들을 위하여 간구하심이라'고 했다. 성도는 그리스도의 십자가 보혈의 공로를 의지하여 온전히 하나님 앞에 나아갈 수 있게 되었고, 하나님께서는 그리스도를 통해 당신에게 나아오는 자를 위해 풍성한 은혜를 예비하고 계신다.

　　참고 성구 롬 8:34 히 2:17. 8:1 행 4:12 요 14:6

■**결 론**■ 이와 같이 그리스도의 참된 능력을 알았으니 성도는 만물을 지으신 그리스도의 능력을 의지하여 모든 난관과 시험을 이기고 보혈의 공로로 하나님 앞에 당당히 나아가 예비하신 상급을 받는 자 되자.

■해설■ **권능**

예수님의 생애 속에는 악령들(악한 권세자들)을 정복하는 것이 잘 나타나 있다. 이러한 권능은 성경에 자주 언급되는데 바울은 선언하기를 이 악령들에 대한 정복이 십자가 사건에서 그 절정을 이루었다고 했다(골 2:15). 이와 동일한 개념이 벧전 3:22에도 나타나는데 여기서는 천사들과 권세들과 능력들이 모두 하나님 우편에 앉아 계신 예수님께 복종하는 것으로 기록되어 있고 요한계시록에는 절대 주권이 하나님과(계 19:1) 보좌에 앉은 어린양에게(계 5:12) 주어져 있는 것을 기록되어 있다. 권능은 신약에 '뒤나미스', '엑수시아', '크라토스'로 나타난다.

■참고■ **그리스도의 능력**

• 구원 - 자기를 힘입어 하나님께 나아가는 자들을 온전히 구원하실 수 있음(히 7:25) • 은혜 - 우리에게 풍성한 은혜를 베푸시므로 그와 함께 만족, 감사함(고후 9:8-11) • 승리 - 우리의 시험을 승리하게 하신다. 그러므로 그는 정복자가 되심(고전 10:13) • 성결 - 우리를 타락케 하지 않으시므로 그를 의지함(유 1:24) • 보호 - 그리스도는 우리를 상함으로부터 보호하실 수 있음(시 121:3-8) • 효율 - 우리를 능동적이게 만드시니 우리를 통해 효과적이고 유용한 일을 함(딤후 1:12) • 감찰 - 그리스도께서는 우리를 항상 지키신다(사 27:2-3, 마 28:20)

■예화■ **모든 필요의 해답**

F.B. 마이어 박사는 그가 어떻게 왕적 비밀을 받아들이기를 배웠는가를 말한다. 그는 큰 무리의 어린이들에게 설교하고 있었는데 아이들은 점점 더 다루기 어려워졌다. 그는 인내심이 점점 약해져 자기가 완전히 다스리지 못해 분노를 터뜨릴 참이었다. 극에 달하자 그는 마음속으로 외쳤다. "주여, 당신의 인내를!" 즉각적으로 그를 진정시키는 그리스도의 인내심이 그의 마음에 뚝 떨어져 들어오는 것 같았다. 그는 그 모임을 축복된 결과로 이끌 수 있었다. 그 경험이 너무나 뚜렷하고 결정적이었으며 도우심이 너무나 완전해서, 그는 귀한 비밀을 발견하게 되었다. 그는 그 후에도 언제나 도우심이 필요할 때 같은 공식을 사용했다고 간증하였다. 그는 "주여, 당신의…!"라는 말을 가지고 그가 필요한 것이 무엇이건 간에 그곳에 대입시켰다. 그가 외로울 때에는? "주여, 당신과의 교제를!" 두려움에 사로잡힐 때에는? "주여, 당신의 평온함을!" 불순한 것이 유혹할 때에는? "주여, 당신의 순결을!" 다른 사람에 대한 비판이 마음에 떠오를 때에는? "주여, 당신의 사랑을!" 하나님께서는 그에게 "하늘에 속한 모든 신령한 복"을 주셨고 그는 필요할 때에 즉시 그것을 받았다. 그는 그리스도가 그의 모든 필요의 해답인 것을 발견했다. 그는 구하는 믿음과 받아들이는 믿음 사이에는 차이가 있다고 증거하였다. 오직 받아들이는 사람만이 하나님 안에 거할 수 있다.(기쁘게 이끌어 주시는 하나님 / J. 오스왈드 샌더스)

● 그리스도 ●

그리스도의 통치 영역 세 군데

■ 본 문 ■ 그는 하늘에 오르사 하나님 우편에 계시니 천사들과 권세들과 능력들이 그에게 복종하느니라 【벧전 3:22】

■ 서 론 ■ "그리스도는 단 한 번도 자신의 초자연적인 능력을 일신의 안위를 위해 사용하지 않으셨다. 그리스도는 눈썹 한 번 치켜 올리시면 가시 면류관을 엮는 군병의 손을 마비시킬 수 있으셨지만 그렇게 하지 않으셨다"고 맥스 루케이도는 말했다. 그리스도가 통치하는 영역은?

■ 말 씀 ■

I. 그리스도는 자연의 통치자이시다 【마 8:27】

성경은 '그 사람들이 놀랍게 여겨 이르되 이이가 어떠한 사람이기에 바람과 바다도 순종하는가 하더라'고 했다. 제자들은 바람과 바다를 잔잔하게 하신 주님 예수 그리스도를 놀랍게 여겼다. 그러나 이것은 당연한 일로서 조물주가 피조물을 통치함은 자연의 이치이다. 바울은 '만물이 주에게서 나오고, 주로 말미암고, 주에게로 돌아감이라 그에게 영광이 세세에 있을지어다'라고 했다.

참고 성구 고전 8:6 막 4:39 마 14:25, 21:19 요 2:7 롬 11:36

II. 그리스도는 교회의 통치자이시다 【엡 1:22】

성경은 '또 만물을 그의 발아래에 복종하게 하시고 그를 만물 위에 교회의 머리로 삼으셨느니라'고 했다. 교회는 예수 그리스도를 주님으로 모시는 무리들이 모인 공동체이다. 헬라어 '에클레시아'가 번역어이며 '불러내어 모으다'는 '에크'(~로부터)와 '칼레오'(부르다)가 합쳐서 이루어진 말이다. 만물의 머리가 되시는 주께서 교회의 머리가 되셨으니 교회는 어떤 세력이라도 다 물리칠 수 있게 되었다.

참고 성구 눅 6:5 골 1:18 마 16:18 엡 1:23, 5:23 골 2:19 딤전 3:15

III. 그리스도는 하늘의 통치자이시다 【벧전 3:22】

성경은 '그는 하늘에 오르사 하나님 우편에 계시니 천사들과 권세들과 능력들이 그에게 복종하느니라'고 했다. 그리스도는 승천하여 하나님의 보좌 우편에 앉으셨다. 우편(오른편)에 계신다는 것은 위엄과 영광, 존귀와 생명, 그리고 힘의 근원을 상징하는 것이다. 그리스도는 만왕의 왕이 되시며, 만주의 주가 되시므로 모든 천사와 권세와 능력들이 그에게 복종한다.

참고 성구 행 2:36, 7:56 막 16:19 히 3:3,5-6 빌 2:9-10 계 5:12-14

■ 결 론 ■ 이와 같이 그리스도의 통치 영역을 알았으니 성도의 주님이신 예수 그리스도는 자연과 교회와 하늘의 통치자로서 성도가 경배하는 참 하나님 되심을 명심하자.

■해설■ 내 주는 강한 성이요

에드워드 L.R. 엘슨은 다음과 같이 말했다. "아마 마틴 루터의 훌륭한 찬송가 중 가장 뛰어난 것은 '내 주는 강한 성이요' 일 것이다. 그 장엄하고도 우레 같은 우리의 신앙에 대한 선언은 노래하는 개혁의 상징이다. 시편 46장에서 영감을 얻은 루터는 그 찬송가 안에 신앙의 정수와 그가 시편에서 발견한 애국심의 열기와 향기를 표현하였다. 그 밑바탕에는 그리스도에 대한 절대적인 신뢰, 곧 만물을 주관하심을 굳게 믿은 것이었다. 오래 전 14세기에 타타르 유목민의 침범 때 은자 '세르기우스' 가 이 시편에서 용기를 얻어 침략자를 물리쳤다. 만물을 다스리는 그리스도의 능력은 우리의 구원이다."

■참고■ 성경에 묘사된 그리스도의 다스리심

- 그리스도의 통치를 예언함 - 보라 주 여호와께서 장차 강한 자로 임하실 것이요 친히 그의 팔로 다스리실 것이라(사 40:10)
- 그리스도의 통치를 약속함 - 그가 여호와의 전을 건축하고 영광도 얻고 그 자리에 앉아서 다스릴 것이요(슥 6:13)
- 그리스도의 통치를 선언함 - 유대 땅 베들레헴아 … 네게서 한 다스리는 자가 나와서 내 백성 이스라엘의 목자가 되리라(마 2:6)
- 그리스도의 왕국이 수립됨 - 여자가 아들을 낳으니 이는 장차 철장으로 만국을 다스릴 남자라(계 12:5)

■예화■ 인생 매니저

1775년의 일이다. 미국의 볼티모어시의 가장 큰 호텔의 매니저가 찾아온 손님을 퇴짜놓아 거절해 보냈다. 왜냐하면, 손님의 차림새가 농부의 차림새인지라 자기 호텔의 품위를 떨어뜨릴까 해서였다. 그 손님은 아무 말 없이 호텔을 나가서 다른 호텔에 방을 얻었다. 그런데 큰일이 났다. 그 손님을 퇴짜놓아 보낸 매니저가 나중에 알고 보니, 그 손님이 그 당시 미국의 부통령으로서 전체 국민의 존경을 받는 애국자 토마스 제퍼슨이었기 때문이다. 매니저는 서둘러 최고의 전령(연락 전달자)을 택하여 제퍼슨 부통령에게 보내어 다시 자기들의 호텔에 돌아오십사 하고 부탁을 했다. 그러자 제퍼슨 부통령은 정중하게 다음과 같이 전령에게 말을 했다. "당신의 매니저에게 내가 방을 얻었다고 전해 주시오. 그리고 그 호의에도 내가 감사한다고 말해 주시오. 또한 미국의 먼지 묻은 한 농부에게 방을 줄 수 없는 호텔이라면, 미국의 부통령도 유숙시킬 수 없는 호텔일 것이라고 전해 주시오." 예수 그리스도는 성서에서도 기록된 바 고운 모양이나 볼품도 없는 분이요, 인기도 없는 분이시다. 그렇다고 하여 당신이 그 분을 가볍게 알고 소홀히 대접해서는 안 된다. 만유의 주재시요, 생명의 주인이시요, 참 하나님을 거절한 후회로 장차 영원히 통곡하는 날이 없기를 바란다.

● 그리스도 ●
그리스도의 화목이 가져온 세 가지

■본 문■ 또 십자가로 이 둘을 한몸으로 하나님과 화목하게 하려 하심이라 원수 된 것을 십자가로 소멸하시고 [엡 2:16]

■서 론■ 종교개혁가 마르틴 루터는 "그리스도는 생애를 통해 어떻게 살 것인가를 보여주셨다. 죽음을 통해 희생을, 부활을 통해 승리를, 승천을 통해 왕권을, 중보를 통해 제사장의 직분을 보여주셨다"고 했다. 그리스도의 화목이 가져온 것으로?

■말씀■

I. 하나님과 화목하게 되었다 [엡 2:16]

성경은 '또 십자가로 이 둘을 한 몸으로 하나님과 화목하게 하려 하심이라 원수 된 것을 십자가로 소멸하시고' 라 했다. 화목이란 무엇인가? 이는 신약성경에 있어서 예수 그리스도의 죽으심과 부활에 의해 변해진 하나님과 사람과의 관계를 가리키는 중요한 용어로, 바울은 주님을 화목제물이라고 하였다. 주님의 십자가는 하늘과 땅, 인간과 인간의 화목을 가져왔다.

참고 성구 롬 5:11 골 1:20, 2:14 요일 2:2 롬 3:25 고후 5:18

II. 하나님과 가깝게 되었다 [엡 2:13]

성경은 '이제는 전에 멀리 있던 너희가 그리스도 예수 안에서 그리스도의 피로 가까워졌느니라' 고 했다. 그리스도 예수의 화목으로 전에는 그리스도 밖에 있었고 하나님도 없는 자였으나 이제는 보혈의 공로로 하나님과 가깝게 되었다. 여기서 그리스도 밖의 옛 세대와 그리스도 안의 새 세대가 구분된다. 성도는 화목제물이신 예수의 피 공로로 담대히 하나님 앞에 나아가게 되었다.

참고 성구 롬 5:9 히 9:14 롬 8:15 히 7:25 마 27:51

III. 유대인과 이방인이 하나가 되었다 [엡 2:14]

성경은 '그는 우리의 화평이신지라 둘로 하나를 만드사 원수 된 것 곧 중간에 막힌 담을 자기 육체로 허시고' 라 했다. 화평(和平)은 성경에서 거의 화목(和睦)과 동의어로 쓰이고 있다. 중간에 막힌 담은 이방인과 유대인의 분리의 원인인 율법과, 유대인의 뜰과 이방인의 뜰을 분리시킨 예루살렘 성전의 담을 의미하겠으나 여기서는 두 부류 사이의 고질화된 적대감을 뜻한다.

참고 성구 행 13:48 사 9:6 롬 6:6 골 1:20-23

■결 론■ 이와 같이 그리스도의 화목이 가져온 것을 살펴보았으니 성도는 자기 몸을 버려 십자가에서 고난을 당하신 예수 그리스도의 보혈의 공로로 하나님을 아빠 아버지라고 부르게 되었음을 잊지 말자.

■해설■ **화목**

화목(reconciliation)이란 인간들 사이와(마 5:24, 고전 7:11) 하나님과 인간 사이에(롬 5:1-11, 고후 5:18-19, 골 1:20, 엡 2:5) 개인적인 관계의 변화를 가리킨다. 이러한 변화를 통해서 서로 적대시하고 사이가 벌어진 상태가 서로 교제하는 관계로 대치되는 것이다. 하나님과 반역한 인간 사이의 결렬된 관계가 다시 회복되는 가운데 모든 것이 하나님께로서 났다. 하나님께서 우리를 위한 이런 화목을 그리스도 안에서 이루셨기 때문에 이 "화평케 하는 자"와 그의 고난을 떠나서는 하나님의 어떠하심이 우리와 상관이 없게 된다. 우리는 그의 아들의 죽으심을 통하여, 그의 십자가의 피를 통하여(골 1:20, 엡 2:16) 하나님과 화목되었다. 최후의 심판 때 하나님의 진노하심은 원수 됨과 직접적으로 연관되어 있는데 이것은 "화목됨"으로써 제거되어 버렸다(롬 5:9-10).

■참고■ **화목에 대한 여러 가지 표현들**
- 하나님의 아들의 죽으심 - 우리가 원수 되었을 때에 그의 아들의 죽으심으로 말미암아 하나님으로 화목되었은즉(롬 5:10) • 그리스도 - 그가 그리스도로 말미암아 우리를 자기와 화목하게 하시고(고후 5:18) • 그리스도의 피 - 이제는 전에 멀리 있던 너희가 그리스도 예수 안에서 그리스도의 피로 가까워졌느니라(엡 2:13) • 십자가 - 또 십자가로 이 둘을 한 몸으로 하나님과 화목하게 하려 하심이라(엡 2:16) • 십자가의 피 - 그의 십자가의 피로 화평을 이루사(골 1:20) • 예수의 육체의 죽음 - 이제는 그의 육체의 죽음으로 말미암아 화목케 하사(골 1:22)

■예화■ **살인자의 어머니**

아르헨티나에 있는 우리 교회 바로 앞집에서 무서운 일이 발생했던 적이 있다. 한 소년이 외조부모님이 살고 계시는 집으로 가서 마약 살 돈을 요구했다. 외조부모님이 그런 곳에 쓸 돈을 주실 리가 만무했다. 그러자 소년은 외조부모님을 죽여 버렸다. 그들은 바로 자기를 낳아 준 어머니의 부모님이셨는데도 말이다. 물론 그 소년은 감옥에 갔고 사형선고를 받았다. 모든 사람들이 그를 죽어 마땅하다고 욕했다. 특히 이웃 사람들은 그의 식구들까지 무서워하며 멀리하려고 했다. 나는 그의 어머니와 함께 감옥을 찾아갔다. 그 때 나는 그곳에서 정말 놀라운 광경을 목격하게 되었다. 그의 어머니는 그를 보자마자 뜨거운 눈물을 흘리면서 자신은 그래도 그를 용서하며 사랑한다는 말을 연거푸 했다. 아들이 감옥에 간 이후 그녀는 매일 같이 감옥을 찾아갔다. 어머니는 아들이 감옥 안에서 주는 음식을 좋아하지 않기 때문에 매일 따뜻한 음식을 만들어 면회를 간 것이다. 여러분, 이해가 되는가? 나는 이해한다. 그녀는 그 아이의 어머니이니까. 그러니 그렇게 이상하게 생각할 필요가 없다. 사람도 이러한데 하물며 하늘에 계신 하나님은 오죽하겠는가? 하나님은 우리가 모두 그 아이와 같은 죄인임에도 불구하고 우리를 사랑하신다. (사랑, 그것은 빵을 만들 때 들어가는 밀가루와 같습니다 / 후안 까를로스 오르띠즈)

●그리스도인●

그리스도인과 율법의 관계 세 가지

■본 문■ 피차 사랑의 빚 외에는 아무에게든지 아무 빚도 지지 말라 남을 사랑하는 자는 율법을 다 이루었느니라 【롬 13:8】

■서 론■ 선교사 기브슨은 "그리스도인은 속세의 사람들이 하나님을 보는 열쇠 구멍이다"라고 했다. 그리스도인과 율법의 상관관계는 무엇인가?

■말씀■

Ⅰ. 그리스도인은 율법으로부터 자유함 【행 15:11】

성경은 '그러나 우리는 그들이 우리와 동일하게 주 예수의 은혜로 구원 받는 줄을 믿노라 하니'라고 했다. 율법이란 무엇인가? 이는 모세의 십계명을 중심으로 한 하나님의 백성의 생활과 행위에 관한 하나님의 명령을 가리킨다. 구약시대에는 이 율법을 준수하면 의롭게 되고 구원을 성취한다고 믿었으나 예수 그리스도의 새 언약에 의해 십자가의 속죄를 믿으면 구원을 받고 율법으로부터 해방되었다.

참고 성구 엡 2:15-18 골 2:14 히 10:1-4 엡 2:8-9 행 15:5, 9-11

Ⅱ. 그리스도인은 사랑으로 율법의 정신을 성취함 【롬 13:8】

성경은 '피차 사랑의 빚 외에는 아무에게든지 아무 빚도 지지 말라 남을 사랑하는 자는 율법을 다 이루었느니라'고 했다. 사랑은 소극적으로 하지 말라, 하라는 규범을 넘어 적극적으로 남을 향하여 자신의 모든 것을 열어 보이고 내어 주므로 사랑은 개별적 윤리, 법조항을 넘어 그 윤리와 법의 강령을 완성하는 근원적인 힘이다. 사랑하는 자는 율법의 요구를 완성한 것이나 다름없다.

참고 성구 미 6:8 마 23:23 마 7:12 마 22:34-40 고전 13:1-3 롬 13:10

Ⅲ. 그리스도인은 마음에 율법이 쐬어짐 【고후 3:3】

성경은 '너희는 우리로 말미암아 나타난 그리스도의 편지니 이는 먹으로 쓴 것이 아니요 오직 살아 계신 하나님의 영으로 쓴 것이며 또 들판에 쓴 것이 아니요 오직 육의 마음판에 쓴 것이라'고 했다. 성도는 모세가 시내산에서 받은 십계명과 대조되는, 성령으로 말미암아 심령 속에 새겨진 구원의 복음을 가진 자이다. 신약의 새 언약의 우월성과 영광이 보여지는 본 구절이다.

참고 성구 시 40:8 렘 31:33 히 8:10 롬 2:15, 7:21-23 고후 3:7

■결 론■ 이와 같이 그리스도인과 율법의 관계를 살펴보았으니 성도는 율법을 완성하러 오신 주님을 믿는 자로서 오히려 적극적인 사랑을 행하는 자들이 되자.

■해설■ **그리스도와 율법**
　성육하신 하나님으로서의 예수 그리스도의 생애는 작은 부분들까지도 율법의 예언 성취로 묘사되어 있다(눅 24:27,44). 예수께서는 그의 가르침 속에서 율법의 권위를 확정, 지지하셨으며 그 근본적인 뜻을 밝히셨고(마 5장과 7:12), 원래 율법은 사랑에 기초한 것임을 가르쳐 주셨다(마 22:34-40). 그리스도께서 하나님의 율법에 온전히 순종하신 것은 단순히 하나의 모범일 뿐 아니라 율법의 정죄 아래 있는 자기 백성들을 구원하시는 구속의 근거인 것이다(갈 4:5). 인간은 자신의 불의함과 그리스도의 필요성을 깨달을 때 믿음으로써 그리스도와 연합하고 그 결과 죄 용서함을 얻는다.

■참고■ **율법의 모세와 복음의 그리스도**
- 율법은 모세에 의해 주어졌으나 은혜와 진리는 예수 그리스도로 말미암아 온 것(요 1:17) • 율법의 영광은 모세의 얼굴에 나타나 있으나 복음의 영광은 그리스도의 얼굴에 나타나 있음(고후 3:7, 마 17:2) • 모세의 생기가 끊기지 않았으나 율법은 더 좋은 소망이 생기게 함(신 34:7, 히 7:19) • 모세와 율법은 서로 대용하여 쓰여졌으나 율법은 우리를 그리스도에게로 인도하는 초등교사임(갈 3:24) • 모세는 백성을 약속의 땅으로 인도하여 갈 수 없었으나 여호수아(예수)가 인도하여 갔음(수 1:2, 롬 8:3)

■예화■ **사랑의 묘약**
　남아공화국의 한 고아원에서 어린아이들이 죽어가고 있었다. 그래서 UN 보건기구에서는 의사들을 파견해서 조사, 연구하도록 했다. 최상의 약은 사랑이라는 사실이 입증되었다. 처방은 다음과 같다. "매일 10분 이상씩 어린이들을 안아주고, 뽀뽀해 주고, 귀여워해 줄 것." 이 처방으로 인해서 어린이들이 무럭무럭 자라나게 되었다. 사랑은 인류의 생명을 불타오르게 하는 원동력이다. 사랑의 묘약은 이러하다. 온갖 문명의 공해 속에서도 인간을 인간답게 만드는 최상의 약이다. 나는 이러한 체험을 했다. 해남의 만대산 기슭에는 문둥이 촌이 있었다. 그 당시 정동영 전도사님과 함께 교회의 중등부 학생들이 전도를 했다. 매주 토요일에는 문둥이 촌을 찾아서 예배를 드렸다. 문둥이 촌에 계신 부모님들은 자녀들을 껴안거나 젖을 줄 수가 없었다. 왜냐하면, 문둥병이 자녀들에게 감염될 우려가 있기 때문이었다. 그래서 우리들은 미감아들을 열심히 안아 주었다. 미감아들을 안아 줄 때의 기쁨과 감격은 이루 헤아릴 수 없었다. 또한 이것이 모두에게 은혜를 주고 서로 사랑의 공동체임을 느끼게 해 주었다. 이것은 예수 그리스도의 사랑과 구속의 은혜가 우리와 함께 할 때에 이루어진다. (마음을 비우고 사는 인생 / 박찬섭)

● 그리스도인 ●

그리스도인에게 금욕이 필요한 이유 세 가지

■본 문■ 오직 너희를 부르신 거룩한 이처럼 너희도 모든 행실에 거룩한 자가 되라 기록되었으되 내가 거룩하니 너희도 거룩할지어다 하셨느니라 【벧전 1:15-16】

■서 론■ 작가 토마스 헉슬리는 "한 인간이 그리스도인이 되는 데는 많은 것을 요구하지 않는다. 그러나 그에게 있는 모든 것을 요구한다"고 했다. 그리스도인에게 금욕이 필요한 이유는?

■말 씀■
Ⅰ. 우리의 몸은 성령이 계신 전이므로 【고전 6:19】
성경은 '너희 몸을 너희가 하나님께로부터 받은 바 너희 가운데 계신 성령의 전인 줄을 알지 못하느냐 너희는 너희 자신의 것이 아니라'고 했다. 성도들의 몸이 성령의 전이라는 것은? 중생한 영혼의 거룩성과 죄 사함 받은 육신의 성결성을 강조하며, 따라서 성도들은 구속받은 영육을 거룩하게 보존해야 할 의무가 있음을 말하는 것이다.
참고 성구 고후 6:16 고전 3:16 벧전 2:5 엡 2:20-22 히 3:6 요14:16-17

Ⅱ. 그리스도 안에서 새 사람을 입었으므로 【골 3:10】
성경은 '새 사람을 입었으니 이는 자기를 창조하신 이의 형상을 따라 지식에까지 새롭게 하심을 입은 자니'라고 했다. 새 사람이 무엇인가? 이는 질적으로 새롭게 된 사람을 가리키는 옛 사람의 반대되는 말이다. 새 사람은 십자가에 의해 인류가 죄로 말미암아 상실한 원시의 이상적 삶(에덴동산에서 살던 모습)이 회복된 사람을 가리키는 의미가 있다.
참고 성구 고후 5:17 엡 4:24 갈 6:15 엡 2:11-15 롬 6:6 겔 18:30-32

Ⅲ. 하나님께서 거룩한 자가 되라고 명하셨으므로 【벧전 1:15,16】
성경은 '오직 너희를 부르신 거룩한 이처럼 너희도 모든 행실에 거룩한 자가 되라 기록되었으되 내가 거룩하니 너희도 거룩할지어다 하셨느니라'고 했다. 거룩이 무엇인가? 이는 불의 및 더러움에서 분리, 격절된 거룩한 상태에 대한 용어로서 하나님의 속성의 하나이다. '거룩'의 히브리어 형용사는 '카도쉬'이며 헬라어 형용사는 '하기오스'인데 모두 '분리, 차단'을 의미한다.
참고 성구 벧후 3:11-13 레 11:45 대상 16:29 고후 7:1 엡 4:22-24

■결 론■ 이와 같이 그리스도인에게 금욕이 필요한 이유를 알았으니 성도는 성별된 자답게 불신자들의 동물적인 성적 육욕에서 벗어나 거룩하신 하나님의 성품을 닮아 삶을 성결하게 사는 자 되자.

■해설■ **금욕**

금욕(abstinence)은 술, 혹은 음식, 결혼과 인간 사교에의 참여와 같은 여러 외적 행위들을 억제하는 것에 관련된다. 이것이 넓게는 성경적인 영성과 도의성에 대한 모든 부정적인 면을 포함하며 음식이나 술을 삼가는 것을 내포한다. 명해진 금욕과 자의적인 금욕의 실례로 선악을 알게 하는 나무의 열매(창 2:16,17), 피(창 9:4), 부정한 피조물(레 11장)을 먹음에 대한 금령과 엘리야의 금식(왕상 19:8) 등을 들 수 있다. 주님은 잔치나 결혼식을 경원하시지 않았고 관습에 매이시지도 않아 비난을 받은 바 있다(마 11:18-19). 바울은 우상의 제물도 약한 자들의 불쾌를 제외하곤 적절히 사용할 것을 조언했다(고전 8장).

■참고■ **성도들이 절대로 금해야 하는 것**

• 자녀들아 너희 자신을 지켜 우상에게서 멀리하라(요일 5:21) • 스스로 조심하라 그렇지 않으면 방탕함과 술취함과 생활의 염려로 마음이 둔하여지고(눅 21:34) • 그들이 감각 없는 자가 되어 자신을 방탕에 방임하여 모든 더러운 것을 욕심으로 행하되(엡 4:18-20) • 세상에 있는 모든 것이 육신의 정욕과 안목의 정욕과 이생의 자랑이니(요일 2:16) • 하나님의 뜻은 이것이니 너희의 거룩함이라 곧 음란을 버리고(살전 4:3) • 너희가 친히 원수를 갚지 말고 하나님의 진노하심에 맡기라(롬 12:17-21) • 거류민과 나그네 같은 너희를 권하노니 영혼을 거슬러 싸우는 육체의 정욕을 제어하라 (벧전 2:11)

■예화■ **성의 상품화**

런던에서 인공수정으로 태어난 아기가 있었다. 갓 태어난 여자 아기를 두고 불꽃튀는 논란이 일게 된 것은 이 아기의 출생에 '돈'이 얽혀 있기 때문이었다. 문제는 아기를 낳은 킴 코튼 부인이 인공수정을 받을 때 자궁을 대여해 주는 조건으로 아기 아버지로부터 7천 4백 파운드를 받기로 흥정한 데서 발생했다. 런던 데일리 스타지는 '낳고 팔고'라는 제목의 비판 기사를 썼고, '아기를 파는 것을 중단하라'는 비판이 빗발치는 가운데 영국의 사회복지국은 아기를 누구도 병원 밖으로 데리고 나가지 못하게 했다. 이제 '모성을 팝니다', '자궁을 대여합니다' —이런 광고까지 나올 때가 멀지 않은 것 같아 씁쓸한 기분이 든다. 이 사건을 통하여 돈의 위력이 낳은 세기말적인 기형현상을 볼 수 있다. 쾌락을 위하여 성을 사고 파는「성의 상품화」는 이미 수천 년 전부터 있어 온 인간성의 치부라고 볼 수 있다. 이 시대는 애정이 생명잉태의 조건이 될 수 없고, 돈이 메시야로 군림하여 합법적 사생아들이 활개를 치는 시대를 만들어 버리고 말았다. 자식을 달라고 서원하며 울부짖고 기도하던 한나 같은 여성은 황금의 이름으로 정죄와 멸시를 받는 시대가 되어가고 있다. 황금만능주의와 개인주의, 그리고 상실된 모성애로 인하여 하나님이 인간에게 주신 가장 신성시하여야 할 '성(性)'을 우리 스스로 더럽히고 있는 것은 아닌지 깊이 반성해 보아야 할 것이다. (명작예화설교)

● 그리스도인 ●

그리스도인을 지칭한 세 가지

■ 본 문 ■ 너희는 우리로 말미암아 나타난 그리스도의 편지니 이는 먹으로 쓴 것이 아니요 오직 살아 계신 하나님의 영으로 쓴 것이며 또 돌판에 쓴 것이 아니요 오직 육의 마음판에 쓴 것이라 【고후 3:3】

■ 서 론 ■ 목사 프레드릭 로버트슨은 "그리스도인의 삶은 알고 들음에 있을 뿐만 아니라 그리스도의 뜻을 준행하는 데 있다"라고 했다. 그리스도인을 지칭한 것은?

■ 말씀 ■

Ⅰ. 그리스도인은 빛이다 【마 5:14】

성경은 '너희는 세상의 빛이라 산 위에 있는 동네가 숨겨지지 못할 것이요' 라고 했다. 빛은 어둠을 몰아내고 빛을 필요로 하는 공간을 끝없이 찾아가서 능동적으로 비춤으로써 역할을 감당한다. 그래서 빛은 사물을 밝게 해주거나 드러내 주는 역할을 하는데 이처럼 성도들도 빛과 같은 생활로 모범을 보여서 남들에게, 특히 어둠에 처해 있는 불신자들에게 복음의 진리를 널리 전파해야 한다.

참고 성구 마 5:16 요일 1:7 딤전 6:18 딛 2:7-8 히 10:24

Ⅱ. 그리스도인은 소금이다 【마 5:13】

성경은 '너희는 세상의 소금이니 소금이 만일 그 맛을 잃으면 무엇으로 짜게 하리요 후에는 아무 쓸 데 없어 다만 밖에 버려져 사람에게 밟힐 뿐이니라' 고 했다. 소금의 중요한 용도는 부패를 방지하는 것과 음식의 맛을 돋우는 것, 물건을 닦아서 깨끗하게 하는 역할을 한다. 성도의 역할은 이 기능을 감당하여 부패한 이 세상을 썩지 않게 하고 재미없는 세상에 맛을 주며 깨끗케 하는 것이다.

참고 성구 막 9:50 민 18:19 삿 9:45 겔 16:4 고후 2:14-16

Ⅲ. 그리스도인은 편지이다 【고후 3:3】

성경은 '너희는 우리로 말미암아 나타난 그리스도의 편지니 이는 먹으로 쓴 것이 아니요 오직 살아 계신 하나님의 영으로 쓴 것이며 또 돌판에 쓴 것이 아니요 오직 육의 마음판에 쓴 것이라' 고 했다. 고린도 교회는 세상을 향하여 바울이 추천하는 그리스도의 편지였다. 이 편지는 사람이 만든 필기구로 씌어진 것이 아니라 살아 역사하는 성령에 의해 씌어졌으며 새 언약에 근거를 두고 있다.

참고 성구 왕하 4:9-17 고후 2:14-17 고전 5:9-11 고후 7:8, 10:9

■ 결 론 ■ 이와 같이 그리스도인을 지칭한 것을 살펴보았으니 성도는 빛으로, 소금으로, 편지로 맡은 바 사명을 감수하고 그 역할을 충분히 하여 그리스도인다운 삶을 사는 자 되자.

■해설■ 그리스도인

그리스도인(Christian)이란 말은 "그리스도" 혹은 "기름 부음 받은 자"를 의미하는데, 이에 대한 의미의 헬라어 명사 '크리스토스'에서 온 '크리스티아노스'가 사용됐다. 따라서 그리스도인이란 곧 그리스도와 관련되어 있는 사람을 말한다. 이 말은 행 11:26에서 처음 사용되었는데 본래 조롱의 말로 사용되어진 느낌이나 교회는 이것을 자랑스럽게 사용하기 시작했다. 이 말 외에 '제자들, 형제들'과 같은 말도 병행되어 사용되었는데 엄밀한 의미에서 그리스도에 대한 참된 구원의 믿음을 갖고 있는 사람에게 적용되었지만 누가 참된 신자들인가는 오직 하나님만이 바로 알고 계신다.

■참고■ 그리스도인의 별칭

- 나그네(벧전 2:11) • 신자(행 5:14) • 사랑을 입은 자녀(엡 5:1) • 형제(롬7:1) • 하나님의 자녀(롬 8:16) • 빛의 자녀(엡 5:8) • 제자(행 9:25) • 하나님께서 택하신 자(롬 8:33) • 친구(요 15:14) • 하나님의 상속자(롬 8:17) • 세상의 빛(마 5:14) • 지체(고전 12:18) • 제사장(계 1:6) • 성도(롬 8:27) • 세상의 소금(마 5:13) • 하나님의 종(행 16:17) • 양(요10:27) • 군사(딤후 2:4) • 하나님의 아들(롬 8:14) • 귀히 쓰는 그릇(딤후 2:21) • 증인(행 1:8) • 사랑하심을 받은 형제(살전 1:4) • 거룩한 형제(히 3:1) • 산 돌(벧전 2:5) • 편지(고후 3:3)

■예화■ 그리스도를 닮는 삶

1915년, 제1차 세계대전 중이었다. 이 해에 에디스 케벨이라는 영국의 간호사가 자신이 근무하던 독일 야전병원에 있던 영국병사 포로의 탈주를 도왔다는 죄목으로 체포되어 독일군에게서 총살형을 언도받았다. 처형 전 독일 재판소는 그녀에게 "같은 민족인 영국 병사를 탈주시킨 것은 당신이 영국인 간호사였기에, 영국을 향한 애국심의 발로였던가?" 하며 준엄히 질문하였을 때 에디스 케벨은 조금도 주저함 없이 "아닙니다. 애국심만으로는 부족합니다. 그를 탈주시킨 것은 오직 그리스도를 따라했을 뿐입니다." 하였다. 절대절명의 총살형 앞에서 그녀는 분명히 그녀의 삶의 의미를 밝혔으며, 그 의미란 바로 그리스도를 모방하는 것이었으며, 모든 의미의 목적을 그곳에 두었다는 의미가 될 것이다. 이것은 바로 사도 바울의 고백 "살든지 죽든지 나는 당신 안에 살겠습니다."는 고백과 동일하게 그리스도를 닮아가는 삶에 생의 전부를 투자하며 헌신하겠다는 말이 된다. 그리스도를 닮는 것, 이것이 신앙인의 최고의 목표요 기준이다. 신앙의 골은 언제나 그리스도에게 초점을 두고 그것을 닮아가는 훈련이어야 한다. 그렇게 해야만이 목적이 변하지 않는다. 왜냐하면 이 땅의 모든 골은 구름같이 흘러가는 것, 잠깐 있다가 없어지는 것이며, 삶에 따라 의미가 변하고 퇴색하는 것이나 예수 그리스도는 어제나 오늘이나 영원토록 동일하시기 때문이다. (의미있는 길을 묻는 자를 위하여 / 이용삼)

● 그리스도인 ●
그리스도인의 대적에 대한 자세 세 가지

■본문■ 무슨 일에든지 대적하는 자들 때문에 두려워하지 아니하는 이 일을 듣고자 함이라 이것이 그들에게는 멸망의 증거요 너희에게는 구원의 증거니 이는 하나님께로부터 난 것이라 【빌 1:28】

■서론■ 독일의 고고학자 호프너는 "믿음은 그리스도인을 만들고, 삶은 그리스도인임을 입증하며, 시련은 그리스도인임을 확증시키고, 죽음은 그에게 면류관을 씌운다"고 했다. 그리스도인의 대적에 대한 자세는?

■말씀■

Ⅰ. 대적을 두려워하지 않음 【빌 1:28】

성경은 '무슨 일에든지 대적하는 자들 때문에 두려워하지 아니하는 이 일을 듣고자 함이라 이것이 그들에게는 멸망의 증거요 너희에게는 구원의 증거니 이는 하나님께로부터 난 것이라' 고 했다. 성경에 두려워하다는 말이 사용된 것은 일반적인 대인 관계 및 위협적인 자연 현상에 관한 것과 하나님의 외경에서의 두려움에 대한 것이 있다. 성도는 하나님을 의지하므로 대적을 두려워하지 않는다.

참고 성구 사 41:10 마 10: 17-20, 28-31 수 1:5-9 에 3:1-6

Ⅱ. 대적을 위해서 기도함 【눅 23:34】

성경은 '이에 예수께서 이르시되 아버지 저들을 사하여 주옵소서 자기들이 하는 것을 알지 못함이니이다 하시더라' 고 했다. 본 구절은 예수 그리스도의 가상 칠언 중 첫 번째 것으로서, 주님은 영적 무지로 인해 자신이 메시야이심을 깨닫지 못하고 십자가에 못 박은 자들의 죄를 용서해 달라는 도고의 기도이다. 스데반도 주님과 같은 도고의 기도를 드렸다.

참고 성구 마 5:44 행 7:59-60 고전 4:12-13 시 35:13 민 12:13

Ⅲ. 대적을 사랑하고 선대함 【눅 6:35】

성경은 '오직 너희는 원수를 사랑하고 선대하며 아무것도 바라지 말고 꾸어 주라 그리하면 너희 상이 클 것이요 또 지극히 높으신 이의 아들이 되리니 그는 은혜를 모르는 자와 악한 자에게도 인자하시니라' 고 했다. 선대란 무엇인가? 이는 이웃을 선하게 잘 대접함을 뜻하는 말로서 주님 예수께서는 원수를 오히려 사랑하라고 하셨고, 바울은 원수가 주리거든 먹이고 목마르거든 마시게 하라고 했다.

참고 성구 잠 25:21 눅 6:27-28 롬 12:20 살전 5:15 눅 10:33-37

■결론■ 이와 같이 그리스도인의 대적에 대한 자세를 보았으니 성도는 대적을 두려워하지 않고 오히려 그를 위하여 기도하고 나아가 선대하는 자가 되어 하나님의 사랑을 나타내는 자가 되자.

■해설■ **자세**

스위스의 철학자로서 많은 신앙의 글을 남긴 '칼 힐티'는 "나를 사랑하는 자를 나는 사랑하고 나를 미워하는 자를 나는 미워한다. 나는 과거에도 그렇게 하여 왔으며 또 앞으로도 그렇게 하기를 그치지 않으리라고 생각하는 사람은 언제나 인간 중에서 가장 정직하고 가장 선량한 사람이다. 그러나 참된 그리스도인은 그런 것이 아니다. 그들은 자기를 미워하는 자마저도 따뜻한 마음으로 대할 수 있는 것이다"라고 그의 저서인 '더욱 군센 그리스도교'에서 언급했다. 그렇다! 그리스도인들은 주님이 말씀하신 대로 원수도 사랑해야 할 자세를 갖춰야 한다. 그것은 그의 머리에 숯불을 놓음과 같다(롬 12:19-21).

■참고■ **성경에 나타난 대적과 대적 사이**
- 애굽을 탈출한 이스라엘 백성이 르비딤에서 최초로 맞붙은 아말렉 족속(출 17:8-16)
- 엘가나의 두 아내 중 브닌나가 한나를 대적함(삼상 1:6)
- 이스라엘 초대 왕 사울이 시기로 인해 다윗을 대적함(삼상 18:29)
- 북 이스라엘의 악한 왕 아합과 왕비 이세벨이 하나님의 종 엘리야를 대적함(왕상 19:1-2, 21:20-25)
- 아하수에로 왕의 신임자 아각 사람 하만이 유다인을 전멸시키려 대적함(에 3:10-11)
- 에스더와 모르드개가 자신들을 죽이려는 하만을 대적함(에 7:6)
- 유대인이 이방인을 멀리함(행 22:21-22)

■예화■ **가장 선한 일**

어떤 곳에 한 부호가의 아들 삼 형제와 또 유전으로 내려오는 귀여운 가보(家寶)가 있었다. 아버지는 이 가보를 상속시켜 줄 아들을 택하고자 하여 누구든지 앞으로 삼일 동안에 가장 선한 일을 행하는 자에게 이것을 상속하여 유전케 하리라 하였다. 그래서 그들은 삼일 동안 각각 선한 일을 하고 돌아와 아버지께 보고하였다. 그때에 장자는 "나는 어떤 곳을 지나가는데 어떤 아이가 물에 빠진 것을 곧 구원해 주었소." "오, 너 좋은 일 하였다. 그러나 그건 누구라도 할 만한 일이다." 둘째가 보고하기를 "나는 한 곳을 지나다가 보니 어린아이가 모닥불에 기어 들어가는 것을 꺼내어 주었소." 하였다. "아, 너도 좋은 일을 하였다. 그러나 이것도 역시 누구든지 할 만한 일이다." 셋째가 보고하기를 "나는 어떤 산비탈을 가는데 그 곳 낭떠러지 위에서 나의 제일 미워하는 원수가 그 위험한 곳에서 잠을 자고 있는 것을 보았습니다. 그 때에 곧 발로 차서 떨어뜨려 죽이려 했지만 그를 깨워 돌려보냈습니다." 하였다. 아버지는 "네가 참 제일 좋은 일 하였다" 하시고 그 가보를 셋째 아들에게 주었다는 것이다.

● 그리스도인 ●

그리스도인의 세상을 향한 자세 세 가지

■ 본문 ■ 이 세상이나 세상에 있는 것들을 사랑하지 말라 누구든지 세상을 사랑하면 아버지의 사랑이 그 안에 있지 아니하니 【요일 2:15】

■ 서론 ■ 독일의 신학자 디트리히 본회퍼는 "그리스도인은 이 세상에서 하나님의 고난에 참여하는 사람이다"라고 했다. 그리스도인의 세상을 향한 자세는 어떠해야 하는가?

■ 말씀 ■

I. 그리스도인은 세상을 사랑하지 않아야 한다 【요일 2:15】

성경은 '이 세상이나 세상에 있는 것들을 사랑하지 말라 누구든지 세상을 사랑하면 아버지의 사랑이 그 안에 있지 아니하니라'고 했다. 세상은 말씀(로고스)이신 그리스도에 의해 창조되었으나 성육신의 예수를 알지 못하고 암흑의 지배를 받아 예수에 의한 하나님의 영광의 계시에도 불구하고 빛을 억압하며 배반한다. 성도는 악한 정욕과 이기적 욕구를 좇고 그것을 즐기는 세상을 사랑치 말아야 한다.

참고 성구 요일 2:17 딛 2:12-14 골 3:2 약 4:4 마 13:22

II. 그리스도인은 불신자와 교제를 말아야 한다 【고후 6:14】

성경은 '너희는 믿지 않는 자와 멍에를 함께 매지 말라 의와 불법이 어찌 함께 하며 빛과 어둠이 어찌 사귀며'라고 했다. 멍에를 매다는 것은 '자유로이 활동할 수 없게 어떤 일에 얽매이다'의 비유로서 바울은 믿지 않는 불신자와 멍에를 함께 매지 말라고 했다. 이것은 성도가 신앙과 교리 면에 있어서 순수성을 유지하고 그들과 타협하거나 동화되지 말라는 뜻이다.

참고 성구 시 1:1 고전 5:11, 15:33 요이 1:10-11 대하 19:2 고후 6:15-18

III. 그리스도인은 세속적 생활에 얽매이지 않아야 한다 【딤후 2:4】

성경은 '병사로 복무하는 자는 자기 생활에 얽매이는 자가 하나도 없나니 이는 병사로 모집한 자를 기쁘게 하려 함이라'고 했다. 그리스도의 병사된 성도는 어떠한 고난과 박해도 인내하고 승리해야 하며 복음을 위해 자신의 모든 것을 기꺼이 헌신할 수 있는 열정이 있어야 한다. 병사는 고난에 대해 인내하며, 사생활로부터 분리되어, 명령에 순복해야 한다.

참고 성구 마 9:9 막 1:16-20 빌 3:8 고전 9:27 눅 18:29-30

■ 결론 ■ 이와 같이 그리스도인의 세상을 향한 자세를 살펴보았으니 성도는 세상을 사랑하지 말고 불신자와 멍에를 함께 매지 말고 세속적 생활에 얽매이지 않는 하나님의 군병이 되자.

■해설■ **그리스도인**

'그리스도인' 이란 말은 '그리스도' 혹은 '기름부음을 받은 자' 를 의미하는 헬라어 명사 '크리스토스' 에서 온 형용사 '크리스티아노스' 에서 왔다. 그러므로 그리스도인은 어떤 면에서 그리스도와 관련되어 있는 사람이다. 이 말은 행 11:26에서 처음으로 사용된다. 곧 "제자들이 안디옥에서 비로소 그리스도인이라 일컬음을 받게 되었더라." 이 말이 그리스도인들 자신에 의해 의도되었는지 아니면 그들의 원수들에 의해 그렇게 되었는지는 알려져 있지 않다. 그러나 비록 이 말이 본래 조롱의 말로 쓰였다 하더라도 교회는 이것을 자랑스럽게 사용했다. 이 외에 행 26:28, 벧전 4:16에서도 사용되었다.

■참고■ **그리스도인들이 피해야 할 세상 것들의 명세서**
- 세상 지혜 - 이 세상 지혜는 하나님께 하나님께 어리석은 것이니(고전 3:19)
- 세상을 사랑하는 것 - 데마는 이 세상을 사랑하여 나를 버리고 데살로니가로 갔고(딤후 4:10)
- 세상과 벗 되는 것 - 세상과 벗이 되고자 하는 자는 스스로 하나님과 원수 되는 것이니라 (약 4:4)
- 세상의 썩어질 것 -너희가 정욕 때문에 세상에서 썩어질 것을 피하여(벧후 1:4)
- 세상의 정욕 - 이 세상이나 세상에 있는 것들을 사랑하지 말라(요일 2:15)
- 세상의 거짓 선지자들- 영을 다 믿지 말고 오직 영들이 하나님께 속하였나 분별하라(요일 4:1)
- 세상의 미혹하는 자들- 이는 예수 그리스도께서 육체로 오심을 부인하는 자라(요이 1:7)

■예화■ **하나님 앞에서 신실한 자**

미국 하워드 장군은 신앙이 독실한 기독교인이었는데, 그가 서부 해안 지구 사령관을 맡게 되자 그의 친구들은 수요일 저녁에 그의 영전을 축하하는 환송 만찬회를 열기로 했다. 그들은 여러 곳에 초대장을 보냈고 대통령까지 축하 전문을 보내왔다. 그들은 장군을 깜짝 놀라게 해주려고 모든 준비를 다 끝내놓고 맨 마지막에 그에게 알리기로 했다. 드디어 모든 준비를 끝내고 난 후 그들은 장군에게 이 소식을 알렸다. "미안하게 되었네. 사실은 수요일 밤에 다른 약속을 미리 해두었네." "하지만 이 사람아, 이 날은 미국에서 가장 저명한 인사들이 참석할테니 다른 약속을 취소하게." "나는 기독교인이며 교회 신도 중 한 사람이네. 내가 교회와 일체가 되었을 때, 수요일 밤 기도회 시간에는 꼭 주님을 만나겠다고 약속했다네. 세상에서 이만큼 중요한 약속을 깨뜨리게 할 자는 없네." 하는 수 없이 친구들은 만찬회를 하루 연기하여 목요일 밤에 개최했다. 그런데 많은 사람들은 그의 행동을 비난하지 않고 오히려 그를 존경하였다. 하나님 앞에서 신실한 그는 사람들에게 큰 감동을 준 것이었다. 장군은 기도의 비밀을 알았으며 하나님을 위하여 사람을 감동시키는 능력을 받았다. (설교예화 / 김선도)

● 그리스도인 ●

그리스도인의 육신에 대한 자세 세 가지

■ 본 문 ■ 그러므로 형제들아 우리가 빚진 자로되 육신에게 져서 육신대로 살 것이 아니니라 너희가 육신대로 살면 반드시 죽을 것이로되 영으로써 몸의 행실을 죽이면 살리니 【롬 8:12-13】

■ 서 론 ■ 신학자 윌리엄 바클레이는 "그리스도인의 길이 너무 힘든 것이라고 하더라도 그 길을 가는 데 있어서나 목표에 있어서 모두 기쁨의 길이다"라고 했다. 그리스도인의 육신에 대한 자세는?

■ 말씀 ■

I. 그리스도인은 육신의 일을 도모하지 말 것 【롬 13:14】

성경은 '오직 주 예수 그리스도로 옷 입고 정욕을 위하여 육신의 일을 도모하지 말라'고 했다. 육(肉)이란 무엇인가? 이는 신약성경에서 육적인 사람이든가, 마음이라든가, 영에 대하여 밖에서 관찰할 수 있는 겉모양(외견적)의, 겉 사람을 나타낸다. 또한 몸의 단순한 일부분이 아닌 사람의 육적인 성격을 의미한다. 육은 무력하고 불완전하며 한계를 가지고 있다.

참고 성구 갈 5:19-21 롬 13:13-14 엡 4:24 갈 6:8

II. 그리스도인은 육신대로 살지 말 것 【롬 8:12】

성경은 '그러므로 형제들아 우리가 빚진 자로되 육신에게 져서 육신대로 살 것이 아니니라'고 했다. 빚진 자란 무엇인가? 이는 우리 속에 거하시는 하나님의 영에게 진 빚이다. 이 빚은 끊임없는 육체와의 영적 싸움, 곧 성화를 독려한다. 신학자 윌리엄은 "그리스도인이란 전능한 하나님의 신자를 말한다"고 했다. 성도는 육신에게 져서 육신대로 사는 자가 아니다.

참고 성구 벧후 2:10,12 롬 8:3-9, 13-14 골 3:5 고전 9:25-27

III. 그리스도인은 육신을 십자가에 못 박을 것 【갈 5:24】

성경은 '그리스도 예수의 사람들은 육체와 함께 그 정욕과 탐심을 십자가에 못 박았느니라'고 했다. 정욕이란 말의 헬라어 '에피뒤미아'는 동사 '에피뒤메오' 곧 '마음을 경주한다, 바란다, 탐한다'는 뜻에서 온 명사로서 나쁜 의미로는 '욕심'으로 번역되고 주로 물질적 욕망, 저급한 육체적 욕구나 감정에 사용되었다. 이 말은 또한 '사욕', '탐심', '욕망'으로 번역되었다.

참고 성구 갈 2:20 롬 6:6 갈 6:14 빌 3:8 엡 2:3

■ 결론 ■ 이와 같이 그리스도인의 육신에 대한 자세를 알았으니 성도는 육신의 일을 도모하지 말고 육신대로 살지 말며 육신의 생각을 십자가에 못 박아 진정한 그리스도인으로 빛나는 생애를 사는 자 되자.

■해설■ **육, 육신, 육체, 살, 육신의**

성경에 나타난 육신이라는 단어의 여자적(如字的)이고 비유적인 의미를 간략히 보면 구약성경에서는 '쉐에르'와 '바샤르', 신약성경에서는 '사르크스'가 이 세상에서의 인간의 육신적 삶의 도구(육체)와 상황을 묘사해 주고 있다. 그리하여 바울은 빌 1:22-24에서 '육체에 거하는 것'과 '떠나서 그리스도와 함께 하는 것'을 대조시켜 말하고 있다. 일반적으로 '살'(육체)은 '뼈, 피, 몸' 등과 함께 사용되어 인간의 육체적인 면만 관찰하는 데 적용되나 더 중요한 사실은 두 가지 존재 양상이 '육'과 '영'이라는 단어로써 대조되어 있다는 점이다(사 31:3, 렘17:5, 요 1:13, 3:6)

■참고■ **육신에 대한 성경의 나쁜 의미**

• 원하는 것은 행하지 아니하고 미워하는 그것을 함(롬 7:15) • 육신대로 살면 반드시 죽을 것임(롬 8:13) • 육체를 위하여 심는 자는 썩어질 것을 거둠(갈 6:8) • 정과 욕심이 있음(갈 5:24) • 육체의 일은 오직 악한 행위만을 산출함 - 음행, 더러움, 호색, 우상 숭배, 술수, 원수 맺음, 분쟁, 시기, 분냄, 당 짓는 것, 분리함, 이단, 투기, 술 취함, 방탕(갈 5:19-21) • 육체의 욕심을 따라 마음을 지배함(엡 2:3) • 육체의 소욕은 성령을 거스림(갈 5:17) • 육신의 생각은 하나님과 원수가 되어 대적함(롬 8:7)

■예화■ **앤드류 보나르**

한 의료단이 배를 타고 외국에 나가 선교활동을 하게 되었다. 유명한 스코틀랜드의 앤드류 보나르(Andrew Bonar)가 이들을 배웅하기 위해서 부두로 나왔다. 그러나 막상 그의 눈에 비친 사람이라고는 의사 한 명과 그의 누이동생뿐이었다. 그녀에게 악수를 청하면서, 그는 이렇게 말했다. "아가씨, 당신을 만나 뵙게 되다니 참으로 영광입니다. 저는 당신이 오빠를 돕기 위해 떠나신다는 사실에 무척 감격했습니다. 그러니 이름을 알려주시겠습니까?" "크리스틴(Christine)이에요." 그녀가 대답했다. "좋은 이름이군요." 그 나이 많은 주님의 종은 말했다. "당신의 이름자에 그리스도(Christ)가 포함되어 있으니까요. 이름뿐 아니라 당신 가슴속에도 그가 계실 것이라고 믿습니다!" 그 여자는 고개를 숙이더니 잠시 말이 없었다. 그녀가 미처 대답하기도 전에, 출발을 알리는 고동소리가 들려왔다. 보나르의 말에 가책을 느낀 그녀는 주님 앞에서의 자신의 모습을 다시 생각해 보게 되었다. 그녀는 매주일마다 꼬박꼬박 교회에 나갔었다. 하지만 갑자기 이런 생각이 떠올랐다. 자신이 구원되지도 못했고, 그리스도 안에서의 "새로운 피조물"로서 거듭나지도 못했다는…그날 밤, 그녀는 무릎 꿇고 하나님께 기도를 드렸다. 구세주께서 자신의 모든 죄를 사하여 주시고, 자신을 어린양으로 삼아달라고. (Our Daily Bread)

● 그리스도인 ●

그리스도인의 자비로움 세 가지

■ 본 문 ■ 그런즉 너희는 차라리 그를 용서하고 위로할 것이니 그가 너무 많은 근심에 잠길까 두려워하노라 그러므로 너희를 권하노니 사랑을 그들에게 나타내라 【고후 2:7-8】

■ 서 론 ■ "그리스도인이란 그리스도가 생각하는 마음이며, 그가 사랑하는 가슴이며, 그가 말하는 음성이며, 그가 도와주는 두 손이다"라고 펌퍼트는 말한다. 그리스도인의 자비로움은?

■ 말 씀 ■

I. 그리스도인은 남을 비판하지 않음 【마 7:1,2】
　성경은 '비판을 받지 아니하려거든 비판하지 말라 너희가 비판하는 그 비판으로 너희가 비판을 받을 것이요'라고 했다. 비판이란 무엇인가? 이는 비평하여 판단하는 것으로 좋고 나쁨, 옳고 그름을 따져서 말하는 것으로 부정적인 의미로 쓰이는 것이 보통이다. 성도는 주님의 말씀대로 남을 비판하지 말 것은 자신이 그 비판을 궁극적으로 하나님으로부터 받기 때문이다.
　　참고 성구 민 12:10 눅 23:34 마 6:3-7 롬 2:2-3

II. 그리스도인은 남을 용서하고 위로함 【고후 2:7,8】
　성경은 '그런즉 너희는 차라리 그를 용서하고 위로할 것이니 그가 너무 많은 근심에 잠길까 두려워하노라 그러므로 너희를 권하노니 사랑을 그들에게 나타내라'고 했다. 용서란 잘못이나 죄를 꾸짖거나 벌하지 않고 끝내는 것이며, 위로란 괴로움을 어루만져 잊게 하거나 수고를 치사하여 마음을 즐겁게 함을 뜻한다. 성도의 성도됨은 용서와 위로의 분량에 달려 있다.
　　참고 성구 민 12:13 갈 6:1 마 6:14-15, 18:21-22 엡 4:32 골 3:13-14

III. 그리스도인은 남의 짐을 서로 져줌 【갈 6:2】
　성경은 '너희가 짐을 서로 지라 그리하여 그리스도의 법을 성취하라'고 했다. 짐이란 무엇인가? 헬라어 '바레'로서 이는 혼자서 감당하기에는 과중한 시련이나 고통, 어려움을 의미한다. 성도는 그리스도의 법, 곧 사랑의 계명을 성취하기 위하여 타인의 고통을 적극적으로 나누어 지는 자이다. 이것이 이웃을 위한 능동적으로, 자발적으로 나누어 지는 그리스도인의 사랑의 짐이다.
　　참고 성구 출 32:30-32 롬 1:14 요 13:34 롬 9:3

■ 결 론 ■ 이와 같이 그리스도인의 자비로움에 대해서 알았은즉 성도는 남을 비판하기보다 남을 용서하고 위로하여 함께 짐을 나누어 지는 자로서 주님의 사랑을 실천하는 자가 되자.

■해설■ **증오와 용서**
레오나르도 다 빈치가 "최후의 만찬"을 그리고 있을 때의 일이다. 그에게는 한 사람의 적이 있었는데 그로 인해 큰 피해를 보았기에 복수를 하려고 배반자 가룟 유다의 얼굴을 그 적의 얼굴과 똑같이 그렸다. 그런데 그림이 거의 완성 단계에 이르러 예수의 얼굴을 그리려고 할 때마다 어찌된 일인지 그릴 수가 없어 중단하였다. 결국 주님만 제외한 나머지 부분만 완성되었다. 기도도 하고 명상도 하며 예수님의 얼굴을 그리려 무진 애를 썼으나 마찬가지였다. 어느 날, 덕망있는 수도사 한 분이 와서 다 빈치가 애로를 털어놓자 "용서 못 하는 마음과 복수심을 가진 사람은 그의 영혼이 예수의 모상과 같을 수 없다"고 수도사가 말했다. 그제야 자신이 예수님의 얼굴을 그릴 수 없었던 이유를 깨달았다. 그는 적을 용서하였고 따라서 예수의 모습을 그릴 수 있었다. 최후의 만찬을 보는 사람은 모두 한결같이 찬사를 아끼지 않았다.

■참고■ **자비를 베푼 자**
• 바로의 딸 - 나일강에서 목욕하다 히브리인의 아이를 구해 주었으니 그가 모세임(출 2:6-10) • 라합 - 여리고 성의 기생으로 이스라엘의 정탐꾼을 숨겨 주고 뒷일도 잘 마무리하여 구원 얻음(수 2:1-3) • 보아스 - 친척 나오미의 며느리 룻에게 잘 해줌(룻2:14-16) • 다윗 - 사랑하는 친구 요나단의 아들 절뚝발이 므비보셋을 잘 보살핌(삼하 9:1-13) • 엘리사 - 수넴 여인의 수발을 고마워하여 아들을 얻게 하고 그 아들이 죽자 다시 소생시킴(왕하 4:8-37) • 요셉 - 예수의 어머니 마리아의 잉태 사실을 알고 가만히 끊고자 함(마 1:19) • 벨릭스 - 구금 중인 바울에게 자유를 일부 허용함(행 24:23) • 바울 - 빌레몬에게 편지하여 오네시모를 잘 부탁함(몬 1:17-19)

■예화■ **희생적인 사랑**
오래 전, 어떤 미국 선교사가 중국에 와서 전도하고 있었다. 때 마침 이름 모를 전염병이 유행하여 수많은 중국인들이 희생당하게 되었다. 그 선교사는 면역제를 만들기 위해 병균을 유리병 속에 담아서 미국으로 떠났다. 샌프란시스코에 상륙하려 할 때 검역소 직원들이 방역조치를 위해서 승객들을 조사하기 시작했다. 하는 수 없이 이 선교사는 병균을 자신의 입에 털어 넣고 유리병은 바닥에 버렸다. 조금 뒤에 그의 온 몸에 병균이 퍼지면서 열이 나기 시작했다. 그는 급히 병원을 달려가서 의사들에게 이렇게 외쳤다. "내 몸은 지금 중국에서 번지고 있는 전염병에 감염되었습니다. 빨리 이 병균을 뽑아서 면역체를 만들어 중국에 보내 주십시오. 그리고 죽어 가는 많은 사람을 살려주시기 바랍니다." 이것이 그리스도의 사랑이요 십자가의 희생정신이다. 보통 사람들은 내가 살기 위해 남을 죽이려 하고 내가 잘 살기 위해 남을 희생시키려고 한다. 그러나 그리스도인의 삶은 이것과 반대가 되어야 한다. 남을 살리기 위해 내가 죽고, 남을 잘 살게 하기 위해 내가 희생되어야 한다. 이것이 그리스도께서 사신 삶이다. 이웃에게 그리스도의 사랑을 베푸는 것이 참으로 위대한 신앙이다. 그리스도 안에서 그리스도의 뜻을 실천하는 것이 그리스도인의 삶이기 때문이다. 사도 요한은 이렇게 말씀하셨다. "그가 우리를 위하여 목숨을 버리셨으니 우리가 이로써 사랑을 알고 우리도 형제들을 위하여 목숨을 버리는 것이 마땅하니라" (요일 3:16) (황의봉)

● 그리스도인 ●

그리스도인의 자유에 대한 세 가지

■본 문■ 그리스도께서 우리를 자유롭게 하려고 자유를 주셨으니 그러므로 굳건하게 서서 다시는 종의 멍에를 메지 말라【갈 5:1】

■서 론■ 프랑스의 사상가 루소는 "인간의 자유는 원하는 것을 할 수 있는 데 있는 것이 아니라 원하지 않는 것을 하지 않아도 되는 데 있다"고 했다. 그리스도인의 자유는?

■말 씀■

Ⅰ. 죄에서의 자유【요 8:35,36】

성경은 '종은 영원히 집에 거하지 못하되 아들은 영원히 거하나니 그러므로 아들이 너희를 자유롭게 하면 너희가 참으로 자유로우리라'고 했다. 자유란 무엇인가? 이는 일반적으로 본래 어떤 것에도 구속되지 않는다는 의미인데, 신약성경에서 특히 주님께서는 자신이 인류를 죄에서 풀어 줄 수 있는 유일한 분이심을 본 절을 통해서 알려 주고 있다.

　　참고 성구 마 9:6 요 8:32-36 행 8:22-23 롬 8:2 약 1:23-25

Ⅱ. 율법에서의 자유【갈 5:1】

성경은 '그리스도께서 우리를 자유롭게 하려고 자유를 주셨으니 그러므로 굳건하게 서서 다시는 종의 멍에를 메지 말라'고 했다. 성도의 자유는 그리스도께서 희생되심으로 얻은 것으로 추상적이거나 관념상의 자유가 아니라 율법과 죄의 멍에로부터의 구체적인 해방이다. 또한 이 자유는 내재하시는 성령의 권능을 통해 하나님 앞에서 성숙한 책임과 거룩으로 이어지는 자유이다.

　　참고 성구 갈 3:23-27 고전 8:9 갈 4:21-31 롬 7:3 고전 7:39

Ⅲ. 사망에서의 자유【히 2:15】

성경은 '또 죽기를 무서워하므로 한 평생 매여 종 노릇 하는 모든 자들을 놓아 주려 하심이니'라고 했다. 주님 예수께서 성육신 하신 목적은 사망의 권세를 잡은 마귀 사탄을 멸망시키기 위해서와 평생 죽음의 두려움에 사로잡혀 있는 모든 사람들을 죽음이 굴레에서 해방시켜서 사망으로부터 자유를 주시기 위해서이다. 성도의 자유는 주님의 세상에 대한 승리에서 비롯되었다.

　　참고 성구 고전 15:55-58 히 9:27-28 롬 6:18-22, 8:2,21 요 16:33, 19:30

■결 론■ 이와 같이 그리스도인의 자유에 대해 살펴보았은즉 성도는 우리에게 죄와 율법과 사망에서 자유케 하시고 영생을 주신 주님 예수의 은혜를 찬송하는 자들이 되자.

■해설■ **자유**

노예가 아닌 자유스러운 상태로서의 자유의 통상적인 개념은 성경 전체를 통해 흔히 보여지는 개념이다. 그리스도께서 믿는 자들을 지금 곧 그들이 이전에 매여 있었던 여러 파괴적인 세력들로부터 해방시켜 주신다는 것을 더욱 확장한 사람은 바울이다. 그는 ①봉사의 대가로 사망을 주는 폭군인 죄로부터(롬 6:18-23) ②흑암의 권세로부터(골1:13-14) ③다신교적인 미신으로부터(고전 10:29, 갈 4:8-9) ④하나님의 구원 체계로서 주장되는 율법으로부터(갈 4:21, 5:1, 롬 7:6) ⑤유대교 형식주의의 짐으로부터(갈 2:4)의 해방 등인데 이 모든 것에 덧붙여 육체적인 쇠퇴와 죽음으로부터의 해방이 추가된다(롬 8:18-21). 이처럼 광범위한 자유는 그리스도의 선물인데 그리스도께서는 자기의 백성들을 노예의 속박으로부터 값주고 사신 것이다(고전 6:19-20, 7:22-23).

■참고■ **자유를 가진 그리스도인으로서 태도**
- 약한 자에게 거침이 되면 안됨 - 그런즉 너희의 자유가 믿음이 약한 자들에게 걸려 넘어지게 하는 것이 되지 않도록 조심하라(고전8:9,13)
- 남의 자유를 판단하면 안됨 - 내가 말한 양심은 너희의 것이 아니요 남의 것이니 어찌하여 내 자유가 남의 양심으로 말미암아 판단을 받으리요(고전 10:29)
- 악을 가리우는 데 쓰면 안됨 - 너희는 자유가 있으나 그 자유로 악을 가리는 데 쓰지 말고 오직 하나님의 종과 같이 하라(벧전 2:16)
- 율법의 멍에를 다시 메면 안됨 - 그리스도께서 우리로 자유롭게 하려고 자유를 주셨으니 그러므로 굳건하게 서서 다시는 종의 멍에를 메지 말라(갈 5:1)
- 육체의 기회를 삼으면 안됨 - 형제들아 너희가 자유를 위하여 부르심을 입었으나 그러나 그 자유로 육체의 기회로 삼지 말고 오직 사랑으로 서로 종노릇하라(갈 5:13)

■예화■ **진정한 자유**

"내가 자유라고 일컫는 것은 오직 하나, 즉 질서를 동반한 자유다. 질서 및 도의(道義)와 같이 있을 뿐만 아니라, 질서 및 도의 없이는 존재할 수 없는 자유만 나는 자유라고 일컫는다." 영국의 대웅변가요 정치가였던 에드먼드 버크(1729-1796)가 1774년 브리스톨 연설에서 한 유명한 구절이다. 자유는 인간의 생명 다음에 소중한 가치다. 그러나 자유는 결코 만능이 아니다. 아무리 자유가 귀해도 남의 자유를 억압하고 남을 노예로 삼아서는 안 된다. 또 자유가 무질서나 방종이나 무정부상태로 전락해도 안 된다. 그것은 자유의 자살이나 다름없다. 또 도의를 무시한 자유도 용납할 수 없다. 타락과 부패 위에 피는 자유는 악의 꽃이다. 그것은 시들어 버려야 할 자유다. 우리는 남의 자유를 억압하지 않는 범위 내에서 나의 자유를 주장해야 한다. 내가 남의 자유를 짓밟을 때 남도 나의 자유를 짓밟는다. 그러면 나의 자유나 남의 자유도 다같이 존재할 수 없다. 자유의 나무는 가장 가꾸기 어려운 나무다. 지혜와 자제와 용기가 필요하다. 우리는 권력의 침해에서 우리의 자유를 지켜야 하는 동시에 우리의 자유가 무질서와 방종으로 전락하지 않도록 노력해야 하며 또 도덕이나 정의나 인도를 짓밟지 않도록 조심해야 한다. 질서가 수반하는 자유, 그리고 도의 위에 서는 자유, 이것이 진정한 자유다. 질서와 도의가 없는 자유는 사이비의 자유다. 우리는 자유의 나무를 지혜롭게 조심하게 가꾸어야 한다. (안병욱)

● 그리스도인 ●

그리스도인의 참된 승리 세 가지

■ 본 문 ■ 무릇 하나님께로부터 난 자마다 세상을 이기느니라 세상을 이기는 승리는 이것이니 우리의 믿음이니라 【요일 5:4】

■ 서 론 ■ 작가 존 맥스웰은 "그리스도인의 여정은 자신의 힘으로는 도저히 손에 넣을 수 없는 티켓을 가지고 자신의 힘으로는 도저히 도달할 수 없는 목적지를 향해 나아간다"고 했다. 그리스도인의 참된 승리는?

■ 말씀 ■

I. 육체를 이기는 것 【갈 5:17】

성경은 '육체의 소욕은 성령을 거스르고 성령은 육체를 거스르나니 이 둘이 서로 대적함으로 너희가 원하는 것을 하지 못하게 하려 함이니라' 고 했다. 육체 곧 헬라어 '사르크스' 는 본래 동물 또는 사람의 육체를 가리켰다. 육(肉)은 단순히 겉모양의 몸을 말하는 뿐만 아니라 사람의 육적인 성격을 의미한다. 육은 약하고 무기력하여 인간의 불완전한 한계성의 표현이다.

참고 성구 창 6:17 요 3:6 엡 2:3 벧전 2:10 롬 13:13-14 갈 6:8 히 9:14

II. 세상을 이기는 것 【요일 5:4】

성경은 '무릇 하나님께로부터 난 자마다 세상을 이기느니라 세상을 이기는 승리는 이것이니 우리의 믿음이니라' 고 했다. '세상' 을 의미하는 헬라어 '코스모스' 는 사도 요한의 글에 반 이상 씌어져 있고(104회), 바울 서신에도 많이 보여진다. 이것은 인간의 조직적 사회를 말하기도 하고 또한 악한 세상을 대표하여 하나님께 대립하는 세상을 가리키고도 있다.

참고 성구 요일 2:15-16 갈 6:14 히 11:24-26 롬 12:2 요 18:36, 16:33

III. 마귀를 이기는 것 【약 4:7】

성경은 '그런즉 너희는 하나님께 복종할지어다 마귀를 대적하라 그리하면 너희를 피하리라' 고 했다. 마귀는 사탄의 별명의 하나로 눈에 보이지 않는 부하(귀신)들을 통솔하는 수령으로 귀신의 왕으로, '바알세불' 로도 불리우고 있다. 마귀는 타락자로서 하나님과 인류의 최대의 적이다. 마귀의 세력에 대한 성도의 저항은 오직 믿음을 굳게 하여 마귀를 대적하는 것이다.

참고 성구 마 4:3-11 고후 2:11, 11:13-15 엡 4:26, 6:11-12, 벧전 5:8-9

■ 결 론 ■ 이와 같이 그리스도인의 참된 승리를 보았으니 성도는 육체의 소욕을 극복하고 악한 세상과 마귀를 이겨서 고난을 극복하여 주님이 주시는 영생을 얻는 자들이 되자.

■해설■ **승리, 이김**

구약에서 '승리'(victory)란 거의 언제나 외부의 대적을 이기는 것이며 이로써 외적인 평안과 안전을 이룩하는 것이다(수 1:12-18, 렘 23:6). 그러나 신약성경에서 언급하고 있는 승리란 '사회적인 어려움이나 경제적 곤란을 극복하는 것을 뜻하지 않고 시험이나 악의 세력을 이기는 것'을 뜻한다. 또한 나아가 그리스도인이 매일 매일의 현실에서 승리의 삶을 누리며 이 세상의 유혹과 공격들을 물리치고 승리하는 것이 더욱 강조되고 있다. 이것은 십자가상에서 다 이루신 그리스도의 승리의 권세를 믿음으로서 사용할 때 가능해진다(요 16:33, 19:30). 또한 미래에 완전히 실현될 것이다(고전 15:24-28, 54-57).

■참고■ **그리스도인들은 무엇으로부터 승리하는가**

• 근심을 이김 - 지금은 너희가 근심하나… 너희 기쁨을 빼앗을 자가 없으리라(요 16:22-24) • 세상을 이김 - 세상에서는 너희가 환난을 당하나 담대하라 내가 세상을 이기었노라(요 16:33) • 죄를 이김 - 우리의 옛 사람이 예수와 함께 십자가에 못 박힌 것은 죄에게 종 노릇 하지 아니하려 함이니(롬 6:6-7) • 갖가지 일을 이김 - 일체의 비결을 배웠노라(빌 4:11-13) • 사망을 이김 - 사망아 너의 승리가 어디 있느냐 사망아 네가 쏘는 것이 어디 있느냐(고전 15:55-57)

■예화■ **힘든 승리의 기쁨**

"우리의 최대의 영광은 한 번도 실패하지 않는 것이 아니고, 넘어질 때마다 일어서는 것이다." 애란의 작가 골드 스미스의 이 말을 나는 젊은이들에게 보내고 싶다. 한문에도 칠전팔기란 말이 있다. 일곱 번 넘어지면 여덟 번 일어나는 불굴(不屈)의 정신을 말한 것이다. 실패가 없는 인생은 없다. 사람은 누구나 실패한다. 또 실패하더라도 두려워하다가는 아무 일도 못한다. 실패하더라도 거기에 굴하지 않고 다시 분발하여 일어서는 불퇴전의 정신이 중요하다 이 불퇴전의 정신, 불굴의 의지가 우리로 하여금 성공의 정상에 오르게 하고 승리의 월계관을 쓰게 한다. 실패를 부끄럽게 생각하지 말라. 실패에 굴복하는 것을 부끄럽게 생각하라. 인생에서 큰 일을 한 사람이나 사회의 성공자들의 과거사를 연구해 보라. 실패의 기록으로 가득 차 있다. 실패의 눈물이 그들의 발자국을 적시고 있다. 아무 실패도 하지 않고 성공했거나 큰 일을 한사람은 천의 하나 만의 하나밖에 안 된다. 모두 실패의 가시밭길을 헤친 끝에 승리의 영광을 차지한 것이다. 한 번도 실패하지 않았다는 것이 우리의 영광이 아니다. 실패할 때마다. 꺾이지 않고 강하게 일어섰다는 점이다. 한문에 '백절불굴(百折不屈)'이란 말이 있다. 백 번 꺾이어도 굴하지 않고 다시 또 일어난다는 것이다. 고난이 클수록 영광도 크다. 성공의 기쁨은 실패에 비례한다. 쉽게 얻어진 승리보다 힘들게 얻어진 승리가 기쁘고 감격이 크다. (안병욱)

● 그리스도인 ●

그리스도인이 멀리해야 할 세 부류

■ 본 문 ■ … 회당의 높은 자리와 잔치의 윗자리를 원하는 서기관들을 삼가라 그들은 과부의 가산을 삼키며 외식으로 길게 기도하는 자니 그 받는 판결이 더욱 중하리라 하시니라 【막 12:38-40】

■ 서 론 ■ 작가 토마스 헉슬리는 "한 인간이 그리스도인이 되는 데는 많은 것을 요구하지 않는다. 그러나 그에게 있는 모든 것을 요구한다"라고 했다. 그리스도인이 멀리해야 할 사람들은?

■ 말 씀 ■

I. 이단에 속한 자를 멀리할 것 【딛 3:10】
  성경은 '이단에 속한 사람을 한두 번 훈계한 후에 멀리하라'고 했다. 이단은 신약성경에 의하면 이설을 제창하는 별파와 배척되어야 할 유설과 유설을 고집하여 분리한 무리 등이 이단으로 되어 있다. 교회의 일치와 성도의 형제애에 금이 가게 하는 자들은 경계의 대상인데 이같이 당파심을 고집하는 개인은 '이단에 속한 자'로 규정되어 있다.
  참고 성구 요이 1:10-11 마 15:9 딤전 4:1-2 벧후 2:1-3 계 22:19

II. 몸을 상해하는 자를 멀리할 것 【빌 3:2】
  성경은 '개들을 삼가고 행악하는 자들을 삼가고 몸을 상해하는 일을 삼가라'고 했다. 개역성경에는 할례로, 개역개정 성경에는 몸을 상해하는 자로 나오는데 이 할례는 남성의 음경의 포피를 절개하거나 일부를 베어내는 의식을 말한다. 이 의식은 아브라함에서 시작되어 모세에 의해 제정되었고, 신약에서 율법적인 할례에서 이방 크리스챤이 면제되는 데에는 바울의 공헌이 크다.
  참고 성구 행 15:10 롬 2:25 갈 2:3-4 갈 2:16 행 15:1-2

III. 상좌를 원하는 자를 멀리할 것 【막 12:39】
  성경은 '회당의 높은 자리와 잔치의 윗자리를 원하는 서기관들을 삼가라'고 했다. 주님 예수는 서기관과 바리새인들의 죄상을 폭로하고 경계하신 말씀 가운데 특히 그들의 존대받고자 하는 욕구를 멀리하라고 하셨다. 서기관과 바리새인들은 남을 위해 솔선하여 섬기고 봉사하는 것이 성직의 근본인데도 이들은 남 위에 군림하여 존경을 받기만 원한 몰염치한 권위주의자들이었다.
  참고 성구 마 23:12 잠 25:27 막 10:37-44 삼상 2:30

■ 결 론 ■ 이와 같이 그리스도인이 멀리해야 할 사람들을 보았으니 성도는 이단에 속한 자와 율법주의를 고수하여 사랑의 복음을 위해하는 자와 권위주의자들을 배격하고 참 사랑을 행하여 이웃을 섬기는 자 되자.

■해설■ **주님만 가까이**

스미르나의 존경받는 주교였던 '폴리캅'은 사도 요한의 개인적인 친구였으며 제자였다. 그가 86세 때 로마 총독으로부터 예수를 버리면 자유의 몸이 되게 해주겠다는 말을 들었다. 그때 그는 "86년 동안 주님을 모셨는데 그분은 내게 아무 해도 입히지 않으셨는데 어찌 내가 나의 왕이며 구원자이신 그분을 멀리하여 모독하겠습니까?"라고 말하였다. 집정관은 "그대의 나이를 봐서 봐주는 것이오. 무신론자(당시 기독교인은 왕을 신으로 섬기지 않는다 하여 무신론자로 불렸음)가 되지 마시오." 이 말을 들은 폴리캅은 이교도들을 가리켜 무신론자는 저들이라며 자신을 순교자의 대열에 낄 수 있게 해주신 하나님께 오히려 감사했다.

■참고■ **이렇게 멀리한 이도 있음**

• 아브라함이 갈대아 우르를 멀리함 - 하나님의 부르심을 따라 우상을 섬기는 환경에서 벗어남(창 12:1-4) • 이스라엘 민족이 애굽을 멀리함 - 세상 죄악 구덩이에서 옮기움을 의미함(출 12:4-42) • 바디매오가 겉옷을 내어 던지고 - 주님을 따르는 데에 방해가 되는 것을 멀리함(막 10:50) • 요셉이 보디발의 아내를 멀리함 - 죄를 짓지 않기 위해서(창 39:1-20) • 다윗이 사울의 군복을 멀리함 - 남에게 맞은 것이 오히려 거추장스럽고 방해가 됨(삼상 17:38-39) • 바울이 유대교를 멀리함 - 그리스도와의 관계에 방해가 됨(빌 3:4-7)

■예화■ **행복한 만남**

"인생은 만남이다." 독일의 의사(醫師)요 작가였던 한스 카로사(Hans Carossa 1878-1956)의 간결한 말에서 우리는 인생의 깊은 정의를 발견한다. 만남을 한문으로는 조우(遭遇)라고도 하고 해후(邂逅)라고도 한다. 영어의 encounter다. 우리는 길가에서, 차 속에서 또는 직장에서 많은 사람을 만난다. 남자는 여자를 만나고 여자는 남자를 만난다. 선생을 만나고 제자를 만나고 이웃을 만나고 또 동료를 만난다. 인생의 여러 만남 중에서 특별히 깊은 만남이 있다. 예수와 베드로의 만남, 그것은 혼과 혼의 깊은 종교적 만남이다. 공자와 안연의 조우, 그것은 인격과 인격의 성실한 교육적 만남이다. 괴테와 실러의 해후, 그것은 우정과 우정의 두터운 인간적 만남이다. 단테와 베아트리체의 만남, 그것은 이성과 이성의 맑은 순애적 만남이다. 카인과 아벨의 만남, 그것은 미움과 미움의 저주스러운 비극적 조우였다. 실존철학자 야스퍼스는 인생의 만남에 두 가지 형태를 말했다. 하나는 겉사람과 겉사람끼리의 얕은 피상적인 만남이다. 또 하나는 인격과 인격끼리의 깊은 실존적 만남이다. 너와 나와의 깊고 성실한 만남, 이것이 우리가 갖고 싶은 조우요, 이 조우 위에 인생의 행복이 건설된다. 좋은 부모를 만나는 기쁨, 성실한 친구를 만나는 즐거움과 훌륭한 스승, 믿음직한 제자를 만나는 보람, 진실한 애인을 만나는 희열, 좋은 남편·착한 아내를 만나는 행복, 참되고 의로운 인간을 만나는 기쁨, 모두 다 나와 너와의 성실한 만남이다. (안병욱)

● 그리스도인 ●

그리스도인이 바라는 소망 세 가지

■본 문■ 우리 주 예수 그리스도의 아버지 하나님을 찬송하리로다 그의 많으신 긍휼대로 예수 그리스도를 죽은 자 가운데서 부활하게 하심으로 말미암아 우리를 거듭나게 하사 산 소망이 있게 하시며 【벧전 1:3】

■서 론■ "그리스도인은 완전함에 있는 것이 아니라 그 과정을 계속하는 사람이다"라고 종교 개혁자 마르틴 루터는 말했다. 그리스도인이 바라는 소망은 무엇인가?

■말씀■

I. 산 소망 【벧전 1:3】

성경은 '우리 주 예수 그리스도의 아버지 하나님을 찬송하리로다 그의 많으신 긍휼대로 예수 그리스도를 죽은 자 가운데서 부활하게 하심으로 말미암아 우리를 거듭나게 하사 산 소망이 있게 하시며' 라고 했다. 산 소망이란? 이는 성도의 소망이 예수 그리스도와 살아 있는 하나님의 말씀을 통해 주어졌으며 그 안에 생명이 있어 우리에게 생명을 줄 수 있음을 뜻한다.

참고 성구 롬 8:24-25 벧전 1:4 히 11:1, 11-12 벧전 1:9 딛 3:5

II. 좋은 소망 【살후 2:16】

성경은 '우리 주 예수 그리스도와 우리를 사랑하시고 영원한 위로와 좋은 소망을 은혜로 주신 하나님 우리 아버지께서' 라고 했다. 좋은 소망이란? 이는 다시 오실 그리스도를 기다리며 그분이 주실 구원의 완성을 의미하는 말로서 이 소망은 하나님께서 은혜로 성도들에게 주신 것이다. '소망' 의 번역어인 헬라어 '엘피스' 는 신약의 소망이 보편적이며 궁극적임을 보여준다.

참고 성구 살후 2:13, 17 딤전 4:10 행 24:15 벧전 3:15 요 11:25-26

III. 튼튼하고 견고한 소망 【히 6:19,20】

성경은 '우리가 이 소망을 가지고 있는 것은 영혼의 닻 같아서 튼튼하고 견고하여 휘장 안에 들어 가나니' 라고 했다. 튼튼하고 견고한 소망이란? 이는 성도가 구원에 대한 분명한 소망을 인하여 하늘의 지성소 곧 하나님 나라에 안전하게 들어갈 수 있음을 가리킨다. 그리스도께서 성도들보다 앞서 들어가셨으므로 성도의 구원은 확실한 보증이 된다.

참고 성구 골 1:5 요 14:2-3 히 11:16 살전 4:17-18 계 22:5 빌 3:20-21

■결론■ 이와 같이 그리스도인이 바라는 소망을 알았으니 성도는 생명의 산 소망을 바라고 구원의 좋은 소망을 취하여 하늘나라의 튼튼하고 견고한 소망을 가진 자들이 되자.

■해설■ **소망**

① 소망은 구원과 관련되며 믿음과 사랑과 마찬가지로 은혜의 본질로서(고전 13:13) 미래를 포함한다(롬 8:24-25) ② 소망의 목적은 하나님 나라의 궁극적인 축복이다(행 2:26) ③ 소망은 실제적인 의를 바라며(갈 5:5), 좋은 것이고(살후 2:16), 복스런 것으로(딛 2:13) 영광된 것이다(골 1:27) ④ 소망은 하나님을 기쁨으로 신뢰하며(롬 8:23), 고난 중에도 부끄럽지 않게 인내하고(롬 5:3-5), 기도함으로 참는 도덕적 열매를 맺는다. ⑤ 소망은 하나님의 불변하심과 이어져 영혼을 닻과 같이 견고케 한다(히 3:6) ⑥ 소망은 구약의 족장 시대 아브라함에게 주신 첫 언약으로부터 비롯되어(롬 4:18), 이스라엘에 의해 품어졌고(행 26:6-7), 바울에 의해 복음의 소망으로 선포되었다.

■참고■ **소망이 없어진 자들의 모습**

• 모세 - 광야에서 이스라엘 백성이 고기를 먹게 하라고 아우성치자 책임을 회피하고 죽여달라고 하나님께 말함(민 11:13-15) • 엘리야 - 로뎀나무 아래서 죽기를 구함(왕상 19:4) • 욥 - 이러한 자는 죽기를 바라도 오지 아니하니(욥 3:21) • 환난 때의 사람들 - 죽고 싶으나 죽음이 피함(계 9:6) • 사울 - 자기 칼로 자해함(삼상 31:4-5) • 아히도벨 - 스스로 목매어 죽음(삼하 17:23) • 시므리 - 성이 함락되매 왕궁에 불을 놓고 죽음(왕상 16:18-19) • 이스라엘 백성 - 정탐꾼의 말을 듣고 밤새도록 울며 도로 애굽으로 돌아가자고 모세를 원망함(민 14:1-4)

■예화■ **풍요의식**

세상에 부요하게 된 사람이나 유명한 인물들을 보면, 그들은 언제나 '부자가 될 수 있다', '인류에게 놀라운 영향을 줄 수 있다'고 하는 신념과 집념을 가지고 살아갔다. 미국 캔사스 시에 만화를 그리는 취미를 가진 청년이 있었다. 이 청년은 신문에 자기가 그린 만화가 실리는 것이 꿈이었으나, 신문사로부터 여러 번 거절을 당했다. 그림 그리는 재주가 부족하다고 냉소도 받았다. 그러나 그는 실망하거나 꿈을 버리지 않고 언젠가는 내가 그리는 이 그림으로 성공할 수 있다는 풍요의식을 갖고 살아갔다. 한번은 어느 농촌의 작은 교회에 초청을 받아가서 주일학교 학생들을 위해 그림을 그려 성경을 가르치고 또 교회 선전용포스터를 그리는 일을 하게 되었다. 방이라고는 쥐가 득실거리는 지하실 창고에서 다 해진 소파 하나를 놓고 통조림 콩을 따먹으면서 지내게 되었다. 그렇지만 이 청년은 꿈을 버리지 않고 꾸준히 그림을 그려 나갔다. 그 후 그는 어린이들을 위한 꿈의 실현으로 미국 캘리포니아의 디즈니랜드의 주인이 되었던 것이다. 그의 이름이 바로 월트 디즈니이다. 오늘 우리의 삶 속에 어떠한 어려움이 있다고 할지라도 마음 속에 풍요의식을 심자. 우리는 스스로 가난해지거나 빈곤해지지 말자. 항상 마음속에 풍요의식을 심으며 살아갈 때, 비록 현재의 보잘것없고 극히 작은 기회라 해도 여기에 장차 놀라운 기적과 풍요의 세계가 찾아오는 것이다.   (희망의 대화 / 김선도)

● 그리스도인 ●

그리스도인이 받은 사명 세 가지

■본 문■ 우리가 살아도 주를 위하여 살고 죽어도 주를 위하여 죽나니 그러므로 사나 죽으나 우리가 주의 것이로다【롬 14:8】

■서 론■ 영국의 주석가 매튜 헨리는 "그리스도의 영이 선교의 영이다. 그에게 가까이 가면 갈수록 더 열정적인 선교사가 된다" 라고 했다. 그리스도인이 받은 사명은 무엇인가?

■말 씀■

I. 그리스도의 명령을 이루는 것【마 28:19,20】
성경은 '그러므로 너희는 가서 모든 민족을 제자로 삼아 아버지와 아들과 성령의 이름으로 세례(침례)를 베풀고 내가 너희에게 분부한 모든 것을 가르쳐 지키게 하라' 고 했다. 명령이란 무엇인가? 이는 윗사람이 아랫사람에게 시킴이나 그 말을 뜻한다. 본 구절은 주님 예수께서 승천하시기 앞서 제자들에게 주신 지상대명(the Great Commission)인데 모든 성도들에게 주신 명령이기도 하다.
참고 성구 요 13:34 행 10:42 요 14:15, 15:10-14, 요일 3:23

II. 그리스도의 복음을 자랑하는 것【롬 1:16】
성경은 '내가 복음을 부끄러워하지 아니하노니 이 복음은 모든 믿는 자에게 구원을 주시는 하나님의 능력이 됨이라' 고 했다. 복음이란 무엇인가? 이는 하나님께서 인간의 구원을 위해 예수 그리스도를 통하여 주신 기쁨의 소식을 말한다. 복음은 하나님의 은혜의 선물로서 이것을 믿는 자는 의롭다 함을 받고 모든 믿는 자에게 구원을 주시는 하나님의 능력이므로 성도는 복음을 선포하고 자랑하자.
참고 성구 갈 6:17 갈 6:14 행 14:15 엡 2:8

III. 그리스도를 위하여 살아가는 것【롬 14:8】
성경은 '우리가 살아도 주를 위하여 살고 죽어도 주를 위하여 죽나니 그러므로 사나 죽으나 우리가 주의 것이로다' 라고 했다. 종교개혁자 마르틴 루터는 "우리의 목표는 사람의 삶이 그리스도로 채워져서 다른 사람에게 전염되는 것이다" 라고 했다. 성도의 삶은 바울의 고백과 같이 살아도 주를 위하여 살고 죽어도 주를 위하여 죽는 것이다.
참고 성구 고전 16:22 행 20:24 갈 5:24 고후 5:13-14 딤후 4:7-8

■결 론■ 이와 같이 그리스도인이 받은 사명을 보았으니 성도는 주님 예수의 명령을 준행하여 복음을 자랑하고 주를 위하여 죽기까지 충성하는 자들이 되자.

■해설■ **사명**

영국의 저술가 존 러스킨은 사람에게는 각각의 사명이 있음을 다음과 같이 말했다. "누구든지 나에게 맡겨진 특별한 일을 대신해 줄 사람은 없다. 나는 나의 사명을 실행하기 위하여 세상에 왔다. 다른 사람이 나보다 더 나은 일을 할 수는 있으나 나의 일을 대신할 수는 없을 것이다. 나는 나의 맡은 책임이나 나의 받은 은혜를 남에게 넘겨 줄 수 없고, 대신해 달라고 할 수 없다. 그들은 그들이 할 일이 있으니 그 일이 고상한 일일지도 모르겠다. 나는 하나님이 주신 수족을 가지고 내 일을 내가 하지 아니하면 안 될 것이다." 실로 자기에게 부여된 사명을 깨달아 완수함은 귀한 일이다.

■참고■ **사명자들에게 꼭 필요한 네 가지 기본 요소들**

- 침상 - 그리스도께 찾아와 그의 뜻 안에서 발견되어지는 안식을 상징함(마 11:28-29)
- 책상 - 그리스도와의 친교의 상징이다. 왜냐하면 원수의 목전에서 상을 베푸시고 (시 23:5), 우리에게 와서 먹으라고 하시기 때문이다(요 21:12)
- 의자 - 그리스도의 교훈을 상징하는데 이는 그의 비밀한 뜻을 알려면 그의 발 앞에 앉아 그를 배워야 하기 때문이다(신 33:3, 눅 10:39)
- 촛대 - 예수 그리스도를 증거함을 상징하는데 이는 우리는 세상의 빛이요 주를 증거하는 자라 하셨기 때문이다(마 5:14, 행 1:8)

■예화■ **참고 나아가라**

플로렌스 나이팅게일은 이태리의 부유한 가정, 문화적인 교육을 받은 가정에서 자랐다. 부모는 그 딸에게 좋은 가정을 갖도록 결혼을 권유했지만, 나이팅게일은 다 거부하였다. 그가 31세 때 허무감에 젖어 일기를 썼는데 '살아갈 의욕이 없다. 텅 빈 공허감…나는 죽을 수밖에 없다.' 라고 했다. 그는 그 공허 속에서 새로운 가능성을 발견했다. 전쟁터에서 피를 흘리며 쓰러져 가는 부상자들을 치료하기 위해 그는 간호학을 공부하기 시작했다. 부모의 만류도 뿌리치고 이 젊은 여인은 전쟁터를 찾아갔다. 피 흘리며 쓰러지는 전상자들을 붕대로 싸매 주고 닦아 주고 사랑하면서 3년 동안 그들을 도왔다. 외로운 군인들은 나이팅게일만 지나가게 되면 마치 예수님이 지나가시는 것처럼 인사하고 경배했다고 한다. 이러한 희생을 거쳐서 그는 현대 간호학의 기초를 이루었다. 그 후 병원마다 간호원이 없어서는 안 되도록 제도화되었다. 나이팅게일이 세상을 떠날 때에 시체를 영국 웨스트민스터 사원에 모시겠다고 했지만 그녀는, 자기에겐 그런 자격이 없으니 가족 묘지에 묻어 달라고 했다. 나이팅게일은 31세 때 더 나아갈 수 없는 절망과 좌절 속에서 죽음을 생각하였지만 새로운 가능성과 전진의 의미를 찾고야 말았던 것이다. 위대한 삶을 사는 사람은 그 값을 지불해야 한다. 버릴 것은 버리고 새로운 가능성을 찾아 어떤 상황에서도 참고 견디어 나갈 때 결국은 승리의 면류관을 얻을 수 있는 것이다. (김선도)

● 그리스도인 ●

그리스도인이 버려야 할 세 가지

■ 본 문 ■ 범사에 헤아려 좋은 것을 취하고 악은 어떤 모양이라도 버리라 【살전 5:21-22】

■ 서 론 ■ 미국의 설교가 헨리 워드 비처는 "그리스도인은 좀 더 훌륭하게 되려는 정직한 목적을 위하여 그리스도에게 보내어 공부하도록 자신을 맡겨 놓은 죄 많은 사람에 불과하다"라고 했다. 그리스도인이 버려야 할 것은?

■ 말씀 ■

I. 악의 모양 【살전 5:21,22】

성경은 '범사에 헤아려 좋은 것을 취하고 악은 어떤 모양이라도 버리라'고 했다. 악의 모양이란 무엇인가? 모양은 헬라어 '에이도스'인데 이는 '눈에 들어오는 것, 외형적인 모습, 형상, 자태, 종류'의 뜻으로 악에 관한 외형적인 모든 것을 뜻한다. '버리라'는 헬라어 '아페코'로서 '받아 버리다, 떨어지다, 금지하다, 자신을 삼가다'는 뜻이 있다.

참고 성구 시 34:14 롬 12:9,17 고전 10:5-6 빌 3:2 벧후 3:17

II. 세상 정욕 【딛 2:12】

성경은 '우리를 양육하시되 경건하지 않는 것과 이 세상 정욕을 다 버리고 신중함과 의로움과 경건함으로 이 세상에 살'라 했다. 세상 정욕이란 무엇인가? 이는 하나님과 대립되는 악한 세상이 주는 물질적 욕망이나 저급한 육체적 요구나 감정을 가리키는 말로서 정욕은 헬라어 원어 '에피뒤미아'를 번역한 말이다. 이것은 또한 사욕, 탐심, 욕심으로 번역되었다.

참고 성구 벧전 2:11 약 4:4 요일 2:15-16 딤후 4:10

III. 허탄한 신화 【딤전 4:7】

성경은 '망령되고 허탄한 신화를 버리고 경건에 이르도록 네 자신을 연단하라'고 했다. 신화란 무엇인가? 헬라어 '뮈도스'로 영어의 'myth'가 여기서 왔다. 이는 선조가 남긴 민족 유산의 하나이지만 성경에서는 가공의 이야기, 어리석은 이야기를 가리켜 썩어지고 그것에 미혹되어 참 신앙에서 일탈되는 일이 없도록 경계되어 있다. 기독교가 역사 종교로서 구속주 예수 그리스도의 역사성 위에 신앙의 근거를 두고 있는 입장에서 허구는 강하게 배제되었다.

참고 성구 딤전 1:4 딤전 4:7 6:20-21 딤후 4:4 딛 1:4 벧후 1:16

■ 결 론 ■ 이와 같이 그리스도인이 버려야 할 것을 살펴보았으니 성도는 악의 모양과 세상 정욕과 허탄한 신화를 버리고 선과 경건과 의로움으로 살아가는 자 되자.

■해설■ **그리스도인을 거치는 돌**

신약성경에서 '거치는 돌'(stumbling block)로 번역된 헬라어는 '프로스콤마'와 '스칸달론'이 있다. '스칸달론'은 원래 길가는 사람을 올무에 걸려들게 하는 나무토막이었다. 이것이 은유적으로 사용되어 고의로 죄를 짓게 만드는 것을 뜻하게 되었다. '스캔달'이 이 말에서 온 듯하다. '프로스콤마'란 문자 그대로 길 위에 있는 장애물을 뜻하는데 어떤 구절에서는 '스칸달론'과 동의어로 쓰이기도 했다. '프로스콤마'가 문자적으로 쓰일 때는 해를 끼치고자 하는 의도는 없는 것이다(마 16:23 베드로는 그리스도에 의해서 '넘어지게 하는 자 - 방해꾼'로 언급되었다.) 오늘 우리 성도들을 넘어지게 하는 게 무엇인가?

■참고■ **버림으로써 더한 것을 얻은 이들**
- 나이 75세에 태어나 기반을 닦은 하란을 떠나라는 하나님의 명령을 순종한 아브라함은 복의 근원이 된 자임(히 11:8, 창 12:1-4)
- 시위대장 보디발의 아내의 집요한 유혹에도 겉옷까지 버리고서 하나님 앞에 악을 행하지 않은 요셉은 후에 총리가 되었음(창 39:7-23)
- 그물을 버려두고 물고기를 잡는 어부에서 사람을 낚는 어부가 된 베드로와 안드레(마 4:18-22)
- 엘리야의 명령을 순종하여 소를 버리고 식구에게 인사하고 뒤따름으로써 가장 많은 기사와 이적을 행한 엘리사(왕상 19:19-21)

■예화■ **못 보았습니다**

한 젊은 재상이 나이 많은 임금님께 질문을 했다. 어떻게 하면 죄의 유혹을 피하고 많은 시험을 이겨서 나라를 위해 깨끗한 충신으로 일할 수 있겠느냐는 질문이었다. 임금님은 젊은이의 그 뜻이 기특하여 지혜를 베풀었다. 재상으로 하여금 컵에다가 물을 가득 채워서 이 컵을 들고 제한된 시간 안에 시내를 한바퀴 돌되, 물 한 방울이라도 흘리면 벌을 내리겠다고 하명했다. 그리고 창과 칼을 든 군사들은 재상 뒤로 따르게 했다. 젊은 재상은 한번 질문했다가 큰 곤욕을 치르게 되었다. 그러나 드디어 임금이 명하신 대로 제시간에 물 컵을 들고 궁전으로 돌아왔다. 임금님은 크게 칭찬하며 그의 수고를 고마워했다. 그리고 물으셨다. "자네가 시내를 한 바퀴 도는 동안 여자를 보았나?" "못 보았습니다." "그러면 길거리에서 사람들이 얼마나 나왔던가?" "임금님 못 보았습니다, 저는 아무것도 본 것이 없습니다." 이 때 임금님은 '바로 그것이야. 내가 할 일을 열심히 하노라면 하지 않아도 되는 시시한 일은 보이지도 들리지도 않는 법이다.'라고 말씀하시면서, 왜 그런 일을 시켰는지 설명해 주셨다. 누구든 열심히 하고 있노라면 하지 말아야 될 일은 자연히 하지 않게 되는 것이다. 마땅히 해야 할 일을 하지 않고 있기 때문에 나를 유혹하고 시험하는 것이다.

● 그리스도인 ●

그리스도인이 서로 해야 할 세 가지

■본 문■ 만물의 마지막이 가까이 왔으니 그러므로 너희는 정신을 차리고 근신하여 기도하라 무엇보다도 뜨겁게 서로 사랑할지니 사랑은 허다한 죄를 덮느니라【벧전 4:7-8】

■서 론■ "그리스도인이 되려면 성경의 진리를 믿는 데 많은 학식이 필요하지 않다. 다만 여기에는 정직한 마음과 하나님께 복종하겠다는 마음만 있으면 된다"라고 알버트 바데스는 말했다. 성도가 서로 해야 할 것은?

■말 씀■

Ⅰ. 서로 짐을 져야 한다【갈 6:2】

성경은 '너희가 짐을 서로 지라 그리하여 그리스도의 법을 성취하라' 고 했다. 짐이란 무엇인가? 이는 지거나 실어서 나르는 물건 또는 책임지고 치러 나가야 할 힘드는 일을 의미한다. 헬라어 '바로스' 가 '무거운짐' 또는 '짐' 으로 번역되었는데 성경은 성도가 타인의 과실 및 슬픔에 동정함으로 이것을 나누어야 할 것을 명하고 있는데 이것이 그리스도의 법(사랑)을 성취함이라고 했다.

참고 성구 딤전 6:18-19 히 13:16 롬 15:1 살전 5:14

Ⅱ. 서로 사랑해야 한다【벧전 4:8】

성경은 '무엇보다도 뜨겁게 서로 사랑할지니 사랑은 허다한 죄를 덮느니라' 고 했다. 본 구절은 인간의 사랑이 상대방의 죄를 대속한다는 의미는 아니다. 다만 성도는 그리스도께서 죄인을 사랑하셨듯이 서로 사랑함으로써 상대방의 허물을 용서하라는 뜻이 담겨 있다. 주님은 '새 계명을 주노니 서로 사랑하라 내가 너희를 사랑한 것 같이 너희도 서로 사랑하라' 고 하셨다.

참고 성구 신 10:9 살전 3:12-13 요일 4:7-10, 20 롬 5:8 요 13:34-35

Ⅲ. 서로 덕을 세워야 한다【살전 5:11】

성경은 '그러므로 피차 권면하고 서로 덕을 세우기를 너희가 하는 것 같이 하라' 고 했다. 덕이란 무엇인가? 이는 일반적으로는 사람에게 요구되는 도덕을 말하고 기독교에서는 하나님께서 예비해 주시는 탁월한 성질을 말한다. '덕을 세우기를' 은 헬라어 '오이코도메이테' 인데 이는 '집을 짓다' 는 뜻이다. 이것으로 성도들의 신앙 공동체가 어떤 요소들로 건축되어야 하는가를 시사해 주고 있다.

참고 성구 롬 15:2 벧후 1:5-7 고전 14:4 갈 4:18 빌 4:9

■결 론■ 이와 같이 그리스도인이 서로 해야 할 것들을 살펴보았으니 성도는 자발적으로 짐을 지고 사랑으로 허물을 용서하며 덕을 세워 교회를 은혜가 넘치는 곳으로 만드는 자들이 되자.

■해설■ **천국 잔치**
　이제 막 천국에 도착한 사람이 베드로에게 이토록 영광스런 곳에 오게 된 것을 주님께 감사하며 그 행복을 한층 더 느낄 수 있도록 지옥을 한 번 보게 해 달라고 부탁했다. 그는 지옥에서 끝이 없이 이어진 진수성찬의 식탁을 두고서 굶어 죽어가는 사람들을 보았다. 그 이유를 묻자 베드로는 "4피트짜리 젓가락으로 음식을 집어 먹어야 하는데 그것이 너무 길어서 음식을 입으로 가져갈 수 없어서 그런 것입니다"라고 했다. 그들이 천국으로 다시 돌아왔을 때 역시 긴 식탁에 진수성찬이 놓여 있었는데, 천국의 사람들은 그 긴 젓가락으로 기쁘게 웃으면서 서로를 먹여 주어서 살이 통통하게 쪄 있었다.

■참고■ **성도는 어떻게 은혜를 표현하나**
　• 자비로 표현함 - 서로 용납하여 피차 용서함(골 3:12-14) • 겸손으로 표현함 - 겸손으로 허리를 동이라 하나님이 교만한 자를 대적하시되(벧전 5:5) • 온유로 표현함 - 화평케 하는 자들은 화평으로 심어 의의 열매를 거두니라(약 3:17-18) • 사랑으로 표현함 - 그런즉 믿음, 소망, 사랑 이 세 가지는 항상 있을 것인데 그 중에 제일은 사랑이라(고전 13:1-13) • 절제로 표현함 - 절제니 이 같은 것을 금지할 법이 없느니라(갈 5:23) • 평강으로 표현함 - 하나님의 평강이 예수 안에서 너희 마음과 생각을 지키심(빌 4:7)

■예화■ **숭고한 사랑**
　어느 신문에 당선작으로 뽑힌 한 할머니의 생활 수기가 우리의 가슴을 뜨겁게 해준다. "운명인 줄 알았더니 시련이었습니다."라고 제목을 붙인 그의 생활 수기는 대략 다음과 같은 것이었다. 20살 난 외아들이 갑자기 불치의 병으로 누우면서부터 기구한 운명이 시작된다. 병을 치료하기 위하여 가산을 탕진하고, 50세가 넘어 방직 공장 직공생활도 하였다. 자살을 하려고 수면제를 사 모으는 아들의 딱한 사정을 보고 가슴아파 하던 일, 술로 화를 달래던 남편마저 위암으로 죽어 절망은 극에 달하였다. 그러나 할머니는 절망하지 않았다. 앉은뱅이 아들과 함께 밤잠을 안 자며 종이봉투를 만들어 푼돈을 모았다. 결국은 아들을 시계수리 학원에까지 보내게 되었고, 또 그 아들은 불구의 몸으로 열심히 공부하여 최우수상을 받으며 졸업하였다. 이제 저들은 집도 장만하고 가게도 차려 놓았다. 이 감동적인 실화를 방송을 통해 들은 어느 아리따운 규수는 자진하여 이 할머니의 며느리가 되기로 결심하고, 드디어는 많은 축하객의 박수 속에서 행복한 가정을 이루었다. 이 수기에서 많은 것을 배우게 된다. 할머니의 값진 희생과 그 주인공 할머니나 아들은 자기에게 주어진 시련이라 순응한다고 하여도, 전혀 관계가 없는 한 인간이 사랑으로 시련에 뛰어들었다는 사실은 놀라운 일이다. 예수님께서 인간 세계에 내려오셔서 인간의 고통에 동참하신 그 숭고한 사랑이 이곳에 함께 하였다고 여겨진다.

● 근면 ●

근면한 자에게 임하는 축복 세 가지

■본 문■ 손을 게으르게 놀리는 자는 가난하게 되고 손이 부지런한 자는 부하게 되느니라 【잠 10:4】

■서 론■ 작가요 설교가인 찰스 시몬스는 "근면은 육신을 건강하게 하고, 마음을 깨끗하게 하며, 생각을 온전하게 하며, 지갑을 언제나 가득하게 한다"고 했다. 근면한 자에게 임하는 축복은 무엇인가?

■말 씀■

I. 부하게 된다 【잠 10:4】

성경은 '손을 게으르게 놀리는 자는 가난하게 되고 손이 부지런한 자는 부하게 되느니라'고 했다. 손을 가리키는 히브리어가 상반절에서는 '느슨한 손'을 뜻하는 '카프'로, 그리고 후반절에서는 '활동적이며 긴장된 손'을 뜻하는 '야드'로 각각 표현되었다. 가난의 원인은 여러 가지겠으나 대부분 방탕함과 게으름에 기인한다. 정직한 땀을 흘리는 자에겐 좀처럼 큰 곤절이 닥치지 않을 것이다.

참고 성구 잠 13:4,11 잠 22:29 벧후 1:10 롬 12:13 히 13:2

II. 칭찬받게 된다 【잠 31:31】

성경은 '그 손의 열매가 그에게로 돌아갈 것이요 그 행한 일로 말미암아 성문에서 칭찬을 받으리라'고 했다. 칭찬이 무엇인가? 이는 잘한다고 추켜주거나 좋은 점을 들어 기림을 뜻하는 말로서 이스라엘 사람들은 여인을 대중 앞에서 칭찬하는 일을 좀처럼 하지 않았다. 그러나 근면하고 현숙한 여인은 특별히 인정을 받아 대중 앞에서 칭찬을 받는다는 뜻이다.

참고 성구 막 14:6 삼상 12:4 빌 3:14 마 25:21,23

III. 다스리게 된다 【잠 12:24】

성경은 '부지런한 자의 손은 사람을 다스리게 되어도 게으른 자는 부림을 받느니라'고 했다. '다스리다'는 말은 나라, 사회 집안 등의 일을 보살펴 관리하거나 처리하는 것으로, 부지런하고 근면한 사람은 사람을 다스리고 윗사람으로 부리는 자의 입장에 서지만 게으른 자는 부림을 받는 말이다. 미국의 강철왕 앤드류 카네기는 "일하라! 부지런하라! 그리고 자립하라!"고 했다.

참고 성구 잠 17:2 창 45:8 눅 19:17 잠 15:16

■결 론■ 이와 같이 근면한 자에게 임하는 축복을 보았으니 성도는 근면하게 일하여 부자가 되고 잘 다스려서 이웃에게 큰 칭찬을 받아 주님을 위하는 봉사로 섬기는 자들이되 하늘 상급을 취하자.

■해설■ 근면

미국 각지에 1700여개의 백화점을 설치하여 백화점 왕이란 이름을 얻은 '페니'는 다음과 같이 말했다. "근면은 승리한다. 상당한 성공을 거두고 있는 사업가에 관해서 사람들은 가끔 이런 말을 한다. '아, 그이는 참 행운아예요. 그는 적당한 시점에서 출발했지요'라고. 그러한 말을 나를 두고 하는 사람이 있었다. 그러나 나는 행운이라는 것을 믿은 일이 없다. 성장과 성공은 결코 우연히 오지 않는다. 결단심과 하찮은 일에는 구애되지 않는 마음가짐과 인내심과 근면, 이 모든 것이 행운을 가져오는 열쇠라 할 것이다." '페니'의 젊은 날은 안이한 삶이 아닌 근면과 분투였음을 기억하자.

■참고■ 이들과 같이 근면 성실한 자가 되자

• 욥 - 이 모든 일에 욥이 입술로 범죄하지 아니하니라(욥 2:3,9,10) • 다윗 - 여호와께서 만민에게 심판을 행하시오니 여호와여 나의 의와 나의 성실함을 따라 나를 심판하소서(시 7:8) • 느헤미야 - 내 하나님이여 내가 이 백성을 위하여 행한 모든 일을 기억하사 내게 은혜를 베푸시옵소서(느 5:14-19) • 다니엘 - 다니엘을 고발할 근거를 찾고자 하였으나 아무 근거, 아무 허물도 찾지 못하였으니(단 6:4) • 바울 - 오직 진리를 나타냄으로 하나님 앞에서 각 사람의 양심에 대하여 스스로 추천하노라(고후 4:2)

■예화■ 근면성실

"노동은 미덕의 원천이다." 독일의 철학자 헤르다의 말이다. 이 명제의 반대는 "나태는 악덕의 원천이다"라는 말이 된다. 어째서 노동은 미덕의 원천이냐. 사람이 근근자자 하게 열심히 일할 때 경제적 독립의 힘이 생기고 생활의 기초가 튼튼해진다. 노동을 통해서 강한 의지력이 형성되고 자신과 용기와 지구력이 생긴다. 이러한 정신적 자원은 모든 미덕의 원천이 된다. 인간이 나태할 때 가난해지고 남에게 빚을 지게 되고 정신적 좌절감과 위축에 빠진다. 여기에서 여러 가지의 악덕이 생긴다. 가난은 인생의 죄악은 아니지만 적어도 해악의 하나인 것은 틀림없다. "일하지 않는 자는 먹지 말라"고 사도 바울은 말했다. 사람은 이마에 땀을 흘리면서 일을 하고 사회적 가치 창조를 할 때, 자신 있게 살아갈 수 있고 자기 인생에 대해서 보람을 느낄 수 있다. 허송세월로 무위도식하면서 남의 신세를 지고 살아가는 사람은 스스로를 사회의 기생충적 존재라고 느끼고 자학심과 자멸심의 포로가 되기 쉽다. 우리는 개미처럼 부지런히 일하고 꿀벌처럼 근면해야 한다. 인간은 일에 전심몰두 할 때 건전한 성격이 형성되고, 자기 인생에 대해서 확고한 신념을 가질 수 있다. 나도 사회의 유용하고 필요한 존재라고 느낀다는 것은 얼마나 대견한 일인가. 노동은 모든 미덕의 원천이요, 나태는 모든 악덕의 원천이다. 우리는 이러한 신조를 가지고 살아야 한다. (안병욱)

● 근신 ●

근신이 주는 좋은 결과 세 가지

■본 문■ 근신하라 깨어라 너희 대적 마귀가 우는 사자 같이 두루 다니며 삼킬 자를 찾나니 【벧전 5:8】

■서 론■ 근신이란 무엇인가? 이는 자제하고 자중하는 마음을 가리키는 말로서, 성경에서는 신약에서는 목회서신 곧 디모데전후서 및 디도서에 많이 나오고 구약에서는 잠언에 많이 나타난다. 근신이 주는 좋은 결과는 무엇인가?

■말 씀■

Ⅰ. 근신은 영혼의 생명이 된다 【잠 3:21,22】

성경은 '내 아들아 완전한 지혜와 근신을 지키고 이것들이 네 눈 앞에서 떠나지 말게 하라 그리하면 그것이 네 영혼의 생명이 되며 네 목에 장식이 되리니' 라고 했다. 생명이란? 인간의 육체에 깃들여 이것을 형성하고 지향케 하며 활동하게 하는 생명으로 이것은 육체와 분리, 독립하여 존재하는 영혼이 아니라 생명체 그것 자체이다. 히브리어 '네페슈' 가 이 말에 사용되었다.

참고 성구 눅 12:33 행 24:25 딤전 4:7-9 왕상 2:3 벧전 1;13

Ⅱ. 근신은 그리스도의 재림을 대비한다 【살전 5:6】

성경은 '그러므로 우리는 다른 이들과 같이 자지 말고 오직 깨어 정신을 차릴지라' 고 했다. 다른 이들과 같이 자지 말고는 복음서 열 처녀의 비유를 기억하게 하는 표현으로서, 본 구절의 '자지 말고' 의 헬라어 '메 카듀도멘' 은 도덕적 타락 또는 영적 나태 및 무관심에 빠지지 말라는 의미를 내포하고 있다. 근신은 주님 예수의 재림을 대비하는 마음이다.

참고 성구 눅 12:37 계 3:11 마 25:13 계 16:15 롬 13:11-14

Ⅲ. 근신은 마귀를 대적한다 【벧전 5:8】

성경은 '근신하라 깨어라 너희 대적 마귀가 우는 사자 같이 두루 다니며 삼킬 자를 찾나니' 라고 했다. 근신하라 깨어라는 이 세상의 욕망을 버리고 지속적으로 영적 경계를 해야 된다는 의미인데, 이는 마귀는 영적으로 방심하고 있는 자를 자신의 희생물 곧 미혹의 대상으로 삼기 때문이다. 성도의 근신은 세상의 공중 권세를 잡은 사탄의 미혹을 뿌리칠 수 있다.

참고 성구 고전 16:13 마 26:41 고전 10:12 벧후 3:17 약 4:7

■결 론■ 이와 같이 근신이 주는 좋은 결과를 알았으니 성도는 근신함으로써 영혼의 생명을 길게 하고 마귀 사탄을 대적하여 주님의 재림 시 흠 없이 주님을 공중에서 맞는 자들이 되자.

■해설■ 근신

영어의 '정신이 온전함'(sober)인 '근신'에 해당하는 헬라어는 ① '네팔리오스'란 형용사인데 이는 술 취하지 않고 정신이 온전하다는 의미이다. 그 동사형은 '네포'로서 신약에서는 비유적 뜻으로만 사용되었고, 그 의미는 '정신이 온전하다, 절제하다' 이다. 이 단어는 '엑크라테이아'란 명사와 뜻이 거의 같다(행 24:25, 갈5:23, 벧후 1:6). 영어성경 AV와 RSV에는 '네팔리오스'가 십중팔구 '절제하는, 근신하는'으로 번역돼 있다(살전 5:6,8, 딛 2:2). ② '소프로네오'는 신약에 16회 나오는데 광범위하게 용도가 사용되었다. 의미는 '건전한 마음을 갖다, 도리에 맞게 행동하다, 근신하다, 신중히 행하다'이다. 개역개정판 성경에서는 '근신' 대신에 '신중'으로 번역한 곳이 많이 있다.

■참고■ 근신하라!

• 그리스도인 - 우리는 다른 이들과 같이 자지 말고 오직 깨어 정신을 차릴지라(살전 5:6) • 교역자들 - 감독은 아내의 남편이 되며 절제하며 신중하며(딤전 3:2-3) • 교역자의 아내 - 여자들도 이와 같이 정숙하고 모함하지 아니하며 절제하며(딤전3:11) • 노인 - 늙은 남자로는 절제하며 경건하며 신중하며(딛 2:2) • 젊은 여자 - 그 남편과 자녀를 사랑하며 신중하며 순전하며(딛 2:4-5) • 젊은이들 - 너는 이와 같이 젊은 남자들을 신중하도록 권면하되(딛 2:6) • 여자 - 소박함과 정절로써 자기를 단장하고(딤전2:9) • 전도자 - 너는 모든 일에 신중하여 고난을 받으며 전도자의 일을 하며(딤후 4:5)

■예화■ 들통났습니다

영국 런던에서의 일이었다. 연말이 다가오자 어떤 사람이 장난으로 런던 시내에 있는 저명 인사들에게 다음과 같은 편지를 각각 띄웠다. "당신의 사생활이 모두 들통이 났습니다. 그 사진을 폭로하기 위해 신문기자들이 귀하의 집을 방문할 것이니 이 해가 가기 전에 런던을 떠나십시오." 그 후 편지를 띄운 저명인사 집을 모두 찾아가 봤는데 집에 머물러 있는 사람은 한 사람도 없었다. 이것은 사람들마다 자기의 감추어진 생활이 드러나게 되면 견딜 수 없음을 보여주고 있는 것이다. 간음하다가 현장에서 잡힌 여자를 끌로 와서 돌로 치겠다는 사람들에게 예수님은 "너희 중에 죄 없는 자가 먼저 돌로 치라"(요 8:7)고 말씀하시고 허리를 굽혀 땅위에 손가락으로 글을 쓰셨다. 그러자 나이 많은 사람으로부터 젊은 사람에 이르기까지 한 사람도 남김없이 모두 도망치고 그 여자만이 남았다. 사람들은 자신의 부끄러운 생활이 드러나는 것을 두려워한다. 그러면서도 다른 사람들의 허물과 잘못을 이해하고 감싸기보다는 들추어 내는 데 익숙해져 있다. 항상 자신을 하나님 앞에서 성찰함으로써 부끄러움이 없는 생활을 해 나가야 할 것이다. (설교예화 I / 조용기)

● 근심 ●

근심에 대한 성도의 모습 세 가지

■ 본 문 ■ 하나님의 뜻대로 하는 근심은 후회할 것이 없는 구원에 이르게 하는 회개를 이루는 것이요 세상 근심은 사망을 이루는 것이니라 【고후 7:10】

■ 서 론 ■ "이 세상은 우리를 근심하게 할 요소들이 충분히 있다. 그러나 타인의 고통을 깊이 생각하는 자는 자신의 일로 오랫동안 근심하며 고민하지 않는다"라고 리차드 킴벌랜드는 말했다. 근심에 대한 성도의 모습은?

■ 말 씀 ■

Ⅰ. 성도가 하는 근심은 세상적이 아님 【살전 4:13】

성경은 '형제들아 자는 자들에 관하여는 너희가 알지 못함을 우리가 원하지 아니하노니 이는 소망 없는 다른 이와 같이 슬퍼하지 않게 하려 함이라'고 했다. 자는 은 '죽다, 저장되다'의 뜻으로 헬라어 '코이모메논'이 쓰였는데 이는 주 안에서 잠자고 있는 자는 예수 재림 시 반드시 부활할 것임을 시사하는 말이다. 구원에 대한 소망이 없는 불신자들의 근심과 달리 성도는 세상사로 근심하는 자들이 아니다.

참고 성구 마 6:31-32 롬 8:24 빌 1:28 행 20:31 마 19:22

Ⅱ. 성도가 하는 근심은 회개에 이르게 함 【고후 7:10】

성경은 '하나님의 뜻대로 하는 근심은 후회할 것이 없는 구원에 이르게 하는 회개를 이루는 것이요 세상 근심은 사망을 이루는 것이니라'고 했다. '회개'란 하나님으로부터 떠나 있는 인간이 그 전존재를 하나님께 복귀하게 하는 행위를 가리키는 용어이다. 회개는 하나님께서 주시는 은혜로서 하나님의 뜻대로 하는 근심은 후회할 것 없는 구원에 이르게 하는 회개를 이룬다.

참고 성구 행 2:37-41 눅 3:12 행 16:30-32 눅 5:8 잠 17:22

Ⅲ. 성도가 하는 근심은 폐를 안 끼치기 위함임 【빌 2:26】

성경은 '그가 너희 무리를 간절히 사모하고 자기가 병든 것을 너희가 들은 줄을 알고 심히 근심한지라'고 했다. 에바브로디도는 빌립보 태생으로 빌립보 교회의 존경받는 지도자 중 한 사람인데 그는 빌립보 교회의 헌금을 바울에게 전하였고, 로마에 머물면서 바울을 섬기도록 위촉을 받았는데 그가 병든 소식을 빌립보 교회가 알게 되자 그는 심히 근심했는데 이는 바울과 교회에 폐가 안 되고자 한 마음이다.

참고 성구 몬 1:17-18 빌 4:12,16 요 14:1 창 39:9-10 창 13:9

■ 결 론 ■ 이와 같이 근심에 대한 성도의 모습을 보았은즉 성도는 불신자의 저차원적 세상 근심을 버리고 회개하며 주님을 대망하는 자세로 이웃에게 폐를 끼치지 않는 자들이 되자.

■해설■ **근심**

종교 개혁자 '루터'는 "모든 심적인 무거움과 침울함은 다 악마로부터 온다. 특히 하나님께서 그에게 은혜를 베풀지 않을 것이라든지 하는 것은 그러하다. 누구나 이러한 무거운 생각을 가진 사람은 이것이 악마의 것임을 확실히 알아야 한다. '하나님께서는 괴롭히시기 위해서가 아니라 위안하시기 위하여 그의 아들을 보내신 것이다' 그러므로 용기를 가지고 그리스도를 믿는 신앙을 통하여 하나님의 자녀이고 인간의 자녀가 아님을 생각하라. 죽음의 살이 여러분을 쏘지 못한다. 악마는 아무 권리도 해치거나, 손상시킬 수 없다. 그는 그리스도를 통하여 영원히 삼킨바 된 것이다"라고 언급했다.

■참고■ **성경에 기록된 갖가지 근심들**

• 헤롯의 위선적인 근심- 왕이 근심하나 자기가 맹세한 것과(마 14:9) • 부자 청년의 재물로 인한 근심 - 그 청년이 재물이 많은 고로 이 말씀을 듣고 근심하며 가니라(마 19:22) • 제자들의 일시적인 근심- 도리어 내가 이 말을 하므로 너희 마음에 근심이 가득 하였도다(요 16:6) • 바울의 끊임없는 근심 - 나의 형제 곧 골육의 친척을 위하여 내 자신이 저주를 받아 그리스도에게서 끊어질지라도(롬 9:3) • 세상 근심과 하나님의 뜻대로 하는 근심 - 하나님의 뜻대로 하는 근심은 후회할 것이 없는 구원에 이르게 하는 회개를 이루는 것이요(고후 7:10-11) • 의식주로 인한 근심 - 목숨을 위하여 무엇을 입을까 무엇을 마실까 몸을 위하여 무엇을 입을까(마 6:25)

■예화■ **주 너를 지키리**

백화점 사업의 대성공자인 페니는 나이 40대에 벌써 백만장자가 되는 번영을 이룩한 사람이다. 그러나 1929년의 경제공황이 전 미국을 휩쓸었을 때 그는 무일푼으로 완전히 파산해 버렸다. 실망과 패배감에 정복된 페니는 병이 들어 병원에 입원하게 되었으나 입원비마저 낼 수 없는 처지에 이르고 말았다. 얼마 전까지도 백만장자였던 그가 치료비를 걱정하는 입장이 되었으니 심적인 고통과 답답함이 오죽이나 했겠는가? 페니는 자기가 그 밤을 못 넘기고 죽을 것으로 생각하고 부인과 자녀들에게 간단한 고별의 편지를 써놓고 잠들었다. 그러나 이튿날 눈을 떠보니 기분이 많이 좋은 상태였다. 그 때 병원 복도의 저 끝에서 잘 알려진 찬송 소리가 들려왔다. "너 근심 걱정 말아라 주 너를 지키리 주 날개 밑에 거하라 주 너를 지키리" 페니는 자기도 모르게 그 찬송이 들려오는 작은 예배실로 들어가 진심으로 기도하기 시작했다. "주님, 내 능력으로는 도저히 어찌할 수가 없습니다. 주님, 이 사정을 돌보아 주시기 바랍니다." 그는 이 기도 후에 자기의 마음을 누르던 무거운 짐이 다 떠나 버렸다고 했다. 그 때부터 페니는 매사에 그리스도를 섬기는 믿음으로 사는 훌륭한 크리스천이 된 것이다. 얼마 안 되어 페니의 사업은 전보다 더 좋게 회복이 되었고 그는 파산 전에는 소유 못했던 하늘의 영생을 감사드리며 이 땅에서도 장수의 복을 누린 성공자가 되었다.

● 금식 ●

금식할 때 유념할 세 가지

■본문■ 나는 그들이 병 들었을 때에 굵은 베 옷을 입으며 금식하여 내 영혼을 괴롭게 하였더니 내 기도가 내 품으로 돌아왔도다 【시 35:13】

■서론■ "그대가 금식했다고 해서 금식한 일이 없는 사람보다 그대 자신이 더 좋은 사람이라고 생각하지 말라. 그대는 금식하여 투정을 부리지만 그 사람은 먹어서 유쾌하다"고 성 제롬은 말했다. 성도가 금식할 때 유념할 것은?

■말씀■

Ⅰ. 사람에게 보이려고 하지 말 것 【마 6:16】

성경은 '금식할 때에 너희는 외식하는 자들과 같이 슬픈 기색을 보이지 말라 그들은 금식하는 것을 사람에게 보이려고 얼굴을 흉하게 하느니라…그들은 자기 상을 이미 받았느니라' 고 했다. 외식이란 무엇인가? 이는 자기가 가지고 있지 못하는 덕성 또는 자질 등을 가지고 있는 듯이 가장하는 일로서 겉으로 종교적 경건을 가장하나 속으로는 세속적, 불경건한 바리새적 태도를 말한다.

참고 성구 마 6:5 딤후 3:5 마 23:3 사 58:3 마 6:18

Ⅱ. 겸허한 태도로 할 것 【시 35:13】

성경은 '나는 그들이 병 들었을 때에 굵은 베 옷을 입으며 금식하여 내 영혼을 괴롭게 하였더니 내 기도가 내 품으로 돌아왔도다' 라고 했다. 배신감과 소외감 속에서도 그들의 병환을 위한 시인의 중보기도는 참으로 겸허한 자세이다. 중보기도는 그 내용이 대상자에게 마땅치 않을 때 그 본래의 기도자에게 되돌아간다. 이는 성도의 진실한 중보기도가 하나님 앞에 상달되기 때문이다.

참고 성구 마 10:13 욘 3:5-9 삼상 7:6 단 10:3 히 10:22

Ⅲ. 금식의 진정한 의미를 깨달을 것 【사 58:6,7】

성경은 '내가 기뻐하는 금식은 흉악의 결박을 풀어 주며 멍에의 줄을 끌러 주며 압제 당하는 자를 자유하게 하며 모든 멍에를 꺾는 것이 아니겠느냐 또 주린 자에게 네 양식을 나누어 주며…' 라고 했다. 선지자 이사야는 본 구절에서 금식의 방법이 아닌 금식의 정신을 강조하고 있다. 정신이 좋다고 하여 외적 의식을 게을리함도 경망스러우나 정신을 무시하는 위선은 사악한 범죄이다.

참고 성구 호 6:6 미 6:8 삼상 15:22 전 12:13 사 58:8-9

■결론■ 이와 같이 금식할 때 유념할 것을 살펴보았은즉 성도는 금식할 때 외식하지 말고 겸허한 태도로 하되 금식의 진정한 의미를 깨달아 주님이 기뻐하시는 금식을 주님께 드리자.

■해설■ 금식

금식(fasting)을 히브리어로는 '촘', 헬라어로는 '네스티아'라고 하는데, 이는 일반적으로 종교적인 목적을 위해 일부러 음식을 먹지 않는 것을 의미한다. 신구약성경에는 금식에 대한 예가 많다(삼상 7:6, 느 1:4, 욜 2:12, 행 13:2 고후 6:5). 예수님도 금식하셨고(마4:2) 제자들에게 자신이 승천한 후 금식해야 될 날이 올 것이라 하셨다(막 2:20). 이러한 금식의 목적은 특별히 겸비하게 회개하는 것이며(왕상 21:9), 기도와 밀접히 관련되어(눅 2:37, 행 13:3)있고, 하나님의 특정한 소명을 수행하려 할 때도 금식했다(스 8:21, 행 13:3). 금식하는 동안에는 시험의 기간이요 시련의 기간임을 명심하고 잘 극복해야 한다(마 4:1,3이하).

■참고■ 성경에 기록된 금식한 자들

- 모세 - 시내산에서(출 34:27-28) • 이스라엘 자손 - 벧엘에서(삿 20:26) • 사무엘 - 미스바에서(삼상 7:5-6) • 다윗 - 아이를 위해서(삼하 12:16) • 엘리야 - 로뎀나무 아래서(왕상 19:5-8) • 니느웨 백성 - 위로는 왕으로부터 아래로 짐승에게까지(욘 3:5-8) • 느헤미야 - 예루살렘이 훼파되고 성문들은 소화되었다함을 듣고(느 1:4) • 다니엘 - 베옷을 입고 재를 무릅쓰고(단 9:3) • 안나 - 성전을 떠나지 않고 주야로 금식함(눅 2:36-37) • 예수 - 광야에서(마 4:1-2) • 바울 - 전도여행에서(고후 11:27)

■예화■ 금식과 거룩한 삶

금식의 목적은 세 가지이다. 육신이 말씀에 굴복되게 하기 위해, 기도와 명상을 위해서 마음과 몸이 준비되도록, 하나님 앞에서 우리의 잘못을 회개할 때 우리 자신을 낮추는 증거로 금식한다. 예수께서 부자청년에게 전 재산을 버리고 따르라는 명령은 방탕한 인간에게 쾌락을 버리라고 하고, 고리대금업자에게 돈을 버리라고 하며, 음란한 인간에게 이성을 버리라는 것과 같다. 이것은 재산 포기와 완전함을 동일시한 것이 아니다. 자신의 마음이 어디에 매여 있는가를 분명히 보여주려는 것이다. 하나님을 무엇보다 더 사랑하는 사람은 하나님을 알고 사랑하는 일에 방해가 되는 것은 모두 다 전염병처럼 무서워하며 피할 것이다. 참으로 거룩한 삶은 하나님 한 분으로 만족하며 그 외에는 복으로 알지 않으며, 재산이나 명예나 권세는 마치 그것이 없는 것처럼 살아야 할 것이다. 참으로 신자가 되어 거룩한 삶을 사는 것처럼 훌륭한 사람도 없고 교회에 다니면서 타락한 이보다 더 악한 인간도 없다. 수도자들이 모든 소유를 버리고 땅에서 관심을 끊으려는 자세는 훌륭하였다. 그러나 가장은 일정한 직업을 가지고 하나님을 섬기면서 가정을 다스리는 것이 하나님을 더 기쁘게 한다. 세상 사람들을 피하거나 상대하지 않는 것은 바른 신자가 할 일이 아니다. 하나님의 사랑으로 하나님의 도움으로 당당하게 세상에서 살아야 할 것이다. (하나님, 나 그리고 구원 / 김기홍)

● 긍휼 ●

긍휼하신 하나님의 베푸시는 모양 세 가지

■ 본문 ■ 사랑은 여기 있으니 우리가 하나님을 사랑한 것이 아니요 하나님이 우리를 사랑하사 우리 죄를 속하기 위하여 화목 제물로 그 아들을 보내셨음이라【요일 4:10】

■ 서론 ■ "하나님의 가장 정확한 이름은 긍휼이다"라고 독일의 신비주의자 마이스터 에크하르트는 말했다. 긍휼하신 하나님의 베푸시는 것은?

■ 말씀 ■

I. 긍휼을 주권적으로 베푸신다【롬 9:16】

성경은 '그런즉 원하는 자로 말미암음도 아니요 달음박질하는 자로 말미암음도 아니요 오직 긍휼히 여기시는 하나님으로 말미암음이니라'고 했다. '긍휼'은 하나님의 속성의 하나로서 비참한 상태에 있는 자를 불쌍히 여기시는 일을 말한다. 인간 구원의 은총은 인간의 노력이나 공적이 아닌 오직 하나님의 주권적 섭리와 자비에 의한 긍휼하심에 있다.

참고 성구 창 12:1-4 딛 3:5 신 7:9, 9:5 롬 9:11-13 약 2:13

II. 긍휼을 끊임없이 베푸신다【애 3:22,23】

성경은 '여호와의 인자와 긍휼이 무궁하시므로 우리가 진멸되지 아니함이니이다 이것들이 아침마다 새로우니 주의 성실하심이 크시도소이다'라고 했다. 여호와 하나님은 인자와 긍휼이 크신 분이기에 성도는 구원을 확신할 수 있으며 이것이 아침마다, 곧 매일매일 매순간마다 끊임없이 새로우므로 하나님의 사랑은 큰 동시에 성실하며 가장 믿을 만한 것이 된다.

참고 성구 롬 4:16 출 3:7-8 시 86:15-16 사 43:1-2 딤전 2:4

III. 긍휼을 자의로 베푸신다【요일 4:10】

성경은 '사랑은 여기 있으니 우리가 하나님을 사랑한 것이 아니요 하나님이 우리를 사랑하사 우리 죄를 속하기 위하여 화목 제물로 그 아들을 보내셨음이니라'고 했다. 자의란 무엇인가? 이는 자기 스스로의 생각이나 의견을 말하는데, 하나님의 인간에 대한 긍휼은 누구의 간섭을 받고서 한 것이 아니라 하나님 스스로의 생각이나 의견으로 행하신 것이다.

참고 성구 눅 15:20 롬 3:24, 9:13 말 1:2-3 시103:13 요일 4:9

■ 결론 ■ 이와 같이 긍휼하신 하나님의 베푸시는 모양을 보았으니 성도는 주권적이며 끊임없이 자의로 베푸시는 하나님의 긍휼을 통해서 구원받은 존재임을 깨닫고 하나님의 영광을 위해 사는 자들이 되자.

■해설■ 긍휼, 연민

'긍휼(bowels)이나 '연민'(compassion)은 어원상 '다른 사람과 함께 겪는다'는 것을 가리키는데 곧 '사랑스러운 마음을 가지고 불쌍히(측은히) 여기는 것'을 뜻한다. 이에 해당하는 주요한 히브리어는 '자궁'을 가리키는 라하밈이고, 헬라어는 '사발'(그릇)을 가리키는 스플랑크논인데 복수형인 스플랑크나로 나올 때가 많다. 이 단어들은 은유적으로 다른 사람을 매우 동정한다는 의미로 사용된다. 주님은 많은 이들을 불쌍히 여기시고 이들의 아픔에 동참하셨다. 이는 예수님 자신의 인격적 특징을 잘 나타내 준다. 동정(연민)은 감정적 색채가 농후한 반면 자비는 종종 구제하는 행위를 가리킨다. 그리스도를 모신 이들은 서로를 불쌍히 여기는 것이 당연하며 또 실제적으로도 그러하다(빌 2:1) 벧전 3:8에는 '유스플랑크노스'가 씌어졌는데 이 말은 더 깊은 연민을 뜻한다. '스플랑크논' 외에 '긍휼을 베풀다, 불쌍히 여기다'는 뜻의 '엘레에오'에서 파생된 말도 자주 나온다(마 5:7, 18:35, 롬 9:15, 12:8). 이것은 주로 구약의 히브리어 '헤세드'의 번역어로 70인역에 400회 이상 나온다(호 6:6)

■참고■ 이런 자에게 그리스도의 긍휼이 임함을 알 것
- 수고하고 무거운 짐 진 자들아 다 내게로 오라 내가 너희를 쉬게 하리라(마 11:28-30)
- 그가 시험을 받아 고난을 당하셨은즉 시험 받는 자들을 능히 도우실 수 있느니라(히 2:18) • 귀신이 예수를 보고 곧 그 아이로 심히 경련을 일으키게 하는지라(막 9:20-22)
- 주께서 과부를 보시고 불쌍히 여기사 울지 말라 하시고(눅 7:13-14) • 내가 무리를 불쌍히 여기노라 그들이 나와 함께 있은 지 이미 사흘이매 먹을 것이 없도다 길에서 기진할까 하여 굶겨 보내지 못하겠노라(마 15:32)

■예화■ 주 예수를 바라보자

덴마크의 허닝에서 피터 목사님의 놀라운 간증을 들었다. 전세계에 불황이 닥치자 덴마크에도 불황이 다가왔다. 이 때문에 피터 목사님의 교회에 출석하고 있는 한 성도도 크게 건축업을 하다가 파산에 이르게 되었다고 한다. 그런데 이 분이 하루는 5만 크로네(약 천만 원)을 갖고 와서 "목사님! 제가 여태까지 주님 중심으로 사업을 하지 못했습니다. 그 때문에 이렇게 파산에 이르고 말았습니다. 지금 제게 있는 재산이라고는 이 5만 크로네밖에 없습니다. 저는 이 물질을 하나님께 드리고 하나님의 도움만을 바랍니다. 그 동안 인간의 수단과 지혜와 방법을 다 써보았지만 소용없어 이제는 하나님만 의지합니다. 이러니 목사님께서 기도해 주십시오."라고 말하였다. 그래서 피터 목사님이 5만 크로네를 놓고 "당신이 하나님께 물질을 심었으므로 하나님께서 응답해 주실 것입니다."라고 말한 다음 기도를 해주었는데 3개월 후 이 분에게 기적이 일어났다는 것이다. 이 분이 정부에서 주도하는 5백만 크로네 상당의 공사에 입찰했는데 많은 경쟁자를 물리치고 낙찰될 수 있었다는 것이었다. 그 다음부터 하늘의 문이 열리고 하나님의 축복이 계속 쏟아져, 환난에서 안정을 얻어 파산했던 사업을 다시 일으키고 하나님의 사업을 크게 하는 귀한 성도가 되었다는 간증이었다. "심긴 후에는 자라서 모든 나물보다 커지며 큰 가지를 내니 공중의 새들이 그 그늘에 깃들일 만큼 되느니라."(막 4:32) (조용기)

● 기도 ●

기도가 응답되지 않는 이유 세 가지

■ 본 문 ■ 오직 믿음으로 구하고 조금도 의심하지 말라 의심하는 자는 마치 바람에 밀려 요동하는 바다 물결 같으니 이런 사람은 무엇이든지 주께 얻기를 생각하지 말라【약 1:6-7】

■ 서 론 ■ 나폴레온 힐은 "기도란 갓 태어난 영혼의 숨결 같으며 그것 없이 그리스도인의 생애는 존재할 수 없다"라고 했다. 기도가 응답되지 않는 이유는?

■ 말 씀 ■

I. 의심하면서 구했기에【약 1:6-7】

성경은 '오직 믿음으로 구하고 조금도 의심하지 말라 의심하는 자는 마치 바람에 밀려 요동하는 바다 물결 같으니 이런 사람은 무엇이든지 주께 얻기를 생각하지 말라' 고 했다. 의심이란 무엇인가? 이는 확실히 알지 못하거나 믿지 못하여 이상하게 생각하는 것으로, 한 마디로 갈팡질팡하는 분열된 마음을 뜻한다. 하나님의 능력을 의심하면서 구한 기도는 응답이 없다.

참고 성구 창 3:4 행 17:11-12 눅 1:20 민 11:21 히 3:12

II. 정욕으로 쓰려고 잘못 구했기에【약 4:3】

성경은 '구하여도 받지 못함은 정욕으로 쓰려고 잘못 구하기 때문이라' 고 했다. 정욕이란 무엇인가? 이는 세상적인 '쾌락' 의 뜻으로 이 쾌락은 말씀의 씨앗을 질식시킬 뿐 아니라 영적인 죽음을 초래한다. '정욕' 의 헬라어 원어는 '헤도네' 이며, 육신의 쾌락을 추구하는 자들에게 사도 바울은 '향락을 좋아하는 자는 살았으나 죽었느니라' 고 질타하였다.

참고 성구 막 10:35-40 왕상 19:4 눅 8:14 요 15:7 고후 12:8 딤전 5:6

III. 교만한 마음으로 구했기에【눅 18:14】

성경은 '내가 너희에게 이르노니 이에 저 바리새인이 아니고 이 사람이 의롭다 하심을 받고 그의 집으로 내려갔느니라 무릇 자기를 높이는 자는 낮아지고 자기를 낮추는 자는 높아지리라 하시니라' 고 했다. 교만이란 겸손의 반대 개념으로 스스로의 우월감을 심중에 품고서 언제나 자기가 중심이 아니어서는 만족하지 못하는 마음의 상태를 이른 말로서 교만은 하나님의 주권을 자기 것으로 하려는 불신앙의 대표이다.

참고 성구 잠 16:18 왕하 5:11 눅 18:11-12 약 4:10

■ 결 론 ■ 이와 같이 기도가 응답되지 않는 이유를 알았으니 성도의 기도는 의심하거나 정욕으로 쓰거나 교만함이 아닌 오직 겸손과 신실과 이타적인 기도를 하나님께 드려서 응답받는 자가 되자.

■해설■ 기도

나는 무릎 꿇고 바쁘게 기도했다. 나는 할 말이 너무 많았고, 바쁘게 서둘러야 했고, 일터로 가야 했다. 그래서 나는 성급한 기도를 하고 무릎을 펴고 일어났다. 나의 신앙적 의무는 행해졌고 이것만으로도 나의 영혼은 편안할 수 있었다. 온종일 나는 찬양의 말을 할 시간이 없었다. 친구에게는 그들이 나를 비웃을까 두려워 주님 이야기는 하지 않았다. 시간이 없다. 할 일이 너무 많다. 그것이 끊임없는 변명이었다. 궁핍한 자에게 온정을 베풀 시간이 없었다. 마침내 죽음의 시간이 찾아왔고 주님은 '생명책'을 들고 계셨다. 한데 주님은 "너의 이름이 책에 없구나. 한 때 너의 이름을 여기에 적으려 했는데 시간이 없었다."

■참고■ 기도의 응답을 얻어내는 바른 자세

• 순결한 마음으로 기도를 하여야 함(시 66:18-19) • 확신의 믿음으로 기도를 하여야 함(마 21:22) • 그리스도의 이름으로 기도를 해야 함(요 14:13) • 하나님의 뜻대로 기도를 해야 함(요일 5:14) • 타인의 죄를 용서하고 기도를 해야 함(마 6:14) • 사람에게 보이려고 하면 안 됨(마 6:5-6) • 겸손하고 회개하는 마음으로 기도를 해야 함(눅 18:10-14) • 합심해서 기도를 해야 함(마18:19-20) • 간절히 기도를 해야 함(마 7:7-11) • 중언부언하면 안 됨(마 6:7) • 쉬지 말고 기도할 것(살전 5:17)

■예화■ 기도해 주십시오

D. J. 칸트는 미국의 남부 철도회사에 다니는 기관사였다. 그는 신실한 집사였다. 그를 몹시 사랑하고 있는 목사님이 칸트 씨가 통행하고 있는 아름다운 역 부근의 산장에 와서 묵게 되었다. 칸트 씨는 목사님이 묵고 있는 부근을 지날 때마다 반드시 경적을 울렸다. 그것은 "목사님, 저를 위해서 기도해 주십시오." 하는 신호였다. 그리고 자신도 가면서 목사님을 위해서 기도하겠다는 신호였다. 목사님은 칸트 씨를 위해서 늘 기도를 했다. 그러다가 그 목사님이 급한 일이 있어서 집으로 돌아갔다. 며칠 후 큰 열차 사고가 났다. 많은 객차가 수십 미터 낭떠러지로 굴러 떨어졌다. 그런데 신문에 이런 기사가 났다. "열차 사고 치고는 대사고였다. 그러나 한 사람도 치명적인 부상을 당하지 않았다. 이것은 다른 무엇으로도 설명할 수 없는 기적이다."라는 보도였다. 시편 91편 11-12절을 기록하여 그 목사님은 칸트 씨에게 이렇게 편지를 썼다. "저가 너를 위하여 그 사자들을 명하사 네 모든 길에 너를 지키게 하심이라 저희가 그 손으로 너를 붙들어 발이 돌에 부딪히지 않게 하리로다" 목사님에게도 동시에 똑같은 성경 구절이 담긴 칸트 씨의 편지가 날아왔다. 그 내용 가운데는 "목사님, 목사님께서 기도해 주신 덕택으로 한 사람의 사고도 없었습니다. 신문에는 기적이라고 신문기자들이 평했습니다. 이것은 천사들이 우리들을 지킨 것이 아니고 무엇입니까?"라고 씌어 있었다.

● 기도 ●

기도의 응답에 대한 세 가지

■ 본문 ■ 이것이 내게서 떠나가게 하기 위하여 내가 세 번 주께 간구하였더니 나에게 이르시기를 내 은혜가 네게 족하도다 이는 내 능력이 약한데서 온전하여짐이라 하신지라 【고후 12:8-9】

■ 서론 ■ "기도하는 사람은 하나님의 은혜를 담을 수 있을 만큼 마음이 넓어진다"고 마더 테레사 수녀는 말했다. 기도의 응답이 내려지는 모습은?

■ 말씀 ■

I. 구한 것을 즉각적으로 응답하신다 【출 15:25】

성경은 '모세가 여호와께 부르짖었더니 여호와께서 그에게 한 나무를 가리키시니 그가 물에 던지니 물이 달게 되었더라'고 했다. 즉각이란 '당장에 곧'을 말하는데 출애굽 한 이스라엘 백성이 마라에 이르러 그곳의 물이 써서 마시지 못하게 되어 백성들이 모세를 원망하자 모세가 하나님 여호와께 부르짖어 지시하신 한 나무를 물에 던지니 물이 달게 되었다.

참고 성구 출 9:33 출 17:8-13 마 15:28 막 9:29 눅 1:13-17

II. 구한 것을 거절하심으로 응답하신다 【고후 12:8,9】

성경은 '이것이 내게서 떠나가게 하기 위하여 내가 세 번 주께 간구하였더니 나에게 이르시기를 내 은혜가 네게 족하도다 이는 내 능력이 약한 데서 온전하여짐이라 하신지라'고 했다. 거절이 무엇인가? 이는 남의 제의나 요구 등을 받아들이지 아니하고 물리침을 의미하는데 바울은 자신의 질병의 치유를 위하여 세 번이나 주님께 기도하였으나 주님은 오히려 내 은혜가 네게 족하다고 응답하셨다.

참고 성구 신 1:45 왕하 5:11-14 민 22:12-14 약 4:3

III. 구한 것과 다른 것으로 응답하신다 【창 15:4】

성경은 '여호와의 말씀이 그에게 임하여 이르시되 그 사람이 네 상속자가 아니라 네 몸에서 날 자가 네 상속자가 되리라 하시고' 라 했다. 아브라함이 자신의 상속자로 엘리에셀을 지명하여 그가 상속자가 될 것이라고 하자 여호와 하나님은 엘리에셀이 너의 상속자가 아니라 네 몸에서 날 자가 상속자가 되리라 하시고 백 세에 이삭을 주셨다.

참고 성구 행 16:7-10 민 21:7-9 롬 1:13 행 28:16 왕상 19:4-18 창 21:5

■ 결론 ■ 이와 같이 기도의 응답에 대한 경우를 살펴보았으니 성도는 하나님께 드린 기도가 어떻게 응답되든지 하나님의 뜻대로 모두 성도에게 유리하게 될 것을 믿고 응답에 감사하는 자들이 되자.

■해설■ 기도

아메리카 합중국의 초대 대통령이 된 '조지 워싱톤'이 독립 전쟁 당시 휘지 계곡을 통과하려고 할 때의 일화가 있다. 워싱톤은 어려운 난관에 부딪쳤을 때 하나님께 기도를 드렸고 그는 응답을 받았다. 어느 날, 캠프로 다가오던 한 농부의 귀에 간절한 기도의 소리가 들렸다. 보니 워싱톤이 눈물을 흘리며 간구하고 있었다. 그는 집으로 돌아와 아내에게 "조지 워싱톤은 성공한다! 그는 반드시 독립을 이끌어 낼 것이다"라고 말했다. 그때 그의 아내가 "왜 그렇게 생각해요?"라고 반문하자 그는 "나는 분명히 기도하는 것을 들었어. 주님은 그의 기도를 분명히 들어주실 거야. 당신은 주님이 들어주실 것을 확신하고 안심해도 돼"라고 말했다.

■참고■ 모범 기도들

• 엘리에셀 - 오늘날 나로 순조롭게 만나게 하사(창 24:12) • 야곱 - 에서의 손에서 나를 건져내시옵소서(창 32:9-12) • 기드온 - 내가 여호와의 사자를 대면하여 보았나이다(삿 6:22) • 한나 - 여호와께 기도하며 통곡하며(삼상 1:10-13) • 다윗 - 나는 누구이오며 내 집은 무엇이관대(삼하 7:18-19) • 솔로몬 - 주 같은 신이 없나이다(왕상 8:23-53) • 히스기야 - 낯을 벽으로 향하고 통곡하며 가로되(왕하 20:1-7) • 느헤미야 - 하늘의 하나님께 묵도하고(느 1:4-11) • 바울 - 저가 기도하는 중이다(행 9:11) • 베드로 - 돌이켜 시체를 향하여 다비다여 일어나라(행 9:36-42)

■예화■ 아프리카의 얼음사건

아프리카의 그리스도인 청년이 고열로 헛소리를 해대고 있었다. 고통이 그의 몸을 휘감고 있었다. 좀처럼 열이 내려가지 않았다. 유럽에서 온 선교사마저도 도움이 되지 못했다. 환자의 고통을 덜어주기 위해 할 수 있는 대로 다 해보았다. 선교사가 한 가지 아는 것은 환자에게 얼음 주머니가 절대적으로 필요하다는 것이었다. 그러나 그것은 아프리카 정글 속에서 얻지 못할 물건을 탐내는 것과 같은 것이다. 환자의 어머니는 하나님께서 불가능을 가능케 하신다는 선교사의 설교를 들은 적이 있었다. 그래서 그녀는 하나님께 얼음을 달라고 함께 기도하자고 했다. "얼음을? 이렇게 뜨거운 곳에 하나님이 얼음을 주실 수가 있겠소?"라고 선교사는 난처한 듯 말했다. "그래도 구해 봅시다."라고 그 어머니는 간청했다. 그래서 두 사람은 환자의 침대 옆에 무릎을 꿇고 얼음을 주시기를 기도했다. "주님, 내 아들을 치료하는데 얼음이 있어야 한다면 얼음을 보내 주소서. 당신께서 하실 수 있음을 믿나이다." 기도가 끝나자마자 뇌성이 울리고 이윽고 큰 공 만한 얼음들이 오두막 지붕 위로 쏟아졌다. 우박이었다. 마침내 청년은 회복되었다. "하나님의 뜻 아닌 일을 제외하고는 응답되지 않는 기도는 없다." "기도가 어떤 것(Anything)이냐 하면 그것은 바로 모든 것(Everything)이다. 그게 사실일진대 그것은 가장 위대한 진리이다."(김장환)

● 기도 ●

기도하는 예수의 특징 세 가지

■ 본 문 ■ 그 때에 예수께서 대답하여 이르시되 천지의 주재이신 아버지여 이것을 지혜롭고 슬기 있는 자들에게는 숨기시고 어린 아이들에게는 나타내심을 감사하나이다 옳소이다 이렇게 된 것이 아버지의 뜻이니이다【마 11:25-26】

■ 서 론 ■ 천로역정을 지은 존 번연은 "기도는 영혼의 방패요, 하나님께 드리는 재물이며, 사탄을 향한 채찍이다"라고 했다. 기도를 드리는 예수님의 기도의 특징은?

■ 말씀 ■

Ⅰ. 예수께서는 존숭의 기도를 드렸다【마 11:25,26】

성경은 '천지의 주재이신 아버지여 이것을 지혜롭고 슬기 있는 자들에게는 숨기시고 어린 아이들에게는 나타내심을 감사하나이다 옳소이다 이렇게 된 것이 아버지의 뜻이니이다' 라고 했다. 존숭이란 무엇인가? 이는 존경하고 숭배함을 말하는 것으로 주님 예수께서는 회개하지 아니하는 도시들을 꾸짖고 이 모든 것이 하나님의 아버지의 뜻이라고 하나님을 높이고 감사하는 기도를 드렸다.

　　참고 성구 욥 5:9 딤전 6:16 눅 3:21 삼상 2:1-10 눅 1:46-55

Ⅱ. 예수께서는 중보의 기도를 드렸다【요 17:11】

성경은 '나는 세상에 더 있지 아니하오나 그들은 세상에 있사옵고 나는 아버지께로 가옵나니 거룩하신 아버지여 내게 주신 아버지의 이름으로 그들을 보전하사 우리와 같이 그들도 하나가 되게 하옵소서' 라고 했다. 중보란 성경에서 하나님과 사람 사이에 서서 그 관계를 성립케 하고 화해를 가져오는 일을 뜻한다. 주님 예수께서는 제자들을 위해 하나님께 중보의 기도를 드렸다.

　　참고 성구 눅 23:34 롬 8:31-34 출 32:32 민 14:17-20 몬 1:10-11

Ⅲ. 예수께서는 감사의 기도를 드렸다【요 11:41,42】

성경은 '아버지여 내 말을 들으신 것을 감사하나이다 항상 내 말을 들으시는 줄을 내가 알았나이다 그러나 이 말씀 하옵는 것은 둘러선 무리를 위함이니 곧 아버지께서 나를 보내신 것을 그들로 믿게 하려 함이니이다' 라고 했다. 감사란 기독교에 있어서는 특히 하나님의 은혜에 대해 응답하는 사람의 표현을 뜻하는 말이다. 주님 예수께서는 하나님 아버지께 감사의 기도를 드렸다.

　　참고 성구 계 11:17 시 100:4 골 1:12 살전 5:18

■ 결 론 ■ 이와 같이 기도하는 예수의 특징을 보았으니 성도들도 예수님과 같이 하나님 아버지께 존숭의 기도와 중보의 기도와 감사의 기도를 드려 아버지를 영화롭게 하는 자들이 되자.

■해설■ 기도

'A. 머리' 는 그의 책 '중보의 기도'에서 "그리스도께서 얼마나 많은 시간을 기도에 쓰고 그 생애의 커다란 사건은 모두 특별한 기도와 얼마나 깊은 관계가 있었는지를 알 때에 우리는 하늘에 계신 하나님께 전적으로 의뢰하고, 쉬임없이 그분과 교제할 필요성을 배우게 되는 것이다"라고 말했다. 'E.M. 바운즈' 는 이르기를 "그리스도 왕국에 있어서 가장 강한 자는 가장 잘 두드리는 자이다. 그리스도 왕국의 성공의 비결은 기도의 능력이다. 기도의 능력을 얻는 자는 그리스도 왕국에 있어서 강자요 또한 성자이다. 그러므로 가장 긴요한 것은 어떻게 기도할까 하는 것이다"라고 했다.

■참고■ 예수의 공생애 중요한 때에 하신 기도들
- 세례를 받으실 때의 기도 - 예수도 세례를 받으시고 기도하실 때에 하늘이 열리며 성령이 비둘기 같은 형체로 그의 위에 강림하시더니(눅 3:21-22)
- 열 두 제자를 택하실 때의 기도 - 이 때에 예수께서 기도하시러 산으로 가사 밤이 새도록 하나님께 기도하시고(눅 6:12-13)
- 변화산에서의 기도 - 예수께서 베드로와 요한과 야고보를 데리고 기도하시러 산에 올라가사(눅 9:28)
- 겟세마네 동산의 기도 - 예수께서 힘쓰고 애써 더욱 간절히 기도하시니 땀이 땅에 떨어지는 핏방울 같이 되더라(눅 22:41-44)

■예화■ 기도의 응답

우리는 신앙생활을 하면서 기도의 응답에 의문을 제기할 때가 많다. 실망과 낙담을 거듭하면서도 끊을 수 없는 하나님의 사랑으로 우린 또다시 울부짖으며 기도하고 하나님께로 달려간다. 때론 간구의 응답이 즉시 이루어지지 않을 때 우린 주님 곁을 떠나는 어리석은 과오를 저지르기도 한다. 과연 우리들은 어떠한 사람이 되어야 할까? 믿음으로 말미암는 응답 받는 기도의 조건들을 죠지 뮬러는 소개하고 있다. 〈죠지 뮬러와 기도의 응답〉이라는 책의 부록편에는 "첫째, 축복을 요구할 수 있는 유일한 근거가 예수 그리스도의 공로와 중재에 있음을 전적으로 인정한다. 둘째, 알고 있는 모든 죄를 자백한다. 셋째, 하나님께서 서원으로 약속하신 그 말씀에 믿음을 구사한다. 하나님을 절대적으로 믿는 사람이 되어야 한다. 넷째, 하나님의 뜻에 따라 간구한다. 간구할 때 우리의 동기가 순수해야 한다. 우리의 정욕을 위해 쓰려고 하나님의 선물을 구해서는 안 된다. 다섯째, 계속해서 기다리는 것이 있어야 한다." 그렇다! 우리는 과연 하나님만을 바라며 인내하며 기도했을까. 진실한 기도를 통해 하나님의 마음속에 강하게 기억될 수 있는 사람, 하나님께서 내려주신 은혜의 말로써 복을 받을 수 있는 사람이 되자고 주장해야 한다.

● 기독교 ●

기독교의 역설적 교훈 세 가지

■ 본문 ■ 너희 중에는 그렇지 않을지니 너희 중에 누구든지 크고자 하는 자는 너희를 섬기는 자가 되고 너희 중에 누구든지 으뜸이 되고자 하는 자는 모든 사람의 종이 되어야 하리라 【막 10:43-44】

■ 서론 ■ "그리스도교는 그리스도인들 속에만 존재한다. 그들이 곧 그리스도교이다"라고 조지 크로스는 말했다. 기독교의 역설적 교훈은 무엇인가?

■ 말씀 ■

Ⅰ. 나를 위해 자기 목숨을 잃는 자는 얻을 것이다 【마 10:39】

성경은 '자기 목숨을 얻는 자는 잃을 것이요 나를 위하여 자기 목숨을 잃는 자는 얻으리라'고 했다. 자기 부정이나 순교를 회피하여 자신의 생명을 보존하려는 사람은 최후의 심판 때 그 생명을 잃게 되고 반면에 자신의 생명을 버릴 준비가 되어 있는 사람, 곧 귀한 것을 주님을 위해 희생할 포기의 자세가 된 사람은 역설적으로 영생을 얻게 된다.

참고 성구 마 10:39, 16:26, 눅 17:33 요 6:52-59 행 20:24 딤후 4:7-8

Ⅱ. 으뜸이 되고자 하는 자는 종이 되어야 한다 【막 10:43,44】

성경은 '너희 중에 누구든지 크고자 하는 자는 너희를 섬기는 자가 되고 너희 중에 누구든지 으뜸이 되고자 하는 자는 모든 사람의 종이 되어야 하리라'고 했다. 세속적 질서와 하나님 나라의 질서는 같지 않을 뿐만 아니라 오히려 정반대이다. 하나님 나라에서 위대함은 높은 지위에 의해서가 아니라 다른 사람을 얼마나 섬겼는가에 의해서 평가된다.

참고 성구 마 20:27-28 요 13:14-15 벧전 5:3 요삼 1:9-11

Ⅲ. 속이는 자 같으나 참되고 무명한 자 같으나 유명한 자이다 【고후 6:8,9】

성경은 '우리는 속이는 자 같으나 참되고 무명한 자 같으나 유명한 자요 죽은 자 같으나 보라 우리가 살아 있고 징계를 받는 자 같으나 죽임을 당하지 아니하고'라 했다. 본 구절은 역설적이며 풍자적인 내용으로 박해받는 복음 전도자 바울의 삶의 여정이 긴장감 넘치게 그려져 있는데 하나님의 평가와 불신자 및 적대자의 평가가 잘 대조되어 있다.

참고 성구 롬 1:14 고전 1:27-29 행 24:5-9, 26:31-32 고후 6:10

■ 결론 ■ 이와 같이 기독교의 역설적 교훈을 보았으니 성도는 마지막 심판 때 주님의 심판을 받아 영생을 얻고 하나님 나라의 질서를 거울 삼아 이웃을 섬겨 불신자의 가치가 아닌 하나님의 인정을 받는 자들이 되자.

■해설■ **역설**
　역설(paradox)이란, 자기 모순인 주장이나, 상호 모순된 두 가지나 그 이상의 주장이나, 매우 보편적인 견해에 모순되는 주장을 가리킨다. 역설에는 수사적인 것이나 논리적인 것이 있을 수 있다. 수사적인 역설이란, 다른 사람의 주장에 도전하여 그를 놀라게 함으로써 화제에 빛을 던져 주는 하나의 변칙이다(마 5:39-41, 10:39, 요 11:24, 고후 6:9-10). 논리적인 역설이란, 여러 가지 측면의 경험들을 종합하거나 단일화하려는 마음에서 발생된다. 유한한 인간 이성의 한계로 합리적이나 동시에 조화되지 않는 둘 이상의 진리에 이르는데 역설의 논리로 한 쪽을 버리지 않고 양쪽을 살림으로 진리에 접근할 수 있을 것이다.

■참고■ **도저히 이해되지 않는 선택과 구원**
- 야곱 - 에서의 동생으로 장자권을 탈취함(창 25:34, 마 1:2, 롬 9:12-13, 말 1:2-3)
- 유다 - 며느리와 통간하여 대를 이어감(창 38:16-18, 49:10, 마 1:3, 눅 3:33)
- 솔로몬 - 다윗이 불의로 취한 여인의 후사로 왕위를 승계함(삼하 11:1-12:25, 마 1:6)
- 라합 - 여리고의 기생(창녀)이 그리스도의 족보에 오름(수 2:8-21, 룻 4:21, 마 1:5)
- 다말 - 시부와 근친상간하여 쌍둥이를 낳음(창 38:18, 마 1:3)
- 룻 - 모압의 이방 여인이 그리스도의 족보에 오름(룻 4:17, 마 1:5, 눅 3:32)
- 밧세바 - 우리야의 아내였지만 솔로몬을 낳음(삼하 11:2-27, 마 1:6)

■예화■ **예수님처럼 낮아져라**
　당신 자신을 낮춤으로 해서 당신이 선을 위해 무력해진다고 절대로 생각지 말라. 반대로 그러한 자기 낮춤을 통해서 당신은 나를 닮아가며 내가 했던 것과 똑같은 삶의 태도를 행하고 있다. 당신은 나의 '길'을, 그리고 나아가 진리 안에서 걸어가고 있다. 또 당신은 삶을 부여받아 그것을 남들에게 나눠줘야 할 바로 그 상황에 있다. 이를 위한 최고의 방법은 항상 나를 닮는 것이다. 나는 성육신으로 인해 인간의 수준으로 낮아졌고, 할례와 세례로 인해 죄인의 수준으로 낮아졌다. 낮아지고 또 낮아지라. 천해지고 또 천해지라. 높은 자리에 있는 자들이여, 자신들을 낮아짐, 봉사, 사랑, 그리고…겸손의 영 안에 머물게 하라. 그리고 하나님이 당신을 다른 일로 부르지 않는 한, 그러한 경우에 당신은 순종해야 하므로, 가장 낮은 자리에 있으라. 순종은 무엇보다도 하나님의 뜻에 대한 순응이다. 만일 당신이 높은 자리에 있다면, 마치 당신이 꼴찌인 것처럼 영의 겸손함을 유지하라. 마치 당신이 오직 남에게 봉사하기 위해서, 그리고 그들을 구원으로 이끌기 위해서 존재하는 것처럼 그 높은 자리를 선한 것으로 사용하라. 그리고 비록 당신이 그들에게 명령을 하는 한이 있을지라도 오히려 당신이 그들을 섬기고 있는 것처럼 행하라. 왜냐하면 당신은 오직 그들을 성화시키려는 목적으로 그들에게 명령해야 하기 때문이다. (한 은둔자의 명상 / 찰스 드 포우카울드)

● 기독교 ●
기독교의 유일성이 잘 설명된 세 군데

■ 본문 ■ 다른 이로써는 구원을 받을 수 없나니 천하 사람 중에 구원을 받을 만한 다른 이름을 우리에게 주신 일이 없음이라 하였더라 【행 4:12】

■ 서론 ■ 프랑스의 철학자 파스칼은 "인간의 가슴속에 공백이 있는데 이 공백은 다른 무엇으로도 채울 수 없고 오직 예수 그리스도에 의해 채워진다"라고 했다. 기독교의 유일성이 잘 나타난 곳은?

■ 말씀 ■

I. 예수 그리스도만이 구원의 문이 되심 【요 10:9】

성경은 '내가 문이니 누구든지 나로 말미암아 들어가면 구원을 받고 또는 들어가며 나오며 꼴을 얻으리라'고 했다. '문'은 헬라어 '헤 뒤라'로서 '그 문'이란 말인데 이는 단 한 개의 문을 말한다. 구원의 문은 예수 자신이지 다른 어떤 것도 있을 수 없다. 또한 꼴은 '노메'로서 이는 '복장, 목초'의 뜻인데 많은 양의 꼴로 예수 안에서 굶주림 없는 만족한 상태를 의미한다.

참고 성구 요 5:34 행 1:21 요 10:16 행 15:11 요 10:1-3 계 3:8

II. 예수 그리스도를 통해서만이 하나님께 갈 수 있음 【요 14:6】

성경은 '내가 곧 길이요 진리요 생명이니 나로 말미암지 않고는 아버지께로 올 자가 없느니라'고 했다. 길은 헬라어 '헤 호도스'로서 이는 '그 길'로서 오직 하나의 길을 의미하며, 진리 곧 '헤 알레데이아'도 오직 하나의 진리를, 생명 곧 '헤 조에'도 오직 하나의 생명을 뜻한다. 예수는 구원과 진리와 생명의 유일한 길이고, 아버지는 구원과 진리와 영원한 생명의 종착점이시다.

참고 성구 시 36:9 요 10:10 딤전 2:5 히 6:19, 9:15

III. 예수 그리스도의 이름만이 구원이 있음 【행 4:12】

성경은 '다른 이로써는 구원을 받을 수 없나니 천하 사람 중에 구원을 받을 만한 다른 이름을 우리에게 주신 일이 없음이라 하였더라'고 했다. '구원을 받을'은 헬라어 '소데나이'로서 이 동사는 물리적 치유와 영적 구원을 모두 포함하는 용어로 사용되었다. 실로 그리스도의 이름만이 인간의 모든 육적, 영적인 문제를 치유해 줄 수 있는 유일무이한 이름이다.

참고 성구 마 1:21 빌 2:10-11 행 3:6, 4:16, 19:15, 고전 3:11

■ 결론 ■ 이와 같이 기독교의 유일성이 잘 설명됨을 보았으니 성도는 오직 주님 예수만이 구원의 문이 되시며 예수를 통해서만이 하나님께 갈 수 있으며 예수만이 구원이 있음을 알아 구원을 주신 예수님을 찬송하는 자들이 되자.

■해설■ **기독교**

신약에서 '그리스도인'이란 말이 세 번 나오지만 '기독교'(Christianity)란 말은 아직 무르익지 않았고 이 말은 예수 그리스도를 중심으로 하는 종교에 대한 명칭으로서 2세기에 이르러 사용되었는데 최초로 이그나티우스의 저서에서 발견된다. 기독교 신앙은 독선적이다. 그것은 인간이 그리스도의 복음 외의 다른 방법으로 구원 받는다는 것을 인정치 않는다. 그것은 이런 확신을 성경의 가르침에서 끌어내며 결코 파벌적인 감정이나 협소한 견지에서 끌어내지 않는다. 이것은 타종교들에서의 선을 부인하지 않으며 그 자체로 모든 진리를 소유하고 있다고 주장하지도 않는다. 차라리 그것은 인간을 구원하기에 충분한, 하나님께서 기꺼이 계시해 오신 진리를 즐거워한다.

■참고■ **영광의 그리스도**

• 예정 - 아버지여 때가 이르렀사오니 아들을 영화롭게 하사 아들로 아버지를 영화롭게 하게 하옵소서(요 17:1) • 예언 - 곧 이스라엘의 거룩하신 이로 말미암음이니라 이는 그가 너를 영화롭게 하였느니라(사 55:5) • 표출 - 예수께서 이 처음 표적을 갈릴리 가나에서 행하여 그 영광을 나타내시매 제자들이 그를 믿으니라(요 2:11) • 이 기적이 아님 - 나는 내 영광을 구하지 아니하나 구하고 판단하시는 이가 계시니라(요 8:50) • 스스로 취한 것이 아님 - 그리스도께서 대제사장 되심도 스스로 영광을 취하심이 아니요(히 5:5) • 하나님이 주심 - 내게 주신 영광을 내가 그들에게 주었사오니(요 17:22) • 영원 - 영광이 그에게 세세무궁토록 있을지어다 아멘(히 13:21)

■예화■ **믿음의 발언, 정확**

일정말엽 일본여성이 예수 믿는 한국인과 결혼하여 해방이 되자 귀화했다. 믿음이 있어 세례를 받았고 나중 집사가 되었다. 그런데 담임목사님이 새벽이나 밤 집회 시간에 "성령님이 인도하는 대로 누구시든지 기도하시기를 바랍니다."고 하면 언제나 그녀가 먼저 기도했다. 그러나 은혜는 충만했지만 발음이 형편없었다. 특히 끝에 가서 "예수님의 곤노로 기도합니다"고 하는 것이었다. 다른 분이 듣기가 안되어 "예수님의 이름으로 기도합니다!"고 했더니 이번에는 "예수님의 이노무노"라고 하기에 할 수 없이 그대로 두고 말았다. 한번은 제직 친목회가 열려 어느 짓궂은 남집사님이 "아무개 집사님에게 석유곤노라도 하나 사 드려야겠습니다. 왜냐하면 기도할 때마다 예수님의 곤노로 기도합니다고 하니 내 아무리 어려워도 하나 사 드리겠습니다."고 하므로 웃음보가 터진 일이 있었다. 그러나 그는 만면에 웃음을 띠우면서 "예수님의 곤노가 제일 좋아요."라고 하더란 것이다. 그렇다! 남이야 뭐라고 하든지 간에 자나깨나 예수님의 공로를 감사해야겠다. 죄를 지은 까닭에 저의 맘이 곤하니 용서하여 주시고 쉬게 하여 주소서 천국 가고 싶으니 저의 공로 없으니 예수 공로 힘입어 천국가게 하소서. (임종만 예화집①)

● 기독교 ●

기독교의 참된 특성 세 가지

■본 문■ 이 닦아 둔 것 외에 능히 다른 터를 닦아 둘 자가 없으니 이 터는 곧 예수그리스도라 【고전 3:11】

■서 론■ "그리스도교의 목적은 사람들로 하여금 능히 세상을 이기게 하는 것이다"라고 릿슐은 말했다. 기독교의 참된 특성은 무엇인가?

■말 씀■

I. 그리스도의 터 위에 세워졌음 【고전 3:11】

성경은 '이 닦아 둔 것 외에 능히 다른 터를 닦아 둘 자가 없으니 이 터는 곧 예수 그리스도라' 고 했다. '터' 란 무엇인가? 이는 건축물의 기초가 되는 자리, 때로 일의 이루어진 밑자리에 대해서도 언급된다. 예수 그리스도만이 교회의 기초가 되시며 그리스도를 떠난 교회는 교회로서의 존재를 상실하여 이미 참된 기독교 공동체가 아님을 분명히 말하고 있다.

참고 성구 요 6:67-68 요 6:35 요 3:14-15 행 16:31

II. 모든 사람을 위한 종교임 【막 16:15】

성경은 '너희는 온 천하에 다니며 만민에게 복음을 전파하라' 고 했다. 만민이란 모든 백성, 모든 사람들을 말하는데 헬라어로는 '파사 헤 크티시스' 로서 문자적으로는 '모든 피조물' 이란 뜻이다. 이는 인간은 누구나가 하나님으로부터 지음받음을 강조하는 말이다. 요한 웨슬레는 "세계는 나의 교구"라고 외쳤다. 성도는 예루살렘과 온 유대와 사마리아와 땅 끝까지 이르러 모든 민족에게 복음을 전해야 한다.

참고 성구 마 28:19-20 고전 1:23 요 3:16 행 1:8

III. 인간의 구원이 핵심임 【행 4:12】

성경은 '다른 이로써는 구원을 받을 수 없나니 천하사람 중에 구원을 받을 만한 다른 이름을 우리에게 주신 일이 없음이라 하였더라' 고 했다. 핵심이란 중심이 되는 가장 요긴한 부분을 말한다. 기독교의 참된 특성은 인간의 구원에 있다. 실로 예수 그리스도의 이름만이 인간의 모든 영육간의 문제를 치유하며 치유해 줄 수 있는 오직 유일한 이름이 된다.

참고 성구 행 15:11 요 10:9 딤전 2:4 벧전 1:9 엡 2:8

■결 론■ 이와 같이 기독교의 참된 특성을 살펴보았으니 성도는 기독교는 주님 예수의 터 위에 세워졌고 모든 사람을 위한 종교로서 사람의 구원이 핵심임을 알아 우리에게 구원을 주신 하나님께 영광돌리는 삶을 사는 자 되자.

■해설■ **기독교**

기독교에는 특수한 것이 한 가지 있다면서 'B. 피어스'는 아래와 같이 말했다. "기독교는 유교와도, 힌두교와도, 불교와도 다를 뿐 아니라 그 어떤 종교보다 특색이 있는데 그것은 모든 다른 종교는 사람이 하나님을 찾으려고 노력하지만 성경은 분명히 증거 하길 하나님께서 예수 그리스도 안에서 사람을 찾으신다고 말씀하시는 것이다. 성경은 죄 가운데 잃어버렸고, 양 같이 길을 잃은 양을 찾는 목자라 했고 잃은 자를 찾기 위해 일한다고 했다. 이것이 그리스도의 복음의 진수이다. 하나님은 죄악 가운데 잃어버린 바 된 여러분을 찾는 중이다."

■참고■ **나를 따르라는 그리스도의 명령**

- 나사렛으로 따르라(눅 4:18, 롬 13:4-11) • 자기를 내어준 요단강으로 따르라(마 3:15, 롬 12:1) • 시험의 광야로 따르라(눅 4:1, 고전 10:13) • 교훈하시는 산상으로 따르라(마 5:1, 고전 2:9-11) • 변화하신 곳으로 따르라(마 17:2, 고후 3:18) • 봉사의 광장으로 따르라(행 10:38, 20:19) • 십자가의 갈보리 언덕으로 따르라(히 13:12-13) • 부활하신 무덤으로 따르라(롬 8:11) • 승천하신 하나님 보좌 우편으로(골 3:1-2) • 영광의 소망으로 따르라(요일 3:2-3)

■예화■ **주는 일**

어느 추운 날, 한 가난한 여인이 영국 왕실의 온실 문 앞에서 탐스럽게 매달린 포도송이를 바라보았다. 그것은 바로 그녀가 병든 아들을 위하여 찾고 있던 것이었다. 겨울철이라 시중에서는 포도를 구할 수가 없었다. 그래서 그녀는 집으로 돌아가 그녀의 침대 시트를 벗겨서 저당 잡혀 5실링을 받아 들고 왕실의 온실로 달려갔다. 그리고 그 돈을 온실 관리인에게 주면서 포도를 달라고 하였다. 그러나 그 관리인은 손을 저으면서 나가라고 했다. 그녀는 하는 수 없이 집으로 돌아와 아끼던 베틀을 팔아서 반 프랑을 받았다. 그리고 다시 온실로 간 그녀는 온실 관리인에게 그 반 프랑을 주면서 포도를 달라고 애걸하였지만 관리인은 화를 벌컥 내면서 그녀를 다시 쫓아내었다. 그 때 공주가 온실로 들어오다가 화를 내고 있는 관리인과 눈물을 흘리고 있는 여인을 보고는 무슨 영문인지를 물었다. 자초지종을 다 듣고 난 공주는 말하기를 "가엾은 여인이여, 그대는 실수를 저질렀습니다. 나의 아버지는 장사꾼이 아니라 왕이십니다. 그는 파는 일을 하는 게 아니라 주는 일을 하십니다." 하고 포도송이를 따서 그녀의 치마에 담아 주었다. 예수님은 우리가 구하여야 할 대상이다. 예수님은 우리의 행위를 따라 은혜를 베푸시는 것이 아니라, 죽을 죄인을 위하여 값없이 은혜를 베푸시는 우리의 구세주이다. 그가 약속하신 은혜의 선물들을 위해서 하나님 보좌 앞에 담대히 나가야 할 것이다. (인생을 다시 한번 / 배훈)

● 기업 ●

기업을 얻을 세 사람

■ 본 문 ■ 형제들아 내가 이것을 말하노니 혈과 육은 하나님 나라를 이어 받을 수 없고 또한 썩는 것은 썩지 아니하는 것을 유업으로 받지 못하느니라【고전 15:50】

■ 서 론 ■ 기업이란 무엇인가? 이는 부모나 근친으로부터 물려받은 재산과 사업을 뜻하는데 성도는 하나님이 상속해 주시는 기업을 얻을 사람들이다. 기업을 얻는 자격은?

■ 말씀 ■

I. 말씀으로 거룩하게 된 사람【행 20:32】

성경은 '지금 내가 여러분을 주와 및 그 은혜의 말씀에 부탁하노니 그 말씀이 여러분을 능히 든든히 세우사 거룩하게 하심을 입은 모든 자 가운데 기업이 있게 하시리라' 고 했다. 하나님의 말씀은 살아 역동하는 능력이다. 바울은 이 말씀에 사로잡혀 복음의 위대한 사도가 되었다. 말씀으로 거룩하게 된 사람만이 하늘 기업을 얻을 수 있다.

참고 성구 행 26:18 골 3:23-24 벧전 1:15 엡 1:18 히 4:12

II. 그리스도 안에 있는 사람【엡 1:11】

성경은 '모든 일을 그의 뜻이 결정대로 일하시는 이의 계획을 따라 우리가 예정을 입어 그 안에서 기업이 되었으니라' 고 했다. 예정이란 무엇인가? 이는 사람이 구원되는 것은 사람의 의지나 능력에 의하지 않고 전적으로 하나님의 은혜의 선택에 기초한다는 성경의 교리를 말한다. 이것은 아우구스티누스, 깔뱅의 신학에서도 나타난다. 성도는 예정을 입어 주님 안에서 기업이 되었다.

참고 성구 골 1:12 히 6:17 벧전 1:3-4 요 15:5

III. 혈과 육에 속하지 않는 사람【고전 15:50】

성경은 '형제들아 내가 이것을 말하노니 혈과 육은 하나님 나라를 이어 받을 수 없고 또한 썩는 것은 썩지 아니하는 것을 유업으로 받지 못하느니라' 고 했다. 혈과 육이란 죽을 수밖에 없는 인간의 육체를 뜻한다. 바울은 썩어질 인간의 육신이 영원한 하나님 나라를 유업으로 받을 수 없다는 사실을 언급했다. 기업을 얻을 자는 부활과 몸의 거룩한 변화가 필연적이다.

참고 성구 고후 5:2-3 롬 8:8 계 22:15 갈 5:19-21 빌 3:19-21

■ 결 론 ■ 이와 같이 기업을 얻을 사람이 누구인지 보았으니 성도는 말씀으로 거룩하게 되어 그리스도 안에 속하여 주님 재림시 부활체의 몸으로 영원한 기업을 얻는 자들이 되자.

■해설■ **기업**

상속이나 유업이란 뜻으로 쓰이는 이 구약의 용어는 가족 재산의 궁극적 통제권을 지닌 장자권 계승에 관한 법조항에서 발견된다. 주된 어근은 '나할' 과 '아라쉬' 로서 전자가 분깃을 받는다는 의미이긴 하지만 양자 모두 일반적 의미로는 소유(물)을 뜻한다. 신약에서 '기업' 과 '유업' 은 '클레로노모스', '클레로노미아' 와 그 파생어들로 표현된다. 기업에 대한 옛 언약의 근본적 개념은 새 언약에서도 대응되어져야 한다. 특히 히브리서는 새 이스라엘의 기업을 논하며 그 기업은 '그리스도 안에' 있다. 롬 8:17은 유업의 상속자를 보여 주며, 유업은 모든 축복이 보장된 하나님의 나라이다(마 25:34, 고전 6:9).

■참고■ **구약성경에 기록된 각양 기업에 관한 사건들**

- 아브라함 - 하나님께서 그의 후손에게 가나안을 기업으로 약속하심(창 17:8) • 레위인 - 아론의 자손인 레위인은 땅의 분깃이 없으나 십일조의 기업이 있음(민 18:20) • 슬로브핫의 딸들 - 아버지의 기업을 아들만 잇게 하는 법을 파함(민 27:7-8) • 이스라엘 - 가나안 땅을 기업으로 차지함(수 11:23) • 각 지파 - 기업이 분배됨(수 13:1-19:51) • 보아스 - 나오미의 집의 기업을 무릎으로 룻과 결혼함(룻 4:10) • 이세벨 - 나봇의 기업인 포도원을 뺏도록 계략을 써서 아합에게 줌(왕상 21:1-16)

■예화■ **아합인가 나봇인가**

아합 왕은 별궁 곁에 인접한 나봇의 포도원을 대가나 대상(代償)을 줄테니 달라고 요구했다가 거절을 당하자 누명을 씌워 그를 죽였다. 이스라엘이 가나안을 정복한 후 하나님은 그 땅을 제비뽑아 나누게 하고 나서 이제는 사람들이 마음대로 매매하거나 옮기지 말고 '각각 조상 지파의 기업을 지키라' 고 말씀하셨다. 아합의 요구는 결국 이같은 하나님의 명령에 불복하는 것이었으며 나봇은 단호히 거부했던 것이다. 땅을 기업으로 받은 사람은 그 땅에 무엇을 심든지 자유였다. 그러나 조상들에게 물려받은 포도원에서 다시 포도를 가꾼다고 해도 기업을 옮기지 말라는 하나님의 말씀을 거역하는 것인데 나물밭을 삼는다는 것은 있을 수 없는 일이었다. 포도원은 '교회'를, 나물밭은 '속된 세상'을 상징한다. 결국 포도원을 나물밭으로 만든다는 것은 교회를 유흥장으로 삼고 진리를 허튼 소리로 만든다는 뜻이다. 아합과 이세벨의 망령은 오늘도 포도원을 나물밭으로 만들기 위해 땅을 내놓으라고 요구하고 있다. 나봇에게서 우리는 기업에 충성함이 하나님을 공경하는 일임을 깨닫게 된다. 하나님이 우리에게 주신 것은 남들이 볼 때에 하찮게 보일망정 내게 적합한 것이다. 하나님께서 주신 것을 아멘으로 받아들이고 감사하면서 사는 것이 행복의 길이 된다. 그리고 하나님이 주신 모든 것을 가장 존귀히 여겨 지성을 다하여 하나님을 섬기고 그 분의 뜻에 순종하는 삶을 살아야 한다. (아합인가 나봇인가 / 박병진)

● 기초 ●

기초에 대한 바른 견해 세 가지

■본 문■ 비가 내리고 창수가 나고 바람이 불어 그 집에 부딪치되 무너지지 아니하나니 이는 주추를 반석 위에 놓은 까닭이요 【마 7:25】

■서 론■ 로렌조 그라시안은 "기초가 없는 것은 결코 오래 가지 못한다. 그런 것들은 약속을 너무 많이 해주기 때문에 조금도 신뢰할 수 없는 것이다. 너무 많은 것을 증명해 주는 것은 진실이 될 수 없다"고 했다. 기초의 바른 견해는?

■말씀■

I. 기초는 반석 위에 세워야 한다 【마 7:25】

성경은 '비가 내리고 창수가 나고 바람이 불어 그 집에 부딪치되 무너지지 아니하나니 이는 주추를 반석 위에 놓은 까닭이요' 라고 했다. 반석은 넓고 편편하게 된 아주 든든한 굳은 돌을 말하는데, 신약성경에서 주님은 반석을 움직이지 않는 기초의 형용으로 쓰시고 있다. 기초는 감추어져 있다. 폭풍우와 같은 인생의 위기나 시련 때에 기초를 반석에 세운 이유를 알게 된다.

참고 성구 고전 10:4 딤후 2:19 벧전 2:6 마 16:18 고전 3:11

II. 기초는 견고해야 한다 【눅 6:48】

성경은 '집을 짓되 깊이 파고 주추를 반석 위에 놓은 사람과 같으니 큰 물이 나서 탁류가 그 집에 부딪치되 잘 지었기 때문에 능히 요동하지 못하게 하였거니와' 라고 했다. 견고란 굳고 튼튼함을 말한다. 기초를 반석 위에 견고하게 놓은 집은 탁류에 부딪쳐도 요동하지 않는다. 인생에 흐린 물줄기가 와서 부딪쳐도 기초를 견고하게 한 사람은 절대 요동하지 않고 굳게 살아간다.

참고 성구 행 4:11 엡 2:20 삼상 2:2 눅 10:39 엡 3:19

III. 기초는 무너지면 희망이 없다 【히 6:6】

성경은 '… 타락한 자들은 다시 새롭게 하여 회개하게 할 수 없나니 이는 그들이 하나님의 아들을 다시 십자가에 못 박아 드러내 놓고 욕되게 함이라' 고 했다. 본 구절의 타락은 일시적 범죄 정도가 아니라 배교하는 것을 의미한다. 이는 성령의 외적 역사를 체험하고도 끝내 내적으로 중생치 못하고 아예 고의로 진리를 거슬러 사탄의 무리에 속한 자에게는 이제 희망이 없다.

참고 성구 시 11:3 마 12:43-45 벧후 2:20-22 요일 1:6-7 삼상 15:23

■결 론■ 이와 같이 기초에 대한 바른 견해를 살펴보았으니 성도는 인생의 집을 지을 때 주님 예수를 기초로 하여 반석 위에 견고히 지어 무너지는 일이 없도록 말씀 속에서 사는 자들이 되자.

■해설■ 기초

'기초'(foundation)라는 의미의 영어 단어는 보통 히브리어인 '야사드'와 헬라어인 '카타볼레' 및 '데멜리오스'의 어느 하나를 번역한 것으로, 문자적으로는 구조물의 나머지 부분을 지탱해주는 기초를 말하며, 상징적으로는 ①세상의 기초, 혹은 시작의 의미(시 102:25, 히 1:10) ②교회의 기초로서 그리스도(고전 3:11, 사 28:16, 마 16:18) ③그리스도를 모퉁이 돌로 한 교회의 기초로서의 선지자들과 사도들(엡 2:20, 딤전 3:15) ④사역자들의 터(롬 15:20, 고전 3:10) ⑤하나님의 견고한 터(딤후 2:19) 등으로 나타나는데 신약성경에서는 상징적인 용법으로 자주 사용된다.

■참고■ 성경에 나타난 기초에 대한 상징적인 의미들

• 기초는 그리스도를 상징함 - 너는 베드로라 내가 이 반석 위에 내 교회를 세우리니(마 16:18) • 기초는 그리스도교의 진리를 상징함 - 너희는 사도들과 선지자들의 터 위에 세우심을 입은 자라 그리스도 예수께서 친히 모퉁잇돌이 되셨느니라(엡 2:20) • 기초는 하나님의 명령을 상징함 - 하나님의 견고한 터는 섰으니(딤후 2:19) • 기초는 구원의 보증을 상징함 - 장래에 자기를 위하여 좋은 터를 쌓아(딤전 6:17-19) • 기초는 영원한 성을 상징함 - 이는 그가 하나님이 계획하시고 지으실 터가 있는 성을 바랐음이라(히 11:10)

■예화■ 대지(大志)와 정지(正志)

"뜻을 세울 것(立志), 지를 밝힐 것(明知), 행을 독실하게 할 것(독행(篤行))." 이조 중엽의 이율곡 선생은 1577년에 〈격몽요결(擊蒙要訣)〉을 썼다. 어린이를 가르치고 분발케 하는데 근본이 되는 책이란 뜻이다. 그는 이 책에서 입지를 가장 강조하였다. 인생에서 제일 중요한 것은 인생의 올바른 뜻을 세우는 일이다. 어째서 꼭 같은 인간으로 태어나서 어떤 이는 훌륭한 성자가 되고 어떤 이는 평범한 무명인이 되느냐, 요컨대 뜻을 옳게 세우느냐 못 세우느냐에 달려 있다. 율곡은 사람의 인격의 근본요소로서 입지와 명지와 독해의 세 가지를 강조했다. 우리는 남을 지도하려면 이 세 가지 요령에 의해서 해야 한다. 입지란 무엇이냐. 뜻을 세우는 것이다. 인생의 이상을 확립하는 것이다. 삶의 목표를 분명히 세우는 것이다. 우리는 뜻을 세우되 큰 뜻을 세우고, 옳은 뜻을 세워야 한다. 대지(큰 뜻)와 정지(옳은 뜻)가 필요하다. 아무리 큰 뜻이라도 나쁜 뜻, 악한 뜻을 세워서는 안 된다. 세계에서 제일가는 도둑놈이 되려는 뜻을 세웠다고 하자. 뜻은 참으로 크지만 악한 뜻이다. 우리는 모름지기 크고 옳은 뜻을 세워야 한다. 그 다음에는 지를 밝게 해야 한다. 우리의 지성을 총명하게 닦는 것이다. 크고 작은 모든 일에 대해서 올바른 판단력의 소유자가 되어야 한다. 옳은 일은 힘써 행하고 옳지 않은 일은 절대로 아니하도록 노력을 해야 한다. 아무리 뜻이 좋고 지가 밝아도 행하기를 힘쓰지 않으면 아무것도 되지 않는다. 입지·명지·독행은 인격형성의 근본이다. (안병욱)

● 기회 ●

기회를 놓친 세 사람

■ 본 문 ■ 음행하는 자와 혹 한 그릇음식을 위하여 장자의 명분을 판 에서와 같이 망령된 자가 없도록 살피라 … 회개할 기회를 얻지 못하였느니라 [히 12:16-17]

■ 서 론 ■ 미국의 강철왕 카네기는 "누구라도 기회가 없는 사람은 없다. 단지 그것을 붙잡지 못했을 뿐이다" 라고 했다. 성경에서 기회를 놓친 사람들은 누구인가?

■ 말씀 ■

I. 에서 [히 12:17]

성경은 '너희가 아는 바와 같이 그가 그 후에 축복을 이어받으려고 눈물을 흘리며 구하되 버린 바가 되어 회개할 기회를 얻지 못하였느니라' 고 했다. 에서는 이름의 뜻이 '털 많은, 털투성이' 이다. 에서는 당장의 식욕을 만족시키기 위해 영원한 축복을 포기하는 어리석음을 범했다. 배교는 하늘의 축복보다 이 땅의 것을 사랑한 결과이며, 배교자는 잘못을 깨닫고 통곡할 날이 반드시 온다.

　　참고 성구 창 27:33 창 25:32-34 창 43:33 말 1:3 눅 16:13 롬9:12-13

II. 사울 [삼상 16:1]

성경은 '여호와께서 사무엘에게 이르시되 내가 이미 사울을 버려 이스라엘 왕이 되지 못하게 하였거늘 네가 그를 위하여 언제까지 슬퍼하겠느냐' 라고 했다. 사울의 이름의 뜻은 '간원하다' 이다. 이스라엘의 초대 왕에 올랐으나 스스로 번제를 드리는 범죄를 저지르고, 아말렉의 전리품을 남겨 불순종한 사울을 하나님은 폐위시키셨고 하나님의 영이 떠난 그는 자결로 생을 마감했다.

　　참고 성구 삼상 10:24 삼상 13:8-15 삼상 15:6-11, 31:4-10

III. 가롯 유다 [요 13:26]

성경은 '예수께서 대답하시되 내가 떡 한 조각을 적셔다 주는 자가 그니라 하시고 곧 한 조각을 적셔서 가룟 시몬의 아들 유다에게 주시니라' 고 했다. 유다의 이름의 뜻은 '찬양, 찬미' 이다. 유다는 주님 예수의 열 두 제자 중 한 사람으로 끝내는 예수를 은 삼십에 팔고 천추에 씻지 못할 오명을 남긴 자이다. 그는 후회는 했으나 회개를 하지 않고 자살함으로써 끝까지 하나님의 은총을 외면한 자였다.

　　참고 성구 마 10:4 요 13:27-30, 12:3-6 마 27:3 행 1:16-17

■ 결 론 ■ 이와 같이 기회를 놓친 사람들을 보았으니 성도는 회개할 기회를 놓치지 말고 인생에서 최고의 영광은 주님 예수와 함께 하는 것인줄 믿는 자들이 되자.

■해설■ **기회**

독일의 종교개혁자 '마틴 루터'는 놓쳐서 안 될 기회를 언급하면서 "기회의 앞에는 머리털이 있으나 뒤에는 머리털이 없다"라는 말을 남겼다. 또한 독일의 작가 '진 파울'은 그의 책 '잠언과 고찰'에서 "기회가 한 번 더 네 문을 두들기리라고는 생각지 말라"고 말했다. 극심한 가난으로 인해 스코틀랜드에서 미국으로 이주해 미국 최고의 강철왕이 된 'A. 카네기'는 어린 시절 수많은 고생과 허기진 배를 움켜잡고 끝까지 자기에게 온 기회를 놓치지 않고 성공한 이야기를 그의 자서전을 통해 이야기하면서 "기회는 그 자리에서 붙잡아야 한다"는 인생의 철리를 술회한 일이 있다.

■참고■ **인생에서 단 한 번 온 기회를 놓치지 않고 재기한 이들**
- 삭개오 - 예수를 보려고 뽕나무에 올라갔다가 주를 영접하는 영광을 입고 구원을 받음(눅 19:1-10)
- 수로보니게 여인 - 개라는 말을 듣고도 끈질긴 간언으로 평생 소원인 딸의 병을 고침 받음(막 7:24-30)
- 십자가의 한편 강도 - 예수로부터 낙원을 허락받는 은총을 입음(눅 23:39-43)
- 바디매오 - 주위의 눈총에도 아랑곳하지 않고 더욱 큰 소리로 예수를 불러 맹인에서 보게 되어 주를 좇아 영생의 길을 발견함(막 10:46-52)
- 사마리아의 수가 성 여인 - 인생을 만족하게 살지 못해 방황하다가 구주로부터 생명수를 받음(요 4:26,39)

■예화■ **그 때는 아무도 모른다**

1962년 어느 날 밤이었다. 시애틀의 한 호텔에서 잠을 자고 있던 빌리 그래함 목사는 갑자기 잠에서 깨게 된 후 당시에 최고의 인기 절정에 있던 여배우 마릴린 먼로에 대한 영적인 부담감을 크게 느끼게 되었다. 이 느낌은 그 이튿날에도 마찬가지였다. 빌리 그래함의 사무실에서는 마릴린 먼로에게 연락하여 목사가 만나기를 원한다고 했다. 그러자 마릴린 먼로의 대변자가 답변해 오기를 아무래도 두 주일 후에나 시간을 마련할 수 있겠다고 했다. 그러나 두 주일이 채 되기 전에 마릴린 먼로의 죽음은 세계를 놀라게 한 것이었다. 세상에서 가질 수 있는 것은 다 가졌던 그 여성은, "나의 인생은 파장하여 문 닫는 해수욕장과 같습니다."라는 글을 남기고 죽었던 것이다. 그 때는 아무도 모르는 것이다. 너무 늦어서, 당신의 영원한 영혼의 문제에 대하여 어찌 손을 쓸 수 없게 되기 전에 하나님과의 관계를 바로 맺어야 할 것이다.

● 나태 ●

나태함을 고치는 방법 세 가지

■ 본 문 ■ 그 주인이 대답하여 이르되 악하고 게으른 종아 나는 심지 않은 데서 거두고 헤치지 않은데서 모으는 줄로 네가 알았느냐【마 25:26】

■ 서 론 ■ 영국의 사상가 토마스 칼라일은 "진지하게 일하는 사람에게는 항상 희망이 있다. 나태한 사람에게는 절망만이 있을 뿐이다"라고 했다. 나태함을 고치는 방법은?

■ 말씀 ■

Ⅰ. 힘껏 충성할 때 【마25:16-17】

성경은 '다섯 달란트 받은 자는 바로 가서 그것으로 장사하여 또 다섯 달란트를 남기고 두 달란트 받은 자도 그같이 하여 또 두 달란트를 남겼으되'라고 했다. 다섯 달란트 받은 자와 두 달란트 받은 자는 사명을 받은 책임을 느끼고 지체함 없이 봉사하였다. 성도는 자신의 재능을 사용하여 봉사하되 지혜롭고 창의적으로 해야 한다. 맡은 자에게 구할 것은 충성뿐이다.

참고 성구 살후 3:11 고전 4:2 히 3:5 눅 12:43-48 골 1:24-25 잠25:13

Ⅱ. 힘껏 열심을 품을 때【롬 12:11】

성경은 '부지런하여 게으르지 말고 열심을 품고 주를 섬기라'고 했다. 열심이란 무엇인가? 이는 어떤 일에 정신을 집중하는 일을 뜻한다. 나태함을 고치는 방법은 부지런하여 게으르지 않고 열심을 품고 주를 섬기는 데에 있다. 장 폴은 "나태는 악마의 베개이다"라고 했다. 성도는 육체적으로 부지런히 움직여서 영적으로 주님 예수를 섬기는 자들이다.

참고 성구 잠 18:9 벧전 4:10 약 4:17 요 9:4 살전 4:11 살후 3:10

Ⅲ. 힘껏 본받을 때 【히 6:12】

성경은 '게으르지 아니하고 믿음과 오래 참음으로 말미암아 약속들을 기업으로 받는 자들을 본받는 자 되게 하려는 것이니라'고 했다. '본받다'는 어떤 일이나 행동 따위를 본보기로 하여 그대로 따라 하다는 것으로, 성도는 약속을 기업으로 받는 자들, 곧 아브라함에게 주신 기업의 약속들을 믿어 의심치 않았던 믿음의 조상들을 본받는 자가 되어야 한다.

참고 성구 살후 3:9 딤전 4:12 빌 4:9 고후 11:23-30 히 13:7

■ 결 론 ■ 이와 같이 나태함을 고치는 방법을 보았으니 성도는 열심을 품고 충성을 다하는 믿음의 선조를 본받아 영육 간에 나태하지 않는 자들이 되자.

■해설■ **게으름**

근면한 농부와 상인, 사상가나 실행가에 의해 이룩된 대제국 로마는 퇴폐하고 부패한 비생산적인 사람들의 게으른 손으로 넘어가자 곧 농업도, 상업도, 교육도, 모든 종류의 활동은 쇠퇴하여 스스로의 무게를 이기지 못하여 붕괴되어 자멸의 길을 걷고 말았다. 그리고는 대로마 제국은 부지런한 야만인의 수중으로 넘어갔다. 그 폐허에서 일어나 서방 세계에 퍼져나간 새로운 문명은 대로마 제국이 아닌 조그만 유대 나라에서 발생한 그리스도교도라고 불리우는 작고 하찮아 보이는 종교 단체의 씨앗에서 싹텄다. 그리스도교도들은 노동자나, 소기업가나, 노예까지도 섞인 모두가 일할 의욕에 넘친 사람들이었다.

■참고■ **성경이 말하는 게으른 자의 특징**

• 보수해야 할 자기의 집도 게으름으로 수리하지 않음(전 10:18) • 갖가지 편론을 일으킴(딤전 5:13) • 잠자는 것을 무척이나 좋아함(잠 6:9, 19:15, 26:15) • 일용할 양식을 위해서 일하는 것도 싫어함(잠 12:27) • 식사도 노동으로 생각하는 고약함(잠 19:24, 26:15) • 부질없이 핑계만 말함(잠 22:13) • 자기만이 가장 지혜로운 것으로 여김(잠 26:16) • 정욕이 강함(잠 21:25) • 일하기 싫어하거든 먹지도 말게 하라는 바울의 말을 상기하라(살후 3:10-12)

■예화■ **제임스 아브라함 가필드**

가필드는 학자금을 마련하기 위해 추수하는데 삯군 노릇을 해야만 했다. 일자리를 찾는 가필드에게 밭 주인은 이렇게 말했다. "힘드는 일이니까 장정이 필요한걸! 너 같은 아이는 소용없다." "그럼 제가 어른이 할 수 있는 일만큼 한다면 어떻습니까?" 주인은 그 대답이 마음에 들었기 때문에 그를 고용했다. 다음 날, 주인은 그를 네 명의 어른 삯군과 함께 밭에 보냈다. 어른들은 이 아이를 비웃으며 함께 일의 경쟁을 하고자 했다. 그는 어른들과 어깨를 나란히 하고 일을 시작했다. 그는 부지런히 손을 움직여, 앞으로 나아가 네 어른들을 훨씬 앞섰다. 모두는 쉬는 시간이 몹시 기다려질 만큼 피로해졌다. 가필드는 티눈이 생긴 손바닥이 매우 아팠지만, 조금도 그것을 겉으로 드러내지 않았다. 식사가 끝났을 때, 그는 네 어른에게 자기의 일한 것을 주인에게 설명해 주도록 부탁했다. 물론 네 사람은 쾌히 응했다. 저녁 때 일이 끝나자 네 사람은 모두 지칠 대로 지쳐버려 몸을 움직일 수조차 없었다. 한편 가필드는 그처럼 피곤해 보이지는 않았다. 모두가 자리에 들기 위하여 식탁을 일어섰을 때 초 한 가닥을 청했다. "초는 무엇 하려고?" 주인이 물었다. "낮에는 시간이 없어서 밤에 공부를 해야겠습니다." "음, 그렇지만 너는 오늘 세 사람 몫이나 일하지 않았니? 그런데 네 이름은?" "제임스 아브라함 가필드." 그는 대답하고 초를 받아 방에 들어가 밤중까지 공부를 했다. 이 가난한 아이가 후에 미국의 대통령이 되었다. (가난한 아이 / 그루터기 합본)

● 낙심 ●

낙심될 때 취하는 자세 세 가지

■본문■ 모세가 백성에게 이르되 너희는 두려워하지 말고 가만히 서서 여호와께서 오늘 너희를 위하여 행하시는 구원을 보라 너희가 오늘 본 애굽 사람을 영원히 다시 보지 아니하리라 【출 14:13】

■서론■ "세상에는 낙심하게 하는 것이 많으나 믿음의 사전에는 그런 말이 없다. 다른 사람에게 낙심되는 것들이 신자들에게는 하나님의 길로 들어서는 것을 알리는 신호이다"라고 찬송가 작가 존 뉴턴은 말했다. 낙심될 때에 성도는?

■말씀■

Ⅰ. 하나님의 구원을 바라봄 【출 14:13】

성경은 '너희는 두려워하지 말고 가만히 서서 여호와께서 오늘 너희를 위하여 행하시는 구원을 보라 너희가 오늘 본 애굽 사람을 영원히 다시 보지 아니하리라'고 했다. 모세는 이스라엘 백성에게 달려드는 애굽 군대나 넘실대는 홍해 바다를 보지 말고 위로부터 오시는 하나님의 크신 능력을 체험하라고 외쳤다. 기독교는 구체적인 삶의 정황 속에서 살아 계신 하나님의 능력을 믿는 구원의 종교이다.

　　참고 성구 시 27:1 수 1:9 시 37:39 사 41:10

Ⅱ. 주님의 고난의 인내를 생각함 【히 12:3】

성경은 '너희가 피곤하여 낙심하지 않기 위하여 죄인들이 이같이 자기에게 거역한 일을 참으신 이를 생각하라'고 했다. 성도는 당하는 고난이 너무나 가혹하여 믿음의 경주에서 전의를 상실하게 될 때에 고난과 승리의 대명사이신 예수 그리스도를 생각함으로 끝까지 인내하며 견뎌야 한다. 당신은 주님이 당하신 고난보다 더 심한 고난을 당하고 있는가?

　　참고 성구 시 42:11, 51:1,17, 103:13 고전 10:13 마 10:24 갈 6:9

Ⅲ. 징계를 사랑의 징계로 여김 【히 12:6】

성경은 '주께서 그 사랑하시는 자를 징계하시고 그가 받아들이시는 아들마다 채찍질하심이라'고 했다. 징계란 무엇인가? 이는 사람의 죄나 허물을 바로 잡고 선한 방향으로 인도하기 위해 쓰여지는 방법으로 그 행위자는 하나님의 경우와 사람의 경우가 있다. 성도의 온전을 위하여 주께서 징계하시되 채찍질하시기까지 징계하심의 근원은 사랑하시기 때문이다.

　　참고 성구 고전 11:32 고후 6:9 히 12:5-11 잠 3:11-12 계 3:19

■결론■ 이와 같이 낙심될 때 가져야 할 자세를 알았으니 성도는 인생길에서 고난과 시련으로 낙심된 때에 하나님을 바라보고 고난당하신 주님을 생각하며 사랑의 징계를 인해하여 온전한 성도가 되자.

■해설■ **낙심**

사업하는 중에 속히 성공이 없다고 낙심하지 말 것은 우리의 사업은 주님을 중심한 것인 만큼 필경 주님 보시기에 성공이라고 할 수 있는 결실이 온다. 왜냐하면, 주님을 중심한 사업을 주님께서 축복하시기 때문이다. 그럼에도 불구하고 낙심하는 자는 주 외에 다른 것을 더 믿으니 교만한 자이다. 주를 믿는다면 왜 낙심할까? 전도자 '무디' 선생도 복음을 전하다 한 때 낙심한 적이 있었는데 전도의 효과인 열매가 적었기 때문이다. 그때 그는 노아가 120년 동안 외쳤어도 한 사람도 회개한 자를 보지 못하였으나 끝까지 전도한 성경을 읽고 위로를 받아서 다시 힘쓰게 되어 나중에 많은 이를 구원했다.

■참고■ **성경에 나타난 낙심한 자의 모습들**
- 모세 - 책임이 심히 중하여 나 혼자는 이 모든 백성을 질 수 없나이다(민 11:10-15)
- 이스라엘 백성 - 길로 말미암아 백성의 마음이 상하니라(민 21:4)
- 여호수아 - 슬프도소이다 주 여호와여(수 7:7-9)
- 엘리야 - 한 로뎀나무 아래 앉아서 자기가 죽기를 원하여(왕상 19:4-7)
- 아하스 - 두려워하지 말며 낙심하지 말라(사 7:3-4)
- 히스기야 - 주의 목전에서 선하게 행한 것을 기억하옵소서 하고(사 38:1-6)
- 욥 - 입을 열어 자기의 생일을 저주하니라(욥 3:1, 23:16-17)
- 느헤미야 - 어찌하여 얼굴에 수심이 있느냐(느 1:3-11, 2:1-3)

■예화■ **낙심하지 아니하노니**

마귀는 기독교인들이 실망할 때를 이용하기 좋아한다. 오늘날 도처에서 활동하는 기독교인들의 과업은 몹시 힘들다. 기독교인들이라 해서 우리 사회를 더욱 더 괴롭히는 좌절로부터 쉽게 모면될 수 없다. 사람들은 어디서나 현 생활이 아무런 의미없는 혼란상태라고 느끼게 되며, 미래의 참된 소망이 없으므로 절망적인 미래에 직면하게 된다. 우리의 유물론적 사회는 영적으로는 완전히 파산상태이다. 바울은 그 당시에도 실망을 야기시키는 강한 시험이 있음을 알았다. 고린도후서 4장에 보면 두 번이나 "낙심하지 아니하며"라는 말을 사용하고 있는데, 이는 그가 종종 실망에 빠질 만한 유혹에 부딪혔다는 것을 가리킨다. 실제로 그는 너무나 많은 사람들이 실망스럽게도 영적 소경상태에 있기 때문에 "그리스도의 영광의 복음의 광채"를 보지 못한다고 언급하였다. 그는 이 세상에 거대한 영적싸움이 격심함을 인식하였으며, 영적수준의 고하(高下)를 막론하고 항상 고통이 있음을 느꼈다. 그러나 그는 이에도 불구하고 낙심치 않으려고 결심한 두 가지 훌륭한 이유를 들었다. 첫째로, 그는 기독교인의 직분(ministry)이 '하나님의 자비'로 주어진 것으로 엄청난 특권이 있음을 깊이 깨닫고 있었다. 둘째로, 바울은 항상 미래의 영광에 대한 강한 소망을 가졌다. 그는 다시 "우리가 낙심하지 아니하노니"라고 하면서 그의 생각을 밝힌다. (제자훈련 / 데이비드 왓슨)

● 남편 ●

남편의 아내에 대한 성경의 언급 세 가지

■ 본 문 ■ 믿지 아니하는 남편이 아내로 말미암아 거룩하게 되고 믿지 아니하는 아내가 남편으로 말미암아 거룩하게 되나니 그렇지 아니하면 너희 자녀도 깨끗하지 못하니라 그러나 이제 거룩하니라 【고전 7:14】

■ 서 론 ■ 영국 교회 주교 제레미 테일러는 "아내와 자녀를 사랑하지 않는 자는 집안에 암사자를 기르고 슬픔의 둥우리를 품고 있는 것이다"라고 했다. 남편은?

■ 말 씀 ■

I. 남편은 죽을 때까지 아내와의 관계가 지속된다 【롬 7:2】

성경은 '남편 있는 여인이 그 남편 생전에는 법으로 그에게 매인 바 되나 만일 그 남편이 죽으면 남편의 법에서 벗어나느니라'고 했다. 바울은 남편에게 종속되어 있는 부인의 지위를 의도적으로 '휘판드로스'라는 헬라어로 표현했는데 이 낱말은 '결혼한 여자'라는 뜻이 아니라 '남편 아래 있는'을 뜻하는 매우 희귀한 단어이다. 당시 유대인에게 이혼이란 오직 남편에게만 허용된 특권이다.

참고 성구 창 2:18, 21:24 마 19:6 고전 7:10-17 엡 5:25 말 2:14-15

II. 남편은 아내에 대한 권리를 가진다 【고전 7:4】

성경은 '아내는 자기 몸을 주장하지 못하고 오직 그 남편이 하며 남편도 그와 같이 자기 몸을 주장하지 못하고 오직 그 아내가 하나니'라고 했다. 본 구절은 남편과 아내의 권리의 조항으로서, 남편과 아내는 어느 한 쪽의 육체적 욕구에 대해서 거절할 권리가 없음을 말하고 있다. 권리란 무슨 일을 자기 마음대로 할 수 있는 자격을 말한다.

참고 성구 전 9:9 호 3:3 마 19:9 고전 7:5 딛 2:3-5

III. 남편은 아내로 인하여 거룩하게 된다 【고전 7:14】

성경은 '믿지 아니하는 남편이 아내로 말미암아 거룩하게 되고 믿지 아니하는 아내가 남편으로 말미암아 거룩하게 되나니'라고 했다. 본 구절은 신자인 남편이나 아내는 상대를 신앙으로 감화시켜 성도의 일원으로 만들 의무가 있음을 강조하고 있다. 또한 신자가 이러한 자신의 임무를 유기할 때 그 자녀 역시 구원에서 제외됨을 보여 준다.

참고 성구 벧전 3:7,16 고전 7:16 잠 31:23,28 롬 16:3 딤후 4:19

■ 결 론 ■ 이와 같이 남편의 아내에 대한 성경의 언급을 보았으니 성도는 남편으로서의 아내에 대한 권리가 죽을 때까지 지속됨을 알아 그 아내를 통하여 거룩한 존재로서의 가치를 느끼는 자 되자.

■해설■ **남편**

미국의 유명한 '카네기 부인 연구소'의 소장으로 일하고 있는 '도로디 카네기'는 그의 책 '결혼은 성숙한 사람의 것'에서 아내와 잘 해나가는 일곱 가지 방법을 다음과 같이 요약해 들고 있다. ①우선 아내를 인정해 드리십시오. ②아내에 대해서 관대함과 다정한 마음을 가지십시오. ③몸단장은 아내만 하는 것이 아님을 기억하십시오. ④여성의 일을 이해하려고 노력하십시오. ⑤아내를 감싸고 의지할 보람이 있는 남편이 되십시오. ⑥아내와 함께 이해와 관심을 서로 나누십시오. ⑦자기의 아내를 사랑하십시오. 아내는 하나님이 주신 배필이요 돕는 자임을 명심하자(창 2:18-24).

■참고■ **성경에 나타난 이런저런 모양의 남편들**
- 아담 - 죄의 책임을 아내 하와에게 돌림(창 3:9-12)
- 이삭 - 극진한 사랑으로 아내 리브가를 대함(창 24:67)
- 엘가나 - 수태치 못한 아내 한나를 위해 여러 마음을 씀(삼상1:8-28)
- 나발 - 현명한 아내 아비가엘에게 사악하게 대함(삼상 25:3)
- 다윗 - 사울의 딸 미갈과 결혼해 그녀로부터 조롱을 받음(삼하 6:20)
- 아합 - 아내 이세벨에게 꼼짝없이 쥐여 산 못난이(왕상 21:5-16)
- 욥 - 하나님을 욕하고 죽으라는 아내를 오히려 불쌍히 여김(욥 2:7-10)

■예화■ **우여곡절**

믿지 않는 남편을 가진 한 부인이 여러 해 동안 예배당에 다녔다. 그의 남편은 아내가 예배당에 갈 때마다 뒤따라 갔다오곤 했다. 부인은 열심히 남편의 구원을 위하여 기도했다. 어떤 주일 아침 "주 예수를 구원의 주로 받을 사람 있는가?" 하는 목사의 질문에 그의 남편은 앞자리에 나아가 무릎을 꿇었다. 그는 그의 마음을 주께 바치기로 한 것이다. 부인은 몹시 놀랐다. 집으로 돌아오자 남편은 그 아내에게 말하였다. "사랑하는 아내여! 나는 지금까지 오랜 동안 당신을 살펴보았소, 그런 중에 당신의 생활의 깨끗함과 맑고 아름다움에 나는 놀랐소, 당신은 언제나 친절하였소, 그리고 내가 갖고 있지 못하는 어떤 것을 당신이 가지고 있다는 것을 나는 발견했소, 오늘 아침 당신을 보낸 뒤 예배당의 찬송소리에 끌려 예배당 뒷자리에 앉아 있었는데 그 때 목사님이 물었던 것이오, 그 때 당신의 구주를 내 구주로 모시기로 작정하였다오." 그의 남편은 그 아내의 선한 행위와 기도로 말미암아 주를 구주로 모시게 된 것이다. 믿지 않는 남편을 얻게 된 집사님의 딸이 우여곡절 끝에 남편을 신자로 만들었다. 그것은 어떤 비법이 사용되었을까? 그런 가정에서 믿음의 가정교회로 세우기 위하여 개척하는 믿음의 딸들에게 "섬기라!"는 하나님의 명령이 있어서일까?

● 남편 ●

남편의 아내에 대한 의무 세 가지

■ 본문 ■ 남편들아 이와 같이 지식을 따라 너희 아내와 동거하고 그를 더 연약한 그릇이요 또 생명의 은혜를 함께 이어받을 자로 알아 귀히 여기라 이는 너희 기도가 막히지 아니하게 하려 함이라 【벧전 3:7】

■ 서론 ■ 영국 교회의 주교 제레미 테일러는 "남편이 아내를 대하는 힘은 아버지와 같은 또는 친구와 같은 힘이어야 한다. 권위를 배경으로 한 폭군적인 힘이어서는 안 된다" 라고 했다. 남편의 의무는?

■ 말씀 ■

I. 남편은 아내를 사랑할 것 【엡 5:25】

성경은 '남편들아 아내 사랑하기를 그리스도께서 교회를 사랑하시고 그 교회를 위하여 자신을 주심 같이 하라' 고 했다. 본 구절은 아내에 대한 남편의 의무를 말한 것으로 여기서 사용된 사랑이라는 말은 희생적인 사랑, 곧 아가페적인 사랑을 이른 것으로 남편 된 자들은 목숨을 주기까지 아내를 사랑하고 보호해야 할 의무가 있음을 느껴야 한다.

참고 성구 창 2:23-24 엡 5:28,33 에 2:17 창 29:20 골 3:19

II. 남편은 아내를 귀히 여길 것 【벧전 3:7】

성경은 '남편들아 이와 같이 지식을 따라 너희 아내와 동거하고 그를 더 연약한 그릇이요 또 생명의 은혜를 함께 이어받을 자로 알아 귀히 여기라… 기도가 막히지 아니하게 하려 함이라' 고 했다. '귀히 여기라' 는 헬라어 '아포네몬테스 티멘' 으로 이는 '값을 지불하라' 는 뜻이다. 이 말은 남편은 남자와는 다른 여자의 특성들을 인정(존중)해 주어야 한다는 의미이다.

참고 성구 살전 4:4 잠 31:10-31, 14:1 고전 7:14 시 128:3

III. 남편은 아내를 교육할 것 【고전 14:35】

성경은 '만일 무엇을 배우려거든 집에서 자기 남편에게 물을지니 여자가 교회에서 말하는 것은 부끄러운 것이라' 고 했다. 바울의 이 말은 여자를 무시하는 처사가 아니라 교회의 질서와 남녀 관계에 대한 창조 질서를 바로잡기 위함이었다. 남편은 교회에서 취할 아내의 교육은 교회 전체의 질서와 유익과 하나님이 정해 주신 삶의 원리 준수에 입각해서 교육하여야 한다.

참고 성구 에 5:14, 6:13 욥 2:10 창 3:16 고전 11:7-12 딤전 2:11-15

■ 결론 ■ 이와 같이 남편의 아내에 대한 의무를 알았으니 남편 된 자들은 아내를 사랑하고 귀히 여길 뿐만 아니라 아내를 사랑으로 교육하여 주의 몸 된 교회에서 더욱 충성하고 봉사하는 성도가 되게끔 하자.

■해설■ **소중한 아내**

그리스의 철인 소크라테스의 아내 '크산티페'는 악처로 유명하다. 하루는 제자들이 스승께서 아내에게 곤욕을 치룬다는 소문을 듣고 "선생님, 말씀드리기 죄송하지만 선생님의 부인은 견딜 수 없는 분이십니다. 이제 그만 이혼하시는 것이 어떠하실지요?" 라고 말했다. 묵묵히 듣고 있던 소크라테스는 "여보게들, 나도 내 아내가 불순한 것을 모르는 바는 아니네. 하지만 나는 아직도 수양이 부족한 사람일세. 만약 나를 구박하는 아내가 곁에 있지 않는다면 나는 더욱 내 마음을 닦고 수양하기가 힘들 걸세. 자네들은 나보고 그 좋은 기회를 잃으란 말인가? 아내는 나에게 참는 법과 인내하는 습관을 길러주네. 그러니 나에게는 소중한 아내가 아니겠는가?" 하였다.

■참고■ **성경에 나타난 여러 남편의 모습**

- 아담 - 하와의 남편, 죄의 책임을 미룸(창3:9-12) • 이삭 - 리브가의 남편, 아내를 무척이나 사랑함(창 24:67) • 엘가나 - 한나의 남편, 아내를 아끼고 사랑하여 동정함(삼상 1:8-23) • 나발 - 아비가일의 남편, 현명한 아내에게 사악하게 대함(삼상 25:3) • 다윗 - 미갈의 남편, 사울의 딸에게 조롱을 받음(삼하 6:20) • 아합 - 이세벨의 남편, 아내에게 약한 공처가(왕상 21:5-16) • 욥 - 아내에게 강하여 부끄럽게 생각하도록 함(욥 2:7-10) • 아굴라 - 브리스길라의 남편, 아내와 함께 복음을 전하여 그 이름을 빛냄(행 18:2-3, 롬 16:3, 딤후 4:19)

■예화■ **옥호열 선교사**

옥호열 선교사는 6·25때 거제도 포로 수용소의 군목으로 있으면서 인민군 포로들을 돌보고 있었다. 하루는 막사를 돌다가 화장실에서 어떤 포로 청년이 "내가 죽일 놈이지, 내가 죽일 놈이지" 하며 울고 있는 것을 보았다. 그래서 그는 청년에게 다가가 "청년, 무슨 사정이 있으면 이야기하시오. 내가 도울테니"라고 말하자, 이 청년은 이렇게 털어놓았다. "목사님, 저는 이북에서 예수님을 믿지 않았었습니다. 그런데 아내가 어찌나 예수를 진실하게 믿는지 마음이 상해서 견딜 수가 없었습니다. 한번은 아내를 찾으러 교회에 갔는데 마침 예배 중이었습니다. 그래도 보란듯이 신을 신고 뚜벅뚜벅 들어가 제 아내의 머리칼을 휘어잡고서 예배당 뜰에서 한참 때려 주었습니다. 그런데 다른 말은 제가 죽으라면 죽는 시늉까지 하는 아내인데, 교회에 나가지 말라는 말은 전혀 듣지 않았습니다. 그러다 제가 인민군에 징집되어 전쟁을 하다가 유엔군의 포로가 되었습니다. 어느 날, 아침 미군 장교가 포로들을 한 줄로 세우고 예수 믿는 사람을 골라냈습니다. 그 때 살고 싶은 생각이 나서 가슴에 십자가를 그렸더니 노래하라고 손짓을 하지 않겠어요? 갑자기 머릿속에서 제 아내가 저한테 매맞으며 부르던 노래가 생각나서 살기 위해서 불렀습니다. 그래서 여기까지 오게 되었고, 이제 예수님을 구주로 영접하게 되었습니다. 내가 구원받게 된 것은 제 아내의 찬미 때문이었습니다." (희망을 가집시다 / 박조준)

● 노동 ●

노동의 대가를 지불하는 원칙 세 가지

■ 본 문 ■ 보라 너희 밭에서 추수한 품꾼에게 주지 아니한 삯이 소리 지르며 그 추수한 자의 우는 소리가 만군의 주의 귀에 들렸느니라 【약 5:4】

■ 서 론 ■ 프랑스의 사상사 볼테르는 "노동은 세 개의 큰 악, 즉 지루함, 부도덕, 그리고 가난을 제거한다"고 했다. 노동의 대가인 삯을 지불하는 원칙은?

■ 말 씀 ■

I. 품삯은 신속히 지불되어야 한다 【약 5:4】

성경은 '보라 너희 밭에서 추수한 품꾼에게 주지 아니한 삯이 소리 지르며 그 추수한 자의 우는 소리가 만군의 주의 귀에 들렸느니라'고 했다. 삯이 소리 지른다는 것은 고용 계약을 어긴 주인에 대해 원망하는 품꾼의 마음을 상징적으로 표현된 말이다. 악덕 고용주의 이러한 죄는 청지기로서의 자신의 사명과 인간의 존엄성을 망각한 비인간적 행동이다. 이런 자에게는 하나님의 보응이 분명히 있다.

참고 성구 레 19:13 신 24:15 벧전 2:18, 4:10 눅 12:42-48

II. 품삯은 공평히 지불되어야 한다 【골 4:1】

성경은 '상전들아 의와 공평을 종들에게 베풀지니 너희에게도 하늘에 상전이 계심을 알지어다' 라고 했다. 공평이란 무엇인가? 이는 질서의 원리로서 어느 한 쪽에 치우치지 않고 공정함을 말한다. 성도는 모두 하나님 앞에서 책임 있는 존재이므로 종(품꾼)은 자발적인 마음으로 주께 하듯 순종하고 고용주(주인)은 동등한 인격체로 받아들여 '의와 공평' 으로 대해야 한다.

참고 성구 마 25:14-30 말 3:5 엡 6:9 마 20:1-16

III. 품삯은 필히 지불되어야 한다 【마 20:8】

성경은 '저물매 포도원 주인이 청지기에게 이르되 품꾼들을 불러 나중 온 자로부터 시작하여 먼저 온 자까지 삯을 주라 하니' 라 했다. 포도원 주인은 청지기에게 품꾼들을 불러 '나중 온 자부터 시작하여 먼저 온 자까지 삯을 주라' 고 명령했다. 성경은 품삯을 당일에 주고 해 진 후까지 미루지 말 것은 이는 품꾼이 가난하므로 그 품삯을 간절히 바람이라고 했다.

참고 성구 신 24:15 렘 22:13 딤전 5:18 마 20:13, 21:33-41 창 31:36-42

■ 결 론 ■ 이와 같이 노동의 대가를 지불하는 원칙을 알았으니 성도는 품삯을 신속히, 공평히, 필히 지불하여 그 품삯으로 일용할 양식을 사는 자의 마음을 편하게 해주는 자들이 되자.

■해설■ **품삯, 임금**

성경에서 임금, '품삯'(wages)에 대한 최초의 언급은 창 29:15이다. 구약성경에는 율법으로 그날의 임금(품삯)을 반드시 지불하라고 되어 있다(레 19:13). 만일 그날의 임금(품삯)을 지불하지 않는 자가 있다면 그는 무서운 심판을 받도록 되어 있다(렘 22:13). 신약성경에서 헬라어 '미스도스'는 일반적으로 '보상'이나 '상급'으로 번역되어 있다. 그러나 영어 흠정역(AV)에는 두 번 '임금, 품삯'으로 번역됐다(요 4:36, 벧후 2:15 참조). 그리고 '옵소니온'이라는 헬라어 단어는 신약에 4번 나오는데(눅 3:14, 롬 6:23, 고전 9:7, 고후 11:8) 어떤 용역(수고)에 대한 대가를 뜻하는 말로 성경에 사용되었다고 'Thayer'의 사전에 나타난다.

■참고■ **노동에 대한 성경의 교훈**

• 하나님 아버지께서 하셨고 또 계속하시니 성도들도 일해야 함(요 5:17) • 예수님도 일하셨으니 성도도 열심히 일해야 할 것임(요 5:17, 9:4) • 바울이 모본을 보이려고 손수 일했으니 성도도 일할 것임(행 20:35, 살후 3:9) • 주께서 일정한 일을 하기 위하여 우리를 보내셨으니 기회 있을 때마다 일해야 하는데 특히 선교는 신자의 사명이다(요 20:21). • 자기 손으로 일할 수 있는 자들이 남을 의지하는 것은 십계명 중 6계와 10계를 범하는 것과 같다(출 20:9, 17) • 가난한 형제를 돕기 위해 일함(행 20:35)

■예화■ **노동의 보수**

"노동에는 생활이라는 보수가 있다. 그 뿐만 아니라 좋은 일에는 더 좋은 보수가 있다. 창조라는 보수다." 윌리엄 모리스는 19세기 영국의 시인이요, 공예미술가다. 〈유토피아 소식〉은 그의 이상향을 그린 명작이다. 인생에는 노동과 휴식이라는 기본적 리듬이 있다. 우리는 일한 다음에는 쉬고, 쉰 다음에는 일해야 한다. 휴식이 없는 노동은 고역이요, 노동이 없는 휴식은 권태다. 이상적 인생은 일하는 것과 쉬는 것, 노동과 휴식의 기본적 리듬이 아름다운 조화를 이루는 데 있다. 사람은 왜 일하느냐, 제 1차적 목적은 생계를 유지하기 위해서다. 우리는 일하지 않고는 살아갈 수 없다. 노동에는 생활이라는 보수가 따른다. 자력자활로 제가 일해서 제 힘으로 살아갈 때 인간은 건전한 인생관과 가치관을 가질 수 있다. 사회의 기생충적 생활을 할 때 인간의 정신은 병들고 비굴해진다. 그러나 일에는 생활의 보수만 따르는 것이 아니다. 좋은 일에는 반드시 창조의 기쁨이 따른다. 훌륭한 일을 하였을 때에는 보람과 만족을 느낀다. 나도 사회의 존립과 번영을 위해서 무엇인가 가치 있는 일을 하였다는 기쁨과 행복을 느낀다. 그는 자신과 용기를 가지고 인생을 살아갈 수 있다. 창조의 기쁨이 따르지 않는 일, 단지 생활의 보수만을 위해서 하는 일에 종사할 때 우리는 무미건조함과 권태감을 느끼기 쉽다. 우리는 될수록 자기의 천분과 개성에 맞는 일을 해야 한다. 그런 일이라야 열의를 가질 수 있고 창조의 보람을 느낄 수 있다. (안병욱)

● 노래 ●

노래하는 바른 자세 세 가지

■ 본문 ■ 그러면 어떻게 할까 내가 영으로 기도하고 또 마음으로 기도하며 내가 영으로 찬송하고 또 마음으로 찬송하리라 [고전 14:15]

■ 서론 ■ 헨리 자일즈는 "노래는 모든 설교보다 오래 기억에 살아남는다"라고 했다. 노래하는 자의 좋은 자세는?

■ 말씀 ■

I. 성도는 감사함으로 노래해야 함 [시 147:7]
성경은 '감사함으로 여호와께 노래하며 수금으로 하나님께 찬양할지어다'라고 했다. 정치가 제퍼슨은 "과거의 은혜를 회상함으로 감사는 태어난다. 감사는 고결한 영혼의 얼굴이다"라고 했다. 신앙의 뿌리는 믿음이요, 열매는 감사이다. 감사하는 자만이 하나님을 영화롭게 할 수 있다. 시편 기자는 감사함으로 여호와께 노래하고 수금으로 찬양하라고 했다.
참고 성구 시 33:2 계 11:17 시 100:4 살전 5:18 대하 20:21-24

II. 성도는 기쁨으로 노래해야 함 [삼상 2:1]
성경은 '내 마음이 여호와로 말미암아 즐거워하며 내 뿔이 여호와로 말미암아 높아졌으며 내 입이 내 원수들을 향하여 크게 열렸으니 이는 내가 주의 구원으로 말미암아 기뻐함이니이다'라고 했다. 본 구절은 '구약 교회의 송가'라고 불리워지는 한나의 노래 첫 부분이다. 여기서 '즐거워하며'는 히브리어 '알라츠'로서 덩실덩실 춤추며 기뻐한다는 뜻이다.
참고 성구 출 15:1-18 대하 5:13 눅 1:46-55, 19:37-38

III. 성도는 영으로 노래해야 함 [고전 14:15]
성경은 '그러면 어떻게 할까 내가 영으로 기도하고 또 마음으로 기도하며 내가 영으로 찬송하고 또 마음으로 찬송하리라'고 했다. 영이 마음과 더불어 찬미할 때에 그것을 듣는 형제들이 유익을 얻게 되고 본인도 은혜가 넘치게 된다. 사상가요 저술가인 토마스 칼라일은 '노래는 하늘 가락을 적은 이슬방울이다'라고 했다. 성도는 영으로 하나님을 찬양해야 한다.
참고 성구 엡 5:19 민 24:17 창 49:10 행 16:25 삿 5:1-7

■ 결론 ■ 이와 같이 노래하는 바른 자세를 알았으니 성도는 영혼의 주인이신 하나님께 영으로 찬양을 드리고 그 은혜를 감사함으로 기쁨으로 노래하는 자들이 되자.

■해설■ **노래, 찬양**

성경에는 하나님께 대한 찬양과 송축으로 가득 차 있다. 찬양이란, 피조물들이 하나님께 예배드리고 은총과 축복을 주심에 대해서 감사함으로써 경의를 표하는 것으로 정의되어 질 수 있다. 능력이 뛰어난 천사들도 하나님을 송축한다(시 103:20). 이스라엘 백성들은 하나님께 찬양을 드릴 때 특히 '할렐 시(詩)들'(Hallel Psalm, 시편 113-118편)로써 찬양을 드렸다. 이스라엘 사람뿐 아니라 하나님을 섬기는 모든 사람, 그리고 하늘과 땅과 바다와 그 중에 움직이는 모든 것들은 - 사실 숨쉬는 모든 것들은 당연히 여호와 하나님께 찬양을 드려야 한다(시 135:1-2). 또한 하나님의 백성은 찬양을 위해 지음 받은 존재들이다(사 43:21).

■참고■ **성경에 나타난 노래의 각종 모습들**

- 이스라엘 민족 - 애굽을 탈출하고 홍해 사건을 체험함(출 15:1-19) • 드보라와 바락 - 그토록 이스라엘을 괴롭힌 가나안 왕 야빈을 진멸시킨 뒤 부름(삿 5:1-9) • 한나 - 기도로 응답받고 아들 사무엘을 얻은 후에 찬양함(삼상 2:1-10) • 마리아 - 예수를 잉태한 뒤 찬양함(눅 1:46-55) • 사가랴 - 성령의 충만함을 입어 예언하면서 찬송(눅 1:68-79) • 시므온 - 이스라엘의 위로를 기다리다가 예수를 만난 뒤 그를 안고 믿음으로 찬송함(눅 2:28-32) • 성도들 - 하늘나라에서 영원한 찬송을 함(계 5:9-14)

■예화■ **평화를 창조하는 찬송의 능력**

1870년 크리스마스 때는 독불(獨佛)전쟁 중이었다. 크리스마스 전날 밤에도 양군은 서로의 진지 속에서 한동안의 총격전을 치른 후 휴식을 취하고 있었다. 병사들은 참호 속에 누워서 반짝이는 크리스마스의 별을 바라보며, 고향의 부모와 처지를 생각하면서 눈물을 흘렸다. '왜 우리는 서로 싸워야만 하는가?' 그들은 추위와 바람 속에서 긴장을 풀지 못한 채 크리스마스의 밤을 지새우고 있었다. 그 때에 프랑스군의 참호에서 한 병사가 벌떡 일어섰다. 그는 아름다운 테너의 음성으로 '오 거룩한 밤'을 노래하는 것이었다. 아기 예수를 향한 찬송은 전선의 밤하늘을 은혜롭게 퍼져 나갔다. 독일 병사들은 깜짝 놀라 총을 겨누었지만 어느 누구 하나 총을 쏘는 사람은 없었다. 프랑스 병사의 찬송이 끝나자, 이번에는 독일군 참호 속에서 바리톤의 굵은 음성이 들려나왔다. 그가 부른 노래는 루터가 작사한 '하늘 위에서 땅으로 내가 왔노라(From heaven above to earth I come)'라는 곡이었다. 그 순간 프랑스군도, 독일군도 모두 자신들이 전선에 있다는 것을 잊은 듯 오직 그리스도의 평화를 만끽하며 하나님의 은혜에 잠겨 있었다. 찬송 속에는 상처받은 마음을 어루만져 주며, 불안과 공포로부터 놀라운 평화를 창조하는 능력이 있는 것이다. (김선도)

● 노인 ●

노인에 대한 합당한 생각 세 가지

■ **본 문** ■ 백발은 영화의 면류관이라 공의로운 길에서 얻으리라 【잠 16:31】

■ **서 론** ■ 지혜서 탈무드에는 "노인은 자기가 두 번 다시 젊어지지 않는다는 것을 알고 있지만 젊은이는 자기가 늙는다는 것을 잊고 있다"는 글이 있다. 노인에 대하여 가지는 합당한 생각은?

■ **말 씀** ■

I. 노인은 돌보아 드려야 할 존재이다 【왕상 1:15】

성경은 '밧세바가 이에 침실에 들어가 왕에게 이르니 왕이 심히 늙었으므로 수넴 여자 아비삭이 시중들었더라'고 했다. 시중이란 옆에서 보살피거나 여러 가지 심부름을 하는 일을 말한다. 이때 다윗의 나이는 70세 정도로 추정된다. 그는 30세에 왕위에 올라 헤브론에서 7년 반, 예루살렘에서 33년을 다스렸다. 목동에서 이스라엘 왕위에 오른 그도 인생의 황혼기를 맞아 늙어서 인생무상을 느끼게 한다.

참고 성구 왕상 1:1-4 롬 12:8 룻 2:2 창 47:7-12

II. 노인은 공경해야 할 존재이다 【잠 16:31】

성경은 '백발은 영화의 면류관이라 공의로운 길에서 얻으리라'고 했다. 청년은 힘을 자랑하지만 노인은 백발을 자랑한다. 본 구절의 영화의 면류관은 일평생 의로운 생활을 한 사람의 고상한 아름다움을 뜻하는 말이다. 백발의 노인은 이제 그 고상한 아름다움을 칭송받고 모든 것에 앞서 공경을 받아야 한다. 이것이 의로운 노인의 삶에 대한 존경이다.

참고 성구 레 19:32 딤전 5:1-2 출 20:12 욥 32:6 잠 20:29

III. 노인은 하나님의 보호를 받는 존재이다 【사 46:4】

성경은 '너희가 노년에 이르기까지 내가 그리하겠고 백발이 되기까지 내가 너희를 품을 것이라 내가 지었은즉 내가 업을 것이고 내가 품고 구하여 내리라'고 했다. 하나님은 아비와 자식이 둘 다 늙어도 아비가 자식을 아이처럼 측은히 여기듯 부모의 사랑으로 돌보신다. 백발이 되기까지 품을 것이요 업고서 구하여 내신다는 하나님의 말씀은 약속이다.

참고 성구 창 15:15 잠 20:29 신 27:16 시 71:9 창 46:2-4

■ **결 론** ■ 이와 같이 노인에 대한 합당한 생각을 살펴보았으니 성도는 백발의 노인을 잘 돌보아 드리고 공경해야 할 것은 그분이 하나님의 보호를 받으시는 분이심을 아는 자 되자.

■해설■ 엄청난 노인들
'모세'는 하나님을 만났을 때 나이 80세였으며 그의 죄에 대하여 용서를 빌었으나 많은 나이에 대해서는 절대 말하지 않았다. '소크라테스'는 70세에 유명한 철학을 세계인에게 주었고 그 나이에 악기 연주법을 배웠다. '플라톤'은 50세에 겨우 학생이었고 60세에 이른 후부터 최선을 다했다. '미켈란젤로'는 죽을 때까지 시를 썼고 89세에 그의 삶을 설계했으며 90세에 로마 교황청 예배당의 천정을 조각했다. '페트라르카'는 70-80세 사이에 라틴어 공부를 시작했고 '루도비코'는 115세에 그의 자서전을 썼다. 또한 '베이컨'은 60세가 넘어서 위대한 작품을 썼고, '밀턴'은 57세에 실낙원을, 63세에 복락원을 썼다.

■참고■ 성경에 기록된 100세 이상 장수한 노인들
• 므두셀라 - 창 5:25-27 • 야렛 - 창 5:20 • 노아 - 창 5:30-32 • 아담 - 창 5:3-5 • 셋 - 창 5:6-8 • 게난 - 창 5:12-14 • 에노스 - 창 5:9-11 • 마할랄렐 - 창 5:15-17 • 라멕 - 창 5:28-31 • 에녹 - 창 5:21-23 • 데라 - 창 11:32 • 이삭 - 창 35:28-29 • 아브라함 - 창 25:7 • 야곱 - 창 47:28 • 이스마엘 - 창 25:17 • 여호야다 - 대하 24:15 • 사라 - 창 23:1 • 아론 - 민 33:39 • 모세 - 신 34:7 • 요셉 - 창 50:26 • 여호수아 - 수 24:29 (가장 장수한 순서대로 기록한 것임)

■예화■ 몇 갑절의 축복
룻기 2장에는 보리밭 이랑에서 이삭을 줍고 있는 룻의 모습이 나온다. 보아스의 밭에서 이삭을 줍고 있는 룻의 현실이야말로 비참한 현실인데도 룻은 자신이 스스로 택한 삶의 길에 불만을 갖지 않고, 나오미를 섬기며 살아가는 겸손한 여인상, 또한 자신이 벌 수 있는 한 결코 구걸하거나 의지해서는 안 되며, 자신의 생계를 위해서는 열심히 일을 해야 한다는 근면성을 보여 주고 있다. 아침부터 저녁까지 이삭을 줍는 룻의 모습… 그리고 시어머니인 나오미에게 효도하는 그녀의 모습을 통해서 효도의 본을 볼 수 있다. "제가 밭에 가서 이삭을 줍게 해 주세요."라고 간청을 하며 이삭을 줍는 삶의 현장으로 나아간다. 몇 겹의 괴로움을 자신이 당할지라도 시어머니에겐 겪게 하고 싶지 않았던 것이다. 또한 하나님을 신뢰하는 룻의 모습을 볼 수 있다. 이삭을 주우러 어디로 가야할지 몰랐으나 하나님께서 선한 길로 인도해 주실 것을 그녀는 믿고 따랐던 것이다. 룻의 모습을 통해서 겸손함, 근면함, 효도와 공경, 하나님에게 향한 신뢰의 본을 느낄 수 있다. 그로 인해 룻은 이삭 줍던 보리밭에서부터 하나님에게 몇 갑절의 축복과 은혜를 받게 된 것이다.

●농사●

농사짓는 자가 지녀야 할 세 가지

■본 문■ 오로지 우리를 위하여 말씀하심이 아니냐 과연 우리를 위하여 기록된 것이니 밭 가는 자는 소망을 가지고 갈며 곡식 떠는 자는 함께 얻을 소망을 가지고 떠는 것이라【고전 9:10】

■서 론■ 미국의 정치가 벤자민 프랭클린은 "서 있는 농부는 앉아 있는 신사보다도 소중하다"고 했다. 농사를 짓는 자가 지녀야 할 덕목은 무엇인가?

■말씀■

Ⅰ. 수고【딤후 2:6】

성경은 '수고하는 농부가 곡식을 먼저 받는 것이 마땅하니라'고 했다. 수고란 무엇인가? 이는 일을 하는 데에 애를 쓰고 힘을 들임을 뜻하는 말이다. 농부가 하는 일은 시작도 끝도 없이 종일 수고하는 삶이다. 마찬가지로 농부에 비견되는 복음 사역자도 결실을 위해 힘껏 노력하고, 정당한 보수를 받고, 성령의 열매가 이웃에게 맺히는 것을 볼 수 있게 된다.

참고 성구 시 126:5-6 요 4:35-38 딤후 4:2 엡 6:19-20

Ⅱ. 인내【약 5:7】

성경은 '그러므로 형제들아 주께서 강림하시기까지 길이 참으라 보라 농부가 땅에서 나는 귀한 열매를 바라고 길이 참아 이른 비와 늦은 비를 기다리나니'라고 했다. 본 구절의 '길이 참으라'는 헬라어 '마크로튀메사테'로서 이는 사물보다는 사람에 대해 참는 것을 의미하며 이미 저질러진 잘못에 대해 악의로 보복하지 않는 신앙의 신격을 의미한다.

참고 성구 히 6;15, 10:36 약 1:4 살전 5:14 딤후 2:24

Ⅲ. 소망【고전 9:10】

성경은 '밭 가는 자는 소망을 가지고 갈며 곡식 떠는 자는 함께 얻을 소망을 가지고 떠는 것이라'고 했다. 소망이란 무엇인가? 이는 바라거나 바라는 바를 뜻하는 말로서, 믿음과 사랑과 함께 기독교 복음의 세 측면을 이룬다. 농부(복음사역자)는 소망을 가지고 말씀 전파와 교인들에 대한 헌신적인 봉사와 성도들의 영적 생활에 책임을 수반한다.

참고 성구 빌 3:14,20 벧전 5:4 행 20:15 롬 8:24 고전 13:13 살전 4:18

■결 론■ 이와 같이 농사짓는 자가 지녀할 것을 보았으니 성도는 복음을 위한 농사를 수고하고 인내하며 소망을 가지고 최선을 다할 때 하나님이 기뻐하시는 결실을 하게 됨을 믿자.

■해설■ **농사**

　'헤르만 헤세'는 "밭을 가는 자의 생활은, 그것은 근로와 노고에 차 있으나 그러나 거기에는 초조도 없고 본래의 우고도 없다. 왜냐하면, 이 생활의 근거는 경건이며 땅이나 물, 공기에 스며든 신성에 대한, 즉 사계절에 대한, 그리고 식물이나 동물의 힘에 대한 신뢰이기 때문이다"라고 말했다. '토트 티하메르'는 그의 '교양'에서 "신앙의 정신과 남을 사랑하는 마음으로 기꺼이 자기의 직업에 근면하는 농부의 활동은 땅에서 사람들의 양식을 얻기를 바라시는 하나님의 섭리의 자부적인 활동에 직접적으로 협력하는 것이 되는 일이다"라고 설파했다. 하고 많은 농사 가운데서 최고의 것은 '인간 농사'가 아닌가 싶다.

■참고■ **이러한 인간의 밭도 있음을 알 것**

• 압살롬과 같은 야심적인 밭 - 우리 한 사람도 압살롬에게서 피하지 못하리라(삼하 15:1-15) • 느부갓네살과 같은 강한 자만심의 밭 - 나 왕이 말하여 이르되 이 큰 바벨론은 내가 능력과 권세로 건설하여(단 4:29-31) • 베드로와 같은 겁 많은 밭 - 베드로가 멀찍이 예수를 따라 대제사장의 집 뜰에까지(마 26:58) • 가룟 유다와 같은 배반하는 밭 - 예수께서 유다에게 이르시되 네가 하는 일을 속히 하라(요 13:21-30) • 사울과 같은 시기심 많은 밭 - 사울이 이 말에 불쾌하여(삼상 18:6-12) • 나발과 같은 어리석은 밭 - 다윗은 누구며 이새의 아들은 누구냐(삼상 25:10-25) • 하만과 같은 자신의 허욕만 생각한 밭 - 나 외에 누구리요 하고(에 6:6-11) • 욥과 같은 하나님 경외의 밭 - 여호와의 이름이 찬송을 받으실지니이다(욥 1:20-22)

■예화■ **인재 양성**

　"일년의 계획은 곡식을 심는 것이 제일이요, 10년의 계획은 나무를 심는 것이 제일이요, 종신의 계획은 사람을 심는 것이 제일이다." 중국 춘추시대의 학자였던 관중(管仲)의 말이다. 그의 저서를 〈관자〉라고 일컫는다. 원문은 이렇게 되어 있다. 일년지계(一年之計) 막여수곡(莫如樹穀), 십년지계 막여수목(莫如樹木), 종신지계 막여수인(莫如樹人). 곡식을 심는 것이 수곡이요, 나무를 심는 것이 수목이요, 사람을 심는 것이 수인이다. 만일 1년의 계획을 세운다면 그 한 해에 추수할 수 있는 곡식을 심는 것이 가장 상책이요, 10년의 계획을 세운다면 나무를 심는 것이 제일 좋고, 일생 동안의 계획을 세운다면 인재를 양성하는 것이 제일 좋다는 것이다. 사람을 심고 인재를 양성하는 일이 얼마나 힘들며 또 얼마나 중요한가를 갈파한 명언이다. 곡식을 심는 일도 중요하고 나무를 심는 일도 중요하다. 그러나 민족의 백년대계를 계획한다면 우리는 인재 양성 운동을 해야 한다. 양심과 능력을 겸비한 인물, 신용과 실력을 갖춘 인물, 지(智)·인(仁)·용(勇)의 삼덕(三德)을 겸비한 국가동량지재(國家棟樑之材)를 기르는 일은 중요한 일 중에도 가장 중요한 일이다. 곡식을 심는 일이 밭농사. 논농사라고 하면 사람을 심는 일은 사람 농사요, 인재 농사다. 밭농사도 중요하지만 사람 농사는 더 중요하다. 우리는 사람 농사에 힘을 써야 한다.(안병욱)

● 뇌물 ●

뇌물이 끼치는 악영향 세 가지

■ 본문 ■ 너희의 허물이 많고 죄악이 무거움을 내가 아노라 너희는 의인을 학대하며 뇌물을 받고 성문에서 가난한 자를 억울하게 하는 자로다 [암 5:12]

■ 서론 ■ 뇌물이란 직권을 이용하여 특별한 편의를 보아 달라는 뜻으로 주는 부정한 금품을 말한다. 뇌물이 끼치는 악영향은 무엇인가?

■ 말씀 ■

I. 양심을 타락하게 한다 [출 23:8]

성경은 '너는 뇌물을 받지 말라 뇌물은 밝은 자의 눈을 어둡게 하고 의로운 자의 말을 굽게 하느니라' 고 했다. 타락이 무엇인가? 이는 기독교에서 죄를 범하여 불신의 생활에 빠짐을 이르는 말이다. 본 구절의 '밝은 자'는 히브리어 '피크힘' 인데 이는 '열다, 예리하게 관찰하다' 는 뜻을 지닌 '파카흐' 에서 온 말로서 눈이 밝아 옳고 그름을 예리하게 가릴 수 있는 자를 뜻한다.

참고 성구 시 26:10-11 사 5:23 민 22:18-19 행 24:24-26 눅 19:8-9

II. 정의를 벗어나게 한다 [사 1:23]

성경은 '네 고관들은 패역하여 도둑과 짝하며 다 뇌물을 사랑하며 예물을 구하며 고아를 위하여 신원하지 아니하며 과부의 송사를 수리하지 아니하는도다' 라고 했다. 정의가 무엇인가? 이는 사람으로서 지켜야 할 바른 도리를 일컫는 말로서 뇌물은 이 바른 도리인 정의를 벗어나게 한다. 곧 고아를 위해 신원하지 않고 과부의 송사를 수리하지 않고 권세자는 도둑과 짝하는 모습이다.

참고 성구 잠 17:23 에 3:8-11 마 28:12-15 암 5:24

III. 죄악을 저지르게 한다 [암 5:12]

성경은 '너희의 뇌물이 많고 죄악이 무거움을 내가 아노라 너희는 의인을 학대하며 뇌물을 받고 성문에서 가난한 자를 억울하게 하는 자로다' 라고 했다. 본 구절의 뇌물은 히브리어 '코페르' 로서 이는 단순한 선물의 뜻을 넘어 흉악한 범죄를 무마시키기 위해 사용된 불의한 재물을 가리키는 말이다. 이처럼 뇌물은 사람에게 죄악을 저지르게 하는 치명적인 악이다.

참고 성구 막 14:11 마 10:26 눅 12:2 삼상 12:3 눅 3:12-14

■ 결론 ■ 이와 같이 뇌물이 끼치는 악영향을 보았으니 성도는 양심을 타락하게 하며 정의를 벗어나게 하며 죄악을 저지르게 하는 뇌물을 받지 말고 항상 바르고 성령 충만한 자세로 세상을 살아가자.

■해설■ **뇌물**

'조지 존스'(1811-1891)는 1871년 '뉴욕타임즈'의 주필이 되었다. 그가 주필로 있는 동안 뉴욕에 엄청난 뇌물수수 사건이 생겨 연신 신문에 보도가 되었다. 이 사건의 보도를 막기 위해 뇌물을 준 쪽에서 500만 불로 존스를 매수하려고 "500만 불을 가지면 가족을 데리고 유럽에 건너가 한 평생 왕과 같이 호화로운 생활을 할 수 있을 것이다"라 했다. 그러나 존스는 뇌물을 받기를 식은 죽 먹듯 하는 세대에 큰 교훈이 될 만한 대답으로 간단히 거절했다. "남들도 다 받는데 왜 나만 안 받으랴. 관리들이 월급만으로 사는 자가 어디 있느냐. 그렇지만 나는 죽을 때까지 나쁜 놈이라는 양심의 가책을 피할 수 없을 것이다."

■참고■ **성경에 나타난 뇌물과 관련된 각종 사건들**
- 발람 - 이스라엘을 저주해 달라는 발락의 뇌물을 받음(민 22:17,37)
- 들릴라 - 삼손을 잡게 해 달라는 블레셋 사람의 뇌물을 받음(삿 16:5)
- 홉니와 비느하스 - 이익을 따라 뇌물을 받고 판결을 굽게 함(삼상 8:3)
- 아사 - 이스라엘 왕으로 벤하닷에게 뇌물을 보냄(왕상 15:18-19)
- 스마야 - 도비야와 산발랏에게 뇌물을 받음(느 6:10-13)
- 가룟 유다 - 대제사장에게 예수를 넘겨주기로 하고 은 삼십을 받음(마 26:15)
- 시몬 - 마술사로서 돈으로 성령을 사려고 했음(행 8:18-19)
- 벨릭스 - 바울에게 돈을 받을까 하였음(행 24:22-26)

■예화■ **신문왕 존스**

미국의 신문왕 존스는 일단 약속을 하면 그 약속은 무슨 일이 있어도 지켰다. 그는 젊은 시절의 목표로 신문사 사장이 될 때까지 은행과의 약속을 한번도 어긴 적이 없었다. 주위의 친구들은 필요도 없으면서 은행의 돈을 빌려다가 이자를 붙여 갚는 존스를 어리석은 사람이라고 손가락질했다. 그럴 때마다, 존스는 껄껄 웃으며 말했다. "큰 사업을 하려면 돈이 있어야 하네. 그런데 내 수중엔 돈이 없네. 돈 없는 내가 사업을 하기 위해서는 은행에서 융자를 받을 수밖에 없네. 아무리 적은 액수의 돈이라도 빌려다가 갚겠다는 날짜에 꼭 갚아보게. 그러면 은행은 나를 믿고 먼 훗날엔 큰돈도 빌려줄 걸세. 그러면 소원하던 신문사를 경영할 수 있게 되는 거지." 존스는 적은 돈을 빌려다가 꾸준히 약속한 날짜에 갚는 일을 되풀이했다. 이렇게 몇 년을 계속하던 존스는 마침내 은행으로부터 1만 달러라는 큰돈을 빌리기에 이르렀다. 얼마 후, 존스는 은행의 책임자를 직접 찾아가서 말했다. "제 소원은 이 미네아폴리스에서 가장 크고 훌륭한 신문사를 세우는 것입니다. 그만한 돈을 융자해 주실 수 있겠습니까?" 은행 책임자는 쾌히 고개를 끄덕였다. "존스 씨가 쓰신다면 우리 은행은 존스 씨의 신용만을 믿고 신문사를 세울 수 있는 돈을 빌려 드릴 수 있습니다. 안심하고 잘 해보십시오." "이 은혜는 평생 잊지 않겠습니다." 이리하여 존스는 신용 하나로 소원이던 신문사를 세우고 스스로 사장이 되었다. (윤도중)

● 다툼 ●

다툼을 피하는 방법 세 가지

■본 문■ 마음을 같이하여 같은 사랑을 가지고 뜻을 합하며 한마음을 품어 아무 일에든지 다툼이나 허영으로 하지 말고 오직 겸손한 마음으로 각각 자기보다 남을 낫게 여기고【빌 2:2-3】

■서 론■ 다툰다는 것은 옥신각신하거나 시비하다, 싸우다는 말로서 나와 남과의 관계에서 일어나는 불상사이다. 성경이 말하는 다툼을 피하는 방법은 무엇인가?

■ 말씀 ■

I. 온유함으로써【딤후 2:24, 25】

성경은 '주의 종은 마땅히 다투지 아니하고 모든 사람에 대하여 온유하며 가르치기를 잘하며 참으며 거역하는 자를 온유함으로 훈계할지니라' 고 했다. 온유는 무엇인가? 이는 자기의 존재가 하나님으로 말미암는 것을 아는 겸허함으로서 그런 까닭에 사람에게 친절한 사람을 일컫는 말이다. 구약성경의 모세는 그 온유함이 지극히 예찬되고 있다.

참고 성구 딛 3:2 눅 6:29 마 5:5 민 12:3 마 11:29

II. 용서함으로써【골 3:13】

성경은 '누가 누구에게 불만이 있거든 서로 용납하여 피차 용서하되 주께서 너희를 용서하신 것 같이 너희도 그리하고' 라 했다. 용서란 무엇인가? 하나님과 교제가 끊어진 죄 가운데 있는 인간이 사죄함을 받고 화목케 되는 하나님의 은혜의 역사를 일컫는데, 이 은혜 아래 사는 인간의 자세는 사람과 사람이 서로 용서해야 함을 성경은 말하고 있다.

참고 성구 눅 17:4 엡 4:32 막 11:25 눅 23:34 행 7:60

III. 마음을 같이 함으로써【빌 2:2,3】

성경은 '마음을 같이하여 같은 사랑을 가지고 뜻을 합하며 한마음을 품어 아무 일에든지 다툼이나 허영으로 하지 말고 오직 겸손한 마음으로 각각 자기보다 남을 낫게 여기고' 라 했다. 마음이란 인간의 내면생활의 중심처이고 종교생활의 근원이며 하나님께서 역사(일)하시는 장소이고 이곳에서 또한 윤리적 태도 및 행위가 결정되는 곳으로 말해지고 있다.

참고 성구 말 2:10 고전 1:10 엡 4:3 롬 12:5, 16 행 4:32

■결 론■ 이와 같이 다툼을 피하는 방법을 알았으니 성도는 사회생활에서나 교회생활에 있어서 온유와 용서의 자세로 마음을 같이 하여 항상 주님께 영광을 돌리는 자들이 되자.

■해설■ **상호불신**

다른 사람에 대한 경솔한 판단이 얼마나 어리석은지 뉴욕의 '포터' 주교의 이야기를 보자. 대서양 횡단 정기여객선을 타고 유럽으로 가던 중 갑판을 산책하다 선실을 함께 사용하게 된 승객을 만났다. 갑자기 주교는 그가 의심스러워 자신의 소지품을 챙겨 여객선의 사무장에게 이 귀중품들을 배의 창고에 보관해 달라고 했다. 평소엔 그런 행동을 않은 그였으나 옆 침대의 승객의 외모를 보고서 그런 판단을 한 것이다. 이런 이야기를 하자 사무장은 "괜찮습니다 주교님. 그것들을 보관하게 되어 매우 영광스럽군요. 주교님의 옆자리에 있는 그 승객께서도 여기에 오셔서 같은 이유로 소지품을 맡기셨답니다."

■참고■ **각종 다툼이 일어나는 원인들**
- 예수의 제자들 - 그들 사이에 그 중 누가 크냐 하는 것으로 다툼(눅 22:23, 24, 마 20:24)
- 롯과 아브라함의 목자들 - 좁은 땅에서 서로 이익을 위해서 겨룸(창 13:7-11)
- 고린도 교회의 교인들 - 너희는 아직도 육신에 속한 자로다 너희 가운데 시기와 분쟁이 있으니 어찌 육신에 속하여 사람을 따라 행함이 아니리요(고전 3:3)
- 바나바와 마가, 그리고 바울과 실라 - 전도여행 길에서 서로 의견 차이로 갈라짐(행 15:36-41)
- 에베소 교회의 디모데에게 편지만 바울 - 변론과 언쟁을 좋아하므로 투기와 분쟁과 훼방과 악한 생각이 난다 함(딤전 6:4-5)

■예화■ **내 탓입니다**

어떤 시골 농가에 예수를 믿는 권사님 한 분과 아들 내외와 서너 살 되는 손자가 같이 사는 단란한 가정이 있었다. 하루는 어른들이 모두 볼일을 보러 나간 사이에 어린 손자가 불장난을 하다가 쌓아놓은 짚가리에 불을 질렀는데 그 불이 집으로 옮겨 붙어 큰 손해를 보게 되었다. 그런데 불을 끄고 난 뒤 자부는 "아이고 내가 성냥을 잘 간수해두지 않은 탓으로 불이 났습니다." 하고 시모와 남편 앞에 눈물을 흘리며 사죄를 한다. 그런데 시모는 "내가 마을 나들이가 잦아서 집을 비운 탓으로 불이 났다."고 며느리에게 미안해 한다. 이것을 보고 또 아들은 "진작 내가 짚가리를 치우지 않은 탓으로 불이 났습니다." 하고 어머니와 아내에게 사과를 한다. 서로 제 탓이라고 사죄를 하고 회개하는 이 가정을 하나님이 축복하시어, 그 때 마침 해외에 나가 살던 둘째아들이 귀국하여 도와주어서 원래의 집보다 더 좋은 집을 신축하고 잘 살게 되었다고 한다. 이처럼 남을 탓하지 않고 산다는 것이 얼마나 아름다운 일인가! (현대인의 시간테크 / 윤도중)

● 담대 ●

담대함을 갖게 하는 세 가지

■본 문■ 이로써 사랑이 우리에게 온전히 이루어진 것은 우리로 심판 날에 담대함을 가지게 하려 함이니 주께서 그러하심과 같이 우리도 이 세상에서 그러하니라 【요일 4:17】

■서 론■ 독일의 작가 괴테는 "무엇을 하든 무슨 꿈을 꾸건 일단 시작하라. 담대함에는 재주와 힘과 마술이 담겨 있다"고 했다. 성도에게 담대함을 갖게 하는 것은?

■말 씀■

Ⅰ. 예수의 이름으로 증거할 때 담대해진다 【행 9:27】

성경은 '바나바가 데리고 사도들에게 가서 그가 길에서 어떻게 주를 보았는지와 주께서 그에게 말씀하신 일과 다메섹에서 그가 어떻게 예수의 이름으로 담대히 말하였는지를 전하니라' 고 했다. 담대는 담력이 큼, 겁이 없고 용기가 많음의 뜻으로 박해자 사울(바울)이 다메섹에서 부활하신 주님 예수를 뵙고서 사람들에게 죽기를 각오하고 예수를 하나님의 아들이라고 각 회당에서 담대히 선포했다.

참고 성구 요 16:33 행 4:19-20, 5:29, 14:4, 19:8-9 딤후 4:17

Ⅱ. 온전한 사랑을 실행할 때 담대해진다 【요일 4:17】

성경은 '이로써 사랑이 우리에게 온전히 이루어진 것은 우리로 심판 날에 담대함을 가지게 하려 함이니 주께서 그러하심과 같이 우리도 이 세상에서 그러하니라' 고 했다. 하나님과 성도가 서로의 안에 거함으로써 성도들은 주의 심판 날에 담대한 마음을 가지고 하나님 앞에 나아갈 수 있게 된다. 하나님께서 예수를 심판할 수 없다면 우리에 대해서도 마찬가지이다.

참고 성구 딤후 1:7 롬 9:3 출 32:31-32 행 7:60 요일 4:18

Ⅲ. 하나님의 약속을 믿을 때 담대해진다 【히 13:6】

성경은 '그러므로 우리가 담대히 말하되 주는 나를 돕는 이시니 내가 무서워하지 아니하겠노라 사람이 내게 어찌하리요 하노라' 고 했다. 약속이란 앞으로 있을 특정한 일에 대하여 지킬 것을 상대방에게 분명히 말하는 것으로, 성도들은 때를 따라 도우시는 하나님의 손길을 바라보고 주어진 환경에 감사하며 만족하는 삶을 살며 환란의 때를 담대히 극복하는 신앙을 가지자.

참고 성구 민 14:9 사 26:3 출 14:13-14 단 3:14-18 히 13:5-8

■결 론■ 이와 같이 담대함을 갖게 하는 이유를 알았으니 성도는 주님의 이름으로 증거하며 사랑을 실천하고 주신 약속을 붙잡고 담대히 이 세상을 이기고 나아가는 자들이 되자.

■해설■ **담대**

'담대'(Boldness)는 구약에서는 이것의 유일한 발생인 힘(strength, 전 8:1)을 의미하는 히브리어 '오즈'에 대한 번역어이다. 영어성경 AV에는 '바타흐'(잠 28:1)와 '베탁'(창 34:25)에 대한 번역어인 '담대함'(bold)과 '담대하게'(boldly)가 있다. 신약에서는 이 말이 31회 나오는 중 아홉 개가 헬라어 '팔레시아'란 말에 대한 번역으로 되어있다(행 4:13-14,29,31, 고후 7:4, 엡 3:12, 빌 1:20, 딤전 3:13, 히 10:19-20, 요일 4:17). 이 말은 '기탄없이 말함', '솔직히 말함', '공중 앞에서 공공연함' 혹은 '대담'을 의미한다. 이것은 보통 사람들 앞에서의 '담대한 발언'에 대해 쓰이지만 하나님 앞에서 신자의 담대함에 대해서도 사용된다(히 10:19).

■참고■ **성경에 그 이름이 찬란히 기록된 담대한 이들**
- 여호수아 - 모세의 후계자(민 14:6-10, 신 31:7, 수 1:5-18)
- 기드온 - 이스라엘의 사사(삿 7:15-25)
- 스룹바벨 - 제2성전을 지은 이스라엘의 지도자(학 1:14, 2:4, 21)
- 다윗 - 이스라엘의 2대 왕(삼상 17:34-49, 삼하 5:4-5)
- 다니엘 - 바벨론에 포로로 잡혀가서 나중에 총리가 됨(단 3:8-18, 6:10-23)
- 요나단 - 사울의 아들로 다윗을 혈족과 같이 아껴준 우정의 사나이(삼상 14:6-14)
- 바울 - 이방인의 사도로 택함 받은 그릇(행 9:27-29, 고후 11:16-33)

■예화■ **충성된 일꾼의 담대함**

1780년 5월경, 미국의 뉴잉글랜드에서 이유를 알 수 없이 하늘이 어두워지는 돌연한 일이 일어났다. 시내는 온통 수라장이 되었다. 사람들은 그들의 모든 세상사를 다 버리고 오로지 기도와 선한 일을 했다. 그들은 틀림없이 최후 심판의 날이 온 것이라고 생각했다. 그들은 이 암흑이 하나님의 진노의 징조라고 생각했다. 그 때 마침 코네티컷 주의 의회가 개회 중이었다. 의회가 한참 중반에 들어왔을 때 하늘이 어두워졌기 때문에 회의를 연기하자는 동의가 있었다. 그 때 의원 중 한 사람이 이에 동의하지 않고 일어나 발언했다. "의장, 오늘이 최후의 심판의 날이든지 아니든지 상관할 게 아닙니다. 만일 심판의 날이 아니라면 연기할 필요가 없습니다. 또 만일 심판의 날이라고 해도 우리는 우리의 의무를 알아야 합니다. 촛불을 켜고 회의를 진행할 것을 제의합니다." 그리스도의 재림이 닥쳐도 등불을 준비하고 켜 놓은 사람들에게는 두려움이 없다. 그러므로 우리도 주님이 오실 때 잠들지 말고 깨어 있어야 한다. 그리고 자신의 사명을 충성스럽게 다해야 한다. 이것이 그리스도께 충성된 일꾼들의 담대함인 것이다. "우리가 그 안에서 그를 믿음으로 말미암아 담대함과 하나님께 당당히 나아감을 얻느니라."(엡 3:12) (김선도)

●덕●
덕을 세우는 데 걸림돌이 되는 세 가지

■본 문■ 내가 네 행위를 아노니 네가 차지도 아니하고 뜨겁지도 아니하도다 네가 차든지 뜨겁든지 하기를 원하노라 네가 이같이 미지근하여 뜨겁지도 아니하고 차지도 아니하니 내 입에서 너를 토하여 버리리라【계 3:15-16】

■서 론■ 중국의 사상가 공자는 "덕이 있으면 외롭지 않고 반드시 이웃이 있다"고 했다. 덕을 세우는 데 걸림돌이 되는 것은?

■말 씀■

I. 어리석은 교훈【딤전 1:4】

성경은 '신화와 끝없는 족보에 몰두하지 말게 하려 함이라… 믿음 안에 있는 하나님의 경륜을 이룸보다 도리어 변론을 내는 것이라'고 했다. 신화는 그리스, 로마 신화와 영지주의의 에온(Aeons)에 의한 창조설의 영향을 받은 것으로 한 집안 또는 도시의 기원을 어떤 신에게까지 소급시키는 풍조를 말한다. 유대교의 영향을 받은 족보 논쟁은 이스라엘 조상에게 자신의 족보를 연결시켜 구원을 논한다.

참고 성구 딤전 6:4-5 딤후 2:23 딛 3:9 벧후 1:5-7

II. 영적인 미지근함【계 3:16】

성경은 '네가 이같이 미지근하여 뜨겁지도 아니하고 차지도 아니하니 내 입에서 너를 토하여 버리리라'고 했다. 미지근하다는 것은 라오디게아 교인들의 온전히 거듭나지 못한 신앙상태를 지적한 것으로, 이는 그들의 열심이 결여되어 주님께 쓸모없는 존재가 된 것을 뜻한다. 그들은 믿음의 문제나 제자의 도리에 대해 너무 무관심하고 태평하며 자만했기에 주께 쓸모가 없게 되었다.

참고 성구 왕상 18:21 눅 16:13 고전 10:21 약 4:8 눅 9:62

III. 세상적인 욕심【약 4:4】

성경은 '간음한 여인들아 세상과 벗된 것이 하나님과 원수 됨을 알지 못하느냐 그런즉 누구든지 세상과 벗이 되고자 하는 자는 스스로 하나님과 원수 되는 것이니라'고 했다. 간음한 여인들이란 본 구절에서는 은유적 표현으로 영적 불충실성과 배교에 관한 상징적 은어로 이해되어야 한다. 참된 믿음의 가치는 세상 안에서 하나님의 표준에 따라 천상적인 것을 선택하는 삶으로 나타나야 한다.

참고 성구 요일 2:15-16 골 3:1-2 마 13:22 갈 6:14 창 13:10

■결 론■ 이와 같이 덕을 세우는 데 걸림돌이 되는 것을 살펴보았으니 성도는 어리석은 교훈인 신화와 족보 이야기와 영적 미지근함과 세상적 욕심을 버리고 오직 주 예수로 옷 입고 경건의 삶을 영위하자.

■해설■ 덕을 세움

'덕을 세움'(edification)이란 말은 헬라어 '오이코도매'를 번역한 것으로서 영어 성경 흠정역(AV)에서는 롬 15:2, 고전 14:3, 고후 10:8, 13:10에 사용되었다. 동일한 헬라어가 고린도전후서와 에베소서의 몇 군데서는 (덕을) 세우는 것으로 번역되어 있다. 롬 14:19에서는 이 단어가 '덕을 세우는 일'이란 의미로 사용되었다. 동일한 어근을 가지고 있는 '오이코도미아'가 딤전 1:4에서는 '이룸'(세움)으로 번역되어 있다. 이 단어의 동사형은 사도행전과 바울 서신에 몇 번 사용되었다. 이에 대해서 ASV와 RSV는 서로 비슷하나 똑같지는 않다.

■참고■ 걸림돌에 넘어진 자들과 넘어짐의 원인은?
- 아브라함 - 불신으로 애굽을 의뢰하여 그 자신이 바보됨을 앎(창 12:10-20)
- 롯 - 죄악의 소돔성을 의뢰하여 그가 얻은 모든 것을 잃음(창 13:10, 19:17)
- 다윗 - 나태하여 음란한 욕망에 지배되어 그 인생에 오점을 남김(삼하 11:2-15)
- 여호사밧 - 악한 자 아합과 더불어 세상적인 친구를 의뢰하여 죽을 뻔함(왕상 22:29-32)
- 사울 - 아말렉의 전리품에 몰두하다가 결과로 왕국을 잃음(삼상 15:10-23)
- 히스기야 - 자신의 부를 과시하여 교만한 가운데 후손이 비참케 됨(사 39:1-8)
- 베드로 - 자만하여 주를 부인케 됨(눅 22:56-57)

■예화■ 열세 가지 덕목(德目)

프랭클린은 미국독립운동의 기초자(起草者)의 한사람이요, 외교관이요, 과학자이며, 미국의 시민적 인간의 한 모델이다. 그의 자서전에 의하면 그는 자기를 규율하는 열세 가지의 덕목을 선정하고 매일 일일이 반성하고 인격 향상에 힘썼다. (1) 절제: 외식하지 말라. 취하도록 술 마시지 말라. (2) 침묵: 자타에 무익한 것을 말하지 말라. 쓸데없는 말을 하지 말라. (3) 규율: 물건은 꼭 정한 자리에 두어라. 일은 모두 정한 때에 하라. (4) 결심: 해야 할 일은 하고자 결심하라. 결심한 것은 실행하라. (5) 절약: 자타에 무익한 일에 돈을 쓰지 말라. (6) 근면: 시간을 낭비하지 말라. 언제나 유익한 일에 종사하라. 무용한 행동을 모두 삼가라. (7) 성실: 술책을 써서 사람을 중상하지 말라. 악의 없이 공정하게 생각하라. 무슨 말을 할 때에도 그와 같이 하라. (8) 정의: 타인의 이익을 손상하지 말라. 주어야 할 이익을 주지 않고, 남에게 손해를 끼치지 말라. (9) 중용: 극단을 피하라. 분노할 만한 불법을 당해도 성내지 말라. (10) 청결: 신체・의복・거주에 불결이 없게 하라. (11) 평정: 피할 수 없는 사건에도 평정을 잃지 말라. (12) 순결: 성교는 건강 또는 자손을 위해서 행하고 이것을 탐내어 머리를 둔하게 하고 건강을 해치고 신용을 손상케 하지 말라. (13) 겸양: 예수와 소크라테스를 본받아라. (안병욱)

● 돈 ●

돈을 사랑함으로 생기는 폐해 세 가지

■ 본 문 ■ 돈을 사랑함이 일만 악의 뿌리가 되나니 이것을 탐내는 자들은 미혹을 받아 믿음에서 떠나 많은 근심으로써 자기를 찔렀도다 【딤전 6:10】

■ 서 론 ■ 감리교 창시자 요한 웨슬레는 "가난한 자는 돈을 가질 수 없다고 불평하고 부자는 돈을 지킬 수 없다고 불평한다"라고 했다. 돈을 사랑할 때 생기는 폐해는?

■ 말 씀 ■

I. 돈을 탐하여 속이는 자가 된다 【왕하 5:22】

성경은 '우리 주인께서 나를 보내시며 말씀하시기를 지금 선지자의 제자 중에 두 청년이 에브라임 산지에서부터 내게로 왔으니 청하건대 당신은 그들에게 은 한 달란트와 옷 두 벌을 주라 하시더이다' 라고 했다. 엘리사의 사환 게하시는 나병이 치료된 나아만에게 가서 엘리사의 심부름으로 온 것처럼 하여 은 한 달란트와 옷 두 벌을 취하여 모두를 속였으나 끝내 벌을 받아 나병환자가 되었다.

참고 성구 렘 17:9-10 잠 21:6 약 1:14-15 잠 30:8-9

II. 돈을 사랑하여 믿음을 떠나게 된다 【딤전 6:10】

성경은 '돈을 사랑함이 일만 악의 뿌리가 되나니 이것을 탐내는 자들은 미혹을 받아 믿음에서 떠나 많은 근심으로써 자기를 찔렀도다' 라고 했다. 사람이 돈을 삶을 위한 건전한 수단으로 삼지 못하고 목적으로 삼는 것은 생명을 구원하고 인간에 대한 사랑의 실천을 가능하게 하는 믿음과 양심을 파괴하므로 모든 죄악의 시초이자 근거가 되는 돈을 생의 목적으로 삼지 말아야 한다.

참고 성구 마 19:23-25 딤전 6:9 신 8:13-16 빌 4:18

III. 돈을 인하여 우상을 섬기는 자가 된다 【눅 16:13】

성경은 '집 하인이 두 주인을 섬길 수 없나니 혹 이를 미워하고 저를 사랑하거나 혹 이를 중히 여기고 저를 경히 여길 것임이라 너희는 하나님과 재물을 겸하여 섬길 수 없느니라' 고 했다. 본 구절의 재물은 헬라어 '맘모나스' 로서 이는 영어 'mammon' (부, 배금)의 어원으로, 선용되지 못하고 악용되는 경우에 있어서의 '부' 를 가리키는 말이다.

참고 성구 잠 11:24 골 3:5 눅 12:21 히 13:5 마 19:21-24, 5:3

■ 결 론 ■ 이와 같이 돈을 사랑함으로 생기는 폐해를 살펴보았으니 성도는 돈을 사랑하여 속이는 자가 되거나 믿음을 떠나거나 우상을 섬기는 자들이 되지 않도록 경성하는 자 되자.

■해설■ 돈이 하는 말

"당신은 나를 손에 쥐고는 나를 당신의 것이라고 말합니다. 그러나 당신이 나의 것일 수도 있지 않을까요? 내가 얼마나 쉽게 당신을 지배하는가 보시겠습니까? 나를 얻기 위해서 당신은 죽는 것 말고는 무엇이든 하려고 합니다. 나는 그들을 위한 생명력을 갖고 있지는 않습니다. 나는 당신들의 욕망이라는 낙인 없이는 무익합니다. 당신들이 나를 보내지 않으면 아무 데도 갈 수 없습니다. 나 때문에 사람들은 인격을 무시하기도, 사랑하기도, 경멸하기도 합니다. 나의 힘은 지대합니다. 내가 당신의 노예라기보다 당신이 나의 노예가 되지 않도록 나를 조심스럽고 현명하게 다루십시오."

■참고■ 성경에 나타난 돈(재물)으로써 범죄한 경우

• 아간 - 여리고 성에서 전리품을 훔침(수 7:21) • 사울 - 아말렉의 좋은 전리품을 탐하여 하나님을 후회하시게 함(삼상 15:9-11) • 아합 - 나봇의 포도원을 강탈함(왕상 21:3-16) • 게하시 - 스승 엘리사를 속이고 나아만 장군에게서 헌물을 받아 감춰 나병환자가 됨(왕하 5:27) • 발람 - 불의의 뇌물을 받고 이스라엘을 저주함(벧후 2:15-16) • 가룟 유다 - 은 30에 스승 예수를 판 자(마 26:15-16) • 시몬 - 돈으로 성령을 사려고 한 자(행 8:18-23) • 부자 청년 - 돈 때문에 영생을 거절함(마 19:16-22)

■예화■ 당신이 백만장자라면?

미국의 텍사스 주는 돈 많은 부자들의 주라고 알려져 있다. 그런데 만약 당신이 그 텍사스 주에서 두 번째 가는 부자라면 어떻게 살겠는가? 멋지고 호화찬란한 궁전 같은 집에서 엄청난 사치를 누리며 세상의 재미로만 살게 되지는 않을까? 앤이라고 하는 미모의 젊은 부인은 텍사스에서 두 번째로 돈 많은 부자의 아내이다. 이 여자는 백만장자의 아내로서 온갖 방법을 따라 행복을 찾으려 했던 사람이다. 하나님은 결국 이 여인에게 은혜를 베푸사 그가 그리스도를 영접하고 하나님의 딸이 되게 해 주셨다. 이 여자는 전력을 다하여 자기 남편에게 전도하여 드디어 부부가 모두 거듭난 크리스쳔의 가정을 이루게 되었다. 그 남편은 미국의 유명한 축구팀인 달라스의 카우보이 팀의 소유주이기도 한 돈 많은 부자인데 이제는 그의 재력을 하나님을 위해서 쓰는 사람이 되었다. 얼마 전까지 이 부부가 하나님께 바친 재물이 2천 1백만 달러쯤 된다고 했다. 부자는 돈을 다 바치는 것이 더 어려운 일이라고 하나 그들은 하나님을 위하여 사는 복된 인생들이 된 것이다. 앤은 옷차림도 너무나 검소했다. 그는 시간 있는 대로 스스로를 주님께 열심히 바쳐서 전도하고 성경 진리를 가르치기도 하고 성도들의 사랑과 교회의 단결을 위해 나날을 눈물로 지내는 것이었다. 당신이 텍사스 주의 두 번째 부자나 그의 아내가 되었다면 당신은 어떻게 살겠는가? 믿음의 변화 없이 끝까지 주님께 충성하겠는가?

● 동의 ●

동의를 잘못하여 정죄받은 세 부류

■ 본문 ■ 총독이 대답하여 이르되 둘 중의 누구를 너희에게 놓아 주기를 원하느냐 이르되 바라바로소이다 【마 27:21】

■ 서론 ■ 정치가 루즈벨트는 "당신의 동의가 없이는 아무도 당신에게 열등감을 느끼게 할 수 없다"고 했다. 동의를 잘못하여 정죄된 자들은?

■ 말씀 ■

I. 예수를 죽이는 판결에 동의한 자들 【마 27:22】

성경은 '빌라도가 이르되 그러면 그리스도라 하는 예수를 내가 어떻게 하랴 그들이 다 이르되 십자가에 못 박혀야 하겠나이다' 라고 했다. 로마 총독 빌라도는 예수가 죄가 없음을 알고도 유대인 사이에서 민란이 나려는 것을 보고 십자가에 못 박게 예수를 내어주었다. 이로써 메시야를 죽인 빌라도는 사도신경에 이름이 올라 천추의 한을 남겼고, 유대인들은 나라를 잃고 수천 년 동안 세계를 방황했다.

참고 성구 요 1:11-12 막 12:19-27 마 22:15-22 요 8:4-11, 19:12

II. 스데반을 죽이는 데에 동의한 자들 【행 7:57,58】

성경은 '그들이 큰 소리를 지르며 귀를 막고 일제히 그에게 달려들어 성 밖으로 내치고 돌로 칠새 증인들이 옷을 벗어 사울이라 하는 청년의 발 앞에 두니라' 고 했다. 유구한 이스라엘 역사를 물 흐르듯이 설파한 스데반은 유대인들에게 의인이요 메시야이신 예수 그리스도를 너희가 죽였다고 하자 무리들이 돌로 쳐서 스데반을 죽였다. 스데반의 이름의 뜻은 '면류관' 으로 기독교 최초의 순교자가 되어 주님은 '서서' 그를 맞으셨고 불의를 행한 유대인들은 정죄되었다.

참고 성구 행 6:5 행 6:9-10 행 7:51-58, 16:19-24, 23:11

III. 복음 듣기를 거절하는 것에 동의한 자들 【행 13:44,45】

성경은 '그 다음 안식일에는 온 시민이 거의 다 하나님의 말씀을 듣고자 하여 모이니 유대인들이 그 무리를 보고 시기가 가득하여 바울이 말한 것을 반박하고 비방하거늘' 이라 했다. 안디옥의 유대인들은 시기가 가득했다. '시기' 는 헬라어 '젤로스' 로서 기본 동사는 '제오' 인데 '끓이다, 뜨겁다' 라는 뜻이다. 곧 시기는 마음속에 끓어오르는 열정이 빗나간 상태임을 뜻한다.

참고 성구 행 13:50 마 10:14,15,18, 23:13-15 행 23:2, 24:24-27

■ 결론 ■ 이와 같이 동의를 잘못하여 정죄받은 것을 보았으니 성도는 유대인들이 주님 예수를 죽이고 스데반을 죽이고 바울과 바나바를 박해한 것이 하나님에 대한 불신앙이 됨을 알아 진리를 사수하는 자 되자.

■해설■ **불의**

'불의'(unrighteousness)라는 의미의 헬라어 '아디키아'는 신약성경에서 26회 나온다. 아디키아는 '잘못 행함', '불의', '악함', '불공정' 등을 의미한다고 1957년도 판 시카고 대학 발행의 헬-영어 신약사전에 나타나 있다. 우리는 이 불의를 사도 바울이 강조한 '하나님께로부터 온 의', 곧 '디카이오쉬네 엑 데우'의 반대 개념으로 생각지 않도록 주의해야 한다. 바울의 사상에 있어서 의는 진노, 곧 '오르게'에 대한 반대 개념이다. 동시에 '아디키아'(불의)와 '디카이오쉬네'(의)가 동일한 어근에서 나왔다는 것은 의미가 없지 않다.

■참고■ **복음은 놀라운 일을 일으킨다**

• 바울 - 그리스도인을 핍박하던 사울이 기도하는 바울이 되었다(행 9:11) • 데살로니가 사람 - 게으르고 나태한 데살로니가 사람들을 그리스도의 종으로 변하게 하였다(살전 1:9-10) • 초대교회 교인들 - 두려움을 감추지 못했던 그들을 믿음의 용사로 변하게 하였다(행 4:33-37) • 사마리아의 귀신들린 죄인 - 마귀의 노예에서 기뻐 뛰는 신자가 되었다(행 8:5-8) • 내시 - 국고 맡은 내시가 충실한 자가 되었다(행 8:27-39) • 간수 - 잔인한 간수가 친절한 봉사자가 되었다(행 16:24,34) • 마법사 - 에베소의 마법사가 주를 지지하게 되었다(행 19:19)

■예화■ **옳은 결정**

오늘날은 교회의 군중의 소리로부터 진리를 가려낼 책임을 지니고 있다. 한 번은 아브라함 링컨(Abraham Lincoln)이 강력히 자기를 반대하는 사람에게 묻기를 "만약, 당신이 개의 꼬리를 다리라고 부른다면 개는 모두 몇 개의 다리를 갖고 있겠습니까?"라고 했다. 그는 잠깐 생각하고 나서 말했다. "음…꼬리까지 다리로 친다면 다리가 다섯 개가 되겠지요." "바로 그것이 잘못이오. 비록 당신이 개꼬리를 다리라 부른다 하더라도 꼬리는 다리가 아닌 것이오. 그것은 여전히 꼬리일 뿐이오." 링컨이 옳았다. 꼬리를 다리라고 부른다고 꼬리가 다리로 되지는 않는다. 많은 사람들이 꼬리를 다리라 부를 수 있지만 그것은 여전히 꼬리일 뿐이다. 현대 사회의 그리스도인 공동체에서 가장 큰 시험은 우리가 대중적인 결정을 하느냐, 아니면 옳은 것을 결정하느냐이다. 가장 많은 사람들이 만족해 하는 것이 곧 성공이라는 유혹에 직면할 때 우리가 옳은 길을 찾도록 우리를 도와주는 어떤 지침이 있을까? 물론 있다. 바로 그의 인격, 그의 삶, 그의 죽음, 그의 부활, 그의 구원 같은 예수님 안에 있는 진리이다. 베드로는 그 진리를 알고 군중심리의 종이 될 것을 거절했다. 그래서 예수님은 그리스도인 공동체에서 적합한 그의 지도자적인 잠재력을 간파하실 수 있었다.(성숙한 그리스도인 네 가지 특징 / 부르스 L. 쉘리)

● 마귀 ●

마귀를 이기는 성도의 능력 세 가지

■본 문■ 이는 우리로 사탄에게 속지 않게 하려 함이라 우리는 그 계책을 알지 못하는 바가 아니로라 【고후 2:11】

■서 론■ 에스왈드 플래스는 "마귀는 공휴일이 없다. 그는 결코 쉬지 않는다"라고 했다. 마귀를 이기는 성도의 능력은 무엇인가?

■말씀■

Ⅰ. 성도는 마귀의 계책을 안다 【고후 2:11】

성경은 '이는 우리로 사탄에게 속지 않게 하려 함이라 우리는 그 계책을 알지 못하는 바가 아니로라' 고 했다. 계책이란 무엇인가? 이는 계교와 방책을 말하는 것으로 보통 꾀라고 한다. 사탄은 성도의 영혼과 육신을 파멸시키고 성도를 비방하고 대적하며 교회를 분열시키는 책동으로 그 궤계를 드러낸다. 성도는 성령의 능력으로 마귀의 계책을 알고 미연에 방지한다.

참고 성구 고후 11:13-15 행 19:13-16 욥 1:9-12 고전 12:10 엡 4:26-27

Ⅱ. 성도는 마귀를 대적한다 【약 4:7】

성경은 '그런즉 너희는 하나님께 복종할지어다 마귀를 대적하라 그리하면 너희를 피하리라' 고 했다. 하나님께 겸손히 복종하는 자는 마귀 앞에 담대해진다. 그는 결코 자신의 등을 돌리지 아니하고 마귀로 등을 돌리게 만든다. 본 구절의 '복종할지어다' 는 헬라어 '휘포탓소' 로서 '예속하다, 영향을 받다' 란 뜻인데 여기서는 하나님 휘하의 군대가 되어 마귀와 싸운다는 의미가 있다.

참고 성구 엡 6:11 벧전 5:8-9 엡 4:26-27 사 14:12-13 살후 2:9-10

Ⅲ. 성도는 마귀를 이긴다 【계 12:11】

성경은 '또 우리 형제들이 어린 양의 피와 자기들이 증언하는 말씀으로써 그를 이겼으니 그들은 죽기까지 자기들의 생명을 아끼지 아니하였도다' 라고 했다. 사탄의 박해에 끝까지 믿음을 지킨 자들에게는 칭찬이 있으며 반면에 굴복하는 자들은 모든 것을 잃는다. 따라서 성도는 극심한 사탄의 도전이 온다고 해도 반드시 어린 양의 피와 증거하는 말로써 이겨야 할 것이다.

참고 성구 겔 28:13-19 눅 10:17-19, 14:26 요일 3:8, 4:4

■결 론■ 이와 같이 마귀를 이기는 성도의 능력을 보았으니 성도는 성령의 조명으로 마귀의 계책을 알고서 성령의 검으로 마귀를 대적하여 이겨서 주님의 복음의 위대성을 확인하자.

■해설■ **사탄**

사탄(Satan)은 히브리어로 '싸탄'으로서 적이란 의미가 있다. 이 사탄은 인류가 창조되기 전에 창조된 신분이 아주 높은 천사로서 영광 가운데 있을 때에는 '루시퍼'와 '기름 부음을 받은 자'로 나타났으나 창조주를 반역하여 하나님과 사람에 대한 큰 적대자가 되었다(겔 28:13-19, 사 14:12-17). 사탄이 하나님을 배역할 때 자기보다 못한 수많은 천사들을 끌고 갔다는 사실도 나타나 있다(계 12:4). 타락한 천사들(악마, 마귀)은 활동의 자유가 허용된 것들과 묶여 있는 것들이 있다. 예수 그리스도는 '성령과 권능으로' 악마에게 눌린 자들을 고쳐 주셨다(행 10:38). 주님을 믿는 성도들에게도 주님의 능력이 임한다(막 16:17-18).

■참고■ **성경에 나타난 마귀를 이르는 각종 명칭들**

• 아바돈(계 9:11) • 참소하는 자(계 12:10) • 대적(벧전 5:8) • 무저갱의 사자(계 9:11) • 바알세불(마 12:24) • 벨리알(고후 6:15) • 이 세상 신(고후 4:4) • 거짓의 아비(요 8:44) • 옛 뱀(계 20:2-3) • 귀신의 왕(마 12:24) • 공중의 권세 잡은 자(엡 2:2) • 이 세상 임금(요 14:30) • 어두움의 세상 주관자(엡 6:12) • 사탄(눅 10:18) • 악한 자(마 13:19)

■예화■ **마귀의 충동**

몇 년 전 뉴욕 재판소에서는 한 죄수에게 무려 315년 징역형을 선고한 일이 있다. 그 죄수는 「샘의 아들」로 알려진 희대의 살인범 「데이비드 버코위츠」라는 청년으로서 그는 여섯 명을 살해하고 일곱 명에게 중상을 입혔다. 푸른 수의를 입고 체념한 듯한 표정으로 재판정에 들어선 버코위츠는 재판 도중 자발적으로 그런 끔찍한 범행을 한 것이냐는 판사의 질문에 "어떤 악령이 범행을 충동했었다."고 말했다. 성서에 의하면 천사장 루시퍼가 타락하여 악마의 원조가 되었다고 한다. 문학에서 보면 셰익스피어는 악령의 충동을 받아 멕베드 장군이 임금을 모살하였다고 썼으며, 괴테도 악마의 농간으로 파우스트 박사가 한 때 부도덕한 인간으로 전락되었다고 했다. 루터도 종교개혁의 대사명을 수행해 나가는 과정에서 쉼 없이 유혹하는 마귀를 향해서 잉크병을 내던졌다. 우리가 말하는 마귀는 관념적 존재이거나 추상적인 세력으로서가 아니라 사기와 거짓, 감언이설과 유혹, 시기와 다툼과 파괴를 일삼는 실체인 것이다. 성서는 사탄이 천사로 가장하며 능동적인 힘을 가졌고 현명하며 얄밉고 계획적임을 가르쳐 준다. 베드로 사도는 '마귀가 신자의 대적'(벧전 5:8)이며 "마치 울부짖는 사자처럼 삼킬 자를 찾는다"고 했다. (명작예화설교 / 장자옥)

● 마술 ●

마술에 대한 성경의 가르침 세 가지

■ 본 문 ■ … 이런 일을 행하는 모든 자를 여호와께서 가증히 여기시나니 이런 가증한 일로 말미암아 네 하나님 여호와께서 그들을 네 앞에서 쫓아내시느니라 [신 18:9-12]

■ 서 론 ■ 마술이란 마력을 써서 기이한 일을 하는 것을 말하고, 이것을 일으키게 하는 사람을 마술사라고 한다. 마술에 대한 성경의 언급은?

■ 말 씀 ■

I. 마술을 율법으로 정죄함 [레 20:27]

성경은 '남자나 여자가 접신하거나 박수 무당이 되거든 반드시 죽일지니 곧 돌로 그를 치라 그들의 피가 자기들에게로 돌아가리라' 고 했다. 접신이란 귀신과 접하여 져서 악령들을 통해 사후 세계와 교통하는 자들을 가리킨다. 박수는 히브리어 '잇데오니' 로서 이는 '알다, 증언하다' 는 뜻인 '야다' 에서 온 말로서 이는 곧 '장래 일에 대해 점을 쳐서 알려 주는 자' 라는 뜻이다.

참고 성구 출 22:18 레 20:6 신 18:10-11 슥 10:2

II. 마술을 하나님께서 가증히 여기심 [신 18:12]

성경은 '이런 일을 행하는 모든 자를 여호와께서 가증히 여기시나니 이런 가증한 일로 말미암아 네 하나님 여호와께서 그들을 네 앞에서 쫓아내시느니라' 고 했다. 가증이란 성경에서 하나님이 증오하시는 것을 말한다. 가나안 족속들이 하나님 앞에서 쫓겨나 진멸당하게 된 원인은 그들의 가증스러운 죄악 때문이었다. 하나님은 마술을 행하는 민족과 개인을 가증히 여기시며 쫓아내신다.

참고 성구 왕하 17:17 렘 15:4 삼상 28:10 출 20:7 레 18:24

III. 마술은 하나님의 심판을 초래함 [미 5:12]

성경은 '내가 또 복술을 네 손에서 끊으리니 네게 다시는 점쟁이가 없게 될 것이며' 라고 했다. 복술이란 고대 셈족들이 메소포타미아에서 들여온 것으로 당시 팔레스틴에서 성행하였다. 고대인들은 복술을 행하는 자들을 '구름 만드는 자', '비 만드는 자' 등으로 지칭했는데 성경은 하나님의 심판을 초래할 이들의 행위를 단호히 정죄하고 있다.

참고 성구 갈 5:21 딤후 3:8-9 말 3:5 계 21:8 신 18:10-12

■ 결 론 ■ 이와 같이 마술에 대한 성경의 가르침을 알았으니 성도는 행여라도 점쟁이나 무당을 찾아 앞일을 알아보려는 불신앙의 자세를 버리고 이것은 사탄의 흉계임을 알고 오직 하나님만을 의지하는 자들이 되자.

■해설■ **마술**

'마술'(magic)이란 초자연적인 존재들이나 귀신들의 힘을 빌려서 인간의 능력으로 뛰어난 일을 행하는 술법이라 정의되어진다. 성경에는 마술의 불법성과 사악성이 폭로되어 있는 것과 똑같이 마술의 실재성과 능력도 분명하게 인정되어 있다. 모세 앞에서 기적을 행했던(출 7-11장) 애굽의 마술사들, '하르뭇밈'(거룩한 서기관들, 술객들)은 신비술과 무당술을 배운 제사장들이었다. 이와 같은 귀신의 세력들은 오늘날에는 '무아경, 관능술, 영교술, 투시법, 차력술, 정신요법' 등 갖가지 신비술로 나타나고 있다. 마술적 세력자들이 말세엔 적그리스도의 지배 아래 무서운 세력으로 나타날 것이며(살후 2:9-12), 표적과 이적을 동반한다(계 13:11-18).

■참고■ **성경에 나타난 각종 마술하는 사람들의 모습**

• 사마리아의 마술사 시몬 - 자칭 큰 자라하며 백성은 하나님의 능력이라 청종했으나 베드로로부터 악독이 가득하며 불의에 매인바 되었다고 책망 받음(행 8:9-24) • 거짓 선지자 바예수 - 총독 서기오가 바울과 바나바를 청종하자 믿지 못하게 하려다가 바울로부터 마귀의 자식이요 의의 원수라는 말과 소경이 됨(행 13:6-12) • 점하는 귀신들린 여종 - 점을 쳐서 주인을 이롭게 하다 바울에 의해 귀신에서 놓임 받음(행 16:18) • 돌아다니며 점하는 유대인 - 악귀에게 혼이 남(행 19:13-20) • 얀네와 얌브레 - 모세를 대적한 애굽의 마술사(딤후 3:8)

■예화■ **원숭이 손**

제이콤이라는 작가가 쓴 〈원숭이 손〉이라는 소설이 있다. 어떤 영국인 노동자가 여러 해 동안 인도에서 일을 하고 본국으로 돌아왔다. 그는 그 동안 열심히 일을 해서 모은 돈으로 이상한 물건을 하나 사 가지고 돌아왔다. 그것은 마술사의 주술이 걸려 있는 원숭이 손이었다. 누구든지 이 원숭이 손을 잡고 자기의 소원 세 가지를 말하면 이루어진다는 것이었다. 이 영국인 노동자는 이것만 있으면 모든 문제가 해결될 것이라는 기대에 부풀어 돌아온 것이다. 그는 원숭이 손을 붙잡고 첫 번째 소원을 말했다. "지금 나에게 200파운드의 돈을 다오." 그러자 얼마 안돼서 낯선 사람이 찾아와서 200파운드의 돈을 주었다. 하도 신기해서 물어 보았다. "이 돈이 무슨 돈입니까?" "당신 아들이 공장에서 일을 하다가 기계에 끼어 죽었기에 부의금을 가져왔습니다." 대답을 들은 그는 너무나 안타까워서 원숭이 손을 붙잡고 "제발, 내 아들을 돌려주시오."라고 애걸했다. 마침내 아들이 돌아왔다. 처참한 유령이 되어 돌아온 것이다. 고통받는 아들의 유령을 본 그는 "내 아들을 편히 쉬게 해 주시오."라고 세 번째 소원을 말했다. 이 작품 속에 나오는 영국인 노동자 그는 오늘을 살고 있는 현대인을 가리키고 있으며, 원숭이 손길은 '허영과 과욕'에 사로잡혀 헤어나올 수 없는 현대인의 모습을 풍자적으로 지적하고 있는 것이다.

● 마음 ●

마음으로 하지 말아야 할 세 가지

■본 문■ 예수께서 즉시 손을 내밀어 그를 붙잡으시며 이르시되 믿음이 작은 자여 왜 의심하였느냐 하시고 배에 함께 오르매 바람이 그치는지라 【마 14:31-32】

■서 론■ 부르버 리튼은 "아름다운 얼굴이 초청장이라면 아름다운 마음은 신용장이다"라고 했다. 성도가 마음으로 하지 말아야 할 것은 무엇인가?

■말씀■

I. 마음에 죄악을 품지 말 것 【잠 6:16,18】

성경은 '여호와께서 미워하시는 것 곧 그의 마음에 싫어하시는 것이 예닐곱 가지이니 … 악한 계교를 꾀하는 마음과'라고 했다. 계교란 무엇인가? 이는 이리저리 생각하여 짜 낸 꾀를 말하는데 악한 계교는 곧 죄악을 품는 마음이다. 마음은 히브리어 '레브'로서 '심장'을 나타내는 용어인데 생명력의 중심이며 지성과 감정의 터로 인식되고 있다.

참고 성구 시 66:18 창 6:5 롬 8:6 렘 2:19 사 1:15 마 5:8

II. 마음에 근심하지 말 것 【요 14:1】

성경은 '너희는 마음에 근심하지 말라 하나님을 믿으니 또 나를 믿으라'고 했다. 근심이란 사람이 괴롭게 애쓰는 마음이다. 성도가 굳센 믿음이 결여되면 근심과 두려움이 엄습한다. 그러므로 성도는 주님께 대한 믿음을 확고히 하여 두려움을 극복해야 한다. 이것을 잘 묘사한 말이 있는데 "불안이 밖에서 문을 두드렸다. - 믿음이 안에서 대답했다. - 그러자 밖에는 아무도 없었다."

참고 성구 잠 17:22 막 10:22 고후 7:10 히 11:23,27

III. 마음에 의심하지 말 것 【마 14:31】

성경은 '예수께서 즉시 손을 내밀어 그를 붙잡으시며 이르시되 믿음이 작은 자여 왜 의심하였느냐 하시고'라 했다. 의심이란 확실히 알지 못하거나 믿지 못하여 이상하게 생각함이나 그런 마음을 뜻한다. 본 구절의 의심하였느냐는 헬라어 '디스타조'인데 원뜻은 '이중적으로 하다'로서 이는 마음이 두 갈래로 나뉘어져 어찌할 바를 몰라 하는 상태를 뜻한다.

참고 성구 히 3:12 약 1:7-8 시 37:24 마 23:16-22

■결 론■ 이와 같이 마음으로 하지 말아야 할 것을 알았으니 성도는 행여라도 마음으로 근심이나 의심하지 말고 죄악을 품지 말아 항상 청결한 마음을 유지하는 자 되자.

■해설■ **마음**

영역본에서는 몇 개의 히브리적 표현들을 '마음'으로 번역하는데 주된 단어는 '레브'와 '레바브'이다. 일반적인 의미에서 말하는 '마음'은 어떤 것의 한가운데, 가장 깊숙한 곳, 혹은 숨겨진 부분을 뜻한다. 신약에 나오는 단어는 '카르디아'이다. 이 말 또한 광범위하게 심리학적이며 영적인 의미를 내포한다. 주님은 마음의 올바른 상태를 강조하셨다. 바울도 이와 비슷한 견지에서 카르디아를 사용하고 있다(고전 14:24-25, 롬 1:21, 2:5, 9:1-3). 바울은 인간의 개념을 논하기 위해 '생각', '혼', '영'과 같은 다른 표현을 사용하였다. 그러나 전체적으로 볼 때 '카르디아'는 구약의 '레브'와 '레바브'에 포함, 확장된 것이다.

■참고■ **마음의 죄악들**

• 악한 생각의 부패한 마음 - 음욕을 품는 자마다 간음하였느니라(마 5:27-28) • 스스로 평가하는 교만한 마음 - 마음을 높이는 자는 자신의 생각을 불러일으킨다(롬 12:16) • 불신앙의 의심하는 마음 - 하나님의 말씀을 기억하지 않는 것은 신앙을 둔화시켜 질식케 함(눅 24:38) • 근심함으로 괴로운 마음 - 근심은 결코 도움을 줄 수 없으니 장애일 뿐이다(눅 12:29) • 지나친 염려는 방해가 되는 마음 - 망설임은 짐임(눅 10:40-42) • 자신을 위해 움켜쥐는 마음 - 현실만 중하게 여김은 하나님을 잃음(눅 12:17-21) • 자신을 평가하는 야망적인 마음 - 남을 배척하는 적그리스도(눅 9:46-48)

■예화■ **마음이 천국과 지옥을 만든다**

"마음이 천국을 만들고 또 지옥을 만든다." 〈실락원〉의 저자 밀튼의 이 말은 분명히 인생의 근본적 사실을 지적한 말이다. 천국이나 지옥이 따로 있는 것이 아니요, 나의 마음속에 있는 것이요, 나의 마음이 곧 세상을 천국으로 만들기도 하고, 지옥으로 만들기도 한다. 거짓말하던 사람이 진실한 사람이 된다. 게으른 사람이 부지런한 사람이 된다. 그는 그 만큼 천국이 가까워진 것이다. 남을 늘 미워하던 사람이 남을 사랑하는 사람이 된다. 밤낮 불평불만밖에 모르는 사람이 인생에 대해서 또 타인에 대해서 감사하는 마음을 갖게 된다. 그의 마음으로는 확실히 천국에 가까워진 것이다. 진실한 사람이 거짓된 인간으로 타락한다. 화평한 정신의 소유자가 원망과 저주로 가득 찬 인간으로 변한다. 그는 그만큼 지옥에 가까워진 것이다. 나의 마음속에 사랑과 평화와 감사와 용서와 희망이 있을 때 나는 천국의 시민이 된다. 나의 마음속에 미움과 암흑과 저주와 질투와 절망이 깃들일 때 나는 지옥의 주민으로 전락한다. 천국과 지옥이 딴 데 있는 것이 아니라 나의 마음속에 있다. 나의 마음이 세상을 천국으로 만들기도 하고 지옥으로 만들기도 한다. 꼭 같은 환경과 조건 속에서 어떤 이는 행복을 느끼고 어떤 이는 불행을 느낀다. 결국 마음이 인생의 근본이요, 마음이 우리의 주인이다. (안병욱)

●마음●

마음을 연합하게 하는 세 가지

■본 문■ 날마다 마음을 같이하여 성전에 모이기를 힘쓰고 집에서 떡을 떼며 기쁨과 순전한 마음으로 음식을 먹고 【행 2:46】

■서 론■ 러시아의 작가 톨스토이는 "정성과 마음을 다하고 생각이 깊은 사람일수록 상대방에게 정성과 진실한 마음을 더더욱 발견하게 된다"라고 했다. 마음을 연합하게 되는 경우는?

■말씀■

I. 같은 가르침을 받을 때 연합함 【행 2:42】

성경은 '그들이 사도의 가르침을 받아 서로 교제하고 떡을 떼며 오로지 기도하기를 힘쓰니라' 고 했다. 신약성경이 아직 기록되지 못했던 당시의 실정을 비추어 볼 때 사도들은 구약성경과 그리스도 예수의 교훈 등을 가르쳤을 것이다. 성도들은 서로 교제했는데 여기서 교제는 헬라어 '테 코이노니아' 로서 여기에 정관사(테)가 붙은 것으로 보아 초대 교회 성도들의 교제는 무언가 특별한 점이 있었는데 이는 유무상통이 아닌가 싶다.

참고 성구 행 4:32 요 4:39-42 막 9:38-40 갈 6:6

II. 짐을 서로 지려고 할 때 연합함 【갈 6:2】

성경은 '너희가 짐을 서로 지라 그리하여 그리스도의 법을 성취하라' 고 했다. 본 구절의 짐은 헬라어 '바레' 로서 이는 혼자서 감당하기에는 과중한 시련이나 고통 및 어려움을 뜻한다. 성도는 그리스도의 사랑의 계명을 성취하기 위하여 타인의 고통을 적극적으로 나누어져야 하는데 이것은 자발적인 짐이다. 이것을 바울은 그리스도의 법을 성취하는 것이라고 했다.

참고 성구 행 3:4-6 요 13:34, 17:20-23, 고전 1:10 벧전 3:8 몬 1:21

III. 한 마음으로 구할 때 연합함 【마 18:19】

성경은 '진실로 다시 너희에게 이르노니 너희 중의 두 사람이 땅에서 합심하여 무엇이든지 구하면 하늘에 계신 내 아버지께서 그들을 위하여 이루게 하시리라' 고 했다. 합심하다는 물론 하나님은 먼저 각 개인과 직접 교통하시지만 성도는 공동체의 일원이 됨으로써만이 개인으로서의 존재 의미를 보다 확실히 구현할 수 있다. 이 말의 헬라어는 '쉼포네오' 인데 '심포니' (교향곡)의 어원으로 '함께 어우러져 멋진 조화를 연출해 내다' 는 뜻이다.

참고 성구 행 1:13-14 스 10:1,12 삼상 7:5-12 행 2:1-4

■결론■ 이와 같이 마음을 연합하게 하는 경우를 보았으니 성도는 같은 가르침을 받아 서로 어려운 짐을 지고 한 마음으로 구하여 주의 몸된 교회를 부흥시키는 자들이 되자.

■해 설■ 하나님의 통치

미국의 16대 대통령 링컨(A. Lincoln)이 암살됐다는 흉보가 뉴욕에 전해지자 민심은 뒤숭숭했고 사람들은 폭력에 대해 격분하면서 나라의 앞일을 걱정하며 우울해 했다. 그때, 어느 신문사의 발코니에서 한 인물이 작은 깃발을 휘두르며 나타나 청랑한 음성을 내며 다음과 같이 말했는데 그 음성은 가히 하늘을 찌를 듯했다. "친애하는 시민 여러분! 구름과 흑암이 하나님께 둘렸고 그의 장막은 흑암의 물로 뒤덮였으며 하늘에는 기이한 구름이 차 있습니다. 그러나 의와 공평은 그 보좌의 기초입니다. 여러분! 하나님은 군림하여 모든 것을 통치합니다." 이렇게 외친 자는 후에 미국의 20대 대통령이 된 '가필드' 장군이었다. 링컨은 암살되었으나 하나님은 살아 계신다.

■참 고■ 우리로 하나가 되지 못하게 하는 것들의 명세표
- 죄악 - 초대 교회 때 아나니아와 삽비라처럼 교회와 성령을 속인 죄(행 5:1-11)
- 불화 - 선교여행 때 바나바는 마가 요한을, 바울은 실라를 데리고 떠남(행 15:36-41)
- 교만 - 으뜸 되기를 원한 디오드레베가 접대치도 아니하고 접대한 자를 교회에서 출교함(요삼 1:9-10)
- 교훈 - 이 교훈을 가지지 않고 너희에게 나아가거든 그를 집에 들이지도, 인사도 말라 (요이 1:7-11)
- 차별 - 아름다운 옷 입은 자에겐 좋은 자리에, 가난한 자에겐 거기 섰든지 하라(약 2:3)
- 위선 - 게바를 면책한 바울(갈 2:11-13)

■예 화■ 성심성의로 대하는 우리의 마음

아무리 메마른 땅도 깊이 파면 반드시 맑은 샘물이 난다. 아무리 악해 보이는 사람도 그의 가슴속 깊은 곳에는 반드시 진심의 샘터가 있고 정성의 맑은 물이 흐른다. 온 천하가 두려워하는 살인강도나 흉악범도 그의 마음속의 깊숙한 내부에는 인간의 맑은 양심이 엄연히 존재하고 있다. 인간은 정성에 감동하는 동물이다. 우리의 정성이 부족하기 때문에 상대방을 감동시키지 못할 뿐이다. 지성이면 감천이라고 했다. 지성이면 귀신도 움직인다고 하였다. 지극한 정성으로 대할 때 움직이지 않는 사람이 없다. 이런 말들은 한낱 공허한 수식어가 아니다. 인간성의 진실을 갈파한 말이다. "성심성의를 가지고 남을 도와주면 반드시 나는 남한테 도움을 받는다. 이것은 인생의 가장 아름다운 보상의 하나다." 미국의 문인 에머슨의 말은 지당한 말이다. 작용이 있으면 반작용이 있다. 이것은 물리학의 법칙일 뿐만 아니라. 인간 심리의 기본법칙이다. 내가 성의로 대하면 남도 나에게 성의로 대한다. 내가 미움으로 대하면 남도 나에게 미움으로 대한다. 인생에는 반드시 보상작용이 있다. 사회에는 엄연히 인과업보의 법칙이 지배한다. 가는 말이 고와야 오는 말이 곱다는 말은 이것을 두고 한 말이다. 나의 성심성의에 대해서 상대방도 나에게 성심성의로 대한다는 것은 인생의 아름다운 보상작용의 하나다. 우리는 이러한 아름다움이 있기 때문에 인생의 희망과 정이 있다. (안병욱)

● 마음 ●

마음을 함께 할 세 때

■본 문■ 사무엘이 이르되 온 이스라엘은 미스바로 모이라 내가 너희를 위하여 여호와께 기도하리라 하매 【삼상 7:5】

■서 론■ 예언자 사디는 "부드러운 말과 정성을 다하는 마음으로 살아가면 머리카락 한 올로도 코끼리를 능히 끌고 다닐 수 있다"라고 했다. 마음을 함께 할 때는 언제인가?

■말씀■

I. 주의 이름을 경외하고자 할 때 【수 24:14】

성경은 '너희의 하나님 여호와께서 너희에게 대하여 말씀하신 모든 선한 말씀이 하나도 틀리지 아니하고 다 너희에게 응하여 그 중에 하나도 어김이 없음을 너희 모든 사람은 마음과 뜻으로 아는 바라'고 했다. 경외란 하나님의 권위와 거룩하심에 대한 공경과 두려움을 나타내는데 쓰는 용어이다. 여호와 하나님을 경외하고자 하는 자들은 마음을 모아야 한다.

참고 성구 시 86:11 전 12:13 합 2:20 출 3:5 대하 34:8-33

II. 주의 명령을 준행하고자 할 때 【대하 31:21】

성경은 '그가 행하는 모든 일 곧 하나님의 전에 수종드는 일이나 율법이나 계명이나 그의 하나님을 찾고 한 마음으로 행하여 형통하였더라'고 했다. 준행이란 무엇인가? 이는 어떤 일을 기준이나 근거로 하여 거기에 따르는 것을 따라 함을 뜻한다. 성도가 주의 명령을 준행할 때는 쟁기를 잡은 자가 뒤를 돌아보지 않는 것같이, 전심전력으로 몸과 마음과 목숨을 다해야 한다.

참고 성구 롬 14:8 신 27:26 느 5:13 출 35:20-29, 36:6-7 눅 9:62

III. 주께 부르짖고자 할 때 【삼상 7:5】

성경은 '사무엘이 이르되 온 이스라엘은 미스바로 모이라 내가 너희를 위하여 여호와께 기도하리라 하매'라고 했다. 종교개혁에 성공한 사무엘은 이스라엘 역사상 기념비적 대중 집회인 미스바 성회를 개최하였다. 이 집회는 지도자가 중보기도를 하기 위해 추진한 성회였고 백성들은 금식과 회개로 반응하여 여호와 하나님께 한 마음으로 부르짖어 국운을 회복했다.

참고 성구 행 4:23-24 마 18:20 행 1:14, 2:1-4 행 12:5

■결 론■ 이와 같이 마음을 함께 할 때를 알았으니 성도들은 하나님의 이름을 경외하고 그의 명령을 준행하고 환난의 때에 하나님께 부르짖어 응답을 얻기 위해 개인과 가정과 교회가 한 마음이 되자.

■해설■ **주**

주(Lord)에 해당하는 일반적인 헬라어인 '퀴리오스'는 권위, 힘에서 유래한 말로 윗사람에 대한 공손한 높임 말일 뿐만 아니라 집주인이나 가장이나 나라의 임금님께 대한 복종을 뜻하는 말이다. 또한 신앙적으로 하나님께 순종함을 나타내는 말로서 매우 다양하게 사용되었다. 1세기 당시에는 많은 주들이 있었다(고전 8:5,6). 여기에서 주라는 호칭은 로마 황제에 대한 호칭으로서 뿐 아니라 이방신들에 대한 호칭으로 사용되었다. 주라는 말은 구약성경에서 하나님께 적용되었듯이 창조주와 통치자와 생명과 사망을 주관하는 자로서 세계와 사람에게 적극적으로 권능을 행사하는 것을 가리킨다. 이처럼 주는 절대 지존자의 주권을 나타내는 말이다.

■참고■ **함께 모이다**

• 인력의 중심 - 두세 사람이 내 이름으로 모인 곳에는 나도 그들 중에 있느니(마 18:20) • 갈보리의 목적 - 하나님의 자녀를 모아 하나가 되게 하기 위하여(요 11:52) • 기도의 능력 - 빌기를 다하매 모인 곳이 진동하더니(행 4:31) • 믿는 자의 기쁨 - 교회를 모아 하나님이 함께 행하신 모든 일과 이방인들에게 믿음의 문을 여신 것을 보고하고(행 14:27) • 예배의 특권 - 둘이 교회에 일 년간 모여 있어 큰 무리를 가르쳤고(행 11:26) • 모임의 목적 - 우리가 떡을 떼려 하여 모였더니(행 20:7) • 교회에 대한 채찍 - 주 예수의 이름으로 너희가 내 영과 함께 모여서(고전 5:4-5)

■예화■ **서주관 씨**

전신마비 장애인인 서주관 씨는 지나온 삶에 인간적인 독백을 한다. "나는 내 자신이 인간이 아닌 듯한 느낌을 받을 때가 있다. 그런 느낌은 길을 가다가 타인의 평범하지 못한 눈빛에서도, 또 집에 있을 때 가족들에게서도 받았다. 나는 내 자신이 인간 이하의 존재인 것 같이 생각되었다. 나는 늘 인간답게 살고 싶었다. 나의 겉모습은 그들과 다르지만 나의 마음, 나의 영혼은 그들과 똑같다는 것을 알아주기 원했다. 나는 오랫동안 방안에만 누워 있었기 때문에 사람이 그리웠다. 그러나 막상 사람을 대하면 그들에게서는 차가운 벽이 느껴졌다. 그런데, 88밀알캠프를 통하여 사람들 사이에 가로놓여 있던 두텁고도 견고한 벽이 허물어졌다. 캠프에서는 건강한 사람이나 장애인이나 모든 것을 함께 했다. 나는 이 '함께'라는 말을 좋아한다. 대개 기쁜 일과 즐거운 일에 함께 하긴 쉬워도 타인의 아픔이나 어려움을 함께 한다는 것은 힘든 것이다. 그렇지만 우리는 장애인과 비장애인이라는 벽을 넘어 하나가 된 것이다. 무엇이 우리를 하나되게 하였을까? 예수 그리스도 때문이다. 예수님의 사랑 때문이다. 그리스도의 사랑 안에 우리는 장애인과 비장애인의 벽을 허물고 하나가 된 것이다. 하나님의 사랑 안에서 서로의 벽을 허물고 하나가 되는 것, 어려운 고난과 역경에 처할 때 예수 그리스도를 상담자로 찾아 나서는 믿음의 행진이 필요하다.(흐르는 눈물을 슬며시 닦으며 / 서주관)

● 말세 ●

말세를 준비하는 자세 세 가지

■ 본문 ■ 그 주인이 이르되 잘하였도다 착하고 충성된 종아 네가 적은 일에 충성하였으매 내가 많은 것을 네게 맡기리니 네 주인의 즐거움에 참여할지어다 하고 【마 25:21】

■ 서론 ■ 말세란 세상 종말의 때를 말하는 것으로, 성경은 이 때가 그리스도께서 재림하시기 전으로 큰 환란의 시대가 도래할 것을 말해주고 있다. 성도가 말세를 준비함은?

■ 말씀 ■

I. 맡은 일에 충성함 【마 25:21】
　성경은 '그 주인이 이르되 잘하였도다 착하고 충성된 종아 네가 적은 일에 충성하였으매 내가 많은 것을 네게 맡기리니 네 주인의 즐거움에 참여할지어다' 라고 했다. 충성이란 나라나 조직, 임금, 신앙을 위해 거역하지 않고 몸을 바침 또는 그러한 충직한 마음을 말한다. 본 구절의 충성은 헬라어 '피스토스' 로서 이는 '믿을 만한, 맡길 만한' 의 의미가 있다.
　　참고 성구 고전 4:2 벧전 4:10 눅 19:13 계 2:10 히 3:6

II. 구속의 날을 바라봄 【눅 21:28】
　성경은 '이런 일이 되기를 시작하거든 일어나 머리를 들라 너희 속량이 가까웠느니라 하시더라' 고 했다. 하늘과 땅과 바다에 큰 징조가 일어나고 주님이 오시는 그 날에 성도들은 '머리를 들어야' 한다. 이것은 은유적인 표현으로서 소망과 용기를 가지라는 의미의 말씀이다. 도처에 엄청난 공포를 유발시키는 각종 징조들이 나타남에도 성도들이 소망을 가질 것은 종말의 예고 이후 주 재림을 맞기 위해서는 더욱 신앙의 중무장이 필요하다.
　　참고 성구 마 10:21-22 히 10:25 살전 4:17-18 계 21:7

III. 거룩한 생활을 영위함 【벧후 3:11,12】
　성경은 '이 모든 것이 이렇게 풀어지리니 너희가 어떠한 사람이… 거룩한 행실과 경건함으로 하나님의 날이 임하기를 바라보고 간절히 사모하라' 고 했다. 세상 만물의 끝이 가까웠을 때에 성도는 거룩한 행실로 삶을 영위해야 한다. 거룩한 행실은 헬라어 '엔 하기아이스 아나스트로파이스' 로서 이는 '구별된 생활 방법으로, 다른 생활로' 로서 성도의 삶은 세상과 구별된 삶을 살아야 함을 뜻한다.
　　참고 성구 고후 7:1 벧전 1:15-16 딤전 4:8 빌 1:27-28 롬 13:11-14

■ 결론 ■ 이와 같이 말세를 준비하는 자세를 보았으니 성도는 말세지말의 이때에 오히려 맡은 일에 충성하고 구속될 날을 바라보며 거룩한 생활을 영위하여 흠 없이 휴거될 수 있도록 하자.

■해설■ 종말론

종말론(eschatology)이란 신학적으로 정의할 때 '마지막 일들'(에스카타)이라고 한다. 이것은 인간 개개인과 관련된 것이며(죽음, 부활, 심판, 내세가 포함된다) 이 세계도 관련된 것이다. 종말론은 '세상의 종말'(end of the world)이라고도 말한다. 종말론이란 '죽음과 부활이라는 말로 표현될 때 이 의미 속에서 발견되어져야 한다.' 그리고 여기에 하나님의 거룩하신 심판과 구원이 연결되어져야 한다. 그래서 이 말은 "하나님의 구속적인 목적이 '역사의 마지막 때'에 또는 예상되어지는 '세계의 마지막 때'에 완성되느냐 안 되느냐를 말할 때에 사용되어야 한다." 이런 완성은 하나님의 계시된 목적이 달성될 때에 사용할 수 있는 말이다.

■참고■ 성경에 언급된 말세에 일어날 일들

• 기롱하는 자들의 농간 - 주께서 강림하신다는 약속이 어디 있느냐(벧후 3:3-5) • 먼저 불법이 성함 - 불법이 성하므로 많은 사람의 사랑이 식어지리라(마 24:12) • 먼저 배도하는 일이 있음 - 그러나 인자가 올 때에 세상에서 믿음을 보겠느냐(눅 18:8, 살후 2:3) • 노아 때와 같은 일 - 노아의 때와 같이 인자의 임함도 그러하리라 홍수 전 노아가 방주에 들어가던 날까지 사람들이 먹고 마시고 장가들고 시집 가고 있으면서(마 24:37-39) • 각종 이설이 나돔 - 영으로나 또는 말로나 또는 우리에게서 받았다 하는 편지로나 주의 날이 이르렀다고 해서 쉽게 마음이 흔들리거나 두려워하거나 하지 말아야 한다는 것이라(살후 2:2)

■예화■ 우리에게 맡겨주신 일

마릴린 래즈로(Marylin Laszlo)는 파퓨아 뉴기니의 정글 속에서 쎄픽 이왐 부족을 위해 선교사로 활동한 인물이다. 그녀는 고향이나 타지의 청중들에게 사역에 대해 이야기할 때마다 심심찮게 공격을 받곤 했다. "세상에는 하나님의 말씀을 필요로 하는, 인구가 더 많은 부족들이 얼마든지 있는데, 당신이 황금기에 해당하는 15년이나 그 이상의 기간을 그토록 하찮을 사람들을 위해 사용하는 것은 시간과 재능과 노력의 낭비가 아닐까요?" 이 '하찮은' 이란 표현은 마릴린의 분노를 사곤 했다. "그런 생각을 하는 게 당연합니다. 하지만 우리 모두가 아는 바와 같이 500명도 채 안 되는, 때로는 100명도 안 되는 신도를 상대로 온 생애를 바치는 목사님들도 수두룩하지 않습니까? 저는 그분들을 그 겸손한 사역의 현장으로 부르신 하나님이나 그러한 부르심을 받은 분들 자신은 그렇게 생각하고 계시지 않다고 확신합니다. 저는 지난 8년 동안 쎄픽 이왐 부족과 함께 살면서 그들을 섬겨왔는데, 그 동안 400명 이상의 사람들이 주 예수 그리스도를 알게 되었습니다. 그런데도 제가 시간과 재능을 낭비하고 있다고 말씀하시겠습니까?" 그렇다. 중요한 것은 우리가 얼마나 많거나 적은 사람들 가운데서 일하느냐가 아니다. 하나님께서 우리에게 맡겨주신 일을 얼마나 충성스럽게 감당하고 있으며 우리를 향하신 그 분의 뜻 가운데 우리가 얼마나 견고히 서 있느냐 하는 것이 가장 중요한 것이다. (빛의 동산 / 클래어렌스 W. 홀)

●말세●

말세에 나타나는 미혹 세 가지

■본 문■ 그러나 성령이 밝히 말씀하시기를 후일에 어떤 사람들이 믿음에서 떠나 미혹하는 영과 귀신의 가르침을 따르리라 하셨으니 【딤전 4:1】

■서 론■ 미혹이란 마음이 흐려서 무엇에 홀리거나 정신이 헷갈려 바르게 가는 길을 잃고 갈팡질팡 해매는 것을 뜻한다. 성경은 말세에 성도를 미혹하는 것들이 나타난다고 했는데 이것들은 무엇인가?

■말 씀■

I. 말세에는 우상 숭배가 있음 【요일 5:21】

성경은 '자녀들아 너희 자신을 지켜 우상에게서 멀리하라' 고 했다. 우상이란 무엇인가? 이는 하나님 이외의 무엇이든 절대화하고 숭배하는 것을 말한다. 말세에는 성도가 자신을 지켜야 하는데 이것은 내적으로 스스로를 지켜서 이단을 경계해야 함을 뜻한다. '우상' 은 헬라어로 '에이돌론' 인데 '보이는 것, 형상, 모양' 의 뜻이 있다. 영어의 'Idol' (우상)은 이 말의 음사이다.

참고 성구 신 11:16 전 11:9 사 45:20 눅 16:13 골 3:5 계 22:15

II. 말세에는 사람의 미혹이 있음 【마 24:4】

성경은 '예수께서 대답하여 이르시되 너희가 사람의 미혹을 받지 않도록 주의하라' 고 했다. 주님 예수의 재림 전에 사람의 미혹이 있으니 주의하라고 했다. 여기서 미혹하다는 말의 헬라어는 '프라나오' 인데 이는 '길을 잃게 한다, 나쁜 길로 이끈다, 방황하게 한다' 는 뜻으로서 이것은 자기가 그리스도라고 속이고 사람들을 비진리의 길로 인도할 것을 의미한다.

참고 성구 고전 6:9-10 유 1:4 마 24:5 딤후 3:5-7

III. 말세에는 미혹의 영과 귀신의 가르침을 좇음 【딤전 4:1】

성경은 '그러나 성령이 밝히 말씀하시기를 후일에 어떤 사람들이 믿음에서 떠나 미혹하는 영과 귀신의 가르침을 따르리라 하셨으니' 라 했다. 말세엔 사람들이 나타나 극단적인 방종이나 쾌락주의 아니면 극단적 금욕주의의 이론으로 성도와 교회에게 치명적인 영향을 끼친다. 이들은 배교와 사탄의 가르침을 좇고 양심이 마비되어 거짓말로 속이고 미혹하게 한다.

참고 성구 딤후 4:3-4 약 2:19 딤전 6:20-21 살후 2:3-4

■결 론■ 이와 같이 말세에 나타나는 미혹을 보았으니 성도는 우상의 개념을 잘 알아서 사람의 미혹에 넘어가지 말고 각종 거짓 사도와 선지자와 그리스도를 배격하고 말씀 위에 바로 서는 자들이 되자.

■해설■ **깨어 있다**

신약성경에 '깨어 있다, 경계하다(watch)'는 6개의 헬라어 단어들이 이것으로 번역되었는데 그중 넷은 그리스도의 재림과 윤리적으로 경성해 있을 것을 언급한 구절에서 은유적으로 사용되었다. '아그뤼프네오'와 '그레고레오'는 '깨어 있다, 영적으로 경성해 있다'는 뜻이다. 그런데 '네포'는 문자적으로(술 취하다의 반대) '깨어 있다'는 뜻인데 신약성경에서는 단지 '근신하다, 절제하다'라는 은유적인 뜻만으로 사용되었다. 그리고 블레포는 '경계하다, 삼가 조심하다'라는 개념을 가지고 있다. 이 네 단어들은 영적, 정신적으로 그리스도의 강림을 예비하고 있어야 함을 암시하고 있는데 이는 헌신으로 이루어진다.

■참고■ **성경이 말하는 미혹하는 자들**
- 뱀 - 그 간계로 하와를 미혹한 것 같이 너희 마음이 그리스도를 향하는 진실함과 깨끗함에서 떠나 부패할까 두려워하노라(고후 11:3)
- 적그리스도 - 미혹하는 자가 세상에 많이 나왔나니 이는 예수 그리스도께서 육체로 오심을 부인하는 자라 이런 자가 미혹하는 자요 적그리스도니(요이 1:7)
- 거짓 선지자 - 거짓 선지자가 많이 일어나 많은 사람을 미혹하게 하겠으며(마 24:11, 계 19:10)
- 무법한 자 - 너희가 이것을 미리 알았은즉 무법한 자들의 미혹에 이끌려 너희가 굳센 데서 떨어질까 삼가라(벧후 3:17)
- 마귀 - 불과 유황 못에 던져지니 거기는 그 짐승과 거짓 선지자도 있어(계 20:10)

■예화■ **기도하시는 어머니**

어느 주일 오후 시카고(Chicago)에서 있었던 일이다. 지방 야구선수들이 으레 그렇듯이 야구 시합을 마치고 '살롱'으로 몰려 들어갔다. 커다란 맥주 잔을 손에 들고 시시덕거리며 그 날의 시합 이야기로 꽃을 피울 무렵 살롱 밖에서 귀에 익은 음악 소리가 들렸다. 악기를 불며 전도하는 사람들의 찬송가 소리였다. 아이오니 주에서 온 선수 하나가 맥주 잔을 탁자 위에 올려놓고 명상에 잠기기 시작했다. 신앙심이 돈독한 자기 어머니의 모습이 떠올랐다. 자기를 위해서 마루바닥에 엎드려 기도하시는 어머님의 모습이 떠올랐다. 이상하게도 그의 눈에서 눈물이 흐르며 두 뺨을 적시며 내려갔다. 그 자리에서 그는 일어나 "친구들이여, 나는 이 생활을 더 못하겠습니다. 나는 주님을 찾아갑니다." 하고 살롱을 나와서 악기를 불며 전도하는 사람들을 따라갔다. 그들이 간 곳은 "패시픽 가든 미션"(The Pacific Garden Mission)이라고 하는 전도·기도처였다. 그 날 밤 그는 새 사람이 되었다. 그가 "빌리 선데이"(Billy Sunday)이다. 후에 목사가 되어 미국 중부에서 시작하여 전 세계로 부흥의 불길을 시작한 전도자가 된 것이다.(빌리 선데이는 빌리 그래함 전시대 전도자로서 유명한 부흥강사였다.)

● 말세 ●

말세에 더욱 감소되는 세 사람

■ 본문 ■ 좁은 문으로 들어가라 멸망으로 인도하는 문은 크고 그 길이 넓어 그리로 들어가는 자가 많고 생명으로 인도하는 문은 좁고 길이 협착하여 찾는 자가 적음이라 【마 7:13-14】

■ 서론 ■ 감소란 무엇인가? 이는 줄어서 적어짐을 뜻하는데 말세의 때에는 더욱 감소되는 사람들이 있다고 성경은 말하고 있다. 말세에 더욱 감소되는 사람들은 누구인가?

■ 말씀 ■

Ⅰ. 생명의 길을 찾는 이가 감소됨 【마 7:14】

성경은 '생명으로 인도하는 문은 좁고 길이 협착하여 찾는 자가 적음이라' 고 했다. 생명으로는 헬라어 '에이스 텐 조엔' 으로 이는 '그 생명을 향하여' 로서 성도가 취할 진정한 휴식은 오직 천국에서만 가능하다. 좁은 문을 통하여 좁은 길을 걷는 자는 하나님이 예비하신 '영원한 생명을 향하여' 영원히 전진하는 참으로 행복한 실존이 될 수밖에 없다.

참고 성구 눅 18:28-30 요 12:25 히 11:14 눅 13:24

Ⅱ. 성실히 추수할 일꾼이 감소됨 【마 9:37,38】

성경은 '이에 제자들에게 이르시되 추수할 것은 많되 일꾼이 적으니 그러므로 추수하는 주인에게 청하여 추수할 일꾼들을 보내 주소서 하라 하시니라' 고 했다. 본 구절에서 추수는 구원 또는 심판 행위를, 주인은 하나님을, 일꾼은 그리스도의 사역자를 가리킨다. 말세지말에는 그리스도의 복음을 전할 진정한 사역자들이 줄어들어 온 세상이 말씀의 기갈로 인해 영혼이 목마를 것이다.

참고 성구 요 4:35-36 딤후 4:10 눅 10:2 고전 9:24-25 암 8:11-12

Ⅲ. 택함을 입은 자의 수가 감소됨 【마 22:14】

성경은 '청함을 받은 자는 많되 택함을 입은 자는 적으니라' 고 했다. 택함을 입은 자는 헬라어 '에크렉토이' 로서 이는 '뽑힌 자, 불러냄을 받은 자' 라는 뜻으로 많은 사람들이 주님 예수의 구원에의 초대를 받고 있지만 그 가운데 특별히 선택된 자만 구원을 받게 된다. 사람이 하나님 나라의 영광에 참여하지 못함은 전적으로 자신의 불충과 불신앙에 기인하고 있다.

참고 성구 사 55:1 요 5:40 눅 4:26-27 마 22:1-13 엡 1:4

■ 결론 ■ 이와 같이 말세에 더욱 감소되는 자들을 보았으니 성도는 불신 이웃에게 생명의 길을 소개하고 하나님께 바른 사역자를 보내주시기를 기도하여 많은 이들이 천국 잔치에 참여하도록 독려하는 자 되자.

■해설■ **신(新) 중년세대**

신 중년 세대는 급속한 고도성장과 격변의 물결에 휩쓸려 개인의 무력감, 자아 상실, 가치관 부재의 혼란을 종교라는 절대적 힘과 권위를 통해 해소하려 한다. 산업화의 대열에 편승해 부를 획득한 경우이든 대열에서 소외되어 상대적 박탈감을 갖게 된 경우이든 신 중년 세대는 현실의 도피처를 필요로 했다. 축복과 구원을 약속하는 종교는 현실의 불만과 미래의 불안을 잊게 해 주는 치료제가 됐다. 2008년 한국 갤럽이 전국 20세 이상 남녀 2,000명을 대상으로 '기독교인이 기독교를 믿는 이유' 라는 설문조사를 한 결과 50대의 25%가 "이 세상에서 복 받고 살기 위해"라고 답했다. 신 중년 세대의 이같은 종교적 속성으로 성령 운동, 삼박자 축복, 안수 치료, 축귀를 통한 치유를 내세우는 개신교일수록 엄청난 성장을 했다. 그러나 영혼의 안식을 주어야 할 일부 신도의 타락, 극도의 물질주의적 속성과 교회의 대형화 운동 등을 초래했음을 간과하지 말자.

■참고■ **마지막 때에 더욱 전해야 할 복음들**
- 하나님의 복음 - 하나님의 복음을 위하여 택정함을 입었으니(롬 1:1)
- 그리스도의 복음 - 내가 그리스도의 복음을 위하여 드로아에 이르매(고후 2:12)
- 천국 복음 - 이 천국 복음이 모든 민족에게 증거되기 위하여 온 세상에 전파되리니 그제야 끝이 오리라(마 24:14)
- 하나님의 은혜의 복음 - 주 예수께 받은 사명 곧 하나님의 은혜의 복음을 증언하는 일을 마치려 함에는(행 20:24)
- 평안의 복음 - 평안의 복음의 예비한 것으로 신을 신고(엡 6:15)
- 그리스도의 영광의 복음 - 이 세상 신이 믿지 아니하는 자들의 마음을 혼미하게 하여 그리스도의 영광의 복음의 광채가 비춰지지 못하게 함이니(고후 4:4)
- 구원의 복음 - 너희도 진리의 말씀 곧 너희의 구원의 복음을 듣고(엡 1:13)

■예화■ **기권선수**

1948년 런던에서 올림픽 경기가 있었다. 그때 보스턴 마라톤에서 몇 등인가 한 사람으로, 한국에서 잘 뛰는 최모 선수가 나갔다. 그때는 TV가 없던 때니까 라디오로 중계방송을 했는데, 방송을 맡은 아나운서가 감격을 했다. 왜 그런가 하니, 스타트에서부터 최 선수는 일등을 지키고 나간 것이다. 그래서 아나운서가 감격을 해서 "우리 최 선수가 선두를 달리고 있습니다. 선두를 달리고 있습니다." 그러면서 안 해도 될 말을 많이 했다. "손기정 선수 다음에 처음으로…, 월계관을 쓸 한국의 건아!" 이렇게 한참 말하다가 마지막에 가서 "아, 아, 우리 최 선수가 기권했습니다"(웃음) 그러니, 이 얼마나 우스운 얘기인가. 처음에 아무리 잘 뛰면 무엇하나? 중요한 것은 골인할 때이다. 그런데 인생이란 마라톤은 2시간 몇 분이면 될까? 적어도 50년, 60년, 70년은 달려야 비로소 골인하는 것이 인생이란 마라톤이다. 당신은 어떠한가? 성급하게 생각하지 말고 주님과 함께 인생 길을 가자. (믿음・소망・사랑 / 김동길)

● 맹세 ●

맹세를 금지하는 것 세 가지

■ 본 문 ■ 나는 너희에게 이르노니 도무지 맹세하지 말지니 하늘로도 하지 말라 이는 하나님의 보좌임이요 땅으로도 하지 말라 이는 하나님의 발등상임이요 … [마 5:34-35]

■ 서 론 ■ 맹세란 하나님 또는 신성하게 여겨지는 대상을 가리켜 그 말과 동기에 거짓이 없음과 약속 이행의 의지를 엄숙히 증언하는 일을 말한다. 성경에는 맹세를 금지시킨 경우가 있는데 이는?

■ 말씀 ■

I. 성도는 우상의 이름으로 맹세하지 말 것 [수 23:7]

성경은 '너희 중에 남아 있는 이 민족들 중에 들어가지 말라 그들의 신들의 이름을 부르지 말라 그것들을 가리켜 맹세하지 말라 또 그것들을 섬겨서 그것들에게 절하지 말라' 고 했다. 본 구절에서 여호수아는 이스라엘 백성에게 유언에 가까운 고별사를 하였는데 그 중에서 이방의 잡신인 우상으로 맹세하지 말라고 했다. 이는 이방신을 인정하고 그 신을 숭배하는 일을 금하게 하기 위해서였다.

참고 성구 시 16:4 렘 10:1-14 사 42:8 출 20:4-5, 22-24

II. 성도는 피조물의 이름으로 맹세하지 말 것 [마 5:34,35]

성경은 '나는 너희에게 이르노니 도무지 맹세하지 말지니 하늘로도 하지 말라 이는 하나님의 보좌임이요 땅으로도 하지 말라 이는 하나님의 발등상이요' 라고 했다. 본 구절은 인본주의적 사고방식에 젖어 그릇된 맹세관을 갖고 있던 당시 유대인에게 주신 주님의 교훈이다. 이것은 하나님의 주권과 인간의 본질적 무능을 무시한 채 맹세를 악용하는 자들의 궤휼을 금한 것이다.

참고 성구 출 34:12-17 약 5:12 창 1:28 시 8:5

III. 성도는 하나님의 이름으로 거짓 맹세하지 말 것 [레 19:12]

성경은 '너희는 내 이름으로 거짓 맹세함으로 네 하나님의 이름을 욕되게 하지 말라 나는 여호와이니라' 고 했다. 하나님의 이름은 오직 구원을 위한 이름으로서 우리 인간들에게 구원과 축복과 은총을 주는 복된 이름이다. 이름은 그 사람 자신 또는 인격을 말하는 것이므로 이름을 욕되게 하는 것은 그 사람 자신을 욕되게 하는 것이다. 사람도 이러한데 하물며 하나님의 성호이랴.

참고 성구 왕하 2:2-6 출 20:7 마 26:63 삼상 28:10 고전 5:10 딤전 1:10

■ 결 론 ■ 이와 같이 맹세를 금지하는 것을 알았으니 성도는 잡신인 우상으로, 피조물로 그릇되게 맹세하지 말고 하나님의 이름을 망령되이 일컫지 말고 믿음 안에서 온전히 지킬 수 있는 약속을 하자.

■해설■ **맹세**

'맹세'(oath)는 성경에 보면, 하나님은 자신보다 더 위대한 존재가 없으므로(히 6:13) 자신을 가리켜 맹세하시고, 자신의 거룩함을 두고 맹세하시며(시 89:13), 자신의 위대한 이름으로 맹세하시고(렘 44:26), 자신의 삶을 두고 맹세하셨다(겔 33:11). 사람들이 하는 맹세는 하나님께 대한 가장 엄숙한 호소로서 자신의 말이 진실이라는 것을 확정하는 것이다. 여기에는 만일 자신의 말이 진실이 아니라면 하나님께 형벌을 받아 마땅하다는 뜻이 암시되어 있다. 주님의 '도무지 맹세하지 말라'(마 5:34)는 말씀은 불확실한 모든 일에 대해, 거짓되고 하나님을 모독하며 경박한 모든 맹세를 하지 말라는 말씀이다.

■참고■ **개탄할 맹세들**

- 에서 - 장자의 명분을 팥죽 한 그릇에 넘기고 맹세함(창 25:29-34, 히 12:16-17)
- 이스라엘 사람 - 하나님의 뜻을 알아보지도 않고 기브온 족속과 화친을 맹세함(수 9:14-21) • 베드로 - 주님을 모른다고 저주하며 부인하고 맹세하여 하나님을 욕되게 함(마 26:69-74) • 헤롯 - 정욕에 충동되어 헤로디아의 딸 살로메에게 경솔히 맹세함으로써 세례 요한을 죽이게 됨(마 14:6-11) • 유대인들 - 바울의 대적들이 바울을 죽이기 전에는 먹지도 말자고 동맹의 맹세를 함(행 23:12-15)
- 사울 - 성급하게 맹세하여 요나단의 생명을 위태롭게 함(삼상 14:24-25)

■예화■ **하나님의 몫**

어느 날, 한 농부는 자기의 암소가 새끼를 낳는데 난산하는 모습을 안타깝게 지켜보고 있었다. "오 하나님, 저의 가족과 이 암소를 지켜주옵소서." 그 농부는 안타깝게 기도했다. 다행히 암소는 새끼를 무사히 낳았다. 그것도 새끼 두 마리 쌍둥이를 낳은 것이다. 농부는 너무 기뻐서 아내와 가족에게 달려와 가장 좋은 암소가 새끼 두 마리를 낳았다는 기쁜 소식을 전해주었다. 한 마리는 붉고 한 마리는 흰 송아지라고 했다. "여보 당신도 생각했겠지만 이 두 마리 중 한 마리를 주님께 드려야 한다는 느낌이 들지 않소? 우리 이 두 마리를 같이 잘 길러서 그중 한 마리를 때가 되면 팔아서 주님을 위해 헌금합시다." 그의 아내는 그가 주께 바치겠나고 하는 송아지가 어떤 것이냐고 물었다. "그 일에는 신경 쓰지 말아요. 우리는 두 마리를 같이 길렀다가 때가 되면 우리가 말한 대로 합시다." 몇 개월이 지났다. 남편이 매우 거북한 얼굴로 들어왔다. 아내는 무엇 때문에 걱정하고 있느냐고 물었다. 남편은 말했다. "난 당신에게 나쁜 소식을 전해야 하겠소. 주님의 송아지가 죽었어요." "아니 당신은 어떤 것이 주의 것이냐는 결정을 하지 않으셨잖아요?" 그는 말했다. "아니오. 나는 사실 언제나 흰 놈은 주님 것이라고 생각하고 길렀소. 그런데 그 흰 놈이 죽었으니, 주님의 송아지가 죽은 것이 아니겠소?" (황의봉)

● 멸망 ●

멸망에서 벗어나는 경우 세 가지

■본 문■ 하나님이 그들이 행한 것 곧 그 악한 길에서 돌이켜 떠난 것을 보시고 하나님이 뜻을 돌이키사 그들에게 내리리라고 말씀하신 재앙을 내리지 아니하시니라 【욘 3:10】

■서 론■ 구원이 하나님께로부터 받은 은혜인 데 대하여 멸망은 하나님으로부터의 형벌이다. 죄의 보수로서 죽음과 멸망이 온다. 사람이 멸망에서 벗어나는 경우는?

■말 씀■

I. 하나님의 뜻이 아닐 때 【마 18:14】

성경은 '이와 같이 이 작은 자 중의 하나라도 잃는 것은 하늘에 계신 너희 아버지의 뜻이 아니니라' 고 했다. 잃어버리다는 헬라어 '아폴루미' 로서 이는 '멸망한다' 인데 영원한 죽음을 뜻한다. 사람이 하나님의 뜻이 아닐 때에는 멸망으로부터 벗어나게 된다. 하나님은 모든 사람이 구원을 받으며 진리를 아는 데 이르기를 원하시는 분이시다.

참고 성구 행 13:6-12 마 21:19 요 17:12 행 8:18-24 딤전 2:4

II. 회개할 때 【욘 3:10】

성경은 '하나님이 그들이 행한 것 곧 그 악한 길에서 돌이켜 떠난 것을 보시고 하나님이 뜻을 돌이키사 그들에게 내리리라고 말씀하신 재앙을 내리지 아니하시니라' 고 했다. 이 세상을 향한 하나님의 궁극적 목표는 멸망이 아니라 구원이며 진노가 아니라 사랑이다. 하나님은 인류에 대한 심판보다는 회개를 통한 관계 회복을 더 원하고 계신다. 이 사실에 근거하여 하나님은 니느웨의 멸망을 취소하셨다.

참고 성구 눅 23:39-43 행 3:19 마 11:20 눅 15:21 요 12:47 대하 7:14

III. 하나님의 영생을 받을 때 【요 10:28】

성경은 '내가 그들에게 영생을 주노니 영원히 멸망하지 아니할 것이요 또 그들을 내 손에서 빼앗을 자가 없느니라' 고 했다. 믿는 자는 하나님이 예수님께 선물로 주신 사람들로서 예수님은 믿는 그들에게 영생을 주셨다. 또한 하나님과 예수님은 믿는 이들을 보호하며 절대로 멸망하지 않게 하시겠다고 약속하셨고, 믿는 이들의 구원은 아무도 빼앗아 갈 수 없다.

참고 성구 요 4:14 눅 18:28-30 요 17:3, 3:36 갈 6:8 롬 8:35-39

■결 론■ 이와 같이 멸망에서 벗어나는 경우를 보았은즉 성도는 하나님의 온전하신 뜻을 좇아 회개하고 주님 예수로부터 영생을 얻어 멸망에서 벗어나 하나님의 나라를 차지하는 자들이 되자.

■해설■ **멸망**

성경에서 '멸망하다'(perish)란 의미는 세 가지로 설명된다. ①순전히 이 세상에서 육체가 죽는 것으로 심판, 형벌과 상관없이 사용된다. 히브리어 '아바드'와 헬라어 '아포드네스코'가 그렇다(삼하 1:27, 욥 4:11, 마 8:32, 요 6:27). ②순전히 잘못에 대한 결과로서 형벌을 받는 것을 말한다. 이런 의미는 구약에 전형적으로 나타난다(신 4:26). 신약에도 눅 15:17에 나타난다. 헬라어 '아폴루미'는 신약에서 90회 나오는데 탕자에게는 '죽는다'로 '양'과 '동전'에 대해서는 '잃어버린'으로 번역되어 있다. ③신약성경에 '멸망'이란 말의 분명한 용도는 육체뿐만 아니라 '영혼'에도 적용된다(마 10:28, 눅 13:3). 죽음(영벌)의 반대는 '영생을 얻는 것'이다(마 25:46).

■참고■ **성경이 가리킨 멸망할 자들**
- 가룟 유다 - 그 중에 하나도 멸망하지 않고 다만 멸망의 자식뿐이오니 이는 성경을 응하게 함이니이다 (요 17:12)
- 대적자 - 이것이 그들에게는 멸망의 증거요(빌 1:28)
- 멸망의 아들 - 저 불법의 사람 곧 멸망의 아들이 나타나기 전에는(살후 2:3-4)
- 부하려 하는 자들 - 시험과 올무와 여러 가지 어리석고 해로운 욕심에 떨어지나니 곧 사람으로 파멸과 멸망에 빠지게 하는 것이라(딤전 6:9)
- 뒤로 물러가는 자 - 우리는 뒤로 물러가 멸망할 자가 아니요(히 10:39)
- 적그리스도 - 네가 본 짐승은 무저갱으로부터 올라와 멸망으로 들어갈 자니(계17:8)

■예화■ **낡은 시계**

배를 처음 타는 사람은 노도 못 젓고, 키도 못 잡고, 돛도 달 수가 없다. 그러나 날이 가고 봄, 여름, 가을, 겨울이 지나감에 따라 광풍과 싸우고 세찬 파도를 이겨낸 사람은 선장이 되어 도리어 암초를 피해 타인을 구해줄 수 있는 용기있는 뱃사람이 되는 것이다. 두 사람의 젊은이가 감옥에 갇히게 되었다. 한 청년은 그곳에서 시를 쓰고 창문을 내다볼 때마다 긍정적인 생각을 하였다. '구름을 보면 구름과 같이 자유로울 날이 오겠지. 바람이 불면 나도 바람과 같이 자유로울 날이 오겠지. 비가 오면 나도 마음껏 흘러내릴 수 있겠지.' 하였다. 그러나 한 청년은 벽만을 바라보며 실망과 절망으로 '나는 갇혔다. 나는 쓸모없게 되어 버렸다'고 푸념으로만 나날을 보내었다. 훗날 두 사람이 감옥에서 나오게 되었을 때 희망적인 청년은 작가가 되어 사람들의 사랑을 받게 되었고, 절망적인 청년은 정신질환이 생겨 병원에 입원하였다. 우리들의 시계는 언제나 돌고 있다. 우리들의 소망도 언제나 열린다. 삶에는 언제나 문이 열려 있어 그 날이 온다. 소망하는 문이 열릴 날이 온다. 그 분 주님께서 나는 길이요 진리요 생명이라 말씀하셨다.(낡은 시계에서도 새로운 시간이 울린다 / 용혜원)

● 명령 ●

바울이 엄하게 내린 명령 세 가지

■ 본문 ■ 너는 그들로 이 일을 기억하게 하여 말다툼을 하지 말라고 하나님 앞에서 엄히 명하라 이는 유익이 하나도 없고 도리어 듣는 자들을 망하게 함이라【딤후 2:14】

■ 서론 ■ 로마제국 흥망사를 쓴 저술가 에드워드 기본은 "너그러운 주인의 명령은 복종하지 않을 경우가 드물다"라고 했다. 바울이 복음으로 낳은 아들들에게 성도에게 엄하게 내린 명령은 무엇인가?

■ 말씀 ■

I. 교회 안에서의 다툼을 금지하라【딤후 2:14】

성경은 '너는 그들로 이 일을 기억하게 하여 말다툼을 하지 말라고 하나님 앞에서 엄히 명하라 이는 유익이 하나도 없고 도리어 듣는 자들을 망하게 함이라'고 했다. 바울은 디모데에게 교회 안에서의 말다툼인 끝없는 신화와 족보 이야기, 그리고 망령되고 허탄한 신화 등에 대해 토론하며 그 일로 다투는 것을 금지시켰다. 오늘의 교회도 사상과 이념으로 다툼이 심화되고 있다.

참고 성구 잠 17:14, 20:3, 25:8 빌 2:3-4, 4:2 요삼 1:9-11

II. 말씀의 전파를 항상 힘쓰라【딤후 4:2】

성경은 '너는 말씀을 전파하라 때를 얻든지 못 얻든지 항상 힘쓰라 범사에 오래 참음과 가르침으로 책망하며 경계하며 권하라'고 했다. 전파하라는 헬라어 '케뤽손'으로 기본형 '케뤼소'는 '대중 앞에 선포하다'는 뜻으로 말씀을 넓게, 분명히 밝혀 깨닫게 하는 것을 가리킨다. 복음 전도자들의 주된 임무는 말씀의 전파에 있다. 말씀의 전파는 때를 얻든 못 얻든 항상 힘써야 한다.

참고 성구 골 1:23 막 16:15 행 1:8 마 28:18-20

III. 믿음을 온전하게 하기 위해 꾸짖으라【딛 1:13】

성경은 '그러므로 네가 그들을 엄히 꾸짖으라 이는 그들로 하여금 믿음을 온전하게 하고'라 했다. 바울은 거짓 교사들을 엄히 꾸짖으라고 했다. 교회의 순결 유지를 위한 책벌은 반드시 있어야 하며, 책벌은 사랑의 방법으로 그 영혼을 구원하기 위한 동기에서 시행되어야 한다. 오늘의 교회에서도 이단 사상과 세상 철학으로 교회를 시험에 들게 하는 무리들이 있다.

참고 성구 딛 1:12-14, 2:15 딤전 4:12-13, 5:20 잠 24:25 눅 17:3

■ 결론 ■ 이와 같이 바울이 엄하게 내린 명령을 보았으니 성도는 교회 안에서 다툼을 그만 두고 복음 전파에 항상 힘쓰며 온전한 믿음을 보유하기 위해 시험 든 자를 꾸짖어 믿음의 반열에 세우자.

■해설■ 마지막 명령

옛날, 돈이 많은 한 부자가 오랫동안 많은 종들을 거느리고 살다가 이제 그 종들을 해방시켜 주려고 종들을 불러 모아서 "내일 아침이면 너희는 자유로운 몸들이 된다. 내가 마지막으로 명령으로 하겠는데 짚으로 가늘게 새끼줄을 많이 꼬아라"고 하였다. 많은 종들이 불평불만을 토하면서 마지막 날까지 지독히도 부려먹는다고 욕하면서 성의 없이 모두 굵게 꼬았다. 그러나 노예에서 해방시켜 주심을 감사한 한 종만이 주인의 마지막 명령에 최선을 다했다. 다음날 아침, 주인은 금고를 열어 많은 엽전을 꺼내어 놓고 "어제 꼰 새끼줄에 이 엽전을 꿰어서 가라"고 하였다. 기막힌 광경이 벌어졌다. 하나님의 명령, 주의 종의 명령도 우리에게 축복이 오는 명령임을 깨닫자.

■참고■ 엄한 명령들

• 여호수아 - 여리고 성을 건축하는 자는 여호와의 저주를 받음을 이름(수 6:26, 왕상 16:34) • 사울 - 오늘 음식물을 먹는 사람은 저주를 받을지어다 함(삼상 14:24-28) • 아합 - 선지자 미가야에게 여호와의 이름으로 진실한 것으로만 고하게 함(왕상 22:14-16) • 느부갓네살 - 사드락, 메삭, 아벳느고를 풀무불에 던지게 엄히 이름(단 3:19-23) • 요셉 - 총리대신 요셉이 엄한 소리로 그의 형들을 추궁함(창 42:7-17) • 예수 - 내 아버지의 장사하는 집으로 만들지 말라(요 2:16)

■예화■ 개방된 마음

"인생을 걸어가면서 나에게는 한 가지 일이 분명해졌다. 그것은 개방된 마음을 잃지 않는 것이 인간에게 무엇보다도 중요하다는 것이다. 바로 열린 마음은 가장 귀중한 인간 재산이다." 〈나와 너 Ich und Du 1923〉의 명저를 쓴 현대 이스라엘의 유명한 철학자 마틴 부버(Martin Buber)의 말이다. 우리는 마음의 문을 활짝 열고 살아가야 한다. 열린 마음과 개방정신은 현대인의 필수불가결의 지성적 덕이다. 우리는 개방사회의 개방적 자아로서 살아야 한다. 개방된 마음의 반대는 닫힌 마음이요, 폐쇄적 정신이다. 마음의 문을 닫을 때 남과의 대화가 끊어지고 외부와의 소통이 단절된다. 여기에서 편견이 생기고 독단이 나온다. 오만이 싹트고 배타심이 일어난다. 완고불통의 아집과 유아독존의 독선이 생긴다. 열린 마음과 개방정신에서 타인과의 대화가 생기고 서로의 이해가 가능하다. 관용과 아량의 미덕이 생긴다. 문을 닫으면 들어갈 수가 없다. 문을 열어야 들어갈 수 있다. 마음의 문을 활짝 열어 젖힌 개방적 정신의 소유자만이 새로운 사상을 받아들이고 남의 의견을 경청하고 성실한 대화를 서로 나눌 수 있다. 마음의 문을 닫으면 정신의 공기가 질식한다. 마음의 문이 넓게 열릴 때 정신의 자유가 가능하다. 민주주의는 특히 열린 마음과 개방적 정신을 필요로 한다. 부단히 성장하는 인간은 개방정신의 소유자다. (안병욱)

● 명성 ●

명성의 개요 세 가지

■ 본 문 ■ 형제들아 너희 가운데서 성령과 지혜가 충만하여 칭찬받는 사람 일곱을 택하라 우리가 이 일을 그들에게 맡기고 【행 6:3】

■ 서 론 ■ 금세기 최고의 갑부 워렌 버핏은 "명성을 쌓는 데는 20년이 걸리지만 단 5분이면 허물어진다. 이 사실을 생각해 본다면 당신은 조금 다르게 행동해야 할 것이다"라고 했다. 명성이란?

■ 말 씀 ■

Ⅰ. 명성은 성실에 근거한다 【고후 8:17,18】
성경은 '그가 권함을 받고 더욱 간절함으로 자원하여 너희에게 나아갔고 또 그와 함께 그 형제를 보내었으니 이 사람은 복음으로써 모든 교회에서 칭찬을 받는 자요'라 했다. 본 구절은 하나님의 뜻 안에서 고린도 교회의 모금 사업을 위해 디도가 선택되는 장면이다. 디도의 훌륭함은 모든 교회에서 칭찬이 자자했다. 이는 디도가 복음을 위한 그의 성실성을 인정받음을 뜻한다.
　　참고 성구 렘 20:9 고전 9:16 요 9:4 행 4:20

Ⅱ. 명성은 직임자들이 갖추어야 한다 【행 6:3】
성경은 '형제들아 너희 가운데서 성령과 지혜가 충만하여 칭찬받는 사람 일곱을 택하라 우리가 이 일을 그들에게 맡기고'라 했다. 초대 교회는 영적 사업과 물질적 구제 사업을 중요시하여 영적 사업을 사도들이, 물질적 구제 사업은 집사들이 맡도록 했다. 이에 성령과 지혜가 충만하여 칭찬받는 사람 일곱이 택해졌다. 직임자들은 이 말씀과 같이 모든 사람들에게 인정을 받는 자여야 한다.
　　참고 성구 딛 2:15 잠 22:1 롬 1:8 롬 16:19 딤전 3:7

Ⅲ. 명성은 칭찬을 수반한다 【행 16:2】
성경은 '디모데는 루스드라와 이고니온에 있는 형제들에게 칭찬받는 자니라'고 했다. 칭찬이란 무엇인가? 이는 잘한 부분을 들추어주거나 좋은 점을 들어 기림을 뜻한다. 교회의 지도자를 세움에 있어서 평판은 매우 중요한 역할을 한다. 이 평판은 인간적 재능이나 성품에 근거한 것이 아니라 성령의 열매들로서 나타나는 신앙 인격에 주안점을 두어야 한다.
　　참고 성구 딤전 1:2 요삼 1:12 히 11:1-2,28 왕상 10:6-7 딤후 1:3-5

■ 결 론 ■ 이와 같이 명성의 개요를 알았은즉 성도는 명성이 나는 것은 그 성실성에 있음을 알고 직임자들을 좋은 명성을 가진 자로 세우고 그들의 봉사에 칭찬을 아끼지 않는 자 되자.

■해설■ 명성

'엉클 톰스 캐빈'이란 책을 발표해 노예 해방의 기치를 올린 '스토우' 부인과 남북 전쟁을 승리로 이끈 '링컨'이 마주 앉았다. 링컨이 스토우 부인에게 "아주 당찬 여자인 줄 알았는데 정말 소박하고 연약하군요" 하자 "대통령 각하, 그 소설은 노예 제도의 불의함을 미워하신 하나님이 쓰셨고 저는 도구 역할만 했습니다"라 하면서, "전쟁을 승리로 이끈 대통령을 무척 용감한 분인 줄 알았는데 이렇게 뵈니 인자하고 온순하시군요"라며 말하자 "나도 갖가지 고통을 겪었으나 이 전쟁은 노예를 구원하시는 하나님의 정의와 사랑의 성전으로 믿어 제가 수족이 되었습니다"라 말했다. 참으로 겸비하여 하나님을 경외한 주의 종들이 아닌가!

■참고■ 찬란히 그 명성이 빛난 성경의 인물

- 요셉 - 너는 내 집을 다스하라 내 백성이 다 네 명을 복종하리니(창 41:41-43)
- 비느하스 - 두 사람을 죽이니 염병이 이스라엘 자손에게서 그쳤더라(민 25:7-13)
- 여호수아 - 그 온 땅에 명성이 퍼짐(수 6:27, 민 27:18-20) • 다윗 - 명성이 열국에 퍼졌고(대상 14:17) • 솔로몬 - 네 평생에 열왕 중에 너와 같은 자가 없을 것이라(왕상 3:13, 4:31) • 다니엘 - 바벨론 온 도를 다스리게 하며 모든 박사의 어른으로 삼음(단 2:48-49) • 모르드개 - 아하수에로 왕의 다음이 되고 유다인 중에 크게 존경받고(에 10:3) • 예수 - 그의 소문이 온 수리아에 퍼진지라(마 4:24, 9:31, 눅 5:15)

■예화■ 약점의 극복

인간사에는 늘 어려움과 재난이 있게 마련인데 미국에서 가장 인기 있고 명성 있는 훌륭한 인물들을 찾아보면 그 명성 뒤에 어려운 일들이 많았음을 알게 된다. 가령 예를 들어보겠다. • 제임스 캐그니라는 유명한 배우는 음식점의 웨이터로 불우한 젊은 시절을 보냈지만 그는 후에 미국·영국·독일·일본 등지에서 제일 개성 있는 배우로 인기와 존경을 받았다. • 봅 호프라는 미국의 희극 배우를 모르는 사람은 없다. 그는 만담자로 유명한 희극배우일 뿐만 아니라 모든 면에 지대한 영향력을 끼치는 인물이다. 그는 젊은 시절에는 이름 없는 권투선수로 한 달에 겨우 15만원(120불)쯤 버는 가난뱅이였다. • 트루먼 대통령은 잡화상 점원, 극인, 약장사, 약사 등을 거쳐서 당대의 유명한 미국의 부통령을 지냈다. • 슈베르트라는 그 유명한 음악가는 어떠했는가? 그는 가난에 지쳐 31세에 죽었던 그야말로 불쌍한 사람이었다. 그는 죽는 날까지 피아노 한 대가 없는 음악가였지만 '아베마리아' 같은 유명한 곡을 남겼다. 그것도 오선지 한 장 없는 레스토랑의 웨이터로서! • 레이건 대통령은 아나운서, 스포츠 해설가, 배우 등으로 별로 유명한 사람은 아니었지만 멋지게 주지사, 대통령을 지낸 이혼 경력의 성공자였다. 이들이 얼굴과 직업을 바꿀 때마다 얼마나 고민하며 괴로워했겠는가? 그들은 엄연한 주인공들이었다. (29마르크 / 선윤경 외)

● 모범 ●

모범을 보이신 그리스도의 행위 세 가지

■ 본 문 ■ 그는 근본 하나님의 본체시나 하나님과 동등됨을 취할 것으로 여기지 아니하시고 오히려 자기를 비워 종의 형체를 가지사 사람들과 같이 되셨고 사람의 모양으로 나타나사 자기를 낮추시고 죽기까지 복종하셨으니 곧 십자가에 죽으심이라 【빌 2:6-8】

■ 서 론 ■ 신비사상가 스베친 부인(婦人)은 "모범에는 탁월한 힘이 있다. 우리는 우리가 올바르게 걸으면 부지 중에 다른 사람을 개혁할 수 있다"고 했다. 그리스도께서 보이신 모범은?

■ 말 씀 ■

Ⅰ. 그리스도는 하나님의 구원의 뜻을 행하셨다 【요 6:39】

성경은 '나를 보내신 이의 뜻은 내게 주신 자 중에 내가 하나도 잃어버리지 아니하고 마지막 날에 다시 살리는 이것이니라' 고 했다. 주님은 자신의 신성과 사역을 밝혀야 할 고비마다 자신이 아버지께로부터 보냄을 받았다는 사실을 강조하셨다. 이때 사용된 헬라어는 '펨포' 로서 이는 '위임하다' 는 뜻의 동사이다. 주님은 택한 자들의 구원, 그들의 부활, 그들의 영생이 아버지의 뜻임을 공표했다.

참고 성구 눅 19:10 행 7:51-53, 16:30-31 요 6:38 딤전 2:4 마 1:21

Ⅱ. 그리스도는 하나님의 뜻대로 고난을 당하셨다 【마 26:42】

성경은 '내 아버지여 만일 내가 마시지 않고는 이 잔이 내게서 지나갈 수 없거든 아버지의 원대로 되기를 원하나이다' 라고 했다. 주님은 아버지의 원대로 되기를 원한다고 하셨다. 본 구절의 '원' 은 헬라어 '델레마' 로서 이는 '뜻, 의지, 목적' 을 의미한다. 주님 예수께서는 자신의 뜻이 아니라 아버지의 뜻, 아버지의 의지, 아버지의 목적을 위해 고난을 당하셨다.

참고 성구 히 5:8-9 막 14:34 시 22:1 사 53:2-8

Ⅲ. 그리스도는 하나님의 계획을 이루시려 죽으셨다 【빌 2:8】

성경은 '사람의 모양으로 나타나사 자기를 낮추시고 죽기까지 복종하셨으니 곧 십자가에 죽으심이라' 고 했다. 하나님의 인류 구원을 위해서 주님 예수께서는 말씀으로 선재하신 하나님이심에도 불구하고 성부의 계획을 이루시기 위하여 낮고 척박한 이 땅에 종의 형체인 사람의 모습으로 오셔서 고난을 당하시고 십자가에 죽으심으로 하나님께 복종하고 승천하여 만물의 주가 되셨다.

참고 성구 마 5:17 롬 5:8 창 3:15,21 사 53:10-11 요 19:30

■ 결 론 ■ 이와 같이 모범을 보이신 그리스도의 행위를 보았으니 성도도 하나님의 구원의 뜻을 좇아 고난을 당하고 하나님의 뜻을 이루기 위해 죽기까지 충성하는 자들이 되자.

■해설■ 본받음

본 혹은 '본받음'(imitation)에 해당되는 헬라어 동사로 '미메오마이'(mimic)가, 명사로는 '미메테스'가 있는데 '따르다, 추종자, 본받다, 본받는 자'로 번역되었다. 모방이나 형상을 뜻하는 동족(同族) 명사 '미메마'는 신약성경에서는 발견할 수 없으나 필로(Philo)와 요세푸스(Josephus)의 서신에서 가끔 나타난다. '미메마'의 뜻은 인간이 하나님의 자녀이며, 그의 속성을 나타내고 있다는 근본 되는 성경적 개념을 표시한다. 따라서 그리스도인은 악한 것을 본받아서는 안 되며 선한 것, 바울의 행동, 사도들(그들도 그리스도를 본받았다), 믿음의 영웅들, 그리고 하나님 아버지를 본받아야 할 것이다(엡 5:1). 사람이 하나님의 형상을 따라 지음을 받았다는 성경 말씀에서 우리는 그리스도를 본받아야 한다는 일반적 이론을 알아낼 수 있다.

■참고■ 본을 보이신 그리스도 예수

• 온유 - 나는 마음이 온유하고 겸손하니 나의 멍에를 메고 내게 배우라(마 11:29) • 사랑 - 새 계명을 너희에게 주노니 서로 사랑하라 내가 너희를 사랑한 것같이 너희도 서로 사랑하라(요 13:34) • 자비 - 부요하신 이로서 너희를 위하여 가난하게 되심은 그의 가난함으로 말미암아 너희를 부요하게 하려 하심이라(고후 8:9) • 순종 - 내가 아버지의 계명을 지켜 그의 사랑 안에 거하는 것 같이 너희도 내 계명을 지키면 내 사랑 안에 거하리라(요 15:10) • 겸손 - 오히려 자기를 비워 종의 형체를 가지사 사람들과 같이 되셨고(빌 2:7) • 용서 - 주께서 너희를 용서하신 것과 같이 너희도 그리하고(골 3:13) • 고난 - 그리스도도 너희를 위하여 고난을 받으사 너희에게 본을 끼쳐 그 자취를 따라오게 하려 하셨느니라(벧전 2:21) • 부인 - 자기를 부인하고 자기 십자가를 지고 나를 따를 것이니라(마 16:24)

■예화■ 참된 교육자 김약연

일본이 우리 나라를 침략하여 식민지 정책을 폐했을 때, 김약연 선생은 간도로 망명하여 그곳에 명동 중학교를 세웠다. 어느 날, 학생들과 학부형들이 학교의 어떤 처사에 불만을 품고 소동을 부렸다. 김약연 선생은 보다 못해 단 위에 올라서서 침착한 어조로 말하였다. "여러분들이 아시다시피 저는 이 학교의 이사장이올시다. 오늘과 같은 불상사가 일어난 것은 모두가 이 사람의 부덕한 탓입니다. 왜놈들 손에 나라를 빼앗긴 지금, 우리 대한의 아들을 올바르게, 훌륭하게, 만족스럽게 지도하지 못한 책임을 느끼고 본인은 여러분이 보시는 이 자리에서 벌을 받겠습니다." 말을 마친 김약연 선생은 아랫도리를 걷어붙이고는 회초리로 힘껏 자기 종아리를 치기 시작했다. 다리는 금새 벌겋게 부풀었다가, 그 자리가 터지면서 피가 줄줄 흘렀다. 너무도 뜻밖의 일이라 잠시 넋을 잃고 서 있던 학생들과 학부형들은 다음 순간 김약연 선생의 곁으로 몰려가 회초리를 빼앗으려 했다. "선생님께서 무슨 잘못이 있다고 학생들 앞에서 손수 자기 종아리를 치십니까?" "아닙니다. 잘못을 저지른 자는 마땅히 벌을 받아야 하는 겁니다." "하지만 선생님은 아무 잘못이 없습니다." 부형들은 김약연 선생에게서 회초리를 빼앗았다. 그 때 한 노인이 앞으로 나서면서 큰 소리로 외쳤다. "저도 학부형의 한 사람으로 제 아들의 지도에 소홀했던 책임을 지고 벌을 받겠습니다. 그러나 저에게도 그 회초리를 좀 빌려주십시오." 다른 학부형들도 너도 나도 나섰다. "저에게도 부탁합니다." "저에게도요."

◉목적◉

목적을 이루는 성경의 세 교훈

■본 문■ 이 율법책을 네 입에서 떠나지 말게 하며 주야로 그것을 묵상하여 그 안에 기록된 대로 다 지켜 행하라 그리하면 네 길이 평탄하게 될 것이며 네가 형통하리라 【수 1:8】

■서 론■ 화가 빈센트 반 고흐는 "괴로워하거나 불평하지 마라. 사소한 불평은 눈 감아 버려라. 어떤 의미에서는 인생의 큰 불행까지도 감수하고 목적만을 향해 똑바로 전진하라"고 했다. 목적을 이루는 방법은?

■말 씀■

Ⅰ. 하나님의 나라와 그 의를 구할 때 이루어진다 【마 6:33】

성경은 '그런즉 너희는 먼저 그의 나라와 그의 의를 구하라 그리하면 이 모든 것을 너희에게 더하시리라' 고 했다. 주님의 산상수훈의 요점이 되는 말이다. 성도는 최고의 가치를 하나님 나라에 두고, 하나님의 의만 사모하면서 만족하고, 인생의 다른 부분에 앞서 최우선권을 두고, 그 외의 것은 오로지 하나님께 전적으로 맡기는 신앙생활을 할 때 하나님은 인생의 필요한 부분을 풍족히 채우신다.

참고 성구 전 12:1, 13-14 눅 18:28-30 고전 10:31 고후 6:10 빌 4:11-13

Ⅱ. 하나님의 말씀대로 행할 때 이루어진다 【수 1:8】

성경은 '이 율법책을 네 입에서 떠나지 말게 하며 주야로 그것을 묵상하여 그 안에 기록된 대로 다 지켜 행하라 그리하면 네 길이 평탄하게 될 것이며 네가 형통하리라' 고 했다. 형통이 무엇인가? 이는 모든 일이 뜻대로 잘 되어감을 일컫는 말로서 하나님은 여호수아에게 모세의 율법을 생활에서 적용하여 지켜 행하면 길을 평탄하게, 형통한 인생이 되게 하시겠다고 약속하셨다.

참고 성구 왕상 2:3 신 29:9 대하 31:21 창 41:14 요일 5:3

Ⅲ. 하나님의 부르신 푯대를 향해 나아갈 때 이루어진다 【빌 3:14】

성경은 '푯대를 향하여 그리스도 예수 안에서 하나님이 위에서 부르신 부름의 상을 위하여 달려가노라' 고 했다. 본 구절에서 푯대는 최종의 목표 지점을 의미하는데 특히 영적 경주에 있어서 이는 '그리스도' 를 가리키며, 상은 그리스도 안에서 얻는 구원의 완성을 말한다. 푯대와 상은 동일하나 차이는 전자는 인간의 노력의 대상으로, 후자는 하나님의 주권적 은혜의 선물이다.

참고 성구 갈 6:9 고전 9:24 갈 2:2 딤후 4:8 수 1:7 행 26:24

■결 론■ 이와 같이 목적을 이루는 교훈을 알았은즉 성도는 인생에서 먼저 하나님의 나라와 그 의를 구하는 목적 아래 일생을 말씀대로 살며 푯대를 향하는 목표를 향해 전진하는 자 되자.

■해설■ 하나님을 의지함

존 워너메이커(John Wanamaker)는 처음 부친의 벽돌공장에서 일한 대가로 7센트를 받았다. 그는 아버지가 돌아가신 뒤 닥치는 대로 일하여 큰 상인이 되고자 했다. 먼 길을 걸어서 출퇴근 했고, 점심은 사과나 빵조각을 먹고 지냈다. 그리고 그는 철저한 기독교인이 되어 말씀대로 살고 절제의 생활을 계속하였다. 마침내 그는 백화점이라는 형태의 정찰제를 시행하여 10년 만에 워너메이커는 필라델피아에서 주도적인 큰 사업가가 되었다. 그는 종업원들에게 당시 국회의원의 봉급보다 많은 급료를 주었다. 그는 사업에 성공한 것은 자신의 신앙과 하나님을 의지한 마음에 있었다고 후일 술회했다.

■참고■ '다 이루었다'는 주님의 말씀의 의의
- 온갖 수난을 이기시고 승리하심(눅 12:50)
- 사명을 완수하시고 승리하심(요 7:4, 19:30)
- 예언의 성취를 이루시고 완수하심(벧전 1:11-13)
- 속죄 사업을 완성하신 끝마무리의 외침이심(갈 3:13)
- 죄의 세력을 종결지으시고 그 권세를 파하심(히 2:14-18, 골 2:12-15)
- 율법의 완성을 이루셨으니 곧 모세의 율법을 완성하심은 사람에게 관련된 모세의 율법의 요구를 이루심임(골 2:14-15, 롬 10:4, 7:4)
- 사탄의 세력을 멸하신 승리이심(요일 3:8)

■예화■ 목적 없이 달려가는 인생

이솝의 이야기 가운데 이런 이야기가 있다. 토끼가 야자나무 아래서 낮잠을 자고 있었다. 갑자기 어디선가 우르릉 쾅 하는 소리에 토끼는 소스라치게 놀라 깨어나서 달아나기 시작하였다. 무르익은 야자 열매가 나무에서 떨어졌던 것이다. 토끼는 무슨 영문인지 알아보려 하지도 않고 세상의 종말이 왔나 보다 생각하고 필사적으로 도망을 친 것이다. 토끼가 달리는 것을 보고 여우도 달리고, 그 뒤를 또 사슴이, 그리고 원숭이가 뒤따르기 시작하였다. 이리하여 산짐승들은 모두 다 토끼를 뒤따라 죽을 힘을 다하여 달리게 되었다. 그 중 한 짐승이 무슨 일로 이렇게 달리느냐고 물었다. 원숭이는 사슴이 달려가기 때문이라고 하였고 사슴은 여우가 달려가기 때문이라고 하여 결국은 토끼에게까지 이르렀다. 토끼는 세상의 종말을 고하는 소리를 듣고 도망치는 중이라고 대답하였다. 그러나 주위는 뛰기 전의 모습 그대로요, 아무런 변화의 기미가 보이지 않았다. 짐승들은 토끼가 낮잠을 자던 곳으로 함께 가보았다. 그제서야 그 소리는 야자 열매 떨어지는 소리였음이 밝혀졌다. 이처럼 우리는 목적 없이 달려가는 인생이기도 하다.

● 목회자 ●

목회자의 임무 세 가지

■ 본문 ■ 그가 어떤 사람은 사도로, 어떤 사람은 선지자로, 어떤 사람은 복음 전하는 자로, 어떤 사람은 목사와 교사로 삼으셨으니 이는 성도를 온전하게 하여 봉사의 일을 하게 하며 그리스도의 몸을 세우려 하심이라【엡 4:11-12】

■ 서론 ■ 목회란 개신교에서 목사가 교회를 맡아서 설교를 하며 성도의 신앙생활을 지도하는 일을 말한다. 목회자의 임무는?

■ 말씀 ■

Ⅰ. 성도를 온전케 해야 한다【엡 4:11,12】

성경은 '어떤 사람은 목사와 교사로 삼으셨으니 이는 성도를 온전하게 하여 봉사의 일을 하게 하며 그리스도의 몸을 세우려 하심이라'고 했다. 온전이란 무엇인가? 이는 글자 그대로 결점이 없이 완전함을 말한다. 이 온전케 함은 부러진 뼈를 맞추거나 찢어진 그물을 수리하듯이 범죄한 자를 바로 잡는 일이며, 진행되고 있는 사역을 완성하는 일이다.

참고 성구 골 3:14, 1:28 약 2:22 살전 3:10 갈 6:1

Ⅱ. 성도에게 권면과 위로를 해야 한다【살전 2:11】

성경은 '너희도 아는 바와 같이 우리가 너희 각 사람에게 아버지가 자기 자녀에게 하듯 권면하고 위로하고 경계하노니'라고 했다. 권면이란 알아듣도록 타일러서 선한 일에 힘쓰게 하는 일을 말한다. 본 구절의 위로하고는 헬라어 '파라뮈두메노이'로서 이는 '곁에 머문다'와 '하나님'의 합성어인데 하나님과의 동행만이 인간에게 위로가 됨을 가리키는 말이다.

참고 성구 딛 2:15 살전 5:14 딤후 2:25 요 16:33

Ⅲ. 성도를 잘 돌아봐야 한다【벧전 5:2】

성경은 '너희 중에 있는 하나님의 양 무리를 치되 억지로 하지 말고 하나님의 뜻을 따라 자원함으로 하며 더러운 이득을 위하여 하지 말고 기꺼이 하며'라 했다. 하나님의 양을 돌보는 자는 불타는 소명의식을 갖고 영혼을 사랑하는 마음으로 해야 한다. 하나님은 목회자에게 인간적인 방법과 열심을 요구하지 않으시며 사람의 마음을 끌기보다 하나님을 기쁘시게 하기를 원하신다.

참고 성구 요 21:17 행 20:28 고전 9:10-17 빌 1:15-7 갈 1:10

■ 결론 ■ 이와 같이 목회자의 임무를 보았으니 목회자는 성도를 온전케 하며, 권면과 위로를 아끼지 말고, 잘 돌아봐서 흠이 없는 양떼가 되기를 위해서 수고하자.

■해설■ 목회자

'목회자' (minister) 임무에 대한 신약의 일관된 가르침은 "성도를 온전하게 하며 …그리스도의 몸을 세우기 위한 것"이다(엡 4:12). 목회자는 특권으로 보기보다는 하나님께서 책임의 위치에 불러 세우신 직분자이다. '목회자'라는 말이 나타내는 의미는 다음과 같다. ①디아코노스 - 식탁의 급사 ②휘페레테스 - 큰 배 밑창의 노잡이 ③레이튜르고스 - 보통 국가나 사원의 노예를 뜻함. 고전 12:28-29, 엡 4:11-12, 갈 1:1 등에 나타난 것으로 목회자란 한 부류의 사람들이 직접적인 성령의 영감을 받아 그리스도의 몸 안에서 성도들에 의해 세워진 교회 안의 여러 기능을 수행하는 위치에 있다.

■참고■ 디모데후서에 나타난 좋은 군사 된 목회자

- 목회자는 신령한 보물을 지키는 파수꾼이다 - 우리 안에 거하시는 성령으로 말미암아 네게 부탁한 아름다운 것을 지키라(딤후 1:14)
- 목회자는 고난을 참는 전쟁터의 좋은 군사이다 - 너는 그리스도 예수의 좋은 병사로 나와 함께 고난을 받으라(딤후 2:3)
- 목회자는 군사학교에서 훈련하는 훈련병이다 - 너는 배우고 확신한 일에 거하라 너는 네가 누구에게서 배운 것을 알며(딤후 3:14)
- 목회자는 작전에 성공하고 돌아온 유능한 지휘관이다 - 나는 선한 싸움을 싸우고 나의 달려갈 길을 마치고 믿음을 지켰으니(딤후 4:7-8)

■예화■ 목회자에게 오는 유혹

목회자는 유혹받기 쉽고 타락하기 좋은 위치에 서 있다. 목회자는 강단에서부터 시작하여 상담하기 위해 찾아오는 사무실에서도 은혜롭고 이해심이 있고, 지혜로우며 온화한 모습을 보여주고 있다. 바로 이런 모습이 대부분의 여성이 남성에게서 찾고자 하는 모습이다. 은혜받은 여성들은 그들의 목회자에게 매료되고, 교인들을 향한 목회자의 사랑에 감사하게 된다. 따라서, 목회자들이 조심하지 않는다면 이런 열렬한 사모함이 결국에는 간음으로까지 몰고 가게 되는 것이다. 이러한 미묘한 면에 대해 도날드 그레이 반하우스 박사는 다음과 같이 말했다. "여성들과의 관계에서 목회자가 도덕적 관계를 지키는 것은 항상 목회자 자신의 책임이다." 반하우스 박사는 여성이 쉽게 남성을 움직일 수 있도록 되어 있다고 말하고 있다. 여성들은 남성들의 사랑의 행위에 방어적이지만, 목회자들에게는 예외이다. 하나님의 사람도 남성이라는 사실을 잊는 것이다. 성적 욕망이 고조된 날 상대방이 서로 쉽게 이러한 감정을 느낄 때 두 사람의 결합은 쉽게 이루어지게 된다. 그래서 한 목사는 여자 성도와의 상담을 제한하는 규정을 만들고 쉽게 응하지 않을 것을 권하고 있다. 그는 한 여성과 세 번 이상 상담을 하지 않고, 세 번 이상 되면 다른 상담자에게 보내고 있다. 그 목사는 또 개인적인 성 생활에 대한 상담을 할 때는 직원 중 한 사람이 옆에 앉아 상담하는 모습을 주시할 것을 주장한다. (목회자가 타락하면 / 팀 라헤이)

● 목회자 ●

선한 목자의 참된 모습 세 가지

■본 문■ 그러나 내가 나 된 것은 하나님의 은혜로 된 것이니 내게 주신 그의 은혜가 헛되지 아니하여 내가 모든 사도보다 더 많이 수고하였으나 내가 한 것이 아니요 오직 나와 함께 하신 하나님의 은혜로라【고전 15:10】

■서 론■ 금세기 최고의 설교자 찰스 스펄전은 "목회를 할 때 목회자는 보지 말아야 할 일, 입 밖에 내지 말아야 할 말들을 넣어두는 밑 없는 큰 호주머니가 필요하다"라고 했다. 선한 목자는?

■말씀■

I. 선한 목자는 신실한 목자이다【눅 15:4】

성경은 '너희 중에 어떤 사람이 양 백 마리가 있는데 그 중의 하나를 잃으면 아흔아홉 마리를 들에 두고 그 잃은 것을 찾아내기까지 찾아다니지 아니하겠느냐'라고 했다. 신실이란 믿음성이 있고 착실함을 뜻하는 말로서, 신실한 목자는 죄악 세상 가운데서 방황하고 있는 죄인들의 구원을 위해 노심초사하는 자이다. 주님도 죄인을 부르려고 오셨다고 하셨다.

참고 성구 창 31:40 삼상 17:35 사 40:11 시 23:1 요 10:11 마 9:13

II. 선한 목자는 사려 깊은 목자이다【몬 1:21】

성경은 '나는 네가 순종할 것을 확신하므로 네게 썼노니 네가 내가 말한 것보다 더 행할 줄을 아노라'고 했다. 사려가 무엇인가? 이는 여러 가지로 신중하게 생각함이나 그 생각을 말한다. 바울은 노에 오네시모를 위해 강력히 간청한 뒤 빌레몬의 수락을 확신함으로써 그로 하여금 자신의 간청을 거부하지 못하게 대못을 쳤다. 해방된 오네시모는 바울의 사역에 큰 도움이 되었다.

참고 성구 창 33:13-14 요 11:4-6,42 시 23:4 요 10:14, 8:7

III. 선한 목자는 하나님께 영광을 돌리는 목자이다【고전15:10】

성경은 '그러나 내가 나 된 것은 하나님의 은혜로 된 것이니 내게 주신 그의 은혜가 헛되지 아니하여 내가 모든 사도보다 더 많이 수고하였으나 내가 한 것이 아니요 오직 나와 함께 하신 하나님의 은혜로라'고 했다. 주님 예수를 박해했던 자기를 은혜로 불러주시고 사도로 삼아 주신 하나님께 사도 바울은 큰 감사와 겸양으로 겸손의 고백을 돌려 드렸다.

참고 성구 눅 2:20 요 10:15 벧전 5:4 행 12:23 엡 3:20-21

■결 론■ 이와 같이 선한 목자의 참된 모습을 보았으니 목자는 신실하게, 사려가 깊게, 영광을 하나님께 돌리는 겸손한 자세로 살아서 후에 의의 면류관을 받는 자들이 되자.

■해설■ 목자(shepherd)에 대한 어휘의 분류

- 구약성경 - ①이 비유는 여호와께 적용되고 있다(사 40:10-11, 시 80:1-2). ②이스라엘의 민족적 지도자에게 적용된다(삼하 5:2, 시 78:70-72, 민 27:16-17, 대상 17:6-8, 겔 34:1-10). ③메시야에게 적용된다(미 5:2-4, 겔 34:22-24).
- 신약성경 - ①그리스도에게 적용되었다(마 2:6, 요 10장, 히 13:20-21, 계 7:17). ②교회의 지도자들에게 적용된다(행 20:28, 엡 4:11-12, 벧전 5:1-3, 유 1:12). ③신약시대 유대인 지도자들에게 적용되었다(마 15:24, 9:36, 막 6:34, 요 10:10-15, 9:22,34). 목자는 성경 신구약에서 비유적으로, 은유적으로 두드러지게 나타난다. 오직 '선한 목자' 만이 참된 양무리들 속에 들어가며, 그들에게 배척받는다.

■참고■ 성경에 목자로 비유된 인물들

- 하나님 - 자기 백성을 양같이 인도하여 내시고 광야에서 양떼같이 지도하셨도다(시 78:52-53)
- 그리스도 - 양의 큰 목자이신 우리 주예수를(히 13:20-21)
- 여호수아 - 그로 그들 앞에 출입하며 그들을 인도하여 출입하게 하사 여호와의 회중이 목자 없는 양과 같이 되지 않게 하옵소서(민 27:16-23)
- 다윗 - 네가 내 백성 이스라엘의 목자가 되며 네가 이스라엘의 주권자가 되리라 하셨나이다 하니라 (삼하 5:2)
- 고레스 - 내 목자라 그가 나의 모든 기쁨을 성취하리라(사 44:28)
- 장로들 - 너희 중에 있는 하나님의 양무리를 치되 억지로 하지 말고 하나님의 뜻을 따라 자원함으로 하며(벧전 5:2-3)

■예화■ 진정한 지도자

"사람들에게 가혹하지만 진실을 말해 주고, 걷기 어려운 길은 몸소 걸어서 보여 주고, 그들의 본능이 아니라 가장 밑바닥에 잠재해 있는 가장 고상한 능력에 호소하며, 우리가 듣기 원하는 이야기보다도 우리가 들어야 할 이야기를 해 주는 사람이다." 논설가 시드니 해리스가 지도자란 어떤 사람이냐에 대해서 대답한 말이다. 지도자의 할 일이 무엇이며 진정한 지도자란 어떤 사람이냐를 명쾌하게 갈파한 말이다. 그는 네 가지 요소를 지적했다. 첫째로 지도자는 진실을 말해 주는 사람이다. 거짓말하는 자, 속임수를 쓰는 자, 변의와 식언을 일삼는 불신한 인간은 진정한 지도자가 아니다. 진실을 말하려면 용기가 필요하다. 둘째로 솔선수범을 강조했다. 지도자는 말이나 이론으로 떠드는 사람이 아니고 실천으로 본보기를 몸소 보여주는 사람이다. 천가지 언(言)보다도 하나의 행(行)이 더 영향력이 크고 효과가 있다. 行의 힘은 言의 힘보다 열 배 백 배의 큰 힘을 갖는다. 솔선수범하려면 의지력이 공고해야 한다. 셋째로 호소력을 강조했다. 지도자는 우리의 깊은 내부에 호소하는 사람이다. 그는 값싼 감언이설로 저속한 욕망에 호소하는 것이 아니고 우리의 깊은 심정을 향해서 외친다. 마음속으로 납득하고 존경하고 따르게 만들어야 한다. 그러려면 성실성이 있어야 한다. 끝으로 지도자는 우리가 마땅히 들어야 할 말씀을 우리에게 전해야 한다. 대중의 비위나 맞추는 말은 아첨이요 영합이지, 지도자가 아니다. 그러므로 지도자는 비전을 가져야 한다. (안병욱)

● 무관심 ●

무관심하면 할수록 좋은 것 세 가지

■ 본문 ■ 이제 내가 사람들에게 좋게 하랴 하나님께 좋게 하랴 사람들에게 기쁨을 구하랴 내가 지금까지 사람들의 기쁨을 구하였다면 그리스도의 종이 아니니라 [갈 1:10]

■ 서론 ■ 롤로메이는 "사랑의 반대말은 무관심이다"라고 했다. 무관심하면 할수록 좋은 것도 있으니 이는 무엇일까?

■ 말씀 ■

I. 안락한 생활 [빌 4:12]

성경은 '나는 비천에 처할 줄도 알고 풍부에 처할 줄도 알아 모든 일 곧 배부름과 배고픔과 풍부와 궁핍에도 처할 줄 아는 일체의 비결을 배웠노라' 고 했다. 안락이란 무엇인가? 이는 모든 근심과 걱정이 없이 편안하고 즐거운 것을 말한다. 세상 사람들은 돈 많고 명예롭고 안락한 삶을 좋아하지만 기독교인은 세상적 가치를 멀리하고 주님의 은혜 안에 있는 기쁨을 누리는 자이다.

참고 성구 고후 12:10 히 11:25 벧전 4:14 히 13:13 빌 3:7

II. 사람들의 칭찬 [갈 1:10]

성경은 '이제 내가 사람들에게 좋게 하랴 하나님께 좋게 하랴 사람들에게 기쁨을 구하랴 내가 지금까지 사람들의 기쁨을 구하였다면 그리스도의 종이 아니니라' 고 했다. 칭찬이란 무엇인가? 이는 잘한다고 추어주거나 좋은 점을 들어 기리는 것을 일컫는 말이다. 복음 사역자나 성도의 참된 자세에 대해 천명하고 있는 본 구절은 주님에 대한 전적 헌신을 강조하고 있다.

참고 성구 살전 2:4 행 12:1-3 막 10:17-18 마 23:10-12

III. 사람들의 유전 [골 2:23]

성경은 '이런 것들은 자의적 숭배와 겸손과 몸을 괴롭게 하는 데는 지혜 있는 모양이나 오직 육체 따르는 것을 금하는 데는 조금도 유익이 없느니라' 고 했다. 유전이란 무엇인가? 이는 하나님의 계시에 의하지 않는 것으로 인간의 가르침을 말한다. 바울은 이단 교사에 대해 그들의 가르침(유전)은 인간적인 것이고 하나님의 말씀에 기초하고 있다는 보증도 없다고 논박했다.

참고 성구 히 9:10 갈 4:9-11 골 2:8 행 10:10-16 갈 2:11 막 7:3,8

■ 결론 ■ 이와 같이 무관심하면 할수록 좋은 것을 알았으니 성도는 주와 함께 고난의 생활 속에서도 기뻐하고 사람의 칭찬보다 주님의 칭찬을 기대하며 신앙생활 속에서 유전적인 것을 배격하여 진리 안에서 서는 자 되자.

■해설■ **무관심**

토트 티하메르는 다음과 같이 말했다. 니체같이 뛰어난 철학자이면서도 무신론주의자가 있지만 하나님을 완전히 부정하며 하나님의 존재를 완전히 부정하는 지식인은 그리 흔치 않다. 불신앙은 좋은 사회에 알맞지 않는 것이다. 그럼에도 종교상의 일에 대해서는 아무런 흥미도 느끼지 않는 것 같은 사람도 많다. '단테'는 그의 작품 '신곡'의 지옥편의 제 3곡에 이 불행한 사람들이 받는 괴로운 벌을 인상 깊게 그리고 있다. 그들의 영혼의 불안은 가라앉을 수 없을 정도이며, 이를 갈며 통곡하는 소리에 둘러싸일 것이다. 그 영혼들은 생전에 좋지도 나쁘지도 않았던 사람들이었던 것이다. '버나드 쇼'는 '인간 최대의 죄악은 증오하는 것이 아니라 무관심하다는 것이다'라 했다.

■참고■ **엉뚱한 관심으로 화를 자취한 이들**
- 다윗 - 부하들은 전쟁을 하고 있는데 저녁에 왕궁 지붕을 거닐다가 남의 부인(밧세바)에게 관심을 가져 죄악을 범함(삼하 11:1-5, 12:7-19)
- 솔로몬 - 하나님의 말씀을 외면하고 후궁 700인과 첩 300인을 두어 결국 국가 분단을 초래함(왕상 11:1-13, 12장)
- 히스기야 - 병 고침을 받은 하나님을 칭송치 않고 자기의 보화를 자랑하여 끝내 그 자손이 바벨론 포로가 됨(사 39:1-7)
- 미리암 - 동생 모세를 시기하고 불평하여 비방하다 나병에 걸림(민 12:1-10)
- 베드로 - 믿음과 기도 없이 자기 배짱과 자리다툼으로 결국 주를 부인함(눅 22:33)

■예화■ **석유 왕 록펠러**

돈 많기로 이름난 미국의 석유왕 록펠러가 어느 날 사업관계로 워싱턴에 도착했다. "사장님, 도대체 어디를 가시려고 이렇게 자꾸만 걸어가십니까?" 록펠러의 뒤를 따라가던 비서가 걷는 게 짜증이 나 퉁명스럽게 물었다. "글쎄, 어디를 가든 잠자코 따라만 오면 돼." 이윽고 록펠러는 지저분한 뒷골목 어느 자그마한 호텔 앞에서 걸음을 멈추었다. 비서는 깜짝 놀라 그 호텔로 들어가려는 록펠러를 만류했다. "사장님, 안 됩니다. 석유왕으로 통하는 사장님께서 이런 값싼 호텔에서 묵으신다면 사장님의 입장이 난처해집니다. 만약에 이 사실을 신문 기자들이라도 알게 되어 보십시오. 사장님은 형편없는 구두쇠라고 비꼴 것입니다." 그러자 록펠러는 "핫핫핫…자네 말이 옳은 것 같군. 내가 미처 기자들 생각을 못 했어. 자, 그럼 자네 말대로 하세. 돈 쓰는 것은 아깝지만 할 수 없지." 하며 윌라드 호텔로 갔다. 그러나 윌라드 호텔에 온 록펠러는 호텔 지배인을 놀라게 했다. "아니, 록펠러 사장님! 사장님 같은 분이 가장 값싼 객실에 드시다뇨?" "나는 지금 체면에 못 이겨 이 호텔에 들어온 걸세. 그러니 내 말대로 제일 값싼 방으로 골라주게." "정 그러시다면 그렇게 해야지요. 하지만 사장님은 정말 이상하십니다. 사장님의 자제분은 우리 호텔에 오면 제일 비싼 방을 쓰시는데 사장님은 제일 싼 방을 찾으시니 말입니다." "그야 내 아들녀석은 돈 많은 아비가 있으니까 그렇게 할 수가 있지만, 나야 어디 돈 많은 아버지가 있어야지."

● 무서움 ●

무서움을 물리치는 법 세 가지

■본 문■ 그는 흉한 소문을 두려워하지 아니함이여 여호와를 의뢰하고 그의 마음을 굳게 정하였도다 그의 마음이 견고하여 두려워하지 아니할 것이라 그의 대적들이 받는 보응을 마침내 보리로다 【시 112:7-8】

■서 론■ 독일의 작가 괴테는 "무서움을 느끼는 일은 인간이 갖는 가장 선한 것 중의 하나이다"라고 했다. 무서움을 물리치는 성경적 방법은?

■말씀■

Ⅰ. 하나님의 보호하심을 믿을 것 【시 91:4】
성경은 '그가 너를 그의 깃으로 덮으시리니 네가 그의 날개 아래에 피하리로다 그의 진실함은 방패와 손 방패가 되시나니' 라고 했다. 본 구절의 깃과 날개는 하나님의 보호하심을 상징하는 말이다. 새 사냥꾼의 올무에서 도망하는 새를 같은 동물인 새의 깃과 날개로 보호하신다는 것은 하나님의 안전하고 따스한 보호를 실감있게 드러내 준다.
참고 성구 대하 16:9 시 34:7 왕하 6:17 눅 21:18-19

Ⅱ. 하나님을 의뢰하고 마음을 굳게 할 것 【시 112:7】
성경은 '그는 흉한 소문을 두려워하지 아니함이여 여호와를 의뢰하고 그의 마음을 굳게 정하였도다' 라고 했다. 담대한 의인의 담대함은 하나님에 대한 신뢰에 기초한 것으로, 하나님은 인생의 모든 사건을 주관하시며 공의롭게 모든 것을 판단하신다. 그러므로 이러한 하나님의 선하신 인도하심을 믿는 자는 어떠한 순간에도 심령의 평안을 유지할 수 있다.
참고 성구 수 1:9 마 10:30-31 요 14:1,27 사 41:10 렘 11:20 딤후 1:7

Ⅲ. 하나님의 능력을 의지할 것 【사 51:13】
성경은 '하늘을 펴고 땅의 기초를 정하고 너를 지은 자 여호와를 어찌하여 잊어버렸느냐 너를 멸하려고 준비하는 저 학대자의 분노를 어찌하여 항상 종일 두려워하느냐' 고 했다. 하나님은 천지를 창조하시고 인간을 지으신 창조주이시다. 이런 창조주를 의지하는 자에게는 무섭고 두렵고 떨리는 공포가 없다. 매사에 그리고 범사에 하나님의 능력을 의지하는 자는 형통할 것이다.
참고 성구 출 4:17 대상 29:12 삼상 2:1-10 눅 1:37 고전 1:25

■결 론■ 이와 같이 무서움을 물리치는 법을 알았으니 성도는 변화 많은 이 세상에서 지극한 무서움을 버리고 하나님의 보호하심을 믿고 그를 의뢰하여 그의 능력을 의지하여 마음을 굳게 함으로써 은혜 속에서 사는 자 되자.

■해설■ 무서움

5세기의 로마의 정치가였던 '보에티우스'는 그의 저서 '철학의 위안'에서 욕망이 많을수록 무서워한다고 그의 시에서 다음과 같이 읊었다. "가련한 사람들아! 어찌하여 너희는 하잘 것없이 횡포스럽기만한 폭군들을 무서워 떤단 말이냐. 아무것도 바라지 않고 아무것도 두려워 않는다면 너, 폭군의 진노를 무력케 하리로다. 그렇지만 무서워 떨거나 항구치도 합당치도 못한 것만을 탐하는 자는 방패를 버리고 제자리를 떠남과 같으니 자기를 묶는 쇠사슬을 마련하는 것이니라."

■참고■ 성경에 나타난 인물들은 무엇을 무서워했나?

• 아담 - 하나님을 불순종하여 죄지은 뒤 벗었으므로 무서워함(창 3:10) • 야곱 - 하나님이 어디에나 계심을 모르고 루스에서 잠을 깬 채 무서워함(창 28:16-19) • 모세 - 호렙산에서 떨기나무 불꽃 가운데 임재하신 하나님을 뵈옵기 두려워함(출 3:1-6) • 다윗 - 이스라엘 인구를 계수하는 죄를 지어 여호와의 사자의 칼을 무서워함(대상 21:16-17, 30) • 사울 - 죽은 사무엘을 엔돌의 신접한 여인에게 불러올리게 하여 책망을 듣고 무서워함(삼상 28:6-20) • 베드로 - 바람을 보고 놀라서 무서워함(마 14:28-32)

■예화■ 12년 동안

어떤 사람이 그의 동생과 함께 캐나다 국경의 나이아가라 폭포 밑을 흐르는 위험스러운 급류를 향해 배를 타고 건너가고 있었다. 물결이 너무나도 보트를 흔들었기 때문에 그의 동생은 잔뜩 겁이 났다. 그것을 바라본 형은 배의 노를 젓고 있는 사공에게 다음과 같이 물었다. "지금까지 당신은 얼마나 자주 이곳을 횡단하였습니까?" "지금까지 12년 동안 줄곧 이 일을 했지요." "그럼 한번이라도 사고가 난 적이 있었습니까?" "단 한번도 없었습니다." "그렇다면 배가 뒤집혔다거나 인명피해가 난 적이 전혀 없었단 말입니까?" "선생님, 그런 일은 한번도 생기지 않았습니다." 그는 강조하여 대답을 하였다. 그러자 그 사람은 동생에게 말하기를, "저 사공의 말하는 것을 들었지? 네가 저 사공보다 노를 더 잘 저을 수 없다면 나처럼 조용히 앉아서 저 사공을 믿고 이 여행을 즐겨라."고 지혜롭게 안심을 시켜 주었다. 신앙 생활을 할 때에도 이런 지혜가 필요하다. 때로는 영적으로 어려움을 겪고 있는 신자들이 의심과 불안의 파도 속에서 흔들릴 때가 있다. 이 때 우리는 어떻게 해야만 되는가? 나이아가라 파도 속에서 배를 타고 가는 동생처럼 염려하거나 또는 내가 대신 배의 노를 저어야 하는가? 아니다. 내가 노를 젓는다 해도 사공보다는 더 잘 저을 수 없다. "네 모든 염려를 주께 맡겨 버리라 이는 저가 너희를 권고하심이니라" (벧전 5:7) 예수님은 자기에게 맡겨진 영혼을 결코 한번도 잃어버리신 적이 없으시다. (용혜원)

● 무신론 ●

무신론의 특징 세 가지

■ 본 문 ■ 바로가 이르되 여호와가 누구이기에 내가 그의 목소리를 듣고 이스라엘을 보내겠느냐 나는 여호와를 알지 못하니 이스라엘을 보내지 아니하리라 【출 5:2】

■ 서 론 ■ 철학자이자 과학자인 파스칼은 "무신론은 정신의 힘을 과시하고 있다. 그러나 그 힘은 제한되어 있을 뿐이다"라고 했다. 무신론의 특징은 무엇인가?

■ 말 씀 ■

I. 무신론은 하나님을 무시한다 【출 5:2】

성경은 '바로가 이르되 여호와가 누구이기에 내가 그의 목소리를 듣고 이스라엘을 보내겠느냐 나는 여호와를 알지 못하니 이스라엘을 보내지 아니하리라'고 했다. 당시의 파라오는 아멘호텝 2세(B.C 1448-1424)였다. 강력한 군주였던 그는 모세에게 노예 민족에게 무슨 신이 있으며, 설혹 신이 있다 한들 애굽의 강력한 신 앞에 무슨 의미가 있냐고 교만으로 여호와 하나님을 무시했다.

　　참고 성구 단 5:23 롬 1:28-30 렘 4:22 대하 32:16-19

II. 무신론은 하나님을 부인한다 【딛 1:16】

성경은 '그들이 하나님을 시인하나 행위로는 부인하니 가증한 자요 복종하지 아니하는 자요 모든 선한 일을 버리는 자니라'고 했다. 부인이란 옳다고, 또는 그러하다고 인정하지 않음을 말하는 것으로, 거짓 교사들은 영지주의 이원론 사상으로 물질, 결혼 등을 악한 것으로 보았다. 그러나 이것은 그들의 더러운 마음에서 나온 그들의 교훈과 행위가 더럽지 물질은 하나님의 창조물이므로 더럽지 않다.

　　참고 성구 시 14:1, 53:1 렘 5:12-14 요일 2:22-23 시 10:4

III. 무신론은 도덕적으로 타락한다 【벧전 4:3】

성경은 '너희가 음란과 정욕과 술 취함과 방탕과 향락과 무법한 우상 숭배를 하여 이방인의 뜻을 따라 행한 것은 지나간 때로 족하도다'라고 했다. 본 구절은 초대 교회 당시의 극도의 부패했던 사상과 각 개인의 삶의 모습을 단적으로 보여준다. 헬라의 종교 의식 속에는 연락과 음란이 포함되어 있어서 도덕적으로 크게 타락했다. 아데미를 위한 제사 후 여사제들은 몸을 팔았다.

　　참고 성구 롬 1:29-32 살전 4:3-6 벧후 2:9-14 고전 6:13

■ 결 론 ■ 이와 같이 무신론의 특징을 알았으니 성도는 무신론자의 하나님 무시와 하나님 부인과 도덕적으로 타락한 짐승 같은 삶에서 오직 하나님의 거룩하신 뜻을 좇는 자 되자.

■해설■ **무신론**

스위스의 철학자 '칼 힐티'는 그의 책 '힘의 비밀'에서 다음과 같이 언급했다. "무신론(atheism)은 그저 하나의 자기 기만에 지나지 않는 것이다. 이것은 여러 젊은 사람들이나 순한 환경에 처해 있는 자에게서 흔히 볼 수 있는, 인생과 인생의 고난에 대한 무지에서 생기는 것이거나, 혹은 더욱 많은 경우에는 자기 생활에 대한 하나님의 지배에서 벗어나려는 헛된, 소용없는 희망에서 생기는 것이다." 독일의 대시인이었던 불신자 '하이네'는 죽기 전에 이렇게 편지를 썼다. "나는 외람되게도 하늘을 향해서 고개를 쳐들고 있었다. 그래서 지금은 불쌍한 벌레처럼 땅에 엎드려 있다. 하나님께 찬미와 영광이 있으시기를!"

■참고■ **복음의 사도, 바울을 향해 어리석은 말을 한 자들**

- 무관심한 자 갈리오 - 아가야 총독이 되었을 때 유대인들이 바울을 핍박, 재판을 청구하여 바울이 입을 열고자 하니 만일 문제가 언어와 명칭과 너희 법에 관한 것이면 재판장 되기가 싫다고 함(행 18:12-17)
- 결단성 없는 자 벨릭스 - 총독이었던 벨릭스는 복음에 대해서 잘 아는 자였으나 성적으로 타락해 유대 여자 두르실라를 탈취하여 데리고 살며 돈만 밝히었음(행 24:1-27)
- 타산적인 자 아그립바 - 네가 적은 말로 나를 권하여 그리스도인이 되게 하려 한다고 말했음(행 26:1-29) 복음을 영접치 않은 멸망할 자들이여!

■예화■ **마지막 24시간**

사람들은 자기가 멸망을 향하고 있으면서도 그것을 모르고 살고 있다. 얼마 전에 한 라디오 토크쇼에서 토론의 주제를 다음과 같이 주었다. "만약에 당신의 생명이 앞으로 24시간밖에 안 남았다는 사실을 알았다면, 당신은 그 24시간을 어떻게 보내겠습니까?"라는 제목이었다. 처음에 나온 한 남자는 대답하기를 자기는 즉시 도박과 환락의 도시인 라스베가스로 달려가겠다고 했다. 그 다음에는 여자가 나왔는데, 그 여자는 좀 고상하고 아름다운 이야기를 했다. 자기는 자기가 알고 있는 모든 사람들에게 전화를 걸겠다고 했다. 전화를 걸어서 무슨 말을 할 것이냐고 물었더니, 여자는 대답하기를, 그들을 사랑한다고 말하겠다고 했다(물론 그 사랑이란 남녀의 애정의 사랑을 의미하는 것은 아니었다). 그 다음에는 방송에 한 남자가 나왔다. 그 사람은 대답하기를 만약에 자기에게 24시간의 생명밖에 안 남은 것을 알면, 그는 자동차를 몰아서 바닷가를 하염없이 계속 운전해 가겠다고 말했다. 그 라디오 대화 프로그램이 진행되는 동안 어느 한 사람도 하나님에 대하여 말하는 사람은 없었다. (잊을 수 없는 경례 / 윤영준)

● 무자비 ●

무자비함이 가지고 있는 속성 세 가지

■ 본 문 ■ …예수께 말하되 선생이여 이 여자가 간음하다가 현장에서 잡혔나이다 모세는 율법에 이러한 여자를 돌로 치라 명하였거니와 선생은 어떻게 말하겠나이까 【요 8:3-5】

■ 서 론 ■ 무자비란 자비심이 없는 상태로 사정없이 냉혹함을 의미한다. 무자비한 자가 가지고 있는 속성은 무엇인가?

■ 말씀 ■

Ⅰ. 일시적으로 그릇된 판단을 함 【눅 7:39】

성경은 '예수를 청한 바리새인이 그것을 보고 마음에 이르되 이 사람이 만일 선지자라면 자기를 만지는 이 여자가 누구며 어떠한 자 곧 죄인인 줄을 알았으리라 하거늘' 이라 했다. 판단이란 전후 사정을 종합하여 사물에 대한 자기의 생각을 마음속으로 정하거나 그렇게 정한 내용을 말한다. 바리새인 시몬은 긍휼함 없이 자기의 잣대로 주님께 헌신한 여자를 그릇 판단했다.

참고 성구 요 1:46 롬 2:1 마 7:4, 23:12 딤전 6:4-5 행 28:4

Ⅱ. 도덕적으로 우월하다고 자만함 【요 8:4,5】

성경은 '예수께 말하되 선생이여 이 여자가 간음하다가 현장에서 잡혔나이다 모세는 율법에 이러한 여자를 돌로 치라 명하였거니와 선생은 어떻게 말하겠나이까' 라고 했다. 자만이란 무엇인가? 이는 자기에게 관계되는 일을 남 앞에서 뽐내고 자랑하여 오만하게 행동하는 것을 말한다. 서기관들과 바리새인들은 율법의 진정한 정신을 외면한 채 간음한 여인을 끌고서 예수께 와서 시험했다.

참고 성구 롬 3:10-12 시 14:1-3 잠 16:2 고후 10:12 계 3:17

Ⅲ. 타산적으로 쉽게 용서하지 아니함 【눅 15:29,30】

성경은 '아버지께 대답하여 이르되 내가 여러 해 아버지를 섬겨 명을 어김이 없거늘 내게는 염소 새끼라도 주어 나와 내 벗으로 즐겁게 하신 일이 없더니 아버지의 살림을 창녀들과 함께 삼켜 버린 이 아들이 돌아오매 이를 위하여 살진 송아지를 잡으셨나이다' 라 했다. 친동생을 긍휼히 여기지 않고 아버지께 항의하는 큰 아들의 모습은 이기적이며 타산적인 인간의 단면을 보여주고 있다.

참고 성구 눅 15:2 마 20:12-14 욘 4:1-4 에 3:5-6, 6;13

■ 결 론 ■ 이와 같이 무자비함이 가지고 있는 속성을 보았으니 성도는 자비로운 주님의 마음을 본받아 이웃을 긍휼히 여기고 겸손하게 용서하는 자세를 갖추는 신앙인들이 되자.

■해설■ **프란체스코의 자비**

아씨시 마을의 '프란체스코' 수도사는 나병을 무서워했다. 어느 날, 좁은 길로 여행하던 중 환한 대낮에 그는 나병 환자를 보았다. 본능적으로 그의 마음은 두려움으로 가득 찼으며, 그 무서운 병이 옮을까봐 떨면서 뒤로 물러섰다. 그러나 그는 정신을 가다듬고는 자신을 부끄럽게 생각하게 되었다. 그래서 그는 달려가서 환자의 목을 껴안고 입을 맞춘 후 다시 길을 떠났다. 잠시 후 그가 뒤를 돌아봤을 때 길에는 아무도 없었고 햇볕만 내리쪼였다. 그 후로 그는 자기가 만났던 사람은 나병 환자가 아니고 그리스도였다고 확신하게 되었다. 그리고 '평화를 구하는 기도'라는 절세의 기도문을 남겼다.

■참고■ **성경에 나타난 무자비한 자들**

• 시므온과 레위 - 야곱의 아들로 동생 디나를 욕보였다 하여 세겜인들을 칼로 도륙함(창 34:25-31) • 애굽 왕 바로 - 이스라엘 백성이 남자아이를 낳으면 나일 강에 던지라고 함(출 1:22) • 아비멜렉 - 기드온의 아들로 왕이 되려는 야심으로 형제 70인을 반석 위에서 쳐 죽임(삿 9:5-6) • 탕감받은 자 - 저는 일만 달란트를 탕감받았음에도 자기에게 백 데나리온 빚 진 자를 옥에 가둠(마 18:23-25) • 제사장과 레위인 - 강도 만난 동족을 피해 도망친 자들(눅 10:30-32) • 스데반을 돌로 쳐서 죽인 자들(행 7:54-60)

■예화■ **귀를 기울여라**

사랑을 갖고 귀를 기울여라. 그러면 설령 누군가가 불쾌하고 따분하고 싫은 소리를 늘어놓더라도 당신이 보여주는 태도에 따라서 변화될 것이다. 귀와 더불어 눈으로 열심히 상대방의 말을 들어 주어라. 우리가 사용하는 말로는 그 의미가 제대로 전달되지 않으니까 말이다. 우리가 취하는 자세와 표정, 그리고 손과 다리의 움직임도 많은 의미를 내포하고 있다. 남의 말에 귀를 기울이는 것은 어려운 일이다. 그저 가만히 서 있는 상태에서는 공복을 느낄 때에는 토론을 하지 말라. 적절한 시간과 장소를 선택하여 친구에게 관심을 나타내도록 하라. 비록 많이 들어온 충고겠지만, 이해하려는 마음으로 남의 말을 들어주어라. 우리는 모두 자신의 말에 관심을 가져 주기를 바란다. 우리는 감정과 고민, 그리고 상처를 함께 나누고 싶어한다. 친구의 말을 제대로 알아 들을 수 없는 경우에는 질문을 하도록 하라. 설교나 충고의 말을 하는 대신에 열심히 상대방의 말에 귀를 기울여라. 꼭 기억하라. 상대방이 마음을 활짝 열고 자유롭게 이야기할 수 있도록 해주면 이것은 인간이 베풀 수 있는 가장 위대한 봉사이다. 하나님은 우리에게 두 귀를 주셨지만 입은 단 하나만을 주셨으니 이것은 아마 귀를 기울이는 데 두 배로 사용하라는 하나님의 계시인지도 모른다.

● 무지 ●

무지하면 안 되는 것 세 가지

■본문■ 또 어려서부터 성경을 알았나니 성경은 능히 너로 하여금 그리스도 예수 안에 있는 믿음으로 말미암아 구원에 이르는 지혜가 있게 하느니라 【딤후 3:15】

■서론■ 이탈리아 최고의 예술가 레오나르도 다 빈치는 "맹목적인 무지가 사람을 어디로 인도할 것인가. 혹시나 활활 타오르는 불쪽으로 가려는 것은 아닌가. 난폭하게 날뛰는 인간들이여, 이제 눈을 뜨라"고 했다. 성도가 무지하면 안 되는 것은?

■말씀■

I. 성도는 하나님에 대해 무지하면 안 됨 【요 8:55】

성경은 '너희는 그를 알지 못하되 나는 아노니 만일 내가 알지 못한다 하면 나도 너희 같이 거짓말쟁이가 되리라 나는 그를 알고 또 그의 말씀을 지키노라'고 했다. 무지란 꼭 필요한 지식이 없거나 그의 언행이 어리석고 우악할 때 쓰는 말이다. 하나님을 아버지라고 믿고 고백하는 성도가 하나님에 대해서 무지하면 안 된다. 주님은 아버지를 알고 그의 말씀을 지킨다고 하셨다.

참고 성구 삿 2:10 행 17:23 요 14:8-11, 16:3 렘 4:22 딤후 3:7

II. 성도는 성경에 대해 무지하면 안 됨 【딤후 3:15】

성경은 '또 어려서부터 성경을 알았나니 성경은 능히 너로 하여금 그리스도 예수 안에 있는 믿음으로 말미암아 구원에 이르는 지혜가 있게 하느니라'고 했다. 성경은 하나님께서 자기를 계시해 주시고 인류에 대한 당신의 뜻을 계시해 주신 영감의 글로서, 기독교의 경전이고 교회는 이로써 신앙의 규준으로 삼고 있다. 성경은 인간 구원에 대한 지혜가 담겨 있는 하나님의 말씀이다.

참고 성구 벧후 1:20-21 눅 24:27 행 17:11- 딤후 3:16

III. 성도는 주의 재림에 대해 무지하면 안 됨 【살전 4:14】

성경은 '우리가 예수께서 죽으셨다가 다시 살아나심을 믿을진대 이와 같이 예수 안에서 자는 자들도 하나님이 그와 함께 데리고 오시리라'고 했다. 재림이란 무엇인가? 이는 부활의 주 예수 그리스도께서 구원을 완성하시기 위해 마지막 날에 이 지상에 다시 오시는 일을 말한다. 성경에서 재림에 대해 언급된 성구는 모두 215장에 걸쳐서 318회나 된다.

참고 성구 행 1:11 계 1:7 딤전 6:14 딤후 4:1 고전 15:12-24 히 9:28

■결론■ 이와 같이 무지하면 안 되는 것들을 살펴보았으니 성도는 하나님과 성경과 주님의 재림에 관해서 해박한 성경 지식을 갖추어 마지막 때를 살아가는 자로서 믿음에 굳게 서자.

■해설■ **무지**

무지(ignorance)는 보통 ①사건에 대한 정보(행 23:5) ②행동의 실제 성격과 결과를 하려는 의도(민 35:11, 레 4:2) ③사람에게 나타나 있는 하나님의 계시를 '보아서'(see) 파악할 수 있는 영적인 식별력(마 13:13-15) 등이 결여된 상태를 이르는데 처음 두 종류의 무지는 그릇 범한 행위자의 죄를 줄여 주나 세 번째는 그렇지 않은데, 이유는 창조와 예정으로 일반 계시가 주어졌든 그리스도 안에서 그의 백성들에 대한 하나님의 역사적인 관여하심과 복음의 메시지(롬 10:3)가 특별 구속의 계시로 주어졌든 그런 무지 자체가 하나님을 아는 것을 싫어하는 행위에서 기인되고 불의로 진리를 막는 죄악성을 지녔기 때문이다.

■참고■ **무지한 제자들아**

• 도마 - 주여 어디로 가시는지 우리가 알지 못하거늘 그 길을 어찌 알겠사옵나이까 / 길 되시는 주님은 그리스도의 사역으로 인간이 하나님께 가는 길을 제시하심이다(요 14:1-7) • 빌립 - 주여 아버지를 우리에게 보여 주옵소서 그리하면 족하겠나이다 / 진리되시는 주님은 그리스도의 말씀으로 하나님의 인간을 향한 진리를 제시하심이다(요 14:8-21) • 유다 - 주여 어찌하여 자기를 우리에게는 나타내시고 세상에는 아니하려 하시나이까 / 생명 되시는 주심은 그리스도의 의지로 인간 속에 하나님의 생명을 제시하심이다(요 14:22-31)

■예화■ **내가 안 했어요**

어느 주일 아침에 한 목사님이 어린이 주일학교의 분반 성경공부 시간에 무엇을 어떻게 배우는가를 살펴보기 위해서 갔다가 한 남학생 반에 가서 어린이들에게 "여리고 성은 누가 무너뜨렸지요?" 하고 물어보았다. 그 때 남자 어린이들은 "목사님, 저희들은 안 그랬어요." 하며 대답했다. 이에 목사님은 다시 그 옆에 있던 담임 교사에게 "김 선생님, 어떻게 이런 대답이 나옵니까?" 하며 질문하였다. 그러자 담임 교사는 "목사님, 저희 반 어린이들은 모두가 정직하다고 저는 생각합니다."라고 상기된 표정으로 대답하였다. 이 대답에 하도 어이가 없어 목사님은 다시 주일학교 부장을 찾아서 그 일을 이야기하였다. 부장은 "목사님, 저는 그 반의 아이들과 교사를 잘 알고 있는데, 저도 그 아이들이 그것을 무너뜨렸다고 생각하지 않습니다." 하며 자신있게 대답하였다. 그러자 목사님은 그 날 오후 장로님들을 모아놓고 아침에 어린이주일학교에서 있었던 일을 이야기했다. 목사님은 "이 일이 어떻게 된 것일까요?" 라고 이야기하였다. 이에 장로님들이 두 시간 동안이나 이 문제를 토론하고 애써 찾아낸 해결책은 이런 것이었다. "목사님, 이러한 사소한 일에 이렇게 동요할 필요는 없을 듯합니다. 이 일 때문에 어떤 피해가 생겼다면 일단 먼저 다시 쌓고 그리고 교회 재정의 예비비에서 지출하도록 하십시오." 우리 모두는 무지하지 않다고 자신있게 말할 수 있는가?

● 묵상 ●

묵상이 주는 유익 세 가지

■본 문■ 골수와 기름진 것을 먹음과 같이 나의 영혼이 만족할 것이라 나의 입이 기쁜 입술로 주를 찬송하되 내가 나의 침상에서 주를 기억하며 새벽에 주의 말씀을 작은 소리로 읊조릴 때에 하오리니 [시 63:5-6]

■서 론■ 인기 설교자요 작가인 릭 워렌은 "묵상은 한 가지에 초점을 맞추고 생각하는 것이다. 그것은 엄청난 노력이 필요하다"라고 했다. 묵상이 주는 유익은?

■말씀■

I. 우리에게 깨달음을 준다 [시 143:5]

성경은 '내가 옛날을 기억하고 주의 모든 행하신 것을 읊조리며 주의 손이 행하는 일을 생각하고' 라 했다. 다윗이 현재의 참담한 상황에서 시선을 돌려 과거에 풍성하신 하나님의 은혜 가운데 있었던 일을 회상하고 힘을 얻는 장면이다. 그리고 다시 하나님의 은혜를 소망하고 사모하고 있다. 성도는 과거에 인자를 베푸신 하나님을 깨닫고 현실에서 용기를 가지자.

참고 성구 시 49:3 욥 23:10 왕상 19:8-21 행 16:6-10

II. 우리에게 영혼의 만족을 준다 [시 63:5,6]

성경은 '골수와 기름진 것을 먹음과 같이 나의 영혼이 만족한 것이라 나의 입이 기쁜 입술로 주를 찬송하되 내가 나의 침상에서 주를 기억하며 새벽에 주의 말씀을 작은 소리로 읊조릴 때에 하오리니라' 고 했다. 만족이란? 이는 마음에 부족함이 없이 흐뭇함을 말한다. 다윗은 자기를 대적하는 무리를 생각하다가 다시금 하나님의 도우심을 간곡히 기다리면서 영혼의 꼴로써 만족하기를 원했다.

참고 성구 시 19:14 시 131:2 시 1:2 막 1:35 요 6:15

III. 우리에게 명철을 준다 [시 119:99]

성경은 '내가 주의 증거들을 늘 읊조리므로 나의 명철함이 나의 모든 스승보다 나으며' 라고 했다. 명철이란 총명하여 사리에 밝음, 지혜가 뛰어남을 말하는데, 본 시편은 저자 미상으로 기자는 하나님으로부터 나오는 지혜는 인간의 학문적 지식이나 경험적 지식과는 비교할 수 없을 정도로 신실하고 깊음을 말하고 있다. 말씀의 영적 지혜는 영생에 관한 지식을 우리에게 주고 있다.

참고 성구 민 9:8 약 1:15 행 9:11,20,25 갈 1:17 삼상 1:12-18

■결 론■ 이와 같이 묵상이 주는 유익을 알았으니 성도는 묵상을 통해서 깨달음을 얻어 하나님의 은혜로 영혼의 만족을 얻고 명철을 얻어 하나님 나라의 지식을 이웃에게도 알리는 자 되자.

■해설■ **묵상하다**

①프로멜레타오 - '사전에 곰곰이 생각하다' 란 뜻으로 연설할 것을 미리 준비한다는 뜻으로 쓰였다(눅 21:14). ②멜레타오 - '명상한다' 라는 뜻으로 명사형은 '조심' 또는 '실행' 이란 뜻을 지닌 '멜레테' 이다. '신중히 행하다, 주의를 기울이다' 란 의미를 지닌다(딤전 4:15). 구약에서는 히브리 단어 '하가' 와 '씨아흐' 의 다양한 형태가 '묵상하다' 로 번역된다. 그 말들은 '하나님의 자녀들이 스스로의 훈련을 위해 실행하는 조용하고 비밀스러운 명상' 을 뜻한다. 그러므로 묵상은 어떤 종교적인 주제를 깊고도 지속적으로 숙고하는 개인적 몰두나 혹은 영적 훈련의 형태이다.

■참고■ **묵상과 관계된 성경의 인물들**
- 이삭 - 해가 저물 때에 들에 나가서 묵상한 이삭의 모습은 현실적으로 중요했던 자신의 결혼 문제를 놓고 하나님께 기도를 드린 것이다. 이런 경건한 이삭이매 하나님의 축복으로 리브가를 맞았다(창 24:60-67).
- 여호수아 - 하나님의 말씀대로 율법책을 주야로 묵상한 여호수아이므로 끝내 이스라엘 백성을 가나안 땅으로 인도하고 간곡한 부탁을 그의 백성에게 유언하여 믿음을 지키게 하였다(수 1:8, 24:14-28).
- 솔로몬 - 전도자는 지혜자이어서 여전히 백성에게 지식을 가르쳤고 또 깊이 생각하고 연구하여 잠언을 많이 지었다(전 12:9).

■예화■ **눈을 감아라**

"눈을 감아라, 그러면 너는 볼 것이다." 영국의 유명한 소설가요, 사상가였던 사뮤엘 바틀러(Samuel Butler 1835-1905)의 이 말은 하나의 역설적 표현이지만 진실을 갈파한 말이다. 우리는 눈을 떠야만 앞이 보인다. 눈을 감으면 아무것도 안 보인다. 육안의 경우는 확실히 그렇다. 그러나 인간에게는 마음의 눈, 즉 심안이 있다. 심안은 육안과는 다르다. 우리는 눈을 감는다. 외계의 사물이 나를 괴롭히지 않는다. 눈을 감으면 마음이 조용해진다. 정신의 통일과 집중이 용이해진다. 어떤 문제에 우리의 정신을 가다듬을 수 있다. 우리는 깊은 생각에 잠길 때에는 누구나 눈을 감는다. 진지한 생각, 골똘한 생각, 바른 사고를 하려고 할 때에는 저절로 눈이 감긴다. 눈을 감고 생각을 가다듬으면 사물의 옳은 도리가 눈에 보인다. 바른 깨달음을 얻을 수 있다. 간디는 그의 자서전에서 이렇게 말하고 있다. 감옥에 들어가서 어두운 감방에 혼자 있게 되니까, 자기의 할 일이 무엇인지 분명히 깨달아지고 인도의 진로가 무엇인지를 바로 알게 되었다는 것이다. 간디는 감옥에 갇혔을 때 모든 것이 분명히 보이고 밝게 깨달았다. 우리는 가끔 눈을 감아야 한다. 혼자 조용히 눈을 감는 시간을 많이 가져야 한다. 나를 알고 남을 살피고 나와 남과의 관계를 분명히 알고 나의 설 자리가 어디고 나의 할 일이 무엇인지를 바로 깨닫기 위해서 우리는 자주 눈을 감아야 한다. 그러면 모든 것이 밝게 보일 것이다. 눈을 감아라, 그러면 너는 볼 것이다.(안병욱)

● 물질 ●

물질을 선하게 사용한 세 가지

■본 문■ 성전을 위하여 준비한 이 모든 것 외에도 내 마음이 내 하나님의 성전을 사모하므로 내가 사유한 금, 은으로 내 하나님의 성전을 위하여 드렸노니【대상 29:3】

■서 론■ "사람은 물질을 사용함으로써 원하는 사람이 되어 간다"라고 웰레스 와틀스는 말했다. 성도가 물질을 선하게 사용하는 좋은 경우는?

■말씀■

I. 하나님의 전을 위해 드렸을 때【대상 29:3】

성경은 '성전을 위하여 준비한 이 모든 것 외에도 내 마음이 내 하나님의 성전을 사모하므로 내가 사유한 금, 은으로 내 하나님의 성전을 위하여 드렸노니' 라 했다. 본 구절의 사모하므로는 히브리어 '비르초티' 로서 이는 '기뻐하다, 받아들이다. 선물을 드리는 심정처럼 호의를 보이다' 라는 뜻의 '라차' 에서 온 말이다. 하나님께서는 선물을 드리는 심정으로 하는 봉사를 기쁘게 받으시고 축복하신다.

참고 성구 신 16:17 고후 9:7 눅 21:2-4 행 5:4 고후 9:7

II. 빈궁한 자들을 돌아보았을 때【시 112:9】

성경은 '그가 재물을 흩어 빈궁한 자들에게 주었으니 그의 의가 영구히 있고 그의 뿔이 영광 중에 들리리로다' 고 했다. 하나님을 경외하는 성도는 물질적인 번영에 집착하지 않으며 가난한 자를 구제하는 자이다. 가난한 자에 대한 자선과 구제는 성도의 의무이다. 구제에 대한 축복은 '뿔' 인데, 이는 '세력, 힘' 을 의미하는데 긍휼을 베푼 자가 얻을 명예로운 대접을 뜻한다.

참고 성구 마 25:35-40 잠 11:24,25 행 10:4 잠 21:13 시 10:14

III. 선한 사업에 부했을 때【딤전 6:18】

성경은 '선을 행하고 선한 사업을 많이 하고 나누어 주기를 좋아하며 너그러운 자가 되게 하라' 고 했다. 선한 사업에 부하고는 하나님의 복음을 증거하는 복음 사업에 물질을 사용하도록 만들라는 의미이다. 아무리 물질이 많은 성도라 하더라도 그리스도의 복음을 전하는 사업에 투자하지 않으면 그 물질은 무가치하며 무의미하므로 성도는 자기의 부를 복음을 위해 낭비하듯 써야한다.

참고 성구 마 19:21 잠 11:24 딤전 6:17-19 히 13:16 약 4:17 행 16:15,40

■결 론■ 이와 같이 물질을 선하게 사용한 것을 보았으니 성도는 자기의 물질을 하나님의 전인 교회에 많이 드리고 구제하며 선한 사업에 부한 자들이 되어 영생을 취하자.

■해설■ **재물, 부유함**

재물, 부유함(wealth)을 가리키는 성경의 단어는 구약에서는 '하일' (재물)로 창 34:29에, 신약에서는 '유포리아' (부유함)로 행 19:25에 사용되었다. 따라서 이 단어는 보통 재물을 소유하는 것을 의미하지만 때로는 부유함을 의미하기도 한다. 재물을 얻고 부유함을 누리는 것은 흔히 하나님의 축복으로 성경에는 언급되어 있다(삼상 2:7, 전 5:19). 그러나 이 재물로 인한 해악을 주님은 정죄하셨고(눅 12:16-21), 사도들도 그들의 서신에서 부자들에 대해 많이 경고하고 있다(딤전 6:17-8, 약 5:1-3). 성도들은 하나님이 주신 재물을 바르게 사용해야 할 것이다.

■참고■ **재물은 하나님의 축복임을 알자**
- 이삭 - 그랄 땅에서 농사하여 그 해에 백 배나 얻었고, 여호와께서 복을 주시므로 그 사람이 창대하고 왕성하여 마침내 거부가 됨(창 26:12-13)
- 한나 - 여호와는 가난하게도 하시고 부하게도 하시며 낮추기도 하시고 높이기도 하시는도다고 찬양함(삼상 2:7)
- 솔로몬 - 내가 또 네가 구하지 아니한 부귀와 영광도 네게 주노니 네 평생에 왕들 중에 너와 같은 자가 없을 것이라(왕상 3:13)
- 욥 - 내가 모태에서 알몸으로 나왔사온즉 또한 알몸이 그리로 돌아가올지라 주신 이도 여호와시요 거두신 이도 여호와시오니 여호와의 이름이 찬송을 받으실지니이다고 찬양함(욥 1:21)

■예화■ **하나님의 경제**

어느 석유왕의 장부는 그리스도인으로서의 올바른 돈 사용법을 제시해 준다. 석유왕 록펠러는 언젠가 주일학교 청년들에게 그의 장부 한 권을 보여 주었다. 그 장부는 수입과 지출의 상황을 자세하게 기록한 것이었다. 사업을 시작한 첫 몇 개월간 그는 50달러의 수입을 가지고 생활비를 제외한 약간의 돈은 저축하고 나머지는 헌금을 했다. 그는 매주일 복음전파를 위해 22센트, 어떤 사람을 위해 50센트, 주일학교 교사를 위해 10센트를 헌금했다. 이같이 주님을 위해 드린 금액을 다 합해보면 많지는 않으나, 당시 그의 수입과 비교해 볼 때 결코 적은 돈이 아니었다. 그는 이를 중단없이 계속했다. 그랬기 때문에 나중에 그가 갑부가 되었을 때에도 더 많은 돈을 헌금할 수 있었던 것이다. 하나님의 경제는 우리의 경제와 다르다. 때에 걸맞게 먹여 주시며 입혀 주시고, 최선의 것을 주시는 하나님이시다. 또한 하나님은 각자에게 걸맞는 계획들을 가지고 계신다. 이를 믿고 의지하는 자가 참된 그리스도인인 것이다. 돈을 사랑함이 일만 악의 뿌리가 되는 것은 하나님의 계획대로 행하지 않고 돈을 그릇되게 사용하기 때문이다. 많은 일을 할 수 있도록 현명하게 돈을 사용하는 방법은 하나님의 경제로부터 배워야 할 것이다. 차고 넘침의 뿌리는 드림에 있다는 것 또한 기억해야 할 사항이다.

● 미련 ●

미련한 자로 성경에 기록된 세 사람

■ 본문 ■ 나발이 다윗의 사환들에게 대답하여 이르되 다윗은 누구며 이새의 아들은 누구냐 요즈음에 각기 주인에게서 억지로 떠나는 종이 많도다 【삼상 25:10】

■ 서론 ■ "자기의 척도로만 자기를 측정하며 그 결과에 만족해 버리는 인간처럼 미련한 자는 없다"고 미국 FBI 국장을 역임한 후버는 말했다. 미련한 자로 성경에 그 이름을 후세에 남긴 이들은 누구인가?

■ 말씀 ■

Ⅰ. 나발 【삼상 25:10】

성경은 '나발이 다윗의 사환들에게 대답하여 이르되 다윗은 누구며 이새의 아들은 누구냐 요즈음에 각기 주인에게서 억지로 떠나는 종이 많도다' 라고 했다. '나발' 이란 이름의 뜻은 '미련한, 돌출한, 어리석은' 으로 그는 마온의 부자요 아비가일의 남편이었다. 주의 종 다윗을 인격적으로 멸시하고 주인에게 반역하는 종으로 비하시킨 그의 우매함과 배은망덕은 하나님의 심판을 초래하였다.

참고 성구 삼상 25:9-11 삼상 25:3,25,38 잠 18:6 시 53:1 눅 16:19-31

Ⅱ. 르호보암 【왕상 12:14】

성경은 '내 아버지는 너희의 멍에를 무겁게 하였으나 나는 너희의 멍에를 더욱 무겁게 할지라 내 아버지는 채찍으로 너희를 징계하였으나 나는 전갈 채찍으로 너희를 징치하리라 하니라' 고 했다. '르호보암' 이란 이름의 뜻은 '백성을 크게 하는 자' 인데 그는 솔로몬의 아들이요 유다 왕(남왕조 최초의 왕)으로 그의 아둔함으로 통일 이스라엘은 남,북 왕조로 나누어졌다.

참고 성구 왕상 11:43, 12:17,14 출 18:13-26 잠 15:14 왕상 12:20

Ⅲ. 바리새인 【마 23:17,19】

성경은 '어리석은 맹인들이여 어느 것이 크냐 그 금이냐 그 금을 거룩하게 하는 성전이냐 … 맹인들이여 어느 것이 크냐 그 예물이냐 그 예물을 거룩하게 하는 제단이냐' 라고 했다. 바리새라는 말의 뜻은 '분리된 자들' 인데 이는 유대교의 한 일파로서 엄격한 율법주의자들이다. 바리새인들은 신앙의 과시와 현세적이고 물질주의적인 사고방식을 가진 허영심 많은 미련한 자들이다.

참고 성구 마 6:2, 16:12 약 1:26 눅 11:39 마 23:27,33 막 3:6

■ 결론 ■ 이와 같이 미련한 자로 기록된 이들을 보았으니 성도는 자기의 부로 이웃에게 베풀고, 이웃을 위해 자신을 희생하여 섬기며, 율법주의적 신앙이 아닌 사랑으로 살아가는 자들이 되자.

■해설■ **미련**

로마의 철학자 '보에티우스'는 "미련함과 게으름으로 무기력한 자가 있으니 그는 당나귀의 삶을 사는 자다"라 말했다. 미련한 자는 현명한 자에게 큰 교훈을 주곤 한다. '저렇게 해서는 안 되겠다. 사람은 마땅히 이렇게 해야 할 것이다' 등은 모두 미련한 사람이 있기 때문에 배우는 것이니까. '저런 미련한 사람은 어떻게 해야 할까? 불쌍히 여기는 길밖에 없지.' 이런 것도 모두 미련한 사람에게서 현명한 사람은 배우는 것이다. 미련한 사람은 잠시 처세에서 득을 보는 것 같으나 나중에는 벗을 잃고 사람들이 상종치 않으며 따라서 저주하는 것으로 끝맺는 일이 종종 있다.

■참고■ **성경 잠언에 언급된 미련의 특징**
• 지혜와 훈계를 멸시함(잠 1:7) • 어미의 근심임(잠 10:1) • 행악으로 낙을 삼음(잠 10:23) • 마음이 지혜로운 자의 종이 됨(잠 11:29) • 자기 행위를 바른 줄로 여김(잠 12:15) • 분노를 당장에 나타냄(잠 12:16) • 미련한 것을 전파함(잠 12:23) • 악에서 떠나기를 싫어함(잠 13:19) • 속이는 것(잠 14:8) • 죄를 심상히 여김(잠 14:9) • 아비의 훈계를 업신여김(잠 15:5) • 다투기를 좋아함(잠 18:6, 20:3) • 미련한 것을 거듭 행함(잠 26:11) • 자기의 마음을 믿음(잠 28:26)

■예화■ **자기 본위를 벗자**

'옐로우 스톤'이라는 미국의 야생 동물원에서 짐승들이 음식물을 먹는 것을 본 적이 있다. 이리, 여우, 족제비 같은 짐승들이 공원의 큰 건물 뒤에 있는 거름 무더기에 와서 음식물을 먹는다. 그러다가 거기에 곰이 나타나면 모두 물러가서 곰이 먹는 모습을 지켜보는데 그것은 곰의 성미가 매우 난폭하기 때문이다. 그런데 한 마리의 조그만 스컹크는 곰을 본체만체하고 나란히 음식을 먹는다. 힘으로 한다면 곰에게 스컹크 따위야 상대도 되지 않겠지만 잘못하여 건드렸다가는 방귀를 뀔 터이고, 그랬다가는 그 냄새로 오랫동안 괴로움을 당하게 되기 때문에 곰도 울며 겨자 먹기 식으로 못 본 척하고 함께 음식을 먹는다. 미련한 곰도 건드리지 않아야 될 것은 피하면서 조화를 이루고 산다. 그런데 오늘날 많은 사람들은 자기 본위의 완전주의에 입각하여 살다가 건드려서는 안 될 것을 건드려서 정신적인 스컹크에 걸려 분열과 찢김과 고독을 맛보며 살고 있다. 완전주의는 하나님의 성품이 아니다. 만일 하나님께서 완전하게 세상을 심판하신다면 아무도 그 앞에 설 수가 없을 것이다. 왜냐하면 이 세상에 의인은 한 사람도 없기 때문이다. (조용기)

● 미신 ●

미신의 특징 세 가지

■본 문■ 바울이 아레오바고 가운데 서서 말하되 아덴 사람들아 너희를 보니 범사에 종교심이 많도다 내가 두루 다니며 너희가 위하는 것들을 보다가 알지 못하는 신에게라고 새긴 단도 보았으니 …【행 17:22-23】

■서 론■ "미신은 저속한 혼이 받아들일 수 있는 유일한 종교이다"라고 조셉 주베르는 말했다. 미신의 특징은 무엇인가?

■말 씀■

I. 미신은 종교의 참 진리를 벗어나게 한다【막 7:8,9】

성경은 '너희가 하나님의 계명은 버리고 사람의 전통을 지키느니라 또 이르시되 너희가 너희 전통을 지키려고 하나님의 계명을 잘 저버리는도다' 라고 했다. 미신이란 일반적으로 종교적, 과학적 관점에서 망령된 것으로 인정되는 신앙을 일컫는다. 흔히 점복(占卜), 굿 따위를 수반하는 민속 신앙을 말한다. 전통(유전) 곧 하나님의 계명의 핵심에서 이탈된 개개의 규율은 맹목적 권위를 요구하는 허망한 것으로 변질될 수 있다.

참고 성구 마 23:23, 15:9 막 7:11 골 2:8 딛 1:14 갈 1:14

II. 미신은 종교심은 많으나 참 신에 무지하다【행 17:22,23】

성경은 '아덴 사람들아 너희를 보니 범사에 종교심이 많도다… 알지 못하고 위하는 그것을 내가 너희에게 알게 하리라' 고 했다. 본 구절의 '종교심이 많도다' 는 헬라어 '데이시다이모네스테로스' 로서 이는 '두려워한다' 란 뜻의 '데이도' 와 귀신(鬼神)을 뜻하는 '다이몬' 의 합성어로서 이 말의 부정적 의미는 '심히 미신적이다' (KJV)이며, 긍정적 의미는 '매우 종교적이다' (RSV)란 뜻이다.

참고 성구 딤후 3:7 행 17:30-32 엡 4:18 벧전 1:4 계 9:20-21

III. 미신은 비논리적인 근거를 찾는다【행 28:4】

성경은 '원주민들이 이 짐승이 그 손에 매달려 있음을 보고 서로 말하되 진실로 이 사람은 살인한 자로다 바다에서는 구조를 받았으나 공의가 그를 살지 못하게 함이로다 하더니' 라 했다. 멜리데(오늘의 말타) 원주민들은 현실적인 불행을 단순히 범죄의 결과라고 믿었던 것으로 짐작되는데 이러한 인과응보의 신앙은 대개 현실 기복적 미신으로 흐르기 십상이다.

참고 성구 행 14:11-12, 12:22 왕하 18:4 민 21:8-9 삼상 28:3-14

■결 론■ 이와 같이 미신의 특징을 살펴보았으니 성도는 미신의 잘못된 것들을 직시하고 행여라도 미신에 빠지는 우를 범하지 않는 신실한 성도가 되자.

■해설■ 미신

'미신'(superstition)이란 말은 '~의 위에'를 의미하는 라틴어 'super'와 '서 있다'를 의미하는 'stare'의 합성어에서 유래했다. 이처럼 미신이란 '보편적인 규범'에서 벗어나(위에 서) 있어서 받아들일 수 없는 신앙이나 관습이나(생활) 태도를 뜻한다. 그리고 일반적으로 미신이란 '종교'의 영역에 속한 것으로서 불합리한 것으로 여겨지는 신앙이나 관습을 뜻한다. 그러나 이 용어가 때로는 이보다 더 넓은 의미로 쓰인다. 오늘날엔 '과학적'이라고 생각되지 않는 것은 미신으로 간주된다. 행 25:19에 나오는 헬라어 '데이시다이모니아'가 종교로 번역되었는데 결국 미신까지 포함하게 된다.

■참고■ 장래의 세속적인 교회는 미신적 신앙과 크게 다를 바 없다
- 그런 교회는 하나님의 말씀의 가루와 이성주의의 누룩을 혼합하게 됨(마 16:6)
- 그런 교회는 악인이 모인 그릇된 단체와 교제하는 것을 용납함(마 13:4,19,28-30)
- 그런 교회는 신앙과 순수한 복음으로부터 떠나게 됨(딤전 4:1)
- 그런 교회는 주님 재림시 희롱당하게 됨(벧후 3:2-4)
- 그런 교회는 경건의 형태는 있으나 그 능력은 부인함(딤후 3:5)
- 그런 교회는 차지도 뜨겁지도 않고 미적지근함(계 3:15-17)
- 그런 교회는 여인이 붉은 빛 짐승을 탄 것같이 세상적인 힘을 받음(계 17:3-5)

■예화■ 창조의 신비

「아이작 뉴톤」(Sir Isaac Newton, 1642~1727)이라는 사람이 있었다. 「우주인력」설(The Law of Universal Gravitation)을 발견한 과학자였다. 그는 영국의 캠브릿지 대학의 수학 교수이자 물리학 교수였다. 인류 역사 가운데 아직은 그의 과학을 추종하지 못한다고 까지 알려진 과학자였다. 뉴톤의 서재에 태양계를 설명하기 위해 만들어 놓은 축소판 모형이 있었다. 태양을 중심으로 지구가 회전하고 달이 지구를 중심으로 회전하며 지구는 자전하는 모습의 모형이었다. 어느 날 과학자 친구 하나가 뉴톤의 서재에 들르게 되었다. 그는 창조론을 믿지 않는 과학자였다. 뉴톤의 서재에 들어선 그 과학자는 깜짝 놀랐다. 태양계의 모형을 보고 감탄한 것이었다. "누가 이것을 이토록 잘 만들었습니까?" 그 때 뉴톤이 조용히 대답했다. "아무도 만들지 않았습니다." "물론 어느 누구인가가 만들었겠지요. 그는 참으로 천재 가운데 천재일 것입니다. 저는 다만 그 분이 만든 것을 모양만 본 땄을 뿐입니다." 책을 읽고 있던 뉴톤은 책을 덮어서 책상 위에 올려놓고 손님에게로 다가갔다. "이 작은 모형은 다만 위대한 조직체를 모방한 것뿐입니다. 조물주의 창조의 신비를 우리는 아직 모르고 있는 것입니다. 그러나 분명한 것은 이 우주는 어느 누구인가 만든 분이 계시다는 것입니다. 그리고 우리는 그 분의 우주를 부분적으로 모방만 하고 있는 것입니다." (휘파람을 부는 이유 / 선윤경)

● 믿음 ●

믿음을 가져오게 하는 세 요소

■본문■ 오직 이것을 기록함은 너희로 예수께서 하나님의 아들 그리스도이심을 믿게 하려 함이요 또 너희로 믿고 그 이름을 힘입어 생명을 얻게 하려 함이니라【요 20:31】

■서론■ "믿음은 아무것도 혼자서 하지 않는 것이다. 모든 것을 하나님과 하나님 안에서 하나님을 통해서 하는 것이다"라고 홀랜드는 말했다. 믿음을 가져오게 하는 요소는 무엇인가?

■말씀■

I. 성경【요 20:31】

성경은 '오직 이것을 기록함은 너희로 예수께서 하나님의 아들 그리스도이심을 믿게 하려 함이요 또 너희로 믿고 그 이름을 힘입어 생명을 얻게 하려 함이니라'고 했다. 요한복음서를 기록한 사도 요한은 이 책을 기록한 목적을 예수께서 하나님의 아들 그리스도이심을 믿게 하려 함이라고 했다. 성도는 성경을 통하여 은혜를 받고 믿음이 생겨 예수를 그리스도라 믿고 주님으로 고백하게 된다.

참고 성구 행 17:11-12 요 5:39 렘 23:29 고전 12:3 딤후 3:14-17

II. 설교【행 10:33】

성경은 '내가 곧 당신에게 사람을 보내었는데 오셨으니 잘하였나이다 이제 우리는 주께서 당신에게 명하신 모든 것을 듣고자 하여 다 하나님 앞에 있나이다'라고 했다. 이방인으로서 최초로 성령을 체험한 가이사랴의 백부장 고넬료는 욥바에 있던 베드로를 초청해서 그의 설교를 들었는데 베드로의 말씀을 듣는 가운데 성령의 내려오심을 체험하고 방언을 말하고 믿음으로 세례를 받았다.

참고 성구 행 2:14-41, 7:2-53 요 17:20 행 16:14 행 27:23-25 마 7:24-29

III. 복음【행 15:7】

성경은 '형제들아 너희도 알거니와 하나님이 이방인들로 내 입에서 복음의 말씀을 들어 믿게 하시려고 오래전부터 너희 가운데서 나를 택하시고' 라 했다. 본 구절의 복음은 헬라어 '유앙겔리온'으로 '유'(옳은, 좋은)와 '앙겔리아'(교훈, 소식)의 합성어로 '복된 소식'이란 뜻이다. 죄로 말미암아 죽을 수밖에 없는 인류에게 예수의 십자가 사건과 부활로 인해 구원의 길이 열림은 참으로 복되고 기쁜 소식이 아닐 수 없다.

참고 성구 막 16:15-16 롬 1:17, 10:17 고전 15:12-22 빌 3:9-15

■결론■ 이와 같이 믿음을 가져오게 하는 요소를 보았으니 성도는 성경 말씀을 통해, 주의 종의 설교를 통해, 복음의 진리를 통해 믿음을 크게 가꾸는 자들이 되자.

■해설■ 믿음

믿음, 신앙(faith)은 '믿는다' 라는 동사에 해당하는 명사로서 이에 대한 히브리어는 '아만' 의 히필형(hiphil form)인 '헤에민' 이며 이에 대한 헬라어(70인역과 신약성경)는 '피스튜오' 이다. '피스튜오' 는 신약 성경에 약 250번 나오는 핵심적인 단어로서 복음을 통해서 사람들이 부르심을 받는, 즉 그리스도를 통해서 하나님을 믿는 다방면의 신앙적인 관계를 가리키는 데 언제나 사용되는 용어이다. '아만' 에 해당하는 히브리어 명사인 '에무나' 는 믿을 만하다(미덥다)는 의미에서 신실함을 가리키고 70인역에 번역된 '피스티스' 가 때로 신약에서 같은 의미를 지닌다(마 23:23, 롬 3:3). 이 단어는 '신실한' (갈 5:22), 또는 '충성' 으로 번역되기도 한다(딛 2:10, 고전 4:2).

■참고■ 믿음이란?

• 믿음은 견고하게 서 있는 것이다. 왜냐하면 믿음의 반석 위에 세워져 있으므로(시 40:2) • 믿음은 독수리가 쳐다보는 눈과 같다. 왜냐하면 믿음은 그리스도를 바라보므로 (히 12:2) • 믿음은 민첩한 열의를 낸다. 왜냐하면 믿음은 그리스도의 음성을 경청하므로(요 10:27) • 믿음은 견고하게 지키는 것이다. 그리스도에 밀착되어 있으므로(행 11:23) • 믿음은 충성스런 마음이다. 그리스도를 사랑하므로(살전 1:8) • 믿음은 결심하여 굳어진 의지다. 내가 하리라(사 12:2) • 믿음은 날카로운 영감이다. 왜냐하면 믿음은 그리스도에 대한 반응이므로(히 5:14)

■예화■ 늙은 운전사

얼마 전 시내버스를 탔는데 버스 운전사 바로 뒷좌석에 늙수그레한 분이 타고는 계속 창 밖을 두리번거리면서 버스 운전사에게 무얼 자꾸 물어보고 또 수첩에 적고 하는 모습이 눈에 띄었다. 그 분은 그 날 처음으로 그 회사에 취직이 되어 가지고 그 버스의 노선을 익히는 중이었다. 정류장은 어디에 있는가, 신호등은 어디에 있는가, 건널목은 어디에 있는가, 어디서 버스는 우회전을 하며 어디서 잠시 멈추는가, 그 늙은 버스 운전사는 운전을 앞두고 새롭게 모든 것을 익히는 중이었다. 그 분은 새로 운전을 배운 분 같지는 않았다. 분명 오랫동안 버스를 운전한 경력이 있는 것 같았다. 그러나 새로 회사를 옮기고 새로운 버스노선을 운행하게 되니까 모든 것을 새롭게 익힐 수밖에 없었다. 나는 그 늙은 버스 운전사를 보면서 새롭게 깨닫는 바가 있었다. 우리의 신앙생활도 그렇게 해야 한다. 한 걸음 한 걸음 자세히 익히며 한 발짝 한 발짝 앞으로 나가야 한다. 가나안을 향해 여행한 끝에 바란광야 가데스에 도착한 모세가 열두 명의 정탐꾼을 요단강 건너 가나안 땅에 들여 보내면서 부탁한 말을 아는가? "너희는 남방 길로 행하여 산지로 올라가서 그 땅의 어떠함을 탐지하라. 곧 그 땅 거민의 강약과 다소와 그들의 거하는 땅의 호불호와 거하는 성읍이 진영인지 산성인지와 그 토지의 후박과 수목의 유무니라. 담대하라. 또 그 땅의 실과를 가져오라"(민 13:17-20). 우리는 가나안 땅인 천국을 향해 나가는 사람들이다. (황의봉)

● 믿음 ●

믿음이 연약한 자에 대한 자세 세 가지

■본문■ 믿음이 강한 우리는 마땅히 믿음이 약한 자의 약점을 담당하고 자기를 기쁘게 하지 아니할 것이라【롬 15:1】

■서론■ "믿음이란 보지 못하는 것을 보는 것이며, 믿을 수 없는 것을 믿는 것이며, 불가능한 것을 갖는 것이다"라고 코리 텐붐은 말했다. 믿음이 연약한 자를 위한 성도의 자세는?

■말씀■

I. 성도는 연약한 자의 약점을 담당할 것【롬 15:1】

성경은 '믿음이 강한 우리는 마땅히 믿음이 약한 자의 약점을 담당하고 자기를 기쁘게 하지 아니할 것이라'고 했다. 약점이란 부족하거나 불완전한 점을 말하는데, 믿음이 강한 사람은 그 믿음을, 자신을 기쁘게 하는 데 사용하지 말고 믿음이 약한 사람을 기쁘게 하는 데 사용해야 한다. 이것이 연약한 믿음에 있는 자의 약점을 담당하는 것이다.

참고 성구 고전 9:22 롬 14:1-3 살전 5:4-8 막 9:23-25

II. 성도는 연약한 자를 도와주어야 할 것【행 20:35】

성경은 '범사에 여러분에게 모본을 보여준 바와 같이 수고하여… 돕고 또 주 예수께서 친히 말씀하신 바 주는 것이 받는 것 보다 복이 있다 하심을 기억하여야 할지니라'고 했다. 성도가 타인에게 자신의 소유를 나눠줄 때 유념해야 할 사항은 비록 아까워도 주님의 명령이시므로 할 수 없이 준다는 것이 아니라 주님의 소유를 맡은 청지기로서 주인의 명령에 따라 당연히 준다는 정신으로 해야 한다.

참고 성구 갈 6:2 골 3:12-14 벧전 3:8-9 약 1:27 히 13:3

III. 성도는 연약한 자에게 거침이 되지 않을 것【고전 8:9】

성경은 '그런즉 너희의 자유가 믿음이 약한 자들에게 걸려 넘어지게 하는 것이 되지 않도록 조심하라'고 했다. 성도는 인간을 교만하게 하는 지식이나 타인을 실족시키는 이기적인 자유를 추구하기 보다는 하나님께 영광을 돌리는 사랑의 동기에 따라 행동해야 한다. 본 구절의 자유는 헬라어 '엑수시아'로서 이는 '합법적인, 권리'의 뜻으로 우상이 아무것도 아님을 깨달은 자는 우상의 제물을 먹을 수 있는 권리를 가진다는 뜻이다.

참고 성구 마 23:13, 18:6-7 롬 14:13, 21 행 15:10 갈 4:9 고전 8:13

■결론■ 이와 같이 믿음이 연약한 자에 대한 자세를 보았으니 성도는 믿음이 약한 자의 약점을 담당하고 도와주며 자신이 거침이 되지 않도록 자유를 누리는 자 되자.

■해설■ **할머니**

화가 밀레는 우리에게 '이삭줍기', '만종' 등의 주옥같은 그림들을 남겼다. 그의 '안젤러스'란 작품은 예술을 사랑하는 모든 이를 사로잡았는데 그에게는 신앙심이 깊은 할머니가 있었다. 그가 공부하러 파리로 떠날 때 할머니는 "나는 네가 하나님의 명령에 불성실한 것을 보느니 차라리 네가 죽는 것을 보겠다"고 말하였다. 밀레가 당대의 가장 위대한 화가의 한 사람으로 알려지기 시작했을 때 그에게 끼친 할머니의 영향은 밀레가 그린 모든 그림에서 나타난다. "기억해라, 너는 화가이기 이전에 기독교 신자이다."

■참고■ **믿음이 연약한 자가 취할 자세**

- 말씀에 순종하자 - 갈렙과 같이 아낙 사람의 성읍이 크고 견고할지라도 그들을 쫓아낸다는 순종하는 믿음(수 14:10-14)
- 약한 것을 기뻐하자 - 바울과 같이 나의 약한 것을 자랑하여 그리스도의 능력을 머물게 한다는 깨달음(고후 12:8-10)
- 은혜를 구하고 담대히 하나님께 나아가자 - 다윗과 같이 전쟁은 여호와께 속한 것인즉 그가 너희를 우리 손에 넘기시리라는 확신(삼상 17:47)
- 연약한 대로 거룩히 살자 - 사무엘과 같이 성실히 삶을 산다는 고백(삼상 12:3)

■예화■ **실천력이 수반된 믿음**

자동차 왕 헨리 포드(1863-1947)와 세계의 강철 왕이라고 불렸던 앤드류 카네기(1835-1919)가 성공을 거둔 비결을 들어보자. "할 수 있다고 믿는다면 일은 성사된다. 그러나 할 수 없다고 생각하면 절대로 성공할 수 없다." 포드의 말이다. "착상과 믿음만 있으면 불가능은 없다." 카네기의 말이다. 우리는 이 두 사람이 다같이 강조하고 있는 하나의 단어를 발견할 수 있는데 그것은 '믿음'이라는 단어다. 믿음은 결코 추상적인 것, 관념적인 것에서 끝나는 것이 아니다. 믿음은 자기가 믿는 바를 행동으로 옮기는 집요한 실천력이 수반되어야만 참된 믿음이다. 사업에 믿음을 강조한 포드나 카네기는 그들의 믿음을 행동으로 옮기는 작업을 위하여 남다른 노력을 기울임으로써 마침내 멋진 성공을 거둔 사람들이다. 입으로는 열심히 믿음을 강조하면서도 생활을 통하여 그 믿음을 확증하지 못하는 이들이 많다. 믿음이라는 단어 속에는 신용, 신뢰, 확신 이 모든 의미가 포함되어 있다. 그리고 믿음은 우리의 삶의 전부를 온전케 해주는 삶의 근본이다. "내가 두려워하는 날에는 주를 의지하리이다"(시 56:3)라는 강한 믿음만이 삶의 전부를 주께 맡겨 그 믿음을 생활 속에서 강화시키고 확증시키는 비결이 될 것이다.

● 박해 ●

박해받을 때의 당당한 변명 세 가지

■본문■ 내가 처음 변명할 때에 나와 함께 한 자가 하나도 없고 다 나를 버렸으나 그들에게 허물을 돌리지 않기를 원하노라【딤후 4:16】

■서론■ 박해란 힘이나 권력 따위로 약한 처지에 있는 사람을 괴롭히거나 해를 입힘을 말한다. 성도가 박해를 받을 때에 어떤 자세를 취해야 하는가를 바울을 통해 보면?

■말씀■

I. 총독에게 기쁘게 변명한 바울【행 24:10】

성경은 '총독이 바울에게 머리로 표시하여 말하라 하니 그가 대답하되 당신이 여러 해 전부터 이 민족의 재판장이 된 것을 내가 알고 내 사건에 대하여 기꺼이 변명하나이다' 라고 했다. 바울이 총독에게 표한 경의는 더둘로의 아첨과는 대조적으로, 바울은 벨릭스의 치적이나 그 인간성에 경의를 보낸 게 아니라 로마법을 집행하는 재판관에게 공정성을 기대한다는 의미로 경의를 표하면서 오히려 복음을 알리게 됨을 기뻐하면서 변명했다.

참고 성구 행 26:28-29 마 10:18-20 롬 13:1-4 빌 1:7,18

II. 변명하기 위해 세워진 바울【빌 1:16】

성경은 '이들은 내가 복음을 변증하기 위하여 세우심을 받은 줄 알고 사랑으로 하나' 라고 했다. 변명이 무엇인가? 이는 사리를 가려내어 똑똑히 밝힘이나 자신의 언행 따위에 대하여 남이 납득할 수 있도록 설명하는 것을 말한다. 사도 바울은 자신이 복음을 위하여 이방인의 사도로 부름을 받고 복음을 위하여 세우심을 받은 것을 변명하면서 어떻게든 전파되는 것은 그리스도시라고 기뻐하였다.

참고 성구 행 23:11, 25:4 렘 20:9 딤후 1:8 딤후 4:16,17

III. 버림을 받았으나 탓하지 않은 바울【딤후 4:16】

성경은 '내가 처음 변명할 때에 나와 함께 한 자가 하나도 없고 다 나를 버렸으나 그들에게 허물을 돌리지 않기를 원하노라' 고 했다. 본 구절의 변명은 헬라어 '아폴로기아' 로서 이는 법정 용어인데 바울이 투옥되어 로마 감옥에서 재판받을 때 자신의 무죄를 변호한 것을 의미한다. 바울은 모든 사람들이 자신을 버리고 떠났으나 그들을 탓하지 않고 허물도 돌리지 않는 인품을 보였다.

참고 성구 딤후 1:15 딤후 4:10 마 10:22 눅 23:34 창 45:5-8

■결론■ 이와 같이 박해받을 때의 당당한 변명을 보았으니 성도는 바울처럼 기쁘게 변명하고, 복음을 위해 세워진 것을 자랑으로 알고, 억울한 일을 당하더라도 남을 탓하지 않는 순교자적 삶을 사는 자 되자.

■해설■ **박해**

'박해'(Persecution)란 문자적으로는 '추적하는 것'이란 뜻으로, 이는 기독교를 사회적으로 압박하고 그리스도인들을 엄벌에 처함으로써 기독교를 억압하고 멸절시키려는 제도적인 행위를 말한다. 기독교에 대한 박해는 산헤드린이 예수의 부활을 베드로와 요한이 전파함을 보고 박해함으로써 시작되어(행 4:1-5), 스데반의 최초의 순교를 계기로 큰 박해가 발생했는데 이때 예루살렘에 있던 그리스도인들이 사방으로 흩어졌다(행 8:1-6). 국가의 제도적인 박해는 로마의 네로 황제 때부터 시작되었는데 그 이전에는 일시적이고 지역적인 것에 불과했다. '데키우스'와 '디오클레시안' 황제 때 박해가 가장 혹심했다고 전해진다.

■참고■ **성도는 주를 힘입어 담대해야 한다**
- 기드온 - 300명의 군사로 대적 미디안을 맞아 싸우려는 그는 하나님의 함께 하심을 믿었다(삿 7:7-23)
- 다윗 - 블레셋의 골리앗을 향해 나는 만군의 여호와의 이름 곧 네가 모독하는 이스라엘 군대의 하나님의 이름으로 네게 가노라(삼상 17:45)
- 사드락, 메삭, 아벳느고 - 극렬히 타는 풀무불에서 하나님이 건져내실 것이요, 그리 아니하실지라도 신상에 절하지 않겠다는 믿음(단 3:16-18)
- 다니엘 - 사자 굴도 아랑곳하지 않고 예루살렘을 향해 기도드림(단 6:7,10)
- 나단 - 비록 왕일지라도 죄를 책망해야 함(삼하 12:7-12)
- 베드로와 요한 - 기탄없이 말함(행 4:13,20)

■예화■ **변명하지 맙시다**

김영수 목사님이 새벽기도를 마치고 집 앞에 이르니 고추장 단지와 쇠고기 마늘이 수북히 놓여 있었다. 어느 성도의 숨은 봉사로 알고 가족과 함께 하나님께 감사하고 먹었다. 그런데 문제가 생겼다. 여 집사 한 분이 면장 부인을 데리고 와서 목사님 집에 고추장 단지를 확인시키므로 변명 한 마디 못하고 그 목사는 도적으로 몰리고 말았다. 목사는 하는 수 없이 누명을 쓰고 9남매 자녀를 거느리고 이사하게 되었다. 그런데 막상 떠나려는 때에 한 여인이 나타나 자기의 소행이라고 울며 실토하므로 위기를 모면하게 되었다. 본래 그는 미친 여자였는데 그 때 제정신이 돌아온 것이었다. 면장을 위시한 많은 사람들이 미안하다고 찾아와 예수를 믿게 되었고 새 예배당도 마련하게 되었다. 이는 경북 장기교회에서 있었던 실화이다. 그리고 보니 김 목사님은 다섯 가지의 덕을 본 셈이다. ① 가족들의 신앙이 연단을 받았고 ② 정신이상자가 고침을 받았고 ③ 면장을 위시한 많은 불신자들이 예수를 믿게 되었고 ④ 새 예배당을 짓게 되었고 ⑤ 이 소식을 듣는 자마다 하나님께 영광을 돌린 일이다. 우리도 억울한 일을 만날 때 변명하지 말고 주께만 기도하자(눅 18: 7). (임종만예화선집)

● 박해 ●
박해받을 때 취하는 성도의 자세 세 가지

■본 문■ 나는 너희에게 이르노니 너희 원수를 사랑하며 너희를 박해하는 자를 위하여 기도하라【마 5:44】

■서 론■ "고난이란 하나님이 친한 사람에게만 주는 일종의 선물이다. 다른 이에게는 고생이 주어진다"라고 리실룩스는 말했다. 진리를 위해 고난받고 박해 받을 때 취하는 성도의 성경적 자세는?

■말씀■
Ⅰ. 기뻐한다【마 5:11,12】

성경은 '나로 말미암아 너희를 욕하고 박해하고 거짓으로 너희를 거슬러 모든 악한 말을 할 때에는 너희에게 복이 있나니 기뻐하고 즐거워하라'고 했다. 본 구절의 박해하고는 헬라어 '디오코'로서 이는 '뒤쫓다, 추구하다, 몰아낸다, 핍박한다'로서 끊임없이 박해를 받을 것을 뜻한다. 그러나 주님을 위해 받는 박해에는 천국이 주어지며 하늘의 상급이 있으므로 오히려 기뻐해야 한다.

　참고 성구 행 5:41 벧전 4:13 눅 6:22 벧전 4:14

Ⅱ. 기도한다【마 5:44】

성경은 '나는 너희에게 이르노니 너희 원수를 사랑하며 너희를 박해하는 자를 위하여 기도하라'고 했다. 원수란 자기 또는 자기 집이나 나라에 해를 끼쳐 원한이 맺힌 사람을 일컫는데, 주님은 이 원수를 사랑하고 박해하는 자를 위해 기도하라고 하셨다. 이것은 사랑의 질과 양의 문제뿐만 아니라 사랑의 대상 문제까지도 규명하신 것으로 이는 성도에게 단순한 윤리 이상의 종교적 묵상을 자아낸다.

　참고 성구 행 16:25 눅 23:34-37 요일 4:11 벧전 4:8 롬 12:17-20

Ⅲ. 인내한다【고전 4:12】

성경은 '또 수고하여 친히 손으로 일을 하며 모욕을 당한즉 축복하고 박해를 받은즉 참고'라 했다. 바울은 온갖 독설과 모욕에 대해서 참을 뿐만 아니라 사랑으로 응답하여 오히려 그들을 축복하였다. 성도들도 바울을 본받아 이 인정과 사랑이 멸시를 당하여도, 천대를 받아도 성도로서의 참된 자세와 참된 신앙의 고난을 감내하여 빛나는 삶을 살아야 하겠다.

　참고 성구 마 10:22 약 1:12 행 18:3 마 5:38-48

■결론■ 이와 같이 박해받을 때 취하는 성도의 자세를 보았으니 성도는 인간적으로는 힘들겠지만 성령의 감동과 능력과 주님의 사랑으로 박해자를 위해 기도하는 성숙한 신앙인들이 되자.

■해설■ 면류관

박해와 순교에 관한 일화이다. 몹시 추웠던 어느 날이었다. 군사들이 열두 명의 신자들을 잡아와서 며칠을 굶기고서 꽁꽁 얼어붙은 강에 데리고 가서 얼음을 깨고 열둘의 구멍에 집어넣고는 말하기를 "누구든지 지금 그리스도를 믿지 않는다고 말하면 살려주고 따뜻한 음식도 주겠다."라고 했다. 그러나 열두 명의 신자는 끝끝내 항거하며 견디었다. 시간이 흐르자 그 중 한 사람이 참지 못하고 "나는 예수를 버리겠소." 하였다. 군사들이 그를 건져올리려 했을 때 한 군사가 하늘을 보니 열두 천사가 면류관을 가지고 내려오다가 한 천사가 도로 하늘로 올라가는 것이 아닌가. 이를 본 병사는 "저 신자들 역시 나와 같은 사람인데 그들이라고 추위와 배고픔을 모를까. 그들에게 힘과 용기를 주는 것이 무엇일까. 그들은 영원한 생명과 상급의 면류관이 있기에 이 고통을 참는 것인가. 그렇다!" 그 병사는 얼른 군복을 벗고 얼을 구멍으로 뛰어들며 "내가 저 사람 대신에 그리스도를 믿겠소." 라며 큰소리로 외쳤다 한다.

■참고■ 환난을 감당함
- 야곱 - 형 에서가 군사 삼백을 이끌고 온다는 말에 인간의 방법을 다 취한 뒤 홀로 얍복 강가에서 생명을 건 씨름을 함(창 32:11-28)
- 요셉 - 애굽에 억울하게 팔려 온 것만도 억울한데 보디발의 아내에게 누명까지 써 감옥에 갇혔으나 하나님은 그를 범사에 형통케 하심(창 39:6-23)
- 엘리야 - 갈멜산상의 승리 후에 이세벨의 칼날을 피해 브엘세바의 광야 로뎀 나무 아래서 죽기를 구하였으나 하나님이 그의 기운을 회복시켜 이르심(왕상 19:1-16)
- 바울 - 빌립보 성에서 점하는 귀신을 쫓아 억울하게 옥살이를 하는 그날 밤 실라와 더불어 하나님께 찬미를 하니 옥터가 움직이고 옥문이 열림(행 16:19-34)

■예화■ 오리겐

알렉산드리아의 유명한 장로며 문답 교사인 오리겐(Origen)은 64세에 체포되어 기분 나쁜 감옥 속에 갇혀 쇠사슬에 매여 있었고 그의 두 발은 며칠동안 착고에 채여 있었다. 그는 불로 위협을 당하고 온갖 방법으로 고통을 당했다. 그러나 그는 한결같이 그리스도인으로서의 꿋꿋함을 유지하고 있었다. 판결은 너무나 가혹해서 단순히 죽이지 않고 그의 비참함이 너무 빨리 끝나지 않도록 질질 끌면서 고통을 가하게 했다. 그 사이에 다시우스 황제가 죽고 그의 후계자 갈루스(Gallus)가 고스(Goths)족과의 싸움에 개입되어 그리스도인들의 집행은 유예되었다. 진실로 이 위대하고 근면한 사람에 관해서 여러 가지 재미있는 특별한 이야기들이 남겨져 있다. 유세비우스(Eusebius)에 의해서 그의 아버지 레오니다스(Leonidas)가 순교 당할 때 그는 17살이었는데 아버지와 함께 고난을 당했으며 어머니도 없이 밤에 옷을 모두 빼앗기게 되었다. 두려움 때문이 아니라 수치감 때문에 그는 집에 남아 있을 수밖에 없었지만 아버지를 격려하면서 다음과 같은 메시지를 보냈다. "아버지 우리 때문에 아버지의 사상과 목표를 돌이키지 않도록 조심하세요." 레오니다스가 죽은 뒤에 황제로부터 모든 재산이 몰수되었고 오리겐은 비참하도록 가난한 상태로 몰락하게 되었다. 그러나 역경 속에서 그의 정력과 경건함은 더 밝게 빛났고 그는 학교를 다니면서 어머니와 여섯 형제를 봉양했다. (기독교 순교사화 / 존 폭스·메리 킹)

● 방언 ●

방언의 의미 세 가지

■ **본 문** ■ 베드로와 함께 온 할례 받은 신자들이 이방인들에게도 성령 부어 주심으로 말미암아 놀라니 이는 방언을 말하며 하나님 높임을 들음이러라 【행 10:45-46】

■ **서 론** ■ 방언이란 일반적으로 한 나라에 있어서의 표준어와 다른 사투리를 방언이라고도 하는데 성경에 있어서는 습득한 일이 없는 언어를 무아의 상태에서 말하는 현상을 일컫는다. 방언의 의미는?

■ **말 씀** ■

Ⅰ. 방언은 바벨탑의 언어와 대조가 된다 【창 11:9】

성경은 '그러므로 그 이름을 바벨이라 하니 이는 여호와께서 거기서 온 땅의 언어를 혼잡하게 하셨음이니라 여호와께서 거기서 그들을 온 지면에 흩으셨더라' 고 했다. 바벨탑 사건에서는 하나에서 여럿으로의 분열이, 오순절에는 여럿에서 하나로의 통일이 생겨나 인류의 교만한 죄에서 온 분열은 성령의 은사인 복음의 말씀에 의해 일치(일원화)를 초래한 것이다.

　　참고 성구 행 2:6-12 창 11:6-8 고전 14:23 행 2:11, 21-36

Ⅱ. 방언은 믿는 자들의 표적인 기이한 언어이다 【막 16:17】

성경은 '믿는 자들에게는 이런 표적이 따르리니 곧 그들이 내 이름으로 귀신을 쫓아내며 새 방언을 말하며' 라고 했다. 본 구절의 새 방언에서 '새' (새로운)는 헬라어 '카이노스' 로서 이는 아주 질적으로 새로운 것을 뜻하며, 방언의 헬라어 '글롯싸' 는 '혀, 언어, 방언, 말' 이라는 뜻으로 사람의 말과 언어를 의미한다. 성도는 세상의 언어가 아닌 하나님의 말씀인 특별한 언어로 말하는 자들이다.

　　참고 성구 욜 2:28 행 2:5-13, 16-21 행 19:6-7 고전 2:14, 14:22

Ⅲ. 방언은 성령의 충만함을 나타내는 것이다 【행 10:45,46】

성경은 '베드로와 함께 온 할례받은 신자들이 이방인들에게도 성령 부어 주심으로 말미암아 놀라니 이는 방언을 말하며 하나님 높임을 들음이러라' 고 했다. 충만이란 (어떤 한정된 곳에) 가득하게 찬 것을 뜻하는 말로서 성령의 충만하신 곳에 방언의 은사가 나타난다. 그러나 방언의 은사는 영적 은사 중 최하위의 것으로 감정적인 반면에 예언의 은사는 지적이다.

　　참고 성구 행 2:4 고전 12:10 고후 8:2 빌 4:12 행 6:8-10 고전 14:2,4,19

■ **결 론** ■ 이와 같이 방언의 의미를 알았으니 성도는 믿는 자의 표적인 방언을 받기 위해 기도하고, 방언의 성령 충만한 은사를 주신 주님께 감사하고, 아울러 예언의 은사도 함께 받아 신앙생활에 균형을 이루자.

■해설■ **방언의 은사**

'카리스마'(단수)는 그리스도인으로 하여금 교회에서 특별한 사역을 수행할 수 있게 하는 특별한 은사이다. 그 중 방언의 은사는 바울이 언급한 또 하나의 은사로서 성령께서는 각종 방언을 주신다 했다(고전 12:10,28). 방언은 알아들을 수 없는 말로 듣는 자에게 유익이 없고 방언(글롯싸)이란 외국어(포네)가 아니다. 방언을 말하는 자는 자기 덕을 세우며 지적인 규제를 초월해 버리며 그 단어들이 고도로 함축된 의미를 지니고 고도로 축약되어서 단어와 단어 사이의 연결성이 비상하며, 황홀경에서 구사되는 말을 하는 것으로 고전 14장에 잘 설명되어 있다.

■참고■ **성경에 언급된 방언에 관한 것들**
- 부활하신 후 제자들에게 나타나신 주님은 믿는 자들에게는 이런 표적이 따르리니 곧 그들이 내 이름으로 귀신을 쫓아내며 새 방언을 말한다 하심(막 16:17)
- 오순절 날 마가의 다락방에서 성령 체험을 하여 각기 다른 방언으로 말하니(행 2:4) 각국의 사람들이 놀람(행 2:5-13)
- 바울의 안수로 에베소의 12사람이 방언을 말함(행 19:6-7)
- 방언은 성령의 은사 중 하위의 것임(고전 12:10,28)
- 방언을 말하는 자는 자기의 덕을 세움임(고전 14:4)
- 방언은 믿지 않는 자를 위한 표적임(고전 14:22)

■예화■ **코끼리**

영국에 유명한 서커스단이 하나 있었다. 거기에는 인도에서 수입해 온 이름이 보죠라고 하는 코끼리 한 마리가 있었는데, 처음에는 아주 양순하고 말을 잘 들어서 구경하는 사람들에게 좋은 재롱을 보였다. 그런데 어느 날 아침 이 코끼리가 공연히 코로 창문을 깨고 청소하러 들어온 사람을 내던지고 구경하는 사람들에게 화를 내는 등 성격이 아주 포악해졌다. 서커스단 주인은 코끼리를 달래려고 해보았지만 코끼리는 말을 듣지 않았다. 이대로 가다가는 많은 사람에게 피해를 줄 것 같아서 결국에는 코끼리를 죽여 버리기로 했다. 많은 사람이 모인 가운데 총을 잘 쏘는 두 사람이 장전을 하고 대기하고 있었다. 바로 그 때 남루한 옷을 입은 사람이 황급히 달려와서 "잠깐 기다려 주세요. 내가 한번 코끼리를 달래 보겠습니다." 라고 소리치면서 문을 열고 들어가 코끼리에게 알아들을 수 없는 이상한 말을 했다. 한참 말을 하니까 그렇게 말을 안 듣고 성을 부렸던 코끼리가 얌전해졌다. 그리고 코로 그 사람을 휘어 감아서 번쩍 들어올리고 또 잔등에도 올려놓고 좋아하다가 그 사람을 문 밖에 내려 놓았다. 그 사람이 주인에게 이렇게 말했다. "이 코끼리는 인도에서 왔는데 힌두어를 듣고 싶어했기에 힌두어로 이야기하게 될 때 코끼리의 성격이 가라앉게 된 것입니다." 우리의 마음이 불안하고 견딜 수 없는 분노와 어려움이 있을 때 우리는 하나님의 소리를 들어야 한다.
(설교예화 / 김선도)

● 방탕 ●

방탕한 자의 결국 세 가지

■ 본 문 ■ 투기와 술 취함과 방탕함과 또 그와 같은 것들이라 전에 너희에게 경계한 것 같이 경계하노니 이런 일을 하는 자들은 하나님의 나라를 유업으로 받지 못할 것이요 【갈 5:21】

■ 서 론 ■ "젊은 날에 너무 방종하면 마음이 피폐해지고 건강을 해치게 된다. 방탕은 찰나의 즐거움과 영원한 후회를 동시에 가져 온다"라고 블레이크는 말했다. 성경이 말하는 방탕한 자의 결국은?

■ 말 씀 ■

I. 궁핍하게 된다 【잠 28:19】

성경은 '자기의 토지를 경작하는 자는 먹을 것이 많으려니와 방탕을 따르는 자는 궁핍함이 많으리라' 고 했다. 궁핍이란 무엇인가? 이는 가난하고 구차한 것으로 게으른 자, 방탕, 곧 주색(酒色)에 빠져 행실이 추저분한 자들에게 많이 발생한다. 누가복음서에 나오는 둘째 아들 탕자는 많은 재물을 가지고 먼 나라에 가서 허랑방탕하였다가 쥐엄 열매도 못 먹을 처지에 이르게 되었다.

참고 성구 눅 15:12-16,30 잠 18:9 딤전 5:6 잠 21:17 계 3:17

II. 하나님 나라의 유업이 없다 【갈 5:21】

성경은 '투기와 술 취함과 방탕함과 또 그와 같은 것들이라 전에 너희에게 경계한 것 같이 경계하노니 이런 일을 하는 자들은 하나님의 나라를 유업으로 받지 못할 것이요' 라고 했다. 유업이란 일반적으로 선대로부터 물려받은 사업을 말하는데 성경에서는 기업으로도 많이 번역되었다. 신약에서는 일반 상속인 외에 메시야 왕국의 특권을 이을 자와 성도에 대해서 인용되어 있는데 헬라어 '클레로노미아' 의 번역어이다.

참고 성구 고전 6:9-10 계 21:27, 22:15 고전 15:50 갈 3:29, 4:1 엡 5:5

III. 뜻밖에 주님의 재림을 맞게 된다 【눅 21:34】

성경은 '너희는 스스로 조심하라 그렇지 않으면 방탕함과 술취함과 생활의 염려로 마음이 둔하여지고 뜻밖에 그 날이 덫과 같이 너희에게 임하리라' 고 했다. 본 구절의 방탕은 헬라어 '클라이팔레' 로서 이는 '도취' 를 뜻하는 말이다. 다시 말하면 무엇인가에 마음을 빼앗기고 도취된 상태를 이르는 것으로 주색에 도취되어 방탕한 자에게는 주님의 심판이 기다릴 뿐이다.

참고 성구 엡 5:18 골 3:2 롬 12:2 벧전 3:20 눅 17:26-30

■ 결 론 ■ 이와 같이 방탕한 자의 결국을 보았은즉 성도는 이런 결국을 맞게 되는 방탕함을 경계하고 경성하여 주님께서 인치신 거룩한 성도로서 말세를 믿음 안에서 잘 살아가는 자들이 되자.

■해설■ **로마의 멸망**

1787년에 완성된 '로마제국의 몰락'에서 저자 '에드워드 기본'은 다음과 같은 이유를 들고 있다. ①이혼의 급속한 증가 - 인간 사회의 근간이 되는 가정의 신성과 존엄에 대한 침식으로 타락한 인간이 성적 쾌락을 좇아 방탕했음. ②쾌락을 지나치게 추구한 것 - 스포츠는 매년 더욱 흥분적이고 야만적이 되어 퇴폐한 풍조가 만연. ③거창한 군비의 확장 - 적은 실은 내부에 있었으니 국민들의 부패와 윤리의 상실이었음. ④종교의 쇠태 - 신앙은 단순한 형식이 되어 갔으며 국민을 이끌지 못하였음. 로마의 멸망이 우리에게 무엇을 시사해 주고 있는가?

■참고■ **방탕한 자들의 몇 가지 특징**
- 술을 즐겨 마셔 취하고 탐식함(잠 23:20-21)
- 방탕한 자들은 음란과 호색을 찾아서 밝힘(롬 13:13)
- 음란과 정욕과 술취함과 방탕과 연락과 무법한 우상 숭배는 이방인들이 행하는 짓거리임(벧전 4:3-5)
- 방탕한 자는 안일을 추구하며 향락적임(암 6:4-7)
- 방탕했던 둘째 아들은 궁핍하자 자신의 죄과를 생각함(눅 15:13-17)
- 예수 시대에 서기관과 바리새인들이 그러했음(마 23:25-31)
- 선지자 이사야는 유다 여자들의 방탕함과 음란함을 책망하여 그들의 결국을 예언했음(사 3:16-26)

■예화■ **교회와 술집**

어느 두 술꾼 학생이 저녁에 술집으로 가던 길에 한 교회의 게시판에 "죄의 삯은 사망"이라는 구절이 써 있는 것을 우연히 읽게 되었다. 그 때에 그 중 한 젊은 이는 그 성경구절에 큰 충격을 받아 지금까지 자신이 가던 길이 잘못된 길임을 깨닫고 방향을 바꾸어서 그 교회에 들어가기로 했다. 그러나 다른 한 친구는 그대로 술을 마시러 가자고 하였다. 결국 한 사람은 교회로 들어갔고 다른 사람은 거리의 술집을 찾아 들어갔다. 교회에 찾아간 청년은 예수 그리스도를 만나게 되었고, 그 때부터 참된 삶의 의미를 찾아서 살게 되었고, 훌륭한 인격자가 되었다. 오랜 세월이 흐른 뒤에 대통령을 선거하게 되었는데, 그 청년이 대통령에 당선되었다. 그 소식을 전하는 호외가 어떤 감옥소에까지 날아 들어갔는데 그 철창 속에서 호외를 붙들고 눈물을 흘리는 한 죄수가 있었다. 그는 회개의 기회를 뿌리치고 거리의 술집을 찾아다니며 방탕의 생활을 하던 그 청년이었다. 그리스도의 길은 생명과 은혜의 길, 축복과 번영의 길이었다. 인생의 길은 꼭 한 번밖에 갈 수 없는 일방통행의 길이다. 그러므로 우리의 길이 그리스도의 길이 되어야 한다.

● 배교 ●

배교자의 모양새 세 가지

■ 본문 ■ 얀네와 얌브레가 모세를 대적한 것 같이 그들도 진리를 대적하니 이 사람들은 그 마음이 부패한 자요 믿음에 관하여는 버림 받은 자들이라 【딤후 3:8】

■ 서론 ■ 한국이 낳은 저명한 부흥사 이성봉 목사는 "하나님의 은혜를 받고도 배교한 자의 말로는 죽음이다. 두려울진저 회개하라"고 했다. 배교자는?

■ 말씀 ■

Ⅰ. 배교자는 진리를 대적한다 【딤후 3:8】

성경은 '얀네와 얌브레가 모세를 대적한 것 같이 그들도 진리를 대적하니 이 사람들은 그 마음이 부패한 자요 믿음에 관하여는 버림 받는 자들이라'고 했다. 대적이란 적이나 어떤 세력, 힘 따위가 서로 맞서 겨룸을 말하는데 '얀네와 얌브레'는 출애굽 당시 모세를 대적한 마술사들 중 대표적인 인물로 외경에 나타나 있다. 배교자는 진리를 대적하고 믿음에는 완전히 파괴된 자들이다.

참고 성구 출 7:11-12 롬 8:7 딤후 4:14-15, 2:15 딤전 1:19-20 계 21:8, 22:15

Ⅱ. 배교자는 세상의 더러움으로 돌아간다 【벧후 2:22】

성경은 '참된 속담에 이르기를 개가 그 토하였던 것에 돌아가고 돼지가 씻었다가 더러운 구덩이에 도로 누웠다 하는 말이 그들에게 응하였도다'라고 했다. 배교자는 고의로 예수의 진리를 본질적으로 배교하여 능동적으로 대적한 자들이다. 이들은 타락한 점에 있어서는 진리와 선한 교훈을 알면서도 범죄한 자들로서 이들은 회개할 가능성조차 스스로 거부하여 최후 심판이 확정된 자들이다.

참고 성구 마 12:43-45 딤후 4:10,15 딛 1:15 요일 2:15-16

Ⅲ. 배교자는 새롭게 돌이킬 수 없다 【히 6:5,6】

성경은 '하나님의 선한 말씀과 내세의 능력을 맛보고도 타락한 자들은 다시 새롭게 하여 회개하게 할 수 없나니 이는 그들이 하나님의 아들을 다시 십자가에 못 박아 드러내 놓고 욕되게 함이라'고 했다. 강력한 성령의 외적 역사를 체험하고도 겉으로만 신앙고백을 하다가 끝내 내적으로 중생하지 않고 고의로 진리를 거슬러 사탄의 무리에 속한 자들에겐 회개의 기회가 박탈되었다.

참고 성구 신 8:2 행 7:51-52 벧후 2:20-21 눅 9:62 히 10:26-27

■ 결론 ■ 이와 같이 배교자의 모습을 보았으니 성도는 배교자와 이단자들의 미혹에서 벗어나 참 진리인 성경에 기초를 두고 말씀대로 사는 신실한 신앙인이 되자.

■해설■ 배교

'배교'(apostasy)에 관해서 신약성경에 행 21:21, 살후 2:3에 두 번 나오는데 이것은 '아포스타시스'의 후기형으로 본래 직이나 직위를 '저버리다'를 뜻하는 헬라어 '아포스타시아'에서 왔다. 이 단어를 정치적인 반역에 대해 '플루타크'가 사용했고, 구약에서는 하나님에 대한 반역의 의미로 나온다(수 22:22). 영어성경 AV에는 이것을 죄의 인간, 혹은 적그리스도에 대한 계시에 관련한 '변절'이라 번역되어 있다. 이런 의미에서 이 단어는 종교적인 반역에 속한다. 살후 2:3은 계시적 특징에 대한 예언적 절의 일부로 '배도하는 일'은 누구에 대해서, 무엇으로부터의 억측을 야기시키는데 이는 적그리스도와 관련되어 있다.

■참고■ 배교자로서 후세에까지 이름을 남긴 추한 사람들

- 솔로몬 - 호색과 음란으로 점철된 솔로몬의 후반 인생은 결국 하나님을 떠나시게 만듦(왕상 11:1-11)
- 사울 - 하나님의 명령을 거역한 사울을 하나님은 내가 사울을 세워 왕 삼은 것을 후회한다고 하셨음(삼상 15:11)
- 아마샤 - 에돔 사람들을 치고 돌아올 때 세일 자손의 우상을 자기의 신으로 삼아 분향함(대하 25:14-16)
- 가룟 유다 - 은 삼십에 예수를 넘겨줌(마 26:14-16)
- 후메내오와 빌레도 - 바울이 말한 악성 종양과 같은 자들(딤후 2:17-18)
- 데마 - 바울을 버리고 세상을 사랑해서 떠나간 사람(딤후 4:10)

■예화■ 값있는 직분

18세기 초 영국의 유명한 건축가 크리스토퍼 우렌 경은 성 바울 대사원을 건축한 사람이다. 그 사원의 공사가 한참 진행 중일 때 우렌 경은 똑같이 돌 깎는 일을 하고 있는 석공들에게 물었다. "당신은 지금 무엇을 하십니까?" 묻는 사람의 얼굴은 처다볼 생각도 안한 아무런 표정도 없는 이가 "아침부터 저녁까지 여섯 자 길이 석자 폭의 돌이나 깎고 있습니다."라고 대답했다. 또 다른 석공에게 같은 질문을 했다. "당신은 지금 무엇을 하십니까?" "입에 풀칠하기 위해서 이 짓이지요." 하며 투덜거렸다. 다른 석공에게 같은 질문을 또 했다. "당신은 지금 무엇을 하십니까?" 그 때 그 석공은 하던 일손을 멈추며 웃는 얼굴로 낯선 신사 우렌 경을 바라보면서 "선생님께서 보시는 대로 이렇게 부족한 사람이 세계적으로 유명하신 우렌 경의 지휘 밑에서 이루어지고 있는 우리 나라의 자랑인 장엄한 성 바울 대사원을 건축하는데 한 몫을 맡아 지난 2년 남짓 여기서 돌 다듬는 일을 하고 있습니다." 하고 정성스레 하던 일을 다시 계속하는 것이었다. 같은 일을 하면서도 마음의 자세 여하에 따라 무미건조한 일이 되기도 하는가 하면 의식주 해결을 위한 지루한 움직임이 되기도 하는가 하면 값있는 직분이라 여김으로 기쁨의 일이 되기도 하는 것을 볼 수 있다. 하나님께서는 각 사람에게 향하신 기대와 소원이 계셔서 그 뜻대로 우리를 인도하신다. 이를 믿고 의지할 때 우리는 어떠한 처지나 환경에서든 참 기쁨을 누릴 수 있게 된다.

● 배은망덕 ●

배은망덕한 자들의 소행 세 가지

■ 본문 ■ 소는 그 임자를 알고 나귀는 그 주인의 구유를 알건마는 이스라엘은 알지 못하고 나의 백성은 깨닫지 못하는도다 하셨도다 【사 1:3】

■ 서론 ■ 아프리카의 격언에 "곡식 낟알을 삼킬 때는 암탉도 머리를 하늘로 치켜든다"라는 말이 있다. 성경에 나타난 배은망덕한 자들의 소행은?

■ 말씀 ■

I. 옛날을 기억하지 않는다 【신 32:7】

성경은 '옛날을 기억하라 역대의 연대를 생각하라 네 아버지에게 물으라 그가 네게 설명할 것이요 네 어른들에게 물으라 그들이 네게 말하리로다'라고 했다. 이스라엘의 역사는 거듭되는 인간의 배반에도 불구하고 하나님의 끊임없는 은혜로 점철된 사랑과 긍휼의 역사였다. 과거에 자신의 삶 가운데 베풀어 주신 하나님의 은혜를 오늘에 기억하는 것이야말로 하나님께 감사드리는 찬송 제목이다.

참고 성구 민 16:13 출 2:23-25 시 78:34-41 수 24:14-18

II. 도리를 생각하지 않는다 【렘 2:7】

성경은 '내가 너희를 기름진 땅에 인도하여 그것의 열매와 그것의 아름다운 것을 먹게 하였거늘 너희가 이리로 들어와서는 내 땅을 더럽히고 내 기업을 역겨운 것으로 만들었으며'라고 했다. 도리란 무엇인가? 이는 사람이 마땅히 지켜야 할 바른 길을 뜻하는데 이스라엘 백성은 애굽의 종살이에서 건져내어 젖과 꿀이 흐르는 가나안 땅을 주셨음에도 하나님의 은혜를 잊고 우상을 숭배하였다.

참고 성구 롬 1:21-23 창 40:9-15, 21-23 요 10:32 민 22:28-30 요 12:6

III. 은혜를 감사하지 않는다 【사 1:3】

성경은 '소는 그 임자를 알고 나귀는 그 주인의 구유를 알건마는 이스라엘은 알지 못하고 나의 백성은 깨닫지 못하는도다 하셨도다'라고 했다. 감사란 기독교에서 있어서는 특히 하나님의 은혜에 대해 응답하는 사람의 물질적 마음의 표현을 말한다. 이스라엘의 행실이 소와 나귀보다 못함이 본 구절에 준엄히 지적되어 있다. 은혜를 감사하지 않는 자는 소나 나귀보다 못한 자이다.

참고 성구 삿 8:36 사 1:4 눅 2:13, 17:18, 22:3-6 행 2:47, 3:8-9 히 6:6

■ 결론 ■ 이와 같이 배은망덕한 자들의 소행을 보았으니 성도는 하나님의 은혜에 감사하여 매일 그분을 찬송하며 영광을 돌려드리며 그분의 말씀대로 준행하는 삶을 살아서 기쁨을 드리자.

■해 설■ **배은망덕**

1860년 9월 8일, 승객들로 가득찬 '레이디엘진' 호가 미시간 호 해변에서 침몰하였다. 그때 해변가에 몰려든 학생 중에 '스펜서'는 '카레트 성서대학'에 다닌 학생인데 그는 용감히 험한 파도에 자신의 몸을 던져 무려 17명의 사람을 구조하고서는 지칠대로 지쳐 헛소리를 하며 쓰러지고 말았다. 스펜서는 얼마 후 회복하였으나 지나친 과로로 인해 건강을 해쳐 결국 희망했던 성직자가 되지 못하였다. 그는 자신의 생활을 통해 그리스도의 가르침을 몸소 보여 주었다. 그가 81세에 죽자 이 사실이 신문에 알려졌으나 구조받았던 17명 중 한 사람도 그에게 감사하러 오지 않았다 한다.

■참 고■ **성경에 나타난 배은망덕한 자들**
- 이스라엘 백성이 모세에게 - 신 광야를 떠나 르비딤에서 장막을 치자 마실 물이 없으매 모세를 원망하고 애굽의 종살이를 잊음(출 17:1-7)
- 이스라엘 자손이 기드온에게 - 미디안에게 괴롭힘을 당한 그들을 구해 주었으나 기드온이 죽자 잡신을 섬기고 기드온의 집을 후대치도 않음(삿 8:33-35)
- 사울이 하나님께 - 이스라엘의 초대 왕이 되게 하였으나 하나님을 버리고 불순종함 (삼상 15:16-24)
- 다윗이 하나님께 - 이스라엘의 2대 왕으로 삼아 주었음에도 하나님을 업신여기고 악을 행함(삼하 12:7-15)
- 솔로몬이 하나님께 - 지혜와 원하지 않던 부귀영화를 주었음에도 말년에 하나님을 잊었음(왕상 11:1-13)

■예 화■ **변덕스러운 사람의 마음**

"인생은 행동을 약속할 수는 있지만 감정을 약속할 수는 없다." 〈인간적인 너무나 인간적인〉이라는 니체의 저서의 한 구절이다. "인간은 약속을 할 수 있는 동물"이라고 니체는 말했다. 우리는 남과 약속한 것을 지킨다. 그것이 공신력이요, 신용이다. 약속을 어길 때 위약이 되고 공약이 되고 배신이 된다. 그것은 인간의 수치요 악덕이다. 우리는 행동을 약속할 수는 있지만 감정을 약속하기는 힘들다. 인간의 감정은 가을 날씨와 같아서 변덕스럽고 변화하기 쉽고 유동적이다. 심리학자 제임스는 인간의 의식은 물처럼 흐르는 것이라고 했다. 젊은 남녀가 서로 사랑할 때 "나는 당신을 사랑한다"고 고백한다. 그리고 "나의 사랑은 절대로 변하지 않는다"라고 맹세한다. 나는 당신을 사랑한다는 말은 결코 보증수표는 아니다. 사랑하는 그 당시에는 그 감정이 변하지 않을 것 같지만 변하고 또 변하기 쉬운 것이 사랑의 감정이다. 특히 사랑의 감정은 그렇다. 세상에 애정의 비극이 그치지 않는 까닭은 서로 사랑하던 감정이 증발하고 퇴색하고 변하는데 기인한다. 사랑의 감정을 끝까지 계속시키려면 꾸준한 인내와 지혜와 노력이 필요하다. 인간이 감정의 흐름대로 행동하고 감정에 모든 것을 맡겨 버린다면 우리는 무질서와 혼란과 비극의 나락으로 전락하고 말 것이다. (안병욱)

●병●
나병으로 표출된 하나님의 의지 세 가지

■본 문■ 여호와께서 또 그에게 이르시되 네 손을 품에 넣으라 하시매 그가 손을 품에 넣었다가 내어 보니 그의 손에 나병이 생겨 눈 같이 된지라【출 4:6】

■서 론■ 프랑스의 작가 로맹 롤랑은 "한 번도 병을 앓은 적이 없는 사람은 충분히 자기를 안다고 할 수 없다"고 했다. 나병 속에 감춰진 하나님의 의지는?

■말 씀■

I. 모세의 나병 / 하나님의 권능【출 4:6】
성경은 '여호와께서 또 그에게 이르시되 네 손을 품에 넣으라 하시매 그가 손을 품에 넣었다가 내어보니 그의 손에 나병이 생겨 눈 같이 된지라'고 했다. 권능이란 권세와 능력을 뜻하는데 고대에서는 나병을 고칠 수 있는 분은 하나님밖에 없다는 인식이 자자했다. 나병환자 같이 소망 없는 이스라엘을 회복시켜 젖과 꿀이 흐르는 가나안으로 인도하심은 모세를 통한 하나님의 권능에 의함이다.
참고 성구 출 4:8 욥 42:2 마 19:26 왕하 5:7, 14-15 신 32:39

II. 게하시의 나병 / 하나님의 공의【왕하 5:27】
성경은 '그러므로 나아만의 나병이 네게 들어 네 자손에게 미쳐 영원토록 이르리라 하니 게하시가 그 앞에서 물러나오매 나병이 발하여 눈 같이 되었더라'고 했다. 공의란 하나님의 속성의 하나로 이는 그분의 절대 공정하심과 정의로우심을 뜻하며 하나님은 이것을 사랑하신다. 엘리사의 사환 게하시는 탐심으로 인하여 범죄함으로써 나아만의 나병이 그에게 임하게 되었다.
참고 성구 행 5:4 눅 12:47 민 12:2, 14 고전 10:10-11 사 62:2-3 미 6:8

III. 웃시야의 나병 / 하나님의 심판【대하 26:21】
성경은 '웃시야 왕이 죽는 날까지 나병환자가 되었고 나병환자가 되매 여호와의 전에서 끊어져 별궁에 살았으므로 그의 아들 요담이 왕궁을 관리하며 백성을 다스렸더라'고 했다. 심판이란 정의를 밝히기 위해 내려지는 판결로서 하나님은 선에 대해서는 복을 주시고 악에 대해서는 벌로써 보답하시는 궁극의 심판자이시다. 웃시야의 교만은 제사장직을 범하여 하나님의 심판을 받았다.
참고 성구 대하 26:16-21 민 18:1-7 삼상 13:13-14 창 18:25 민 20:5-6

■결 론■ 이와 같이 나병으로 표출된 하나님의 의지를 보았은즉 성도는 하나님의 권능을 의지하여 사람들에게 자유를 주며 하나님의 공의로 악한 자를 대적하여 하나님의 심판의 무서움을 이웃에게 일깨우며 받은바 빛과 소금의 사명을 다하자.

■해설■ 나병

'나병'(leprosy)은 히브리어로 '차라아트', 곧 '때려서 쓰러뜨리다'라는 의미를 가진다. 나병은 성경에 광범위하게 기록되어 있는데 그것은 죄의 대표적 상징으로 나타나기 때문이다(시 38:3-11, 사 1:6). ①나병은 내부적 질병인즉 이는 죄의 내재적 속성을 의미(약 1:14-15). ②나병은 치명적 질병인즉 이는 죄의 파괴적 속성을 의미. ③나병은 환자를 사람과 사회와 성소의 봉사에서 격리시킴인즉 이는 죄가 사람과 사람, 사회와 개인, 하나님과 인간 사이를 분리시킴(계 21:27). ④나병은 조그만 반점으로 시작해 온몸으로 번지는 전염성이 죄와 같음. ⑤나병은 전염되어 만연되니 죄의 침투성의 극심함을 나타내는 것이다.

■참고■ 하나님의 기적으로 나병이 치유된 사건들

- 모세 - 소명을 입은 모세가 그들이 나를 믿지 아니한다고 하자 하나님께서 내 손을 품에 넣으라며 나병환자의 손이 되게 하고 또 치유되는 기적을 베푸심(출 4:1-8)
- 미리암 - 하나님의 종 모세를 비방한 죄로 나병이 걸렸으나 모세가 간절히 기도하여 7일 뒤에 고침을 입음(민 12:1-16)
- 나아만 - 아람의 군대장관이었으나 이스라엘의 계집종에게 엘리사의 이야기를 듣고 처음엔 방종했으나 후에 순종하여 요단강에서 일곱 번 목욕하여 고침을 입음(왕하 5:11-14)
- 열 나병환자 - 사마리아와 갈릴리 사이의 촌의 나병환자 10명이 나음(눅 17:11-19)

■예화■ 하나님의 법

약 25년 전 내가 성 미카엘 신학원에서 학생들을 가르치고 있을 때, 나는 우연히 영국의 아세아 학술원 한국지부에서 출판된 최초의 학술 논술집 한 권을 읽게 되었다. 함병춘 박사가 그 책을 썼는데 거기에는 구미의 법과 한국의 법이 어떤 철학적 상이점들을 갖고 있는지에 대해 서술되어 있었다. 함박사는 책 속에서 한국의 법이 서구의 법보다 훨씬 훌륭하다고 말하고 있었다. 나는 법학자가 아니라 깊이 언급할 수는 없다. 나는 다만 법은 각기 다른 정신을 갖고 있으며 그 중 어떤 것은 보다 성경의 정신에 가깝다는 것을 지적하고 싶다. 이 같은 성경의 정신을 한국에 적용하여 실시되도록 하는 것이 함박사의 당면한 과제라고 나는 생각한다. 법과 관계를 맺고 있는 사람들 중 특히 입법자들이 잊기 쉬운 것은 법에는 두 가지 법, 즉 규범법과 기술법이 있다는 사실이다. 처음의 것은 소위 우리가 자연법이라고 부르는, 엄밀히 말하면 하나님의 법이라고 일컬을 수 있는 것이고, 나중의 것은 인간의 행위를 다스리기 위해서 사람이 제정한 법률이라고 말할 수 있는 것이다. 그리고 중요한 것은 이 둘을 분리시킬 수 없다는 사실이다. 만약 우리가 하나님의 법에 위배되는 법을 제정한다면 우리는 종국적으로 나라를 망치고 말 법을 만들게 되는 셈인 것이다. 하나님의 법은 인간들이 자신의 권세가 얼마나 있다고 생각하든지 간에 인간의 결정에 따라 변화될 수가 없는 것이다. 하나님의 법이야말로 올바른 질서를 제공받는 지름길이다. (산골짜기에서 온 편지 2 / 대천덕)

● 병 ●

물로써 병을 고친 사례 세 가지

■본 문■ 이르시되 실로암 못에 가서 씻으라 하시니(실로암은 번역하면 보냄을 받았다는 뜻이라) 이에 가서 씻고 밝은 눈으로 왔더라 【요 9:7】

■서 론■ 작가 앙드레 모로아는 "병은 정신적 행복의 한 형식이다. 병은 우리의 욕망, 우리의 불만에 분명한 한계를 만든다"고 했다. 물로써 병을 고친 이들은?

■ 말씀 ■

Ⅰ. 나아만이 요단 강물에 씻어 나병이 나음 【왕하 5:14】

성경은 '나아만이 이에 내려가서 하나님의 사람의 말대로 요단 강에 일곱 번 몸을 잠그니 그의 살이 어린 아이의 살 같이 회복되어 깨끗하게 되었더라' 고 했다. 나아만은 아람(수리아) 나라의 군대장관으로 이름의 뜻은 '즐거움' 이다. 나병환자였던 그는 엘리사의 말에 순종하여 요단 강물에 몸을 씻어 나병을 치유받고 앞으로 하나님을 섬기기로 약속했고 하나님께 영광을 돌렸다.

참고 성구 왕하 5:1,14,17 시 38:3-11 사 1:6 눅 4:27

Ⅱ. 베데스다 못의 물에 먼저 들어가는 자가 나음 【요 5:4】

성경은 '이는 천사가 가끔 못에 내려와 물을 움직이게 하는데 움직인 후에 먼저 들어가는 자는 어떤 병에 걸렸든지 낫게 됨이러라' 고 했다. '베데스다' 란 '자비의 집, 은혜의 집' 이라는 뜻인데 이러한 호칭은 오늘날 마땅히 성도의 가정과 교회가 먼저 차지할 수 있어야 한다. 예루살렘 성전 서북쪽 모퉁이에 위치한 베데스다 못에 물이 동할 때 먼저 들어가는 자가 병이 낫는다는 속설이 있었다.

참고 성구 느 3:1, 12:39 요 5:2-4 행 2:38 마 16:18-19 요 7:37-38

Ⅲ. 맹인이 실로암 못에 가서 씻어 나음 【요 9:7】

성경은 '이르시되 실로암 못에 가서 씻으라 하시니(실로암은 번역하면 보냄을 받았다는 뜻이라) 이에 가서 씻고 밝은 눈으로 왔더라' 고 했다. 주님께서 맹인에게 실로암 못에 가서 씻으라고 하신 것은 맹인의 믿음과 순종을 시험하시기 위함이었다. 성도는 주의 은혜와 약속 및 그것을 받아들이는 우리의 믿음과 순종에 의해 기적이 일어날 수 있다는 사실을 깨달아야 한다.

참고 성구 요 9:2-3 롬 8:28-30 벧전 2:21 신 28:15-68 렘 31:30

■결 론■ 이와 같이 물로써 병을 고친 사례를 보았으니 성도는 믿음과 순종으로 병을 고친 나아만과 맹인뿐만 아니라 오늘의 베데스다 못인 교회에서 영혼의 병을 치유하도록 병자들을 인도하여 신앙고백과 세례(침례)로써 구원을 받도록 전도에 힘쓰자.

■해설■ 병

스위스의 철학자요 저술가인 '칼 힐티'는 "병들었을 때 심령의 면을 다스리지 않고 육체의 면만을 다스림은 사람들에게 큰 해를 주게 되는 일마저도 있는 것이다"라며 "마음의 병, 영혼의 병까지 치유되어야 자유함이 있다"고 언급했다. 로마의 철학자 '세네카'는 "병을 앓을 때 사람은 전투 때와 마찬가지로 영웅이 될 수 있다"고 말했는데, 그것은 사람의 인격의 강함과 가치를 알기 위한 가장 좋은 시험이 고통을 참고 받을 수 있느냐 없느냐에 있다는 뜻이다. "하나님은 사랑하는 자를 시험한다"는 뜻의 성경말씀도 있듯이 인격을 새기는 '끌' 가운데서는 이 불행이라는 '끌'이 가장 좋은 '끌'이다.

■참고■ 성경에 나타난 물과 관련된 기적들

• 노아 - 사십 주야를 비가 쏟아졌으나 방주를 만든 노아와 그 식구만 물에서 구원 받음(창 7:11-24) • 하갈 - 아이가 죽는 것을 차마 보지 못하겠다고 통곡하자 눈이 밝아져 샘물을 보게 됨(창 21:14-19) • 모세 - 홍해를 갈라 이스라엘 백성을 건너게 하나님의 능력을 보임(출 14:15-29) • 이스라엘 백성 - 쓴물을 단물로, 반석에서 나온 물을 먹음(출 15:22-25, 17:1-7) • 여호수아 - 요단강 물 흐르던 것이 그쳐 마른 땅이 됨(수 3:14-17) • 삼손 - 삼손이 엔학고레 샘물을 마시고 정신이 회복되어 소생함(삿 15:18-19) • 엘리사 - 물의 질을 좋게 함(왕하 2:19-22) • 예수 - 물로 포도주를 만듦(요 2:1-11)

■예화■ 물은 우주의 철학자

쉬지 않고 흘러가는 강물, 더러운 것을 깨끗이 씻어주는 맑은 물, 깊은 산 속의 바위틈에서 솟구치는 샘물, 망망대해의 출렁거리는 푸른 물, 물은 우리에게 많은 것을 가르친다. 물은 자연의 위대한 철학자다. 지혜로운 사람은 물에서 많은 것을 배운다. 일찍이 효자는 '상선여수(上善如水)'라고 갈파했다. 가장 뛰어난 선은 물과 같다는 것이다. 또 공자는 강가에서 유유히 흘러가는 물을 바라보고 "아아, 가는 자 이 같도다. 밤이건 낮이건 쉬지를 않는다"고 외쳤다. 인생은 물과 같이 흘러간다. 역사도 물과 같이 흘러가고 모든 존재도 물처럼 흘러간다. 물은 생명의 소리요, 존재의 소리요, 영원히 생성하는 자의 소리다. "물한테서 배우라. 물은 생명의 소리요. 존재의 소리요. 영원히 생성하는 자의 소리다." 소설〈싯다르타〉에 나오는 헤르만 헤세의 이 말은 누구나 공오공감(共嗚共感)을 느낄 수 있는 명언이다. 어떤 이는 물에서 겸손을 배우고, 어떤 이는 물에서 한결같은 시종여일의 정신을 배운다. 헤세는 또〈싯다르타〉에서 이렇게 말했다. "기다리는 것, 인내하는 것, 귀를 기울이는 것을 그는 강에서 배웠다." 우리는 기다릴 줄 알아야 한다. 우리는 인내할 줄 알아야 한다. 우리는 조용히 귀를 기울일 줄 알아야 한다. 그것은 인생의 소중한 지혜다. 싯다르타는 그 지혜를 강물에서 배웠다고 한다. 물은 소리와 빛깔과 운동의 언어로 우리에게 깊은 지혜를 가르치는 우주의 철학자이다. (안병욱)

● 병 ●

병에 대한 성경의 교훈 세 가지

■ 본 문 ■ 여러 계시를 받은 것이 지극히 크므로 너무 자만하지 않게 하시려고 내 육체에 가시 곧 사탄의 사자를 주셨으니 이는 나를 쳐서 너무 자만하지 않게 하려 하심이라 【고후 12:7】

■ 서 론 ■ 사상가요 집필가인 토마스 칼라일은 "건강한 사람은 자기의 건강을 모른다. 병자만이 자신의 건강을 알고 있다"고 했다. 병에 대한 성경의 교훈은?

■ 말씀 ■

I. 하나님의 영광을 위한 병 【요 11:4】

성경은 '예수께서 들으시고 이르시되 이 병은 죽을 병이 아니라 하나님의 영광을 위함이요 하나님의 아들이 이로 말미암아 영광을 받게 하려 함이라 하시더라'고 했다. 주님은 나사로의 병을 죽을 병이 아니라고 하셨는데 이는 나사로가 걸린 병이 죽음으로 끝나는 병이 아니라 궁극적으로 하나님께 영광을 돌리기 위한 병이라는 뜻이다. 나사로의 부활은 많은 사람들을 놀라게 하고 하나님께 영광을 돌렸다.

참고 성구 요 9:1-3 행 9:40-42 행 20:9-12 마 15:29-31

II. 하나님이 자만하지 않게 하시려고 주신 병 【고후 12:7】

성경은 '여러 계시를 받은 것이 지극히 크므로 너무 자만하지 않게 하시려고 내 육체에 가시 곧 사탄의 사자를 주셨으니 이는 나를 쳐서 너무 자만하지 않게 하려 하심이라'고 했다. 자만이란 자기에게 관계되는 일을 남 앞에서 뽐내고 자랑하며 오만하게 행동함을 뜻한다. 바울은 주님께 받은 여러 계시와 영적 은사로 인하여 자만하지 않도록 육체의 가시(고통)로써 교만을 방지한 하나님의 배려와 자신의 깨달음을 말하고 있다.

참고 성구 왕하 5:1-14 대하 33:10-13 고후 12:9 행 9:8,18

III. 하나님의 징계로 인한 병 【민 12:10】

성경은 '구름이 장막 위에서 떠나갔고 미리암은 나병에 걸려 눈과 같더라 아론이 미리암을 본즉 나병에 걸렸는지라'고 했다. 징계란 사람의 죄나 허물을 바로 잡고 선한 방향으로 인도하기 위해 쓰여지는 방법으로서 그 행위자는 하나님의 경우와 사람의 경우가 있다. 하나님이 세우신 종 모세를 시기하여 비방한 미리암에게 저주의 병인 나병이 걸렸다. 징계는 하나님의 사랑의 한 방편이다.

참고 성구 삼하 12:15-23 행 12:21-23 대하 20:18-20 레 13:1-16 히 12:5-13

■ 결 론 ■ 이와 같이 병에 대한 성경의 교훈을 알았으니 성도는 병이 범죄로 인한 인과응보라고 생각하지 말고 이 병을 통한 하나님의 뜻이 어디에 있는지를 살펴서 병을 다스리시는 하나님께 기도하는 자 되자.

■해설■ **질병도 감사함**

우리에게 8,000곡 이상의 복음성가를 작곡해 준 '패니 크로스비'(Fanny Crosby)는 그가 생후 6주만에 앞을 못 보는 장님이 되었다. 그러나 그녀는 그의 마음에 어떤 슬픔도 갖고 있지 않았다. 한번은 목사님이 그녀를 동정하면서 "왜 하나님께서는 당신에게 그렇게 훌륭한 재능을 주셨으면서도 앞을 보지 못하도록 하셨는지 매우 안타깝습니다"라고 말했다. 그러자 그녀는 "만약 제가 태어났을 때 하나님께서 한 가지 간구를 할 수 있었다면 저는 제가 장님이 되는 것을 원했을 것입니다"라 하면서 "왜냐하면 제가 천국에 올라갔을 때 처음으로 뵙게 되는 분이 예수님일 테니까요"라고 말했다.

■참고■ **성경 속에 인물이 앓은 병의 교훈**

• 히스기야 - 낯을 벽으로 향하고 통곡으로 기도하여 수명을 15년 연장 받음(왕하 20:2-6) • 욥 - 재 가운데 앉아서 질그릇 조각으로 몸을 긁고서도 입술로 범죄치 않았음(욥 2:7-10) • 나사로 - 이미 죽은 자였으나 예수께서 다시 살리셔 만민에게 부활의 예표를 보임(요 11:17-44) • 다비다 - 욥바에 거주한 여제자로 선행을 많이 했으나 병들어 죽자 베드로가 다시 살림(행 9:36-42) • 에바브로디도 - 자기 목숨을 돌보지 않고 바울의 수종을 들다 병이 듦(빌 2:25,30) • 디모데 - 주의 사역을 위해 애쓰는 중에 위장병을 앓아 고생함(딤전 5:23)

■예화■ **상실이나 고통을 통한 발달원리**

웨더헤드 박사는 상실이나 고통을 통한 발달원리를 보여주는 좋은 예를 갖고 있다. 그 원리는 페르시아 융단을 만드는 것과 유사하다. 페르시아 융단을 짜는데 있어서 융단을 수직으로 틀어 걸고 그 융단 뒤에 소년을 세운다. 디자이너는 앞에 서서 소년에게 어떤 실을 잡아당기라고 명하는데 때때로 소년이 실수를 하게 된다. 웨더헤드 박사는 어떤 아랍족장이 준 페르시아 융단을 갖고 있는데 그 융단에는 노란 불규칙한 줄이 있다. 그러나 그는 이 불규칙성이 융단의 진가를 나타내는 증거라고 찬양한다. 그것은 그 융단이 영국의 카펫(carpet)공장에서 기계로 만들어진 것이 아니라는 것을 보여주기 때문이다. 한번은 그에게 영국에서 공부하고 있는 젊은 페르시아인에게 물어볼 기회가 있었다. "소년이 실수를 하면 어떻게 되지요?" "글쎄요" 그 학생이 대답했다. "소년에게 잘못된 색깔을 집어내라고 하지 않는 디자이너는 극히 드물지요. 그가 아주 훌륭한 예술가라면 그 실수를 모양 속에 넣은 채 융단을 짭니다." 웨더헤드는 이 예를 실수로 인해 생기는 손실이나 고통에 대한 비유로 사용했다. 어쨌든지 하나님은 모든 일이 합력하여 선을 이루게 하신다. 하나님의 도우심으로 우리는 고통이나 실수나 질병을 붙잡아서 그것들로 풍부한 인격의 융단을 짤 수 있다.

● 범죄 ●
범죄자를 향한 하나님의 의지 세 가지

■ 본문 ■ 오직 너희 죄악이 너희와 너희 하나님 사이를 갈라놓았고 너희 죄가 그의 얼굴을 가리어서 너희에게서 듣지 않으시게 함이니라 【사 59:2】

■ 서론 ■ 영국의 해학가, 저술가인 죠지 버나드 쇼는 "최악의 범죄는 다른 사람을 증오하는 것이 아니라 그에 대해 무관심한 것이다. 그것이 사람됨의 본질이다"라고 했다. 범죄자를 향한 하나님의 의지는?

■ 말씀 ■

Ⅰ. 하나님은 범죄자에게 교제를 끊으신다 【사 59:2】

성경은 '오직 죄악이 너희와 너희 하나님 사이를 갈라놓았고 너희 죄가 그의 얼굴을 가리어서 너희에게서 듣지 않으시게 함이니라' 고 했다. 교제란 양자 간에 서로 사귐을 뜻하는데, 하나님은 이스라엘을 선택하셔서 그들을 자기의 백성으로 삼으시고 교제하였다. 그러나 이스라엘 백성은 하나님을 배반하고 우상을 숭배하는 죄악을 저질렀다. 성도는 나의 죄를 해결하여 하나님과의 관계를 회복하고 기도로 대화의 관계를 유지해야 한다.

참고 성구 삼상 13:13, 15:8-24, 28-35 출 32:30-33 요일 3:8 암 3:7

Ⅱ. 하나님은 범죄자에게 진노를 발하신다 【시 78:57,58】

성경은 '그들의 조상들 같이 배반하고 거짓을 행하여 속이는 활 같이 빗나가서 자기 산당들로 그의 노여움을 일으키며 그들의 조각한 우상들로 그를 진노하게 하였으매' 라고 했다. 진노란 (존엄하게 여기는 대상이) 몹시 노함을 뜻한다. 본 구절의 '빗나가서' 는 히브리어 '네헤페쿠' 로서 어근 '하팍' 은 '변하다' 는 뜻인데 이는 하나님을 믿는 신앙에서 떠나(변하여) 우상 숭배를 취한 죄악을 의미한다.

참고 성구 수 7:1,11,20,26 신 9:7 왕하 19:28 히 3:15-19

Ⅲ. 하나님은 범죄자에게 형벌을 내리신다 【민 14:43】

성경은 '아말렉 인과 가나안 인이 너희 앞에 있으니 너희가 그 칼에 망하리라 너희가 여호와를 배반하였으니 여호와께서 너희와 함께 하지 아니하시리라 하나' 라고 했다. 형벌이란 죄를 범한 자에게 제재를 가하거나 또는 그 제재를 말한다. 본 구절은 인간의 완악함이 절정에 달했음을 보여준다. 불순종과 죄는 하나님과의 관계를 단절시키고 형벌만 초래할 뿐이다.

참고 성구 민 16:1,7,13,32,49 잠 16:4 삼상 2:30 계 21:8

■ 결론 ■ 이와 같이 범죄자를 향한 하나님의 의지를 보았으니 성도는 범죄하는 자에게는 하나님이 교제를 끊으시고, 진노하시어, 형벌을 내림을 알아 행여라도 죄에 빠지는 일이 없이 경성하는 자 되자.

■해설■ **하나님의 자녀**

①성부와의 교제(요일 1:3,6) - 그리스도인은 성부와 교제하기 위해서는 빛 가운데서 행해야 한다. ②성자와의 교제 - 그리스도인들은 성자와 교제하기 위해서 부름을 받았다(고전 1:9). 영적인 깊은 의미의 교제는 성찬에 참여하는 데서 이뤄진다(고전 10:16,17,21). 그리스도인들은 주님의 고난과 더 깊은 의를 체득하기를 원한다(빌 3:10). ③성령님과의 교제 - 축도 속에서 성령님의 축복이 주어지고(고후 13:13) 그리스도인의 체험 가운데서 성령님의 축복이 실현되듯(빌 2:1), 그리스도인들은 축복된 성령과의 교제에 동참하며 영원한 교제는 하늘나라의 영광 속에서 완성된다(엡 2:21-22, 계 21:1-4).

■참고■ **이스라엘이 하나님께 범죄한 경우들**

• 므리바에서 물을 원함으로써 모세를 비방하고 하나님을 시험함(출 17:1-7) • 하나님의 계명을 받으러 모세를 기다리지 않고 금송아지 우상을 만들어 이것이 우리를 구원했다고 함(출 32:1-35) • 40년 광야생활에서 수많은 일로 하나님을 격노케 함(시 106:14-33) • 여호수아가 죽은 후 이방의 신과 우상을 섬김(삿 2:8-23) • 솔로몬 왕이 하나님이 금하신 이방 여인들의 신의 사당을 지어줌(왕상 11:4-40) • 므낫세 왕의 통치 때 가장 하나님을 분노케 하여 멸망의 원인이 됨(대하 33:1-11, 렘 15:4)

■예화■ **이비커스의 학**

이비커스는 주전 5세기에 산 사람으로 유명한 시인 가운데 한 분이다. 이 사람이 고린도의 가까운 촌에 여행을 갔다가 어떤 산골짜기에서 강도를 만나 있는 것을 다 빼앗기고 매를 맞아 죽게 되었다. 이 사람은 너무 억울해서 죽기 전에, 마침 그 주위를 빙빙 떠돌고 있던 학을 보고 외치기를 "너 학은 이런 억울한 죽음을 당하는 것을 보았으니 내가 죽은 다음에도 원수를 갚아달라"고 하였다고 한다. 그 말을 강도가 다 들었다. 그 후 여러 달이 지나도 그 도적을 잡을 길이 없고 알 수 없었다. 그런데 한번은 고린도의 노천극장에서 연극을 하게 되어 많은 사람이 모여 구경을 하고 있었다. 그 때에 학 몇 마리가 공중에 날아와서 빙빙 돌았다. 그런데 어떤 학은 어떤 사람에게 거의 머리가 닿게 날았다. 그러니까 거기 앉았던 사람 가운데 어떤 사람이 외치는 말이 "아, 이비커스의 학이 여기 원수 갚으려고 오는구나" 하고 말을 했다. 옆에 있던 사람이 그 말을 듣고 보니 그 사람이 도적이었다. 그 사람이 왜 그런 소리를 질렀는가? 남이 다 가만있는데 학이 머리 위를 날아가면 어떻단 말인가? 죄가 그 사람의 양심 속에서 그 사람의 죄를 찾아내서 그 사람이 범한 무서운 죄를 대면하게 했던 것이다. (한경직)

● 복수 ●

복수에 대한 올바른 교훈 세 가지

■ 본문 ■ 네 원수가 주리거든 먹이고 목마르거든 마시게 하라 그리함으로 네가 숯불을 그 머리에 쌓아 놓으리라 악에게 지지 말고 선으로 악을 이기라 【롬 12:20-21】

■ 서론 ■ 지혜서 탈무드는 "당신이 사람에게 복수하고 나면 좋은 심정이 되지 않을 것이나 그를 용서하면 흐뭇한 심정이 되리라"는 말이 있다. 복수에 대한 성경의 올바른 교훈은?

■ 말씀 ■

I. 악을 갚는 것은 사람에게 속한 일이 아님 【잠 20:22】

성경은 '너는 악을 갚겠다 말하지 말고 여호와를 기다리라 그가 너를 구원하시리라' 고 했다. 구약성경 출애굽기에는 이른바 '동해 보복법' 이 언급되어 있다. 이 법칙은 이스라엘 백성 전체의 질서를 위해 하나님께서 선포하셨다. 그러나 하나님의 공의에는 사랑이 전제된다. 성도는 다른 사람을 보복할 권리가 없으니 이는 인간 모두가 하나님의 사랑을 빚졌기 때문이다.

참고 성구 출 21:23-25 신 19:21 잠 24:29 롬 12:17 마 5:39 벧전 3:9

II. 악을 갚는 것은 하나님께 속한 일임 【히 10:30】

성경은 '원수 갚는 것이 내게 있으니 내가 갚으리라 하시고 또 다시 주께서 그의 백성을 심판하리라 말씀하신 것을 우리가 아노니' 라고 했다. 하나님의 공의의 심판은 신자나 불신자 할 것 없이 공평하게 이루어진다. 악한 자에 대한 공의의 심판은 하나님의 권한에 속한 것이므로 성도는 직접 복수를 하지 말고 하나님께 모두를 맡겨야 한다.

참고 성구 신 32:35-36 시 37:1-7 살후 1:8-9 롬 12:19 나 1:2-3

III. 악을 갚는 것은 오직 선으로 할 것임 【롬 12:20,21】

성경은 '네 원수가 주리거든 먹이고 목마르거든 마시게 하라 그리함으로 네가 숯불을 그 머리에 쌓아 놓으리라 악에게 지지 말고 선으로 악을 이기라' 고 했다. 하나님의 선이 인간의 악을 이기심으로써 그 능력과 사랑을 입증했듯이 성도도 이 세상의 악을 이길 선을 갖고 있음을 보여야 할 것이다. 그때 세상은 참으로 성도의 사랑에 감동할 것이다.

참고 성구 잠 25:21 마 5:13-16,44 눅 6:27 살전 5:15 행 7:60

■ 결론 ■ 이와 같이 복수에 대한 올바른 교훈을 보았으니 성도는 악을 갚는 것은 사람이 아니라 하나님께 속한 것임을 알아 오히려 선으로 악을 이기는 자들이 되자.

■해설■ **보수함**

'보수함'(revenge)에 해당하는 일반적인 히브리어는 '나함'이며 이 단어와 동일 어족은 '원수 갚음'(vengeance)과 '원수 갚다'(avenge)가 있다. 영어성경 AV에는 '야솨'(구원하다), '파카드'(방문하다), '쇠파트'(재판하다), '파라'(석방하다), '가알'(해방시키다) 이 네 개의 히브리어가 유사어로 번역되었고, 신약성경에는 '크리노'(판단하다), '에크디케오'(원수 갚다), '오르게'(분노)등이 이 뜻으로 번역되었다. 신구약 성경에는 사람에게 원수 갚는 일이 금지되어 있다(레 19:17-18, 롬 12:19). 원수 갚는 일은 오직 하나님께서 하실 일이다(신 32:35, 시 94:1).

■참고■ **억울하게 누명을 쓴 의인들**

• 요셉 - 보디발의 아내의 불의에 동참치 않아 누명을 쓰고 옥에 갇힘(창 39:7-20) • 모세 - 고라 일당으로부터 이스라엘 총회에서 왕이 되려 했다는 말을 들음(민 16:13) • 아히멜렉 - 다윗과 가깝다 하여 사울에게 주살 당함(삼상 22:11-16) • 엘리야 - 아합으로부터 이스라엘을 괴롭게 하는 자여 너냐고 질문 당함(왕상 18:17) • 나봇 - 아합과 이세벨에 의해 기업인 포도원을 탈취당하여 죽음(왕상 21:11-16) • 예레미야 - 하나님의 말씀을 선포하다 무리에게 불의한 자로 간주됨(렘 26:8-11) • 스데반 - 공회에서 거짓 증인에게(행 6:13) • 바울 - 전염병이요, 나사렛 이단의 괴수라는 말 들음(행 24:5)

■예화■ **선행(善行)**

앤서드 멜로이의 글에 이런 이야기가 있다. 한 가게 주인이 자기 스승에게 찾아가서는 맞은편에 큰 연쇄점이 생겨서 자기는 망하게 생겼다고 했다. 자기 가정이 10년 동안 지켜온 이 가게를 잃어버린다면 자기는 다른 기술도 없으니 파멸할 것이라고 걱정을 하는 것이었다. 그러자 그 가게 주인의 스승은 이렇게 충고를 했다. "그 연쇄점 주인을 두려워한다면, 그를 증오하게 될 것이고, 그 증오가 자네 파멸의 원인이 될 걸세." "그러면 어떻게 하면 좋을까요?" "매일 아침 가게 앞에 나가서 자네 가게를 축복하고, 돌아서서 길 건너 연쇄점도 축복하게." "아니, 경쟁자이자 파괴자를 축복하라고요?" "자네가 그에게 축복하는 것은 무엇이든 자네에게 좋게 되돌아올 걸세. 자네가 그에게 바라는 악은 무엇이든 자네를 멸망시킬 걸세." 여섯 달 후에 그 식료품 가게 주인은 자기 스승에게 이런 말을 했다. "걱정과 근심만 했다면 정말로 가게를 닫아야 했을 것입니다. 그러나 선생님 말씀대로 했더니 지금은 그 연쇄점까지 맡고 있으며 어느 때보다도 경기가 좋습니다." 인간의 마음속에 있는 악의는 자신을 파괴하고 이웃을 파괴한다. 그러나 그리스도의 마음은 서로를 축복의 삶으로 인도한다. "너희는 모든 악독과 노함과 분냄과 떠드는 것과 훼방하는 것을 모든 악의와 함께 버리고 서로 인자하게 하며 불쌍히 여기며 서로 용서하기를 하나님이 그리스도 안에서 너희를 용서하심과 같이 하라."(엡 4:31-32) (김선도)

● 복음 ●
복음을 접한 자들이 하는 생활 세 가지

■ 본 문 ■ 오직 너희는 그리스도의 복음에 합당하게 생활하라 … 너희가 한마음으로 서서 한 뜻으로 복음의 신앙을 위하여 협력하는 것과 【빌 1:27】

■ 서 론 ■ 복음은 헬라어 '유앙겔리온' 으로서 이는 '유' (옳은, 좋은)와 '앙겔리아' (교훈, 소식)의 합성어로 '복된 소식' 이란 뜻이다. 죄로 말미암아 죽을 수밖에 없는 인류에게 예수 그리스도의 십자가 사건과 부활로 인해서 구원의 길이 열림은 복되고 기쁜 소식이 아닌가. 성도의 생활은?

■ 말씀 ■

I. 복음에 복종하는 생활 【고후 9:13】

성경은 '이 직무로 증거를 삼아 너희가 그리스도의 복음을 진실히 믿고 복종하는 것과 그들과 모든 사람을 섬기는 너희의 후한 연보로 말미암아 하나님께 영광을 돌리고' 라 했다. 복종이란 명령 또는 요구에 그대로 좋음을 말하는데 성경에서는 누구의 명령과 요구에 그대로 좇고 복종하느냐가 가장 중요시 되어 있다. 성도의 생활은 복음에 복종하는 생활이다.

참고 성구 갈 5:24 엡 6:6 눅 5:5-7 마 12:50 갈 2:20

II. 복음으로 더욱 견고한 생활 【롬 16:26】

성경은 '이제는 나타내신 바 되었으며 영원하신 하나님의 명을 따라 선지자들의 글로 말미암아 모든 민족이 믿어 순종하게 하시려고 알게 하신 바 그 신비의 계시를 따라 된 것이니 이 복음으로 너희를 능히 견고하게 하실' 이라고 했다. 견고란 굳고 튼튼함을 말하는데, 모든 민족이 믿고 순종할 신비의 계시로 된 복음은 성도를 능히 견고하게 하는 능력의 메시지이다.

참고 성구 갈 5:1 벧전 5:9 고전 15:58 살전 5:6,23

III. 복음에 합당한 생활 【빌 1:27】

성경은 '오직 너희는 그리스도의 복음에 합당하게 생활하라 이는 내가 너희에게 가 보나 떠나 있으나 너희가 한마음으로 서서 한 뜻으로 복음의 신앙을 위하여 협력하는 것과' 라고 했다. 합당이란 꼭 알맞음을 말한다. 본 구절의 '생활하라' 는 헬라어 '폴리튜에스데' 로서 이는 '시민답게 행동하라' 는 뜻으로 성도는 하나님 나라 시민답게 생활해야 할 것임을 드러내 준다.

참고 성구 딤전 4:12 갈 5:22-23 딛 2:12-14 벧전 2:10-12

■ 결 론 ■ 이와 같이 복음을 접한 자들이 하는 생활을 보았으니 성도는 천국 시민답게 복음에 복종하며 견고하고 합당한 생활로써 주님의 영광을 위해 살아가는 자 되자.

■해설■ **복음**

'복음'(gospel)이란 영어의 단어 'gospel'은 앵글로 색슨어 god-spell(God story 하나님 이야기)에서 유래한 것으로 보통 신약성경에 나오는 헬라어 '유앙겔리온'에 대한 번역이다. 영국의 유명한 종교개혁가요, 성경번역가인 '틴데일'은 복음을 "사람의 마음을 기쁘게 하고, 사람으로 하여금 노래하고, 춤추고, 기쁨으로 뛰어 놀게 하는 좋고 즐겁고 기쁨에 가득 찬 기쁜소식"이라 했다. 틴데일의 정의가 비록 경험적이긴 하지만 말씀이 생활에 가져다 주는 내적인 특질을 잘 다루었다. 복음이란 죄의 노예가 된 인간을 위해 예수 그리스도 안에서 이루신 하나님의 구속사역을 기쁘게 선포하는 것이다.

■참고■ **이들과 같은 삶을 살자**
- 비느하스 - 음행한 이스라엘 남자를 보고 분연히 일어나 그들을 죽임(민 25:6-13)
- 갈렙 - 하나님을 의지한 적극적인, 용기 있는 사람(수 14:6-15)
- 여호수아 - 오직 나와 내 집은 여호와만 섬기겠노라고 말함(수 24:15)
- 다윗 - 여호와의 구원하심이 칼과 창에 있지 않다고 말한 후 골리앗을 향해 달려감(삼상 17:47)
- 욥 - 고난을 인내로 이겨낸 동방의 의인(약 5:10-11)
- 바울 - 그리스도인의 생활의 본을 보여준 사도(빌 3:17)
- 노아, 다니엘, 욥 - 성결한 생활을 한 사람(겔 14:14,20)

■예화■ **예수님 얼굴처럼**

우리 나라에 신문명이 밀려올 때의 이야기이다. 어느 양가집 외동딸이 약혼을 했다. 가슴을 설레면서 결혼 날짜를 기다리는데 불행하게도 결혼 1주일 전에 열병으로 병상에 눕고 말았다. 한달 이상 고열 속에서 사경을 헤매다가 겨우 회복이 되었는데 거울을 보니 그 어여쁘던 얼굴이 박박 얽어서 자신조차 알아볼 수 없을 지경이 되었다. 약혼했던 남자는 멋모르고 한번 왔다가는 일거불래(一去不來) 다시 오지 아니하더니, 들리는 말에 의하면 자기의 가까운 친구와 결혼을 한다고 했다. 너무나 슬프고 절망이 되어 자살하려고 어스름 달밤에 멀지 않은 강가로 갔다. 높은 벼랑 위에 앉아서 달빛 아래 반짝이며 흐르는 강물을 내려다보니 그만 서러움이 복받쳐 올라와 실컷 소리내어 엉엉 울고 말았다. 얼마 후 기진맥진하여 앉았는데 멀리서 이상한 노래소리가 들려왔다. 자기도 모르게 귀를 기울이고 듣다가 발길을 옮겼다. 부흥회가 열리고 있었다. 거기서 하나님을 믿고 예수를 구주로 영접하면 새로운 소망이 있다는 말을 듣고 예수를 믿기로 작정했다. 그후 여자신학교를 마치고 여 전도사가 되어 불쌍한 사람들을 위해서 열심히 일했다. 성도들은 입을 모아 "우리 전도사님 얼굴은 예수님 얼굴을 닮았어. 어떻게나 은혜가 충만한지 몰라. 그 오목조목하게 패인 자리마다 주님의 사랑이 가득 담겨 있고 그 울퉁불퉁하게 나온 데서는 주님의 영광이 반사되는 것 같단 말이야."라고들 말했다. (사랑의 매일 편지)

●본●

본을 보이는 참된 목적 세 가지

■본문■ 범사에 네 자신이 선한 일의 본을 보이며 교훈에 부패하지 아니함과 단정함과 책망할 것이 없는 바른 말을 하게 하라 이는 대적하는 자로 하여금 부끄러워 우리를 악하다 할 것이 없게 하려 함이라 【딛 2:7-8】

■서론■ "모범처럼 전염성이 강한 것은 아무것도 없다"라고 찰스 킹슬리는 말했다. 본을 보이는 참된 목적은 무엇인가?

■말씀■

Ⅰ. 섬김을 보이기 위함이 목적임 【요 13:14,15】

성경은 '내가 주와 또는 선생이 되어 너희 발을 씻었으니 너희도 서로 발을 씻어주는 것이 옳으니라 내가 너희에게 행한 것 같이 너희도 행하게 하려 하여 본을 보였노라'고 했다. 주님 예수께서는 제자들의 발을 겸손히 씻기심으로써 섬김의 본을 보이셨다. 성도는 주님께서 우리 삶의 전역에 걸쳐 본을 끼치심으로 자취를 따라오게 하셨으니 매사에 그리스도를 본받는 자가 되어야 할 것이다.

참고 성구 마 11:29 삼상 9:21 마 18:3-4 창 41:16 단 2:27-30

Ⅱ. 성도가 따라야 할 것을 보이기 위함이 목적임 【빌 3:17】

성경은 '형제들아 너희는 함께 나를 본받으라 그리고 너희가 우리를 본받은 것처럼 그와 같이 행하는 자들을 눈여겨 보라'고 했다. 바울은 나를 본받으라고 했다. 이는 자기를 추켜세우는 교만에서 나온 것이 아니라 확고한 믿음에서 나온 것으로 자신의 생활과 신앙 자세를 본받으라는 말이다. 이런 신령한 자부심은 성도들을 영적 진보에로 매진케 한다.

참고 성구 딤전 4:12-13 약 5:10 살후 3:9 요 13:34 골 3:13-14 고전 11:1

Ⅲ. 선행을 하게 하기 위함이 목적임 【딛 2:7,8】

성경은 '범사에 네 자신이 선한 일의 본을 보이며 교훈에 부패하지 아니함과 단정함과 책망할 것이 없는 바른 말을 하게 하라 이는 대적하는 자로 하여금 부끄러워 우리를 악하다 할 것이 없게 하려 함이라'고 했다. 바울은 복음으로 낳은 아들 디도에게 행위와 가르침이 일치하는 모범을 보이되 특히 선한 일의 본을 보이라고 권면했다.

참고 성구 히 11:4 요 13:15 벧전 3:16, 5:3 롬 15:5

■결론■ 이와 같이 본을 보이는 목적을 보았으니 성도는 주님의 섬기신 본을 보았으니, 바울과 같이 따라서 행하되, 선행의 본을 이웃에게 보여서 주님께 영광을 돌리는 자들이 되자.

■해설■ **본**

'본'(example)이란 단어는 벧전 2:21의 '휘포그람몬'의 경우를 제외하곤 '휘포데이그마'나 '튀포스'를(혹 그 파생어들을) 번역한 것이다. 한 번은 이 두 단어가 합쳐서 사용되었는데(딤전 1:16), '튀포스'는 '모방하다'란 뜻의 '미메오마이'와 함께 더 자주 사용된다. 그리고 이 '튀포스'는 보통 사람이 따라야 할 윤리적 혹은 영적 전형이나 표본을 가리킨다(빌 3:17, 살전 1:7, 살후 3:9, 딤전 4:12, 벧전 5:3, 참조- 행 7:44, 히 8:5, 롬 6:17, 딛 2:7). '휘포데이그마도 이와 비슷하게 사용된다(요 13:15, 약 5:10). '튀포스'와 '히포데이그마'는 모두 피해야 할 표본을 예시하기도 한다(고전 10:6,11).

■참고■ **이따위 본은 절대로 금함**

• 아간 - 여리고 성에서 노획한 물건을 감추어 자신과 가족과 민족에게 누를 끼침(수 7:19-21) • 홉니와 비느하스 - 제사장 엘리의 아들들로 성전에서 수종드는 여자를 범하고 백성에게 뇌물을 받음(삼상 2:22) • 사울 - 이스라엘의 초대 왕임에도 하나님께 불순종하고 신접한 여인에게 앞일을 의논한 자(삼상 15:17-23) • 나발 - 아비가일의 남편으로 괜히 다윗을 핀잔함(삼상 25:25-38) • 여로보암 - 분단된 북이스라엘의 초대 왕으로 백성에게 우상을 섬기게 함(왕상 12:26-33) • 소돔과 고모라 성 사람들 - 타락의 극치를 보임(벧후 2:6)

■예화■ **겸손의 실천**

겸손에 대한 이론이나 겸손한 사람이 되고 싶다는 염원을 가지는 일도 물론 중요하다. 그러나 그런 이론이나 염원에 그치고 만다면 그것은 아무것도 아닌 것이 되어버린다. 알곡을 수확하려면 실제로 농사일을 실천해야 하는 것처럼, 겸손케 되는 수확도 행동에 옮기는 실천을 통해서만 거둘 수 있다. 실천만이 겸손한 사람이 되어지는 가장 효과적인 길이요, 으뜸가는 수단인 것이다. 어떤 학문이나 기술을 습득하려면 그 일에 대한 꾸준한 실습과 훈련이 필요한 것처럼 겸손의 덕을 얻는 일에 있어서도 마찬가지이다. 훌륭한 철학자, 훌륭한 음악인, 훌륭한 웅변가, 훌륭한 기능공이 되려면 각기 그 분야의 일을 능숙한 전문가가 되어질 때까지 충분한 실습과 훈련을 쌓아야 한다. 그와 같이 겸손의 덕도 그런 과정을 거쳐서 닦아지게 되는 것이다. "내가 주(主)와 또는 선생이 되어 너희 발을 씻겼으니 너희도 서로 발을 씻기는 것이 옳으니라."(요 13: 14) 그리스도의 이 말씀을 베드로가 미처 깨닫지 못하였기에 주께서 자기의 발을 씻기시려 하자 그는 한사코 사양했다. 그러나 그도 후에는 겸손의 모범이 어떤 것이었는가를 알게 되었다. 그렇다. 겸손은 말로써 얻어지는 것이 아니라 그 겸손을 행함으로써 얻어진다. 한걸음 더 나아가 행동적인 겸손의 실천은 겸손의 참된 마음을 가지는 일에 결정적인 도움을 준다. (겸손과 섬김의 도리 / 오병학)

● 부르심 ●

부르심을 입은 자가 행할 세 가지

■ 본 문 ■ 그러므로 형제들아 더욱 힘써 너희 부르심과 택하심을 굳게 하라 너희가 이것을 행한즉 언제든지 실족하지 아니하리라 【벧후 1:10】

■ 서 론 ■ 부르심이란 무엇인가? 이는 하나님이 사람을 불러내시어 하나님의 일에 참여케 하는 일로서, 죄의 세상에 살고 있던 자가 하나님의 부르심을 받아 구원을 얻게 된다는 의미에서 택함 받음과 동의어로 많이 쓰여졌다. 부르심을 입은 자는?

■ 말 씀 ■

I. 성도는 부르심에 합당하게 행해야 한다 【엡 4:1】

성경은 '그러므로 주 안에서 갇힌 내가 너희를 권하노니 너희가 부르심을 받은 일에 합당하게 행하여'라고 했다. 합당이란 꼭 알맞음이란 뜻으로, 본 구절에서 바울은 부르심을 받은 일에(부름) 합당하게 행하라고 권면했다. 여기서 일에(개역성경은 '부름')는 헬라어 '클레시스'로서 이는 하나님께서 구원으로 부른 사실과 불러서 맡긴 교회 내의 직분을 동시에 가리키고 있다.

　참고 성구 요일 1:7, 2:6 엡 5:2 갈 5:6 빌 3:13-14

II. 성도는 부르심을 굳게 행해야 한다 【벧후 1:10】

성경은 '그러므로 형제들아 더욱 힘써 너희 부르심과 택하심을 굳게 하라 너희가 이것을 행한즉 언제든지 실족하지 아니하리라'고 했다. 본 구절의 굳게는 헬라어 '베바이안'으로 이는 의사(意思)를 확인할 때 쓰는 법률 용어이다. 이것은 성도는 자신이 은혜로 구원받은 자임을 항상 확인해야 한다는 의미이다. 실족이 무엇인가? 이는 장애물을 비롯하여, 복음 신앙에 장애가 되는 것을 이르는 말이다.

　참고 성구 골 2:6-7 히 13:9 벧후 3:14 마 7:24-25 눅 6:48-49

III. 성도는 이방인과 같지 않게 행해야 한다 【엡 4:17】

성경은 '그러므로 내가 이것을 말하며 주 안에서 증언하노니 이제부터 너희는 이방인이 그 마음의 허망한 것으로 행함 같이 행하지 말라'고 했다. 본 구절은 바울이 우리의 옛 모습인 이방인(또는 이교도)의 생활에 대한 언급인데 허망이라는 말에는 꽃은 피나 열매가 없고, 순간적인 쾌락은 있으나 결국에는 허무로 끝난다는 의미가 강하게 담겨져 있다.

　참고 성구 벧후 2:12-14 살전 4:3-8 행 17:23 딤후 3:7 전 1:7-8

■ 결 론 ■ 이와 같이 부르심을 입은 자가 행할 것들을 보았은즉 성도는 구원받은 자답게 복음에 합당하게 하며, 굳게 행하여 다시는 이방인과 같은 불신앙의 행위를 거부하는 자되자.

■해설■ 부름받은, 부름

신약에서의 '부르심'에 대해서는 개인들에 대한 하나님의 접근과 관련하여 생각해야만 한다. 공관복음과 사도행전에서 '부르심'은 회개, 믿음, 구원 및 봉사를 위해 그리스도께서 혹은 그의 이름으로 한 하나님의 축어적인 부름을 의미한다(막 2:17, 눅 5:32, 막 1:20, 행 2:39). 마 22:14에서 '부름을 받은 자들'(크레토이)이란 이러한 부름을 접한 자들이다. 그들은 반응하는 자들인 '택함을 받은 자들'(에크렉토이) 보다는 큰 무리를 이룬다. 그러나 서신들과 계시록에 언급된 부르심의 개념은 하나님의 부르심에 대한 반응을 얻어내는 그의 주관적인 행위를 포함할 만큼 그 폭이 넓다.

■참고■ 부르심을 입은 자들이 취할 면류관

• 썩지 않을 면류관 -그들은 썩을 승리자의 관을 얻고자 하되 우리는 썩지 아니할 것을 얻고자 하노라(고전 9:25) • 생명의 면류관 - 시험을 참는 자(약 1:12), 네가 죽도록 충성하라 그리하면 내가 생명의 관을 네게 주리라(계 2:10) • 의의 면류관 - 나를 위하여 의의 면류관이 예비되었으므로(딤후 4:8) • 영광의 면류관 - 시들지 아니하는 영광의 관을 얻으리라(벧전 5:4) • 소망과 기쁨과 자랑의 면류관 - 우리의 소망이나 기쁨이나 자랑의 면류관이 무엇이냐(살전 2:19) • 지켜야 할 면류관 - 네가 가진 것을 굳게 잡아 아무도 네 면류관을 빼앗지 못하게 하라(계 3:11) • 돌려드리는 면류관 - 이십사 장로들이 … 경배하고 자기의 관을 보좌 앞에 드리며(계 4:10)

■예화■ 과거에도 불구하고

많은 사람들에게 알려진다면 당황하게 될 일들을 해보았거나 경험한 일이 있다는 것은 누구에게나 사실일 것이다. 이 순간에는 개인적인 정보에 속하는 죄의 기록이나, 도덕적으로 고발당할 일이나, 또는 가정의 갈등 같은 문제를 지닐 것이다. 정신적으로 쇠약해져서 금이 가고 상처투성이인데다가 "머리가 돈 사람", 또는 "신경쇠약"이라는 딱지마저 붙으면 어떻게 하나 하는 염려가 한 가지 더 늘게 된다. 당신은 이를테면 불륜의 관계, 재정적인 실패, 지독한 개인적 습관, 또한 이혼, 물의를 일으킨 일들 중의 어느 하나라도 만일 끈적끈적한 말꾼들의 식탁에 오르내리게 된다면 당신의 명성을 망쳐 놓거나 절름발이로 만들지도 모른다고 생각하고 있다. 그러나 잠깐 기다려 보라. 가망이 없다고 포기하기에 앞서 성경에 제시되어 있는「자유의 증거」들을 상고하자. 저들의「과거」에도 불구하고 하나님께서 사용하신 남자들과 여자들을 정직한 마음으로 살펴 보자. 이스라엘의 창시자요 "하나님의 벗"이라는 별명을 가진 아브라함은 전에는 우상숭배자였다. 요셉은 전과기록을 가지고 있었으나 애굽의 국무총리가 되었다. 모세는 살인자였으나 후에는 그의 민족을 바로의 노예생활에서 구출해 내는 위대한 사명의 사람이 되었다. 입다는 하나님께서 그의 개인적인 대리자가 되도록 선택하시기 전에는 불량한 청년들 한 떼를 데리고 다니는 불륜의 사생아였다. (찰스 R. 스윈돌)

● 부모 ●

부모에 대한 자녀의 의무 세 가지

■본 문■ 자녀들아 주 안에서 너희 부모에게 순종하라 이것이 옳으니라 네 아버지와 어머니를 공경하라 이것은 약속이 있는 첫 계명이니【엡 6:1-2】

■서 론■ 중국 춘추전국시대의 사상가요 유교를 창시한 공자는 "가고 오지 않는 것이 세월이다. 다시 볼 수 없는 것이 부모이다"라고 했다. 부모에 대한 자녀의 의무는?

■말씀■

I. 자녀들은 순종의 의무를 다해야 한다【엡 6:1】

성경은 '자녀들아 주 안에서 너희 부모에게 순종하라 이것이 옳으니라'고 했다. 순종이란 무엇인가? 이는 순순히 복종함을 일컫는 말로서 성경에서는 부모님과 특히 하나님의 말씀을 듣고 따르는 일, 또는 그대로 준행하는 일을 말하고 있다. 자녀가 부모를 불순종하는 것은 가지가 뿌리를 무시하는 것과 같이 자연법적 측면에서도 어긋날 뿐만 아니라 사회 질서 측면에서도 죄악이다.

　참고 성구 골 3:20 잠 1:8, 23:22 왕상 3:14 빌 2:8

II. 자녀들은 공경의 의무를 다해야 한다【엡 6:2】

성경은 '네 아버지와 어머니를 공경하라 이것은 약속이 있는 첫 계명이니'라고 했다. 공경이란 무엇인가? 이는 (남을 대할 때) 몸가짐을 공손히 하고 존경함을 뜻한다. 본 구절의 '공경하라'는 헬라어 '티마'로서 이는 '값을 치르다'는 뜻인데 곧 자식이 부모의 은공에 대해 빚을 갚는 심정으로 섬기는 것이 곧 효도임을 일깨워 주는 말이다.

　참고 성구 출 20:12 딤전 5:4 신 27:16 마 15:4 요 19:26-27

III. 자녀들은 경외의 의무를 다해야 한다【레 19:3】

성경은 '너희 각 사람은 부모를 경외하고 나의 안식일을 지키라 나는 너희의 하나님 여호와이니라'고 했다. 경외란 무엇인가? 이는 공경하고 어려워함을 뜻하는 말로서 거룩하게 되는 일은 가정에서부터 시작된다. 하나님은 언약 백성들의 자녀에게 그들의 부모를 하나님을 대신 하는 권위자로 세우셨다. 따라서 부모를 잘 공경하는 자가 하나님도 잘 경외하는 자가 될 수 있다.

　참고 성구 창 9:20-27 삼하 16:22, 18:15 눅 22:42 골 3:20 히 5:7

■결 론■ 이와 같이 부모에 대한 자녀의 의무를 살펴보았으니 성도는 말세에 부모에게 불효하는 일이 다반사인 이때 하나님을 믿는 자로서 부모님께 순종과 공경과 경외의 의무를 다하자.

■해설■ **의무**

'의무'(duty)를 가리키는 헬라어 '오페일로'는 동사로서 도덕적인 의무를 의미한다. 즉 어떤 사람에게 당연히 해 주어야 할 것을 말하는데 이것은 종종 비인칭 동사인 '데이'로 표현된다. 신약성경에는 이것이 다음의 의미로 표현되었는데, 곧 경제적인 채무를 지불하는 것(마 18:28), 은혜를 입음(눅 17:10), (맹세에 의해) 해야 할 의무가 있음(마 23:16,18) 등이다. 철학자 '임마누엘 칸트'는 의무를 위한 의무를 도덕적인 행동의 참된 동기로 간주했다. 그러나 이것은 형식적이고 추상적인 의무이나 주님께서는 하나님과 사람을 위한 사랑을 참된 도덕적 동기로 간주하셨다.

■참고■ **부모를 잘 공경한 이들**
- 요셉 - 애굽의 좋은 땅 라암셋을 주어 기업으로 삼게 하고 아비와 형들의 식구를 봉양함(창 47:12)
- 다윗 - 부모를 걱정하여 모압 왕에게 그 부모를 보호토록 요청함(삼상 22:3)
- 솔로몬 - 혼자 된 어머니 밧세바를 영접하여 절하고 자리를 배풀고 그가 그의 오른쪽에 앉아 청을 들음(왕상 2:19-20)
- 엘리사 - 선지자로 택함을 받은 뒤 내 부모와 입맞추게 하소서 그리 한 후에 내가 당신(엘리야)을 따르리이다 함(왕상 19:20)
- 부자 청년 - 주님께 이 모든 것을 지켰다고 당당히 말했지만 결국 예수님의 말에 불순종 함(마 19:16-20)

■예화■ **꿈꾸는 자와 믿음의 사람**

미국의 자동차 왕 헨리 포드(Henry Ford)는 초등학교도 제대로 나오지 못한 사람이다. 그가 어렸을 때 어머니는 심한 병 때문에 사경을 헤매고 있었다. 그는 말을 타고 급히 의사를 모시러 갔다. 아무리 재촉을 해도 말이 뒷걸음질 치는 것만 같았다. 초조한 심정으로 그가 의사를 모시고 왔을 때에는 벌써 어머니가 세상을 떠나버린 뒤였다. 그의 슬픔은 너무나 컸다. 그는 그때의 일이 한이 되어 말보다 더 빨리 달릴 수 있는 것을 만들어 급한 일에 사용할 수 있도록 해야겠다는 소원을 가지고 연구한 결과, 오늘날처럼 빨리 달릴 수 있는 자동차를 만들어낼 수 있었다는 것이다. 그리고 그는 돈을 많이 벌어 억만장자가 되었다. 그의 부부가 세상을 떠난 뒤 디트로이트(Detroit)에 그의 기념관을 세웠는데 그 안에 포드의 사진이 있다고 한다. "포드는 꿈꾸는 자이고 그의 아내는 믿음의 사람이다." 꿈은 있어야 한다. 그 꿈의 성취를 믿는 신앙은 더욱 있어야 한다. 행복한 생애를 사는 데는 세 가지가 필요하다고 한다. 첫째는 일이다. 둘째는 사랑의 대상이다. 셋째는 꿈이다. 꿈이 없는 삶은 결코 행복할 수가 없기 때문이다.

● 부모 ●

부모의 자녀에 대한 의무 세 가지

■ 본문 ■ 또 아비들아 너희 자녀를 노엽게 하지 말고 오직 주의 교훈과 훈계로 양육하라 【엡 6:4】

■ 서론 ■ "부모로서 양육이라는 것은 자식이 세상을 살아갈 수 있도록 준비시켜 주는 것이다"라고 페트릭 토마스는 말했다. 성도인 부모의 자녀에 대한 의무는 무엇인가?

■ 말씀 ■

I. 자녀를 바르게 양육함 【딤후 1:5】

성경은 '이는 네 속에 거짓이 없는 믿음이 있음을 생각함이라 이 믿음은 먼저 네 외조모 로이스와 네 어머니 유니게 속에 있더니 네 속에도 있는 줄을 확신하노라' 고 했다. 양육이란 어린아이를 잘 기름을 말한다. 디모데의 어머니 유니게와 외할머니 로이스는 조상적부터 섬겨온 하나님을 가정교육을 통해 신앙을 계승하였다. 성도가 신앙으로 자녀를 양육함은 중요한 일이다.

참고 성구 삼상 1:10-11,22-28 창 25:28, 42:4 행 16:1 딤전 1:5 마 14:8

II. 자녀를 바르게 훈계함 【엡 6:4】

성경은 '또 아비들아 너희 자녀를 노엽게 하지 말고 오직 주의 교훈과 훈계로 양육하라' 고 했다. '훈계' 란 타일러서 경계함을 말하는데 본 구절의 훈계는 헬라어 '누데시아' 로서 이는 '훈계, 경고, 권고' 의 뜻으로 이 말은 헬라어 '마음, 이성' 이란 뜻을 지닌 '누스' 와 '둔다, 놓는다' 라는 뜻인 '티데미' 의 합성어로서 '마음에 든다, 마음에 간직한다' 는 의미이다. 부모는 자녀의 마음속에 주님의 훈계로 채워주어야 한다.

참고 성구 신 4:9 잠 13:24 왕상 2:2-4 고후 10:1

III. 자녀를 바르게 교육함 【신 6:7】

성경은 '네 자녀에게 부지런히 가르치며 집에 앉았을 때에든지 길을 갈 때에든지 누워 있을 때에든지 일어날 때에든지 이 말씀을 강론할 것이며' 라고 했다. 교육이란 지식을 가르치고 품성과 체력을 기르는 것을 뜻하는데 성도는 자녀들에게 하나님의 말씀을 부지런히 가르쳐 그들로 하여금 하나님께 몸과 마음으로 헌신하는 삶을 살도록 인도해야 한다. 자녀들에게 성경을 열심히 가르치자.

참고 성구 골 3:21 갈 4:1-2 삼상 2:22-25, 4:11,18 딤후 3:13-15

■ 결론 ■ 이와 같이 부모의 의무에 대해서 살펴보았은즉 성도는 자녀를 바르게 양육하고 훈계하고 교육시켜 하나님의 큰 일꾼이 되도록 그의 삶을 인도하는 자 되자.

■해설■ **좋은 아버지를 위한 계명들**
• 대화의 소재를 많이 만들라 - 소재 개발 • 자녀에게 많은 결정권을 줘라 - 자립심 • 자녀의 공책을 살펴보라 - 배움 • 자녀에게 편지를 써 보라 - 정답게 • 자녀와 함께 보내는 시간은 양보다 질이 중요하다 - 만들기 • 먹자판, 놀자판 놀이 문화를 지양하라 • 공동의 경험을 다양하게 축적하라 - 등산 • 가족 이기주의로부터 벗어나는 가장이 되라 - 공동체 의식 • 자녀의 학교를 방문해 보라 - 개선책 • 강하게 키워라 - 용기 • 근로의 중요성을 일깨워 줘라 - 일 • 자녀 앞에서 정정당당한 위엄을 보여라 • 때로는 회초리도 가하라 - 사랑의 매 • 사소한 것을 기억하는 아버지가 되라 • 주 1회 아버지와 자녀 둘만의 특별한 스케줄을 가져라 - 감정 교류

■참고■ **이런저런 부모**
• 아브라함(믿음의 아버지) - 내가 그로 그 자식과 권속에게 명하여 여호와의 도를 지켜 의와 공도를 행하게 하려고 그를 택하였나니 하심(창 18:18-19) • 모세(부주의한 아버지) - 자기 아들의 할례를 연기했다가 죽을 뻔함(출 4:24-26) • 입다(경솔한 아버지) - 누구든지 내 집 문에서 나와 나를 영접하면 그를 번제로 드리겠나이다 함(삿 11:31,36) • 한나(거룩한 어머니) - 아들을 주시면 내가 그의 평생에 그를 여호와께 드리겠다고 서원함(삼상 1:11) • 엘리(엄하지 못한 아버지) - 네 아들들을 나보다 더 중히 여겼다 책망하심(삼상 2:22-29,34) • 다윗(비통해 하는 아버지) - 내 아들 압살롬아 내가 너를 대신하여 죽었더면. 압살롬 내 아들아 하고 통곡함(삼하 18:33) • 요나답(명예로운 아버지) - 자손에게 영영히 포도주를 못 마시게 함(렘 35:5-10) • 탕자의 아버지(용서하는 아버지) - 내 아들은 죽었다가 다시 살아났으며 내가 잃었다가 다시 얻었노라 함(눅 15:17-24)

■예화■ **오염**
현대의 가장 큰 비극은 환경오염이고 그 다음 비극은 가정 오염이다. 부모는 많아도 어버이가 없으며 아버지는 많아도 부성이 없으며 어머니는 많아도 모성이 없다. 자녀가 부모 알기를 우습게 아는 것도 문제지만 부모가 자녀를 제대로 사랑하지 못하는 것은 더욱 큰 문제이다. 요즘 부모의 문제는 과잉보호이다. 모세 부모는 모세를 나일강에 둥둥 떠내려가게 했다. 자기 목숨을 걸고 기르다가 아이 목숨을 걸었다. ① 악어 밥이 될 수도 있다. ② 바다의 미아가 될 수도 있다. ③ 익사할 수도 있다. ④ 아사할 가능성도 있다. 정말 어쩔 수 없는 것이지만 너무나 가혹한 것이었다. 사무엘의 어머니 한나도 사무엘을 젖 떼자마자 성막에 주고 일년에 한번씩만 보며 길렀다. 아브라함도 이삭을 번제로 드리려고 하였다. 모험적으로 길렀다. 서울 중구 교육청은 최근 애정만으로 자녀를 감싸기 쉬운 학부모들에게 고쳐야 할 점을 지적한 "국교 신입생과 저학년 학생들의 학부모를 위한 가정교육지침" 이라는 소책자를 발간하였다. ① 형제의 싸움을 말리지 말라. ② 비가와도 마중을 나가지 말라. ③ 아버지와 자식의 식사를 차이가 나게 차려 주도록 하라. ④ 아침에 깨워주지 말라. ⑤ 꾸짖는데 장소를 가리지 말라. ⑥ 멀어도 걷게 하라. ⑦ 관심을 보이는 것은 그때그때 철저하게 가르쳐 줘라. ⑧ 학교성적으로 형제들을 비교하지 말라. 이 모두는 강하게 기르라는 지침이다. (역경도 아름다워라 / 강문호)

● 부지런함 ●

부지런한 성도의 자세 세 가지

■ 본문 ■ 이로써 그 보배롭고 지극히 큰 약속을 우리에게 주사 이 약속으로 말미암아 너희가 정욕 때문에 세상에서 썩어질 것을 피하여 신성한 성품에 참여하는 자가 되게 하려 하셨느니라【벧후 1:4】

■ 서론 ■ 영국 시인 존 게이는 "가마솥을 찾는 것은 우리의 행운일 수 있으나 그 솥이 끓게 하는 것은 우리의 부지런함이니라"고 했다. 성도는 무엇에 부지런해야 하는가?

■ 말씀 ■

I. 예수 그리스도를 섬기는 일에 부지런하자【롬 12:11】

성경은 '부지런하여 게으르지 말고 열심을 품고 주를 섬기라'고 했다. 부지런하다는 무엇인가? 이는 수고를 아끼지 아니하고 일에 꾸준함을 일컫는 말이다. 작가 블레이크는 "분주한 꿀벌에게는 슬퍼할 겨를이 없다"고 했다. 성도는 부르심을 받은 자답게 매사에 부지런하고 게으르지 말고 주님 예수를 섬기는 일에 열심을 품어야 할 것이다.

참고 성구 눅 8:3, 10:40 행 16:15,40 요 20:28, 1:49 계 3:19

II. 복음을 전파하는 일에 부지런하자【딤후 4:2】

성경은 '너는 말씀을 전파하라 때를 얻든지 못 얻든지 항상 힘쓰라 범사에 오래 참음과 가르침으로 경책하며 경계하며 권하라'고 했다. 전파란 무엇인가? 이는 전하여 널리 퍼짐 혹은 전하여 널리 퍼뜨림을 일컫는 말로서 본 구절의 '전파하라'는 헬라어 '케뤽손'으로 이는 '전파하라, 선포하라'로서 오직 그리스도의 말씀을 설교하며 전파하며 선포하라는 의미이다.

참고 성구 마 4:23, 28:19-20 눅 24:48 행 8:5 고후 1:8 딤후 4:8

III. 신성한 성품에 참여하는 일에 부지런하자【벧후 1:4】

성경은 '이로써 그 보배롭고 지극히 큰 약속을 우리에게 주사 이 약속으로 말미암아 너희가 정욕 때문에 세상에서 썩어질 것을 피하여 신성한 성품에 참여하는 자가 되게 하려 하셨느니라'고 했다. 본 구절의 '보배롭고'는 헬라어 '티미아'로서 이는 '가치 있는'의 뜻으로, 하나님의 진실한 약속으로 구원을 받은 성도가 하나님의 가치 있는 약속을 믿을 때 보배로운 믿음이 되고, 이로써 신성한(신의) 성품에 참여케 된다.

참고 성구 요 15:5 요일 3:2 롬 8:29 고전 15:49 고후 3:18

■ 결론 ■ 이와 같이 부지런한 성도의 자세를 살펴보았으니 성도는 주님을 섬기고, 복음을 전파하며, 거룩한 신의 성품에 참여하는 일에 부지런한 자들이 되자.

■해설■ **신성한 신의 성품**

'신의 성품'(divine nature)이라는 단어는 성경에서 오직 벧후 1:4에서만 사용되었다. '테이아스 코이노노이 퓌세오스'(너희로 신의 성품에 참여케 하시려는 것) 이 구절의 중점은 신의 성품 그 자체에 있는 것이 아니라 우리가 그것에 참여하는 것에 있다. 우리는 예수 그리스도의 신성에 비추어 볼 때만 우리 자신이 신성에, 곧 하나님의 성품에 참여하였는지의 여부를 알 수 있다. 이것은 우리의 신격화를 의미하는 것이 아니고 우리가 성령을 통하여(성령님에 의해서) 예수 그리스도께 연합되는 것을 의미한다.

■참고■ **부지런해야 할 갖가지 것들**

- 말씀으로 자녀를 교육함 - 집에 앉았을 때에든지 길을 갈 때에든지 누워 있을 때에든지 일어날 때에든지 이 말씀을 강론할 것이며(신 6:7) • 재산의 관리에 신경을 씀 - 네 양떼의 형편을 부지런히 살피며 네 소떼에 마음을 두라(잠 27:23) • 일상 생활 가운데 부지런함 - 그는 양털과 삼을 구하여 부지런히 삼을 구하여 부지런히 손으로 일하며(잠 31:13) • 성도의 교제로 바쁨 - 내가 사슬에 매인 것을 부끄러워하지 아니하고 로마에 있을 때에 나를 부지런히 찾아와 만났음이라(딤후 1:17)

■예화■ **노력하는 천재**

발명왕 에디슨은 인류의 은인이요, 현대문명의 어머니다. 현대문명에서 에디슨의 발명을 모두 제거해 보라. 전기가 없다면, 축음기가 없다면, 영화가 없다면, 전신기가 없다면 현대의 문명과 사회는 어두워질 것이다. 그는 일생동안에 1300종의 특허를 얻었다. 세계의 각 국 교과서에 제일 많이 등장하는 인물이 에디슨이다. 그는 미국의 많은 부를 축적했고 인류에 한없는 문명의 혜택을 준 자다. 우리는 에디슨을 발명의 천재라고 일컫는다. 그의 천재는 어디서 생겼는가. 99%의 땀과 1%의 영감에서 나왔다고 스스로 말하였다. 땀은 영어로 퍼스피레이션(perspiration)이라고 하고, 영감은 인스피레이션이라고 한다. 두 단어의 말미인 spiration은 같다. 영감은 땀의 산물이요, 노력의 결정이다. 나태에서 영감의 빛은 솟지 않는다. 땀의 밭에서 영감의 샘이 솟는다. 천재는 땀의 산물이다. 언제나 일하여라. 이것이 에디슨의 생활신조이다. 그는 또 이렇게 말했다. "나의 인생철학은 일하는 것이다. 우주의 신비를 탐구하여 그것을 인류의 행복을 위해서 응용하는 것이다. 이 짧은 인생을 사는 동안 그 이상의 봉사의 방법을 나는 모른다." 그는 젊은이들에게 시계를 보지 말라는 계명을 남겼다. 퇴근 시간만 기다리면서 시계만 들여다보는 젊은이가 되지 말라는 것이다. 인생은 먹고 마시고 노는 놀이터가 아니다. 땀흘리며 일하고 생산하는 창조의 일터다. 땀이 천재를 낳는다. 천재는 노력의 아들이다. (안병욱)

● 부패 ●

부패한 신앙적 특징 세 가지

■본 문■ 뱀이 그 간계로 하와를 미혹한 것 같이 너희 마음이 그리스도를 향하는 진실함과 깨끗함에서 떠나 부패할까 두려워하노라 【고후 11:3】

■서 론■ 부패란 정신적으로 타락하거나 문란하여 바르지 못함을 일컫는 말이다. 신앙적으로 부패한 현상의 특징은 무엇일까?

■말씀■

I. 하나님을 버리고 만홀히 여겨 멀리한다 【사 1;4】

성경은 '슬프다 범죄한 나라요 허물 진 백성이요 행악의 종자요 행위가 부패한 자식이로다 그들이 … 이스라엘의 거룩하신 이를 만홀히 여겨 멀리하고 물러갔도다' 라고 했다. 만홀이란 무엇인가? 이는 무심하고 소홀함을 일컫는 말이다. 본 구절의 '허물' 은 히브리어 '아온' 으로 이는 '구부리다, 뒤틀다, 비틀다' 의 뜻인 '아와' 에서 파생된 말로 '위반, 비뚤어진 행동, 죄악, 부정' 을 의미한다.

참고 성구 잠 27:8 마 15:8 사 29:13 벧후 2:14-18 롬 11:2-5

II. 그리스도를 향하는 진실함과 깨끗함에서 떠난다 【고후 11:3】

성경은 '뱀이 그 간계로 하와를 미혹한 것 같이 너희 마음이 그리스도를 향하는 진실함과 깨끗함에서 떠나 부패할까 두려워하노라' 고 했다. 사도 바울은 고린도 교회가 하와가 뱀의 유혹을 받아 타락한 것과 같이 거짓 교사들의 유혹을 받아 그리스도를 향한 충성된 진실함과 순결하고 깨끗한 신앙을 잃고 타락할까 염려하였다. 부패하고 타락한 신앙은 주님 예수 곁을 떠나게 된다.

참고 성구 계 2:4 벧후 3:17 딤전 1:19-20 딤후 4:10 엡 6:13

III. 경건을 이익의 방도로 생각하여 다툼을 일으킨다 【딤전 6:5】

성경은 '마음이 부패하여지고 진리를 잃어 버려 경건을 이익의 방도로 생각하는 자들의 다툼이 일어나느니라' 고 했다. 이단의 본질적 속성은 고후 11:13-15를 참조하고 본 구절은 이단의 외형적 특징을 말해주고 있다. 부패한 신앙은 첫째, 자기 자랑을 일삼는 교만한 자다. 둘째, 추상적 이론에 착념하여 실생활보다 변론에 치중한다. 셋째, 교회의 분열을 조장한다. 넷째, 종교를 상업화하여 돈벌이와 이익의 도구로 삼는다.

참고 성구 딤후 3:5-8 계 3:17 행 8:18-23 딛 1:11 벧후 2:3

■결 론■ 이와 같이 부패한 신앙의 특징을 알았으니 성도는 신앙이 부패하고 타락한 자들을 멀리하여 그들로부터 유혹당하지 않도록 말씀에 굳게 서서 영분별의 은혜를 받도록 하자.

■해설■ **부패, 타락**

구약에서 '부패'(corruption)를 뜻하는 중요 히브리어는 '미쉬핫, 모쉬핫, 마쉬히트'로서 이 세 단어는 모두 육체가 부패하고 상한 것을 뜻한다(사 52:14, 레 22:25, 단 10:8). 뿐만 아니라 영어성경 AV에서는 '솨핫' 도 이와 같은 뜻으로 번역되었고, 같은 어근의 동사 '솨하트' 는 '부패된 것이나 죄 때문에 도덕적으로 부패한 것' 을 가리킨다(창 6:12, 출 32:7, 호 9:9). 신약에서는 '디아프도라' 와 '프도라' 가 부패로 번역되었다. 둘 다 육체의 와해와 썩는 것을 가리키나 '프도라' 는 '종교적이고 도덕적 타락'(벧후 1:4, 2:18)을 뜻하기도 한다.

■참고■ **행위가 부패했던 자들**

• 롯 - 술 취해 딸들과 성관계를 가져 이스라엘의 대적의 조상이 됨(창 19:37-38) • 솔로몬 - 만년에 이방 여인 1,000명을 거느리고 이방신을 섬김(왕상 11:1-9) • 히스기야 - 생명을 연장 받았음에도 바벨론의 사자들에게 하나님을 칭송치 않고 자기의 금은 보화를 자랑함(왕하 20:12-19) • 므낫세 - 이방인의 가증함을 본 따서 우상 섬김이 극에 달해 국가멸망의 원인을 초래함(왕하 21:2-12, 렘 15:4) • 시몬 - 성령을 돈으로 사려고 함(행 8:19-23) • 후메내오와 알렉산더 - 믿음이 파선됨(딤전 1:19-20) • 디오드레베 - 으뜸 되기만 바란 자(요삼 1:9-10)

■예화■ **하멜린의 피리 부는 사람**

독일의 하멜린이라는 도시에 갑자기 쥐들이 번성하여 온 시민들은 쥐 떼로 인하여 너무나 큰 고생을 하게 되었다. 시의회에서 이 쥐 문제를 심각히 의논하고 있던 어느 날, 처음 보는 사람이 와서 쥐를 다 없애주면 값을 얼마를 주겠는가고 물어 보았다. 의회의 사람들은 일천 길더스(화폐단위)를 주겠다고 했다. 그러자 이 사람은 피리를 꺼내 들고 그 피리를 불며 거리를 나다니기 시작했다. 이상스럽게도 이 피리 소리에 온 마을의 수천 마리 쥐가 몰려들었다. 피리 부는 사람은 계속 피리를 불며 이 쥐 떼들을 몰고 강으로 끌고 가 모두 강에 빠져 죽게 했다. 이 사람은 의회에 가서 이제 일천 길더스의 돈을 달라고 했다. 그러자 약삭빠른 의회에서는 일천 길더스는 농담이었다고 하며 50길더스를 내어 주었다. 피리 부는 사람은 이에 화를 내고 돌아서면서 하멜린의 시민들이 큰 화를 당하게 될 것이라고 하면서 밖으로 나갔다. 그 사람은 다시 피리를 불며 거리를 걷기 시작하였다. 그러자 이번에는 그 마을의 모든 어린이들이 정신없이 그 피리 소리를 따라가는 것이었다. 산밑에 다다르자 어떤 큰 문이 열렸는데 피리 부는 사람과 모든 어린이들이 그 문으로 들어가 버린 후에는 영영 그 문이 닫혀졌다는 얘기이다. 예수 그리스도의 무한히 고귀한 보혈 공로로 영생을 얻은 신자 중에는 하멜린의 시민들 같은 약삭빠름으로 주님을 대하는 사람들이 없어야만 하겠다. (로버트 브라우닝)

● 부활 ●
부활의 시기를 묘사한 세 군데

■본 문■ 보라 내가 너희에게 비밀을 말하노니 우리가 다 잠 잘 것이 아니요 마지막 나팔에 순식간에 홀연히 다 변화되리니 나팔 소리가 나매 죽은 자들이 썩지 아니할 것으로 다시 살아나고 우리도 변화되리라 【고전 15:51-52】

■서 론■ 베르길리우스는 "오, 하나님! 인간의 부활이 사실입니까?"라고 외쳤다. 부활의 시기를 묘사한 성경의 말씀은?

■말씀■

I. 마지막 때에 성도들이 부활한다 【요 6:44】

성경은 '나를 보내신 아버지께서 이끌지 아니하시면 아무도 내게 올 수 없으니 오는 그를 내가 마지막 날에 다시 살리리라'고 했다. 본 구절의 '이끌지'는 헬라어 '헬코'로서 이는 '잡아 끈다, 뽑는다, 뺀다'는 뜻으로 구원 얻을 자를 가려 뽑으시는 하나님의 주권적 행위를 증거하고 있다. 선택된 자들이 주님께로 오면 마지막 심판의 날에 그들을 다시 살리셔서 영원한 천국에 거하게 하신다.

　　참고 성구 요 6:39 요 11:24 행 24:15 요 5:29 계 20:11-14

II. 마지막 나팔 소리가 날 때 성도들이 부활한다 【고전 15:51,52】

성경은 '보라 내가 너희에게 비밀을 말하노니 우리가 다 잠 잘 것이 아니요 마지막 나팔에 순식간에 홀연히 다 변화되리니 나팔 소리가 나매 죽은 자들이 썩지 아니할 것으로 다시 살아나고 우리도 변화되리라'고 했다. 마지막 나팔이란 그리스도의 재림 때 그의 백성들을 부활시켜 한 데 모으기 위해서 부는 것으로, 나팔 소리가 나면 성도들은 영화로운 몸으로 부활하여 하나님의 영광에 참여하게 된다.

　　참고 성구 마 27:53 행 13:37 눅 20:36 빌 3:21 살전 4:15-16, 5:23

III. 주 강림하실 때 성도들이 부활한다 【살전 4:16,17】

성경은 '주께서 호령과 천사장의 소리와 하나님의 나팔소리로 친히 하늘로부터 강림하시리니 그리스도 안에서 죽은 자들이 먼저 일어나고 그 후에 우리 살아남은 자들도 그들과 함께 구름 속으로 끌어 올려 공중에서 주를 영접하게 하시리니…'라고 했다. 본 구절은 휴거(공중 들림)에 관한 것으로, 예수 그리스도의 재림 시 이미 죽은 성도와 살아남은 성도가 지상으로부터 공중으로 들려 올라가 주님과 함께 거하는 현상을 말한다.

　　참고 성구 창 5:24 고전 15:23 히 11:5 유 1:14-15 고후 4:14

■결론■ 이와 같이 부활의 시기와 모습을 알았으니 성도는 말세의 마지막 때에, 마지막 나팔 소리가 울림과 동시에 부활체로 변화되어 공중에서 주님을 맞아 천국에서 영생을 누리는 놀라운 비밀을 아는 자 되자.

■해설■ **부활의 시기**

바울은 고린도전서 15장에서 부활의 시기에 대해 다음과 같은 사건의 순서를 기록했다. 그리스도 자신은 첫 열매이고, 우리는 그의 강림하실 때에 부활할 것이다. 그리스도께서는 통치하다가 마침내는 모든 원수들을 그 발아래 둘 것인데 최후의 원수는 사망이다. 그리스도께서 만물을 자기에게 복종케 하셨을 때 그는 그의 나라를 하나님 아버지께 넘겨 드릴 것이다. 부활은 초자연적으로 성취되며 그리스도께서 부활의 첫 열매가 되시며, 우리 몸은 그의 영광스러움과 같으며 죽은 자들이 인자의 음성을 듣고 살아나는 것은 그리스도의 재림 시 이뤄질 것이다.

■참고■ **그리스도인이 취할 부활체 특성**
- 천사들과 같다 - 부활 때는 장가도 시집도 아니 가고 하늘에 있는 천사들과 같음(마 22:30)
- 그리스도와 같다 - 그는 만물을 자기에게 복종하게 하실 수 있는 자의 역사로 우리의 낮은 몸을 자기 영광의 몸의 형체와 같이 변하게 하시리라(빌 3:21)
- 썩지 아니 한다 - 이 썩을 것이 썩지 아니함을 입고 이 죽을 것이 죽지 아니함을 입을 것임(고전 15:54)
- 영광스럽다 - 욕된 것으로 심고 영광스러운 것으로 다시 살며 약한 것으로 심고 강한 것으로 다시 살아나며(고전 15:43)
- 신령하다 - 육의 몸으로 심고 신령한 몸으로 다시 살아나나니(고전 15:44)

■예화■ **무덤없는 예수**

오래전에 아라비아의 사막에서 대상이었던 한 회교도가 기독교인을 만났다. 그들은 각기 자기들이 신앙하는 종교와 그 대상에 대하여 이야기하게 되었다. 그때 회교도가 기독교인에게 말하였다. "우리들은 당신네들 기독교가 가지지 못한 것을 가지고 있습니다. 그것은 우리네 회교도는 아라비아의 메카에 가면 우리들의 교주 마호멧의 분묘를 볼 수가 있습니다. 그러나 당신들 기독교도의 발생지 예루살렘에는 예수 그리스도의 무덤이 비어 있다는 사실입니다." 이 말을 들은 기독교 신자는 말하기를, "예, 그렇습니다. 바로 그것입니다. 그것 때문에 기독교와 회교는 다르지요. 마호멧의 무덤은 그가 죽어서 그 육체가 썩었다는 것을 증명하지요. 그러나 예수 그리스도의 무덤이 비어 있다는 것은 예수는 죽었으나 다시 부활하여 승천했다는 사실을 입증하는 것입니다. 다시 말해서 회교는 죽은 종교이지만 예수교는 산 종교입니다." (고전 15:13, 계 1:18)

● 부흥 ●

부흥을 위한 조건 세 가지

■ 본문 ■ 내 이름으로 일컫는 내 백성이 그들의 악한 길에서 떠나 스스로 낮추고 기도하여 내 얼굴을 찾으면 내가 하늘에서 듣고 그들의 죄를 사하고 그들의 땅을 고칠지라【대하 7:14】

■ 서론 ■ "교회의 부흥은 사람의 힘으로도, 재주로도, 권력으로도 안 된다. 오직 교회의 부흥은 성령의 역사로만 되는 것이다"라고 한국교회의 지도자였던 한경직 목사가 말했다. 개인과 가정과 나라와 교회의 부흥을 위한 조건은?

■ 말씀 ■

I. 그 악한 길에서 떠나라【대하 7:14】

성경은 '내 이름으로 일컫는 내 백성이 그들의 악한 길에서 떠나'라고 했다. 하나님의 무조건적인 선택으로 하나님께 속한 그 백성들은 하나님의 백성다운 모습을 이루어 나가야 한다. 그들의 삶의 모습은 하나님의 명예와 직결되는 문제이므로 그에 상응하는 내용이 갖춰져야 하나님의 인도와 보호와 양육을 받을 것이다. 성도가 악에서 떠남이 부흥의 첫째 조건이다.

참고 성구 사 1:15, 51:7 대하 30:9 느 1:9 행 2:41

II. 스스로 낮추어라【대하 7:14】

성경은 '스스로 낮추고'라 했다. 본 구절의 낮추고(개역성경은 '겸비하고')는 제 몸을 겸손하게 낮춤을 뜻한다. 하나님은 니느웨가 왕에서부터 짐승까지 먹지도 않고 물도 마시지 않고 스스로 낮추어 부르짖었을 때에 재앙을 거두어들이셨고, 아합 왕이 자신을 낮추자 재앙을 아들의 시대에 내린다고 약속하셨다. 하나님 앞에서 스스로 낮추는 자에게는 재앙을 거두신다.

참고 성구 사 1:18 스 10:1, 10-12 욘 3:10 왕상 21:29 행 19:20

III. 기도하여 하나님께 구하라【대하 7:14】

성경은 '기도하여 내 얼굴을 찾으면 내가 하늘에서 듣고 그들의 죄를 사하고 그들의 땅을 고칠지라'고 했다. 하나님의 백성이 그 악한 길에서 떠나 스스로 낮추고 회개하며 하나님께 기도를 드릴 때 하나님은 그 기도를 열납하시고 그들의 죄를 사해 주시고 땅을 고치신다. 하나님의 뜻대로 사는 자는 하나님의 영적 축복은 물론 실제 생활에 필요한 모든 것을 풍성히 받는다.

참고 성구 사 55:6 암 8:11 왕하 22:1-20, 23:1-23 행 28:31

■ 결론 ■ 이와 같이 부흥을 위한 조건을 보았으니 성도는 악한 길에서 떠나 스스로 낮추고 기도하여 죄사함을 받고 후히 주시는 하나님의 축복을 잘 누리는 자들이 되자.

■해설■ 유명한 설교가

해리 무어하우스(Harry Moorehouse)가 젊었을 때에 영국의 한 도시에서 전도사업을 인도하고 있었다. 그러나 갖가지로 막혀서 신앙부흥이 일어나지 않았다. 이 어려운 장벽을 뛰어넘으려 노력했으나 허사였다. 그는 밤낮 무릎을 꿇고 진심으로 기도하며 눈물지으며 외쳤다. "오, 하나님! 왜 신앙의 부흥이 일어나지 않을까요?" 어느 날, 그가 걸어가고 있을 때 성령께서 다음의 글자가 씌어 있는 큰 현수막을 보여 주셨다. "해리 무어하우스, 영국의 전도자 중 가장 유명한 전도자!" 그는 즉시 자신에게 말했다. "이것이 바로 왜 신앙의 부흥이 일어나지 않았는가의 이유이다!" 예수 그리스도를 찬미하지 않았으므로 성령께서 슬퍼하셨고 역사하시지 못하신 것을 그는 깨달았다.

■참고■ 성경에 기록된 부흥의 각종 모습들

• 사무엘 때 미스바에 모인 이스라엘 백성들(삼상 7:5-6) • 엘리야 때 갈멜 산의 결투(왕상 18:21-40) • 히스기야 때 유월절을 준수하고 우상의 제단을 파괴함(대하 30:1-27) • 에스라 때 이방족속과의 결혼을 금지하고 이방 여인 취했던 자들을 조사함(스 10:1-44) • 세례 요한 때 요단강에서 세례를 전파하자 각양의 사람들이 죄를 고백함(눅 3:2-14) • 예수께서 직접 사마리아에 가셨을 때 많은 사람이 믿음(요 4:28-42) • 오순절 날 성령체험 이후 전도로 인해 많은 사람이 주께 나아왔음(행 2:1-47)

■예화■ 주님께 잡힌 파일리 마을

캐나다에 파일리라고 불리는 마을이 있었다. 이 마을은 사탄의 세력이 강력한 곳으로, 이곳에 전도하러 간 사람들은 한 사람씩 차례로 밀려 결국 이 지방에 전도한다는 것은 불가능한 일이라고 생각하게 되었다. 그런데 총회가 이 지역을 버리기로 최종적으로 결정하려는 순간에 죠니라는 선교사가 자기가 선교사로 가겠다고 나섰다. 총회의 대표들은 한 번 더 기회를 주기로 결정하고 죠니 선교사를 파송하였다. 죠니 선교사가 파일리 마을로 가는 중에 아는 사람들을 만났다. 그들이 어디로 여행을 가는가 물었을 때, 죠니는 이렇게 분명하게 대답했다. "주님이 부흥을 주시려는 파일리 마을로 갑니다." 죠니 선교사는 파일리가 보이는 언덕에 올라 마을을 바라보면서 무릎을 꿇고 간절히 기도하였다. "주님께서 당신의 일을 부흥시킬 것이라고 내가 총회에서 이미 말을 했사오니 주님께서 그 일을 행하여 주옵소서. 그렇지 않으면 제가 어떻게 다시 그들에게 얼굴을 내 보이겠습니까? 또 기도하고 믿었다는 결과가 그것밖에 안되었느냐고 사람들이 말하지 않겠습니까?" 그리고 그는 성령에 사로잡혀 "주님 되었습니다. 파일리는 잡혔다. 파일리는 잡혔다!"라고 외치면서 일어섰다. 그는 거리에서 찬송을 부르기 시작했다. "주께로 돌아와 구원을 받으라!"고 외쳤다. 억센 사람들이 몰려왔다. 그리고 죠니 선교사의 설교를 듣고 죄를 자복하면서 주님께 돌아왔다. 마침내 파일리 마을은 온통 복음의 도시로 변했다.

●밤●

밤일지라도 쉬면 안 되는 일 세 가지

■본문■ 한밤중에 바울과 실라가 기도하고 하나님을 찬송하매 죄수들이 듣더라 이에 갑자기 큰 지진이 나서 옥터가 움직이고 문이 곧 다 열리며 모든 사람의 매인 것이 다 벗어진지라【행 16:25-26】

■서론■ 시인 바이런은 "밤의 어두운 별의 그림자와 고독한 사랑 속에서 나는 저 먼 세상의 언어를 배운다"라고 했다. 비록 밤일지라도 쉬면 안 되는 일은?

■말씀■

Ⅰ. 밤이 새도록 수고함 / 성도의 성실【눅 5:5】

성경은 '시몬이 … 선생님 우리들이 밤이 새도록 수고하였으되 잡은 것이 없지마는 말씀에 의지하여 내가 그물을 내리리이다'라고 했다. 수고란 일을 하는 데 애를 쓰고 힘을 들임을 말한다. 갈릴리 호수에서 고기잡이로 잔뼈가 굵은 베드로였지만 밤이 새도록 수고했지만 고기를 잡지 못했다. 그러나 이런 그의 성실성이 주님 예수를 만나는 순간을 가져오게 되어 끝내 사람을 낚는 사도가 되었다.

　　참고 성구 잠 22:29 벧후 1:10 히 6:11-12 고전 15:10

Ⅱ. 밤이 새도록 기도함 / 성도의 간구【눅 6:12】

성경은 '이 때에 예수께서 기도하시러 산으로 가사 밤이 새도록 하나님께 기도하시고'라 했다. 주님 예수께서는 산으로 기도하시러 가서서 밤이 새도록 하나님께 기도하셨다. 기도는 나의 소원을 아뢰는 것이지만 주님은 하나님의 소원과 의지와 목적 안에서 기도하셨다. 나의 뜻을 구하는 것은 힘들지 않지만 하나님의 뜻을 이루는 기도는 땀과 핏방울 같은 생명을 건 투쟁이 필요하다.

　　참고 성구 창 32:24-25 삼상 15:11 시 119:147 살전 3:10 눅 2:36-39

Ⅲ. 밤이 새도록 찬미함 / 성도의 신뢰【행 16:25,26】

성경은 '한밤중에 바울과 실라가 기도하고 하나님을 찬송하매 죄수들이 듣더라 이에 갑자기 큰 지진이 나서 옥터가 움직이고 문이 곧 다 열리며 모든 사람의 매인 것이 다 벗어진지라'고 했다. 바울과 실라가 심히 매질을 당하고 감옥에 갇혔으나 한밤중에 하나님을 찬송하였다. 찬송은 노래로 드리는 기도이다. 환란 중에도 찬미하는 성도는 하나님의 영광을 드러내는 자로서 그는 기적을 체험한다.

　　참고 성구 마 26:30 시 42:8, 77:6-9 약 5:13 고전 14:15

■결론■ 이와 같이 밤일지라도 쉬지 않으면 안 되는 일을 알았으니 성도는 성실하게 수고하여 오직 하나님의 뜻을 위한 기도를 드리고 찬미하여 기적을 체험하는 자들이 되자.

■해설■ **밤일지라도**

1980년 5월 19일 아침 10시, 미국 동부 전 지역에 평상시에 볼 수 없는 깜깜한 어둠이 찾아왔다. 학교수업은 중단되고 촛불을 켜고 거리에는 횃불을 밝혔다. 오후 1시가 되자, '때 아닌 어둠'은 공포에서 고통으로 바뀌었다. 수 천의 인파가 교회로 몰려들어 목사의 최후 심판의 날에 대한 설교를 들었다. 코네티컷 주 하트포드에서는 상하 양원이 개회되었다. 세상 끝날이 온 것이라고 하나는 폐했다. 다른 하나도 정회를 요청했다. 이때 기독교인 '다벤포트'는 반대하면서 "여러분 오늘은 심판의 날일 수도 있고 아닐 수도 있소. 만약 그날을 맞는다 해도 우리는 우리의 직무를 해야 할 것이오. 따라서 촛불을 들고서라도 계속 합시다"라 하여 회의는 속행되었다. 모름지기 신앙인의 자세는 이래야 한다.

■참고■ **성경에 특별히 밤에 일어난 사건들이 있음**
* 얍복 강 나루터에서 반생을 회고하며 하나님의 사자와 씨름하여 이스라엘이란 칭호를 받은 야곱(창 32:22-31) • 애굽의 바로를 무릎 꿇게 한 장자의 재앙이 밤에 일어났음(출 12:12-36) • 하나님의 섭리로 잠을 못 이룬 아하수에로 왕(에 6:1) • 비록 밤중이라도 성벽을 관찰해야만 했던 느헤미야(느 2:11-16) • 벽에 하나님의 손가락이 나타나 징계했던 벨사살의 죽음(단 5:22-30) • 천사가 목자들에게 나타남(눅 2:8-20) • 진리를 갈구한 니고데모의 방문(요 3:1-21) • 옥에서 건짐 받은 사도들(행 5:19-20) • 바울의 도피(행 9:25)

■예화■ **애국심**

"우리는 참으로 용기 있는 인간이었느냐, 우리는 참으로 현명한 인간이었느냐, 우리는 참으로 성실한 인간이었느냐, 우리는 참으로 헌신하는 인간이었느냐?" 알링톤 국립묘지의 푸른 언덕에서 영원히 잠자고 있는 비전과 용기의 젊은 대통령 J.F. 케네디는 1963년 2월 22일 흉탄을 맞고 모든 인류의 슬픔 속에 혜성처럼 사라졌다. 이상의 별이 땅에 떨어졌다. 그는 미국뿐만 아니라 온 세계에 새로운 비전을 던지고 용기를 불러일으키어 선풍적 인기의 지도자가 되었다. 그는 미국 국민에게 "새로운 개척지의 새로운 개척자가 되기를 바란다"고 뉴 프런티어의 정신을 강조했다. 또 1961년 1월 20일 제 35대 대통령 취임연설에서는 "네 나라가 네게 무엇을 해줄 수 있는가를 묻지 말고, 네가 네 나라를 위해서 무슨 일을 할 수 있는가를 물어 달라"고 새로운 애국심을 촉구했다. 또 암살되기 전날 만찬회 석상에서 "비전 없는 국민은 망한다"고 외쳤다. 앞의 말은 케네디가 메사추세츠 상원에서 행한 고별연설 중의 한 구절이다. 이 말 앞에 이런 요지의 말이 나온다. "우리는 훗날 역사의 심판대 앞에 선다. 그때 역사는 우리에게 다음 몇 가지 질문을 던진다. 이 질문에 어떻게 대답하느냐에 따라서 우리의 가치가 결정된다."고 했다. 용기와 슬기와 성실과 헌신은 나라를 위해서 이상을 위해서 일하는 자에게 반드시 요구되는 인생의 기본적인 덕이다. (안병욱)

● 분노 ●

분노에 대한 합당한 자세 세 가지

■본문■ 분을 내어도 죄를 짓지 말며 해가 지도록 분을 품지 말고 마귀에게 틈을 주지 말라【엡 4:26-27】

■서론■ "분노는 선택일 뿐 아니라 습관이다. 그것은 좌절감에 대한 학습된 반응이고, 당신이 하기 싫은 방식으로 행동하도록 한다. 실제로 극한 분노는 정신병의 형태를 가졌다"고 웨인 다이어는 말했다. 성도는 분노를?

■말씀■

Ⅰ. 성도는 노하기를 더디 한다【잠 15:18】

성경은 '분을 쉽게 내는 자는 다툼을 일으켜도 노하기를 더디 하는 자는 시비를 그치게 하느니라'고 했다. 본 구절의 '시비'는 히브리어 '리브'로서 이는 '루브'곧 '다투다, 말다툼하다'에서 온 단어로 중요한 논쟁이 아닌 하찮은 말다툼이나 무의미한 논쟁을 의미하는 말이다. 성도는 노하기를 더디 할 것은 이로써 각종 시비를 그치게 하기 때문이다.

참고 성구 잠 16:32 약 1:19 딛 1:17 에 3:5, 7:10

Ⅱ. 성도는 분한 마음을 오래 품지 않는다【엡 4:26】

성경은 '분을 내어도 죄를 짓지 말며 해가 지도록 분을 품지 말고'라 했다. '분'이란 분한 기운이나 원통한 생각을 말한다. 주님은 형제에게 노하는 자마다 심판을 받는다고 하셨다. 또한 분노는 성도들이 마땅히 버려야 할 죄악으로 묘사되고 있다. 보복적인 분노가 아닌 정의의 분노는 죄가 아니다. 그렇지만 어떠한 분노일지라도 마귀의 유혹을 피하기 위해서는 해 지기 전에 풀어야 한다.

참고 성구 시 37:8 창 4:5-10 마 5:22 엡 4:31 골 3:8

Ⅲ. 성도는 노한 자를 친절히 대한다【왕하 5:13】

성경은 '그의 종들이 나아와서 말하여 이르되 내 아버지여 선지자가 당신에게 큰 일을 행하라 말하였더면 행하지 아니하였으리이까 하물며 당신에게 이르기를 씻어 깨끗하게 하라 함이리이까 하니'라 했다. 지혜로운 나아만의 종들은 그 주인 나아만에게 납득이 될 만한 이유와 친절한 자세로 설득했다. 남을 대하는 태도가 정성스럽고 정다운 친절은 분노를 잠재우는 묘약이다.

참고 성구 마 5:22 삼상 18:8-16 요 8:6 창 33:10

■결론■ 이와 같이 분노에 대한 합당한 자세를 살펴보았으니 성도는 노하기를 더디하고 분한 마음을 오래 품지 말고 노한 자에게 친절히 하여 마귀의 시험을 물리치는 자들이 되자.

■해설■ **분노**
한 저명한 의사가 있었는데 그는 평소에 "나를 화나게 하는 사람은 나를 죽이는 사람이다"라고 말해왔다. 그가 하루는 의학협회에 나가서 논문을 발표할 기회가 있었다. 한참 발표하는 도중 한 의사가 일어나서 그의 논문에 대해 신랄하게 비평하기 시작했다. 자신만만하게 논문을 발표하던 그는 그 말을 듣고 화가 난 나머지 참지 못하고 자리에서 벌떡 일어나 자기를 비난한 사람을 큰소리로 공격하다가 그만 그 자리에 쓰러져 죽고 말았다. 그러므로 우리는 우리를 도적질하고 죽이고 멸망시키는 분노와 미움을 우리의 마음속에서 깨끗이 청소해야 하겠다.

■참고■ **의분을 가진 신앙의 인물들**
• 야곱 - 고향 길을 가는 그를 뒤쫓아 온 삼촌 라반에게 그의 부당함을 당당하게 설파함(창 31:36-42) • 모세 - 우상 금송아지를 향해 춤추고 제사 지냄을 보고서 십계명 돌판을 산 아래로 던져 깨뜨림(출 32:15-20) • 삼손 - 수수께끼를 푼 자에게 옷 30벌을 주며 약속을 지켰고, 그들을 죽인 이유는 아내와 블레셋 사람의 기만을 미워했음임(삿 14:5-20) • 사울 - 하나님의 신에 감동하여 이스라엘을 모욕한 이방인의 교만한 행위를 미워함(삼상 11:5-7) • 사무엘 - 하나님의 명을 거역한 사울을 책망함(삼상 15:16-31)

■예화■ **미움과 분노를 버리자**
남편의 외도로 고민하는 한 자매님과 신앙상담을 했다. 그 자매님은 얼마 전에 남편이 몇 년째 이중생활을 하고 있다는 사실을 알게 되었다. 그 자매님이 나를 만나러 왔을 땐 소금에 절은 배추 같았다. 그러한 자매님의 모습에서 나는 아무 말을 듣지 않아도 그의 분노와 미움과 억울함이 어떠하다는 것을 짐작하고도 남음이 있었다. 나는 그 자매님에게 이렇게 말했다. "자매님, 자매님의 원통하고 분한 마음은 이루 말할 수 없다는 것을 충분히 이해합니다. 그러나 미움과 분노는 문제의 해결책이 되지 못합니다. 자매님의 마음속에 미움과 분노가 남아 있는 한 마귀는 그 틈을 타고 들어와 자매님과 남편을 도적질하고 죽이고 멸망시킬 뿐입니다. 자매님이 구출될 수 있는 유일한 길은 남편에 대한 미움과 분노를 버리고 남편을 용서하며 전보다 더 따뜻한 마음으로 사랑하는 것입니다." 이 말을 들은 그 자매님은 "목사님은 제삼자니까 그런 말씀을 하시지만 저는 남편이라는 말만 들어도 치가 떨립니다."라고 했다. 그래서 그 자매님에게 다시 말했다. "나는 제삼자이므로 자매님의 갈 길을 잘 알 수 있습니다. 우물 속에 빠져 있는 사람은 어떻게 해야 우물 밖으로 나올 수 있는지 모르지만 제삼자는 잘 아는 것과 마찬가지입니다." 성을 내는 것은 무서운 파괴를 가져온다. 아무리 지혜와 총명이 뛰어난 사람도 미움과 분노의 회오리 바람 속에 휩싸이게 되면 파괴되고 만다.
(조용기)

● 분쟁 ●

분쟁을 방지하는 방법 세 가지

■ 본 문 ■ 아브람이 롯에게 이르되 우리는 한 친족이라 나나 너나 내 목자나 네 목자나 서로 다투게 하지 말자 네 앞에 온 땅이 있지 아니하냐 나를 떠나가라 네가 좌하면 나는 우하고 네가 우하면 나는 좌하리라 【창 13:8-9】

■ 서 론 ■ "매사에 분쟁을 일삼는 사람들이 있는데 그들은 인간관계를 크게 파괴하는 도둑들이다"라고 로렌조 그라시안은 말했다. 분쟁을 방지하는 방법은?

■ 말씀 ■

I. 시비를 그칠 때 【잠 17:14】

성경은 '다투는 시작은 둑에서 물이 새는 것 같은즉 싸움이 일어나기 전에 시비를 그칠 것이니라' 고 했다. 시비란 무엇인가? 이는 옳고 그름이나 잘잘못이나 옳고 그름을 따지는 것이다. 물이 귀한 팔레스틴에서 방축의 작은 구멍을 발견 즉시 막지 않으면 나중엔 수습할 수 없게 된다. 이처럼 싸움도 극히 작은 문제로부터 시비가 발생하여 큰 문제로 야기되는 예가 많다.

참고 성구 잠 20:3 창 33:3-4 행 15:36-41 딤후 4:11

II. 어리석은 논쟁을 피할 때 【딛 3:9】

성경은 '그러나 어리석은 변론과 족보 이야기와 분쟁과 율법에 대한 다툼은 피하라 이것은 무익한 것이요 헛된 것이니라' 고 했다. 본 구절의 분쟁은 헬라어 '에리스' 로서 이는 '다툼, 이기심' 과 동의어로서 이기심에서 비롯된 다툼을 뜻한다. 성도는 무익하며 헛된 논쟁을 피하고 마땅히 남을 나보다 먼저 생각하는 자세로 살아서 주님의 가르침을 실천하는 자 되자.

참고 성구 잠 26:17 딤전 6:3-5 행 15:20 딤전 6:20-21

III. 더불어 화평하려고 할 때 【창 13:8,9】

성경은 '아브람이 롯에게 이르되 우리는 한 친족이라 나나 너나 내 목자나 네 목자나 서로 다투게 하지 말자 네 앞에 온 땅이 있지 아니하냐 나를 떠나가라 네가 좌하면 나는 우하고 네가 우하면 나는 좌하리라' 고 했다. 아브라함은 조카 롯에게 양보와 희생의 자세로 롯에게 우선권을 주며 땅을 선택하게 했다. 이웃과 더불어 화평하려고 할 때 분쟁이 방지된다.

참고 성구 롬 12:18 빌 2:3 요삼 1:10 빌 4:2

■ 결 론 ■ 이와 같이 분쟁을 방지하는 방법을 알았은즉 성도는 시비를 그치고 어리석은 논쟁을 피하여 더불어 화평을 이루어 모두가 유익이 되는 삶을 사는 자들이 되자.

■해설■ **논쟁의 끝**

과거 제정 러시아가 망할 때 러시아 교회 지도자들이 모여서 격렬한 신학 논쟁을 벌였는데 그 논쟁의 주제는 성직자의 옷단을 붉은색으로 할 것인가 황금색으로 할 것인가에 관한 것이었다. 그들은 열흘 낮과 밤을 두고 결론을 얻지 못하고 있었는데, 바로 그 시각에 여섯 명의 볼세비키 혁명자들이 지하실에서 공산주의 운동을 초안하고 있었다. 결국 그들은 혁명을 일으켜 제정 러시아를 무너뜨리고 공산국가 소련을 일으켰다. 그리고 그들이 취한 최초의 행동은 당시 러시아를 주름잡고 있던 모든 기독교의 지도자들을 체포하여 처형한 것이었다.

■참고■ **분쟁에 대한 성경의 교훈**

• 사람을 중심하여 서로 분쟁을 말고 한 마음 한 뜻으로 합하라(고전 1:10-13) • 분쟁은 하나님의 일이 아니다(고전 14:33) • 분쟁하는 사람은 진리를 떠난 사람이다(딤전 6:3-5) • 한 하나님을 믿는 신앙을 가진 성도는 지체이니 분쟁을 말아야 한다(엡 4:1-6) • 분쟁은 듣는 자도 망하게 할 뿐이다(딤후 2:14) • 참된 종은 분쟁케 하지 않는다(딤후 2:24-26) • 분쟁은 사사로운 욕심에 속한 세상적인 일이다(고전 3:3-7) • 분쟁은 마귀의 일이다(유 1:18-19)

■예화■ **70세의 철인(哲人)**

"우리는 이제 떠나야 할 때가 왔다. 나는 죽으러 가고 여러분은 살러 간다. 누가 더 행복할 것인가. 그것은 오직 신만이 알 것이다." 플라톤이 쓴 유명한 대화편 〈소크라테스의 변명〉의 제일 마지막에 나오는 극적 선언이다. 5백 명의 아테네 시민들은 소크라테스에게 사형선고를 내렸다. 그는 기원전 399년 봄에 태연자약하게 독배를 마시고 죽었다. 그것은 철인다운 장엄한 죽음이었다. 그는 자기의 신념대로 살다가 죽었다. 앞의 말은 아테네 시민들이 부당하게도 사형선고를 내렸을 때, 소크라테스가 법정에서 마지막으로 자기 소신을 피력한 말이다. 자기는 이제 죽음의 길로 가고 시민들은 생의 길로 간다. 죽는 자기가 더 행복할지 또는 살러가는 시민들이 더 행복할지, 그것은 오직 신만이 알 수 있다고 소크라테스는 갈파했다. 나는 이 구절을 읽을 때마다 70세의 늙은 철인이 확고부동한 신념을 가지고 엄숙한 표정으로 법정에서 극적으로 발언하는 비상한 장면을 상상하게 된다. 그것은 인간의 신념이 도달할 수 있는 최고의 경지요, 인간의 정신이 표현할 수 있는 최고의 용기다. 자기는 정의의 반석 위에 굳건히 서 있다는 확신과 신이 나를 언제나 보호해 준다는 요지부동한 믿음이 있었기 때문에 소크라테스는 이러한 말을 할 수 있었고 또 그러한 죽음을 죽을 수 있었다. 이 신념과 용기를 가졌던 소크라테스는 과연 철인(哲人)다운 철인이었다. 숙연하게 고개가 숙여지는 장면이다. (안병욱)

● 불신앙 ●

불신앙을 막는 방법 세 가지

■ 본 문 ■ 그러므로 하나님의 전신 갑주를 취하라 이는 악한 날에 너희가 능히 대적하고 모든 일을 행한 후에 서기 위함이라 【엡 6:13】

■ 서 론 ■ 사역자 폴 빌하이머는 "거룩하신 하나님의 말씀에 대한 불신앙은 우리에게서 기도를 앗아간다"라고 했다. 불신앙을 막는 방법은?

■ 말 씀 ■

I. 하나님의 말씀 위에 바로 서야 한다 【마 4:10】
성경은 '이에 예수께서 말씀하시되 사탄아 물러가라 기록되었으되 주 너의 하나님께 경배하고 다만 그를 섬기라 하였느니라' 고 했다. 본 구절의 '기록되었으되' 는 헬라어 '그라포' 로서 원뜻은 '정확히 새기다' 이나 여기서는 '기록되어 보존되고 있으며 아직도 유효하다' 는 뜻이다. 따라서 마귀를 능히 이길 수 있는 방법이 정확 무오하게 기록된 하나님의 살아 있는 말씀밖에는 없음을 시사해 준다.
참고 성구 마 14:27-33 요일 5:4 히 4:12 마 13:18-23

II. 하나님의 은혜 안에서 영적으로 성장해야 한다 【벧후 1:10】
성경은 '그러므로 형제들아 더욱 힘써 너희 부르심과 택하심을 굳게 하라 너희가 이것을 행한즉 언제든지 실족하지 아니하리라' 고 했다. 본 구절의 굳게는 헬라어 '베바이안' 으로 이는 의사(意思) 확인 때 쓰던 법률 용어인데 성도 자신이 은혜로 구원받은 자임을 항상 확인해야 한다는 뜻이다. 성도가 부르심과 택하심을 굳게 하여 행할 때 실족치 아니하고 영적으로 크게 성장한다.
참고 성구 엡 4:13 빌 4:12 고전 10:12 벧후 1:5-9 마 26:33

III. 하나님의 전신 갑주를 사용해야 한다 【엡 6:13】
성경은 '그러므로 하나님의 전신 갑주를 취하라 이는 악한 날에 너희가 능히 대적하고 모든 일을 행한 후에 서기 위함이라' 고 했다. 본 구절의 '서기 위함이라' 는 헬라어 '스테나이' 로서 이는 '붙잡다, 거하다' 는 뜻인데, 사탄의 유혹과 박해를 물리치고 예수를 계속적으로 붙드는 것을 의미한다. 하나님의 전신 갑주를 취하여야 불신앙을 물리치고, 주님 예수께 붙들림을 당하여야 온전해진다.
참고 성구 고후 6:7 살전 5:8 엡 6:11 롬 13:12 엡 6:14-17

■ 결 론 ■ 이와 같이 불신앙을 막는 방법을 알았은즉 성도는 말씀 위에 바로 서서 영적으로 성장하여 하나님의 전신 갑주로 무장하여 불신앙의 고리를 제거하는 자 되자.

■해설■ 불신앙

'불신앙'(unbelief)의 기원은 성경에서 말하는 '마음'에 있으며, 불신앙이란 부패한 인격의 근본적인 특성이 자라서 겉으로 드러난 것이고, 하나님의 주권에 대항하여 인간이 자행자지하려는 것이다. 이러한 언급은 창세기 3장에 기록된 타락 기사와 로마서 1:20-25에서 바울이 이 주제에 대해 해설한 데에 분명히 나와 있다(시 14:1, 사 6:9-12, 렘 17:9 참조). 이처럼 불신앙은 모든 인간을 지배하고 있어서 인간은 하나님의 은혜로써 영적으로 거듭나야 할 필요가 있다(요 3:3-13, 고전 1:22-24). 그리스도인이 의심하는 것은 신앙이 일시적으로 약해진 결과나 비기독교인의 의심은 지속적이고 심각한 것이다(행 1:16-17).

■참고■ 불신앙의 각종 모양새들

- 하나님의 말씀을 의심한다(창 3:1-6) - 하와처럼 • 하나님의 종들을 조롱한다(대하 30:6-10) - 북 이스라엘 사람들처럼 • 하나님에게서 돌아선다(욥 22:13-17) - 데만 사람 엘리바스의 말처럼 • 하나님의 능력을 의심한다(요 12:37) - 예수의 표적을 믿지 않는 무리들처럼 • 하나님의 사자들을 미워한다(행 7:54-57) - 스데반의 설교를 듣고 난 뒤 돌을 쥔 무리들처럼 • 복음을 대적한다(살전 2:14-16) - 유대인들처럼 • 성령을 거스린다(행 7:51-52) - 완고한 유대인들처럼 • 확신이 없다(요 11:39) - 마르다처럼

■예화■ 생명의 모조품

옛날의 영화 가운데 〈생명의 모조품〉(Imitation of Life)이라는 것이 있다. 흑인 여자와 백인 사이에 딸이 태어났다. 얼핏 백인 여자처럼 보이는 소녀는 흑인의 신분을 숨기고 취직을 했다. 후에 그것이 탄로가 나서 흑인신분이 알려지자 경원을 당하고 늘 고독하게 되었다. 그후 이 여자는 자기가 흑인임을 저주하고 어머니에게서 멀리 떠나가서 언제나 백인 행세를 하면서 직장을 옮겨 다녔다. 그리고 남자 친구도 속이고자 했다. 그런데 그의 어머니는 진실한 그리스도인으로서 흑인 여자이면서도 교회의 중진이 되어 존경을 받고 있었다. 마침내 이 어머니가 병으로 세상을 떠나자 그 소식을 듣고 허영에 날뛰던 이 딸이 놀라서 교회 장례식에 참석했다. 그 때 교회당에는 조객이 차고 넘쳐서 사회적 지위로서는 일개 청소부였지만 교회에서는 형제·자매로서 그 도시의 일대 명사의 장례식처럼 성대하고 정성스럽게 치뤄지는 것을 보게 되었다. 이 어머니는 생전에 딸의 허영심을 책망하고 생명의 모조품은 거짓된 것이라고 하면서 백인을 모방하지 말고, 하나님이 허락하신 처지에서 살아가라고 늘 가르쳐 왔던 것이다. 그 딸은 이 장례식에서 어머니의 교훈이 참으로 진실이었음을 깨달을 수가 있었다. 바울이 노예는 노예 신분으로 현상유지하면서 초조해 하거나 원망하지 말라고 한 것은 노예제도를 지지한 것이 아니라 현실에 대처하는 삶의 방법을 가르친 것이다.

● 불신자 ●

불신자들이 행하는 일 세 가지

■ 본 문 ■ 너희는 너희 아비 마귀에게서 났으니 너희 아비의 욕심대로 너희도 행하고자 하느니라 그는 처음부터 살인한 자요 진리가 그 속에 없으므로 진리에 서지 못하고 … 【요 8:44】

■ 서 론 ■ 사역자 조지 맥도널드는 "불신은 아무 힘이 없다. 믿을 근거를 찾지 못하므로 불안하다. 마음이 불안한 상태는 모든 것을 의심의 눈으로 보게 한다"고 했다. 불신자들이 행하는 일은?

■ 말 씀 ■

I. 진리를 왜곡한다 【벧후 3:4】

성경은 '이르되 주께서 강림하신다는 약속이 어디 있느냐 조상들이 잔 후로부터 만물이 처음 창조될 때와 같이 그냥 있다 하니' 라고 했다. 왜곡이란 무엇인가? 이는 사실과 다르게 곱새김을 뜻하는 말로서, 불신의 거짓 교사들은 세상이 창조된 후 아무 일이 없이 보전되어 왔던 것처럼 이후에도 계속 그러할 것이라며 장차 도래할 세상의 심판과 주의 재림을 부인했다.

　　참고 성구 딤전 2:4 요 17:17 딤후 2:16-18 막 8:38 약 5:7-8

II. 구원을 거절한다 【요 5:40】

성경은 '그러나 너희가 영생을 얻기 위하여 내게 오기를 원하지 아니하는도다' 라고 했다. 영생에 이르게 하는 유일한 길은 예수 그리스도밖에 없다. 그런데 영생을 얻기 위해 성경을 상고하는 자들이 그리스도에게 나아가지 않고 있으니 이것은 참으로 비극적인 아이러니(irony)이다. 본 구절은 구원을 바라면서도 그리스도를 찾지 않는 유대인의 영적 무지를 책망하고 안타까워하고 있다.

　　참고 성구 요 1:4-5,10-11 눅 14:18 행 24:25 요 14:6

III. 마귀의 뜻을 행한다 【요 8:44】

성경은 '너희는 너희 아비 마귀에게서 났으니 너희 아비의 욕심대로 너희도 행하고자 하느니라 그는 처음부터 살인한 자요 진리가 그 속에 없으므로 진리에 서지 못하고 거짓을 말할 때마다 제 것으로 말하나니 이는 그가 거짓말쟁이요 거짓의 아비가 되었음이라' 고 했다. 마귀는 살인자로서 사망의 세력을 잡고 범죄한 인간 위에 군림하며, 사기꾼으로서 사람을 유혹하여 범죄하게 하는 일을 수행한다. 불신자는 마귀의 하수인으로 마귀의 뜻을 행한다.

　　참고 성구 잠 6:16-19 히 2:14 고후 11:3 요일 3:8 유 1:6

■ 결 론 ■ 이와 같이 불신자들이 행하는 일을 알았으니 성도는 불신자의 행사를 배격하고 오직 주님 예수로 옷입고 하나님의 뜻을 이 땅에 이루는 일에 매진하는 자 되자.

■해설■ **진노**

"진노, 분노, 분한" 등은 살아 계신 하나님께서 죄악을 반대하심을 선포하는 성경적인 용어들이다. 성경 전체를 통해서 볼 때 하나님의 진노(wrath)란 어떤 분노심이나 미워하는 감정이라기보다 악을 반대하시는 하나님의 거룩하심의 표현이다. 따라서 하나님의 진노는 실제로 이 세상과 내세에 하나님이 죄악을 심판하시는 행위에서 찾아 볼 수 있다. 신약에서 하나님의 부르심은 믿고 회개하여 주 예수의 이름으로 세례를 받는 것이다. 이 예수님은 장차 다가올 진노에서부터 우리를 구원하실 분이시다(살전 1:9-10). 이처럼 우리가 그의 피로 의롭다 하심을 얻고 그의 죽으심으로써 화목될 때 우리는 그의 살으심으로써 진노로부터 구원을 받게 된다(롬 5:9-20).

■참고■ **그리스도인이 싸워야 할 대상들**

• 세상 - 이 세상이나 세상에 있는 것들을 사랑치 말라 누구든지 세상을 사랑하면 아버지의 사랑이 그 속에 있지 아니하니(요일 2:15-17, 약 4:4) • 마귀 - 근신하라 깨어라 너희 대적 마귀가 우는 사자같이 두루 다니며 삼킬 자를 찾나니 너희는 믿음을 굳건하게 하여 그를 대적하라(벧전 5:8-9) • 육체 - 육체의 일은 분명하니 곧 음행과 더러운 것과 … 이런 일을 하는 자들은 하나님 나라를 유업으로 받지 못할 것임(갈 5:17-21) • 거짓 선생 - 이는 가만히 들어온 사람 몇이 있음이라 그들은 옛적부터 이 판결을 받기로 미리 기록된 자임(유 1:4) • 악의 영 - 우리의 씨름은 혈과 육이 아닌 하늘의 악의 영과 어둠의 세상 주관자임(엡 6:12) • 세속 지식과 진리의 대적자 - 지식의 망령되고 허한 말과 변론, 얀네와 얌브레가 모세를 대적한 것같이 진리를 대적함(딤전 6:20, 딤후 3:8)

■예화■ **잔치는 돼지를 잡아서 하라**

20여 년이나 곱게 기른 딸을 시집 보내게 되었다. 집안 전체가 준비를 하느라고 몹시 분주하게 되었다. 어느 날 깊은 밤, 외양간에 집안의 가축들이 모두 모여 회의를 했다. 사회는 거위가 보았다. 소, 말, 고양이, 개, 닭, 돼지 모두 모였다. 의제는 '누가 잔치에 쓰일 고기를 제공할 것인가? 맨 먼저 소가 입을 열었다. "나는 안 돼. 내가 없으면 농사를 지을 수 없어. 나는 할 일이 남아 있단 말야." 말도 지지 않고 거들었다. "나도 안 돼. 다리가 불편하여 잘 걷지 못하는 주인을 모시고 다녀야 해." 고양이는 "일년 내내 애쓰고 땀흘려 지은 농사를 쥐로부터 지켜야 할 책임이 있기에 나도 안 돼." 개는 먹고 노는 것만 같아도 도둑을 지켜야 할 막중한 임무가 있으며, 닭은 시간을 알려주고 알을 생산하기 때문에 안 된다고 했다. 그러나 돼지는 할 말이 없었다. 날마다 열심히 먹기만 했다. 앞으로도 열심히 먹고 살 찌우는 일밖에 아무것도 할 일이 없었다. 평소에 모든 가축들은 돼지에 대하여 불평이 대단했다. "우리는 땀 흘리며 열심히 일하는데 돼지는 배가 터지도록 먹고 잠만 자는구나." 돼지를 기르는 주인의 깊은 뜻을 가축들은 알 수가 없었던 것이다. "어찌하여 악인이 살고 수를 누리고 세력이 강하냐?…그들이 소고와 수금으로 노래하고 피리불어 즐기며 그날을 형통하게 지내다가 경각간에 음부에 내려가느니라." (욥 21:7-13)

●불신자●

불신자에 대한 하나님의 언급 세 가지

■본문■ 바다가 그 가운데에서 죽은 자들을 내주고 또 사망과 음부도 그 가운데에서 죽은 자들을 내주매 각 사람이 자기의 행위대로 심판을 받고 … 불못에 던져지더라 【계 20:13-15】

■서론■ 스코틀랜드의 목사요 찬송가 작가인 호레이시우스 보나는 "모든 불신은 거짓말의 믿음이다"라고 했다. 불신자에 대한 하나님의 모습은?

■말씀■

Ⅰ. 하나님은 불신자의 행위를 기억하신다 【암 8:7】
성경은 '여호와께서 야곱의 영광을 두고 맹세하시되 내가 그들의 모든 행위를 절대로 잊지 아니하리라 하셨으니'라고 했다. 기억이란 무엇인가? 이는 지난 일을 잊지 않고 외워 두거나 그 내용을 되새기는 것이다. 불신자들의 종교적인 타락과 상도덕의 타락, 가난한 자들에 대한 착취를 하나님께서는 잊지 않으시며 기억하시고 계신다.
참고 성구 왕하 23:25-26 렘 15:4 호 7:2 마 27:25 왕하 25:4

Ⅱ. 하나님은 불신자의 행위대로 보응하신다 【잠 24:12】
성경은 '네가 말하기를 나는 그것을 알지 못하였노라 할지라도 마음을 저울질 하시는 이가 어찌 통찰하지 못하시겠으며 네 영혼을 지키시는 이가 어찌 알지 못하시겠느냐 그가 각 사람의 행위대로 보응하시리라'고 했다. 보응이란 선악의 행위에 따라 받게 되는 길흉화복의 갚음을 일컫는 말이다. 하나님은 공의의 하나님이시므로 불신자의 행위대로 보응하신다.
참고 성구 시 73:2-3,17 롬 1:18,27 삼상 2:30 시 14:1

Ⅲ. 하나님은 불신자의 행위를 따라 심판하신다 【계 20:12】
성경은 '또 내가 보니 죽은 자들이 큰 자나 작은 자나 그 보좌 앞에 서 있는데 책들이 펴 있고 또 다른 책이 펴졌으니 곧 생명책이라 죽은 자들이 자기 행위를 따라 책들에 기록된 대로 심판을 받으니'라 했다. 심판은 기독교에서 지상에서의 삶에 대하여 사후나 역사의 종말에 내리는 하나님의 판정을 이르는 말이다. 하나님은 불신자의 행위가 기록된 생명책대로 백보좌 심판을 내리신다.
참고 성구 렘 17:10 전 3:17, 11:9 마 16:27 롬 2:2-3 고후 5:10

■결론■ 이와 같이 불신자에 대한 하나님의 언급을 보았으니 성도는 하나님은 잊지 않으시고 기억하시며 보응하시며 심판하시는 분이심을 알아 오직 참된 신앙으로 살아가는 자 되자.

■해설■ **불신자**

'토트 티하메르'는 그의 책 '종교심'에서 불신자에 대해 다음과 같이 언급했다. "불신자는 인간의 정의(正義)에서 교묘하게 벗어나 누구에게도 방해받지 않고 자기의 죄의 결과를 즐긴 도둑과도 같은 것이다. 의인이나 올바른 사람들은 자기의 양심을 배반하지 않으려고 모든 희생을 아끼지 않는데 반하여 그는 도피구를 교묘하게 찾아내는 인간이다." 독일의 재상 '비스마르크'는 그의 아내에게 쓴 편지에서 이렇게 말했다. "지혜 있는 인간으로서 하나님에 관하여 알려고 하지 않는 사람이 생명을 지탱할 수 있느냐 없느냐, 내게는 이해가 가지 않는다."

■참고■ **성경이 말하는 불신자의 상태**

• 헤매는 자 - 인자의 온 것은 잃어버린(길을 잃은) 자를 찾아 구원하려 함이라(눅 19:10) • 멸망할 자 - 독생자를 믿는 자는 멸망치 않는 영생을 얻음(요 3:16) • 심판 받은 자 - 독생자의 이름을 믿지 않는 자는 벌써 심판(정죄)을 받은 자임(요 3:18) • 악한 행위자 - 빛보다 어두움을 더 사랑함(요 3:19) • 진노를 받을 자 - 아들을 순종치 않는 자는 영생을 보지 못하고 진노를 받음(요 3:36) • 사탄의 아들 - 너희는 너희 아비 마귀에게서 났으니(요 8:44) • 더러운 자 - 사람에게서 나오는 그것이 사람을 더럽게 하느니라(막 7:21-23)

■예화■ **세 가지 바보**

세상에는 바보가 많다. 어떤 사람이 가장 바보인가 생각해 보자. 첫째로, 자기가 처한 현실에 늘 불만을 가지고 있는 사람이 바보이다. 그 사람은 결코 평생에 행복해질 수 없는 사람이다. 그에게 많은 재물이 주어져도, 혹은 권력과 명예가 주어져도 만족하지 못하고 종내는 불행을 초래하게 된다. 얼마나 바보인지 모르겠다. 둘째로, 감사할 줄 모르고 예수를 믿는 사람 역시 바보이다. 하나님을 믿는 신앙의 삶이란 참으로 고귀한 것을 얻은 삶이다. 그러나 세상에는 바보들이 너무도 많다. 셋째로, 심판의 날을 의식하지 못하고 사는 사람 또한 바보이다. 톨스토이의 인생 독본에 보면 "우리 인간이 아무리 지위가 높고 학식이 많고 부자라고 해도 우리는 모두가 심판을 받게 됨을 알아야 한다."고 했다. 고린도후서 5장 10절에 보면 "우리가 다 반드시 그리스도의 심판대 앞에 드러나 각각 선악간에 그 몸으로 행한 것을 따라 받으려 함이라" 했다. 세상에는 자칭 지혜로운 자가 너무 많다. 그들은 자기를 지나치게 숭상하고 믿고 있다. 그리고는 어느 날 갑자기 자기의 실체를 발견하고 놀라 절망에 빠진다. 인간의 실체는 어리석음 투성이다. 그러나 이 사실을 깨달을 때 처음으로 하나님을 만날 수 있는 문 앞에 서게 되는 것이다. 하지만 인생들은 자기가 바보인 줄도 모르고 잘난 척하는 것을 취미 삼아 사는 사람들이 많아 끊임없이 요란하기만 하다. (신앙인의 뿌리 / 김대균)

● 불신자 ●

불신자와 마귀와의 관계 세 가지

■ 본 문 ■ 열둘 중의 하나인 가룟 인이라 부르는 유다에게 사탄이 들어가니 이에 유다가 대제사장들과 성전 경비대장들에게 가서 예수를 넘겨 줄 방도를 의논하매 【눅 22:3-4】

■ 서 론 ■ 일본 속담에 "개구리 새끼는 결국 개구리일 수밖에 없다. 올챙이가 아무리 물고기처럼 생겼어도 크면 개구리임이 판명된다"고 했다. 불신자와 마귀와의 관계는?

■ 말씀 ■

Ⅰ. 불신자는 마귀의 자식이다 【행 13:9,10】

성경은 '바울이라고 하는 사울이 성령이 충만하여 그를 주목하고 이르되 모든 거짓과 악행이 가득한 자요 마귀의 자식이요 모든 의의 원수여 주의 바른 길을 굽게 하기를 그치지 아니하겠느냐'라고 했다. 바울은 바예수 하는 마술사 엘루마를 향하여 마귀의 자식이라고 단도직입적으로 말했다. 이는 엘루마가 복음을 듣고자 하는 총독 서기오 바울에게 복음을 믿지 못하게 하였기 때문이다.

　　참고 성구 마 13:38 행 8:23 롬 1:18 딤전 1:9-11

Ⅱ. 불신자는 마귀의 욕심을 따라 행한다 【요 8:44】

성경은 '너희는 너희 아비 마귀에게서 났으니 너희 아비의 욕심대로 너희도 행하고자 하느니라 그는 처음부터 살인한 자요 진리가 그 속에 없으므로 진리에 서지 못하고 거짓을 말할 때마다 제 것으로 말하나니 이는 그가 거짓말쟁이요 거짓의 아비가 되었음이라'고 했다. 본 구절의 '욕심'은 헬라어 명사 '에피뒤미아'로서 이는 주로 물질적 욕망, 저급한 육체적 욕구나 감정에 대해 사용되었다.

　　참고 성구 유 1:4 요 13:2 엡 2:2-3 사 14:12-20 겔 28:13-18

Ⅲ. 불신자는 마귀가 소유한다 【눅 22:3,4】

성경은 '열둘 중의 하나인 가룟 인이라 부르는 유다에게 사탄이 들어가니 이에 유다가 대제사장들과 성전 경비대장들에게 가서 예수를 넘겨 줄 방도를 의논하매'라고 했다. 사탄이 유다에게 들어갔다는 것은 예수의 수난과 죽음이 사탄의 역사에 의해 일어난 것임을 의미해 준다. 일행의 살림살이를 도맡아 했던 유다는 탐심으로 인해 마귀의 소유가 되었고, 그의 종이 되어 주님을 넘겨주게 되었다.

　　참고 성구 눅 8:2 막 5:1-17 고후 11:2-3 벧전 5:8 삼상 16:23, 19:9-12

■ 결 론 ■ 이와 같이 불신자와 마귀와의 관계를 알았으니 성도는 마귀를 대적하여 말씀의 검으로 물리치고 오직 믿음으로 흔들리지 않는 신앙인의 길을 걷는 자들이 되자.

■해 설■ **불신앙**

구약에는 불신앙에 해당하는 직접적 단어가 없지만 신약성경에는 '아페이데이아'와 '아피스티아'라는 단어들이 사용되어 '진리에 대하여 완고하며', '진리를 저항하는 것'을 나타낸다(롬 11:20,23, 엡 2:2, 5:6, 딤전 1:13, 히 3:12). 불신자들이 받아들이기를 거절하는 진리란 추상적 개념이 아닌 자연에 있어서, 구속에 있어서 '하나님의 자기 계시'인 것이다. 이처럼 불신앙이란 근본적으로 하나님의 은혜의 복음을 거절하는 것이다(마 13:58, 행 7:51-52, 롬 2:8, 11:30-31). 불신앙은 죄의 근본 동기요(롬 14:23), 인간으로 하여금 하나님의 율법에 불순종하게 만드는 것으로 진노와 심판만 기다릴 뿐이다(엡 2:2, 5:6).

■참 고■ **마귀의 사역들**

- 마귀는 악한 자의 임하는 중에 입증될 표적과 거짓 기적으로 유인한다(살후 2:9-10)
- 마귀는 바울이 지적한 대로 궤계로 우리를 다스려 보려고 우선권을 점유하려 애쓴다(고후 2:11)
- 마귀는 아나니아에게 했던 것처럼 거짓으로 마음에 가득 채운다(행 5:3)
- 마귀는 예수의 말씀대로 하나님의 목적을 실패케 하려고 방해한다(마 16:23)
- 마귀는 가롯 유다에게서 보인 것처럼 간계를 수행키 위해 사람을 점유하려고 애쓴다(요 13:27)
- 마귀는 그가 지배하는 사람을 해치려고 학대한다(마 9:32, 행 10:38)
- 마귀는 요한의 계시대로 하나님의 종을 핍박한다(계 2:10)

■예 화■ **가정의 파탄**

〈로스엔젤레스 타임즈〉에 이런 기사가 실렸다. 브라운이라는 서른 일곱 살 난 사람이 자기 딸을 시켜서 계모를 총으로 쏘아 죽이게 했다는 것이다. 그런데 처음에는 이 딸이 자기 뜻으로 죽였다고 우겼다. 계모에 대한 증오심이 심했던 나머지 총을 쏘게 되었다는 것이다. 그래서 5년 간 미성년자교도소에서 복역했다. 그러나 다시 마음을 바꾸어 재심을 청구하고, 자기는 아버지의 강요 때문에 계모를 죽였노라고 과거의 자백을 번복했다. 아버지가 권총을 사서 쏘는 연습을 시키고는 "오늘 밤에 결행하지 않으면 너를 가만두지 않겠다."고 협박을 했었다고 한다. "너는 사람을 죽여도 미성년자이니까 감옥에 가지 않을 것"이라고 했다고 한다. 그런데 조사결과로는 두 번째 아내를 죽인 이유가 두 가지였다. 하나는 보험금 8만 6천여 불을 타먹으려는 것이었다. 그리고 또 하나는 그 죽은 여자의 여동생 열 아홉 살 짜리와 깊이 사랑하는 사이였기 때문이었다. 일찍이 오늘날처럼 가정이 부서지고 깨어지고, 그리고 무너진 시대가 없었던 것 같다. 가정을 지켜야 한다. 처음부터 사탄은 돈과 섹스를 미끼삼아 가정을 산산조각으로 만들려고 한다. 가정이 깨어지는 것은 "누가 나빠서" 깨어졌다고 서로 책임 전가할 문제가 아니다. 하나님과의 관계가 깨어지면 가정도 깨어진다. 하나님 안에서 하나가 되자. (예수 주의라야 한다 / 이정근)

● 불안 ●

불안을 이기는 비결 세 가지

■ 본 문 ■ 수고하고 무거운 짐 진 자들아 다 내게로 오라 내가 너희를 쉬게 하리라 나는 마음이 온유하고 겸손하니 나의 멍에를 매고 내게 배우라 그리하면 너희 마음이 쉼을 얻으리니 【마 11:28-29】

■ 서 론 ■ 독일의 작가 헤르만 헤세는 "불안이 없는 생활은 생각만 해도 굉장하다. 불안을 극복한다는 것은 행복이며 구원이다"라고 했다. 불안을 이기는 비결은?

■ 말 씀 ■

I. 그리스도 안에 거할 때 【마 11:28】
　성경은 '수고하고 무거운 짐 진 자들아 다 내게로 오라 내가 너희를 쉬게 하리라'고 했다. 본 구절의 쉬게 하리라는 헬라어 '아나파우오'로서 이는 '쉼을 준다, 원기를 돋운다, 소생시킨다'는 뜻인데 글자 그대로 해석하면 '아나'(위로), '파우오'(머문다, 그치다)이다. 불안을 이기는 참된 안식은 예수 안에서 위로 머무는 것이며 높은 곳에서 사는 것이다. 불안한가? 예수 안에 머무는 쉼이 필요하다.
　참고 성구 요 14:27 계 3:20 행 23:11 요일 4:18 마 14:31-33

II. 하나님의 약속을 확신할 때 【롬 4:20,21】
　성경은 '믿음이 없어 하나님의 약속을 의심하지 않고 믿음으로 견고하여져서 하나님께 영광을 돌리며 약속하신 그것을 또한 능히 이루실 줄을 확신하였으니'라고 했다. '확신'이란 굳게 믿음, 확실히 믿음을 일컫는 말이며, '의심한다'는 말의 헬라어 '디아크리노'는 '인간의 마음이 양분되어 서로 갈등하며 투쟁한다'는 뜻이다. 하나님의 약속을 확신할 때 모든 불안을 극복한다.
　참고 성구 시 42:5 수 1:9 사 41:10, 43:2 사 49:15 빌 4:6-7

III. 성령의 인도하심을 의지할 때 【롬 8:26】
　성경은 '이와 같이 성령도 우리의 연약함을 도우시나니 우리는 마땅히 기도할 바를 알지 못하나 오직 성령이 말할 수 없는 탄식으로 우리를 위하여 친히 간구하시느니라'고 했다. 본 구절의 '간구하시느니라'는 헬라어 '휘페렌팅카네이'로서 이는 사람의 불쌍한 형편을 보고 그를 위해 타인에게 도움을 대신 요청한다는 뜻이다. 성도가 성령님의 인도하심을 의지할 때 모든 불안에서 자유하게 된다.
　참고 성구 행 21:13 살전 5:19 눅 22:42-43 삼상 16:14,23 행 27:25

■ 결 론 ■ 이와 같이 불안을 이기는 비결을 알았으니 성도는 현대의 불안의 실존에서 주님 안에 거하여 하나님의 약속을 확신하고 성령님의 인도하심을 받아 영혼의 자유를 누리는 자들이 되자.

■해설■ **불안**

'불안'(anxiety)은 "한 인격으로서의 자신의 존재에 필수적인, 개인이 주장하는 어떤 가치에 대한 우려에 의해 야기된 염려"로 정의된다. 사람이 결정으로부터 일어날 고통스러운 결과에 직면할 용기를 집중할 수 없을 때 신경과민적인(병적인) 불안이 야기된다. 이를 극복코자 자아방어적인 행위를 유발하지만 만일 그 개선책을 찾지 못할 때 그는 인격적으로 심각한 파탄에 이른다. 성경은 불안이 죄 보다는 창조력의 원천이 될 수 있는 유일한 방법은 불안을 하나님의 자비로운 돌보심에 대한 지속적인 신뢰에서 경험하는 것임을 가르친다. 그러므로 갈보리에서 계시된 하나님의 특성을 분명하게 이해하는 것이 절대 필요하다.

■참고■ **성경에 죄로 인해 불안정했던 자들**

- 바로 - 여호와 하나님께 무례히 하고 마음이 완악하여 모세에게 거짓말만 일삼음(출 10:8-20)
- 이스라엘 백성 - 사사도 청종치 않고 잡신을 섬기며 여호와께 순종치 않고 죄가 가져다 주는 불의의 유혹을 기뻐함(삿 2:17)
- 솔로몬 - 후궁 칠백 명과 첩 삼백 명을 두고 그들과 연애하며 이방 신을 섬기고 하나님을 버렸음(왕상 11:1-8)
- 갈라디아 사람들 - 그리스도의 십자가의 대속의 복음을 버리고 행함을 강조하는 율법주의를 좇아서 유대인들과 같이 됨(갈 1:6)
- 사울 - 하나님과의 관계가 단절되자 엔돌의 무당을 방문하여 자가당착적인 모순을 노출하여 영적 간음행위를 했음(삼상 28:6-19)

■예화■ **삶 속에 더 많이 있다**

여배우 릴라 맥가디는 남편이 세상을 떠난 뒤 고통 중에 어떻게 조지 버나드 쇼를 만났는지를 말한다. 나는 오돌오돌 떨고 있었다. 그러나 쇼는 매우 조용히 앉아 불을 피워 나를 따뜻하게 해주었다. 우리가 그곳에 얼마나 오래 앉아 있었는지는 모르나 곧 내가 그와 느린 걸음으로 아델피 테라스(Adelphi Terrace)를 오르락내리락 하며 걷고 있다는 것을 알았다. 나를 누르고 있던 중압감이 약간 가벼워졌고, 전에는 결코 흘리지 않던 눈물을 흘렸다. 곧 나는 아주 부드럽고 온화하게 말하고 있는 한 목소리를 들었다. "눈을 들어봐요. 사랑하는 이여, 눈을 들어 하늘을 봐요. 고통 가운데보다는 삶 속에 더 많은 것들이 들어 있어요. 훨씬 더……." 그가 하나님을 믿거나 믿지 않거나 간에 그것과는 무관하게 그가 여기서 말하고 있는 것은 영적생활의 기초가 되는 그 무엇이 있었다. 그는 그녀가 당하는 고통이 쉽게 견딜 수 있는 것이라고는 말하지 않았다. 그는 그녀 자신과 그녀의 개인적인 비극에서 한 순간을 경계(주의)하라고, 그리고 그것의 객관성 속에서 세상을 보고 비극의 두려움과 다양한 '연쇄성'을 느끼라고 말했다. 그의 충고는 우리 모두에게 적용된다. 나 자신이나 또는 다른 이의 고통으로 말미암아 압박을 받을지라도, 나는 이 고통 안에 있기보다는 이 세상에서—그것도 훨씬 더 많은 것들이—살고 있다는 것을 잊지 않는다. (정통의 길 / 칼리스토스 웨어)

●불의●

불의에 대한 온당한 자세 세 가지

■본문■ 또한 너희 지체를 불의의 무기로 죄에게 내주지 말고 오직 너희 자신을 죽은 자 가운데서 다시 살아난 자 같이 하나님께 드리며 너희 지체를 의의 무기로 하나님께 드리라 【롬 6:13】

■서론■ 불의란 일반적으로 옳지 아니한 일이나 사람의 도리에서 벗어나는 일을 말하는데 기독교에서는 죄를 총칭해서 이르는 말이 된다. 성도의 불의에 대한 온당한 자세는?

■말씀■

I. 성도는 불의를 기뻐하지 않음 【고전 13:6】

성경은 '불의를 기뻐하지 아니하며 진리와 함께 기뻐하고'라 했다. 본 구절의 '불의를'은 '에피 테 아디키아'로서 이는 '불의에 머물러 의지하며 타협하는 것'을 뜻한다. 인간이 불의를 기뻐함은 근본적으로 불의에 매여 있기 때문이다. 또한 본 구절의 진리는 거짓의 반대 개념이 아니라 불의의 반대 개념이다. 따라서 이 말은 '옳은 것'을 의미한다. 진리는 불의와 공존할 수 없는 윤리적, 종교적 원리이다.

　　참고 성구 욥 31:29 롬 1:32 살후 2:11-12 벧후 2:6-8

II. 성도는 지체를 불의의 무기로 드리지 않음 【롬 6:13】

성경은 '또한 너희 지체를 불의의 무기로 죄에게 내주지 말고 오직 너희 자신을 죽은 자 가운데서 다시 살아난 자 같이 하나님께 드리며 너희 지체를 의의 무기로 하나님께 드리라'고 했다. 본 구절의 드린다는 것은 무엇의 소속원이 되어 헌신한다는 것이다. 지체를 의의 무기로 드린다는 것은 성도가 져야 할 의무이다. 이 '드림'은 세상의 악과 사탄의 세력에 대한 전투적 신앙인의 모습을 반영한다.

　　참고 성구 골 3:5 고후 10:3 고전 6:19-20 롬 13:13-14

III. 성도는 불의한 자와 멍에를 함께 하지 않음 【고후 6:14】

성경은 '너희는 믿지 않는 자와 멍에를 함께 메지 말라 의와 불법이 어찌 함께 하며 빛과 어둠이 어찌 사귀며'라고 했다. 멍에가 무엇인가? 이는 달구지나 쟁기의 채를 잡아매기 위하여 소나 말의 목에 가로 얹는 나무를 말한다. 본 구절은 불신자와의 모든 접촉을 끊으라는 뜻이 아니라 신앙과 교리 면에 있어서 성도의 순수성을 유지하고 그들과 타협하거나 동화되지 말라는 의미이다.

　　참고 성구 엡 5:11 대하 18:1, 20:35-37 22:10-11, 고전 10:21

■결론■ 이와 같이 불의에 대한 성도의 온당한 자세를 보았으니 성도는 불의를 기뻐하지 않고 지체를 불의의 무기로 드리지 않고 불의한 자와 멍에를 함께 하지 않도록 조심하자.

■해설■ 불의

신약성경에 불의로 사용되는 헬라어인 '아디키아'는 이외에도 악함, 불공정, 잘못 행함을 의미한다. '아디키아'는 신약성경에서 26회 나오는데 영어 흠정역(AV)에서는 부정(7회), 불공평(2회), 불의(6회), 잘못(1회)으로 번역되었다. 히브리서 1:9에 있는 '아디키아'가 영어 성경 RSV에는 '아노미아' (불법)로 읽혀졌다. 우리는 이 '불의'를 바울이 강조한 '하나님께로부터 온 의' 곧 '디카이오쉬네 엑 데우'의 반대 개념으로 생각지 않도록 주의해야 할 것이다. 바울의 사상은 '의'를 '진노', 곧 '오르게'의 반대 개념으로 본다.

■참고■ 불의한 자들의 다양한 특징들

- 진리를 막음 - 하나님의 진노가 불의로 진리를 막는 사람에게 나타남(롬 1:18)
- 악이 가득함 - 불의, 추악, 탐욕, 악의가 가득 찼고 시기, 살인, 분쟁, 사기, 악독이 가득하고 수군수군함(롬 1:29)
- 불의의 좇음 - 진리를 믿지 않음(살후 2:12)
- 불의의 삯을 사랑함 - 그들이 미혹되어 발람의 길을 좇음(벧후 2:15-16)
- 하나님 나라의 유업이 없음 - 불의한 자가 하나님의 나라를 유업으로 받지 못할 줄을 알지 못하느냐(고전 6:9-10)
- 불의한 자는 육체의 일을 즐김 - 육체의 일은 현저하니(갈 5:19-21)

■예화■ 완벽한 픽션

미국의 가장 야심적인 신문이 워싱턴포스트지라고 한다. 이 신문사에 자네트 쿠크라는 여기자가 있었다. 그의 생각은 언제나 자기의 상관처럼 놀랄 만한 사건을 취재하여 세상을 깜짝 놀라게 하고 출세할 의욕에 가득 찼다. 어느 날, 이 여기자는 정말 놀라운 사건을 취재하였다. '지미의 세계'라는 제목으로 아주 어린 소년이 상습적으로 마약 주사를 맞아 죽어 가는 상황의 심층분석으로 세상을 깜짝 놀라게 하였고 드디어 신문기자들의 최고의 영예인 퓰리처상을 수상하였다. 그러나 출세의 다음이 문제였다. 출세 이후 함정이 기다리고 있었다. 경찰은 이 쇼킹한 사건에 전전긍긍했다. 이러한 상황을 경찰이 잡아내지 못하고 기자에게 넘겨지다니. 그리하여 온 경찰력을 동원하여 그 지미라는 소년을 찾아 헤맸다. 결국 그 기사는 여기자가 꾸며낸 완벽한 픽션, 즉 꾸며낸 이야기였지 결코 사실의 사건이 아님을 밝혀내었다. 물론 그 기자가 완전히 매장되었음은 말할 것도 없다. 세상에 완벽한 것, 변치 않는 진리가 어디에 있는가. 모든 것이 상대적이다. 출세를 위하여 꾸며낸 완벽한 거짓은 곧 스스로 무덤을 파는 함정이 었음을 통하여 인간에게 변치 않는 것이 없다는, 완전할 수 없다는 것을 깨닫게 하는 것이다. 신앙이란 바로 이러한 상대적인 인간과 사회에서 절대적인 것에 대한 인간의 본질적인 추구를 의미하는 것이라 할 수 있다. 해 아래에 절대적인 진리가 있을 수 없다. (가나안의 명상 / 이용삼)

● 비유 ●

비유를 사용하신 의도 세 가지

■본문■ 예수께서 이 모든 것을 무리에게 비유로 말씀하시고 비유가 아니면 아무것도 말씀하지 아니하셨으니 이는 선지자를 통하여 말씀하신 바 내가 입을 열어 비유로 말하고 … 【마 13:34-35】

■서론■ 신학자 후쿠다 다케시는 "비유란 어떤 사물을 다른 사물에 빗대어 말하는 표현법이다. 두 사물 사이에서 유사성이 있어 이치를 따지지 않고도 둘의 관련성을 직감적으로 느낄 수 있으며 이것이 바로 비유의 특징이다"라고 했다. 주님께서 비유를 사용하신 의도는?

■말씀■

Ⅰ. 실례를 들어 요점을 설명하시려고 【눅 10:36,37】

성경은 '네 생각에는 이 세 사람 중에 누가 강도 만난 자의 이웃이 되겠느냐 이르되 자비를 베푼 자니이다 예수께서 이르시되 가서 너도 이와 같이 하라 하시니라'고 했다. 요점이란 가장 중요한 점, 골자를 말하는데, 누가복음서에만 나오는 이 선한 사마리아 사람의 비유는 참된 이웃이란 그 대상을 가리지 않고 언제라도 자신을 희생해가면서까지 남을 도울 수 있는 사랑을 지닌 자임을 교훈한다.

참고 성구 눅 10:33-37 눅 12:20-21 삼하 12:1-15 갈 6:2 요일 4:20-21

Ⅱ. 예언을 성취하시려고 【마 13:35】

성경은 '이는 선지자를 통하여 말씀하신 바 내가 입을 열어 비유로 말하고 창세부터 감추인 것들을 드러내리라 함을 이루려 하심이라'고 했다. 성취란 목적한 바를 이룸을 뜻하는데, 주님 예수께서는 구약성경에서 예언된 메시야로서 하나님의 아들로서 낮고 척박한 이 땅에 성육신하여 오셔서 인간의 구원을 위한 구약의 모든 예언을 성취하시고 이루신 분이시다.

참고 성구 시 78:2 마 13:34-40 엡 1:9 롬 16:25-27 암 3:7

Ⅲ. 믿지 않는 자에게 진리를 감추시려고 【마 13:13】

성경은 '그러므로 내가 그들에게 비유로 말하는 것은 그들이 보아도 보지 못하며 들어도 듣지 못하며 깨닫지 못함이니라'고 했다. 주님 예수께서 비유로 말씀하시는 이유를 본절은 잘 설명하고 있다. 주님께서 진리를 말해도 불신의 유대인들이 의도적으로 무시하고 능욕할 것이 분명하므로 비유로 말함으로써 들을 귀와 볼 눈 있는 자에게만 진리를 전달하기 위해서 비유를 사용하셨다.

참고 성구 요 1:11 마 13:14-17 시 98:2-3 히 11:39-40

■결론■ 이와 같이 주님이 비유를 사용하신 의도를 알았으니 성도는 들을 귀와 볼 수 있는 눈을 갖추어서 말씀의 진리를 생활 속에서 구현하고 더욱 복음을 믿는 자가 되어 구원을 이루자.

■해설■ 비유

성경에 있어서 '비유'(parable)는 이 비유를 듣는 사람이나 보는 사람으로 하여금 주의를 집중케 하고, 비교하고, 판단케 함으로써 현실감을 느끼고 하나님 앞에서와 천국에서 갖게 될 자기들의 처지를 실감케 하기 위해 이 세상의 생활에서 친숙하게 접할 수 있는 어떤 사건들에 관심을 갖게 하는 것이다. 구약에서는 히브리어 '마샬'을 비유에 해당하는 단어로 사용했는데 이것이 70인역에는 종종 '파라볼레'로 번역되었다. '비유'(parable)와 '풍류'(allegory)는 구별돼야 하며, 비유 가운데서 예수님이 가르치고 계신 것은 '하나님 나라의 비밀'에 대한 계시이다.

■참고■ 구약의 비유들

- 요담 - 나무들이 왕을 사양하고 대신 가시나무로 왕을 삼음(삿 9:7-15)
- 나단 - 가난한 사람의 양을 부자가 탈취하다(삼하 12:1-6)
- 드고아 여인 - 과부가 아들을 범죄치 않게 하기를 구함(삼하 14:1-11)
- 선지 문도 - 선지자가 지키던 죄인을 잃은 벌의 정도(왕상 20:35-40)
- 요아스 - 가시나무가 백향나무와 친하고자 함(왕하 14:8-12)
- 이사야 - 포도나무가 머루를 맺으면 버리심(사 5:1-7)
- 에스겔 - 백향목, 포도나무가 도끼를 무서워함(겔 17:1-10), 사자가 함정에 빠지고 포도가 불사름(겔 19:1-14), 가마에 삶음(겔 25:1-5)

■예화■ 새

옛날 중국에 유별나게 새를 좋아하는 왕이 있었다. 그래서 궁정 안은 온통 갖가지 새들로 가득 찬 조류 동물원과 같았다. 어느 날, 새장 안을 청소하던 원정(園丁)이 실수로 왕이 가장 사랑하는 새 종류 중의 한 마리를 날려보냈다. 이 소식을 전해들은 왕은 대노하여 "그 자를 즉각 사형에 처하라"고 명령했다. 그러자 한 현명한 신하가 왕 앞에 나가 "그 자는 중대한 세 가지 범죄를 저질렀기 때문에 사형에 처하는 것으로는 부족합니다."라고 아뢰었다. 왕은 의아한 표정으로 "세 가지 범죄가 무엇이냐?"고 신하에게 물었다. 그러자 신하는 다음과 같이 답변했다. "왕이 가장 사랑하는 새를 날려보낸 것이 첫 번째 죄요, 그로 인해 왕으로 하여금 살인을 하게 한 것이 두 번째 죄요, 새 한 마리 때문에 사람을 죽였다고 이웃 나라들로부터 조롱을 받게 한 것이 세 번째 죄입니다." 왕이 이 말을 듣자 잘못을 깨닫고 원정을 살려 주도록 했다. 오늘의 정치, 사회, 문화적인 구조 속에서도 우리는 새 한 마리 때문에 사람을 죽이려 했던 왕의 우매한 처사를 반복하여 범할 때가 있다. 한 순간의 감정과 견해 차이로 또 다른 죄를 잉태하지 않도록 현명한 처세가 필요하리라 본다.

●사도●

사도의 중요한 사명 세 가지

■본 문■ 그러므로 너희는 가서 모든 민족을 제자로 삼아 아버지와 아들과 성령의 이름으로 세례를 베풀고 내가 너희에게 분부한 모든 것을 가르쳐 지키게 하라 … 너희와 항상 함께 있으리라 하시니라【마 28:19-20】

■서 론■ 컬린 터너는 "사명이 없으면 사람들은 대체로 물질적인 목표밖에 갖지 않게 된다" 라고 했다. 사도의 중요한 사명은 무엇인가?

■말씀■

I. 복음을 전파하는 사명【마 28:19,20】

성경은 '그러므로 너희는 가서 모든 민족을 제자로 삼아 아버지와 아들과 성령의 이름으로 세례를 베풀고 내가 너희에게 분부한 모든 것을 가르쳐 지키게 하라…' 고 했다. 본 구절은 부활하신 주님 예수께서 승천하시기에 앞서 사도들에게 주신 지상 대명(the Great Commission)이다. 사도와 성도의 사명은 사람 낚는 어부가 되어 전도하며 모든 이에게 구원의 복음을 전파해야 하는 것이다.

참고 성구 막 16:15 눅 24:47-48 행 1:8, 21-26 행 28:31 롬 1:1

II. 교회를 세우는 사명【마 16:18】

성경은 '또 내가 네게 이르노니 너는 베드로라 내가 이 반석 위에 내 교회를 세우리니 음부의 권세가 이기지 못하리라' 고 했다. 본 구절의 교회는 헬라어 '에클레시아' 로서 이는 '회중, 모임' 이란 뜻으로 '에크' (밖으로)와 '칼레오' (불러내다) 는 말에서 연유한다. 교회는 예수 그리스도를 주님으로 고백하는 무리들이 모인 공동체이다. 교회는 예수를 하나님의 아들로 믿으며 구주이심을 고백하는 신앙 위에서 존재한다.

참고 성구 엡 2:20 행 2:1-4 행 11:24-26 행 16:15,40 고전 12:13

III. 성경을 기록하는 사명【요 20:31】

성경은 '오직 이것을 기록함은 너희로 예수께서 하나님의 아들 그리스도이심을 믿게 하려 함이요 또 너희로 믿고 그 이름을 힘입어 생명을 얻게 하려 함이니라' 고 했다. 주님의 사랑하시는 제자 사도 요한은 성경을 기록한 목적을 분명히 본 절에서 밝히고 있다. 즉 이 복음서를 읽는 독자들에게 예수께서 하나님의 아들이심을 믿고 생명을 얻게 하려는 때문이라는 것이다.

참고 성구 롬 1:22 고전 16:21 벧전 1:3 벧후 1:1, 3:15 딤후 3:15-16 갈 1:12

■결 론■ 이와 같이 사도의 중요한 사명을 보았으니 성도는 주의 제자요 그 백성된 자로서 복음을 전파하고 교회를 세우고 성경을 기록하는 사명이 얼마나 소중한 일인지를 알고 주님께 충성하는 자 되자.

■해설■ **사도**

'사도'(apostle)란 말은 신약에만 국한되어 사용되었는데 79회가 나온다. 곧 복음서에서 10회, 사도행전에서 28회, 서신에서 38회, 계시록에서 3회 나온다. 영어 'apostle' 은 헬라어 '아포스톨로스' (사도)에 대한 음역이다. '보내다' 를 의미하는 여러 단어들이 신약에서 사용되고 있음에 반하여 '급파하다, 석방하다, 가게 하다' 와 같은 의미를 나타내는 '아포스텔레인' 은 위탁의 요소들, 곧 보내는 자의 권위와 그에 대한 책임을 강조한다. 그러므로 사도는 일정한 임무로 보냄을 받은 자이며, 그는 이러한 임무에 따라 보낸 자를 대표하여 완전한 권위를 갖고 행동하고 해명할 의무가 있다.

■참고■ **사도들 명단**

- 시몬 베드로 - (마 10:2) • 안드레 - (마 10:2) • 세베대의 아들 야고보 - (마 10:2) • 요한 - (마 10:2) • 빌립 - (마 10:3) • 바돌로매(나다나엘) - (마 10:3, 요 1:45) • 도마 - (마 10:3) • 마태(레위) - (마 10:3, 눅 5:27) • 알패오의 아들 야고보 - (마 10:3) • 다대오(가룟인 아닌 유다) - (마 10:3, 요 14:22) • 열심당원 시몬 - (눅 6:15) • 가룟 유다 - (마 10:4) 이상 12제자 • 맛디아 - (행 1:26) • 바울 - (고후 1:1) • 바나바 - (행 14:14) • 실라와 디모데 - (살전 1:1, 2:9) • 주의 형제 야고보 - (갈 1:19)

■예화■ **하나님의 종을 대적하면**

내가 평신도 때의 일이다. 그 때 부산에서 리처드 선교사님이 계시는 교회에 다녔는데 성도 한 사람이 리처드 선교사님과 다투었다. 선교사님이 자기 마음에 안 든다고 실갱이를 하다가 선교사님의 멱살을 잡고 뺨을 때렸다. 그 바람에 선교사님의 안경이 바닥에 떨어졌다. 다행히 안경이 깨지지는 않았지만 선교사님은 떨어진 안경을 주워 끼시고는 아무 말씀도 않으셨다. 그 성도는 곧 다른 교회로 교적을 옮겨갔다. 그는 선교사님의 뺨을 때리고도 여전히 잘 살았다. 오히려 장사는 더 잘 되고 얼굴에 기름이 더 번들거렸다. 그런데 일 년쯤 지나서 우연히 리처드 선교사님의 뺨을 때렸던 사람의 소식을 듣게 되었다. 큰아들은 나병환자가 되고 그의 둘째아들은 바다에 투신자살하여 집안이 완전히 쑥대밭이 되었다고 한다. 하나님의 종을 대적하고도 아무 일이 없는 것 같아도 하나님의 심판이 다가오면 마치 독수리가 병아리를 채 가는 것과 같다. 하나님께서는 다른 죄는 다 용서하셔도 그리스도의 몸된 교회를 파괴하는 일은 용서하지 않으신다. 성경에 "너희가 하나님의 성전인 것과 하나님의 성령이 너희 안에 거하시는 것을 알지 못하느뇨 누구든지 하나님의 성전을 더럽히면 하나님이 그 사람을 멸하시리라" (고전 3:16-17) 라고 했다. 그렇기 때문에 하나님께서는 다른 일은 참아도 하나님의 교회를 대적하는 일은 그냥 두지 않고 멸하신다. (설교예화 I / 조용기)

● 사람 ●

사람의 별칭을 언급한 세 곳

■**본문**■ 오직 너희의 심령이 새롭게 되어 하나님을 따라 의와 진리의 거룩함으로 지으심을 받은 새 사람을 입으라 (엡 4:23-24)

■**서론**■ 러시아의 작가로서 '닥터 지바고'를 쓴 보리스 파스테르나크는 "사람은 살려고 태어나는 것이지 인생을 준비하려고 태어나는 것은 아니다. 인생 그 자체, 인생의 현상, 인생이 가져다 주는 선물은 숨이 막히도록 진지하다"라고 했다. 성경에서 언급한 사람의 별칭은?

■**말씀**■

I. 겉사람 / 사람의 육적인 면을 의미 【고후 4:16】

성경은 '그러므로 우리가 낙심하지 아니하노니 우리의 겉사람은 낡아지나 우리의 속사람은 날로 새로워지도다' 라고 했다. 본 구절의 겉사람은 죽어서 흙으로 돌아갈 수밖에 없는 제한된 육체를 가진 인간을 가리킨다. 헬라어는 '호 에쏘' 로서 '겉으로 향하는 사람' (outward man) 곧 '육체' 를 의미한다. 또한 '낡아지다' 는 '디아프데이레타이' 로서 이는 현재수동으로, 필연적으로 낡아지고 소모됨을 뜻한다.

참고 성구 창 3:19 히 9:27 고전 15:44 고후 4:7, 5:4 벧전 2:5

II. 속사람 / 사람의 영적인 면을 의미 【롬 7:22】

성경은 '내 속사람으로는 하나님의 법을 즐거워하되' 라고 했다. 본 구절의 속사람은 예수 그리스도를 믿음으로 말미암아 성령 안에서 거듭난 새 사람을 의미한다. 헬라어 '호 에쏘 안드로포스' 가 속사람의 번역어이며 속, 곧 '에쏘' 는 그리스도를 믿음으로 말미암아 중생한 영적 실존을 뜻한다. 성도는 하나님의 은혜로 예수를 믿고 새롭게 거듭난 자로서 그의 속사람은 이제 하나님의 법을 즐거워한다.

참고 성구 갈 6:8 고후 5:17 롬 12:2 롬 8:5-6 엡 2:5 벧전 1:3

III. 새사람 / 사람의 중생한 면을 의미 【엡 4:24】

성경은 '하나님을 따라 의와 진리의 거룩함으로 지으심을 받은 새 사람을 입으라' 고 했다. 본 구절의 '새' (new)는 헬라어 '카이노스' 로서 이는 질적으로 전혀 다른 새로운 것을 뜻한다. 중생한 영혼은 새사람을 입어 하나님의 말씀을 통해 지식이 날로 새로워지며 그리스도의 장성한 분량에까지 이르게 된다. 성도는 회복된 하나님의 형상을 계속 새롭게 함으로써 더욱 순결한 삶을 지속시켜야 한다.

참고 성구 엡 2:15 골 3:10 딛 3:5 요 1:13 요일 3:9 요 3:4-5

■**결론**■ 이와 같이 사람의 별칭을 언급한 말씀을 보았으니 이젠 예전의 겉사람을 탈피하여 속사람을 새롭게 하여 하나님의 형상인 새사람으로 영원한 그날까지 믿음 위에 서는 자 되자.

■해설■ **중생**

'중생'(重生 : regeneration) 혹 '신생'(新生)이란 성령님의 은혜롭고 주관적인 행위로 인하여 타락했던 인간의 본성이 내적으로 '재창조'(再創造)되는 것이다(요 3:5-8). 구원이란, 그리스도 안에서 하나님과의 관계가 회복된 것에 근거하여 인간이 구속적으로 새로워지는 것을 말하며, 성령 하나님에 의해서(딛 3:5, 엡 4:24), 인간의 영혼 가운데 갑작스럽고 완전한 변화가 일어나서(롬 12:2, 엡 4:23) 이로 인해 우리가 '새 사람'이 되고(엡 4:24, 골 3:10) 더 이상 이 세상을 따르지 아니하고 진리의 지식과 거룩함 가운데서 하나님의 형상대로 지음을 받는 것을 의미한다.

■참고■ **성경에 나타난 사람의 각종 상태**
- 하나님의 영광을 위해 창조되었음(사 43:7, 계 4:11) • 하나님이 손수 창조하심(창 1:26-27) • 하나님의 형상대로 지음 받음(창 1:26, 5:1) • 흙으로 빚어짐(창 2:7) • 생령이 됨(영혼)(창 2:7) • 정직하게 지음을 받음(전 7:9) • 지성을 부여받음(창 2:19-20, 골 3:10) • 기묘히 지어짐(시 139:14-16) • 각종 통치권이 부여됨(창 1:26, 약 3:7) • 한 혈통으로 지음 받음(행 17:26-28) • 남자와 여자로 나눠 지음 받음(창 1:27) • 동물보다 우월한 존재임(마 6:26, 12:12)

■예화■ **얼굴**

아브라함 링컨이 대통령으로 있을 때 그의 친구가 어떤 재주 있는 인사를 한 분 소개했다. 비상한 능력을 가졌으니 한 번 일을 맡겨보라는 것이다. 그래서 링컨은 그를 만나 보았다. 그의 얼굴이 도무지 마음에 들지 않았다. 성실한 표정이 전혀 없었다. 믿을 수 없는 인물같이 느껴졌다. 배신자에 가까운 얼굴이었다. 그래서 링컨은 그를 채용하지 않았다. 저런 사람을 썼다가는 나중에 무슨 봉변을 당할는지 알 수가 없다고 생각했다. 링컨의 친구는 링컨에게 그 재주 있는 인물을 왜 채용하지 않았느냐고 물었다. 그 때 링컨은 이렇게 대답했다. "사람은 나이 40이 되면 자기 얼굴에 대해서 책임을 져야 한다." 우리는 이 세상에 태어날 때 어떤 얼굴을 갖고 탄생한다. 우리의 얼굴은 선천적으로 결정된 것이요, 운명적인 것이다. 그러나 우리는 자기의 성격을 형성하듯이 자기의 얼굴을 만들어 나아간다. 성실한 정신으로 성실하게 살아가면 우리의 얼굴에는 성실의 표정이 조각된다. 악하고 거짓된 마음으로 살아가면 우리의 얼굴에는 악과 거짓의 어두운 표정이 새겨진다. 내 얼굴은 어느 정도 내가 만드는 것이다. 나의 마음가짐과 생활태도에 따라서 나의 얼굴의 품위와 표정과 특색이 결정된다. 얼굴은 그 사람의 정신사의 표현이요, 생활사의 기록이다. 얼굴은 일조일석에는 변화가 안 생기지만 10년, 20년 사이에는 큰 변화가 생긴다. 사람은 나이 40이 되면 자기의 얼굴에 대해서 책임을 져야 한다.

● 사람 ●

사람의 의가 가진 맹점 세 가지

■ 본문 ■ 하나님의 의를 모르고 자기 의를 세우려고 힘써 하나님의 의에 복종하지 아니하였느니라 【롬 10:3】

■ 서론 ■ 프랑스의 사상가요 과학자인 파스칼은 "사람은 자기 자신을 알아야 한다. 그것이 진리를 발견하는데 도움이 되지 않을지라도 적어도 자기 생활의 질서를 세우는데 도움이 될 것이다. 그리고 이 보다 더 당연한 일은 없을 것이다"라고 했다. 사람의 의는?

■ 말씀 ■

I. 사람의 의는 정결하지 못하다 【잠 30:12】

성경은 '스스로 깨끗한 자로 여기면서도 자기의 더러운 것을 씻지 아니하는 무리가 있느니라' 고 했다. 정결이란 무엇인가? 이는 거룩함(聖)이 주로 하나님과의 관계를 보이는데 대해 정한 것은 의식적 정결, 물질적 정결 또는 순수성, 또는 윤리적 정결을 의미하는 용어이다. 주님 당시 바리새인들은 율법주의자로서 얼마나 주님으로부터 외식하는 자라고 질타를 받았는가.

참고 성구 욥 9:20 잠 20:9 요 8:9 욥 35:7-8 눅 18:11 사 65:5

II. 사람의 의는 구원을 얻지 못한다 【엡 2:8,9】

성경은 '너희는 그 은혜에 의하여 믿음으로 말미암아 구원을 받았으니 이것은 너희에게서 난 것이 아니요 하나님의 선물이라 행위에서 난 것이 아니니 이는 누구든지 자랑하지 못하게 함이라' 고 했다. 구원은 하나님의 은혜와 하나님께서 주신 믿음으로 말미암아 이루어진다. 사람은 아무도 율법의 행위로는 구원을 얻을 수 없다. 본절의 선물은 헬라어 '토 도론' 으로 이는 '토' (그)란 정관사가 붙어 특정한 선물을 뜻하는데 주님의 만세 전에 준비해 두신 그 선물을 말한다.

참고 성구 겔 14:14 마 5:20 렘 2:35 눅 16:15 요 17:9 롬 3:28

III. 사람의 의는 하나님의 의에 불복종한다 【롬 10:3】

성경은 '하나님의 의를 모르고 자기 의를 세우려고 힘써 하나님의 의에 복종하지 아니하였느니라' 고 했다. 본 구절의 하나님의 '의' 는 헬라어 '디카이오쉬네' 로서 이는 하나님의 속성으로 하나님의 올바름이라든가 신성하심의 일을 말한다. 이 말이 율법 속에서는 위로는 하나님을 사랑하고 아래로 자기의 이웃을 자기 몸 같이 사랑하는 것을 말한다.

참고 성구 롬 3:20 눅 18:11,14 삼상 2:30, 15:9 고전 10:12 빌 3:9 눅 10:27

■ 결론 ■ 이와 같이 사람의 의가 가진 맹점을 알았으니 성도는 율법적인 의를 배격하고 하나님의 복음의 의인 사랑으로 구원을 얻고 하나님을 복종하는 삶을 영위하는 자 되자.

■해설■ **위선**

① '기도하는 즐거운 시간'을 노래하며 하루에 겨우 5분이나 10분의 기도에 만족해 한다. ② '전진하는 그리스도 군대여'를 부르며 그리스도 군대에 징집되기를 기다리고 있다. ③ '수천의 혀가 노래한다'를 부르며 우리의 혀를 찬양에 사용하지 않는다. ④ '축복의 소나기가 있으리라'를 부르지만 비가 올 때 나오지 않는다. ⑤ '얽어맨 끈에 축복이'를 부르며 아주 작은 노여움으로도 그 끈을 끊는다. ⑥ '즐거움으로 신에 봉사하라'를 부르면서 우리가 해야 할 일로 괴로워한다. ⑦ '시온산을 향해 발 맞추리'를 부르며 예배나 교회학교에 나오지 않는다. ⑧ '당신의 짐을 신께 맡기라'를 부르며 걱정으로 신경쇠약에 걸린다. ⑨ '생명줄을 던져라'를 부르며 낚시줄이나 던진다.

■참고■ **자신의 의로움을 드러낸 미련한 자**
- 사울왕 - 하나님의 명령을 순종치 않고 아말렉 왕 아각의 노획물 중에서 양과 소를 남겨 이를 하나님께 제물로 쓰려 했음(삼상 15:13-21)
- 부자 청년 - 영생을 얻을 방법을 예수께 물으며 모든 계명을 내가 지켰은즉 아직도 무엇이 부족하냐고 함(마 19:16-22)
- 율법사 - 예수를 시험하고자 영생에 대해 묻고서 율법의 요구를 이르고는 자기를 옳게 보이려고 나의 이웃은 누구냐고 물음(눅 10:25-29)
- 바리새인 - 예수를 청해 놓고 죄인 여자가 예수를 만지자 이 사람이 선지자면 알아차릴 것이라 비아냥거림(눅 7:36-39)

■예화■ **세 개의 악마와 싸움**

"도박욕 - 가능한 싸움, 육욕 - 대단히 어려운 싸움, 허영 - 모든 것 중에서 가장 어려운 싸움." 톨스토이는 그의 일기에서 자기를 좀먹는 세 개의 악마로서 도박욕과 육욕과 허영심을 들었다. 톨스토이의 82년의 생애는 자기와의 부단한 싸움의 생애요, 또 도덕적 자기 완성의 생애였다. 그는 인류의 성자처럼 존경을 받았지만 그의 내면적 생활은 자기와의 끊임없는 싸움이었다. 그는 만년에 이렇게 썼다. "나는 성자는 아니다. 성자인 척한 일도 없다. 나는 유혹을 받는 인간이다. …진리로써 신에게 봉사하려고 하면서도 언제나 좌절하는 나쁜 습관을 가진 아주 약한 인간이다." 그의 솔직한 정신적 고백이다. 톨스토이는 젊은 시절에 자기 내부에 있는 세 개의 악마와 싸우려고 했다. 첫째는 도박욕과 싸우는 것이다. 그는 도박을 대단히 좋아했다. 다시는 아니하려고 맹세를 하였지만 그는 도박욕의 노예가 되곤 했다. 그러나 이것은 가능한 싸움이었다. 둘째 번 악마는 육욕이었다. 그는 젊었을 때 방탕한 생활을 하였다. 육욕의 포로가 되지 않으려고 무진한 고생을 하였다. 〈크로이체르 소나타〉란 작품을 읽어보면 그런 면목이 약동한다. 육욕과의 싸움은 대단히 어려운 싸움이었다. 그러나 모든 것 중에서 가장 어려운 싸움은 자기의 허영심과 싸우는 것이라고 하였다. 우리의 마음속 깊은 곳에 허영심이라는 악마가 완강하게 도사리고 있다. 우리는 이것과 싸워야 한다. 인간의 도덕적 자기완성의 길은 치열한 내부적 투쟁의 길이다. (안병욱)

● 사람 ●

사람이 사귀지 말아야 할 세 부류

■ 본문 ■ 노를 품는 자와 사귀지 말며 울분한 자와 동행하지 말지니 그의 행위를 본받아 네 영혼을 올무에 빠뜨릴까 두려움이니라 【잠 22:24-25】

■ 서론 ■ 작가 마크 트웨인은 "모든 사람은 하나하나의 달과 같다. 남에게는 절대로 보여주지 않는 어두운 면을 가졌다"라고 했다. 사귀지 말아야 할 사람이란?

■ 말씀 ■

I. 미련한 자와 사귀지 말 것 【잠 13:20】

성경은 '지혜로운 자와 동행하면 지혜를 얻고 미련한 자와 사귀면 해를 받느니라' 고 했다. 미련이란 사고력, 분별력, 이해력, 인식력이 결여되어 있는 것이나 그런 사람을 말한다. 지혜, 현명 등에 대립되는 개념으로 나타나 있다. 본절의 미련은 히브리어 '케실' 로서 둔하고 완고하며 사리에 어둡다는 데서의 완미함, 고집이 셈 등을 뜻한다.

참고 성구 잠 3:13-14, 18:6,7 삼상 25:2-38 잠 14:9 삼하 3:33 시 107:17

II. 노를 품는 자와 사귀지 말 것 【잠 22:24,25】

성경은 '노를 품는 자와 사귀지 말며 울분한 자와 동행하지 말지니 그의 행위를 본받아 네 영혼을 올무에 빠뜨릴까 두려움이니라' 고 했다. 노란 무엇인가? 이는 일반적으로는 개체의 요구 및 목표를 달성하기에 있어서 그것이 저지되는 데 대한 보복적 정서 반응을 말한다. 본 구절의 울분한 자는 히브리어 '이쉬 헤모트' 로서 문자적으로는 '열을 품고 있는 자' 인데 주체하지 못할 만큼 불만에 가득 찬 자를 의미한다.

참고 성구 잠 14:17 약 1:19 잠 16:32 에 3:2-6, 9:26 고전 15:33

III. 비밀을 누설하는 자와 사귀지 말 것 【잠 20:19】

성경은 '두루 다니며 한담하는 자는 남의 비밀을 누설하나니 입술을 벌린 자를 사귀지 말지니라' 고 했다. '한담' 이란 심심풀이로 이야기를 주고받음이나 그 이야기를 말한다. 그다지 긴요하지 않은 이야기를 심심풀이로 하고 다니는 자는 남의 귀중한 비밀을 누설하므로 입술을 벌리고 다니는 자는 사귀지 말아야 한다. 말이 많은 자와 사귀는 자는 망신할 각오를 해야 할 것이다.

참고 성구 잠 18:8 약 3:6 마 26:48-50 행 1:18

■ 결론 ■ 이와 같이 사람이 사귀지 말아야 할 모습을 보았으니 성도는 미련한 자와 노를 품는 자와 비밀을 누설하는 자들을 멀리하여 시험에서 벗어나는 자 되자.

■해설■ **부정적 사귐**
① 그리스도인은 불신자와 참된 교제를 나눌 수 없다. 그 본성이 전적으로 다르므로 하나님의 자녀와 마귀의 자녀가 어찌 교제하겠는가(고후 6:14-16).
② 그리스도인은 이방인의 종교 예식과 그 관습에 참여해서는 안 될 것이 귀신을 섬기는 일이기 때문이다(고전 10:20-22).
③ 그리스도인은 열매 없는 어두움의 일에 참여해서는 안 된다. 빛과 어두움은 서로 가까이 할 수 없다(엡 5:11, 살전 5:4-8).
④ 그리스도인은 다른 사람의 죄에 동참해서는 안 된다. 함께 죄 지을 때 심판이 임했다(딤전 5:22, 롬 1:32-2:2).
⑤ 그리스도인이라도 어두움, 곧 그리스도인인 형제를 미워함을 행할 때 하나님의 교제가 불가능하다(요일 1:5, 2:9-11, 3:15).
⑥ 그리스도인은 그리스도의 가르침에 어긋나게 행하는 사람과 교제해서는 안 된다(요이 1:9-11).

■참고■ **성경에 나타난 좋은 친구들**
• 요나단 - 첫눈에 다윗을 알아보고 서로의 마음이 연락되어 요나단은 다윗을 생명처럼 사랑하고 자기 것을 다 주고 후에 왕의 자리까지 양보함(삼상 18:1-4, 20:14-17,30-42). • 후새 - 다윗을 위한 정보 제공자가 되어 패역한 압살롬을 제거하기 위해 아히도벨의 모략을 중지시킨 다윗의 친구(삼하 15:32-37, 대상 27:33). • 다니엘과 세 친구인 하나냐, 미사엘, 아사랴 - 다니엘(벨드사살)이 왕에게 청하여 유다의 세 친구(사드락, 메삭, 아벳느고)를 추천하여 바벨론을 다스리게 하고 후에 세 친구는 큰 신앙의 시련을 견디서 더욱 이름을 떨침(단 2:49-3:30).

■예화■ **록펠러의 수첩**
미국의 석유왕 록펠러는 소년 시절부터 매우 검소한 생활을 했다. 그는 가게의 점원으로 일하고 있었는데 어느 날, 같은 또래의 한 점원이 그가 쓰고 있는 수첩을 빼앗아 들고 소리쳤다. "얘들아, 이것 좀 봐라! 수첩에다가 깨알 만한 글씨로 뭐라고 적어 놓았다." 너덧 명의 점원들이 우르르 몰려들었다. "자, 내가 읽을 테니 잘 들어 봐. 흑빵 2개, 펜촉 한 개, 성냥 한 갑, 양초 한 자루…" 모두들 신이 나서 웃어댔다. 그러나 록펠러는 조금도 화를 내지 않고 자기 수첩을 돌려주기만 기다렸다. "야, 사내자식이 시시하게 성냥 한 갑, 펜촉 한 개 산 값까지 수첩에다 적어 놓니?" 한 아이가 빈정거리듯 말했다. 록펠러는 더 이상 가만히 있을 수가 없다고 생각했다. "그렇게 해야만 낭비를 안 하게 된단 말이야." 록펠러의 말에 점원들은 또 다시 웃어댔다. "그렇게 모아 한 달에 겨우 3달러씩 저축을 한다는 거냐?" "많이 해봐라, 그건 기껏 모아 봤자 일년에 36달러밖에 안 된다구!" "너희들은 그까짓 36달러라고 우습게 생각하지만, 나는 그 돈으로 큰돈을 만들어 보일 테니 두고 봐." 록펠러는 자신 있게 말했다. "그래, 잘 해봐라!" 점원들은 록펠러의 수첩을 팽개치듯 돌려주고는 흩어졌다. 그로부터 일년 후, 록펠러는 캐나다의 한 상인에게 재목을 샀다. 그 값이 36달러, 일년 동안 절약해서 모은 돈으로 살 수 있는 값이었다. 그런데 록펠러는 그 재목을 산 지 얼마 안 되어 100달러에 팜으로써 비웃고 놀려대던 점원들의 코를 납작하게 만들어 주었다.(윤도중)

● 사람 ●

사람이 형통하지 못한 이유 세 가지

■ 본 문 ■ 하나님을 가까이하라 그리하면 너희를 가까이 하시리라 죄인들아 손을 깨끗이 하라 두 마음을 품은 자들아 마음을 성결하게 하라 [약 4:8]

■ 서 론 ■ 작가요 목사인 릭 워렌은 "두 종류의 사람이 있다. 하나님께 '당신의 뜻이 이루어지이다' 라고 말하는 사람과 '그럼 당신 말대로 하세요!' 라고 말하는 사람이다"라고 했다. 사람이 형통치 못한 것은?

■ 말 씀 ■

Ⅰ. 범죄하므로 형통하지 못하다 [대하 24:20]

성경은 '… 하나님이 이같이 말씀하시기를 너희가 어찌하여 여호와의 명령을 거역하여 스스로 형통하지 못하게 하느냐 하셨나니 너희가 여호와를 버렸으므로 여호와께서도 너희를 버리셨느니라' 고 했다. 형통이란 모든 일이 잘 뜻대로 되어감을 일컫는 말로서, 선지자 스가랴는 이스라엘 백성들에게 여호와 하나님의 명령을 거역하는 범죄를 지은 자를 하나님은 버리신다고 하였다.

참고 성구 삼상 15:22-23 사 1:15 출 32:30-35 시 1:1-6

Ⅱ. 자기의 죄를 숨기므로 형통하지 못하다 [잠 28:13]

성경은 '자기의 죄를 숨기는 자는 형통하지 못하나 죄를 자복하고 버리는 자는 불쌍히 여김을 받으리라' 고 했다. 자기 죄를 숨길 때 형통치 못하나 자복하면 긍휼함을 얻는다. 자복(confession)은 회개의 표시일 뿐만 아니라 죄 사함을 받기 위한 조건이다. 이러한 자복은 개인적, 국가적으로 요구되었다. 하나님은 진심으로 회개하는 자의 불의를 제거하시고 은혜를 주신다.

참고 성구 창 3:8 수 7:21 요 3:20 눅 12:12 전 12:14 요일 1:8-9

Ⅲ. 하나님을 신뢰하지 않으므로 형통하지 못하다 [약 4:8]

성경은 '하나님을 가까이 하라 그리하면 너희를 가까이 하시리라 죄인들아 손을 깨끗이 하라 두 마음을 품은 자들아 마음을 성결하게 하라' 고 했다. 본 구절의 마음은 헬라어 '카르디아' 로서 이는 인간의 불신행위가 나오는 내적인 출처를 가리키는 말로서, 두 마음을 품는다는 것은 하나님의 은혜와 사랑을 구하지 못해 믿음과 회의, 신앙과 주저를 함께 가지고 있는 것을 뜻한다.

참고 성구 렘 2:37 시 73:3-17 마 8:8-10 민 14:4,22-23 약 1:8

■ 결 론 ■ 이와 같이 사람이 형통하지 못한 이유를 알았으니 성도는 하나님의 명령을 순종하고 자신의 죄를 자복하고 하나님을 가까이하여 만사형통의 축복을 얻는 자들이 되자.

■해설■ **하나님을 신뢰함**
　미국의 16대 대통령으로 민주주의 역사상 위대한 일을 이룩한 '링컨'이 자주 다녔던 워싱턴에 있는 뉴욕 장로교회의 목사 '요셉 시주'는 그가 처음으로 링컨의 성경을 손에 들었을 때를 결코 잊을 수가 없다고 말했다. 그 성경은 링컨의 어머니가 어렸을 적에 링컨에게 읽어주던 성경책이었다. 그녀는 아들에게 많은 구절을 외우도록 하였다. 그 성경은 링컨의 단 하나 소유물이었다. '요셉 시주' 목사는 링컨이 수없이 읽었던 손자국이 나 있는 한 페이지를 보았다. 그는 수없이 읽었음에 틀림없다. 그것은 시편 37편으로 "행악자로 인하여 불평하지 말며 … 여호와 앞에 잠잠하고 참아 기다리라"(시 37:1-7)였다.

■참고■ **의인의 형통함**
- 요셉 - 그 주인이 여호와께서 그와 함께 하심을 보며 또 여호와께서 그를 범사에 형통케 하심(창 39:3) • 솔로몬 - 지혜를 원한 그에게 부와 재물과 존영까지 함께 주심(대하 1:7-12) • 웃시야 - 저가 여호와께 구할 때에 하나님이 형통케 하심(대하 26:5) • 히스기야 - 하나님의 일에 곧 전에 수종드는 일, 율법이나 계명에나 그 하나님을 구하여 형통케 됨(대하 31:21) • 여호수아 - 율법책을 네 입에서 떠나지 말게 하고 그 가운데 명한 것을 지켜 행하라 그리하면 네 길이 평탄하게, 형통케 되리라(수 1:7-8) • 의인 - 시절을 좇아 과실을 맺고 … (시 1:1)

■예화■ **행복을 누리려면?**
　"행복은 유능한 사람만이 오래 지닐 수 있는 재산이다."라고 말한 몰트케(Moltke)는 통일독일에 큰 공을 세운 명장이다. 그는 독일의 참모총장을 지냈고 대 덴마크전쟁, 프러시아 오스트리아 전쟁에서 뛰어난 전략가·전술가로서 탁월한 재능과 역량(力量)을 보였다. 파리를 함락시키고 개선장군이 되어 독일로 돌아올 때 거리에서 박수갈채를 던지는 독일국민에게 다음과 같이 대답한 것은 너무나 유명한 이야기이다. "이 영광을 나에게 돌리지 말고 독일 교육자들에게 돌려달라. 독일교육의 승리다." 그는 유명한 장군인 동시에 훌륭한 인격자였다. 과묵하고 겸손했다. 그는 야심과 욕심이 없는 사람이었다. 그래서 사람들은 그를 "위대한 침묵자"라고 불렀다. 몰트케의 말은 무게가 있는 말이다. 모든 사람이 행복하기를 원한다. 그러나 행복은 누구나 쉽게 누릴 수 있는 것이 아니다. 행복은 유능한 사람만이 오래 지닐 수 있는 재산이다. 사람은 행복하려면 능력이 있어야 한다. 우리는 이 세상을 살아갈 때에 뜻하지 않은 고난과 시련을 겪는다. 실패·질병·배신·오해·좌절 등, 인생의 도상에는 많은 어려움이 있다. 이 어려움을 이기는 자만이 행복을 누릴 수 있다. 인생의 고난과 시련을 극복하려면 여러 가지 능력이 있어야 한다. 능력이 없는 사람은 행복의 보배를 오래 지닐 수 없다. 행복은 능력의 나무에 피는 향기로운 꽃이다. (안병욱)

● 사별 ●

사별을 당했을 때의 자세 세 가지

■ 본 문 ■ 만일 그리스도 안에서 우리가 바라는 것이 다만 이 세상의 삶뿐이면 모든 사람 가운데 우리가 더욱 불쌍한 자이리라 【고전 15:19】

■ 서 론 ■ 사별이란 부부 사이에 한쪽은 죽고 한쪽만 살아남아 영원한 이별이 된 상태를 일컫는 말이다. 사람은 누구나 한번은 죽게 되어 있다. 따라서 성도가 사별을 당했을 때는 어떤 자세를 가져야 하는가?

■ 말씀 ■

I. 성도는 인간적으로 슬퍼한다 【행 9:39】

성경은 '베드로가 일어나 그들과 함께 가서 이르매 그들이 데리고 다락방에 올라가니 모든 과부가 베드로 곁에 서서 울며 도르가가 그들과 함께 있을 때에 지은 속옷과 겉옷을 다 내보이거늘' 이라 했다. '다비다' 는 히브리 이름이며 헬라식으로는 '도르가' 이다. 그녀는 특별히 선행과 구제하는 일을 많이 한 신실한 성도였다. 그런 그녀가 병들어 죽자 모든 과부가 베드로 곁에 서서 울고 슬퍼하였다.

　　참고 성구 창 3:19 히 9:27 요 11:24-26,35 롬 6:23

II. 성도는 재회의 소망을 가진다 【고전 15:19】

성경은 '만일 그리스도 안에서 우리가 바라는 것이 다만 이 세상의 삶뿐이면 모든 사람 가운데 우리가 더욱 불쌍한 자이리라' 고 했다. 성도의 육체적 부활과 영생이 없으면 주 안에서 믿음을 지키며 사는 자들은 이 세상에서 가장 비참한 존재이다. 성도에게 부활과 내세가 없고 단지 이 세상의 삶만 있다면 어리석은 삶을 산 것이 된다. 그러나 성도는 천국 재회의 소망을 가진 자이다.

　　참고 성구 막 5:39-43 요 11:24 살전 4:12 행 1:11 고후 5:1-4 고전 15:55

III. 성도는 서로 위로한다 【살전 4:17,18】

성경은 '그 후에 우리 살아 남은 자들도 그들과 함께 구름 속으로 끌어 올려 공중에서 주를 영접하게 하시리니 그리하여 우리가 항상 주와 함께 있으리라 그러므로 이러한 말로 서로 위로하라' 고 했다. 주님 재림시 성도는 휴거(공중 들림)되어 영생과 영벌의 심판이 이루어질 때 영원히 주님과 함께 동거동락하며 변화된 부활체로서 천국에서 영생의 삶을 살게 된다.

　　참고 성구 고전 15:23 빌 3:12 계 20:6 고전 15:58 계 19:9

■ 결 론 ■ 이와 같이 사별을 당했을 때는 성도들도 인간적으로 슬퍼하지만 주 안에서 다시 만날 소망의 재회를 가지고 주님 재림시 휴거되어 영원히 함께 할 것을 믿고 서로 위로하자.

■해설■ **죽은 자, 잠**

성경에는 '죽음'을 은유적으로 '잠'이라 표현했다. 이것은 구약에 "저가 그의 열조와 함께 자니라"는 문구로 반복되어 사용되고 있음을 보아 알 수 있다(욥 14:2, 렘 51:39 참조). 신약에는 잠든 신자의 몸이 죽음과 부활 사이에 처해 있는 상태를 가리키는 말로 사용되고 있다(살전 4:14, 고전 15:51). 또한 성경은 그리스도인의 영혼은 죽음과 동시에 즉시 '그리스도와 함께' 있게 된다고 언급한다(고후 5:6-8, 빌 1:23). 주님은 회개한 십자가의 한편 강도에게 '오늘'의 낙원을 약속하셨다(눅 24:43). 성경 도처에는 죽음이란 집행유예와 같은 이 세상의 삶의 끝으로 간주되어 있다.

■참고■ **죽음에 대한 성경의 진술**

• 죽음은 잠자는 것 - 우리 친구 나사로가 잠들었도다(요 11:11), 자는 자들에 대해 알 것은 소망을 주시려는 것임(살전 4:13) • 죽음은 잠시의 이별 - 내가 그 둘 사이에 끼었으니 차라리 세상을 떠나서 그리스도와 함께 있는 것이 훨씬 더 좋은 일이라(빌 1:23), 나의 떠날 기약이 가까웠도다(딤후 4:6) • 죽음은 세상을 떠남 - 영광 중에 나타나 예수께서 예루살렘에서 별세하실 것을 말씀함(눅 9:31), 나의 떠난 후에 필요할 때(벧후 1:15) • 죽음은 육신의 장막을 떠나 옷을 벗음 - 내가 이 장막에(벧후 1:13), 땅에 있는 우리의 장막집이 무너지면(고후 5:1)

■예화■ **사랑의 헌신**

싱가폴에 '하가이 인스티튜트(Haggai Institute)'라는 기관이 있다. 그곳 원장인 존 하가이란 분에게는 아들이 있었는데, 그 아들이 젊은 나이에 죽자 그를 기념하여 만든 것이 바로 하가이 인스티튜트이다. 그의 〈내 아들 존〉이라는 책에 보면, 그 아들은 태어날 때부터 뇌성마비에 걸려 고생을 했다. 전신마비가 되어 먹는 것도 제대로 먹지 못해 고무 호스로 넘겨주어야 했다. 목사님 가정에 그런 아이가 태어나자 주위에서는 비난하기도 했다. 그러나 목사님은 손님이 올 때마다 이야기도 알아듣지 못하고 침만 흘리는 아이를 소개받는 사람이 놀랄 정도로 잘 소개해 주었다. 말이라고는 "예스(Yes)"와 "노우(No)"밖에는 모르는 아이에게 아버지는 어디를 가나 그 아이의 귀에다 종교 교육을 했다. 식물인간과 다름없는 아이였으나 아버지가 대중 설교를 할 때면 휠체어를 타고 앉아 있다가 기분이 좋으면 소리를 치고 고함을 질렀다. 아버지와 어머니를 그렇게 좋아할 수가 없었다. 24년 동안을 그림자같이 따라 다니며 길렀는데, 그만 합병증으로 세상을 떠나고 말았다. 아들이 세상을 떠난 후 하가이 목사님은 이렇게 말했다. "내 자식은 잃은 것이 아니라 하나님께 갔습니다." 그 후 그는 제3세계의 잃어버린 자식을 위해 큰일을 시작했다. 하가이 목사님은 그의 아들에게 헌신하듯 끝없는 사랑의 헌신으로 고아들을 돌보았던 것이다. (김선도)

● 사악 ●

사악한 자들의 일 세 가지

■ 본문 ■ 그 정죄는 이것이니 곧 빛이 세상에 왔으되 사람들이 자기 행위가 악하므로 빛보다 어둠을 더 사랑한 것이니라 악을 행하는 자마다 빛을 미워하여 빛으로 오지 아니하나니 … 【요 3:19-20】

■ 서론 ■ 사악하다는 것은 마음이나 생각이 간사하고 악독함을 말한다. 사악한 자들의 일들은 무엇인가?

■ 말씀 ■

I. 악의와 악독이 가득하다 【롬 1:29-31】

성경은 '곧 모든 불의, 추악, 탐욕, 악의가 가득한 자요 시기, 살인, 분쟁, 사기, 악독이 가득한 자요 수군수군하는 자요 …' 라고 했다. 악의는 남을 해치려는 나쁜 마음이나 나쁜 뜻을, 악독은 마음이 악하고 독살스러움을 일컫는 말이다. 본 구절은 부패한 상태로 버림을 받아서 나타나는 결과로서의 21가지의 죄악이 나열되어 있는데 사악한 자들은 악의와 악독이 그 마음에 가득하다.

　　　참고 성구 롬 3:13-15 엡 4:31-32 약 3:14-16 요일 3:12 창 4:8

II. 음란하다 【창 19:5】

성경은 '롯을 부르고 그에게 이르되 오늘 밤에 네게 온 사람들이 어디 있느냐 이끌어 내라 우리가 그들을 상관하리라' 고 했다. 본 구절의 상관하리라는 히브리어 '야다' 로서 원래 이 말은 본래 경험을 통해서 상대방을 안다는 뜻이나 여기서는 성교(性交) 곧 동성애를 가리키는 완곡한 어법으로 사용되었다. 남색(男色)을 의미하는 '소도미' (Sodomy)는 성적 문란의 대명사인 소돔에서 파생된 말이다.

　　　참고 성구 살전 4:5-6 롬 1:26-27 고전 5:1 엡 4:19 삿 19:22 벧후 2:6-10

III. 진리를 좇지 않는다 【요 3:19】

성경은 '그 정죄는 이것이니 곧 빛이 세상에 왔으되 사람들이 자기 행위가 악하므로 빛보다 어둠을 더 사랑한 것이니라' 고 했다. 본 구절의 빛은 헬라어 '포스' 로서 이는 영원한 빛, 곧 주님 예수를 상징하며, 어두움 곧 '스코토스' 는 하나님을 떠나 있는 세상(불신 세계)을 의미한다. 사악한 자들은 타락한 세상을 사랑하여 진리를 좇지 않고 사람의 영광만 원하는 자들이다.

　　　참고 성구 행 7:51 롬 1:25 살후 2:11-12 딤전 6:4-5 딤후 3:7-8, 4:3-4

■ 결론 ■ 이와 같이 사악한 자들의 일들을 보았으니 성도는 사악한 자들의 모든 죄악을 배격하고 오직 빛 되신 주님을 옷입고 진리 위에서 참 신앙을 영위하는 자가 되자.

■해설■ **악한, 사악한, 악**

하나님께서 무엇보다 중요하게 인간에게 요구하시는 것은 하나님의 뜻에 온전히 복종하는 것이므로(창 2:16-17) 하나님의 법을 위반하거나 그것을 온전히 지키는 데 부족한 것은 죄이다. 신구약 성경에서 타락한 인간의 죄악 상태를 묘사해 주는 단어들은 많다. 인간의 죄성을 의미하는 단어들로서는 '악, 죄, 죄악, 허물, 범죄, 사악' 등이 있다. '사악한'으로 흔히 나오는 단어는 히브리어 '라솨'(252회)이다. '사악한'이란 적극적이고 파괴적인 악을 가리킨다(잠 21:10). 신약에서 이 말이 언급될 때는 '포네로스'라는 강한 말로 사용됐고(마 13:19), 신약에서는 죄인, 곧 '하마르톨로스'란 말이 흔히 쓰였다.

■참고■ **사악한 자들은**

• 하나님의 존재를 부인함 - 어리석은 자는 그 마음에 하나님이 없다 하고 부패, 가증함(시 53:1) • 하나님의 원수 - 육신의 생각은 하나님과 원수가 되나니 하나님의 법에 굴복치 않음임(롬 8:7) • 불순종 - 가증한 자요 복종치 않는 자요 선한 일을 버리는 자임(딛 1:16) • 영이 혼미함 - 이 세상 신이 믿지 아니하는 자들의 마음을 혼미케 하여(고후 4:4) • 죄의 종임 - 음심이 가득한 눈을 가지고 범죄하기를 쉬지 아니하고(벧후 2:14) • 자랑함 - 악인은 마음의 소욕을 자랑하며 탐리하며 여호와를 배반, 멸시함(시 10:3)

■예화■ **영혼의 석녀**

테네시 윌리암스의 희곡 「올페」라는 작품의 내용이다. 남루한 이태리 악사인 레이디 부친은 미국으로 이민해 들어온다. 그 무렵 미국 남부에는 금주령이 선포되었는데 그 늙은 이태리인은 밀주에 손을 대어 흑인에게 술을 팔고 과수원을 사들인다. 그것은 흑인을 저주하는 젊은이들을 자극시켰다. 흑인을 증오하는 청년 제이브는 흑인들에게 술을 파는 레이디의 아버지마저 증오하여 집에 불을 질러 그를 죽인다. 그리고 슬픔과 절망에 빠진 레이디를 위로하며 결혼을 한다. 그러나 어느날 레이디는 남편 제이브가 부친의 과수원에 불을 지른 장본인이라는 것을 알게 되어 증오와 남편을 용서하지 못하는 자학의 세월 속에 빠져 지낸다. 20여 년 동안 아이가 없는 그들 부부를 두고 이상한 소문까지 나돌기 시작한다. 제이브가 불치의 병에 걸려 죽음의 재수술을 한 후에도 남편에 대한 적의는 가시지 않는다. 어느 날, 문득 간호사가 레이디는 지금 임신중이며 그것은 남편의 아이가 아니라는 독백을 듣고 아내를 향해 방아쇠를 당긴다. 피흘리며 죽어가는 아내에게 "너도 그 때 죽였어야 되는 건데, 너의 애비처럼…" 레이디는 남편 제이브가 비록 구제받을 수 없는 인간이지만 한번도 용서의 묘약을 사용하지 않았고, 제이브는 흑인을 증오하는 것 이외도 레이디의 부친을 죽인 일도 이미 죄를 지은 것인데 그의 부인마저도 죽지 못해 한탄하는 독선적이고 위선적인 모습을 한번도 참회하지 않았다. 레이나 제이브는 용서와 회개가 없는 영혼의 석녀였던 것이다.

●사탄●

사탄의 특성 세 가지

■본문■ 큰 용이 내쫓기니 옛 뱀 곧 마귀라고도 하고 사탄이라고도 하며 온 천하를 꾀는 자라 그가 땅으로 내쫓기니 그의 사자들도 그와 함께 내쫓기니라 [계 12:9]

■서론■ 설교가요 사역자인 브루스는 "하나님이 진리를 말씀하시는 것과 똑같이 사탄은 자연스럽게 거짓을 말한다"라고 했다. 사탄의 특성은 무엇인가?

■말씀■

I. 사탄은 세상을 기만하는 자이다 [계 12:9]

성경은 '큰 용이 내쫓기니 옛 뱀 곧 마귀라고도 하고 사탄이라고도 하며 온 천하를 꾀는 자라 그가 땅으로 내쫓기니 그의 사자들도 그와 함께 내쫓기니라' 고 했다. 본 구절의 마귀는 헬라어 '디아볼로스' 로서 곧 '중상자, 비방자' 의 뜻이고, '사탄' 은 히브리어이며 헬라어로는 '사타나스' 곧 '대적자, 원수' 의 뜻이다. 또한 '꾀는' 은 헬라어 '프라논' 으로 이는 '길을 잃게 하다, 속이다, 악한 길로 이끌다' 는 '프라나오' 의 현재분사이다.

참고 성구 창 2:8-15, 3:1 사 14:17 마 13:38-39 약 4:7 엡 6:12

II. 사탄은 거짓의 아비이다 [요 8:44]

성경은 '너희는 너희 아비 마귀에게서 났으니 … 행하고자 하느니라 그는 처음부터 살인한 자요 진리가 그 속에 없으므로 진리에 서지 못하고 거짓을 말할 때마다 제 것으로 말하나니 이는 그가 거짓말쟁이요 거짓의 아비가 되었음이라' 고 했다. 마귀는 살인자로서 그는 사망의 세력을 잡고 범죄한 인간 위에 군림하며, 또한 그는 사기꾼으로 처음부터 간계로 사람을 유혹하여 범죄케 하는 일을 수행해 왔다.

참고 성구 창 3:5 겔 28:15 요일 3:8 마 3:7 딤전 1:19-20 벧후 2:4

III. 사탄은 훼방자이다 [욥 1:9]

성경은 '사탄이 여호와께 대답하여 이르되 욥이 어찌 까닭 없이 하나님을 경외하리이까' 라고 했다. 본 구절은 욥기 전체의 내용 전개에 있어서 핵심이 되는 구절이다. 사탄은 성도의 허물을 참소함으로써 하나님과 사람을 이간시키며 훼방하는 자이다. 성도는 하나님의 큰 은혜를 체험하기 위해서는 타산적인 신앙을 탈피하여 철저한 순종의 자세를 배워야 한다.

참고 성구 욥 2:5 창 3:7-8 고후 11:3 엡 4:26-27 유 1:6 계 12:10

■결론■ 이와 같이 사탄의 특성을 알았으니 성도는 사탄이 기만하는 자요 거짓의 아비요 훼방자임을 알아 오직 성령의 검 곧 말씀으로 사탄의 궤계를 물리치는 자 되자.

■해설■ **사탄**

사탄(Satan)에 대한 예언은 사 14:12-14, 겔 28:12-15을 적용하는데 이것은 사탄이 타락하기 이전 영광 속에 있을 때는 '루시퍼'로 '기름부음을 받은 자' 였음을 암시한다. 그러나 창조주를 반역하여 하나님과 사람에 대한 가장 큰 적대자가 되었다. 사탄은 인류를 타락하게 만든 자였고(창 3장), 그의 심판은 에덴에서 예언되었고(창 3:15), 이것은 십자가 위에서 성취되었다(요 12:31-33). 피조물로서 사탄의 세력은 하나님께 대해서 단지 2차적인 존재에 불과하고(겔 28:11-16), 그는 틀림없이 한낱 유한한 피조물에 불과하고 그의 능력은 하나님의 전지전능하심 안에서 허용된 것에 불과하다.

■참고■ **사탄의 각종 술책을 주의하라**

· 불신자를 혼미하게 만듦(고후 4:3-4) · 영혼과 육신을 파멸시킴(눅 9:42) · 거짓 기적을 일으킴(살후 2:9) · 질병을 일으키는 원인이 됨(욥 2:7) · 불순종으로 사람을 이끎(창 3:4-5) · 신자들을 괴롭힘(눅 13:16, 욥 1:12) · 궤계를 즐겨 사용함(고후 2:11) · 성경을 오용하여 미혹하게 함(마 4:6) · 의심이 나게 교묘히 속임(창 3:1) · 자기를 광명의 천사로 가장하여 미혹함(고후 11:14) · 닥치는 대로 시험함(마 4:1, 눅 4:6)

■예화■ **내일부터 하자**

악마가 지옥에서 회의를 했다. 어떻게 하면 기독교인들을 전부 실족시키느냐 하는 회의였다. 젊은 악마가 "그것은 간단합니다. 기독교인들을 전부 죽이면 됩니다."라고 말했다. 이 말을 들은 늙은 마귀는 "옛날에 기독교인들을 많이 죽였지만 기독교인 한 사람을 죽이면 순교의 피가 씨가 되어 기독교인들이 몇 백, 몇 천으로 늘어나기 때문에 오히려 손해를 많이 보았다."고 했다. 또 젊은 악마 하나가 "그 사람들을 아프게 하고 매를 좀 때리면 될 것입니다."라고 말했다. 늙은 마귀는 그것도 안 되더라고 했다. 매를 한 대 때리면 때릴수록 손해가 나더라고 했다. 또 젊은 악마 하나는 "남녀의 성 문제를 가지고 실족하게 하면 됩니다."라고 말했다. 늙은 악마는 그것은 좋은 것이고 성공률도 있지만 결국은 손해라고 했다. 한 사람이 실족을 하면 제7계명을 범했다고 모든 사람이 실교를 해서 느닷없이 갑옷을 입고 무장을 하고 준비를 하니까 안 된다고 했다. 그래서 늙은 마귀가 꾀를 하나 냈다. 예수를 잘 믿게 하고, 기도를 하게 하고, 성경을 읽게 하고, 전도를 하게 하고, 사랑하게 하는 등 전부 하도록 해놓고는 그러나 내일부터 하자, 오늘은 불편하니까 내일부터 하자고 하는 것이다. 하나님은 바쁜 사람의 시간을 요구하신다. 사람들이 현실에 붙잡혀 있다. 그러나 우리가 부름을 받는 시간과 환경은 현재인 것이다.

● 사탄 ●

사탄이 시험한 세 무리

■ 본 문 ■ 뱀이 여자에게 이르되 너희가 결코 죽지 아니하리라 너희가 그것을 먹는 날에는 너희 눈이 밝아져 하나님과 같이 되어 선악을 알 줄 하나님이 아심이니라 【창 3:4-5】

■ 서 론 ■ 마이크 머독은 "사탄은 가장 가까운 사람들을 통해 당신의 인생에 들어온다"라고 했다. 대적자요 속이는 자인 사탄이 시험한 자들은?

■ 말 씀 ■

Ⅰ. 사탄은 인류의 시조를 꾀었음 【창 3:13】

성경은 '여호와 하나님이 여자에게 이르시되 네가 어찌하여 이렇게 하였느냐 여자가 이르되 뱀이 나를 꾀므로 내가 먹었나이다'라고 했다. 본 구절의 '꾀므로'는 히브리어 '나샤'로서 이는 적극적인 의미로 '속이다, 미혹하다'는 뜻으로, 즉 하나님의 말씀을 잊게 하여 기만하는 것을 의미한다. 이는 사탄의 속성을 잘 보여준다. 사탄은 인류의 시조를 꾀어 금단의 열매인 선악과를 먹게 하여 죄와 사망이 들어오게 하였다.

참고 성구 계 12:9 창 3:4-19 겔 28:13-17 사 14:12-13 렘 4:10

Ⅱ. 사탄은 이스라엘을 대적했음 【대상 21:1】

성경은 '사탄이 일어나 이스라엘을 대적하고 다윗을 충동하여 이스라엘을 계수하게 하니라'고 했다. 사탄은 히브리어로서 '고발하다'는 뜻의 '사탄'에서 유래된 말로서 이는 하나님을 대항한 타락한 천사이며 구원 받은 성도를 시기하여 고소할 틈을 엿보는 자이다. 사탄은 다윗을 충동하여 인구를 조사케 했는데 이는 승리의 근원이신 하나님을 도외시하고 군사력을 의지하겠다는 불신앙에 기인한다.

참고 성구 삼상 17:47 대상 21:1-2 삼하 24:1-2 욥 1:8-12 요일 3:8

Ⅲ. 사탄은 그리스도인을 속였음 【고후 2:11】

성경은 '이는 우리로 사탄에게 속지 않게 하려 함이라 우리는 그 계책을 알지 못하는 바가 아니로라'고 했다. 본 구절의 '속이다'는 헬라어 '프레오넥테오'로서 이는 '이용한다, 속인다, 기만하다'는 뜻으로 사탄은 성도를 이용하고 속이는 자이다. 사탄의 계책(궤계)은 성도의 영혼과 육신을 파멸시키고, 성도를 비방하고 대적하며, 교회를 분열시키는 책동으로 나타난다.

참고 성구 고후 11:3 요 13:2 고후 12:7 벧전 5:8 엡 4:26-27, 6:12 살후 2:8

■ 결 론 ■ 이와 같이 사탄이 시험한 자들을 살펴보았으니 성도는 사탄의 궤계를 잘 알아서 그를 대적하여 물리치고 시험의 틈을 주지 않도록 믿음 위에 바로 서는 자 되자.

■해설■ **시험**

구약성경에서 '시험하다'를 뜻하는 특별한 동사 '니사'는 사탄이 인간을 범죄하도록 유혹하는 행위에 대해서 적용된다. 하와는 하나님께 "그 뱀이 속이므로(꾀므로-한글 개역, '히쉬아니' 나를 속게 하므로) 내가 먹었나이다"라고 말한다(창 3:13, 참조 고후 11:3과 딤전 2:14에서는 '엑사파타오' 속이다). 속이는 것은 사탄의 시험에 있어서 중요한 역할을 한다. 사탄은 하나님의 금지 명령이나 그 위협적인 형벌들에 대해서 직접적인 정면공격을 회피한다. 그 대신에 의심과 불신앙과 반역의 씨앗을 뿌린다. 그 전형적인 예가 하와가 당했던 시험이다. 하와는 하나님의 진실하심과 선하심과 공의로우심을 시험하는 그 시험에 빠졌다.

■참고■ **사탄이 갖가지로 시험한 이들**

• 하와 - 인류의 시조에게 하나님을 반역케 함(창 3:1-6) • 욥 - 하나님 앞에서 사람을 비아냥거려 결국 시험케 함(욥 1:6-12) • 다윗 - 하나님의 능력보다 인간의 힘을 앞세운 인구조사 실시를 하도록 격동시킴(대상 21:1-8) • 여호수아 - 대제사장 여호수아를 대적한 사탄(슥 3:1-5) • 예수 - 광야에서 3번 예수님을 유혹하여 시험함(마 4:1-11) • 베드로 - 사탄이 밀까부르듯 하려고 청구한다 하심(눅 22:31) • 아나니아와 삽비라 - 교회와 성령을 속임(행 5:1-3) • 바울 - 사탄의 사자를 주셨다고 고백함(고후 12:7)

■예화■ **예술론**

"진정한 예술은 남편에게 사랑을 받는 아내처럼 유별나게 분장을 할 필요가 없다. 사이비(似而非)의 예술은 매춘부처럼 언제나 성장을 하고 있어야 한다." 톨스토이의 〈예술론〉은 우리가 일생 동안에 한 번 꼭 읽어 볼 만한 명저다. 빛나는 것이라고 다 금은 아니다. 우리는 진정한 예술과 사이비 예술을 구별해야 한다. 톨스토이는 진정한 예술을 남편에게 사랑받는 아내에 비유했고 사이비 예술은 분가루로 장식한 매춘부에 비유했다. 진실한 예술은 소박하고 가장(假裝)이 없다. 화려하게 꾸미고 장식할 필요가 없다. 진실한 내용을 담담하게 표현하면 그만이다. 깊은 사랑과 이해를 갖는 부부는 서로 꾸밀 필요가 없는 것이다. 진실은 단순을 좋아하고 소박을 사랑하고 자연스럽다. 사이비 예술일수록 가식(假飾)이 많다. 기생이나 매춘부는 손님을 유혹하기 위해서 언제나 짙은 화장과 과장된 교태와 허위의 가식을 일삼는다. 그렇지 않고서는 사람의 마음을 끌 수가 없다. 거기에는 진실이 없고 생명력이 없다. 저속한 사이비 예술일수록 광고(廣告)를 하고 상업주의적 선전을 한다. 인생에게 가장 중요한 것은 사물의 진위를 구별하는 것이다. 진정한 예술과 사이비의 예술은 진금과 도금처럼 차이가 있다. 우리는 소박의 옷과 자연스러운 태도, 성실의 언어와 담담한 표정을 가지는 진정한 예술을 바로 알고 깊이 사랑할 줄 알아야 한다. (안병욱)

● 상급 ●

상급으로 묘사된 면류관 세 가지

■본 문■ 시험을 참는 자는 복이 있나니 이는 시련을 견디어 낸 자가 주께서 자기를 사랑하는 자들에게 약속하신 생명의 면류관을 얻을 것이기 때문이라 【약 1:12】

■서 론■ 상급이란 선 또는 악에 대한 보상을 말하는 것으로, 성경적인 의미의 상급은 긍정적인 결과 또는 보답을 말한다. 성도들이 받을 상급으로 묘사된 면류관은 무엇인가?

■말씀■

I. 의의 면류관 【딤후 4:8】

성경은 '이제 후로는 나를 위하여 의의 면류관이 예비되었으므로 주 곧 의로우신 재판장이 그 날에 내게 주실 것이며 내게만 아니라 주의 나타나심을 사모하는 모든 자에게도니라' 고 했다. 의의 면류관은 의로운 사람에게 주는 면류관이 아니고 자기의 사명을 다한 사람에게 주어지는 공로의 면류관을 뜻한다. 성도가 하나님의 뜻에 끝까지 순종하고 사명을 완수했을 때 받을 상급이 의의 면류관이다.

참고 성구 히 11:6 롬 8:36-37 고전 3:13 고후 5:10 시 19:11

II. 영광의 면류관 【벧전 5:4】

성경은 '그리하면 목자장이 나타나실 때에 시들지 아니하는 영광의 관을 얻으리라' 고 했다. 영광의 면류관은 직분자에게 주시는 상급으로서, 주님의 재림시 심판주로 오실 목자장이신 그리스도께서는 장로의 직분을 신실히 수행한 자에게 영원히 시들지 않는 영광의 면류관을 씌워 주실 것이다. 직분자는 하나님의 양들을 몸과 마음과 생명을 다해 돌보아야 한다.

참고 성구 고전 9:25 살전 2:19 고전 3:14-15 계 4:4 행 20:28

III. 생명의 면류관 【계 2:10】

성경은 '너는 장차 받을 고난을 두려워하지 말라 … 몇 사람을 옥에 던져 시험을 받게 하리니 너희가 십 몇일 동안 환난을 받으리라 네가 죽도록 충성하라 그리하면 내가 생명의 관을 네게 주리라' 고 했다. 생명의 면류관은 주님께 끝까지 충성을 바치고 믿음을 지키며 순교자적 삶을 산 자들이 받는 상급이다. 이들은 그리스도의 생명 속에서 쉼과 안식과 평화와 자유와 행복을 영원히 누리게 된다.

참고 성구 약 1:12 빌 3:14 계 21:6-7, 22:12 히 11:16

■결 론■ 이와 같이 상급으로 묘사된 면류관을 알았으니 성도는 하나님의 뜻에 죽도록 충성하여 하나님이 주시는 의의 면류관의 영광의 면류관과 생명의 면류관을 모두 받는 자들이 되자.

■해설■ **면류관**

신약성경에서 '면류관'(crown)에 해당하는 헬라어는 두 가지다. ① '디아데마' - 계시록에만 나타나는 이 단어는(계 12:3, 13:1, 19:12) 원래 페르샤인들 가운데서 왕에게 충성한 사람들에게 충성에 대한 표로서 씌워주는 흰색과 청색으로 된 두건이었다. 따라서 이 용어는 충성의 표였다. ② '스테파노스' - 고유명사로 '스데반'을 가리키는 이 단어는 승리에 대한 상급이나 축제의 장식으로 특별한 공헌을 한 사람이나 인품이 뛰어난 사람에게 명예스럽게 수여하는 화환을 가리킨다. 또한 운동경기의 우승자에게 씌워 주는 월계관도 의미한다(고전 9:25 참조). 상급이나 보상의 뜻도 있다.

■참고■ **이런 이들이 상급을 받는다.**
- 모든 일에 절제함 - 이기기를 다투는 자마다 모든 일에 절제하나니(고전 9:25-27)
- 법을 지킴 - 경기하는 자가 법대로 경기하지 아니하면 면류관을 얻지 못할 것이며(딤후 2:5)
- 상을 향해 좇음 - 푯대를 향하여 그리스도 예수 안에서 하나님이 위에서 부르신(빌 3:14)
- 시험을 참음 - 시험을 참는 자는 복이 있으니 옳다 인정을 받으면(약 1:12)
- 예수를 바라봄 - 믿음의 주요 온전케 하시는 이 예수를 바라보자(히 12:1-2)
- 예수의 재림을 사모함 - 의로우신 재판장이 그날에 내게 주실 것이니(딤후 4:8)

■예화■ **묘비명**

서양 근세 교육사를 빛나게 한 스위스의 교육가인 페스탈로치의 묘비명에는 다음과 같은 기록이 남겨 있다. 「여기에 하인리히 페스탈로치 길이 잠들다. 1746년 1월 12일 취리히에서 나서 1827년 2월 17일 부르크에서 죽다. 노이호프에서는 빈민의 구조자, 부르크도르프와 뮌헨부흐제에서는 새 국민학교의 건설자, 이페르텐에서는 인류의 교육자였다. 그리고 그는 참된 인간이요 크리스천이요 시민이었다. 모든 일은 다른 사람을 위하여 하고 아무 것도 자기를 위하여 한 일이 없다. 그의 이름에 신의 축복 있기를.」 또한 프랑스의 물리학자 앙뻬르는 전자기학의 기초를 확립한 「암페어 법칙」을 발견한 저명한 사람인데 그는 묘비에 새긴 글을 다음과 같이 생전에 정해놓고 죽었다고 한다. "드디어 행복하다." 신앙인의 죽음은 복된 것임을 여기서 잘 엿볼 수 있다. 죽음을 면제받은 이는 아무도 없다. 죽음 앞에서 인생들은 일생을 돌아보며 회한의 눈물을 흘리게 된다. J. 에디슨은 "인간의 명성을 최후로 마무리하는 것은 오직 죽음뿐이다. 죽음만이 인간의 명성이 좋고 나쁨을 결정한다."라고 말했다. 그러므로 인생들은 최후의 순간에 다시 한번 진지하게 생을 마감하는 이력서를 쓴다. 그 속에는 자신이 그 동안 무심코 베푼 선행과 봉사의 열매가 자신의 경력으로 써질 것이다. 때가 되었기 때문에 주님 앞에 불려나가는 것이 아니라, 하나님이 상급 주실 만한 이력서가 준비되었기에 그 앞에 나아갈 수 있는 우리가 되기로 하자. (세계교육명저 총서)

● 생명 ●

생명에 대한 성도의 자세 세 가지

■본 문■ 내가 달려갈 길과 주 예수께 받은 사명 곧 하나님의 은혜의 복음을 증언하는 일을 마치려 함에는 나의 생명조차 조금도 귀한 것으로 여기지 아니하노라【행 20:24】

■서 론■ 작가 죠르쥬 상드는 "우리는 우리의 생명에서 단 한 페이지도 찢을 수 없지만 책 전체는 불 속에 던질 수 있다"라고 했다. 생명에 대한 성도의 자세는?

■말 씀■

I. 그리스도를 위해 생명을 포기하는 성도【마 10:39】

성경은 '자기 목숨을 얻는 자는 잃을 것이요 나를 위하여 자기 목숨을 잃는 자는 얻으리라'고 했다. 성도의 생은 목숨을 버리는 생이다. 성도의 삶은 목숨을 버리는 삶인즉 그것은 십자가를 지는 삶을 뜻한다. 성도가 십자가의 고난 속에서 자기의 목숨을 버리는 희생적인 삶은 주님 예수를 위한 삶이다. 본 구절의 '얻으리라'는 헬라어 '휴레세이 아우텐'으로 '생명을 발견하리라, 만나리라'는 뜻이다.

참고 성구 마 10:22,28 행 7:55,59 계 2:10 행 12:2

II. 이웃을 위해 생명을 아끼지 않는 성도【행 15:25,26】

성경은 '사람을 택하여 우리 주 예수 그리스도의 이름을 위하여 생명을 아끼지 아니하는 자인 우리가 사랑하는 바나바와 바울과 함께 … 보내기를 만장일치로 결정하였노라'고 했다. 본 구절의 '아끼지 아니하는'은 헬라어 '파라데도코시'로서 이는 '파라디도미' 곧 '넘겨 준다, 내 준다, 맡긴다'의 현재완료분사로서 '내어 놓은'이다. 이것은 자기 목숨을 세상에 내어 놓고 넘겨준 상태를 의미한다.

참고 성구 고전 10:33 에 4:16 롬 9:3 출 32:32 요 15:13

III. 사명을 위해 생명을 귀히 여기지 않는 성도【행 20:24】

성경은 '내가 달려갈 길과 주 예수께 받은 사명 곧 하나님의 은혜의 복음을 증언하는 일을 마치려 함에는 나의 생명조차 조금도 귀한 것으로 여기지 아니하노라'고 했다. 본 구절의 '여기지 아니하노라'는 헬라어 '우데노스 로구 포이우마이'로서 이는 '자기가 자기 자신을 위해서 계산하지 않는다'라는 뜻이다. 바울은 자기 생명의 가치를 자기 자신을 위해서는 조금도 가치가 없는 것으로 결단했다.

참고 성구 행 21:13 고후 1:8-9 딤후 4:6 빌 2:8

■결 론■ 이와 같이 생명에 대한 성도의 자세를 보았으니 성도는 주님 예수를 위해 생명을 버리고, 이웃을 위해 생명을 아끼지 않으며, 사명을 위해 생명을 귀히 여기지 않을 때 하늘의 상급이 큼을 믿는 자 되자.

■해설■ **생명, 목숨**

히브리어에서는 '생명'에 해당하는 단어로는 '하임'과 '네페쉬'가 있고, 헬라어에서는 '조에', '비오스', '프쉬케'가 사용되었다. 구약과 신약에 나타난 단어들은 사용이 각기 다르다. 여기서는 본문에 나타난 것만 다루기로 한다. 영혼, 생명(목숨, Soul)로 번역된 히브리어 '네페쉬'와 헬라어 '프쉬케'는 특정한 개개인에게 속한 생명(목숨)을 가리킨다. 마 2:20과 10:39의 생명(목숨)과 막 10:45의 목숨(생명), 심지어 마 6:25의 '목숨(생명)이 음식보다 더 중요하지 않느냐?'에서 영적인 가치와 물질적 가치가 대조되어 있긴 하지만 여기서도 각 개인의 목숨을 가리킨다.

■참고■ **짧은 생명, 주의 일에 열심하리.**
- 생명은 일장춘몽과 같은 것(욥 20:8) • 생명은 그림자와 같은 것(대상 29:15)
- 생명은 사라지는 안개와 같은 것(약 4:14) • 생명은 잠깐 자는 것 같은 것(시 90:5) • 생명은 구름의 사라지는 것과 같은 것(욥 7:9) • 생명은 풀과 같은 것(벧전 1:24) • 생명은 나그네 길과 같은 것(창 47:9) • 생명은 베틀의 북보다 빠른 것(욥 7:6) • 생명은 순식간에 다하는 것(시 90:9) • 생명은 꽃의 시듦과 같은 것(욥 14:1-2) • 생명은 영광이 풀의 꽃 같이 떨어지는 것(벧전 1:24)

■예화■ **한 알의 밀—앨버트 조**

한국에 선교사로 왔던 목사님 한 분과 함께 기차를 타게 되었다. 기차 여행을 하면서 농촌 마을을 지나가게 되었는데 아담하고 보기 좋은 농촌에 이상하게도 '교회'가 하나도 없는 것을 발견하게 되었다. 그래서 그가 물었다. "목사님, 왜 교회가 보이지 않지요?" 친구 목사님이 대답한다. "누가 목사님의 생활비를 주어야지요…" 이때, 내 친구 목사는 얼마나 큰 충격을 받았는지 몰랐다고 한다. "아니, 생활비를 못 받는다고, 그러면 다 지옥 가도 좋다는 말입니까?" 그 후에 그분은 한국 목사님 한 분을 만나게 되어 그 목사님을 강원도 첩첩산중인 정선 가수리라는 마을에 복음을 전해 달라고 부탁을 하게 되었다. 당시 그곳은 외부와 고립된 곳으로 교통수단도 없을 뿐만 아니라 전기도 없었던 곳이었다. 식량으로 조금 나오는 쌀, 옥수수, 감자로 생계를 유지했고 심한 가난 속에서 살았다. 그런데 가장 큰 문제는 그곳에 의사가 없었으므로 무슨 병이 나든지 그들은 '양귀비'로 해결했기 때문에 온 마을 사람들이 '아편 중독자'가 되어 있었고 어느 누구도 해결할 수 없는 그런 상황이었다. 이때에 앨버트 조 목사님 부부께서 그들을 위해 희생하고자 그곳에 들어가 얼마나 많은 고생을 했는지…맏아들을 차가운 얼음 구덩이에 묻기까지 그들은 주 앞에 모든 것을 드렸다. 주님처럼 '한 알의 밀'이 되어 희생함으로 온 마을 사람들이 차츰 변화를 받고, 새로워지고, 예수님을 믿게 되어 마을 전체가 살아나게 되었다. (산골짜기에서 외치는 소리 / 대천덕)

●선교●

선교를 향한 명령 세 가지

■본문■ 밤에 환상이 바울에게 보이더니 마게도냐 사람 하나가 서서 그에게 청하여 이르되 마게도냐로 건너와서 우리를 도우라 하거늘【행 16:9】

■서론■ 작가 존 맥스웰은 "일이 곧 선교가 될 때 다른 사람이 우선이 되고 나는 나중이 된다"라고 했다. 선교를 향한 주님의 명령은 무엇인가?

■말씀■

I. 머물라【눅 24:49】

성경은 '내가 내 아버지께서 약속하신 것을 너희에게 보내리니 너희는 위로부터 능력으로 입혀질 때까지 이 성에 머물라 하시니라' 고 했다. 주님 예수께서는 제자들에게 예루살렘에 머물러(유하다) 하늘로부터 오는 능력 곧 성령의 능력을 입을 것을 약속하셨다. 성도들은 선교의 과업을 위해서는 성령님의 능력을 힘입어야 한다. 사도행전의 역사는 성령의 역사이므로 '성령행전' 이라고도 불리운다.

참고 성구 요 14:26 행 2:1-41 갈 1:17 요 20:22 행 1:4-5

II. 가라【마 28:19】

성경은 '그러므로 너희는 가서 모든 민족을 제자로 삼아 아버지와 아들과 성령의 이름으로 세례를 베풀고' 라 했다. 본 구절의 가서는 헬라어 '포류덴테스' 로서 이는 '포류오' (가다, 행하다)의 부정과거분사인데 이 말의 뜻은 성도들이 오고오는 세대에 걸쳐 계속해서 전도(선교)하러 나가야 할 의무가 있음을 강조해 주고 있다. 주님은 성도들에게 가서 모든 민족을 제자로 삼아 세례를 베풀라고 명령하셨다. 이것은 '지상대명' (the Great Commission)이다.

참고 성구 막 16:15 마 24:14 눅 24:47 행 1:8 골 1:23

III. 건너오라【행 16:9】

성경은 '밤에 환상이 바울에게 보이더니 마게도냐 사람 하나가 서서 그에게 청하여 이르되 마게도냐로 건너와서 우리를 도우라 하거늘' 이라 했다. 본 구절의 마게도냐 환상이 역사상 차지하는 비중은 실로 막대하다. 만일 역사의 주관자 되시는 하나님께서 바울에게 이 환상을 보여주시지 않았더라면, 그리고 바울이 그 계시에 순응하지 않았더라면 유럽 문화와 문명의 판도는 판이하게 달라졌을 것이다.

참고 성구 행 16:6-10 행 16:11 벧전 1:1 요 21:18-19 행 28:31

■결론■ 이와 같이 선교를 향한 명령을 보았으니 성도는 선교의 주체가 되시는 주님과 성령님과 하나님 삼위께서 명령하시는 명령에 순응하여 큰 선교의 역사를 이루어내는 자 되자.

■해설■ 선교

'선교'(missions)라는 개념은 그리스도 교회의 원초적 임무는 예수 그리스도의 복음을 땅끝까지 전파하는 데 있다고 생각하고, 이 소명은 마 28:18-20, 눅 24:46-49, 요 20:21, 행 1:8에서 발견할 수 있는 것처럼 교회에 명하신 주님의 명령을 수행하려는 것에 기인한다. 이 개념은 현재까지 계속되고 있다. 이 선교의 사명의 동기는 예수 그리스도, 곧 구속주에 대한 사랑과 순종에서 나오는 것으로 이 전도의 과업에서 제외되는 사람은 한 사람도 없다. 초대교회 때 전도가 이뤄진 상황은 극적인 것으로 기독교의 한 세기가 채 지나기도 전에 복음은 로마제국을 벗어나고 있었다.

■참고■ 여러 유형의 선교사들

- 바나바 - 권고자, 모든 사람에게 굳은 마음으로 주께 붙어 있으라(행 11:23, 13:43, 14:22) • 바울 - 가르치는 자, 큰 무리를 가르쳤고 제자들이 안디옥에서 그리스도인이라 일컫게 됨(행 11:26, 13:1, 20:27) • 마가 요한 - 수종자, 바나바의 조카이며, 마리아의 아들인 요한을 수종자로 둠(행 13:5, 12:12, 골 4:10) • 실라 - 전도자, 주의 은혜에 부탁함을 받고 떠나(행 15:40-41) • 디모데 - 목회자, 너희 사정을 진실히 생각할 자(빌 2:19-20) • 누가 - 의사, 사랑받는 의원(골 4:14) • 아볼로 - 열성자, 학문이 많고 성경에 능한 자(행 18:24)

■예화■ 종이 조각

수년 전 사두 순다 싱그(Sidha Sundar Singh)가 인도의 중부지방에서 쪽복음을 사람들에게 나눠주는 가운데 하루는 기차 안에서 불신자들에게 요한복음을 나눠주었다. 그랬더니 한 사람은 이것을 받자마자 화를 내며 그 사람이 보는 앞에서 갈기갈기 찢어 창 밖으로 내던지고 말았다. 일은 여기서 끝나는 줄 알았다. 그러나 하나님의 섭리 가운데 어느 사람이 바로 그 날 그 철길을 따라 걷고 있었다. 그는 길 가다가 흩어진 종이조각을 주워 보니 무슨 "생명의 떡"이란 글이 씌어 있었다. 그는 이게 무슨 말인지 몰라 친구들에게 물어보았다. 그중 한 친구가 말했다. "그건 기독교 책에 있는 말인데 읽으면 안 되네. 그 책은 한번 읽게 되면 그 속으로 깊이 빠지게 하는 마력이 숨겨져 있다네. 그러니 자네는 그 책을 아예 읽을 생각도 하지 말게나. 안 그럼 자네의 영혼은 더럽혀지고 말걸." 이 말을 듣고 잠시 동안 생각하고 난 이 사람은 이렇게 이상한 말이 들어 있는 책을 읽고 싶다면서 신약 한 권을 샀다. 그는 "나는 생명의 떡이다" 하는 주님의 말씀이 어디 있다는 것을 듣고 찾아 읽는 가운데 복음의 빛이 마음에 들어와 예수님을 알게 되었다. 그 후로 그는 복음 전도자로서 인도의 중부지방에서 활약하게 되었다. 그 조그만 종이 조각이 하나님의 영을 통해 그에게는 한없는 생명의 떡의 역할을 한 것이다. (이종택)

● 선행 ●

선행을 자랑하지 말아야 할 이유 세 가지

■본 문■ 만일 아브라함이 행위로써 의롭다 하심을 받았으면 자랑할 것이 있으려니와 하나님 앞에서는 없느니라 【롬 4:2】

■서 론■ 철학자 임마누엘 칸트는 "선행이란 이것을 타인에게 베푸는 것이 아니라 자기 자신의 의무를 다하는 것이다"라고 했다. 성도가 선행을 자랑하지 말아야 할 이유는?

■말 씀■

I. 선행이 하나님께 의롭다 함을 얻지 못하므로 【롬 4:2】

성경은 '만일 아브라함이 행위로써 의롭다 하심을 받았으면 자랑할 것이 있으려니와 하나님 앞에서는 없느니라'고 했다. 이신득의 혹은 이신칭의의 바울 신학은 구원은 곧 하나님의 일방적인 은혜이고 하나님의 은혜를 통한 믿음만이 구원을 받는 유일한 통로라고 밝히고 있다. 이 심오한 사상은 인류 역사를 철저히 뒤바꾸었다. 고결한 아브라함은 본질적으로 타락한 인간이었기에 하나님 앞에서는 원칙적으로 내어 놓을 것이 없다.

참고 성구 창 15:6 롬 4:3 사 64:6 마 7:22-23 눅 3:8 갈 2:16

II. 선행이 하나님의 은혜를 대신하지 못하므로 【롬 11:6】

성경은 '만일 은혜로 된 것이면 행위로 말미암지 않음이니 그렇지 않으면 은혜가 은혜 되지 못하느니라'고 했다. 은혜란 인간에 대한 하나님의 자발적이고도 제한받는 일 없는 사랑의 은사(선물)를 말한다. 바울은 은혜와 행위를 대조시키면서 구원은 값없이 주시는 하나님의 은혜에 근거함을 보여주고 있다. 은혜가 어떤 행위나 공로에 근거를 둘 때에는 진정한 은혜가 될 수 없다.

참고 성구 엡 2:8-9 고전 15:10 고후 1:12 삼상 16:7

III. 선행이 하나님의 선택하심을 결정하지 못하므로 【롬 9:11】

성경은 '그 자식들이 아직 나지도 아니하고 무슨 선이나 악을 행하지 아니한 때에 택하심을 따라 되는 하나님의 뜻이 행위로 말미암지 않고 오직 부르시는 이로 말미암아 서게 하려 하사'라고 했다. 선택(택함)은 성경 전체를 일관해 있는 중요한 용어이다. 택함의 특징은 하나님의 자유의지에 의하는 것으로 택함을 받는 쪽의 자격이나 능력은 문제가 되지 않는다. 따라서 하나님의 은혜의 선택이다.

참고 성구 창 22:22-23 말 1:2-3 롬 9:16 행 9:15-16 요 15:16

■결 론■ 이와 같이 선행을 자랑하지 말아야 할 이유를 알았으니 성도는 반딧불 같은 선행으로 해와 같은 하나님의 은혜를 대신하려고 하지 말고 오직 주 안에서 이웃을 위한 선행을 지속하는 자들이 되자.

■해설■ **선행**

 '선행'(good works)이란 개신교 교리에는 '칭의'란 오직 '믿음'으로 얻는 것으로, 칭의를 받은 자, 곧 의롭다 함을 받은 자가 '의롭다 함'을 받기 전에 행한 어떤 선행으로 얻어지는 것이 아니다. '칭의'란 예수 그리스도의 선행에 근거해서 주어진다. 신자의 선행이란 완전한 선행이 될 수 없고 완전한 동기에서 비롯되었다 할지라도 선한 기준에 완전히 합치된 것이 아니고, 또한 전적으로 하나님의 영광을 목적으로 한 것도 아니기 때문이다. 완전히 선한 기준이나 완전한 하나님의 영광에 조금이라도 미치지 못한 것은 그 어떤 것도 참된 선이 될 수 없다.

■참고■ **우리의 자랑과 예수의 초라하심**

- 탄생 - 구유에 누인 아기(눅 2:12) • 가문 - 목수의 아들이 아니냐(마 13:55) • 풍요 - 머리 둘 곳이 없다(마 8:20) • 태도 - 나사렛에서 무슨 선한 것이 날 수 있나(요 1:46, 마 2:23) • 인격 - 흠모할 것이 없음(사 53:2) • 명성 - 세리와 죄인의 친구(마 11:19) • 독립 - 자기의 소유로 섬기더라(눅 8:3) • 지식 - 이 사람은 배우지 않았거늘(요 7:15) • 우월 - 나는 섬기는 자로(눅 22:27, 빌 2:8) • 성공 - 자기 백성이 영접 않음(요 1:11) • 의지 - 나를 보내신 이의 원대로(요 5:30) • 정결 - 죄인과 함께 음식을 먹음(눅 15:2)

■예화■ **베풀며 살아갈 때**

 미국 텍사스 주에 갈 때면 언제나 한국 의사 한 분이 생각난다. 그가 세브란스 병원 인턴으로 있었을 때의 일이다. 어느 날, 아침 일찍 출근길에서 백발이 성성한 미국 노인과 우리 나라 택시 운전사가 말다툼하는 광경을 목격했다. 길 위에 있는 모든 사람들이 무심하게 지나가는 것을 안타깝게 느끼던 그는 두 사람 사이에 끼어 들어 싸우는 경위를 알아보았다. 그 미국 노인은 세브란스 병원에 있는 부인을 면회하려고 택시를 탔는데 잘못 계산한 한국 돈 몇 십 원 때문에 운전사와 시비가 벌어졌던 것이다. 서로 말이 안 통해 큰 소리만 내는 이 두 사람 사이에서, 그는 운전사에게 그 돈을 대신 지불하고 미국 노인에게는 같은 한국 사람으로서 정중히 사과한다고 말했다. 곤란한 처지에서 친절한 도움을 받은 미국 노인은 의사에게 명함 한 장을 달라고 했다. 그 후 얼마간의 세월이 흐른 뒤 믿어지기 어려운 유산 양도 소식이 이 의사에게 전해졌다. 그 미국인 노인은 커다란 농장을 경영하고 있었는데 임종시 변호사에게 모든 유산을 이 한국인 의사에게 양도한다는 유언을 남겼던 것이다. 의무를 초월해서 남에게 줄 때 축복의 열매는 더욱 크게 맺어지는 것이다. 그러므로 받으려는 삶의 태도에서 벗어나 가족과 사회, 국가, 나아가 세계를 위해 어떻게 하면 베풀며 살아갈까를 생각하고 실행해야 하겠다. 복음도 마찬가지이다. 우리는 온 세계에 자꾸 이 복음을 주어야 한다. 그렇게 할 때 주님께서는 우리에게 여러 가지 축복으로, 곧 후히 되어 누르고 흔들어 넘치게 안겨 주실 것이다. (조용기)

● 성경 ●

성경에 기록된 시민권 세 종류

■본 문■ 그러나 우리의 시민권은 하늘에 있는지라 거기로부터 구원하는 자 곧 주 예수 그리스도를 기다리노니 【빌 3:20】

■서 론■ 시민권이란 시민 혹은 국민의 일원으로서 가지는 여러 가지 권리를 말한다. 성경에 기록된 시민권은?

■말 씀■

Ⅰ. 이스라엘의 시민권 【엡 2:12】

성경은 '그 때에 너희는 그리스도 밖에 있었고 이스라엘 나라 밖의 사람이라 약속의 언약들에 대하여는 외인이요 세상에서 소망이 없고 하나님도 없는 자이더니' 라고 했다. 본 구절의 '나라' 는 헬라어 '폴리테이아' 로서 이는 '시민권' 이란 뜻이다. 이스라엘은 하나님께 택함을 받은 하나님의 백성이요 선민으로서 이들에게서 메시야가 났고 약속의 언약을 가진 선택된 민족이다.

참고 성구 창 12:1-3 요 4:22 롬 3:1-2 롬 9:4 신 14:2

Ⅱ. 로마의 시민권 【행 22:28】

성경은 '천부장이 대답하되 나는 돈을 많이 들여 이 시민권을 얻었노라 바울이 이르되 나는 나면서부터라 하니' 라고 했다. 바울은 로마의 시민권을 가졌기에 불법 감금이나 형벌의 법률적 보호를 받았고 가이사에게 상소할 수가 있었다. 바울의 이 특권은 세습적으로, 당시 로마의 시민권을 가졌다는 것은 상상을 초월하는 큰 권리로서 오늘날 세계 최강대국 미국의 시민권의 가치보다 더 컸다.

참고 성구 행 16:37-40, 26:32 행 22:25-29 행 9:15-16

Ⅲ. 하늘의 시민권 【빌 3:20】

성경은 '그러나 우리의 시민권은 하늘에 있는지라 거기로부터 구원하는 자 곧 주 예수 그리스도를 기다리노니' 라고 했다. 본 구절의 시민권은 헬라어 '토 폴리튜마' 인데 이는 '그 시민권' 으로서 오직 하나밖에 없는 최고의 시민권을 뜻하며 이것은 미리 준비되어 있는 것을 말한다. 성도의 영원한 시민권은 땅에 있지 않고 하늘에 있으므로 신념과 긍지를 가지고 살아야 한다.

참고 성구 엡 2:13-14 갈 3:28 고전 10:17 요 1:12 히 12:22-23

■결 론■ 이와 같이 성경 속의 시민권을 보았으니 성도는 택함을 입은 영적 이스라엘인으로 하늘의 시민권을 가졌기에 모든 이 땅의 시민권을 자랑하지 말고 바울과 같이 모든 것을 포기하고 주님만 사랑하는 자 되자.

■해설■ **시민권**

'시민권'(citizenship)이란 단어는 영어성경 ASV와 RSV에서는 행 22:28에, 빌 3:20에 사용되었다. 로마 시민권은 그로 인한 혜택과 특권 때문에 높게 평가되었는데 모욕적인 형벌은 면제되었고, 로마의 법정에서 재판받을 권리가 주어졌으며, 최고 법정으로서 가이사 앞에서 재판을 받도록 호소할 수 있는 특권도 주어졌다. 이 시민권은 출생으로 상속되었고, 개인에게 주어졌으며, 어떤 특정한 성읍이나 지역에 사는 사람들에게도 주어졌다. 영어 성경 RSV에는 '로마이오스'란 헬라어가 로마 시민으로 번역됐다. 그리스도인은 하나님 나라의 시민권을 갖고 있다. 이것을 통해 우리에게는 영광스런 축복과 그에 따르는 의무가 주어졌음을 주지하자.

■참고■ **하늘 시민권을 가진 이들의 의무들**
- 하나님께 바침 - 가이사의 것은 가이사에게, 하나님의 것은 하나님께 바침(마 22:21) • 하나님께 순종함 - 사람보다 하나님을 순종함이 마땅하다고 말함(행 5:29) • 통치자를 위해 기도함 - 임금들과 높은 지위에 있는 사람들을 위해 기도할 것은 우리의 경건과 단정과 평안한 생활 때문임(딤전 2:2) • 형제를 사랑함 - 뭇 사람을 공경하며 형제를 사랑하며 하나님을 두려워하며 왕을 공경하라(벧전 2:17) • 선을 행함 - 너희가 열심히 선을 행하면 누가 너희를 해하리요(벧전 3:13) • 바른 권세에 복종함 - 각 사람은 위의 권세에 굴복함(롬 13:1)

■예화■ **비자의 위력**

친척 중에 한 분이 엊그제 미국으로 이민을 떠났다. 취업이민이라고 한다. 오랫동안 기다렸는데 어떻게 비자를 받은 것이다. 비자를 받고 나니까 사람이 달라졌다. 20년 가까이 다니던 직장도 서슴없이 사표를 쓰고 정리를 했다. 그렇게 애지중지하던 살림들도 아낌없이 처분했다. 뿐만 아니라, 오랫동안 정들어 살아왔던 집도 미련 없이 팔아버렸다. 그래서 떠날 때까지는 이 집 식구들이 이 집 저 집 찾아다니면서 동가숙, 서가식 하는 신세가 됐다. 그러면서도 조금도 집이 없다고 서러워하지 않는 것이었다. 컴플렉스도 안 갖는 것이었다. 나는 이 분을 보면서 역시 비자의 위력이 대단하구나 하는 것을 깨닫게 되었다. 빌립보서 3장 20절에 바울은 이렇게 권면한다. "오직 우리의 시민권은 하늘에 있는지라 거기로서 구원하는 자 곧 주 예수 그리스도를 기다리노라." 옳다. 예수를 믿는 우리는 이미 하늘나라 시민권을 얻은 사람들이다. 미국 비자를 받고도 그렇게 즐거워하거늘 그 어찌 미국 시민권이 하늘나라 시민권에 비교나 될 것인가. 사랑하는 성도 여러분, 하늘나라 시민답게, 오늘도 승리합시다. (생활속의 지혜 / 고무송)

● 성경 ●

성경에 나타난 오해 세 가지

■ 본문 ■ 인자가 온 것은 섬김을 받으려 함이 아니라 도리어 섬기려 하고 자기 목숨을 많은 사람의 대속물로 주려 함이니라 【마 20:28】

■ 서론 ■ 오해란 어떤 표현을 다른 뜻으로 잘못 이해하거나 잘못 해석함 또는 어떤 사실에 대하여 그릇된 판단을 내림을 뜻하는 말이다. 성경에 나타난 오해는?

■ 말씀 ■

I. 예수의 교훈을 오해한 제자들 【마 20:28】

성경은 '인자가 온 것은 섬김을 받으려 함이 아니라 도리어 섬기려 하고 자기 목숨을 많은 사람의 대속물로 주려 함이니라' 고 했다. 주님의 좌우편에 앉기를 구하는 세베대의 아들들의 어미를 향해서 열 제자는 분통을 터뜨렸다. 이때 주님은 성육신 하신 목적이 분명한 말씀으로 인간을 섬길 뿐 아니라 자신의 목숨을 인간을 위해 대속물로 주시겠다고 언급하셨으니 이는 사랑의 극치이다.

참고 성구 마 20:20-24, 29:28-30 요 13:15 눅 22:24-27

II. 복음을 잘못 오해한 베드로 【갈 2:14】

성경은 '그러므로 나는 그들이 복음의 진리를 따라 바르게 행하지 아니함을 보고 모든 자 앞에서 게바에게 이르되 네가 유대인으로서 이방인을 따르고 유대인답게 살지 아니하면서 어찌하여 억지로 이방인을 유대인답게 살게 하려느냐 하였노라' 고 했다. 바울은 율법주의적 베드로의 외식을 책망하였는데 이로써 율법의 무용성과 오직 그리스도를 믿음으로 자유케 되는 진리를 말하고 있다.

참고 성구 갈 2:16 행 11:1-18 롬 1:17 엡 2:7 행 15:30-39

III. 성도의 구제를 오해한 예루살렘 교인들 【행 6:1】

성경은 '그 때에 제자가 더 많아졌는데 헬라파 유대인들이 자기의 과부들이 매일의 구제에 빠지므로 히브리파 사람을 원망하니' 라고 했다. 구제란 고난, 불행, 재해 등으로 어려운 지경에 빠진 사람을 돕는 행위인데, 본 구절의 구제는 헬라어 '디아코니아' 로서 이는 '봉사, 섬기는 일, 집사직' 을 뜻한다. 헬라파 유대인들이 자기의 과부들이 매일의 구제에서 빠지자 히브리파 사람을 원망했는데 이는 주 안에서 한 형제된 자로서 파벌주의는 잘못된 일이다.

참고 성구 롬 12:8 마 5:46-47 요 12:6 마 6:2-4 행 9:36

■ 결론 ■ 이와 같이 성경의 오해를 살펴보았으니 성도는 주님의 가르치심과 복음과 율법 및 구제에 대한 오해를 불식시키고 오직 사랑 안에서 한 형제자매가 되어 하나님께 영광돌리는 삶을 살자.

■해설■ 창문

나는 아파트 같은 층의 바로 건너편 집에 그 집 안주인인 듯 싶은 부인이 저녁마다 창가에 앉아 바느질을 하거나 책 읽는 모습을 늘 볼 수 있었다. 그러나 얼마 후 그 부인이 희미하게 보였다. 그 집의 창문이 더러워졌다고 생각한 나는 '저 여자는 왜 창문을 한번도 닦지 않을까'라고 늘 중얼거렸다. 그러던 어느 맑은 날, 나는 아침 대청소를 하였다. 청소가 끝나 잠깐 쉬려고 창가에 앉자 건너편 집을 바라보았는데 이때 그 부인이 너무도 똑똑히 보였다. 그때서야 지금까지 나의 방 창문이 더러워졌음을 알게 되었다. 나는 자신의 더러운 창문을 통해 깨끗한 옆집 부인의 모습을 보았던 것이다. 그 후 나는 과거에 자신의 무지라는 베일을 통하여, 나 자신의 결점이라는 안개를 통하여 남을 보거나 비평한 일들이 얼마나 많았던가를 깨닫게 되었다. 그런 뒤부터 "더러운 내 창문을 통해서 그를 보고 있는 것은 아닌가?" 반문하며 남을 판단한다.

■참고■ 성경에 나타난 각종의 오해들

- 여호수아 - 기브온 거민들의 꾀를 진실인줄로 알고 오해함(수 9:3-27)
- 이스라엘 자손 - 므낫세 반 지파와 르우벤 자손이 단을 쌓은 동기를 오해함(수 22:9-29)
- 엘리 - 실로의 제사장으로 한나의 기도 모습을 술 취한 것으로 오해함(삼상 1:13-15)
- 악인 - 하나님의 행사를 자기의 힘 때문인 줄로 오해함(신 32:27)
- 사람들 - 성경도 하나님의 능력도 알지 못하여 오해함(막 12:24)
- 세리 - 세금을 징수하면서 예수께서 세금을 내시지 않는다고 오해함(마 17:27)

■예화■ 이시이 쥬지와 소경

일본 명치시대에 유명한 크리스천이요, 사회사업가였던 이시이 쥬지가 있었다. 그의 집에 하루는 소경 한 사람이 찾아왔다. 소경은 "선생님, 저도 종교를 깨우쳐 밝고 기쁜 생활을 하고 싶은데 어떻게 하면 하나님을 알 수 있겠습니까?"라고 물었다. 이 질문을 들은 이시이 선생은 "당신은 점자성경을 읽을 수 있습니까?"라고 반문했다. 그러나 소경은 아직 그런 준비가 되어 있지 않았으므로 "볼 줄 모릅니다"라고 대답했다. 다시 이시이 선생은 묻기를 "그러면 당신은 무엇을 할 수 있습니까?"라고 질문했다. 소경은 "나는 안마를 할 줄 압니다"라고 대답했다. 그 때에 이시이 선생은 소경에게 "그러면 이제부터 그 안마로 버는 돈을 액수는 조금이라도 좋으니 관계치 말고 꼭 하루에 한 번씩 당신과 같은 소경 가운데 당신보다 더 불쌍한 사람을 찾아서 도움을 주어 보세요"라고 가르쳐 주었다. 이시이 선생의 가르침을 받은 소경은 얼굴을 찌푸리고 그냥 돌아가고 말았다. 아마도 소경은 따로 신학적 방법을 가르쳐 주지 않고 평범한 사랑의 실천을 가르쳐 주는 이시이 선생의 권면에 실망하고 돌아갔던 것 같다. 그러나 소경은 3주일이 지나 이시이 선생을 다시 찾아왔다. "선생님께서 말씀하신 대로 실천하였더니 나같은 소경도 하나님을 분명히 볼 수가 있었습니다. 선생님, 하나님은 분명히 계십니다." 하고 소경은 고백했다고 한다. 이때 소경의 얼굴은 해처럼 빛났으며 이후 소경은 진실한 크리스천이 되었다고 한다.

●성경●
성경에 나타난 표적의 의미 세 가지

■본 문■ 그가 할례의 표를 받은 것은 무할례시에 믿음으로 된 의를 인친 것이니 이는 무할례자로서 믿는 모든 자의 조상이 되어 그들도 의로 여기심을 얻게 하려 하심이라 【롬 4:11】

■서 론■ 표적이란 초자연적인 능력이 외부에 드러나는 일로서 진리임이 증거 또는 묵시되는 일을 말하는데 표징이라고도 한다. 성경에 나타난 표적이 가지는 의미는?

■말 씀■

I. 할례 / 언약의 표적 【롬 4:11】

성경은 '그가 할례의 표를 받은 것은 무할례시에 믿음으로 된 의를 인친 것이니 이는 무할례자로서 믿는 모든 자의 조상이 되어 그들도 의로 여기심을 얻게 하려 하심이라' 고 했다. 할례는 남성의 음경의 포피를 절개 또는 일부를 떼어내는 의식으로 유대인의 할례의 역사는 아브라함 때에 시작되었다. 할례는 계약적 관계의 표로서 하나님과 그 백성과의 사이에 맺은 언약의 표적이다.

참고 성구 창 15:8-11 출 17:9-14 벧전 3:21 롬 6:3 골 2:11 레 12:3

II. 어린 양의 피 / 구원의 표적 【벧전 1:18,19】

성경은 '너희가 알거니와 너희 조상이 물려 준 헛된 행실에서 대속함을 받은 것은 은이나 금 같이 없어질 것으로 된 것이 아니요 오직 흠 없고 점 없는 어린 양 같은 그리스도의 보배로운 피로 된 것이니라' 고 했다. 예수 그리스도께서는 죄의 노예가 되었던 우리를 해방시키기 위해 자신의 보배로운 피를 값으로 지불하시고 우리를 죄에서 속량하셨다. 유월절 어린 양의 피는 구원의 표적이요 주님 예수의 사역의 예표가 된다.

참고 성구 출 12:5,13 요 1:29 마 26:28 히 9:14,22

III. 방언 / 불신자를 위한 표적 【고전 14:22】

성경은 '그러므로 방언은 믿는 자들을 위하지 아니하고 믿지 아니하는 자들을 위하는 표적이나 예언은 믿지 아니하는 자들을 위하지 않고 믿는 자들을 위함이니라' 고 했다. 방언이란 성경에서는 습득한 일이 없는 언어를 무아의 상태에서 말하는 현상을 일컫는 말이다. 방언은 감정적인 은사로서 믿지 않는 자에게 이적으로서 충격과 감동을 줄 수 있으나 자기 도취에 빠지기 쉬우므로 교회의 질서를 지키고 신자에게 거침이 되지 않도록 경계되고 있다.

참고 성구 행 2:5-13 행 2:6 고전 14:2,12, 23-25

■결 론■ 이와 같이 성경에 나타난 표적의 의미를 보았으니 성도는 영적 할례를 받고 보혈로써 구원을 얻은 하나님의 백성으로서 하늘의 언어를 말하여 내적으로 믿는 자의 표적을 가진 자답게 하나님께 영광 돌리며 사는 자 되자.

■해설■ **할례**

'할례'(circumcision)란 남자 성기의 표피를 제거하는 것으로 이것은 이방인들의 사회에서도 수행되었지만 이스라엘 사회에 있어서는 특별한 의미를 지니고 있다. 즉 이것은 하나님께서 아브라함과 맺으신 언약에 대한 상징으로서(창 17:11) 언약적인 특성이 있다. 그런데 엄격히 지키도록 명령된 이 외적 의식(창 17:12, 출 4:24, 수 5:2)은 하나님께서 이루신 내적 변화에 대한 상징이어야 한다(신 10:16). 신약에는 구약에 약속된 할례 언약이 완성되어 있다. 할례란 믿음으로 의롭게 되는 것을 상징한다(롬 4:10). 그리고 이 할례는 그리스도의 강림으로 죄인들이 의롭게 됨으로 그 가치를 잃어버리게 되었다(갈 5:6). 따라서 할례를 받도록 강요되지 않고(행 15:2-21), "그리스도의 할례" 안에서 세례받은 모든 사람은 육의 몸을 벗어버렸다(골 2:11-12).

■참고■ **표적의 목적**

- 예언의 입증 - 선지자나 꿈꾸는 자의 쬠(신 13:1), 홉니와 비느하스가 한 날에 죽음(삼상 2:34), 여로보암의 손이 마름(왕상 13:3-5) • 믿음의 확증 - 기드온이 여호와의 함께 하심의 표징을 원함(삿 6:17) • 하나님 말씀의 확증 - 앗수르의 잔인성으로 심판을 받을 것의 징조(왕하 19:28-29, 히 2:4) • 축복의 기억 - 하나님의 축복을 잊지 않게 하기 위한 여호수아의 세운 큰 돌과 상수리나무 아래의 증거(수 24:14-26) • 약속의 보증 - 히스기야의 치유의 보증을 위해 이사야의 간구로 아하스의 일영표 위의 해 그림자가 십 도 물러나게 됨(왕하 20:5, 9-11)

■예화■ **믿음의 눈으로 보면**

기독교에 대해 별로 탐탁지 않게 여기는 담임선생님이 있었다. 그는 어느 날 자기 반의 교회에 열심인 한 학생을 일으켜 세웠다. "기독교인들은 종종 이스라엘 백성이 홍해를 가르고 건넜다고 하더라. 그러나 내가 어느 책을 보니 사실은 그것이 아니라 백성들이 발목밖에 차지 않는 얕은 물을 건넜다는 거야. 너는 어떻게 생각하니?" 선생님의 비아냥을 듣고 있던 그 학생은 큰소리로 외쳤다. "그렇다면 선생님, 하나님의 더 큰 기적을 찬양해야겠습니다." 이 뜻밖의 반응에 선생님은 의아해서 무슨 말이냐고 되물었다. 학생은 이렇게 말했다. "생각해 보십시오. 발목밖에 안 차는 물에 뒤쫓아오던 애굽 군대들이 다 빠져죽었다니 놀라운 일 아닙니까?" 괜찮은 얘기이다. 우리는 이 대화에서 신앙과 불신앙의 엄청난 간격을 보게 된다. 믿음의 눈, 은총의 눈으로 보면 무엇이든 받아들일 수 있다. 그러나 애써 안 믿기로 작정한 사람의 눈에는 무엇이든 걸림돌이 된다.(어떻게 믿을까요 / 이진우)

● 성경 ●

성경에 지적된 잘못된 상행위 세 가지

■본 문■ 들으라 너희 중에 말하기를 오늘이나 내일이나 우리가 어떤 도시에 가서 거기서 일 년을 머물며 장사하여 이익을 보리라 하는 자들아 [약 4:13]

■서 론■ 상행위란 매매, 교환, 운수, 임대, 중개 등 영리를 목적으로 하는 행위를 가리킨다. 성경에는 잘못된 상행위를 지적하고 있는데 이는?

■말 씀■

Ⅰ. 안식일의 상행위 [느 13:15]

성경은 '그 때에 내가 본즉 유다에서 어떤 사람이 안식일에 술틀을 밟고 곡식단을 나귀에 실어 운반하며 포도주와 포도와 무화과와 여러 가지 짐을 지고 안식일에 예루살렘에 들어와서 음식물을 팔기로 그 날에 내가 경계하였고' 라 했다. 안식일은 하나님 앞에서의 자기 삶의 좌표를 다시 돌아보는 날로서 영혼의 리듬을 되찾는 중요한 자아 회복의 기회이다.

참고 성구 느 13:17-18 출 20:8-11 렘 17:27 창 2:3

Ⅱ. 성전에서의 상행위 [요 2:16]

성경은 '비둘기 파는 사람들에게 이르시되 이것을 여기서 가져가라 내 아버지의 집으로 장사하는 집을 만들지 말라 하시니' 라 했다. 주님의 분노는 하나님께 대한 제사(예배)의 참된 정신이 흐려졌음에 있다. 하나님께 예배를 드리는 곳인 신성한 성전에서의 예배가 인간의 배금주의에 의해 변질되는 것을 참을 수 없으심으로 과격하게 그들을 성전에서 내쫓으셨다.

참고 성구 시 27:4 레 19:30 사 6:1-5 마 21:13 눅 2:37-38

Ⅲ. 하나님을 무시한 상행위 [약 4:13]

성경은 '들으라 너희 중에 말하기를 오늘이나 내일이나 우리가 어떤 도시에 가서 거기서 일 년을 머물며 장사하여 이익을 보리라 하는 자들아' 라고 했다. 오늘 많은 인생들은 돈을 벌려는 욕심으로 가득 차 있으며 황금만능주의에 떨어져 돈을 하나님으로 섬기고 있다. 성도는 하나님의 뜻과는 상관없이 자기 마음먹은 대로 다 된다고 생각하고 활동하는 교만한 생활을 경계하자.

참고 성구 창 11:4 눅 12:18 벧후 2:10 창 28:20 눅 12:20-21

■결 론■ 이와 같이 성경에 나타난 잘못된 상행위를 알았으니 성도는 주일을 성수하고 주의 전에서 예배를 드리는 참된 신도로서 하나님의 뜻이 이루어지기를 바라는 뜻으로 장사를 하여 이익을 남겨서 헌신하는 자 되자.

■해설■ **주일과 보석상**
보불전쟁 후 부유한 한 독일 장교가 파리에 머물고 있었다. 어느 일요일 아침 한 보석상을 찾아가 보석을 좀 보자고 하였다. 그러나 상점주인은 주일이니 영업을 않는다며 내일 와달라고 했다. 이 장교는 월요일 파리를 떠나야 했으므로 돈을 더 주겠으니 한 번만 보자고 간청했으나 계명을 따라 주일을 거룩하게 지내는 것이 더 중대한 것이므로 장교의 부탁을 들어줄 수 없다고 거절했다. 장교는 화가 치밀었으나 그의 말하는 것으로 보아 사업에 있어서도 확실히 신뢰할 수 있는 사람이라 생각하여 출발을 연기하고서 다음날 보석을 사가면서 많은 친구에게도 그 보석상을 소개해 주었다.

■참고■ **가룟 유다의 잘못된 상행위**
• 가룟 유다는 팔아서는 안 될 주님을 팔았으니 잘못된 장사이다(마 26:14-15). 예수는 생명의 그리스도인데 그를 얼마 주려느냐 했으니 실로 어리석은 장사임 • 가룟 유다는 은을 주고 주를 샀어야 할 터인데 주를 팔고 은을 샀으니 잘못된 장사이다(마 26:15-16) • 가룟 유다는 팔면 자기까지 결단 나는 장사를 했으니 잘못된 장사이다 (마 26:16, 27:4-5). 끝내 그는 후회하고 누가에 의하면 '이 사람이 불의의 삯으로 밭을 사고 후에 몸이 곤두박질하여 배가 터져 창자가 다 흘러나온지라' (행 1:18)는 기사를 전한다.

■예화■ **무엇하러 오셨습니까?**
스페인이 낳은 일대의 소설가요, 극작가이며, 시인이기도 한 세르반테스의 불후의 걸작으로 〈돈키호테〉라는 풍자 소설이 있다. 작품 속에 나타난 주인공 돈키호테는 현실을 무시하고 자기의 정의감에 사로잡혀 무분별한 행동을 하거나, 과대망상적인 공상을 실현하려는 행동가로 만인의 웃음을 산다. 셰익스피어의 햄릿과 아울러 인간의 유형을 둘로 나눌 때 비유적으로 곧잘 쓰이는 인물이 돈키호테이기도 하다. 보편화된 정의가 아닌 자기 정의 실현은 목적의식을 상실해 버려 생각 없는 행동가로 전락해 버린다. 이 작품 속의 주인공처럼 목적의식을 잃어버린 사람들이 많이 있다. 삶의 목적을 잃어버리고 키가 없는 배처럼 물결이 흐르는 대로 흘러가는 사람들이다. 이런 무리가 교회 안으로 흘러 들어왔다. 신성해야 하며 신령한 진리가 전파되어야 하는데, 물결에 흘러 들어온 무리가 가득하여 진리의 참된 모습 대신 선거 때는 국회의원 입후보자의 표밭이 되기도 하며, 상품을 판매하기 위한 장소가 되기도 한다. 지도자가 되기 위해 불꽃 튀는 경쟁장이 될 때도 있다. 유월절이 가까운 때 예수님은 예루살렘 성전에 올라가셨다. 성전에는 물건을 바꾸는 사람들과 장사하는 사람들로 붐비고 있었다. 성전을, 시대의 돈키호테들이 자기 정의를 실현하는 장소로 만드는 것을 묵인할 수 없었다. 노끈으로 채찍을 만들어 성전 밖으로 쫓아내시면서 "내 집은 기도하는 집이라 일컬음을 받으리라 하였거늘 너희는 강도의 소굴을 만드는도다" (마 21:13) 하셨다.

● 성경 ●

성경을 오용한 악한 세 무리

■ 본문 ■ … 그런즉 그들이 다 그를 취하였으니 부활 때에 일곱 중의 누구의 아내가 되리이까 【마 22:23-28】

■ 서론 ■ 부흥사 D.L. 무디는 "성경은 정보를 위한 책이 아니라 변화를 위한 책이다"라고 했다. 하나님의 말씀인 성경을 오용한 악한 무리들은?

■ 말씀 ■

I. 마귀 【마 4:6】

성경은 '이르되 네가 만일 하나님의 아들이어든 뛰어내리라… 그가 너를 위하여 그의 사자들을 명하시리니 그들이 손으로 너를 받들어 발이 돌에 부딪치지 않게 하리로다 하였느니라'고 했다. 마귀의 두 번째 시험인 본절은 주님께서 성경 말씀으로 대답하시므로 마귀도 성경 말씀으로 시험하였다. 사탄은 주님의 메시야로서 희생의 길을 걸어가기보다 세상 영웅으로 영광을 누리라고 유혹하고 있다.

참고 성구 마 4:6 시 91;11-12 창 3:1 고후 2:11

II. 외식하는 자들 【마 22:29,30】

성경은 '예수께서 대답하여 이르시되 너희가 성경도, 하나님의 능력도 알지 못하는 고로 오해하였도다 부활 때에는 장가도 아니 가고 시집도 아니 가고 하늘에 있는 천사들과 같으니라'고 했다. 본 구절은 유대 종교 지도자들의 두 번째 질문으로 사두개인들은 부활의 세계가 하나님의 능력으로 완전히 새롭게 되는 세계인 줄 모르고 현세의 연장으로 생각했다. 부활체(영체)는 전혀 새로운 몸이다.

참고 성구 마 22:23-28 빌 3:21 신 25:5-6 마 22:32 계 22:7 고전 15:44

III. 거짓 교사들 【고후 2:17】

성경은 '우리는 수많은 사람들처럼 하나님의 말씀을 혼잡하게 하지 아니하고 곧 순전함으로 하나님께 받은 것 같이 하나님 앞에서와 그리스도 안에서 말하노라'고 했다. 돈을 취하기 위해 고린도 교회에 들어온 거짓 교사들은 하나님의 말씀에 인간적 요소들, 곧 유대의 율법주의와 헬라의 철학을 섞음으로써 복음을 왜곡시켰다. 이 둘은 부정적인 장사꾼이 포도주에 물을 섞듯이 하였다.

참고 성구 딛 1:11 딤후 2:17-18 벧후 3:4,16 고후 4:2

■ 결론 ■ 이와 같이 성경을 오용한 자들을 보았으니 성도는 오직 하나님의 말씀을 일점일획 가감없이 믿고 따르며 생명의 양식으로 삼아 성숙한 신앙인이 되자.

■해설■ **성서해석 문제점**
두 기독교 신자가 같은 좌석에 앉아서 기차여행을 하였다. 점심시간이 되자 한사람이 두 개의 샌드위치를 꺼내서 하나를 맛있게 먹었다. 이것을 본 옆사람이 시장기가 동하여 군침을 삼키며 보자 그 사람을 힐끗 보고서는 남은 하나를 마저 먹기 시작했다. 이를 바라 본 옆사람이 감정을 억누르며 말했다. "나는 최근 주님의 계명에 조용히 사로잡힌 적이 있습니다. 당신은 '네 이웃을 네 몸같이 사랑하라' 는 말씀을 아십니까?" 그러자 샌드위치를 다 먹고서 그 사람은 이렇게 말했다. "나는 또 다른 성경 말씀을 잘 알고 있습니다. '네 이웃의 것을 탐내지 말라' 는 말씀이지요." 성경 말씀이 이렇게 오용되어서는 안 될 것이다.

■참고■ **하나님의 말씀에 대한 하와의 죄악**
• 삭제 - 하나님의 명령인 "동산 각종 나무의 열매는 네가 임의로 먹되" 를 "동산 나무의 열매를 '우리' 가 먹을 수 있으나" 로 말하여 "나는" 을 빼었다(창 2:16, 3:2) • 첨가 - "선악을 알게 하는 나무의 열매는 먹지 말라 네가 먹는 날에는" 을 "동산 중앙에 있는 나무의 열매는 하나님 말씀에 너희는 먹지도 말고 '만지지도' 말라" 고 하여 더하였다(창 2:17, 3:3) • 변경 - "반드시 죽으리라" 는 말씀을 "죽을까 하노라" 로 뱀에게 말한 하와의 대답은(창 2:17, 3:3) 오늘날에도 같은 일을 반복하는 우리의 모습이다.

■예화■ **칭찬과 위로의 말**
어느 목사님 사모님이 내성적이고 말이 없어서 다른 사람으로부터 심방 가면 가만히 앉아 있지 말고 그 집에 대해 무엇이든지 칭찬을 해 주는 것으로 말을 시작하라고 권고를 받았다. 그래서 그 사모님이 심방 가서 눈에 띄는 것 중에 마음에 들기만 하면 칭찬을 했다. 그러던 중에 한 집에 갔는데 너무 가난하여 아무것도 칭찬할 것이 없었다. 그런데 그 집에서 가장 눈에 띄는 것 하나가 예쁘게 수놓은 책상이었다. 그 사모님은 수를 참 잘 놓았다고 칭찬을 해 주었다. 그 날 저녁이었다. 그 집에서 선물이 왔는데 그 책상보를 잘 개고 다려서 포장을 했다. 그러니 사모님 마음이 얼마나 뜨거웠겠는가? 거기까지는 아름다운 이야기였다. 그런데 소문이 나기를 목사 사모가 얼마나 탐심이 많은지 그 가난한 집의 책상보를 빼앗아 갔다는 것이다. 이로 인해 사모님이 정신적인 상처를 입어 거동을 못하고 말도 잘 못하게 되었다. 그렇게 말한 사람들은 사모님을 정신질환에 걸리게 하기 위해서 그렇게 말한 것이 아니다. 그러나 사건의 내용을 모르는 채 얼마든지 남의 가슴을 찢어 놓을 수 있다는 것이다. 우리는 형제의 아픈 부분을 모를 수 있다. 그래서 이웃을 향해서 이야기하는 것, 특히 교회 안에서 성도들간의 대화에 조심해야 한다. 더욱이 비방은 하나님의 마음을 아프게 하는 것이다. 비방은 율법을 어기는 것이요, 교회의 화목을 깨는 것이다. 칭찬과 위로의 말을 나누자.
(야고보서 강해 / 홍정길)

● 성경 ●

성경을 잘못 대하는 자세 세 가지

■ 본 문 ■ 만일 누구든지 이 두루마리의 예언의 말씀에서 제하여 버리면 하나님이 이 두루마리에 기록된 생명나무와 및 거룩한 성에 참여함을 제하여 버리시리라 【계 22:19】

■ 서 론 ■ 헬렌 켈러는 "성경을 아는 것의 첫 준비는 성경의 저자를 사랑하는 것이다"라고 했다. 성경을 잘못 대하는 자세는 무엇인가?

■ 말 씀 ■

I. 성경을 가감하는 것 【신 4:2】

성경은 '내가 너희에게 명령하는 말을 너희는 가감하지 말고 내가 너희에게 내리는 너희 하나님 여호와의 명령을 지키라'고 했다. 가감이란 더하거나 뺌, 보태거나 덞을 말하는데, 하나님의 모든 말씀은 그분의 완전성과 거룩성 및 전지하심에 근거하고 있으므로 결코 인간이 인위적으로 덧붙이거나 삭제해서는 안 된다. 이것은 신구약 시대를 막론하고 일관되게 흐르는 성경 자체의 성경관이다.

참고 성구 창 3:1, 2:16 잠 30:6 계 22:19 전 3:14 마 5:18

II. 성경을 혼잡케 하는 것 【고후 4:2】

성경은 '이에 숨은 부끄러움의 일을 버리고 속임으로 행하지 아니하며 하나님의 말씀을 혼잡하게 하지 아니하고 오직 진리를 나타냄으로 하나님 앞에서 각 사람의 양심에 대하여 스스로 추천하노라'고 했다. 혼잡이란 뒤섞여서 분잡함을 뜻한다. 본 구절의 혼잡하게는 헬라어 '돌룬테스'로서 이는 '불순물을 섞다'는 뜻으로 인간의 생각이나 계획에 의해 복음의 본질이 왜곡되는 것을 뜻한다.

참고 성구 고후 2:17 마 22:29 고전 14:33 고후 5:11

III. 성경을 억지로 푸는 것 【벧후 3:16】

성경은 '또 그 모든 편지에도 이런 일에 관하여 말하였으되 그 중에 알기 어려운 것이 더러 있으니 무식한 자들과 굳세지 못한 자들이 다른 성경과 같이 그것도 억지로 풀다가 스스로 멸망에 이르느니라'고 했다. 억지란 잘되지 않을 일을 무리하게 해내려는 고집을 말하는 것으로 이는 니골라당과 같이 자신의 잘못된 사상을 정당화하기 위해 성경을 왜곡되게 해석함을 뜻한다. 이들의 결국은 멸망이다.

참고 성구 시 91:11-12 마 4:7 신 6:16 고전 14:37-38 계 2:6 벧후 2:1-3

■ 결 론 ■ 이와 같이 성경을 잘못 대하는 자세를 보았으니 성도는 성경을 가감하거나 혼잡케 하거나 억지로 푸는 일을 삼가고 오직 말씀을 하나님의 말씀으로 알아 아멘으로 받아들이는 자 되자.

■해설■ **성경 오기**

결혼 피로연이 막 시작되자 사회자가 결혼을 축하하는 편지와 축전을 낭독하기 시작했다. 많은 축전 중 하나는 신부의 친구로부터 보내온 것인데 비용을 절약하기 위해서 성경의 장절만 적어 보냈다. 그 성경구절은 요한 1서 4장 18절의 "사랑에는 두려움이 없습니다"였다. 그러나 전신국의 타자수가 그만 요한 1서의 "1"자를 빠뜨려 버렸다. 사회자는 요한복음 4장 18절의 "너에게는 남편이 다섯이나 있었고 지금 함께 살고 있는 남자도 사실은 네 남편이 아니니 너는 바른 대로 말하여라"를 낭독했다. 모든 축하객은 놀라 혼비백산하였다. 우스갯소리 같으나 성경을 잘못 대하면 이런 경우도 생긴다는 것을 주의하자.

■참고■ **성도들이 가져야 할 성경에의 태도**

• 말씀에 순종함 - 너희는 도를 행하는 자가 되어(약 1:22) • 자녀를 지도함 - 그것을 너희 자녀에게 가르치며(신 11:19) • 말씀을 사랑함 - 내가 주의 법을 어찌 그리 사랑하는지요(시 119:97) • 온유하게 받음 - 너희 영혼을 구원할 바 마음에 심긴 도를 온유함으로 받으라(약 1:21) • 말씀을 즐거워함 - 오직 여호와의 율법을 즐거워하며(시 1:2) • 말씀을 날마다 상고함 - 베뢰아 사람은 신사적이어서 간절한 마음으로 말씀을 받고 상고하므로(행 17:11) • 말씀을 풍성히 거하게 함 - 그리스도의 말씀이 풍성히 거하여(골 3:16, 시 119:11)

■예화■ **읽어본 후에**

전에 내가 프린스턴 신학교에 다닐 때 구약성서교수 가운데 딕 윌슨 박사라는 유명한 구약의 권위자가 있었다. 이 분은 밤 10시부터 3시까지 공부하는 습관이 있었다. 그렇게 40여 년 동안 공부했다. 내가 갔을 때, 나이가 많아서 학교에도 별로 나오지 않고 자기 서재의 안락 의자에 흔들흔들하면서 앉아 있으면 공부하는 사람들이 서재로 따라 들어가서 공부했다. 그런 선생인데, 한번은 프린스턴 대학의 젊은 사람들이 이 선생을 찾아갔다. "윌슨 박사님, 우리는 박사님께 성경에 대해서 의심나는 것이 몇 가지 있어서 좀 여쭤보러 왔습니다." "아, 그래 무슨 의심이 있는가?" 그러면서 넌지시 이걸 물어 봤다. "그런데 자네들 성경에 의심이 난다고 하는데 성경을 한두 번쯤 읽어보았나?" 하고 물어 보았다. "성경을 볼 시간이 있나요, 성경을 보지 못했습니다." "한번은 보았나?" "한 번도 못 봤어요." 그러니까 윌슨 박사가 눈을 부릅뜨면서 "이 사람들아 내가 머리는 남들보다 못할지 모르지만 나는 40년 동안 밤 10시부터 3시까지 성경을 공부했는데, 내가 공부한 결과는 믿을 만하네. 자네들은 한 번도 안 보고 와서는 의심난다고 질문하니 말이 되는가? 가서 두어 번 읽고 그 다음에 와서 물으라고. 그 다음엔 토론이 될 거야."라고 했다. 가만히 보면, 성경이 의심난다는 사람들 대개 성경을 읽지 않는 사람들이다. 우선 성경을 읽어보고 그대로 해 보자. 그러면 성경이 옳은 것을 분명히 알게 될 것이다. (한경직)

● 성경 ●

성경의 특징 세 가지

■ 본 문 ■ 하나님의 말씀은 살아 있고 활력이 있어 좌우에 날선 어떤 검보다도 예리하여 혼과 영과 및 관절과 골수를 찔러 쪼개기까지 하며 또 마음의 생각과 뜻을 판단하나니 [히 4:12]

■ 서 론 ■ 종교개혁자 마틴 루터는 "성경은 살아 있다. 그래서 나에게 말하고 발로써 나를 쫓아오며 손으로 나를 붙잡는다"고 했다. 하나님의 말씀인 성경의 특징은?

■ 말 씀 ■

I. 성경은 모든 말씀이 진리임이 특징이다 [딤후 3:15]

성경은 '또 어려서부터 성경을 알았나니 성경은 능히 너로 하여금 그리스도 예수 안에 있는 믿음으로 말미암아 구원에 이르는 지혜가 있게 하느니라' 고 했다. 성경은 인간에 대한 하나님의 자기 희생적 아가페 사랑이 극명하게 부각된 특별 계시로, 인간에게 구원과 선한 삶의 길을 제시하며 인간의 심성과 인격을 근본적으로 변화시키는 유일한 책이다.

참고 성구 요 5:39 요 20:31 시 119:130 마 7:24

II. 성경은 하나님의 감동으로 되어짐이 특징이다 [딤후 3:16]

성경은 '모든 성경은 하나님의 감동으로 된 것으로 교훈과 책망과 바르게 함과 의로 교육하기에 유익하니라' 고 했다. 본 구절은 베드로후서 1장 21절과 함께 성경의 영감설을 뒷받침해 주는 구절로서 성경 말씀은 근본적으로 오류가 없으며 인간에게 구원과 참된 생명의 길을 제시한다. 성경은 하나님의 성령의 감동으로 기록되었으므로 사람을 가르치고 교훈하는 데 최고의 내용이고 최고의 방법인 동시에 최고의 목적이 된다.

참고 성구 벧후 1:21 계 1:1 롬 15:4 벧후 1:20 살전 1:6

III. 성경은 믿는 자 속에서 역사함이 특징이다 [살전 2:13]

성경은 '이러므로 우리가 하나님께 끊임없이 감사함은 너희가… 하나님의 말씀을 받을 때에 사람의 말로 받지 아니하고 하나님의 말씀으로 받음이니 진실로 그러하도다 이 말씀이 또한 너희 믿는 자 가운데서 역사하느니라' 고 했다. 본 구절의 역사하느니라는 헬라어 '에네르게이타이' 로서 이는 '에네르게오' 곧 '역사한다, 행동한다' 의 현재 중간태로서 말씀 스스로 역사하며 움직이는 것을 말한다.

참고 성구 렘 23:29 행 19:20, 2:37 눅 24:32 롬 1:16 히 4:12 눅 8:50

■ 결 론 ■ 이와 같이 성경의 특징을 알았으니 성도는 성경 말씀을 진리이며 하나님의 감동으로 되어 믿는 자 속에서 역사함을 알고 성경이 자신을 비추는 거울이 되도록 하자.

■해설■ **성경**

영어로 'bible'(성경)이란 말은 헬라어 '비블리온'(책)에서 왔다. 더 정확하게 비블리온은 파피루스나 낱장(byblus) 두루마리였다(고대 세계에서 널리 사용되었던 갈대와 같은 식물로 이것의 속껍질을 말려 필기재료로 만들었음). 그러나 오늘날 우리가 사용하는 '성경'이란 말은 헬라어 비블리온보다 훨씬 더 깊은 의미의 뜻을 내포하고 있다. 비블리온이란 말이 다소 중성적인데 비하여 - 이것은 마술에 관한 책(행 19:19), 혹은 신성한 책은 물론 이혼증서(막 10:4)를 가리키는 데도 사용됨 - 성경(Bible)이란 말은 '탁월한 책'(the Book par excellence), 곧 하나님의 계시에 대한 인정된 기록에 관련된다.

■참고■ **성경을 지칭하는 여러 명칭들**

• 선지자들의 글 - 이에 모세와 및 모든 선지자의 글로 시작하여 모든 성경에 쓴 바 자기에 관한 것을(눅 24:27, 롬 16:26) • 진리의 말씀 - 자기의 뜻을 좇아 진리의 말씀으로 우리를 낳으셨느니라(약 1:18) • 성령의 검 - 성령의 검 곧 하나님의 말씀을 가지라(엡 6:17) • 하나님의 말씀 - 우선은 그들이 하나님의 말씀을 맡았음이니라(롬 3:2, 히 4:12) • 도 - 능히 너희 영혼을 구원할 바 마음에 심긴 도를 온유함으로 받으라 너희는 도를 행하는 자가 되고(약 1:21-23)

■예화■ **스탠다드 오일회사 이야기**

스탠다드 오일(Standard Oil) 회사라고 하면 세계적으로 우수한 기름회사로 이집트에서 기름을 퍼내고 있다. 그런데 어떻게 해서 미국의 석유회사가 이집트에서 석유를 퍼내게 되었는가 하는 것은 잘 알려지지 않았다. 스탠다드 오일 회사의 중역 가운데 신앙이 돈독한 사람이 하나 있었다. 그가 출애굽기 제2장을 읽고 있는데 "레위 가족 중 한 사람이 가서 레위 여자에게 장가 들어 그 여자가 임신하여 아들을 낳아 그 잘 생긴 것을 보고 석 달을 숨겼더니 더 숨길 수 없이 되매 그를 위하여 갈 상자를 가져다가 역청과 나무 진을 칠하고 아이를 거기 담아 나일 강가 갈대 사이에 두고."(출 2:1-3)라고 한 구절을 읽게 되었다. 이 성경 구절을 읽는 동안 그의 머리에는 무엇인가 번갯불처럼 지나가는 것이 있었다. 역청이라고 하는 것이다. 역청이라고 하는 것은 영어로 피치(Pitch)라고 하는 것인데 피치는 바로 석유인 것이다. 모세의 어머니가 역청을 구할 수 있었다면 바로 그곳에 기름이 날 것이 틀림없다고 판단한 그는 찰스 횟샤트라고 하는 지질학자를 이집트로 보내 현지를 답사하게 했다. 아닌게 아니라 모세의 어머니가 모세를 갈상자에 담아 떠내려 보냈다고 하는 바로 그곳에서 커다란 유전을 발견하게 되었던 것이다. 성경 말씀은 하나님의 말씀이다. 그런데 하나님의 말씀을 상고하는 가운데 영적인 능력만 체험하는 것이 아니라 인격적인 변화가 오는 것은 물론이요, 이렇듯 물질적 축복을 찾게 되는 경우도 있는 것이다. (29마르크 / 선윤경 외)

● 성경 ●

성경의 특징이 잘 나타난 세 군데

■본문■ 모든 성경은 하나님의 감동으로 된 것으로 교훈과 책망과 바르게 함과 의로 교육하기에 유익하니 【딤후 3:16】

■서론■ "성경은 사람에게 완전한 인생을 지도해 주는 인도자이다. 그것은 영적 식물의 근원이요 선량한 생활로 인도하는 영감이다"라고 에드거 후버는 말했다. 성경의 특징을 잘 나타내주는 것은 무엇인가?

■말씀■

I. 성경은 하나님의 계시가 기록되었다 【히 1:1,2】

성경은 '옛적에 선지자들을 통하여 여러 부분과 여러 모양으로 우리 조상들에게 말씀하신 하나님이 이 모든 날 마지막에는 아들을 통하여 우리에게 말씀하셨으니…'라고 했다. 구약시대에는 하나님께서 많은 선지자들을 통하여 계시를 주셨는데 이것은 단편적이며 불완전한 것이었다. 그러나 이것은 본질상 신약의 계시와 동일하며 그 안에는 그리스도가 예표적 그림자의 형태로 남아 있다. 그러나 신약의 계시는 하나님의 아들 예수를 통해 명확하게 주어졌다.

　　참고 성구 요 14:24 벧후 3:2 암 3:7 마 4:1-10

II. 성경은 성령의 감동으로 기록되었다 【벧후 1:21】

성경은 '예언은 언제든지 사람의 뜻으로 낸 것이 아니요 오직 성령의 감동하심을 받은 사람들이 하나님께 받아 말한 것임이라'고 했다. 본 구절의 성령의 감동으로는 헬라어 '휘포 프뉴마토스 하기우' (by the Holy Spirit)로서 이는 '성령에 의하여, 성령으로, 성령으로부터, 성령의 지배 아래서'인데 이것은 성경의 예언은 성령의 의지와 지배와 목적에 매인 자들이 성령에 의하여 하나님께 받아 기록했다는 뜻이다.

　　참고 성구 딤후 3:16 계1:1 롬 15:4 요 5:39 벧후 1:20

III. 성경은 사람의 구원을 위해 기록되었다 【요 20:31】

성경은 '오직 이것을 기록함은 너희로 예수께서 하나님의 아들 그리스도이심을 믿게 하려 함이요 또 너희로 믿고 그 이름을 힘입어 생명을 얻게 하려 함이니라'고 했다. 요한은 성경을 기록한 목적을 밝혔는데 이는 예수께서 하나님의 아들이신 그리스도시며, 이 그리스도를 믿게 하려고 기록하였고, 그리스도를 통하여 생명을 얻게 하려 한다고 했다.

　　참고 성구 요일 5:13 딤후 3:15 딤전 2:4 요 17:3 딛 2:12

■결론■ 이와 같이 성경의 특징을 잘 알았으니 성도는 성경은 하나님의 계시로서 성령의 감동을 입은 자들이 사람의 구원을 위해 기록한 것임을 알아 성경에서 구원의 지혜를 얻도록 하자.

■해설■ 성경

영어 "Bible"(성경)은 헬라어 '비블리온'(책)에서 왔다. 성경이란 말의 의미가 본래 교회적인 것이긴 하지만 이것의 어원들은 구약에로 거슬러 올라간다. 다니엘 9:2(70인역)의 '타 비블리아'는 예언서를 가리킨다. 이런 용법이 기독교 교회로 들어 5세기 초경부터 우리가 현재 알고 있는 전(全)정경을 가리키는 데 사용됐다. 예수께서 구약을 하나님께서 역사를 통하여 자신을 계시한 것에 대한 영감된 기록으로 간주하셨다는 것을 부인할 사람은 거의 없을 것이다. 예수는 권위가 있는 것으로서의 성경에 거듭 호소하셨다(마 19:4, 22:29). 초대 교회는 구약에 대한 이런 태도를 유지했고 예수의 말씀을 그 권위에 있어 동등시하였다. 구약이 공식적으로 닫혀 있었지만 그리스도의 오심으로 다시 열리게 되었다.

■참고■ 성경의 능력

• 거듭나게 함 - 너희가 거듭난 것이 썩어질 씨로 된 것이 아니요 썩지 아니할 씨 하나님의 말씀으로 되었음(벧전 1:23) • 구원에 이르게 함 - 성경은 능히 너로 하여금 그리스도 예수 안에 있는 믿음으로 구원에 이르는 지혜가 있음(딤후 3:15) • 생명을 얻게 함 - 이것을 기록함은 예수께서 하나님의 아들 그리스도이심을 믿게 하고 그를 힘입어 생명을 얻게 하렴임(요 20:31) • 마음을 감찰함 - 하나님의 말씀은 살아 있고 활력이 있어 좌우에 날선 어떤 검보다 예리하여… 또 마음의 생각과 뜻을 판단함(히 4:12) • 영적으로 성장케 함 - 그 말씀이 능히 너희를 든든히 세우사(행 20:32) • 사탄을 물리침 - 성령의 검 곧 하나님의 말씀을 가지라(엡 6:17) • 거룩하게 함 - 그들을 진리로 거룩하게 하옵소서 아버지의 말씀은 진리니이다(요 17:17)

■예화■ 말씀에 접하면

기차를 타고 여행하는 두 장교가 있었다. 한 사람은 잉가솔이라고 하는 대령이고 다른 사람은 루 윌래스라고 하는 장군이었다. 두 사람이 주고받은 이야기는 예수님에 관한 모독적인 이야기였다. 잉가솔 대령이 말했다. "그 예수라고 하는 친구 있지 않습니까? 예수쟁이들은 예수를 하나님의 아들이니, 하나님이니 하고 허튼소리를 하는데 예수라고 하는 친구를 멋진 연애장이로 만들어 에로틱한 소설을 쓰면 어떨까요? 그러면 돈을 많이 벌 수 있겠지요?" 그러자 윌래스 장군이 응수했다. "아, 그것 참 좋겠는걸. 참 훌륭한 소설이 되겠지…." 그 후 그들은 제대를 했다. 제대를 하고 이것저것 할 일을 찾아 보았으나 별로 신통한 것이 없었다. 그래서 생각한 끝에 전에 예수라고 하는 사람에 대한 에로틱한 소설을 써 베스트셀러가 되면 돈을 많이 벌 수 있을 것이라고 했던 일이 생각났다. 그래서 윌래스는 성경을 읽기 시작했다. 실제로 성지까지 가서 소설의 자료를 수집하기도 했다. 그런데 그가 성경을 읽으면 읽을수록, 예수에 대한 자료를 수집하면 할수록 그의 마음이 변해가는 것이었다. 마침내 그가 목적한 소설의 원고가 끝났다. 원고의 마지막 장을 끝낸 다음에 윌래스는 자기도 모르는 사이에 의자에서 내려와 무릎을 꿇게 되었다. 그리고 신앙 고백을 했다. "진실로, 진실로 주는 그리스도요, 살아 계신 하나님의 아들이로소이다." 그 소설의 제목이 〈벤허〉(Ben Hur)이다. (29 마르크)

● 성경 ●

성경이 말하는 자녀관 세 가지

■ 본문 ■ 보라 자식들은 여호와의 기업이요 태의 열매는 그의 상급이로다【시 127:3】

■ 서론 ■ 제임스 러셀 로웰은 "자녀는 날마다 사랑과 소망, 평안을 가르치기 위하여 보냄을 받은 하나님의 사도이다"라고 했다. 성경이 말하는 자녀관은 무엇인가?

■ 말씀 ■

I. 자녀는 하나님의 선물이다【창 33:5】

성경은 '에서가 눈을 들어 여인들과 자식들을 보고 묻되 너와 함께 한 이들은 누구냐 야곱이 이르되 하나님이 주의 종에게 은혜로 주신 자식들이니이다'라고 했다. 선물이란 남에게 선사함 또는 선사한 그 물품을 이르는데, 야곱은 형 에서가 너와 함께 한 이들이 누구냐고 묻자 하나님께서 자신에게 은혜로 주신 자식들이라고 했다. 성도는 하나님이 주신 은혜의 선물을 잘 양육하자.

참고 성구 시 128:3 창 48:9 수 24:3 삼상 1:19-20

II. 자녀는 하나님이 주신 기업이다【시 127:3】

성경은 '보라 자식들은 여호와의 기업이요 태의 열매는 그의 상급이로다'라고 했다. 솔로몬은 생명의 근원을 창조사역에 두어 그 생명을 다스리는 주체가 하나님이심을 믿었기에 자식을 하나님으로부터 상속받은 기업이라고 고백할 수 있었다. 따라서 부모가 하나님께서 잠시 맡겨주신 기업인 자식을 청지기로서 잘 양육하고 가르칠 때 자식은 하나님의 기업으로서 진정한 상급과 축복이 될 수 있다.

참고 성구 창 2:7,22 시 127:4-5 잠 23:24 신 6:4-9 고전 6:19-20

III. 자녀는 아비의 면류관이다【잠 17:6】

성경은 '손자는 노인의 면류관이요 아비는 자식의 영화니라'고 했다. 고대 사회에서 자녀가 많은 것은 축복으로 간주되었다. 특히 가정생활의 중요성을 잘 알고 있었던 히브리 민족은 자녀를 매우 귀히 여겼다. 따라서 오래 살아서 자식을 보는 것을 큰 축복으로 여겼고 이에 잠언 기자는 손자는 노인의 면류관이라고까지 한 것으로 보인다.

참고 성구 렘 35:5-14 창 15:5 롬 3:1-2, 9:4 고전 4:15

■ 결론 ■ 이와 같이 성경이 말하는 자녀관을 알았으니 성도는 하나님이 주신 선물인 자녀를 청지기적 심정으로 잘 양육하여 그가 끼칠 큰 축복의 영화를 감사하는 자 되자.

■해설■ **자식**

　'자식'(children)이라는 말이 히브리어로는 '엘렛' 과 '나아르' 로 표현되는데 비록 나아르가 청년을 의미하기도 하지만 이 두 단어는 아이나 유아를 가리키는 데 사용된다. 예를 들면 사무엘이 아이였을 때 그는 나아르라 불리워졌을 뿐 아니라(삼상 1:22), 이 말이 하나님께서 그를 부르실 때까지의 그의 유년기에 대해 언급되었으므로(삼상 3:8) 이 특별한 단어는 사무엘의 경우 어떤 지시도 해 주지 않는다. '타프' 란 말은 오직 유아에 대해서만 사용된다. 가장 흔히 쓰이는 말인 '벤' 은 일반적으로 자손을 가리키며 자주 지파나 족속을 이름하는 데 사용된다. 자식의 성격은 자기 아버지의 것을 닮기 때문에 히브리인들은 벤이란 말을 특히 벨리알의 자식들(신 13:13), 혹은 흉악한 족속(호 10:9)과 같이 성격의 지배적인 특징을 묘사하는 데 복수로 사용하게 되었다.

■참고■ **좋은 자녀들**

　• 이삭 - 자신을 번제로 드리려는 아버지께 순종함(창 22:9-10) • 요셉 - 흉년이 든 곳에 계신 아버지를 얼른 고센 땅으로 이주케 함(창 45:9-10) • 입다의 딸 - 아버지의 서원이 부당함에도 감당하려는 자세(삿 11:34-40) • 사무엘 - 자랄수록 여호와와 사람들에게 은총을 받음(삼상 2:26) • 다윗 - 아버지 이새의 분부대로 아침 일찍 일어나 진영에 심부름함(삼상 17:20) • 요시야 - 팔 세의 나이에 등극하여 여호와 보시기 정직하여 우상의 단을 훼파함(대하 34:3-4) • 다니엘 - 뜻을 정하여 자기를 더럽히지 않게 함(단 1:8) • 예수 - 어렸을 때에 한가지로 순종하심(눅 2:51) • 디모데 - 어렸을 때부터 성경을 알아 지킴(딤후 3:15)

■예화■ **아버지의 징계**

　병원을 경영하면서 신체불구자, 전과자를 위한 복지기관을 운영해 그 공로로 대통령 표창을 받은 김문조 박사에게는 두 살 때 불구가 된 딸이 하나 있다. '척추카리에쓰' 라는 병으로 등은 곱추가 되었고, 걷는 것은 보통 사람의 10%, 시력은 30%, 청력은 60%의 능력밖에 없는 그녀는 완전한 불구의 몸이었다. 그녀는 육신의 연약함보다도 "부모님이 돌아가시는 날은 저도 스스로 생명을 끊겠어요." 라고 말할 만큼 정신적으로도 깊이 병들어 있었다. 김박사 아들의 결혼식 때의 일이었다. 수많은 하객들로 식장이 붐비었고 나중에 가족사진을 찍게 되었다. 그 때 분명히 집에 있어야 할 경주가 어색한 몸으로 식장에 들어섰다. 아마 밖에서 제 동생의 결혼식을 지켜보고 있었던 모양이었다. 그 때 경주의 어머니가 "경주야, 너는 사진 찍을 생각 말그래이." 하는 것이었다. 이 말 한마디에 두말 없이 경주는 뒤돌아 나가면서 옷소매로 눈물을 훔치는 것이었다. 그 때 김박사는 "내 아들아 여호와의 징계를 경히 여기지 말라. 그는 사랑하시는 자를 징계하시기를 마치 아비가 그 기뻐하는 아들을 징계함같이 하시느니라"(잠 3:11,12)는 하나님의 음성을 들었다. 김박사는 장애인을 위해 소망정을 지었고, 경주는 육체의 고통을 잊고 골방에서 뛰쳐나와 여러 교인 앞에서 간증을 하는 등 밝은 삶을 살고 있다. 영혼의 잠이 장애인 가족을 통해 깬 것이다. (믿음은 바라는 것들의 실상 / 김문조)

● 성경 ●

성경이 영감으로 기록된 목적 세 가지

■ 본 문 ■ 우리가 전에 말하였거니와 내가 지금 다시 말하노니 만일 누구든지 너희가 받은 것 외에 다른 복음을 전하면 저주를 받을지어다 【갈 1:9】

■ 서 론 ■ 존 드와이트는 "성경은 희망의 창문이다. 그 창문을 통하여 우리는 영원한 세계를 바라본다"라고 했다. 성경이 영감으로 기록된 목적은 무엇인가?

■ 말 씀 ■

I. 하나님의 비밀을 보이시기 위함 때문이다 【암 3:7】

성경은 '주 여호와께서는 자기의 비밀을 그 종 선지자들에게 보이지 아니하시고는 결코 행하심이 없으시리라'고 했다. 비밀이란 무엇인가? 이는 남에게 보이거나 알려서는 안 되는 일의 내용이나 아직 밝혀지지 않은 사실을 말한다. 하나님은 노아의 홍수, 소돔과 고모라의 멸망, 애굽의 열 재앙 등 예고를 통한 심판을 하셨다. 이러한 예고는 영적 통찰력을 가진 사람에 의해서만 감지될 수 있는 하나님의 비밀에 속한다.

참고 성구 벧후 1:21, 3:16 계 1:1 엡 1:9-10 마 13:11 창 18:17-19

II. 권능을 받고 지덕을 함양시키기 위함 때문이다 【미 3:8】

성경은 '오직 나는 여호와의 영으로 말미암아 능력과 정의와 용기로 충만해져서 야곱의 허물과 이스라엘의 죄를 그들에게 보이리라'고 했다. 미가 당시의 선지자들은 백성들의 바른 삶을 위해 몸부림치며 하나님의 바른 뜻을 전하려는 노력보다 일신상의 안일을 위해 거짓 예언을 일삼았다. 미가 선지자는 자신의 메시지가 성령의 인도와 감화에 따른 말씀이라고 단언했다.

참고 성구 슥 4:6 고전 2:13 출 4:12 렘 1:9-11 겔 3:17

III. 잘못된 길로 가지 않게 하시기 위함 때문이다 【갈 1:9】

성경은 '우리가 전에 말하였거니와 내가 지금 다시 말하노니 만일 누구든지 너희가 받은 것 외에 다른 복음을 전하면 저주를 받을지어다'라고 했다. 바울은 복음의 진리를 왜곡시키며 교회를 분열과 혼란에 빠뜨리고 그리스도 예수의 성육신을, 그리고 십자가 사역을 헛된 것으로 만들게 하는 사람이 만든 다른 복음을 전하면 저주를 받을 것이라고 단호히 말했다.

참고 성구 계 22:19 벧후 2:1 요일 4:1-3 딤후 3:16-17 왕하 22:10-13

■ 결 론 ■ 이와 같이 성경이 영감으로 기록된 이유를 알았으니 성도는 하나님의 비밀인 성경을 통해 지덕을 함양시켜 다른 길로 가지 않는 올바른 신앙의 자세를 가다듬는 자 되자.

■해설■ **영감**

　'영감'(inspiration)에 대한 신학적 개념은 그 단어의 상관어인 '계시'(revelation)와 마찬가지로 다른 영과 대화하는 행위를 지니는 인격적 사고와 의지를 전제로 한 것이다. 계시와 마찬가지로 영감에 대한 그리스도교의 믿음은 명확한 성경의 주장과 성경에 나타나 있는 흐름에 의존한다. 비록 '영감'에 대한 현대의 역본들과 의역들에 오류투성이로 나타나나 문자적으로 하나님이 '감동하다' 또는 '숨을 쉬셨다'는 의미의 단어 '데오프뉴스토스'는 성경의 저자가 살아 계신 하나님이시며, 그 성경은 하나님의 창조적인 숨결의 산물이라는 점을 확실히 해 주고 있다(딤후 3:16).

■참고■ **성경을 대하는 각종 태도들**
- 요시야 왕 - 여호와의 전을 수리하다 율법책을 발견하여 온 민족이 회개함(왕하 22:8-20)
- 느헤미야 - 율법에 따라 이방인을 분리하는 개혁을 일으킴(느 13:1-3)
- 이스라엘 백성 - 광야의 이스라엘 자손이 여호와의 율법을 준행하기로 다짐함(출 24:7)
- 나사렛 사람들 - 이 사람이 요셉의 아들이 아니냐며 반역함(눅 4:16-30)
- 에디오피아의 내시 - 간다게의 국고를 맡은 권세 있는 자가 빌립에게 깨달음을 구함(행 8:29-35)
- 베뢰아 사람들 - 마음으로 말씀을 받고 날마다 성경을 상고함(행 17:11)

■예화■ **늙은 버스 운전사**

　어제 아침, 출근길에 보니까 버스 운전사 뒷좌석에 늙스구레한 분이 타고는 창밖을 두리번거리면서 버스 운전사에게 무얼 자꾸 물어보고 또 수첩에다 무얼 적고…그러는 것이다. 그 분은 그 날 처음으로 그 회사에 취직이 되어 가지고 그 버스의 노선을 익히는 중이었다. 정거장은 어디에 있는가, 신호등은 어디에 있는가…그 늙은 버스 운전사는 운전을 앞두고 새롭게 모든 것을 익히는 중이었다. 그 분은 오랫동안 버스운전 경력이 있는 분 같은데 새로운 회사로 옮기고 새로운 버스 노선을 운행하게 되니까 모든 것을 새롭게 익힐 수밖에 없는 것이었다. 나는 그 늙은 버스 운전사를 보고 문득 깨닫는 바가 있었다. 우리의 신앙생활도 저렇게 해야 된다는 것을 말이다. 한 걸음 한 걸음, 자세히 익히면서 한 발짝 앞으로 나아가야겠다고 말이다. 우리들의 신앙생활의 표지판은 무엇인가? 성경말씀이 아니겠는가? 말씀 안에 거하는 사람이 되자.

●성경●

성경이 증언한 영원한 것 세 종류

■본 문■ 내가 그들에게 영생을 주노니 영원히 멸망하지 아니할 것이요 또 그들을 내 손에서 빼앗을 자가 없느니라【요 10:28】

■서 론■ 영원이란 무시간적 초월성이 아니라 언제까지나 계속하여 끝이 없음을 말한다. 성경이 증언한 영원한 것은 무엇인가?

■말씀■

I. 예수의 주시는 물은 영원히 목마르지 않다【요 4:14】

성경은 '내가 주는 물을 마시는 자는 영원히 목마르지 아니하리니 내가 주는 물은 그 속에서 영생하도록 솟아나는 샘물이 되리라' 고 했다. 세상의 기쁨과 성공을 끊임없이 가진다 해도 다시 생의 갈함과 기갈은 끊어지지 않는다. 그러나 어떤 사람이라도 생의 기갈과 신앙의 갈증을 느끼는 자는 예수께로 와서 생수를 받아 마실 것이다. 이 물은 영원히 목마르지 않는 생수이다.

참고 성구 사 55:1 요 6:35, 4:15-18 요 7:37-38 계 22:17

II. 하나님의 영생을 받은 자는 영원히 멸망치 않는다【요 10:28】

성경은 '내가 그들에게 영생을 주노니 영원히 멸망하지 아니할 것이요 또 그들을 내 손에서 빼앗을 자가 없느니라' 고 했다. 믿는 성도는 하나님이 예수께 선물로 주신 사람이다. 예수께서는 그들에게 영생을 주셨다. 하나님과 예수님은 믿는 자들을 보호하시며 절대로 멸망하지 않게 하겠다고 약속하셨다. 믿는 이들이 한번 얻은 구원은 아무도 빼앗아 갈 수 없다는 것이 본절의 요지이다.

참고 성구 약 1:18 롬 8:35 고전 10:13 요 3:16-18, 5:24

III. 성령을 모독하는 자는 영원히 사죄함이 없다【막 3:29】

성경은 '누구든지 성령을 모독하는 자는 영원히 사하심을 얻지 못하고 영원한 죄가 되느니라…' 고 했다. 성령의 역사는 사람의 마음을 감동시켜 죄를 깨닫고 회개하게 하는 것이다. 성령을 모독한다는 것은 성령의 역사를 거역하고 회개하기를 거부하는 것이다. 따라서 아무리 크고 부끄러운 죄를 지었어도 진실로 회개하면 용서를 받을 수 있으나 회개를 거부하는 사람에게는 영원히 죄 사함이 없다.

참고 성구 마 12:31 행 5:3,5,9-10 히 10:29 요일 5:16

■결 론■ 성경이 증언한 영원한 것을 살폈으니 성도는 주님 예수께서 주시는 영생의 샘물로 영원한 삶을 영위하여 하나님의 품 안에서 영원한 안식을 누리는 자들이 되자.

■해설■ **영원한 것**

영국의 엘리자베스 1세는 영국의 제일 위대한 여왕이었다. 그녀가 임종이 가까웠을 때 대영제국의 의술이 총동원되었으나 그녀의 죽음의 길은 막을 수 없었다. 그녀는 통곡했다. "내 생명의 한 치라도 더 연장해 주면 100만 파운드를 주겠노라"고. 70년 동안이나 인간이 소유할 수 있는 부와 명성과 쾌락을 만끽해 왔고 일만 벌 이상되는 호사스런 의상들, 언제든지 명령대로 복종하는 수많은 신하들, 해가 지지 않는다는 광대한 제국의 주인이었으나 더 살려고 발버둥치면서 죽어 갔다. 우리는 생명을 그리스도께 맡기고 심판의 날에 하나님께 맡기고 심판의 날에 하나님께 당당히 나가야 한다. 영원한 것을 사모하는 믿는 자는 죽음이 두렵지 않다.

■참고■ **영원한 것으로 성경에 지칭된 것**

• 하나님(신 33:27, 시 48:14) • 속죄(히 9:12) • 구원(히 5:5) • 생명(롬 6:23, 요 6:51) • 기업(히 9:15, 벧전 1:4) • 영광(벧전 5:10) • 불(유 1:7) • 주의 이름(시 72:17-19) • 주의 임재(마 28:20) • 주의 사랑(요 13:1) • 주의 신실함(딤후 2:13) • 주의 보좌(히 1:8) • 주의 제사장 직분(히 7:21) • 주의 능력(히 7:25) • 주의 말씀(히 7:28, 벧전 1:25) • 주의 성질(히 13:8) • 우리의 아들 됨(갈 4:7) • 우리의 위로(살후 2:16) • 우리의 왕(딤전 1:7) • 우리의 나라(계 22:5) • 하나님의 마귀에 대한 진노(요 3:36) • 마귀의 흑암(유 1:13) • 마귀의 형벌(계 14:11, 20:10)

■예화■ **삶의 만족**

하나님의 말씀을 증거하기 위해 세계에서 제일 잘 산다는 덴마크에 간 적이 있었다. 덴마크가 잘 사는 나라라는 것은 들어 알고 있었지만 직접 가보고는 정말 놀랐다. 한국으로 치면 강원도 두메산골 정도 되는 덴마크 산간벽지가 그 시설은 우리 나라 여의도보다 월등히 나았다. 그런데 또 한 가지 놀란 사실은 인구 500만 명밖에 안 되는 이 조그만 나라에 자살하는 사람 수가 1년에 3천 명이 넘는다는 것이었다. 이 세상에서 제일 잘 사는 나라, 무엇 하나 부족함 없이 풍족한 나라에서 왜 이렇게 자살하는 사람이 많을까? 잘 사는 나라에 높은 자살지수. 이것은 생(生)의 만족이란 물질의 부요함만도 아니고 어떤 목표에 있는 것만도 아니라는 것을 잘 증명해 주는 것 같다. 세상에서, 그 어느 것에 진정한 가치를 두고 끊임없이 노력하여 그 목표에 도달한다고 해도 그것이 사람의 영혼에 진정한 만족을 가져다주지는 못한다. 오히려 더 큰 허무와 삶의 깊은 회의에 직면할 뿐이다. 미국의 유명한 작가 헤밍웨이가 부와 명예를 다 얻고도 권총 자살한 사건은 이러한 것을 잘 말해 주고 있다. 우리는 이 세상 그 어느 것에서도 영원한 것을 찾을 수 없고, 우리의 영혼에 참 만족을 줄 수 있는 것도 발견할 수는 없다. 그러나 예수의 십자가, 그 사랑만은 영원한 것이다. 예수를 구주로 모시고 살 때 어떤 상황에서도 만족과 기쁨을 누릴 수 있는 것이다. "주여 내가 무엇을 바라리요 나의 소망은 주께 있나이다." (시 39:7) (조용기)

● 성도 ●

성도가 갈망해야 할 것 세 가지

■ 본 문 ■ 내가 이미 얻었다 함도 아니요 온전히 이루었다 함도 아니라 오직 내가 그리스도 예수께 잡힌 바 된 그것을 잡으려고 달려가노라 【빌 3:12】

■ 서 론 ■ "나는 이때까지 한 번도 임종할 때에 고난 받은 것을 후회하거나 불평하며 죽는 진실한 성도를 본 일이 없다"라고 프로핏은 말했다. 성도가 갈망할 것들은 무엇인가?

■ 말 씀 ■

I. 오직 그리스도 【갈 2:20】

성경은 '내가 그리스도와 함께 십자가에 못 박혔나니 그런즉 이제는 내가 사는 것이 아니요 나를 사랑하사 나를 위하여 자기 자신을 버리신 하나님의 아들을 믿는 믿음 안에서 사는 것이라'고 했다. 본절의 '믿음 안에서'는 헬라어 '엔 피스테이'로서 이는 그리스도의 십자가 은총과 공로를 의지하는 믿음 안에서 사는 것과 그리스도를 믿는 신앙으로 그를 위해 사는 것을 의미한다.

참고 성구 롬 14:8 갈 6:17 빌 1:20 고후 5:13-14, 5:8

II. 부르심의 상급 【빌 3:14】

성경은 '푯대를 향하여 그리스도 예수 안에서 하나님이 위에서 부르신 부름의 상을 위하여 달려가노라'고 했다. 본 구절의 푯대는 최종 목표 지점인 그리스도를 가리키며, 상은 그리스도 안에서 얻는 구원의 완성을 말한다. 푯대와 상은 의미상 거의 동일하다. 그러나 차이가 있다면 전자는 인간의 노력의 대상으로, 그리고 후자는 하나님의 주권적 은혜의 선물로 보는 것이다.

참고 성구 고전 9:24 마 19:27-29 딤후 4:8 벧전 5:4 히 11:6 계 2:10

III. 하나님의 나라 【요 14:3】

성경은 '가서 너희를 위하여 거처를 예비하면 내가 다시 와서 너희를 내게로 영접하여 나 있는 곳에 너희도 있게 하리라'고 했다. 주님 예수 그리스도는 우리가 가게 될 천국(하나님 나라)을 예비하러 가시는 '여호와 이레'의 하나님이시다. 또한 주님은 성도가 살게 될 천국에 먼저 가 계시고 장차 성도와 함께 영원히 동거하실 '여호와 삼마'의 하나님이시다. 성도의 영원한 본향은 천국이다.

참고 성구 창 22:14 겔 35:10, 48:35 골 3:1-2 요 18:36 롬 14:17 계 21:3-4

■ 결 론 ■ 이와 같이 성도가 갈망해야 할 것을 보았으니 성도는 오직 그리스도 안에서 부르심의 상급을 위해 영적 경주를 하여 그 최종 목적지인 하나님의 나라에 모두 입성하는 자들이 되자.

■해설■ **변화무쌍한 인간**

'레오나르도 다 빈치'가 걸작 '최후의 만찬'을 그릴 때 그리스도의 모델을 찾아 오랫동안 로마를 헤매다가 한 교회의 성가대에서 '반디넬리'라는 청년을 만나서 그의 숭고한 모습을 화폭에다 옮겼다. 작품을 시작한 지 10여년이 지나도록 완성하지 못했다. 그것은 가룟 유다의 모습을 지닌 죄에 찌들고 마음이 무딘 자를 찾지 못했기 때문이다. 하루는 로마의 길 모퉁이에서 보기에도 흉측한 자를 만나 섬뜩한 마음으로 그에게 돈을 주며 모델로 정하고 이름을 묻자 그는 "제 이름은 미켈 반디넬리입니다. 전에 당신이 나를 그리스도의 모델로 썼지요"라 했다. 인간이 추구하는 것에 따라 이런 삶을 사는 것이 인생이다.

■참고■ **신앙생활에 큰 힘이 되는 사항들**

- 그리스도의 사랑 - 그리스도의 사랑이 우리를 강권하시는도다(고후 5:14) • 성령의 역사 - 말과 일이며 표적과 기사의 능력이며 성령의 능력으로 역사하신 것 외 말하지 않음(롬 15:18-19) • 그리스도의 은혜 - 내 은혜가 네게 족함은 내 능력이 약한 데서 온전하여 짐이라는 말씀(고후 12:9-10) • 하늘의 상급 - 나를 위하여 의의 면류관이 예비되었으므로(딤후 4:8) • 주의 재림 - 그가 나타내심이 되면 우리가 그와 같을 줄을 아는 것(요일 3:2) • 종말 - 새 하늘과 새 땅을 바라봄(벧후 3:13)

■예화■ **그 다음엔 또 어떻게**

필립 디 네리(Philip de Neri)는 성자로도 불리는 16세기의 위대한 사람이다. 하루는 네리가 당시의 최고의 대학이었던 컨티넨탈 대학의 교정을 걷고 있는 동안에 어떤 청년을 만났다. 그 청년이 자기는 유명한 그 대학에서 법률공부를 하기 위해서 왔다고 했다. 네리는 그 청년에게 묻기를 "대학공부를 다 마치면 무엇을 할 것인가" 했더니 청년의 대답인즉 "박사학위를 얻겠다"고 했다. 네리는 또 "박사학위를 받고 나면 무엇을 하겠는가" 했더니, 청년은 "아주 힘든 문제를 몇 개 맡아 웅변과 지식으로 멋지게 변호처리해서 뭇 사람들의 관심과 명성을 얻겠다"고 했다. 네리는 다시 "그 다음에는 또 어떻게 되느냐"고 했다. 그랬더니 청년은, "그 후에는 상당히 높은 지위를 차지하여 돈을 많이 벌고 드디어 부자가 될 것이다"고 했다. 네리는 계속해서 "그 다음에는 또 어떻게 되느냐"고 했다. 청년은 "명성과 재물을 소유한 중에 평안하게 살 것이라"고 했다. 네리가 "그 다음에는 또 어떻게 되지?"라고 묻자 청년이 대답하기를, "아마 늙어 죽게 되겠지요."라고 했다. 네리는 한번 더 물어 보았다. "그 다음에는 또 어떻게 되는 것이지?" 이 말에 무슨 대답을 해야 좋을지 몰라 청년은 고개를 숙인 채로 가버렸다. 밤사이 그 질문에 대한 답변을 생각해 본 청년은 인생의 허망함을 크게 깨닫고 그리스도를 믿는 신앙에다 자기의 일생을 맡겼다고 한다. (그 다음엔 또 어떻게 / 윤영준)

● 성도 ●

성도가 기다리는 주의 세 가지

■본문■ 아리마대 사람 요셉이 와서 당돌히 빌라도에게 들어가 예수의 시체를 달라 하니 이 사람은 존경받는 공회원이요 하나님의 나라를 기다리는 자라 【막 15:43】

■서론■ 맥스 루케이도는 "주님은 우리가 그분의 집에 머물기를 바라신다. 왜 우리와 함께 집을 쓰고 싶어하시는가? 간단하다. 그분이 바로 우리의 아버지이시기 때문이다"라고 했다. 성도가 기다리는 주님의 것은?

■말씀■

I. 주의 나라 【막 15:43】

성경은 '아리마대 사람 요셉이 와서 당돌히 빌라도에게 들어가 예수의 시체를 달라 하니 이 사람은 존경받는 공회원이요 하나님의 나라를 기다리는 자'라 고 했다. 아리마대 요셉은 주의 나라를 기다리는 자였다. 그는 산헤드린 의원이요 존경받는 주님의 제자였다. 그는 과거에서부터 쭉 하나님의 나라를 기다리는 상태로 삶을 살았다. 이 기다림이 바로 믿음이요 신앙이다.

　　참고 성구 눅 2:25-32 고전 4:20 행 14:22 사 53:9 요 19:38

II. 주의 성령 【행 1:4】

성경은 '사도와 함께 모이사 그들에게 분부하여 이르시되 예루살렘을 떠나지 말고 내게서 들은 바 아버지께서 약속하신 것을 기다리라' 고 했다. 부활하신 주님은 제자들에게 예루살렘을 떠나지 말고 머물러서 아버지께서 약속하신 것을 기다리라고 했다. 이는 보혜사 성령이 오실 것인데 그분의 능력을 덧입으라는 것이다. 성도는 성령 체험을 하여 능력으로 주의 복음을 전해야 한다.

　　참고 성구 눅 24:49 요 7:39, 16:7 행 2:1-4 롬 1:16 고전 15:45

III. 주의 재림 【살전 1:10】

성경은 '또 죽은 자들 가운데서 다시 살리신 그의 아들이 하늘로부터 강림하실 것을 너희가 어떻게 기다리는지를 말하니 이는 장래의 노하심에서 우리를 건지시는 예수시니라' 고 했다. 마지막 날에 예수 그리스도의 재림이 있을 것인데 이때 하나님의 진노와 형벌이 범죄한 인간들에게 내릴 것이며 죄악에서 떠난 성도는 주님과 함께 영생의 삶을 살게 된다.

　　참고 성구 마 24:44 행 1:11 계 1:7 살전 5:23 히 9:28

■결론■ 이와 같이 성도가 기다리는 주의 나라와 성령과 재림을 보았으니 성도는 하나님의 나라를 대망하여 보혜사 성령님의 은혜와 인도하심으로 신앙생활을 잘하여 마지막 날 주님의 재림시까지 흠이 없이 자신을 잘 보존되는 자 되자.

■해설■ **주**

'주'(Lord)에 해당하는 일반적인 헬라어 '퀴리오스'는 윗 사람에 대한 공손한 높임말일 뿐만 아니라 집주인이나 가장이나 나라의 임금에게 대한 복종을 뜻하며 또한 신앙적으로 하나님께 순종함을 나타내는 말로서 매우 다양하게 사용되었다. '주'라는 단어는 형이상학적인 신성(神性)을 나타내는 말이다. 70인역에서는 '퀴리오스'가 직접적으로 '아도나이'(주)에 대한 번역이다. 뿐만 아니라 랍비들은 하나님의 이름인 '야웨'를 '아도나이'라고 읽었기 때문에 야웨가 70인역에서 '퀴리오스'로 번역된 것은 우리 말로 주, 혹은 여호와(야웨)로 번역될 수 있다. 일반적으로 신약성경에서 '주'라는 말은 예수님께 대하여 사용되었다.

■참고■ **그리스도의 재림은 그 때가 언제인가?**

• 우리는 모름 - 그 날과 그 때는 아무도 모르나니 하늘의 천사들도, 아들도 모르고 오직 아버지만 아시느니라(마 24:36, 행 1:7) • 복음이 전 세계에 전파된 후 - 이 천국 복음이 모든 민족에게 증거되기 위하여 온 세상에 전파되리니 그제야 끝이 오리라(마 24:14, 막 16:15) • 적그리스도가 출현한 후 - 누가 아무렇게 하여도 너희가 미혹되지 말라 먼저 배도하는 일이 있고 저 불법의 사람 곧 멸망의 아들이 나타나기 전에는 이르지 아니하리라(살후 2:2-3) • 노아의 때와 같은 시대 - 홍수 전에 노아가 방주에 들어가던 날까지 사람들이 먹고 마시고 장가들고 시집가고 있으면서(마 24:38)

■예화■ **권태의 무서움**

이 세상에는 무서운 것이 많다. 가난도 무섭고 질병도 무섭고 도둑도 무섭다. 폭정도 무섭고 부패도 무섭다. 그러나 〈군주론〉의 저자 마키아벨리는 말했다. "이 세상에서 제일 무서운 것은 가난도 걱정도 병도 비애도 아니다. 그것은 생의 권태다." 인생에 대해서 권태를 느낀다는 것은 참으로 무서운 일이다. 우리는 생의 권태를 느낄 때 모든 일에 대해서 의욕을 잃어버린다. 무슨 일을 적극적으로 관심과 흥미를 가지고 해 보려는 마음이 사라지고 만다. 앞날에 대한 계획도 없고 일에 대한 정열도 없어진다. 그저 마지못해서 하게 된다. 아무렇게나 되는 대로 얼렁뚱땅식으로 해 버리고 만다. 인생에서 가장 중요한 것은 모든 일에 대해서 강한 의욕을 느끼고 열심과 흥미를 많이 갖는 일이다. 이것이 행복의 원천이요, 향상과 성공의 동력이다. 인생에 권태를 느낀 사람과 의욕을 가진 사람을 서로 비교해 보라. 하나는 맥이 풀렸고 하나는 싱싱하게 살았다. 전자는 눈동자가 흐리고 후자는 눈동자의 광채와 정기가 있다. 르네상스의 천재 레오나르도 다 빈치는 이렇게 말했다. "권태보다는 차라리 죽음을." 이 말은 마키아벨리의 말과 같은 뜻을 가진 말이다. 우리는 먼저 인생의 열애자가 되어야 한다. 내 인생을 열렬하게 사랑해야 한다. 적극적 의욕과 진취적 기상을 가져야 한다. 그것이 알찬 생을 우리에게 약속한다. 인생에서 제일 무서운 것은 권태다. 왜냐하면 권태의 생은 죽은 생이나 다름없기 때문이다. (안병욱)

● 성도 ●

성도가 마음에 품을 사랑 세 가지

■ 본 문 ■ 나의 형제 곧 골육의 친척을 위하여 내 자신이 저주를 받아 그리스도에게서 끊어질지라도 원하는 바로라 【롬 9:3】

■ 서 론 ■ 금세기 성녀로 추앙받은 마더 테레사는 "위대한 행동이라는 것은 없다. 위대한 사랑으로 행한 작은 행동들이 있을 뿐이다"라고 했다. 성도가 마음속에 항상 품어야 할 사랑은?

■ 말씀 ■

I. 성도의 하나님 사랑 【마 22:37,38】

성경은 '예수께서 이르시되 네 마음을 다하고 목숨을 다하고 뜻을 다하여 주 너의 하나님을 사랑하라 하셨으니 이것이 크고 첫째 되는 계명이요' 라고 했다. 본 구절의 사랑하라는 헬라어 '아가페세이스' 로서 이는 2인칭 단수미래로서 하나님을 사랑하는 자는 영구적으로 사랑해야 함을 보여주는 말이다. 성도의 하나님 사랑은 마음과 목숨과 뜻과 힘을 다해야 한다.

참고 성구 골 3:1 시 18:1 신 5:6, 10:12 요일 4:19 눅 10:27 엡 1:4-5

II. 성도의 애국애족 사랑 【롬 9:3】

성경은 '나의 형제 곧 골육의 친척을 위하여 내 자신이 저주를 받아 그리스도에게서 끊어질지라도 원하는 바로라' 고 했다. 사도 바울은 자기 동족의 구원을 위해서는 그리스도로부터 끊어지는 저주도 마다하지 않겠다는 각오를 밝혔다. '원하는' 은 헬라어 '유코멘' 으로 이는 '강력한 염원의 기도를 하다' 는 뜻으로 바울은 성도들이 자기 친족 구원을 위해 혼신의 힘을 다해야 함을 교훈하고 있다.

참고 성구 롬 10:1 출 32:32 느 1:4, 2:2 스 1:10 눅 23:28

III. 성도의 형제 사랑 【롬 12:10】

성경은 '형제를 사랑하여 서로 우애하고 존경하기를 서로 먼저 하며' 라고 했다. 본 구절의 존경하다는 헬라어 '티마오' 로서 이는 '값을 친다, 평가한다, 존경한다' 는 뜻으로 높이는 것을 의미한다. 성도는 너와 나의 만남에서 존경의 대상자는 너요, 사랑의 대상자도 너인 것으로 알아서 하나님께서 우리를 먼저 사랑하신 그 사랑으로 이웃을, 형제를 사랑해야 한다.

참고 성구 요일 4:11 마 22:39-40 갈 6:2 요 13:34 빌 2:3 요일 4:20-21

■ 결 론 ■ 이와 같이 성도가 마음에 품어야 할 사랑을 보았으니 성도는 하나님을 사랑하고 동족을 사랑하고 이웃의 형제를 사랑하여 이 땅에 하나님의 뜻이 이루어지는 그날까지 사랑으로 꽃피우는 자 되자.

■해설■ 애정

이 말은 고대 영어에서 나온 것으로 '경향', '성질' 혹은 선악의 감정을 의미한다. 영역본인 흠정역은 고후 7:15에 나와 있는 '스플라그크논'(내장, 심정)과 골 3:2의 '프로네오'(생각하다, 마음에 두다), 골 3:5와 롬 1:26의 '파토스'(정욕, 열정)을 번역할 때 이것을 사용한다. 인간의 뚜렷한 감정의 상태는 애정으로 불리며 인간 의지를 행동으로 옮기게 한다. 이 애정은 열정과 구별되며 그들의 존재 목적과 부합하는 자연적 혹은 정신적인 것으로 분류된다. 애정은 행위의 원천이며 하나님과 사람을 사랑하는 기본적 요소이며 거룩한 생활을 영위하는 필수적 부분이다(막 12:30-31).

■참고■ 각종 잘못된 애정들

- 가식적임 - 내가 입 맞추는 자가 그니 그를 잡으라 하고 예수께 나아와 랍비여 안녕하시옵니까 하고 입을 맞추니(마 26:47-49) • 육감적임 - 그 여인이 그 옷을 잡고 나와 동침하자 요셉이 자기 옷을 버리고(창 39:12, 롬 13:14) • 이기적임 - 야곱이 가로되 형의 장자의 명분을 오늘날 내게 팔라(창 25:31) • 세속적임 - 데마는 이 세상을 사랑하여 나를 버리고(딤후 4:10) • 쾌락적임 - 내 영혼아 여러 해 쓸 물건을 많이 쌓아 두었으니 평안히 쉬고 먹고 마시고 즐거워 하자 하리라 하되(눅 12:19, 딤후 3:2) • 충동적임 - 세겜이 디나를 욕보이고 연련함(창 34:2-3), 암논이 다말을 강제로 범함(삼하 13:11-16)

■예화■ 박애정신

"나의 소원은 모든 사람의 눈에서 눈물을 닦아주는 것이다." 인도의 성웅 간디의 말이다. 영국의 유명한 사학자 아놀드 토인비는 간디를 20세기 최대의 인물이라고 하였다. 20세기의 인물 중에서 간디만큼 인류에게 크고 깊은 영향력을 준 사람이 없다. 그는 앞으로 태양처럼 빛날 것이다. 우리는 그의 자서전을 큰 감격과 충격이 없이는 읽을 수가 없다. 진실과 박애는 그의 사상과 인격의 2대 핵심이다. "박애의 실천에는 최대의 용기가 필요하다"고 간디는 말했다. 그는 모든 사람의 눈에서 눈물을 닦아주고 싶어 했다. 그러한 목적을 실현하기 위해서 그는 정치와 종교에 투신했다. 인류의 눈에는 많은 눈물이 고여 있다. 가난 때문에, 전쟁 때문에, 질병 때문에, 죄악 때문에, 압제 때문에, 편견 때문에, 부패 때문에, 불평등 때문에, 무지 때문에, 범죄 때문에, 폭력 때문에, 부정 때문에, 인류의 눈에는 숱한 눈물이 맺혀 있다. 간디는 모든 눈물을 닦아주려고 했다. 먼저 그의 동포인 수억의 인도인의 눈에서 눈물이라는 눈물을 다 닦아주고 싶었다. 그것은 한없이 높은 원이다. 그야말로 대비원이다. 그는 이 소원을 실현하기 위해서 신과 진리와 인도와 인류에게 봉사했다. 모든 사람의 눈에서 눈물을 닦아주고 싶다는 간디의 상은 네루에 계승되었다. 네루는 간디에게서 그 이상을 배웠다. (안병욱)

●성도●
성도가 생활 속에서 먼저 할 일 세 가지

■본문■ 그런즉 너희는 먼저 그의 나라와 그의 의를 구하라 그리하면 이 모든 것을 너희에게 더하시리라 【마 6:33】

■서론■ 그리스의 철인 소크라테스는 "가장 존중해야 할 것은 산다는 것이 아니고 훌륭하게 산다는 것이다"라고 했다. 성도가 삶 속에서 먼저 해야 할 일은?

■말씀■

I. 하나님의 나라와 그 의를 먼저 구하는 일 【마 6:33】

성경은 '그런즉 너희는 먼저 그의 나라와 그의 의를 구하라 그리하면 이 모든 것을 너희에게 더하시리라'고 했다. 본 구절의 '먼저'는 헬라어 '프로토스'로서 이는 '첫째, 첫 번, 우선, 먼저'라는 뜻이다. 성도는 최고의 가치를 하나님 나라에 두고, 하나님의 의만 사모하면서 만족하고, 그것을 실천하되 인생에서 최우선권을 두고, 그 외의 것은 오로지 하나님께 전적으로 맡기는 신앙생활을 해야 한다.

참고 성구 롬 14:8 눅 11:10, 9:62 사 55:6 고전 4:20 렘 23:6

II. 제 눈 속의 들보를 먼저 빼내는 일 【마 7:5】

성경은 '외식하는 자여 먼저 네 눈 속에서 들보를 빼어라 그 후에야 밝히 보고 형제의 눈 속에서 티를 빼리라'고 했다. 본 구절의 '들보'는 헬라어 '도코스'로서 이는 '대들보'를, '티'는 '카르포스'로서 이는 '짚이나 겨의 작은 조각'을 뜻한다. 성도는 내 눈에 들보가 있으니 남을 비판해서는 안 된다는 자세도 맞지만 주님은 내 눈의 들보를 먼저 빼고 형제의 티까지도 빼주시라고 하셨다. 이는 발전적 비판 관계이다.

참고 성구 고후 13:5 눅 6:46 롬 2:21,1 약 3:10 갈 2:14

III. 자신을 주님께 먼저 드리는 일 【고후 8:5】

성경은 '우리가 바라던 것뿐 아니라 그들이 먼저 자신을 주께 드리고 또 하나님의 뜻을 따라 우리에게 주었도다'라고 했다. 본 구절의 '드리고'는 헬라어 '에토칸'으로 이는 단번에 드리고 넘기는 것을 뜻하는 말이다. 하나님의 뜻을 따르는 성도의 삶은 먼저 자신을 주님께 드리는 것이다. 따라서 예수 그리스도를 믿는 자는 누구든지 하나님의 뜻을 통하여 자신을 먼저 주께 드릴 것이다.

참고 성구 롬 12:1 빌 3:8 사 6:8 약 4:15 행 14:22

■결론■ 이와 같이 성도가 생활 속에서 먼저 할 일을 알았으니 성도는 하나님의 나라와 그 의를 먼저 구하는 삶을 살아서 자신을 주님께 먼저 드리고 이웃과 원만한 관계를 맺는 자 되자.

■해설■ 은혜를 먼저 입자

'웰츠 버튼'은 콩고에 선교지를 개척한 유명한 선교사인데 고향에 돌아올 때 간암으로 사형선고를 받은 몸이었다. 어느 날, 그가 성경을 읽던 중 벧전 2:24의 "저가 채찍에 맞음으로 너희는 나음을 얻었나니"란 구절이 마음에 와 닿아 그는 즉시로 이 말씀을 믿음으로 받아들이고 하나님께 감사드리며 입으로 시인하기 시작했다. "저가 채찍에 맞음으로 웰츠 버튼은 나음을 얻었나니." 이 말을 그는 수천 수만 번 반복했다. 말씀은 살아 역사하여 병마는 물러가고 그의 온 몸은 새로운 생명으로 넘쳐났다. 이 간증은 세계적으로 알려진 일이다. 권능자의 특권을 누리며 살기 위해서는 먼저 하나님의 은혜를 알고 믿고 감사하자.

■참고■ 이런 자들은 먼저 무엇을 해야 할까

• 베드로 - 세상에 오염이 되었으니 믿는 자라 할 수 있나(눅 22:55) • 롯 - 미묘한 번뇌 속에서 있으니 믿음이 있겠나(벧후 2:7-8) • 시편기자 - 염세주의나 광야에 처해 있으니 믿음이 존재할 수 있겠나(시 102:6) • 다윗 - 흑암의 두려움 안에 거했으니 믿음이 존재할 수 있겠나(삼상 27:1) • 엘리야 - 낙심하여 로뎀 나무 아래서 죽기를 구하니 믿음의 용사가 되겠나(왕상 19:4) • 요나 - 타락하고 퇴폐한 배 위에서 믿는 자가 있겠나(욘 1:5) • 이스라엘 백성 - 불신하는 광야에서 믿는 자가 있겠나(히 3:7-12)

■예화■ 하나님께 드리는 투자

밴 다이크의 소설 〈대저택〉에 이런 이야기가 나온다. 대저택에 살던 부자가 천국에 갔는데 자기를 위하여 준비된 집은 보기에도 민망한 오막살이였다. 그러나 그 결에 으리으리한 대저택이 건축 중인데 그 집은 뜻밖에도 자기와 같은 동네에 살던 한 초라한 의사의 집이라는 것이었다. 이를 의아해 하고 있는 부자에게 천사가 말했다. "당신도 아시다시피 천국의 건축자재는 모두 그 집에 살게 될 본인이 세상에 사는 동안 보내온 것들입니다. 당신이 평생 보냈다는 자재만으로는 이 오막살이의 지붕도 다 씌울 수가 없었습니다. 그러나 저 저택을 보십시오. 저 집은 당신도 잘 아는 그 의사의 집인데 그는 평생동안 주는 것을 기쁨으로 여겼으며 그가 준 것이 하나도 빠짐없이 이 곳에 도착한 것입니다." 하나님을 섬기는 데 겉으로 보이는 믿음의 실체가 되어서는 안 될 것이다. 세상적인 욕심을 뒤로 한 채 가난한 자, 병마에 시달리는 자들에게 아낌없이 베푸는 믿음이 되어야 할 것이다. 세상적인 치부에 투자하는 삶보다는 하나님께 드리는 거룩한 투자방법을 선택하는 믿음이 되어야 한다. 믿음의 건축자재들이 하늘나라에 하나둘 모일 때 아름다운 저택을 건축할 수 있을 것이다. 주는 데 관대하고, 섬기는 데 관대하고, 이해에 관대하고, 용서에 관대함은 나의 영원을 축복하는 불멸의 빛이 될 것이다.

● 성도 ●

성도가 복종하는 세 가지

■ 본 문 ■ 사무엘이 이르되 여호와께서 번제와 다른 제사를 그의 목소리를 청중하는 것을 좋아하심 같이 좋아하시겠나이까 순종이 제사보다 낫고 듣는 것이 숫양의 기름보다 나으니 【삼상 15:22】

■ 서 론 ■ 독일의 괴테는 "스스로 자진하여서 하는 복종은 가장 아름다운 상태이다. 그 상태는 사랑 없이 어찌할 수 있겠는가"라고 했다. 성도가 복종하는 것은?

■ 말 씀 ■

I. 성도는 하나님께 온전히 복종해야 한다 【삼상 15:22】

성경은 '…여호와께서 번제와 다른 제사를 그의 목소리를 청중하는 것을 좋아하심 같이 좋아하시겠나이까 순종이 제사보다 낫고 듣는 것이 숫양의 기름보다 나으니' 라고 했다. 선지자 사무엘의 유명한 이 말은 예배자의 마음의 자세와, 하나님을 전인격적으로 진실되게 섬겨야 함과, 하나님의 말씀은 모든 신앙생활의 표준이 되어야 함을 가리킨다. 성도의 순종과 참된 헌신은 가장 좋은 제사이다.

참고 성구 고후 10:6 창 6:22 창 22:2-3 행 5:29 빌 2:8

II. 성도는 하나님의 명령에 복종해야 한다 【수 1:8】

성경은 '이 율법책을 네 입에서 떠나지 말게 하며 주야로 그것을 묵상하여 그 안에 기록된 대로 다 지켜 행하라 그리하면 네 길이 평탄하게 될 것이며 네가 형통하리라' 고 했다. 명령이란 일반적으로 윗사람이 아랫사람에게 시킴이나 또는 그 말을 뜻한다. 하나님은 여호수아에게 율법책에 기록된 대로 다 지켜 행하면 형통하게 될 것이라고 약속하셨다.

참고 성구 신 26:16 느 9:29 히 5:3 롬 7:12 마 5:17,20

III. 성도는 하나님의 말씀에 복종해야 한다 【신 27:10】

성경은 '그런즉 네 하나님 여호와의 말씀을 청중하여 내가 오늘 네게 명령하는 그 명령과 규례를 행할지니라' 고 했다. 본 구절의 '청중하여' 는 히브리어 '쇠마' 로서 기본의 뜻은 '듣다' 인데 파생된 말로서는 듣고 안 바를 '순종하다' , 더 적극적인 의미로는 '공포하다' 로 쓰였다. 하나님은 그의 백성된 성도에게 당신의 말씀을 순종하고 더 나아가 공포하시기를 원하신다.

참고 성구 막 14:36 시 143:10 엡 6:6 눅 5:4-6 신 30:2 사 52:7

■ 결 론 ■ 이와 같이 성도가 복종하는 것을 살펴보았으니 성도는 하나님께 온전히 복종하며 그분의 명령과 말씀에 복종하여 모든 것이 평탄하고 형통한 길을 가는 자 되자.

■해설■ **복종, 순종**

이 단어는 구약성경 히브리어에서나 신약성경 헬라어에서 원래 '듣다, 청종하다'의 뜻인데 문맥상 '순종하다, 복종하다, 준행하다'의 뜻으로 번역된다. 이는 단순히 수동적으로 귀로써만 듣는 것을 의미하지 않고 적극적으로 청종하는 것을 의미한다(신 21:18-21), 듣는 것(청종하는 것)은 때로는 신구약에서 하나님의 언약을 믿는 것을 가리킨다(창 15:6, 22:18, 롬 4:3 참조). 이처럼 성경에서 순종(복종, 준행 : obeying)하는 것은 듣는 것(hearing)이나 믿는 것(believing)과 밀접하게 연관되어 있다. 사람이 하나님의 명령이나 약속을 듣게 되면, 참됨을 믿고 구체적 내용을 준행하고자 하는 복종심을 갖게 된다.

■참고■ **복종한 모습들**
- 좋은 땅에 뿌리웠다는 것은 말씀을 듣고 깨닫는 자니 결실하여 혹 백 배 혹 육십 배 혹 삼십 배가 되느니라(마 13:23)
- 마르다라 이름하는 한 여자가 자기 집으로 영접하더라 그에게 마리아라 하는 동생이 있어 주의 발치에 앉아 그의 말씀을 듣더니 (눅 10:38-39)
- 주여 내 소유의 절반을 가난한 자에게 주겠사오며(눅 19:8-9)
- 그 말을 믿는 사람이 세례를 받으매 이 날에 제자의 수가 삼천이나 더하더라(행 2:41)
- 베뢰아에 있는 사람들은 데살로니가에 있는 사람들보다 더 너그러워서 간절한 마음으로 말씀을 받고(행 17:11)

■예화■ **106세, 356년 사망**

'수도승들의 아버지'인 성 안토니(St. Anthony)는 사역에 있어 고독의 역할을 이해하려는 우리의 시도에 최고의 지침이 된다. 대략 A.D.251년경에 태어난 안토니는 이집트 농부의 아들이었다. 18세가 되었을 때 교회에서 말씀을 들었다. "가서 네 소유를 팔아 가난한 자들을 주라.…그리고 와서 나를 좇으라"(마 19:21) 안토니는 이 말씀이 개인적으로 그에게 하시는 말씀으로 깨달았고, 마을의 구석에서 가난한 노동자로서 살다가 광야로 나가 그곳에서 20년간을 완전한 고독 속에서 살았다. 이러한 기간 동안 안토니는 극한 시련을 경험했다. 그의 외면적인 보호의 껍질은 깨져버렸고 사악한 죄의 심연이 그에게 드러났다. 그러나 그는 이런 시련으로부터 이기며 벗어났다. 그의 의지력이나 금욕적 생활 때문이 아니라 주 예수 그리스도께 무조건적인 항복을 하였기 때문이었다. 그가 고독함으로부터 나왔을 때 사람들은 그에게서 몸과 마음과 영혼 전체의 진정한 '건강한' 사람의 특성들을 알 수 있었다. 그들은 치유와 위로의 안내를 바라며 그에게 몰려들었다. 말년에 안토니는 하나님과의 직접적인 접촉에 완전히 몰입하기 위한 보다 깊은 고독으로 물러 나갔다. 그는 106세였던 A.D.356년에 죽었다. (마음의 길 / 헨리 누웬)

● 성도 ●

성도가 비방을 받는 이유 세 가지

■ 본 문 ■ … 그리스도를 위하여 받는 수모를 애굽의 모든 보화보다 더 큰 재물로 여겼으니 이는 상 주심을 바라봄이라 【히 11:24-26】

■ 서 론 ■ 비방이란 남을 나쁘게 말하거나 남을 헐뜯고 욕함을 의미한다. 성경에는 성도가 당연히 비방을 받을 것이라고 했는데 그 이유는 무엇인가?

■ 말 씀 ■

I. 하나님의 약속에 대한 신앙 때문에 【히 11:26】

성경은 '그리스도를 위하여 받는 수모를 애굽의 모든 보화보다 더 큰 재물로 여겼으니 이는 상 주심을 바라봄이라' 고 했다. 약속이란 앞으로 있을 특정한 일에 대하여 지킬 것을 상대방에게 언명하는 일이나 상대자와 서로 결정하여 두는 일을 말한다. 성도가 신앙을 견지하고 고난을 인내하는 것을 하나님께서 약속하신 그 약속을 믿기 때문이다. 신앙은 이 약속을 믿고 바라는 것이다.

참고 성구 롬 8:17 행 26:24 시 42:10 벧후 3:3-4 눅 23:35

II. 그리스도를 향한 선행 때문에 【벧전 3:16】

성경은 '선한 양심을 가지라 이는 그리스도 안에 있는 너희의 선행을 욕하는 자들로 그 비방하는 일에 부끄러움을 당하게 하려 함이라' 고 했다. 본절의 선한 양심은 헬라어 '쉬네이데신 아가텐' 으로 이는 세상 사람들이 가지고 있는 양심을 뜻하는 것이 아니고 그리스도를 믿음으로 세례를 받아 중생한 양심이며, 그리스도를 주로 고백하는 신앙적 양심을 가리키는 말이다. 이 세상에서 주님을 믿는 일이 가장 선하고 가치 있는 일이다.

참고 성구 벧전 2:20 눅 23:39-41 딤후 3:12 단 6:4, 10-13 고후 10:10

III. 그리스도를 위한 고난 때문에 【고전 4:12,13】

성경은 '또 수고하여 친히 손으로 일을 하며 모욕을 당한즉 축복하고 박해를 받은즉 참고 비방을 받은즉 권면하니 우리가 지금까지 세상의 더러운 것과 만물의 찌꺼기 같이 되었도다' 라고 했다. 바울은 온갖 욕설과 모욕에 대해서 참았을 뿐 아니라 사랑으로 응답하여 그들을 축복하였다. 당시 사람들은 이를 오히려 멸시하고 천대하였다. 참된 성도는 고난 가운데서 더욱 찬란히 빛날 것이다.

참고 성구 행 24:5 고후 1:8 행 5:41 롬 8:18 갈 3:4 마 5:38-48

■ 결 론 ■ 이와 같이 성도가 비방 받는 이유를 알았으니 성도는 어떤 비방과 박해와 고난이 와도 하나님을 믿는 신앙과 주님을 위한 선행과 고난을 끝내 이겨서 약속의 자녀가 받을 상을 얻도록 하자.

■해설■ **비방**

보다 잘 살기 위해 신문을 돌리려 아침 6시에 일어나는 소년에게 사람들은 재주꾼이라 말한다. 만약 기독교 단체에서 하나님을 위한 일을 하려 6시에 일어나기를 요구하면 '어린 소년에게 너무 많은 것을 기대한다' 라 할 것이다. 어떤 여인이 하루 8시간씩 일한다면 그녀는 능력 있고 정열적이라 하겠으나, 만일 그녀가 하나님을 위해 똑같이 하면 '종교에 미쳐버렸군' 이라 할 것이다. 어떤 사람이 개인적 쾌락을 위해 주당 20달러를 사용하라면 기꺼이 할 것이다. 그러나 그가 매주 헌금함에 그만한 돈을 넣는다면 미쳤다는 소리를 들을 것이다. 참으로 앞뒤가 바뀐 세상이다. -미 에머젠시 포스트 신문-

■참고■ **성경에 비방받은 자로 기록된 이들**

• 모세 - 미리암과 아론이 시기하여 비방함(민 12:1-8) • 히스기야 - 앗수르 왕 산헤립의 신복들이(대하 32:1-19) • 느헤미야 - 도비야와 산발랏과 여선지 노아댜와 그 남은 선지자들이(느 6:13-14) • 욥 - 백성들이 얘기 거리로 삼음(욥 17:6) • 제자들 - 바리새인들이 안식일에 행한 행위를(마 12:2) • 성도들 - 사람들이 예수를 인하여 미움과 욕과 악하다고 버림(눅 6:22) • 그리스도 - 대적들로 비방받음(롬 15:3) • 하나님 - 앗수르 왕의 심복 랍사게가 그의 왕 산헤립의 전갈을 보내어 하나님을 능멸함(왕하 19:16)

■예화■ **썬다 씽**

인도의 갑부 아들로 태어난 썬다 씽(Sunder Sing, 1889-1929)은 힌두교로 굳어져 버린 인도뿐 아니라 세계의 고원지대인 티벳에 복음을 전하다가 거기서 순교한 이색적인 전도자였다. 히말라야 산맥은 눈보라와 추위가 심한 곳이며 세계의 산악인과 오가는 나그네들이 많이 희생되는 곳이다. 그곳에서 그가 사랑의 전도활동을 하던 어느 날 저녁, 그는 혹독한 추위 앞에 벌거숭이 몸으로 선 채 몸을 얼리고 있었다. 주위에 있던 몇몇의 티벳 사람이 황급히 달려가 왜 이렇게 죽으려 하느냐고 강제로 거처로 데리고 와 재차 "왜 자살하려 하느냐?"고 질책하였다. 이에 썬다 씽은 "자살하려던 것이 아니고 헐벗은 사람들을 생각하고 있었을 뿐이었다"고 말했다. 이때 한 사람이 힐난하면서 "그렇다면 그 사람들을 위해 하나님께 기도나 하시지" 하고 조롱이 섞인 말을 했다. 이에 썬다 씽은 "내게 옷이라도 많으면 찾아다니며 나누어 주고 싶지만 그렇지 못하오. 그래서 그들이 당하는 추위를 함께 나누고 싶었을 뿐이오." 하고 눈물을 머금었다. 물론 전도활동에 지대한 영향을 미친 일화이기도 하다. 이러한 썬다 씽의 모습 속에서 훨훨 타오르는 인간 사랑의 불꽃을 보는 듯하다. 복음은 참으로 인간을 고결하게 한다. 누가 썬다 씽에게 사랑을 실천하라고 강요했던가? 아니다. 그는 하나님이 인간 썬다 씽에게 베풀어 주신 사랑을 몸소 체험했기에 애틋한 심정으로 사랑을 실천했던 것이다.(세계 제일의 이야기 / 선윤경 외 2인)

● 성도 ●

성도가 숙지해야 할 교리 세 가지

■ 본 문 ■ 내가 받은 것을 먼저 너희에게 전하였노니 이는 성경대로 그리스도께서 우리 죄를 위하여 죽으시고 장사 지낸 바 되셨다가 성경대로 사흘 만에 다시 살아나사 【고전 15:3-4】

■ 서 론 ■ 교리란 종교상의 원리나 이치를 말하는 것으로 성경은 초보적 교리와 전통적 교리와 교훈적 교리로 분류해서 말하고 있다. 성도가 숙지할 교리는?

■ 말씀 ■

Ⅰ. 초보적 교리 【히 6:1,2】

성경은 '그러므로 우리가 그리스도의 도의 초보를 버리고 죽은 행실을 회개함과 하나님께 대한 신앙과 세례(침례)들과 안수와 죽은 자의 부활과 영원한 심판에 관한 교훈의 터를 다시 닦지 말고 완전한 데로 나아갈지니라' 고 했다. 성도는 더 이상 초보적 진리인 안수만 좋아하지 말며, 성도의 부활을 반신반의하지 말며, 영원한 심판이 있니 없니 왈가왈부하지 말며 최종적 구원의 완성을 바라보며 이 땅에서 계속적인 성화의 노력을 해야 한다.

참고 성구 마 5:3-12, 7:12 요 10:10-15 엡 4:13 벧전 2:2 빌 3:12

Ⅱ. 전통적 교리 【고전 15:3,4】

성경은 '내가 받은 것을 먼저 너희에게 전하였노니 이는 성경대로 그리스도께서 우리 죄를 위하여 죽으시고 장사 지낸 바 되었다가 성경대로 사흘 만에 다시 살아나사' 라고 했다. 본절의 성경대로는 곧 구약성경의 기록을 말하는데 그리스도의 죽으심과 부활은 돌발적이거나 우연한 사건이 아니라 성경에 기록된 예언의 성취라는 말이다. 주님의 속죄사역은 하나님의 주권적 섭리에 의해 이루어진 것으로 성경은 그 사역의 내용이다.

참고 성구 사 53장 시 22편 단 9:26 호 6:2 슥 12:10 욘 2:10

Ⅲ. 교훈적 교리 【딤후 3:16】

성경은 '모든 성경은 하나님의 감동으로 된 것으로 교훈과 책망과 바르게 함과 의로 교육하기에 유익하니' 라고 했다. 성경은 영감으로 기록된 것으로 교훈과 책망과 바르게 함과 의로 교육하기 유익하다고 했다. 다시 말하면 하나님의 말씀은 성령의 감동으로 기록된 것이므로 근본적으로 오류가 없고 사람을 가르치고 교훈하는 데 최고의 내용이며 최고의 방법이며 최고의 목적이 된다는 의미이다.

참고 성구 벧후 1:20-21 딤후 3:15 잠 1:8 행 20:35 히 4:12

■ 결 론 ■ 이와 같이 성도가 숙지해야 할 교리를 알았으니 성도는 초보적 교리를 알되 더 심오한 영적 지식을 더하여 전통적 교리를 재해석하며 교훈적 교리로 신앙생활에 큰 유익을 얻는 자 되자.

■해설■ 교리

교리에 해당하는 영어 'dogma'는 헬라어 '도그마'에서 유래된 것으로 '도그마'는 '생각하다, ~인 것 같다, ~이 좋은 것 같다'를 뜻하는 '도케인'에서 나왔다. 도그마는 권위 있게 선포된 교리를 뜻한다. 70인역에서 도그마는 에 3:9, 단 2:13, 6:8의 경우, '왕이 반포한 칙령'의 뜻으로 나타나 있다. 이 단어가 눅 2:1에는 '가이사 아구스도'의 칙령으로, 행 16:4에는 사도들이 작정한 규례(규정)로, 골 2:14과 엡 2:15에는 죄인에 대한 율법의 판결로 나타나 있다(이것을 예수님께서는 십자가상에서 이기셨음). 특히 스토아 철학에서 이것은 의심할 나위없이 영원히 확정된 것으로 간주되는 자명한 원리를 가리켰다.

■참고■ 기독교의 중심되 여러 교리들

• 성경의 영감 - 모든 성경은 하나님의 감동으로 된 것임(딤후 3:16) • 그리스도의 신성 - 성령으로 아니하고는 누구든지 예수를 주시라 할 수 없느니라(고전 12:3) • 그리스도의 성육신 - 예수 그리스도께서 육체로 오신 것을 시인하는 영마다 하나님께 속한 것이요(요일 4:2) • 그리스도의 부활 - 만일 죽은 자의 부활이 없으면 그리스도도 다시 살지 못하셨으리라(고전 15:13) • 그리스도의 재림 - 우리는 그의 약속대로 의의 거하는 바 새 하늘과 새 땅을 바라보도다(벧후 3:13) • 믿음으로 구원 받음 - 믿음으로 구원을 얻었나니(엡 2:8)

■예화■ 거짓으로 오염된 진리

어느 날 사자가 늑대와 고양이, 그리고 개와 여우를 불러다가는 잡은 고기를 다섯 짐승이 먹을 수 있도록 갈라놓으라고 명령했다. 처음에는 늑대가 나와서 갈랐다. 사자는 갈라둔 고깃덩어리를 가만히 보더니 괜한 트집을 잡아서는 늑대를 잡아먹어 버렸다. 이번에는 고양이가 나누었다. 물론 늑대가 없으니까 네 등분을 했다. 이번에도 나누어진 고기를 보더니 느닷없이 너는 왜 나와 닮았느냐며 잡아먹어 버렸다. 이번에는 개의 차례이다. 물론 늑대와 고양이가 없으니까 삼등분 했다. 괜히 화가 난 사자는 너는 왜 사람들에게 살살거리느냐며 잡아먹어 버렸다. 맨 나중까지 남은 여우는 이것을 보고는 자기 차례가 오자 많은 양의 고기를 듬뿍 갈라 사자 앞에 놓고 자기 앞에는 아주 조그마한 고기를 놓아 이등분을 하였다. 그리고는 "사자님, 꼭 같이 나누었습니다." 그때서야 사자는 기분이 좋아서 여우를 칭찬하고는 "그래, 누가 이런 것을 가르치더냐?"하고 묻자, 여우는 "예, 제 앞에 세 친구의 죽음이 가르쳐 주었습니다."하고 대답했다. 정직하면 죽는다는 것, 살면서 배우고 요령을 알아 생명을 연장하는 교수법, 그리하여 거짓을 선택하더라도 희생되지 않는 비진리를 동물들을 통하여 보여주는 우화이다. 그럼에도 불구하고 우리들은 비진실한 내용이라 하더라도 진실인 양 꾸밀 수 있는 거짓 속에서 배워온 것들로 오염되어 있다는 사실을 모르고 살아가는 것이다.(의미있는 길을 묻는 자를 위하여 / 이용삼)

● 성도 ●

성도가 절제하는 이유 세 가지

■ 본 문 ■ 서로 분방하지 말라 다만 기도할 틈을 얻기 위하여 합의상 얼마 동안은 하되 다시 합하라 이는 너희가 절제 못함으로 말미암아 사탄이 너희를 시험하지 못하게 하려 함이라 【고전 7:5】

■ 서 론 ■ 테어도어 파귀는 "절제는 육체의 경건이다. 그것은 거룩한 명령을 육신에 보존하는 것이다" 라고 했다. 성도가 절제를 하는 이유는?

■ 말 씀 ■

I. 기도할 틈을 얻기 위해서 【고전 7:5】

성경은 '서로 분방하지 말라 다만 기도할 틈을 얻기 위하여 합의상 얼마 동안은 하되 다시 합하라 이는 너희가 절제 못함으로 말미암아 사탄이 너희를 시험하지 못하게 하려 함이라' 고 했다. 인간의 성적 충동은 범죄와 타락을 유발시키는 중요한 동기가 된다. 따라서 성도가 절제하는 것은 기도할 틈을 얻기 위해서 합의상 얼마동안이지 다시 합쳐서 시험거리가 되지 않게 해야 한다.

　　참고 성구 에 4:16 갈 5:23,9 요 14:16-17 골 1:13 롬 6:18

II. 만물의 마지막이 가까이 왔기에 【벧전 4:7】

성경은 '만물의 마지막이 가까이 왔으니 그러므로 너희는 정신을 차리고 근신하여 기도하라' 고 했다. 말세지말에 만물의 마지막이 가까이 왔으므로 임박한 하나님의 심판의 날을 준비하는 성도는 세상 사람들과 같이 술 취하고 시집가고 장가가는 일보다 정신을 차리고 근신하여 기도해야 한다. 바울은 밤이 깊고 낮이 가까웠으니 우리가 어두움의 일을 벗고 빛의 갑옷을 입자고 했다.

　　참고 성구 벧후 3:11-12 창 6:3-5 유 1:7 벧전 4:3 롬 13:12-13

III. 주의 재림을 대비하기 위해서 【살전 5:4,6】

성경은 '형제들아 너희는 어둠에 있지 아니하매 그 날이 도둑 같이 너희에게 임하지 못하리니 … 그러므로 우리는 다른 이들과 같이 자지 말고 오직 깨어 정신을 차릴지라' 고 했다. 본절의 '자지 말고' 는 헬라어 '메 카듀도멘' 으로 이는 도덕적 타락, 또는 영적 나태 및 무관심에 빠지지 말라는 의미를 내포하고 있다. 주님 재림시 성도는 행위대로 심판에 참여하게 된다.

　　참고 성구 마 24:37-39 고후 5:10 벧후 3:10 막 9:1 계 11:17, 19:6

■ 결 론 ■ 이와 같이 성도가 절제하는 이유를 알았으니 성도는 성령의 열매인 절제의 생활을 간과하여 시험에 빠지지 말고 주님 예수로 옷입고 근신하는 생활로 흠 없이 자신을 보존하라.

■해설■ **절제**

'절제'(temperance)는 신약성경의 용어이지만 구약성경에서도 특히 잠언에서 분별력 있게 행동하는 것이란 개념으로 자주 나타난다. 절제란 더 높은 목표와 이상을 달성하려는 욕망을 성취하기 위해 노력하는 것을 말한다. 절제는 헬라어로 '엥크라테이아'인데, 이것은 억제하다, 잠재력을 갖다(여기서 '자제하다'가 나옴)를 뜻하는 '엥크라튜오마이'에서 파생되었다. 절제는 성령의 열매들 중 하나이며(갈 5:23), 또한 벧후 1:5-7에 열거된 신의 여러 성품들 중 믿음에 이어 네 번째 덕목인데, 이로써 신자들은 풍성한 열매와 환상과 견고함을 갖게 되며 그리스도인의 영원한 나라에 넉넉히 들어가게 된다. 바울은 절제를 성공적인 그리스도인 생활의 필수적 요소라고 강조하면서 상을 얻기 위해 분투노력하는 운동선수를 비유로 들어 설명하고 있다(고전 9:25-27).

■참고■ **절제를 묘사한 성경의 말씀들**

• 자기의 마음을 다스리는 것이다(잠 16:32, 25:28) • 성령으로 열매 맺는 것이다(갈 5:23) • 신의성품으로 영적인 성장을 가져오는 것이다(벧후 1:6) • 믿음의 분량대로 지혜롭게 생각하는 것이다(롬 12:3) • 금욕하는 것이다(고전 7:9) • 자기의 몸을 쳐서 복종을 시키는 것이다(고전 9:27) • 미친 것의 반대로 정신이 온전한 것이다(고후 5:13)

■예화■ **음란 마귀**

마귀의 시험 중에서 음란 마귀의 시험만큼 난처한 것도 없을 것이다. 음란 마귀의 시험은 받아본 사람만이 그것이 얼마나 난처하고 처치 곤란한 것인가를 안다. 음란 마귀는 교회에서 기도를 할 때에도 음란한 생각을 떠오르게 만들고, 찬송을 부를 때에도 예수 믿기 전에 보았던 음란 비디오의 한 장면이 눈 앞에 떠오르게 만들고, 예배 시간에 앉아 있는 여자 성도의 뒷모습만 보아도 욕정이 솟아나게 만든다. 그럴 때마다 심령이 괴로워져서 "나사렛 예수의 이름으로 이 더럽고 추잡한 음란 마귀야, 어서 물러가라"하고 속으로 외치지만 그 때뿐이다. 음란 마귀는 소돔과 고모라를 멸망시키고, 다윗으로 하여금 범죄케 했던 바로 그 마귀인 것이다. 그 강력하고도 끈질긴 도전 앞에는 아무도 당할 자가 없다. 음란 마귀는 때와 장소를 가리지 않고 앞에 있는 여신도의 모습이 갑자기 나체로 보이게도 한다. 어딜 가나 음란 마귀를 이기는 길은 금식과 철저한 회개뿐이다. 또한 과거에 저지른 음란죄를 철저히 회개해야 한다. 마음속으로 간음한 죄까지도 회개해야 한다. 예수님께서는 음욕을 품은 자마다 이미 간음한 것이라고 말씀하셨다. 괜히 그런 말씀을 하신 것이 아니다. 마음속에 음욕을 품으면 그 틈을 비집고 음란 마귀가 안으로 들어오기 때문이다. (사랑과 기적 제1부 / 정봉화)

● 성도 ●

성도가 취할 영생의 세 단면

■ 본문 ■ 또 내 이름을 위하여 집이나 형제나 자매나 부모나 자식이나 전토를 버린 자마다 여러 배를 받고 또 영생을 상속하리라 [마 19:29]

■ 서론 ■ 성경에서 말하는 영생 또는 영원한 생명이란 영혼불멸의 것이 아니라 그리스도에 의해 주어지는 영원한 생명을 말한다. 이것은 그리스도를 믿고서 하나님과의 새로운 관계에 들어가는 일이다. 성도가 취할 영생은?

■ 말씀 ■

I. 성도의 영생은 미래에 상속한다 [마 19:29]

성경은 '또 내 이름을 위하여 집이나 형제나 자매나 부모나 자식이나 전토를 버린 자마다 여러 배를 받고 또 영생을 상속하리라' 고 했다. 본절의 상속하다는 헬라어 '클레로노메오' 로서 이는 '물려받는다, 차지한다, 소유한다, 상속한다' 는 뜻으로 주님을 위해 모든 것을 버린 자는 현세에서 일백 배를 받을 것이며 또한 현재 상속자로서 영생을 미래에 상속받아 차지할 것이다.

참고 성구 마 25:34 골 1:13 고후 5:1, 4-5 요 3:16, 17:3

II. 성도의 영생은 내세에 보상받는다 [눅 18:30]

성경은 '현세에 여러 배를 받고 내세에 영생을 받지 못할 자가 없느니라 하시니라' 고 했다. 성도가 온전히 주를 따르는 것을 험난한 가시밭길로만 생각하기 쉽다. 그러나 본 구절의 약속처럼 그리스도의 참 제자들은 오히려 더 풍성한 축복 가운데 살아가게 된다. 바울의 고백처럼 현재의 고난은 장차 나타날 영광과 족히 비교할 수 없다. 곧 영원한 내세의 소망을 가지고 있는 것이다.

참고 성구 요 12:25 벧후 1:10-11 계 2:7, 22:12 롬 8:18 욥 42:10

III. 성도의 영생은 추수 때 완전해진다 [요 4:36]

성경은 '거두는 자가 이미 삯도 받고 영생에 이르는 열매를 모으나니 이는 뿌리는 자와 거두는 자가 함께 즐거워하게 하려 함이라' 고 했다. 주님께서 마지막 날 추수하실 때에 알곡과 가라지는 확연히 구분이 된다. 알곡인 성도는 천국에서 해와 같이 빛나는 영생의 삶을 살게 된다. 성도가 하늘에서 받는 영광의 찬란함은 별과 같이 비친다고 다니엘은 말하고 있다.

참고 성구 단 12:3 갈 6:8 마 13:39-43 유 1:15 계 20:11-15 요일 2:17

■ 결론 ■ 이와 같이 성도가 취할 영생의 단면을 보았으니 성도는 현세에서 백배의 수확을 받고 내세에서 상속자로서 영생의 상속을 보상받아 주와 함께 영생의 삶을 영위하는 자 되자.

■해설■ **영생(영원한 생명)**

성경에서 말하는 영생(immortality) 또는 영원한 생명이란 영혼불멸의 것이 아니라 그리스도에 의해 주어지는 영원한 생명(아이오니오스 조에)을 말한다(요 3:16). 고대 이스라엘에서는 장수가 하나님의 축복으로 되어 있었다(창 15:15). 후에 차츰 죽음에 대한 승리 혹은 영생의 신앙이 분명해져 오는데(시 49:15, 단 12:12) 이것이 완전하게 보여진 것은 예수 그리스도에 있어서이다. 그리스도는 모든 믿는 자에게 영원한 생명을 주시는 분으로 오셨다(요 3:16). 영원한 생명이란 그리스적인 영혼불멸과는 달리 인간이 그리스도를 믿고서 하나님과의 새로운 관계에 들어가는 일이다(요 17:3, 롬 5:21). 그것은 현재 이미 하나님 및 그리스도와의 교통(사귐)로서 주어져 있는 새로운 생명임과 동시에(요 5:24, 롬 6:11, 요일 1:1-3) 아직 이 세상에 있는 한으로는 마지막 날에 완성되는 것으로서 대망된다(요 6:40, 롬 8:11). 그리고 이 생명은 한없이 계속되는 것이다(요일 2:17).

■참고■ **영생이란 무엇?**

- 영생이란? ①영생은 진실한 생명이다(딤전 6:12,19) ②영생은 풍부한 생명이다(요 10:10) ③영생은 즐거운 생명이다(벧전 1:8) ④영생은 참지식의 생명이다(요 17:33) ⑤영생은 끝없는 생명이다(요 10:28)
- 영생을 얻을 자는? ①예수를 믿는 자(요 11:25, 3:16) ②주의 말씀을 듣는 자(요 5:24) ③주를 위하여 세상적인 것을 떠난 자(눅 18:29-30)
- 영생의 의의는? ①마음의 중생이다(요 3:3) ②육신의 부활이다(요 5:29) ③이 둘이 합하여 영원히 사는 것을 말한다(살전 4:16)

■예화■ **자신을 위한 집을 건축하자**

어떤 젊은 건축가가 자력으로 개업한 지 얼마 안 되어 당시 부유한 양조업자인 그의 친척 한 사람이 그를 찾아와서 부탁하기를 "짐, 집 한 채 지어주게. 여기에 개략적인 설계가 있네. 이걸 두고 갈 테니 가장 좋은 재료를 쓰되 계산서는 언제든지 보내 주게. 그럼 잘 부탁하네."라고 하였다. 짐은 일에 착수하자 처음에는 양심적으로 해 나갔으나 점차 더 많은 이익을 차지하려는 탐욕에서 좋은 자재 대신에 값싼 자재로 대치하고 2류의 목재를 쓰는 등 일을 거칠게 하였다. 집이 완성되었을 때 짐은 양조업자에게 열쇠와 2,000파운드에 달하는 계산서를 내놓았다. 양조업자는 수표를 써주면서 말하기를 "열쇠를 잘 간직하게. 여기에 소유증서가 있네. 짐, 이 집은 내가 자네에게 주는 선물이니 아무쪼록 여기서 여생을 행복하게 지내기를 빌겠네."라고 하였다. 건축가인 짐은 새 집에 들게 되었다. 그 해 겨울이 왔다. 습기는 벽에까지 차 오르고 바람은 틈을 통해 휘몰아치고 지붕에선 비가 방안에 떨어지고 창은 부서졌다. 이런 집에서 여생을 살아야 한다는 것을 생각하니 짐은 집을 튼튼히 잘 짓지 못한 것이 무척 후회되었다. 우리는 자신의 품성과 영혼을 스스로 다듬는 것이다. 하나님은 우리들로 하여금 마음대로 행하게 하시고 우리를 돕기 위해 은총을 베푸신다. (진솔한 삶을 위한 예화선집 / 강일석)

● 성도 ●

성도가 취할 영적 생명의 세 특징

■**본문**■ 이는 너희가 죽었고 너희 생명이 그리스도와 함께 하나님 안에 감추어졌음이라 우리 생명이신 그리스도께서 나타나실 그 때에 너희도 그와 함께 영광 중에 나타나리라【골 3:3-4】

■**서론**■ "하나님이 우리 안에서 시작하신 일은 반드시 완성된다는 확신이 있다. 영생을 얻었다면 언젠가 하나님의 영광 앞에 흠도 없고 점도 없이 서게 될 것이다"라고 마틴 로이드 존스는 말했다. 성도의 영적 생명은?

■**말씀**■

I. 영적 생명은 망하지 않는다【요 11:25,26】

성경은 '예수께서 이르시되 나는 부활이요 생명이니 나를 믿는 자는 죽어도 살겠고 무릇 살아서 나를 믿는 자는 영원히 죽지 아니하리니 이것을 네가 믿느냐'고 했다. 그리스도를 믿는 자들에게는 죽음이 없다. 오직 영생이 있을 뿐이다. 사람들이 사망이라고 말하는 것을 우리 성도들은 잠이라고 일컫는다. 육신은 죽을지라도 영혼은 살며 마지막 날에는 육신이 신령한 몸으로 다시 부활할 것이다.

참고 성구 요 10:10 눅 18:28-30 계 20:5-6 요 3:16

II. 영적 생명은 눈에 보이지 않는다【골 3:3,4】

성경은 '이는 너희가 죽었고 너희 생명이 그리스도와 함께 하나님 안에 감추어졌음이라 우리 생명이신 그리스도께서 나타나실 그 때에 너희도 그와 함께 영광 중에 나타나리라'고 했다. 거듭난 성도의 새 생명의 본체는 본질상 영적인 것이므로 주님의 재림시까지 하나님 안에 간직되어 있다. 그러다가 주님이 재림하실 때 주님과 함께 영광 중에 나타날 것이다.

참고 성구 딤후 1:10 요일 1:2 롬 8:24-25 히 11:40

III. 영적 생명은 영원히 존속한다【요일 2:17】

성경은 '이 세상도, 그 정욕도 지나가되 오직 하나님의 뜻을 행하는 자는 영원히 거하느니라'고 했다. 성도가 보는 이 세상은 사탄의 지배 아래 있다. 이 세상의 것은 잠깐 있다가 지나가 버리는 일시적인 것이지만 하나님 안에 있는 것은 영원하다. 따라서 성도의 영적 생명은 영원히 존속한다. 이는 하나님의 찬란하고 장엄한 영원한 부와 영광 속에 머물러 남는 것을 뜻한다.

참고 성구 요 8:51, 4:14 롬 2:7 딛 1:2 눅 23:43

■**결론**■ 이와 같이 성도가 취할 영적 생명의 특징을 보았으니 성도는 하나님의 찬란한 영광 속에서 남아 항상 함께 하는 자격을 가진 자로서 자긍심을 가지고 살아가자.

■해설■ **새로운 피조물, 새롭게 창조됨**

'새로운 피조물'(new creation)이란 말은 고후 5:17과 갈 6:15에 나오는 말로서 '카이네 크티시스'란 헬라어로 표현되었다. '카이네'란 옛 것은 사라지고 새 것으로 대치된 것으로서 옛 것보다 새 것이 더 나은 상태를 가리킨다(눅 22:20). 바울은 이 말로써 중생의 체험, 혹은 회심의 체험을 통해서 얻어진 새롭게 지음 받은 것을 나타내는데 이러한 새로움(형용사 '카이네'로 표현됨)은 급진적인 변화로서 이전의 모습(상태)과 아주 대조되는 것을 나타낸다. 이러한 회심은 인간의 노력이나 의지로 되는 게 아니라 온전히 하나님의 은혜로 이루어진다.

■참고■ **영적 생명을 의미한 각종 표현들**

• 중생 - 사람이 거듭나지 않으면 하나님 나라를 볼 수 없음(요 3:3-8) • 부활 - 사망에서 생명으로 옮겨졌음(요 5:24) • 변화 - 어두움에서 빛으로, 사탄의 권세에서 하나님께로 돌아감(행 26:18) • 새 피조물 - 누구든지 그리스도 안에 있으면 새로운 피조물로서 새 것이 되었음(고후 5:17) • 하나님의 씨 - 하나님께로부터 난 자마다 죄를 짓지 아니하나니 이는 하나님의 씨가 그의 속에 거함임(요일 3:9) • 그리스도와 함께 못 박힘 - 그런즉 내가 산 것이 아니요 내 안에서 그리스도가 사신 것임(갈 2:20)

■예화■ **샤를마뉴 황제의 묘**

약 200년 전, 위대한 정복자 샤를마뉴 황제의 묘가 공개되었다. 샤를마뉴는 우리에게 흔히 칼 대제라고 더 잘 알려진 프랑스의 국왕이었다. 서유럽의 정치적 통일을 달성하고, 로마 교황권과 결탁하여 기독교의 수호자 역할을 하면서 서유럽의 종교적 통일까지 이룩한 위대한 왕이었다. 이 샤를마뉴의 무덤 발굴작업을 하던 일꾼들은 깜짝 놀랐다. 황제의 몸은 앉은 자세로 있었으며 왕의 의복 중 가장 아름다운 것을 입고 그의 뼈대가 굵은 손에는 홀을 들고 있었다. 무릎 위에는 성경이 놓여 있었는데, 그의 생명 없고 차가운 손가락은 마가복음 8:36을 가리키고 있었다. "사람이 온 세상을 얻고도 자기 생명을 잃으면 무슨 유익이 있겠느냐" 하신 주님의 말씀이다. 샤를마뉴가 위대한 정복자로 서유럽을 다 얻었다 해도 그의 생명이 끝나는 날 수십 평의 무덤만이 그의 소유일 뿐이었다. 그러나 사람들은 애써 이 당연한 사실을 잊으려고 한다. 그리고 이 곳에서 영원히 살 사람인 양 욕심을 부린다. 어느 날, 부자 청년이 예수님을 찾아왔다. "선한 선생이여, 내가 무엇을 해야 영생을 얻으리이까?" 이 청년의 마음을 아시는 주님께서는 "네가 온전하고자 할진대 가서 네 소유를 다 팔아 가난한 자들을 주라. 그리하면 하늘에서 보화가 네게 있으리라. 그리고 와서 나를 좇으라" 하셨다. 그러나 이 청년은 불행히도 재물이 많으므로 이 말씀을 듣고 근심하여 나갔다. 그리고 다시는 찾아오지 않았다. (황의봉)

●성도●

성도가 하는 대답 세 가지

■본문■ 너희 마음에 그리스도를 주로 삼아 거룩하게 하고 너희 속에 있는 소망에 관한 이유를 묻는 자에게는 대답할 것을 항상 준비하되 온유와 두려움으로 하고 [벧전 3:15]

■서론■ 대답이란 묻는 말에 자기의 뜻을 나타냄이나 나타내는 그 말을 뜻한다. 고난과 환란의 박해가 올 때 성도가 하는 대답은?

■말씀■

I. 성도는 성령이 주시는 대답을 말한다 [눅 21:14,15]

성경은 '그러므로 너희는 변명할 것을 미리 궁리하지 않도록 명심하라 내가 너희의 모든 대적이 능히 대항하거나 변박할 수 없는 구변과 지혜를 너희에게 주리라' 고 했다. 성도의 대답은 성령께서 그때그때마다 영감과 지혜를 주신다는 약속이다. 기독교 2,000년 역사를 보더라도 모든 박해를 견디고 교회가 부흥한 것은 오로지 성령께서 성도를 통하여 행하신 역사임을 알 수 있다.

참고 성구 행 6:8-10 히 13:6 사 50:9 요 18:37 행 23:3, 6-10

II. 성도는 성령이 지시하시는 대답을 말한다 [눅 12:11,12]

성경은 '사람이 너희를 회당이나 위정자나… 앞에 끌고 가거든 어떻게 무엇으로 대답하며 무엇으로 말할까 염려하지 말라 마땅히 할 말을 성령이 곧 그 때에 너희에게 가르치시리라 하시니라' 고 했다. 본절의 '대답하며' 는 헬라어 '아폴로게세스데' 로서 이는 법률 용어로 '법적으로 자신을 옹호하거나 변호하는 발언을 하다' 란 뜻이다. 주님은 성령이 가르치시고 지시하시는 대답을 하라고 하셨다.

참고 성구 마 10:19-20 막 13:11 행 23:11 요 16:13

III. 성도는 온유와 두려움의 대답을 말한다 [벧전 3:15]

성경은 '너희 마음에 그리스도를 주로 삼아 거룩하게 하고 너희 속에 있는 소망에 관한 이유를 묻는 자에게는 대답할 것을 항상 준비하되 온유와 두려움으로 하고' 라 했다. 베드로 당시에 성도가 극단의 박해 속에서도 믿음을 포기 하지 않고 순교를 하려는 태도에 불신자들은 강력한 의문을 갖고 있었다. 그렇기에 이들의 의문에 답해 줄 성도의 대답은 언제나 영혼을 사랑하는 마음과 하나님을 경외하는 겸손한 자세가 필요했다.

참고 성구 행 24:25 행 26:29 마 10:32-33, 10:28 단 3:18

■결론■ 이와 같이 성도가 하는 대답을 알았으니 성도는 박해의 현장에서 성령이 주시며, 성령이 지시하시는 대답을 온유와 두려움으로 말하여 스데반과 같이 순교자적 삶을 살아 하나님께 영광을 돌리자.

■해설■ **대답**

1세기의 안디옥 교회의 감독 '이그나티우스'는 구원의 진리와 부활의 확실성을 믿어 의심치 않았기에 자기를 박해하는 이들에게 아래와 같이 외쳤다. "만약 기독교의 이 모든 것이 허무맹랑한 거짓이라고 한다면 내가 무슨 이유로 여기에 구속을 받고 있겠는가? 또 만일 이것이 거짓이라고 한다면 무슨 까닭에 내 몸을 사형에, 혹은 불 속에, 칼 앞에, 사나운 짐승의 턱앞에 가져다 놓도록 하겠는가?"라고. 참으로 '이그나티우스'는 단지 신앙을 버린다고 하는 말 한 마디면 자기의 생명을 건질 수 있었다. 그러나 그는 그렇게 하지 않아 끝내는 안디옥에서 잡혀 로마의 원형 경기장에서 사자 앞에 던져졌다.

■참고■ **이런저런 혓바닥의 말들**

• 뱀의 간교한 혀 - 인류의 시조를 타락하게 만듦(창 3:4) • 요셉 형들의 거짓 말하는 혀 - 야곱을 심히 슬프게 만듦(창 37:32) • 야곱의 속이는 혀 - 형 에서의 축복을 늑탈함(창 27:18,23) • 바로의 고집 센 혀 - 악질병이 오게 된 원인(출 10:28) • 미리암의 질투의 혀 - 나병을 유발함(민 12:1-10) • 고라와 그 일당의 교만한 혀 - 무서운 심판을 유발함(민 16:32) • 가룟 유다의 탐욕스런 혀 - 그리스도를 죽임(마 26:15) • 베드로의 교만한 혀 - 주를 부인하게 만듦(마 26:70) • 디오드레베의 잔소리의 혀 - 교회 안에서 문제가 됨(요삼 1:9-10)

■예화■ **어머니의 충고**

사랑하는 딸들에게 전하고 싶은 이야기가 있다. 현대인들에게 신앙적으로 깊은 감동을 주었던 화란인 코리텐붐이라는 할머니는 독일의 나치에 의해서 말할 수 없는 핍박을 받았다. 그리고 이 모든 핍박과 고난의 산 증인이었다. 전쟁이 끝난 후에 그녀는 독일인과 전세계 사람들에게 하나님의 사랑을 증언하는 일에 놀랍게 쓰임을 받았다. 이 할머니의 자서전에 보면 이런 이야기가 나온다. 코리가 어린 소녀였을 때 그녀는 경건한 신앙을 어머니에 의해서 양육을 받았다. 화란의 많은 사람들이 독일의 핍박과 박해를 받고 있었을 때 한 순간도 그 마음이 놓이지 못한 채 죽음과 불안의 갈림길에서 이 소녀에게도 어렴풋이 나마 죽음이라는 것이 두려워지기 시작했다. 그래서 어느 날 코리가 엄마에게 이렇게 물었다. "엄마! 나 죽으면 어떻게 돼요? 어떻게 죽을 수가 있어?" 아이가 이렇게 묻는 물음에 한국의 어머니들은 어떻게 대답하게 될지……(?). "재수 없는 소리 마!" 아마 이렇게 야단을 쳤을 것이다. 그러나 이 지혜로운 코리의 어머니는 죽음이라는 것이 피할 수 없는 삶의 명제인 것을 알았기에 이렇게 대답을 해주었다. "코리야, 엄마하고 너하고 기차를 탈 때 언제 엄마가 너에게 기차표를 주었지?" "기차 타기 직전이었지요." "맞았어. 코리. 네가 죽을 때는 죽을 수 있는 능력을 하나님이 너에게 주신단다." 이것은 현실을 도피하지 않으면서도 현실을 직면하게 만드는 지혜로운 어머니의 충고라고 생각한다.

● 성도 ●

성도가 하나님께 해야 할 의무 세 가지

■본 문■ 아버지께 참되게 예배하는 자들은 영과 진리로 예배할 때가 오나니 곧 이 때라 아버지께서는 자기에게 이렇게 예배하는 자들을 찾으시느니라 【요 4:23】

■서 론■ 작가 입센은 "무엇이 나의 가장 신성한 의무인 것일까? 나에게 있어서 신성한 의무, 그것은 나 자신에 대한 의무이다"라고 했다. 성도가 하나님께 해야 할 의무는?

■말 씀■

I. 순종의 의무 【마 12:50】

성경은 '누구든지 하늘에 계신 내 아버지의 뜻대로 하는 자가 내 형제요 자매요 어머니이니라 하시더라'고 했다. 순종이란 무엇인가? 성경에서는 특히 하나님의 말씀을 듣고 따르는 일, 또는 그대로 준행하는 일을 말하고 있다. 본절의 뜻대로는 헬라어 '델레마'로서 이는 '뜻, 목적'이란 뜻으로 하나님 아버지의 목적을 의미한다. 하나님의 목적에 자신을 맞추는 것이다.

참고 성구 삼상 15:22 신 26:16 행 5:29 히 5:7-8 마 26:39,42

II. 헌신의 의무 【살전 1:9】

성경은 '그들이 우리에 대하여 스스로 말하기를 우리가 어떻게 너희 가운데에 들어갔는지와 너희가 어떻게 우상을 버리고 하나님께로 돌아와서 살아 계시고 참되신 하나님을 섬기는지와'라고 했다. 헌신이란 무엇인가? 기독교에 있어서는 하나님과 이웃 사랑을 위한 봉사를 최상의 덕으로 삼고 있는데 사적인 요구를 버리고 하나님을 위해 일하는 것(섬기는)을 말하고 있다.

참고 성구 행 14:15, 10:2 요 6:38-39 엡 4:22-24 마 25:15-17

III. 예배의 의무 【요 4:23】

성경은 '아버지께 참되게 예배하는 자들은 영과 진리로 예배할 때가 오나니 곧 이 때라 아버지께서는 자기에게 이렇게 예배하는 자들을 찾으시느니라'고 했다. 예배란 무엇인가? 인간이 절대자에 대해 숭배와 존경을 표현하는 일체의 행위를 말한다. 본절의 '예배하다'는 헬라어 '프로스쿠네오'로서 이는 '절한다, 꿇어 엎드린다, 예배한다'이며, 영어 'worship'(예배)는 '가치를 돌린다'는 뜻이다.

참고 성구 롬 12:1 막 1:35 요 1:17 고후 3:17 행 17:24-29

■결 론■ 이와 같이 성도가 하나님께 해야 할 의무를 보았으니 성도는 순종과 헌신과 예배의 의무를 다하여 하나님을 기쁘게 해 드리는 자들이 되자.

■해설■ 의무

'의무'(duty)란 것은 어떤 사람에게 당연히 해 주어야 할 것을 가리킨다. 신약에 자주 나오는 '오페일로'라는 동사는 도덕적인 의무를 의미한다. 이것은 종종 비인칭 동사인 '데이'로 표현된다. 이것이 신약성경에서는 첫째, 경제적인 채무를 지불하는 것(마 18:28), 둘째, 은혜를 입음(눅 17:10), 셋째, (맹세에 의하여) 해야 할 의무가 있음(마 23:16,18)과 같은 의미로 표현되어 있다. 철인(哲人) 임마누엘 칸트(Immanuel Kant)는 의무를 위한 의무를 도덕적 행동의 참된 동기로 간주했으나 이것은 형식적이고 추상적인 의무이다. 예수께서는 하나님과 사람을 위한 사랑을 참된 도덕적 동기로 간주하셨다.

■참고■ 사람이 사람에 대한 의무를 잘 나타낸 성경의 구절들

- 아내 - 남편에 대한 의무를 잘 이른 말씀(엡 5:22-24) • 남편 - 아내에 대한 의무를 잘 이른 말씀(엡 5:25-33) • 부모 - 자식에 대한 의무를 잘 이른 말씀(엡 6:4) • 자식 - 부모에 대한 의무를 잘 이른 말씀(엡 6:1-3) • 종 - 주인에 대한 의무를 잘 이른 말씀(벧전 2:12-20) • 주인 - 종에 대한 의무를 잘 이른 말씀(롬 13:1-7) • 사람 - 사람에 대한 의무를 잘 이른 말씀(벧전 3:8-16) • 신앙인 - 믿음이 약한 자에 대한 의무를 잘 이른 말씀(고전 8:1-13)

■예화■ 왜 최선을 다하지 못했는가

미국의 대통령을 지냈던 '지미 카터'가 평생 좌우명으로 삼고 대통령이 되기까지의 일화이다. 카터 대통령은 본래 해군 장교로 해군사관학교 출신이었다. 해군사관학교를 졸업하고 처음 임관했을 때 임관식이 끝나고 부임하는 식장에서 사령관이 그의 경례를 받고 회전의자를 돌려 앉은 채 뒷벽을 바라보고 "카터 소위, 귀관은 사관학교 시절에 몇 등이나 했는가?"라고 물었다. 그때 카터 소위는 당황하면서 "750명 가운데 57등을 했습니다."라고 대답을 하였다. 사령관은 "귀관은 어찌하여 최선을 다하지 못했는가? 어찌하여 57등 밖에 못했느냐는 말이다."라고 하였다. 카터 소위는 그때부터 '왜 최선을 다하지 못했는가'라는 사령관의 말을 자기 일생의 좌우명으로 삼아 그는 해군 소위로서 주어진 일에 최선을 다해서 일했다. 그리고 그 후에 제대하여 농장에 가서 농사를 지을 때에도 농부로서 최선의 노력을 다했고, 주지사로 당선이 되어서는 주지사로서 최선을 다하였다. 그러는 가운데 마침내 백악관의 주인까지 되었던 것이다. 한 사람이 어떤 자리에 오를 때, 사람들이 하는 말로 운이 좋았다든지 기회를 잘 잡았다고 쉽게 말하지만 거기에는 나름대로의 피와 땀과 수고가 있었다는 것을 인정해야 한다. 부지런한 종, 책임과 최선을 다하는 종, 일의 시작과 끝마무리를 잘하는 종이 될 때 기독교의 노동윤리를 잘 감당하는 신앙인이 될 것이다.

● 성도 ●

성도가 항상 해야 할 세 가지

■본문■ 그러므로 나의 사랑하는 자들아 너희가 나 있을 때문 아니라 더욱 지금 나 없을 때에도 항상 복종하여 두렵고 떨림으로 너희 구원을 이루라 [빌 2:12]

■서론■ 성도란 구약에서는 주로 하나님의 백성에 대해서, 신약에서는 일반적으로 그리스도 신자를 가리키는 용어이다. 성도가 항상 해야 할 것은 무엇인가?

■말씀■

Ⅰ. 항상 기도하며 깨어 있는 것 [눅 21:36]

성경은 '이러므로 너희는 장차 올 이 모든 일을 능히 피하고 인자 앞에 서도록 항상 기도하며 깨어 있으라 하시니라' 고 했다. 본 구절은 종말론적 환란기를 맞이하는 성도들의 올바른 자세에 관해서 주님께서 교훈하고 있는 부분이다. 성도는 사탄의 시험을 이기기 위해서 영적 생활로서 기도해야 하며, 교회와 사회생활로서는 깨어 있는 자세가 필요하다.

참고 성구 롬 12:12 살전 5:17 막 1:35 롬 13:11 마 25:5,12

Ⅱ. 항상 복종하여 구원을 이루는 것 [빌 2:12]

성경은 '나의 사랑하는 자들아… 나 있을 때뿐 아니라 더욱 지금 나 없을 때에도 항상 복종하여 두렵고 떨림으로 너희 구원을 이루라' 고 했다. 본 구절은 성화의 생활에 대한 바울의 권면이다. 구원은 온전히 하나님의 은혜에 의한 것으로 사람이 스스로 이룰 수 없다. 그러나 이미 구원받은 성도는 하나님의 뜻을 적극 추구하고, 성령의 열매를 맺으며 구원을 개인적으로 적용하도록 부르심을 받고 있다.

참고 성구 마 5:16 히 13:13-17 요 6:27 엡 6:5 빌 4:15

Ⅲ. 항상 주의 일에 더욱 힘쓰는 것 [고전 15:58]

성경은 '그러므로 내 사랑하는 형제들아 견실하며 흔들리지 말고 항상 주의 일에 더욱 힘쓰는 자들이 되라 이는 너희 수고가 주 안에서 헛되지 않은 줄 앎이라' 고 했다. 견실이란 무엇인가? 이는 사상이나 심성 등이 미덥고 확실함을 의미한다. 그리스도의 부활은 우리 성도의 최고의 신앙이다. 주님의 부활로서 성도들도 부활체를 입을 것이므로 이 소망을 가지고 주의 일에 더욱 힘쓰는 자가 되어야 한다.

참고 성구 고후 1:8 고전 15:10 벧후 3:14 롬 14:8-9

■결론■ 이와 같이 성도가 항상 해야 할 것을 보았으니 성도는 항상 깨어 있어 구원을 이루고 주의 일에 더욱 힘쓰는 자가 되어 마지막 그날에 주님과 동행하는 자들이 되자.

■해설■ **선행**

신학적으로 말해서 선행(good works)이란 올바른 동인(사랑)으로부터 비롯된 도덕적 주체의 어떤 행위이며, 적절한 도덕규범(법)과 일치한 것이며, 가치 있는 대상(하나님)의 영광에 합치한 것이다. 사랑의 동인과 사랑의 대상은 각각 궁극적인 의미에 있어서 신적인 것이다. 즉 그것은 "우리가 사랑함은 그가 먼저 우리를 사랑하셨음이라"(요일 4:19, 롬 5:6)는 말로 표현될 수 있다. 다시 말해서 사람의 영혼 속에 사랑을 불러일으키는 동인(動因)이 되시는 분은 하나님이시며 그리하여 이번에는 그 사람이 하나님을 대상으로서 사랑하게 된다. 또 하나 "법"이란 것은 그것이 창조주로부터 비롯된 것이요 외적이요 객관적인 것이다. 따라서 우리는 "선행"이란 내적인(주관적인) 면과 외적인(객관적인) 면에 있어서 도덕적인 존재의 선하고 경건한 행위라고 생각할 수 있다.

■참고■ **그리스도인이 생활에서 먼저 할 일들**
- 하나님의 나라를 먼저 구함 - 너희는 먼저 그의 나라와 그의 의를 구하라(마 6:33)
- 몸을 산 제물로 드림 - 너희 몸을 하나님이 기뻐하시는 거룩한 산 제물로 드리라(롬 12:1)
- 믿음 안에서의 삶 - 나를 위하여 자기 몸을 버리신 하나님의 아들을 믿는 믿음 안에서 사는 것이라(갈 2:20)
- 하늘의 것을 생각함 - 위엣 것을 찾으라(골 3:1-2)
- 그리스도의 영광을 기다림 - 구주 예수 그리스도의 영광이 나타나심을 기다리게 하셨으니(딛 2:13)
- 예수를 바라봄 - 믿음의 주요 또 온전케 하시는 이인 예수를 바라보자(히 12:2)

■예화■ **맥아더 장군**

2차 대전 후 점령군 사령관으로 맥아더 장군이 일본에 가 있을 때 히로히도 일본 천황이 맥아더 장군과 면담을 하자고 했다. 그 때에 맥아더 장군은 "나는 인간인데 신이라고 하는 일본의 천황과는 이야기를 할 수 없소. 다만 당신이 전국 방송을 통해서 '나는 신(神)이 아니라 인간입니다' 라고 방송한 다음에 당신과 대화하겠소." 그래서 일본 천황 히로히도가 전국 방송을 통해서 "나는 더 이상 신이 아니고 인간입니다." 라고 한 뒤 대화를 했다는 유명한 이야기가 있다. 이 맥아더 원수는 좋은 크리스천이었다. 그는 어려운 일이 있을 때마다 앞장서서 해결을 했던 명장이었다. 그는 인천 상륙 작전을 하고 9·28수복 이후에 서울에 와서 이승만 대통령에게 서울을 이양한다는 메시지를 보내면서 끝에다가 주기도문을 다 써서 보냈다는 유명한 이야기가 있다. 그는 적극적인 사람으로 어디를 가든지 하나님께 귀하게 들어 쓰시는 인물이었다. 그가 군복을 벗을 때 상하 양원이 모인 국회에서 유명한 연설을 하고 마지막으로 "노병은 죽지 않는다. 다만 사라져갈 뿐이다." 라고 한 뒤 뚜벅뚜벅 걸어 나갔다. 오늘 크리스천의 의와 믿음과 사랑의 적극적인 신앙의 태도로 믿음을 가지고 생활에 옮길 때 어디 가든지 귀한 그릇이 될 수 있다. 또한 희생할 줄 알고 책임질 줄 아는 사람이 귀한 그릇이 되어 하나님의 나라에서나 땅위에서 귀하게 들어 쓰시는 그릇이 될 줄로 믿는다. (삶의 터전을 찾는 대화 / 김선도)

● 성도 ●

성도가 해야 할 말 세 가지

■본 문■ 누구든지 다른 교훈을 하며 바른 말 곧 우리 주 예수 그리스도의 말씀과 경건에 관한 교훈을 따르지 아니하면 【딤전 6:3】

■서 론■ 프랑스의 소설가로 '레미제라블'로 큰 명성을 얻은 빅토르 위고는 "격렬한 말은 이유가 박약하다는 것을 증명하고 있는 것이다"라고 했다. 성도가 해야 할 말은?

■말 씀■

I. 성도의 전하는 말 【고전 2:4】

성경은 '내 말과 내 전도함이 설득력 있는 지혜의 말로 하지 아니하고 다만 성령의 나타나심과 능력으로 하여' 라 했다. 성도가 복음을 전도할 때에 사람을 설득하여 인간의 지혜로 전하는 것이 아니라 주의 성령의 나타나심과 성령의 능력으로 복음을 전하는 것이다. 본절의 설득력 있는 말이란 헬라어 '페이도이스'의 번역어로 이는 말재주로 상대방을 속이는 것을 말한다. 복음은 설득시키는 것이 아니라 믿게 하는 것이다.

참고 성구 행 2:38-39 행 14:15 딤전 6::18-19 요 4:39

II. 성도의 분명한 말 【고전 14:9】

성경은 '이와 같이 너희도 혀로써 알아 듣기 쉬운 말을 하지 아니하면 그 말하는 것을 어찌 알리요 이는 허공에다 말하는 것이라' 고 했다. 방언은 습득한 일이 없는 언어를 무아의 상태에서 말하는 현상을 일컫는 것이다. 교회 내에서 무의미한 소리의 남발로 믿지 않는 자들의 비난의 대상이 되는 방언은 혼자서 조용히 할 것이요 교회 안에서는 분명한 말을 해야 한다.

참고 성구 고전 1:18 단 3:18 요 4:26 고전 14:23 고후 1:19-20

III. 성도의 바른 말 【딤전 6:3】

성경은 '누구든지 다른 교훈을 하며 바른 말 곧 우리 주 예수 그리스도의 말씀과 경건에 관한 교훈을 따르지 아니하면' 이라 했다. 성도의 바른 말은 주님 예수의 말씀과 교훈을 따르는 것이다. 본절의 '바른 말' 은 헬라어 '휘기아이누신 로고이스' 로서 이는 '건강한 말씀에, 건전한 말씀에' 의 뜻으로 주님의 건강하며 건전한 말씀은 율법에 반대되는 무조건 용서하는 십자가의 복음을 의미한다.

참고 성구 행 5:8 행 4:19-20 몬 1:10-14 삼하 12:7

■결 론■ 이와 같이 성도가 해야 할 말을 살펴보았으니 성도는 복음을 전하는 말과 교회에서 분명한 말과 신앙생활에서의 바른 말로써 주님의 영광을 가리지 않는 자들이 되자.

■해설■ 말

'J.H. 자우에트'는 '말'에 관해 다음과 같은 명언을 남겼다. "의사는 때때로 우리들의 혀를 보고서 병의 상태를 판단한다. 이보다 더 심각한 의미는 혀는 우리의 품성의 상태를 나타낸다. 우리들이 하는 말은, 즉 우리들의 도덕적, 영적 건강상태를 아는 데 있어서 가장 완전한 색인이다. 만일 그 말이 불결하고 불성실한 것이라면 그 영혼도 확실히 병들어 앓고 있는 것이다. 독설은 성별된 마음과는 물과 불처럼 상극인 것이다. 그러므로 누구든지 자기의 생활에 대하여 임상진단을 해 볼 수가 있다. 즉 나의 말은 무엇을 나타내고 있는 것일까? 나의 말의 내용은 어떠한 것인가?"

■참고■ **성경에 나타난 이런저런 말들**

• 변명의 말(출 4:10) • 거짓말(시 120:3, 잠 21:6, 미 6:12) • 아첨하는 말(잠 6:24) • 의인의 말(잠 10:20) • 지혜로운 말(잠 15:2) • 유익한 말(잠 15:4) • 패역한 말(잠 17:20) • 부드러운 말(잠 25:15) • 참소하는 말(잠 25:23) • 더듬는 말(사 33:19) • 악독한 속삭임(사 59:3) • 새 방언(막 16:17) • 갈라지는 혀(행 2:3) • 일구이언(딤전 3:8)

■예화■ **세 황금문**

데이란 사람이 쓴 〈세 황금문〉이란 글에 보면 인간의 언어생활에 대해 다음과 같은 충고의 말이 나오고 있다. 말하기 전에 세 황금문을 지나게 하라. 다 좁은 문들이다. 첫째 문은 "그것은 참말이냐?" 그리고 둘째 문은 "그것은 필요한 말이냐?" 네 마음속에서 참된 대답을 하라. 마지막이고도 가장 좁은 문은 "그것은 친절한 말이냐?" 그 세 문을 지나왔거든 그 말의 결과가 어찌 될 것인가 염려 말고 크게 외쳐라. 옛날 우리네 선조들은 말 때문에 많은 고통과 고난을 겪어서인지 "말로써 말이 많으니 말을 말까 하노라" 하면서 입을 다물어 버리는 것을 현명한 것으로 알아왔다. 간혹 반드시 말을 하여야 할 경우에는 신중히 생각한 다음에 입을 벌리라는 뜻에서 "일언전십사(一言前十思)" 즉 "한 마디의 말을 하기 전에 열 번 생각하라"고 충고하였다. 그러나 과연 입을 다무는 것이 입을 여는 것보다 좋으며, 침묵이 과연 금인가? 성경은 우리에게 두 가지를 강조하고 있다. 첫째는, 거짓을 버리고 참된 것을 말하라는 것이다. 그리고 둘째는, 더러운 말은 입 밖에도 내지 말고 도리어 덕을 세우는 데 소용이 되는 대로 선한 말을 하여 듣는 자에게 은혜를 끼치게 하라는 것이다. 입은 조심해서 사용하지 않을 것이 아니라, 오히려 잘 사용하여 이웃에 큰 덕을 세워야 할 귀한 은총의 수단이다. (무엇이 삶을 아름답게 하는가 / 김득중)

● 성도 ●

성도가 흘리는 값진 눈물 세 가지

■본 문■ 이에 베드로가 예수의 말씀에 닭 울기 전에 네가 세 번 나를 부인하리라 하심이 생각나서 밖에 나가서 심히 통곡하니라 【마 26:75】

■서 론■ "눈물 속에서 꽃은 피어난다고 했다. 마음 한 구석에 슬픔의 텃밭을 가꾸어보지 않은 사람은 삶의 진수를 경험하지 못한 사람이다"라고 새뮤얼 스마일즈는 말했다. 성도가 흘리는 값진 눈물은?

■말씀■

I. 회개의 눈물 【마 26:75】

성경은 '이에 베드로가 예수의 말씀에 닭 울기 전에 네가 세 번 나를 부인하리라 하심이 생각나서 밖에 나가서 심히 통곡하니라' 고 했다. 통곡이란 무엇인가? 이는 목놓아 큰 소리로 우는 것을 말한다. 주님 예수의 수제자로서 주님 죽는 데 같이 가겠다고 큰소리친 베드로는 급기야 주님을 부인하는 잘못을 저질렀다. 이후 그는 통곡하며 참회의 눈물을 흘리며 비로소 거듭난 생을 살게 된다.
참고 성구 마 26:74 눅 22:61 마 27:3 히 12:16-17 고후 7:10

II. 연민의 눈물 【롬 12:15】

성경은 '즐거워하는 자들과 함께 즐거워하고 우는 자들과 함께 울라' 고 했다. 신앙고백은 개인적인 차원에서 하나님과 단독적으로 이루어지는 것이지만 신앙생활은 반드시 공동체적이다. 공동체 형성의 필요성, 서로의 아픔에 격의 없이 동참하는 것이야말로 개인주의가 팽배한 현대인에게 더더욱 절실히 요청되는 문제이다. 연민과 긍휼의 눈물은 성도의 가치 있는 눈물이다.
참고 성구 행 9:39 막 9:20-24 시 103:13 눅 10:33 고전 12:26

III. 거룩한 눈물 【요 11:34,35】

성경은 '이르시되 그를 어디 두었느냐 이르되 주여 와서 보옵소서 하니 예수께서 눈물을 흘리시더라' 고 했다. 주님 예수께서 눈물을 흘리심은 본 구절 속에서 그리스도의 인성이 가장 간명하게 드러나 있다. 주님이 흘리신 거룩한 눈물은 성도의 눈물이어야 한다. 나사로에 대한 사랑의 증표인 눈물! 참된 사랑은 눈물을 수반한다. 사도 바울의 눈물도 이런 사랑에 기인한다.
참고 성구 행 20:37,19,31 시 78:39 눅 19:41 히 5:7 고후 2:4

■결 론■ 이와 같이 성도가 흘리는 값진 눈물을 보았으니 성도는 죄를 고백하는 회개의 눈물과 이웃을 위한 연민의 눈물과 하나님을 향한 거룩한 눈물을 아낌없이 쏟아내는 자들이 되자.

■해설■ **횟필드의 눈물**

대설교가인 조지 휫필드(George whitefield)를 잘 알고, 다른 이보다 그의 설교를 많이 들어 본 사람이면 그가 설교할 때 늘 많이 운다는 것을 이야기할 것이다. 눈물이 나서 그의 설교가 끊기기도 하고 심하면 몇 분 정도를 쉬게 될 때도 있기 때문이다. "내가 우는 것이 좀 잘못이라고 생각하지요. 그러나 당신이 자신 때문에 울지 않고 있는데 어쩌란 말이오. 당신의 영혼이 파괴되려 하고 이것이 당신의 마지막 설교라는 것을 알고 그리스도가 주시는 마지막 기회라는 것을 알아야 하는데 이를 모르시니 어찌 울지 않겠소." 휫필드는 부패한 영국을 말씀으로 구출했고, 찬송가 작시자로서 많은 곡을 남긴 영국이 낳은 불멸의 대설교가였다.

■참고■ **이런저런 눈물**

- 하갈 - 자식 이스마엘의 생명이 위험하여 방성대곡함(창 21:16)
- 이삭 - 아우 야곱에게 빼앗긴 축복을 애통해 함(창 27:34)
- 요셉 - 아버지 야곱의 죽음(창 50:1)
- 야곱 - 친척 라헬을 처음 만난 기쁨 때문에(창 29:11), 요셉이 짐승에게 물려 죽었다 하여(창 37:35)
- 느헤미야 - 예루살렘의 성이 훼파되고 성문들은 소화되었다는 불행한 조국의 소식에(느 1:4)
- 모르드개 - 유다인의 멸절 소식을 전해 듣고(에 4:1)
- 바울 - 에베소의 장로들과 이별할 때 피차 흘렸던 사랑의 눈물(행 20:36-38)
- 베드로 - 주님을 부인하여 저주까지 한 소위를 회개하여 통곡함(마 26:75)

■예화■ **헨델의 〈메시야〉**

보스톤에 가면 헨델 공회라는 회관이 있다. 유품을 모아 놓고 그의 업적을 기념하는 곳이다. 안내원이 방문자를 위해 말하기를 헨델이 오라토리오 〈메시야〉를 작곡할 때 23일간이나 걸렸으며 기도하는 가운데 대곡을 완성한 것이다. 한번은 그 집에서 일하는 사람이 헨델이 염려되어 방에 들어가 보니 그의 눈에는 눈물이 비오듯 쏟아지고 있었다. 그래서 하인이 묻기를 어떻게 된 일이냐고 했더니 "지금 하늘이 열리고 전능하신 메시야를 볼 수가 있었다…"고 하였다. 바로 그 헨델의 〈메시야〉가 영국의 왕과 많은 귀족들이 초청된 가운데 처음으로 연주되었을 때 그 영광과 위엄에 압도되어 왕이 앉아 있다가 그 자리에서 일어났다고 한다. 이것이 관행이 되어 지금도 그 곡이 울릴 때마다 청중들은 모두 그 자리에서 일어난다. 우리가 장차 보게 될 영광의 날, 존귀와 위엄의 그 날을 기대하며 바라보자. (빛을 향해 서라 / 선윤경)

● 성도 ●

성도로서 금지해야 하는 세 가지

■ 본 문 ■ 자기의 육체를 위하여 심는 자는 육체로부터 썩어질 것을 거두고 성령을 위하여 심는 자는 성령으로부터 영생을 거두리라【갈 6:8】

■ 서 론 ■ 금지란 무엇인가? 이는 말리어 못 하게 함을 일컫는 말로서, 성도가 금지해야 할 것들이 어디 한두 가지이겠는가 마는 성도의 삶을 통하여 신앙적인 금지는 무엇인가?

■ 말씀 ■

I. 자기의 의를 나타내는 것【눅 18:11,12】

성경은 '바리새인은 서서 따로 기도하여 이르되 하나님이여 나는 다른 사람들 곧 토색, 불의, 간음을 하는 자들과 같지 아니하고 이 세리와도 같지 아니함을 감사하나이다 나는 이레에 두 번씩 금식하고 또 소득의 십일조를 드리나이다 하고' 라 했다. 자기의 의를 나타내는 것은 곧 교만이다. 주님은 무릇 자기를 높이는 자는 낮아지고 자기를 낮추는 자는 높아지리라고 하셨다.

참고 성구 눅 7:39, 14:11 마 5:20 롬 2:3, 9:21 사 64:6 딛 3:5

II. 육체를 위하여 심는 것【갈 6:8】

성경은 '자기의 육체를 위하여 심는 자는 육체로부터 썩어질 것을 거두고 성령을 위하여 심는 자는 성령으로부터 영생을 거두리라' 고 했다. 본 구절은 성도의 경제생활에 대한 지침이자 진리이다. 사람이 돈을 자신의 육체를 만족시키는 데에 쓴다면 육신이 죽을 때 그 결과는 허무와 소멸로 끝나지만 재물을 영적 목적과 사랑의 실천에 쓴다면 그 결실은 영속하게 된다는 뜻이다.

참고 성구 눅 12:15 요일 2:15-17 마 16:26 골 3:2 딤전 6:18-19

III. 세상적인 안전을 추구하는 것【살전 5:3】

성경은 '그들이 평안하다, 안전하다 할 그 때에 임신한 여자에게 해산의 고통이 이름과 같이 멸망이 갑자기 그들에게 이르리니 결코 피하지 못하리라' 고 했다. 본 구절은 불신자들이 이 세상에서 내면적 평온과 외적인 자유를 최대한 누리고 있다고 느낄 때 멸망이 홀연히 임함을 말하고 있다. 어리석은 부자는 영혼아, 여러 해 쓸 물건을 많이 쌓아두었으니 평안히 쉬고 마시자고 했다.

참고 성구 눅 12:19-21 약 4:13-14 고전 10:12 사 55:2

■ 결 론 ■ 이와 같이 성도로서 금지할 것이 무엇인지 살펴보았으니 성도는 자기 의를 나타내거나 육체를 위해 심거나 세상적 안전을 추구하지 말고 오직 주님의 뜻에 합당한 삶을 사는 자들이 되자.

■해설■ **바른 생각**

암흑대륙 아프리카에 복음의 빛을 전한 리빙스턴의 이야기. "사람들은 내가 아프리카에서 내 생의 대부분을 보냈다는 사실을 헌신이라고 말합니다. 그러나 우리의 하나님께서 주신 말할 수 없는 은혜의 빛을 생각하면 그것은 보잘것없는 것에 지나지 않습니다. 어떻게 우리가 이 빚을 갚을 수 있겠나요? 나는 헌신이란 말보다 특권이라 생각됩니다. 고민과 병듦, 위험에 처하는 모든 것은 잠간의 일입니다. 이런 것은 장차 올 영광과 비교가 안 됩니다. 나는 결코 헌신해 본 적이 없으니 십자가의 예수의 은혜를 생각할 때 어떻게 헌신이란 말을 감히 할 수 있겠습니까?"

■참고■ **불쌍한 인생들아 무엇을 의뢰하고 있었나?**

- 바벨탑을 쌓던 사람들 - 자, 성과 대를 쌓아 대 꼭대기가 하늘에 닿게 하여 우리 이름을 내고(창 11:3-9)
- 산헤립 - 이 밤에 여호와의 사자가 나와서 앗수르 진에서 군사 18만5천을 친지라 아침에 일찍 일어나 보니 다 송장이 되었더라(왕하 19:20-37)
- 아사 - 하나니가 유다 왕 아사에게 이르되 왕이 아람 왕을 의지하고 왕의 하나님 여호와를 의지하지 아니한 고로(대하 16:7-12)
- 베드로 - 주여 내가 주와 함께 옥에도, 죽는 데도 가기를 준비하였나이다(눅 22:33-34)

■예화■ **주님이 원하시는 삶**

소설 쿼바디스(Quo vadis)에는 비키니우스라는 젊은 로마인에 대한 묘사가 있다. 그는 크리스천 여성을 사랑했으나 그가 이방인이었기 때문에 그녀는 그 사랑에 응하지 않으려고 했다. 그러자 그 청년은 몰래 그녀를 뒤따라가 기독교인들의 작은 회합장소에까지 가게 되고, 거기에서 베드로의 설교를 듣게 된다. 그 설교를 듣고 그는 예수 그리스도가 삶에 있어 가장 중요한 실재임을 알게 되었다. 그리고서는 이제까지 이루어왔던 그의 사고들과 성격들과 기타 모든 본질들을 화형틀 위에서 재로 만들고 이와 함께 자신 안에는 이제까지의 삶과는 전혀 다른, 그러면서 완전히 새로운 영혼으로 가득 채울 수 있음을 감사했다. 그것이 바로 그리스도가 요구하는 신앙이다. 그리스도인들은 "나는 그리스도에 관하여 관심을 가지고 있다"고 말하지 않는다. 오히려 그리스도인은 "내 안에 사는 것은 그리스도이시다"(빌 1:21)라고 말하는 사람이다. 어떤 사람이 예수님을 따르기를 원했을 때 예수님께서 그에게 제기했던 말씀도 바로 이러한 도전이었다. 예수님께서 "여우도 굴이 있고 공중의 새도 집이 있으되 인자는 머리 둘 곳이 없도다"(눅 9:57,58)라고 말씀하셨다. 결국 이렇게 말씀하신 것이다. "너는 정말로 나와 같은 삶을 기꺼이 살 수 있을 만큼 나를 따르기를 원하는가?" 주님이 원하시는 삶은 주님의 제자가 되어 주님과 같은 삶을 살기 원하시는 것이다. 제자는 이론도 아니요 구호도 아니요 삶 자체인 것이다.

●성도●
성도로서 부끄러워하지 않을 세 가지

■본 문■ 내가 복음을 부끄러워하지 아니하노니 이 복음은 모든 믿는 자에게 구원을 주시는 하나님의 능력이 됨이라 먼저는 유대인에게요 그리고 헬라인에게로다 【롬 1:16】

■서 론■ '부끄럽다' 라는 것은 자기의 잘못이나 결점 따위를 강하게 의식하여 남을 대하기가 떳떳하지 못함을 일컫는 말이다. 성경에는 성도로서 부끄러워하지 말 것을 지적하고 있는데 이는?

■말 씀■

Ⅰ. 주의 복음을 부끄러워하지 아니함 【롬 1:16】

성경은 '내가 복음을 부끄러워하지 아니하노니 이 복음은 모든 믿는 자에게 구원을 주시는 하나님의 능력이 됨이라 먼저는 유대인에게요 그리고 헬라인에게로다' 라고 했다. 그리스도 예수께서 죽으신 십자가는 사형수의 형틀이다. 이 저주의 형틀은 죄와 사망으로부터 구원을 주시는 주님의 생애와 사역의 최정점이다. 복음은 복된 소식으로, 죄로 말미암아 죽을 수밖에 없는 인류에게 구원의 길이 열렸기에 복음을 오히려 성도의 자랑거리이다.

참고 성구 갈 1:12 롬 1:17 히 12:2 막 16:15 갈 6:17 고전 1:23

Ⅱ. 주를 위해 갇힌 종을 부끄러워하지 아니함 【딤후 1:8】

성경은 '그러므로 너는 내가 우리 주를 증언함과 또는 주를 위하여 갇힌 자 된 나를 부끄러워하지 말고 오직 하나님의 능력을 따라 복음과 함께 고난을 받으라' 고 했다. 바울은 디모데에게 그리스도를 위하여 옥에 갇힌 자신을 부끄러워 말라고 했다. 복음을 위해 갇힌 자를 부끄러워함은 곧 그 사람의 믿음과 은혜가 쇠퇴된 것을 의미하기 때문이다.

참고 성구 몬 1:9-11 딤후 1:16-18 행 12:5 빌 4:14 딤후 4:21

Ⅲ. 주를 인해 받는 고난을 부끄러워하지 아니함 【벧전 4:16】

성경은 '만일 그리스도인으로 고난을 받으면 부끄러워하지 말고 도리어 그 이름으로 하나님께 영광을 돌리라' 고 했다. 성도는 복음과 함께 고난을 받는 것을 부끄러워하면 안 된다. 만약 복음을 부끄러워하는 자는 주님의 재림시 그리스도이신 주님으로부터 부끄러움을 당하게 된다. 십자가 고난에 참여하는 자만이 그리스도의 영광에 참여할 수 있음을 깨닫자.

참고 성구 행 26:29 고전 9:23 고후 11:23-30 롬 8:17 막 8:38 행 14:22

■결 론■ 이와 같이 성도로서 부끄러워하지 않을 것을 살폈으니 성도는 복음을 자랑하며, 복음을 위해 갇힌 자를 오히려 자랑스럽게 여기며, 복음을 위해 고난을 받아 영광의 자리에 참여하는 자 되자.

■해설■ **부끄러움**

성경에 '부끄러움'(shame)의 개념으로 사용된 히브리어 단어는 12개 이상이고 헬라어 단어는 6개 이상이다. 그리고 이와 유사한 단어는 성경에 100회 이상 나온다. '부끄러움, 수치'란 곤궁함과 책망과 당황함 때문에 느끼는 괴로운 감정을 말하는 것인데 이것은 죄책감이나 걸맞지 않은 행동, 도리에 어긋난 행동으로부터 야기된다. 이런 내용이 처음 언급된 곳은 창 2:25인데 이땐 인간이 죄짓기 이전으로 부끄러움이 없었다. 즉 죄가 없으면 부끄러워할 이유가 없고, 용서받아도 마찬가지다(사 54:4). 사도 바울은 부끄러워하지 않는 것을 논했다(딤후 1:12, 2:15).

■참고■ **부끄러움을 당하지 않는 자들의 자세**
- 하나님을 의뢰함(시 22:5, 25:2-3)
- 하나님께 맡기고 피함(시 31:1)
- 하나님의 계명을 주의함(시 119:6)
- 하나님의 증거에 가까이 함(시 119:31)
- 하나님을 간절히 바람(시 25:3, 34:5)
- 하나님의 도우심을 구함(사 50:7)
- 하나님의 백성답게 행함(욜 2:26)
- 그리스도를 믿음(롬 9:33, 10:11)
- 그리스도 안에 거함(요일 1:28)
- 자기 자신을 하나님께 드리기를 힘씀(딤후 2:15)

■예화■ **부끄러워할 것과 부끄러워할 필요가 없는 것**

세상에서 인간이 부끄러워할 필요가 없는 것이란 예수 그리스도를 섬기는 일이다. 인간이 부끄러워해야 할 것은 죄에 대해서, 세속적인 것에 대해서, 변덕에 대해서, 경박함에 대해서, 시간을 낭비하는 것에 대해서, 쾌락을 좇는 것에 대해서, 나쁜 기질에 대해서, 교만에 대해서, 돈을 우상으로 만드는 일에 대해서, 옷과 춤, 사냥, 카드놀이, 소설을 읽는 것에 우상을 만드는 일이다. 이런 유행을 좇아 사는 것은 천사를 슬프게 만드는 일이며 마귀를 기쁘게 하는 것이다. 그러나 그의 영혼을 위해 그의 영혼을 부양하는 것, 매일의 생활에서 그의 영혼의 구원을 원칙으로 하고 제일로 삼는 것, 이런 모든 것들에 대해 전혀 부끄러워할 이유가 없는 것이다. 그리스도를 믿는 자들이여, 이것을 기억하라! 당신이 성경책을 읽는 동안, 혼자서 기도할 때 이것을 기억하라. 주님의 날에 그것을 기억하고 하나님께 예배하는 동안에 기억하라. 이러한 일들 중에 전적이고, 실재적이고, 참되며, 온 마음을 다하는 것을 결코 부끄럽게 생각하지 말라.(실천적 신앙 / 존 라일)

● 성도 ●

성도로서 지켜야 할 것 세 가지

■본 문■ 영접하는 자 곧 그 이름을 믿는 자들에게는 하나님의 자녀가 되는 권세를 주셨으니 【요 1:12】

■서 론■ "나는 이때까지 한 번도 임종할 때에 고난을 받은 것을 후회하거나 불평하며 죽는 진실한 성도를 본 일이 없다"라고 프로펏은 말했다. 주님을 믿는 성도로서 지켜야 할 것은?

■말 씀■

I. 성도는 그리스도를 영접해야 한다 【요 1:12】

성경은 '영접하는 자 곧 그 이름을 믿는 자들에게는 하나님의 자녀가 되는 권세를 주셨으니'라고 했다. 영접이란 일반적으로 손님을 맞아 접대함을 뜻하는데, 성도를 영접하는 자로 보는 이 같은 정의는 매우 독특하다. 사도 요한은 그리스도를 믿는 것을 '의뢰하다'(trust)로 이해하기 보다는 그리스도를 전인격적으로 받아들이는 것으로 이해하였다.

참고 성구 요 1:49, 12:48 행 8:35-39 마 13:23, 10:40 벧전 1:23

II. 성도는 그리스도의 말씀에 귀 기울여야 한다 【요 10:3,4】

성경은 '문지기는 그를 위하여 문을 열고 양은 그의 음성을 듣나니 그가 자기 양의 이름을 각각 불러 인도하여 내느니라 자기 양을 다 내놓은 후에 앞서 가면 양들이 그의 음성을 아는 고로 따라오되'라고 했다. 목자가 문을 열고 양을 이름대로 부르면 양들은 구별되어 있다가 목자가 앞서 가면 양들이 뒤를 따른다. 양은 목자의 음성을 알기 때문에 뒤좇음에 실족하지 않고 목자의 인도함을 받게 되어 싱싱한 꼴을 먹게 된다.

참고 성구 마 7:26 눅 8:15, 10:39 요 4:14 행 16:14-15

III. 성도는 그리스도를 따라야 한다 【요 10:27】

성경은 '내 양은 내 음성을 들으며 나는 그들을 알며 그들은 나를 따르느니라'고 했다. 예수의 양들은 그의 말씀과 행하신 일을 보고 그가 그리스도이심을 믿는다. 주님은 내 양은 내 음성을 들으며 나는 그들을 알며 그들은 나를 따른다고 했다. 예수의 양처럼 행세하는 자는 예수의 말씀을 편의대로 쓰거나 매도한다. 진실한 예수의 양인 성도는 목자이신 주님 예수만 따르는 자이다.

참고 성구 벧전 2:21 막 10:45 마 19:27 요 11:16

■결 론■ 이와 같이 성도로서 지켜야 할 것을 살폈으니 성도는 주님을 영접하여 하나님의 자녀가 되었으니 주님의 말씀에 귀 기울여 주님의 뒤만 따라 푸른 초장에서 뛰노는 자 되자.

■해설■ **성도**

구약성경에서 '성도' 라는 말은 '하시드' , 곧 경건한 혹은 경건한 자와, '카도쉬' , 곧 거룩한 혹은 거룩한 자라는 단어로 되어 있다. '카도쉬' 라는 단어의 기본적인 뜻은 하나님께 구별되다는 것인 반면에 '하시드' 는 하나님의 자비에 의해서 용납되는 경건을 강조하는 말이다. 신약성경에서 성도에 해당하는 단어는 '하기오스' 인데 이는 거룩한, 거룩한 자라는 의미가 있다. 70인역에는 '카도쉬' 라는 히브리어가 규칙적으로 '하기오스' 라는 헬라어로 번역되어 있다. 성도란 하나님의 선택과 은총을 받는 자들이지 사람의 어느 정도 경건성이 뛰어나서 붙여진 이름이 아니다.

■참고■ **이런 품성의 은사를 갖도록 하자**

• 겸손 - 서로 겸손으로 허리를 동일 것(벧전 5:5) • 사랑 - 형제 사랑에 힘쓸 것(살전 4:9) • 자비 - 긍휼히 여기는 자는 복이 있을 것임(마 5:7) • 진실 - 하나님의 은혜로 진실할 것(고후 1:12) • 열심 - 선한 일에 열심하는 친백성이 될 것(딛 2:14) • 순결 - 마음이 청결한 자는 하나님을 볼 것임(마 5:8) • 순종 - 너희 순종함이 모든 사람에게 들림(롬 16:19) • 온유 - 온유한 자는 땅을 기업으로 받을 것임(마 5:5) • 화목 - 화평할 것임(히 12:14) • 인내 - 길이 참을 것(약 5:7-8)

■예화■ **신앙인의 뿌리**

오래 전 알렉스 헤일리가 쓴 〈뿌리〉라는 책은 출판되자 수백만 권이 팔렸다. 이 책이 그렇게도 유명해진 것은 흑인 저자가 그 자신의 뿌리를 찾은 것에 있다. 그의 7대조 할아버지인 쿤타 킨테가 아프리카에서 백인들에게 사로잡혀 미국으로 끌려와 노예로 팔리게 되었다. 쿤타 킨테와 함께 끌려온 흑인들은 모두 노예로서 짐승처럼 일만 하는 곤욕을 겪게 되었다. 그리고 그의 자손들도 대대로 노예의 신분으로 태어나 많은 고생을 하였다. 그 후 아브라함 링컨 때에 이르러 흑인 노예 해방이 선포되고 저들은 자유인이 되었다. 사실 미국은 이민의 나라이다. 동서 사방에서 여러 민족이 와서 섞여 살기 때문에 자기 자신의 뿌리를 잃고 산다. 이 책은 이러한 현실에 큰 자극을 주었고 이에 따라 자기네 뿌리를 찾는 운동이 활발히 전개되기도 하였다. 우리 민족도 이 땅에 와서 여러 민족들과 함께 섞여 살고 있다. 여기서 우리와 우리 자손에게 뿌리를 찾게 하는 것은 매우 중요하다. 그런데 우리 주변에서 보면 오히려 뿌리를 뽑아 버리려고 하는 이들이 있다. 미국에 왔으면 속히 미국화 되어야 한다고 하면서 뿌리는 생각지도 못하게 한다. 그러나 뿌리를 잃게 되면 결국은 국제 고아가 되고 정신적으로 설 땅이 없어진다. 그것은 우리 신앙인에게 있어서도 마찬가지다. 신앙인의 뿌리는 예수 그리스도이시다. 그러므로 예수 그리스도라는 터 위에 굳게 서서 뿌리를 박아 세움을 입어 자라나야 한다. (신앙인의 뿌리 / 김대균)

● 성도 ●

성도를 격려하는 세 가지

■ 본문 ■ 그 후에 우리 살아남은 자들도 그들과 함께 구름 속으로 끌어 올려 공중에서 주를 영접하게 하시리니 그리하여 우리가 항상 주와 함께 있으리라 그러므로 이러한 말로 서로 위로하라
【살전 4:17-18】

■ 서론 ■ 격려란 남의 용기나 의욕을 북돋우어 힘을 내게 하는 것을 말한다. 예수 그리스도를 믿는 성도를 격려하는 것은?

■ 말씀 ■

I. 그리스도의 부활 【고전 15:19】

성경은 '만일 그리스도 안에서 우리가 바라는 것이 다만 이 세상의 삶뿐이면 모든 사람 가운데 우리가 더욱 불쌍한 자이리라' 고 했다. 본 구절은 성도에게 육체적 부활과 영생이 없으면 주 안에서 믿음을 지키고 사는 자로서 이 세상에서 가장 비참한 존재라는 뜻이다. 그러나 주님 예수께서 부활하셨기에 성도는 부활과 내세를 바라보게 되어 모든 고난과 시련을 인내할 수 있고 소망을 갖게 되었다.

참고 성구 요 11:25-26 행 24:15 고전 15:22 고후 4:14 롬 10:9

II. 그리스도의 임재 【마 28:20】

성경은 '내가 너희에게 분부한 모든 것을 가르쳐 지키게 하라 볼지어다 내가 세상 끝날까지 너희와 항상 함께 있으리라 하시니라' 고 했다. 본 구절의 항상은 헬라어 '파사스 타스 헤메라스' 로서 이는 문자적으로 '매일' 인데 예수께서 주야로 성도들과 함께 하시고 지켜 주실 것을 뜻하는 말이다. 그리스도께서 성도와 함께 하시는 '임마누엘' 의 은혜보다 강한 것은 없다.

참고 성구 마 1:23 요 12:26 마 18:20 행 23:11 요 18:24

III. 그리스도의 재림 【살전 4:17,18】

성경은 '그 후에 우리 살아남은 자들도 그들과 함께 구름 속으로 끌어 올려 공중에서 주를 영접하게 하시리니 그리하여 우리가 항상 주와 함께 있으리라 그러므로 이러한 말로 서로 위로하라' 고 했다. 위로란 괴로움을 어루만져 잊게 함이나 수고를 치사하여 마음을 즐겁게 함을 뜻하는 말이다. 본 구절은 휴거(공중 들림)에 대한 것으로 주님 재림시 일어날 영광의 일로서 성도는 서로 위로할 것이다.

참고 성구 요 14:3 벧전 5:4 계 22:12 빌 3:20-21 요일 3:2

■ 결론 ■ 이와 같이 성도를 격려하는 일들을 살폈으니 성도는 주님의 부활과 임재와 재림으로 믿음을 더욱 돈독히 하여 어려운 현실에서 위로하고 격려하며 살아가는 자 되자.

■해설■ 격려

신성로마제국의 황제 프리드리히 1세는 전선에서 쫓겨오는 병졸에게 "이 비겁한 놈아, 너는 영원히 살기나 할 생각이더냐?"고 욕설했다. 세기의 영웅 나폴레옹은 이와 다른 길을 택했는데 "전우여, 너는 큰 오해를 하고 있는 것 같아. 죽느냐 사느냐는 것은 운이야. 네가 살려고 숨어도 죽을 운명이면 할 수 없고 살 운명이면 비오듯 쏟아지는 총알이 너를 피해 가지." 이런 나폴레옹을 워털루에서 무찌른 영국의 웰링턴은 "병사여, 자네는 용사가 아닌가. 자네의 창백한 얼굴빛은 결사의 모습이지. 나도 도망하고 싶으나 직분과 국가가 뒤에 있네. 자! 한 번 더 싸우세"라 했다. 격려는 욕설에 비할 바 아니다.

■참고■ 성경에 나타난 이런 저런 격려들

• 꿈 - 외로운 광야에 돌베개를 하고 누운 야곱에게 보여진 놀라운 환상(창 28:11-22) • 하나님의 사자 - 고향으로 돌아가는 야곱에게 나타나 새로운 인생을 줌(창 32:2) • 하나님의 약속 - 너희 발바닥으로 밟는 땅을 너희에게 주겠다 하심(수 1:3) • 우정 - 숨어 있는 다윗을 하나님께 힘껏 의지토록 한 요나단의 친구애(삼상 23:16-18) • 친척 - 동족의 처참한 학살을 앞두고 번민하는 모르드개가 에스더를 찾음(에 4:13-16) • 주의 종 - 광풍 유라굴로를 만나 바다에서 다 죽게 되었을 때 힘 있게 외쳐진 바울의 말(행 27:21-26)

■예화■ '신곡(神曲)'은 이렇게 태어났다

세계 4대 시성(詩聖)을 꼽을 때 이탈리아의 시인 단테(Dante Alighieri, 1265-1321)를 첫 손가락에 꼽는다. 단테는 이탈리아 중부 피렌체에서 태어났다. 일찍이 문학과 정치에 투신하여 키르프 전쟁에 참전하기도 했으며, 키르프 백당(白黨)에 속하여 교황의 흑당(黑黨)과 교전하기도 했다. 그후 피렌체의 집정관으로 훌륭한 정치기반을 닦아 꿈에 부풀어 있었다. 황제의 도움으로 이탈리아를 통일하려는 야망을 가지고 공직생활에 충실하고 있었을 때, 뜻하지 않은 독직 사건에 연루되어 공금횡령의 누명을 쓰고 추방당하게 되었다. 이때 그의 나이 37세, 19년간을 추방되어 유랑생활을 하면서 고독 속에서 인생을 배우고 그 영혼이 정화되어 〈신곡(神曲)〉이라는 최대의 걸작을 낳은 것이다. "대저 의인은 일곱 번 넘어질지라도 다시 일어나려니와 악인은 재앙으로 인하여 엎드러지느니라."(잠 24:16) '실패는 성공의 어머니'라는 말이 있다. 실패의 고독과 쓰라림을 맛보지 못한 사람에게 성공은 그렇게 큰 의미가 없다. 시원한 나무 그늘에서 늘어지게 자고 난 사람에게 꿀물은 맛있을지는 모르지만 고맙게 여겨지지는 않는다. 땀 흘려 일하는 농부에게 보리차 한 그릇은 그들의 심신을 새롭게 하는 것 같다. 방랑과 고독의 쓰라림 속에서 태어난 〈신곡〉은 실패한 인간이라도 다시 일어설 수 있는 소망을 주는 것이기에 귀한 것이다.

● 성도 ●

성도를 속량하신 세 가지

■ 본 문 ■ 곧 창세 전에 그리스도 안에서 우리를 택하사 우리로 사랑 안에서 그 앞에 거룩하고 흠이 없게 하시려고 【엡 1:4】

■ 서 론 ■ 속량이란 적이나 죄의 속박 아래 있는 포로 또는 노예를 속전(대가)을 주고 되사서 자유롭게 하는 일을 일컫는 말이다. 성도를 죄로부터 속량하신 것은 무엇인가?

■ 말씀 ■

I. 하나님의 사랑으로 【엡 1:4】

성경은 '곧 창세 전에 그리스도 안에서 우리를 택하사 우리로 사랑 안에서 그 앞에 거룩하고 흠이 없게 하시려고' 라 했다. 하나님의 무조건적이며 주권적인 아가페 사랑으로 영원 전에 타락한 인류 가운데서 성도를 택하셔서 구원을 주신 것은 하나님의 영원한 섭리이다. 따라서 성도는 나는 아무것도 아니라는 참된 겸손과 나 같은 자를 속량하신 하나님의 사랑을 깨닫고 거룩한 삶을 살아야 한다.

참고 성구 신 7:8 시 31:5 사 43:1 엡 4:30 눅 1:68, 2:38

II. 그리스도의 피로 【엡 1:7】

성경은 '우리는 그리스도 안에서 그의 은혜의 풍성함을 따라 그의 피로 말미암아 속량 곧 죄 사함을 받았느니라' 고 했다. 본 구절의 '속량' 은 헬라어 '아폴뤼트로시스' 로서 이는 '속전을 받고 놓아준다, 도로 산다, 해방' 이라는 뜻으로 이것은 주님 예수의 십자가 사역을 뜻한다. 십자가에서 피를 흘리신 주님의 사역은 능력 있는 성도의 삶을 위해 꼭 의지해야 하는 진리를 나타내 준다.

참고 성구 마 26:28 요 6:56 벧전 1:18-19 롬 5:9 엡 2:13

III. 하나님의 은혜로 【롬 3:24】

성경은 '그리스도 예수 안에 있는 속량으로 말미암아 하나님의 은혜로 값없이 의롭다 하심을 얻은 자 되었느니라' 고 했다. 본 구절의 은혜는 헬라어 '카리스' 로서 이는 '은총, 호의, 은혜, 선의' 의 뜻으로 성도는 하나님의 은혜로 값없이 의롭다 하심을 받게 되었다. 성도가 죄와 사망으로부터 구원을 받은 것은 순전히 하나님의 은혜로 된 것이므로 오직 감사로써 영광을 돌려야 한다.

참고 성구 딛 3:5 신 9:5, 7:8 롬 5:15 마 1:21 고전 15:10

■ 결 론 ■ 이와 같이 성도를 속량하신 것을 알았으니 성도는 하나님의 사랑과 그 은혜로, 그리스도의 피로써 우리를 구원하심을 알아 모든 영광과 존귀를 하나님께 돌려드리고 찬양으로 경배하는 자 되자.

■해설■ **속량**

 '속량'(redemption)이라는 말이 비록 구원과 밀접하게 연관되어 있지만 '속량'은 더욱 특별한 뜻을 지니는데 왜냐하면 속량이란 말은 속전(대속물)을 지불함으로써 구원을 성취하시는, 특히 구원의 수단을 가리키는 말이기 때문이다. 구약성경에는 '파다'와 '가알'이 속량을 가리키는 주요한 단어이며, 신약성경에는 보통 동사형인 '뤼트루스다이', 명사인 '뤼트로시스'와 '아폴뤼트로시스'가 있다. 경우에 따라 '아고라제인'이나 '엑사고라제인'이 사용되는데 이 단어는 시장, 특히 노예 시장에서 노예를 사는 행위를 가리키는 말이다.

■참고■ **속량함을 받은 성도들에게 임하는 것**

• 그 아들 안에서 우리가 속량 곧 죄사함을 얻었도다(골 1:14) • 그리스도 예수 안에 있는 속량으로 말미암아 하나님의 은혜로 값없이 의롭다 하심을 얻음(롬 3:24) • 그리스도의 속량으로 양자가 됨(갈 4:4-5) • 하나님의 친 백성이 됨(딛 2:14) • 그 안에서 속량의 날까지 성령의 인치심을 받았음(엡 4:30) • 그는 새 언약의 중보니 부르심을 입은 자로 하여금 영원한 약속의 기업을 얻게 하심(히 9:15) • 속량함을 입어 십사만 사천 인으로 능히 하늘 영광에 참예함(계 14:3-4)

■예화■ **문설주의 못 자국**

미국의 켄터키 주에 헤이즐 패리스라는 사람이 살았다. 그의 아들이 자꾸 못된 짓을 하자 그는 어린 아들의 버릇을 고치기 위하여 한 방법을 생각해 냈다. 그는 아들이 잘못을 했을 때마다 그를 데리고 가서 문설주에다 못을 한 개씩 박았다. 그러나 아들의 버릇은 고쳐지지 않았고 얼마 가지 않아서 소나무 가지의 솔잎처럼 못이 총총 박혔다. 어느 날, 아들이 무심코 문설주를 바라보니 그곳에 박혀있는 못의 숫자는 셀 수도 없을 만큼 많았다. "내가 이렇게 많은 잘못을 했나" 생각하니 마음이 아팠다. 그는 아버지에게 어떻게 하면 이 많은 잘못을 용서받을 수 있겠느냐고 애원하였다. 패리스는 아들에게 좋은 일 한 가지를 할 때마다 못 하나씩을 빼주겠다고 했다. 아들은 문설주의 못을 빼기 위해 착한 일을 열심히 했다. 얼마 안 가서 그 문설주에 박힌 못은 다 빠졌다. 그러나 그 곳에 못 자국은 그대로 남아 있었다. 그 아들은 후에 훌륭하게 자랐다. 그리고 그 때의 일을 회상하였다. "지금도 문설주의 못 자국을 볼 때마다 부끄럽고 죄를 짓지 말아야지 하고 결심하게 됩니다." 예수님의 부활을 믿지 못하고 있던 도마에게 부활하신 주님은 나타나셔서 말씀하셨다. "네 손가락을 이리 내밀어 내 손을 보고, 네 손을 내밀어 내 옆구리에 넣어 보라."(요 20:27) 실로 그 때 보여준 예수님의 손에 못은 박혀 있지 않았으나 못 자국은 선명하게 나 있었다. 부활하신 주님의 손에 그 상처가 그대로 남아 있었다. (황의봉)

● 성도 ●

성도를 온전하게 하는 세 요소

■본 문■ 그가 어떤 사람은 사도로, 어떤 사람은 선지자로, 어떤 사람은 복음 전하는 자로, 어떤 사람은 목사와 교사로 삼으셨으니 이는 성도를 온전하게 하여 봉사의 일을 하게 하며 그리스도의 몸을 세우려 하심이라 【엡 4:11-12】

■서 론■ 온전이란 말 그대로 결점이 없이 완전함을 말한다. 성도를 온전하게 하는 것들은 무엇인가?

■말 씀■

I. 사랑 【골 3:14】

성경은 '이 모든 것 위에 사랑을 더하라 이는 온전하게 매는 띠니라' 고 했다. 긍휼과 자비와 겸손과 온유와 오래 참음과 그리고 용서는 믿는 자들의 삶의 특질이며, 이 모든 것은 사랑에서 비롯되었다. 이 아가페 사랑이 없이는 모든 덕목들은 지속성이 없고 불완전하며 결국에 가서는 아무런 열매도 맺지 못하고 만다. 아가페 사랑은 성도의 최고의 덕목이다.

참고 성구 갈 5:22 고전 13:1-3,13 · 딤전 6:11 요일 4:16

II. 봉사 【엡 4:12】

성경은 '이는 성도를 온전하게 하여 봉사의 일을 하게 하며 그리스도의 몸을 세우려 하심이라' 고 했다. 사도로, 선지자로, 복음 전하는 자로, 목사와 교사의 직분을 주신 이유는 성도의 온전을 목적으로 하고 있다. 그러면 온전하게 하신 이유는 무엇인가? 이는 봉사의 일을 하게 하시려는 것이다. 본 구절의 '봉사' 는 헬라어 '디아코니아' 로서 누구나 가지는 직분을 뜻한다. 교회의 지도자들은 성도로 하여금 봉사의 일을 잘 하도록 가르치고 직분자는 열심히 봉사할 것이다.

참고 성구 요삼 1:1-8 고전 12:5 벧전 2:4-5 살전 3:10

III. 고난 【히 2:10】

성경은 '만물이 그를 위하고 또한 그로 말미암은 이가 많은 아들들을 이끌어 영광에 들어가게 하시는 일에 그들의 구원의 창시자를 고난을 통하여 온전하게 하심이 합당하도다' 라고 했다. 본 구절의 '고난을 통하여' 는 헬라어 '디아 파데마톤' 으로 이는 '고난을 말미암아, 고난을 통하여' 인데 만약 그리스도의 십자가의 고난이 없었다면 우리의 구원은 없었을 것이고 인류의 구원은 이루어질 수 없었다.

참고 성구 행 14:22, 고후 1:5,6, 빌 1:29, 3:10-11, 골 1:24, 히 2:10,5:8-9

■결 론■ 이와 같이 성도를 온전하게 하는 요소를 살펴보았으니 성도는 사랑과 봉사와 고난을 통하여 온전한 자가 되어 하나님이 부르신 목적에 따라 사명자의 역할을 다하는 자 되자.

■해설■ 모든, 온전한, 전체, 온, 모두

성경에서 이 단어는 열 개의 히브리어와 열두 개의 헬라어에 대한 번역이다. 그 중 구약성경의 기본어는 '콜' 로서 '모두', '전체' 이고 신약성경의 기본어는 '홀로스' 로서 '모든', '온', '온전한' 이다. 히브리어에서나 헬라어에서도 이 단어에 관사가 없이는 막연한 전체를 뜻하나 관사가 붙으면 각 부분을 통괄하는 완전한 전체를 가리킨다. 이 단어의 아주 특별한 용법이 복음서와 사도행전에 나와 있는데 이것은 예수님이나 사도들을 통해 질병이 치료되고 건강이 온전하게 되는 것을 나타낸다. 이런 목적으로 동사 '소조' (구원하다)는 형용사 '휘기에스' (온전한, 건강한)와 함께 쓰인다.

■참고■ 이런 일들을 온전히 행하자

· 인내 - 이는 너희로 온전하고 구비하여 조금도 부족함이 없게 함(약 1:4) · 거룩 - 육과 영의 온갖 더러운 것에서 자신을 깨끗이 함(고후 7:1) · 찬미 - 대제사장들과 서기관을 향한 예수의 대답은 어린 아기와 젖먹이들의 입에서 나오는 찬미를 온전케 하셨다고 인용하심(마 21:6, 시 8:2) · 믿음 - 주야로 심히 간구한 바울의 고백은 믿음의 부족함을 온전케 하려 한 것임(살전 3:10) · 선행 - 모든 선한 일은 하나님의 뜻을 행하는 것과 진배없음(히 13:21, 딤전 6:18-19)

■예화■ 실패

그랜트 장군(Ulysses S. Grant, 1822-1885)은 미국 역사에 영원히 기념될 인물이다. 그는 링컨 대통령 밑에서 북군의 사령관을 역임하여 남북전쟁을 승리로 이끌었고, 국방장관직을 담당했고, 미국의 제18대 대통령(1869-77)을 지낸 사람이다. 그러면 이런 그랜트 장군의 생애는 어떠했는가? 청년 그랜트는 미국의 육군사관학교인 웨스트포인트를 졸업하고 장교로서 멕시코 전투에 나갔다. 그런데 그는 술을 너무 많이 마시고 품행이 좋지 않다는 이유로 곧 군대에서 쫓겨났다. 그는 고향으로 내려가 농사를 지었는데 그것이 실패로 돌아갔다. 이번에는 다른 사업을 했는데 역시 실패했다. 결국 그랜트는 가족들이 경영하는 가게에서 점원으로 일하게 되었다. 이때 전쟁이 일어났다. 그랜트는 일반 사병으로 군에 들어가 전쟁에 참여하기로 결심했다. 그는 그 동안의 자기의 과오를 솔직히 인정하는 겸손한 인품이 되었던 것이다. 그랜트가 사병으로 군에 입대하려고 하자 이제는 사정이 바뀌어 그로 하여금 대위가 되기를 바랐다. 그가 거절하다가 겸손히 받아들이자 이제는 소령이 되기를 원했다. 그가 소령이 되자 이번에는 많은 관계인사들이 그가 대령이 되기를 바랐다. 그랜트는 놀라운 성공으로 전투의 승리와 지도자다운 인격을 발휘했다. 이렇게 계속 변함없이 애를 쓰고 노력했을 때 드디어 그는 미국 역사의 찬란히 빛나는 장군이요, 대통령이 되었던 것이다.

● 성도 ●

성도에게 올무가 되는 것 세 가지

■본 문■ 부하려 하는 자들은 시험과 올무와 여러 가지 어리석고 해로운 욕심에 떨어지나니 곧 사람으로 파멸과 멸망에 빠지게 하는 것이라【딤전 6:9】

■서 론■ 올무란 무엇인가? 이는 새나 짐승을 잡는 데 쓰는 올가미를 말한다. 인생길에서 성도를 넘어지게 하는 올무가 있다. 이는?

■말씀■

I. 부하려 하는 것【딤전 6:9】

성경은 '부하려 하는 자들은 시험과 올무와 여러 가지 어리석고 해로운 욕심에 떨어지나니 곧 사람으로 파멸과 멸망에 빠지게 하는 것이라' 고 했다. 본 구절의 부하려 하는 자들이란 인류 공존의 법칙을 무시하며 이웃에 대한 착취와 불의를 그들의 삶의 근간으로 삼는 자를 말한다. 이들은 하나님께 외면을 당하여 영원한 죽음과 멸망으로 끝없이 버려지는 상태에 이른다.

　참고 성구 마 19:23 렘 17:11 약 5:3 마 6:19 살전 5:3

II. 거짓된 교훈【계 2:14】

성경은 '그러나 네게 두어 가지 책망할 것이 있나니 거기 네게 발람의 교훈을 지키는 자들이 있도다 발람이 발락을 가르쳐 이스라엘 자손 앞에 걸림돌을 놓아 우상의 제물을 먹게 하였고 또 행음하게 하였느니라' 고 했다. 본 구절의 발람의 교훈은 발람이 모압 여인들로 하여금 이스라엘 남자들을 유혹하여 바알브올에게 제물을 바치고 음행에 빠지게 한 것으로 많은 사람이 하나님의 심판을 받아 죽어간 사건을 말한다.

　참고 성구 민 25:1-5 호 1:2 계 2:20 벧전 2:1-2 고전 10:19-22

III. 마귀의 궤계【딤후 2:26】

성경은 '그들로 깨어 마귀의 올무에서 벗어나 하나님께 사로잡힌 바 되어 그 뜻을 따르게 하실까 함이라' 고 했다. 본 구절의 올무는 헬라어 '파기도스' 로서 이는 '덫, 올가미, 함정' 의 뜻으로 주님의 부활을 믿지 못하게 하는 불신의 함정을 말한다. 여기에 빠진 자들은 하나님이 친히 역사하셔서 회개하는 마음을 주시지 않으면 근본적으로 마귀의 올무인 불신앙에서 벗어날 수 없다.

　참고 성구 행 13:9-11 벧후 3:2 고후 11:3 벧전 5:8

■결 론■ 이와 같이 성도에게 올무가 되는 것을 살펴보았으니 성도는 부하려 하는 마음과 거짓된 교훈과 마귀의 궤계를 물리치고 오직 하나님의 백성다운 삶을 영위하는 자 되자.

■해설■ 올무, 실족하다, 실족케 하다

이 용어들은 다음과 같은 두 부류의 히브리어들과 헬라어들로부터 번역됐다. ①특히 도덕적인 과오나 범과로 간주되는 죄와 동의들 ②넘어지게(범과케) 하는 것 -거침돌, 올무, 장애- 특히 헬라어의 '스칸달론'과 '스칸달리조'인데 신약성경에는 믿음의 성장을 저해하는 장애물이란 의미에서 이 단어가 많이 언급되었다. 영어 '스캔들'(scandal, 추문)은 이 말에서 왔다. 예수님의 생애와 교훈 속에는 그 사람들의 선입관념과는 너무나 위배되어 어떤 경우엔 주님을 믿게 되면 치명적 제재를 당할 만큼 장애(올무, 거침돌)가 되는 요소도 있었다. 씨 뿌리는 비유에서 주님은 예고하시기를 처음엔 복음을 기쁨으로 금방 받아들였지만 복음을 인하여 환난을 당케 되면 이러한 거침돌(올무, 장애, 실족케 하는 것)로 믿음을 배반하게 될 사람이 있을 것이라 하셨다.

■참고■ 이들에게는 무엇이 올무가 되었나?
- 아간 - 아골 골짜기의 비극을 연출한 것은 은과 외투와 금덩이였음(수 7:18-26)
- 고라 - 구별하여 여호와의 성막에서 봉사하게 하신 것도 작은 일이 아닌데도 하물며 제사장의 직분을 넘보았음(민 16:8-10)
- 다윗 - 부하들을 전쟁터에 내몰아 놓고 한가히 왕궁 지붕의 뜰을 거닐다가 아름다운 여인이 목욕하는 것을 보고 그 여인을 불러다 통간하고 그 여인의 남편을 간교를 써서 죽임(삼하 11:2-27)
- 아나니아 - 그의 아내 삽비라와 더불어 땅값 중 일부를 숨기고 사도들 앞에 갖다 놓음으로써 하나님께 거짓말하고 성령을 속였음(행 5:1-11)

■예화■ 소박하고 단순한 생활

"나는 소박한 생활에 강하게 끌린다. 나는 단순한 생활이 육체적으로나 정신적으로 좋다고 생각한다." 나는 과학자 아인슈타인의 이 말에 많은 공명공감(共鳴共感)을 느낀다. 1933년 나치스에 추방되어 미국으로 건너간 그는 프린스톤 대학의 연구소에서 죽는 날까지 이론 물리학 연구에 전심했다. 음악을 좋아하고 문학을 사랑하고 전쟁에 반대하고 평화를 애호했던 아인슈타인은 20세기 최고의 과학자일 뿐만 아니라 뛰어난 휴머니즘의 사상가였다. 현대의 사회와 생활은 나날이 복잡다단해가고 있다. 사회는 거인처럼 우리를 압도하려고 한다. 역사는 격동 속에 달리고 있다. 이런 속에서 현대인은 정신의 평화와 안식을 잃고 살아간다. 우리는 복잡한 것보다, 단순한 것, 가식적인 것보다는 소박한 것에 더 마음이 끌린다. 너무나 복잡한 생활은 공연히 우리의 심신을 피곤하게 한다. 사람들이 도시보다 농촌, 문명보다 자연에 마음이 자꾸 끌리는 것은 소박과 단순을 사랑하기 때문이다. 사람은 나이가 늙어 갈수록 더욱 소박과 단순의 위대한 가치를 절실히 느끼게 된다. 우리는 너무 많은 재산을 갖지 않아야 한다. 막대한 재산은 정신의 짐이 된다. 아인슈타인은 "재산·외면적·성공·사치, 이런 것들은 나에게는 언제나 경멸해야 할 것으로 보인다"고 말하였다. 지위·성공·재산·명예, 사람들은 이런 것의 노예가 되기 쉽다. 또 이런 것이 자기의 분에 넘칠 때 정신의 자유와 독립에 거추장스러운 짐이 되기 쉽다. (안병욱)

●성도●

성도의 고난의 특징 세 가지

■본 문■ 자녀이면 또한 상속자 곧 하나님의 상속자요 그리스도와 함께 한 상속자니 우리가 그와 함께 영광을 받기 위하여 고난도 함께 받아야 할 것이니라 【롬 8:17】

■서 론■ 설교가요 작가인 리처드 브룩스는 "우리가 고난을 당할 때 그것이 하나님의 손에서 나오는 채찍이라는 것을 알면 큰 도움이 된다"라고 했다. 성도의 고난의 특징은?

■말 씀■
Ⅰ. 고난은 그리스도인의 특권이다 【행 5:41】
성경은 '사도들은 그 이름을 위하여 능욕받는 일에 합당한 자로 여기심을 기뻐하면서 공회 앞을 떠나니라'고 했다. 능욕은 헬라어 '아티미아'로서 이는 '굴욕, 수치, 망신, 불명예'라는 뜻이다. 성도가 예수의 이름 때문에 멸시와 창피와 굴욕을 당하는 것은 매우 가치가 있는 일이다. 그래서 사도들은 자신들이 주님의 고난에 동참하고 있음을 기뻐했고 특권으로 여겼다.
　　참고 성구 마 5:11 롬 8:17 히 11:25, 2:18 마 19:29, 10:22 벧전 4:13-16

Ⅱ. 고난은 그리스도를 본받는 것이다 【빌 3:10】
성경은 '내가 그리스도와 그 부활의 권능과 그 고난에 참여함을 알고자 하여 그의 죽으심을 본받아'라고 했다. 사도 바울은 부활의 권능을 체험을 통하여 알기 원했다. 이 체험은 그리스도의 고난에 동참함으로써 이루어진다. 성도가 그리스도의 고난에 참여한다는 것은 자신의 옛 삶을 죽이고 그리스도와 완전히 연합함을 뜻한다. 이 체험은 성장하는 성화의 과정이다.
　　참고 성구 막 10:38 마 26:39 빌 2:5-8 골 3:13 롬 6:4-11 벧전 2:21

Ⅲ. 고난은 하늘 영광을 받게 한다 【롬 8:17】
성경은 '자녀이면 또한 상속자 곧 하나님의 상속자요 그리스도와 함께 한 상속자니 우리가 그와 함께 영광을 받기 위하여 고난도 함께 받아야 할 것이니라'고 했다. 본 구절의 '고난도 함께'는 헬라어 '쉼파스코맨'으로 이 말은 그리스도의 고난에도 사용되었는데 이 단어는 어떤 분명한 목적이 있는 고난을 의미한다. 성도는 상속자로서 영광을 상속받기 위해 주님과 함께 고난도 받아야 한다.
　　참고 성구 행 24:15 히 6:18-19 빌 3:20-21 계 3:5, 20:12

■결 론■ 이와 같이 성도의 고난의 특징을 알았은즉 성도는 고난이 그리스도인의 특권으로 그리스도를 본받아 하는 영광을 얻을 상속자임을 알고 고난을 두려워하지 말고 오히려 영광으로 아는 자 되자.

■해설■ **고난**

예수 그리스도께서는 고난의 이유와 기원에 관해서는 분명한 말씀을 하지 않으셨다. 단지 그는 고난에 대처하여 그것을 이길 수 있는 길을 제시하셨을 뿐이다. 그는 고난 속에서도 승리의 삶을 사셨던 분이다. 그가 이러한 고난을 승리로 이끄신 비결은 이 고난 속에서 하나님 아버지의 뜻을 발견했기 때문이었다. 그는 아버지의 뜻에 복종함으로써 인생에 있어서 고난의 가시채를 배제해 버리기보다 극복해 냈던 것이다. 이러한 예수님께서는 고난을 맞이하여 그 속에서 하나님의 뜻을 발견하고 그에 복종하는 사람들에게는 그와 같은 승리를 기약해 주고 있는 것이다.

■참고■ **성도들을 향해서 예비된 면류관**
- 기쁨과 자랑의 면류관 - 우리의 소망이나 기쁨이나 자랑의 면류관이 무엇이냐 그의 강림하실 때 우리 주… (살전 2:19)
- 의의 면류관 - 이제 후로는 나를 위하여 의의 면류관이 예비되었으므로(딤후 4:8)
- 생명의 면류관 - 시험을 참는 자는 복이 있도다 이것에 옳다 인정하심을 받은 후에(약 1:12), 네가 죽도록 충성하라 그리하면(계 2:10)
- 영광의 면류관 - 양무리의 본이 되라 그리하면 목자장이 나타나실 때에 시들지 아니하는 영광의 관을 얻으리라(벧전 5:3,4)
- 썩지 않을 면류관 - 이기기를 다투는 자마다 모든 일에 절제하나니 그들은 썩을 승리자의 관을 얻고자 하되 우리는 썩지 아니할 것을 얻고자 하노라(고전 9:25)

■예화■ **썬다 씽**

인도의 갑부 아들로 태어난 썬다 씽(Sunder Sing, 1889-1929)은 힌두교로 굳어져 버린 인도뿐 아니라 세계의 고원지대인 티벳에 복음을 전하다가 거기서 순교한 이색적인 전도자였다. 히말라야 산맥은 눈보라와 추위가 심한 곳이며 세계의 산악인과 오가는 나그네들이 많이 희생되는 곳이다. 그곳에서 그가 사랑의 전도활동을 하던 어느 날 저녁, 그는 혹독한 추위 앞에 벌거숭이 몸으로 선 채 몸을 얼리고 있었다. 주위에 있던 몇몇의 티벳 사람이 황급히 달려가 왜 이렇게 죽으려 하느냐고 강제로 거처로 데리고 와 재차 "왜 자살하려 하느냐?"고 질책하였다. 이에 썬다 씽은 "자살하려던 것이 아니고 헐벗은 사람들을 생각하고 있었을 뿐이었다"고 말했다. 이때 한 사람이 힐난하면서 "그렇다면 그 사람들을 위해 하나님께 기도나 하시지" 하고 조롱이 섞인 말을 했다. 이에 썬다 씽은 "내게 옷이라도 많으면 찾아다니며 나누어 주고 싶지만 그렇지 못하오. 그래서 그들이 당하는 추위를 함께 나누고 싶었을 뿐이오." 하고 눈물을 머금었다. 물론 전도활동에 지대한 영향을 미친 일화이기도 하다. 이러한 썬다 씽의 모습 속에서 훨훨 타오르는 인간 사랑의 불꽃을 보는 듯하다. 복음은 참으로 인간을 고결하게 한다. 누가 썬다 씽에게 사랑을 실천하라고 강요했던가? 아니다. 그는 하나님이 인간 썬다 씽에게 베풀어 주신 사랑을 몸소 체험했기에 애틋한 심정으로 사랑을 실천했던 것이다.(세계 제일의 이야기 / 선윤경 외 2인)

● 성도 ●

성도의 국가에 대한 의무 세 가지

■ 본 문 ■ … 이르되 가이사의 것이니이다 이에 이르시되 그런즉 가이사의 것은 가이사에게 하나님의 것은 하나님께 바치라 하시니 … 【마 22:20-22】

■ 서 론 ■ 그로티우스는 "국가란 공동의 권리와 이익을 누리기 위해 결합된 자유로운 인간들로 이루어진 완전한 단체이다"라고 했다. 국가에 대한 성도의 의무는?

■ 말씀 ■

Ⅰ. 국가를 위해 기도함 【딤전 2:2】

성경은 '임금들과 높은 지위에 있는 모든 사람을 위하여 하라 이는 우리가 모든 경건과 단정함으로 고요하고 평안한 생활을 하려 함이라' 고 했다. 바울은 모든 사람을 위하여 간구와 기도와 도고와 감사를 하되 임금들과 높은 지위에 있는 모든 사람을 위하여 하라고 했다. 왜 이들을 위해 기도하는가? 이는 성도가 평안한 생활을 하기 위함이요, 이는 하나님 앞에 선하고 받으실 만한 것이기 때문이다.

참고 성구 삼상 7:5 삼상 12:23 출 22:28 행 23:5 삼상 24:6

Ⅱ. 국가에 세금을 내어야 함 【마 22:21】

성경은 '이르되 가이사의 것이니이다 이에 이르시되 그런즉 가이사의 것은 가이사에게, 하나님의 것은 하나님께 바치라 하시니라' 고 했다. 성도는 하나님께 대한 의무를 다해야 할 뿐 아니라 이 땅에 사는 동안은 위에 있는 권세자들에게도 복종과 의무를 다해야 한다. 미국의 정치가요 저술가이며 발명가인 벤자민 프랭클린은 "이 세상에서 가장 확실한 두 가지는 죽음과 세금이다"라고 했다.

참고 성구 마 17:27 롬 13:7 막 12:13-17 눅 20:20-26

Ⅲ. 국가에 복종해야 함 【벧전 2:13,14】

성경은 '인간의 모든 제도를 주를 위하여 순종하되 혹은 위에 있는 왕이나 혹은 그가 악행하는 자를 징벌하고 선행하는 자를 포상하기 위하여 보낸 총독에게 하라' 고 했다. 본 구절은 세상 질서 및 권력에 대한 성도의 태도를 언급하고 있다. 성도는 천국 시민이지만 이 땅의 나그네와 행인인 이상 이 땅의 질서를 위해 주어진 의무의 이행에 충실해야 한다.

참고 성구 롬 13:5 롬 13:1 잠 24:21 행 25:24-27

■ 결론 ■ 이와 같이 성도의 국가에 대한 의무를 살펴보았으니 성도는 국가를 위해서 기도하고, 납세의 의무를 다하고, 국가의 법에 복종하여 이 땅에서의 삶을 화평케 하는 자 되자.

■해설■ 국가

성경신학에 따르면 국가란 인간들을 보존하기 위해 하나님께서 세우신 하나의 질서로서 이를 통해서 타락한 인간의 객관적인 조직이 유지되고 있는 것이다. 다시 말해서 국가란 사회 정의를 구현시키고 타락한 인간들이 사회적 혼동에 빠지는 것을 방지하기 위해 하나님께서 재정하신 권세인 것이다(롬 13:1). 따라서 정부란 자율적인 존재가 아니고 하나님 앞에서 그 책임을 면할 수 없는 존재인 것이다. 모든 권세자들은 그리스도께서 계시하신 바대로 하나님께 대해서 책임을 지고 있는 것이다(요 19:20-21, 마 28:18, 골 1:16). 즉, 국가는 선을 권장하고 악을 징벌할 책임이 있는 것이다.

■참고■ 성경에 나타난 애국 애족의 사람들

- 다윗 - 블레셋의 골리앗을 보고 두려워하는 것을 보고 홀로 자원해서 싸움(삼상 17:26-51)
- 에스더 - 온 민족이 멸절의 위기에 있을 때 죽으면 죽으리이다 하며 일어섬(에 4:13-17)
- 느헤미야 - 고국의 처참한 비보를 듣고 울며 금식하여 하나님께 범죄함을 용서해 주십사고 기도하며 조국의 부흥을 결심함(느 1:2-11)
- 하닷 - 애굽의 바로의 신임에도 고국으로 돌아가고자 함(왕상 11:21-22)
- 바벨론의 포로가 된 유대인들 - 우리가 바벨론의 여러 강변 거기 앉아서 시온을 기억하며 울었다 함(시 137:1)

■예화■ 조국을 위한 과학자

몇 해 전 프랑스의 〈파리쟝〉지(誌)가 프랑스 민족의 최대의 위인이 누구냐 하는 앙케이트를 국민들에게 받아보았다. 압도적 다수로서 1위를 점한 사람은 과학자 파스테르(Louis Pasteur 1822-1895)였다. 나폴레옹은 겨우 9위를 차지했다. 파스테르는 프랑스가 낳은 위대한 세균학자요, 화학자다. 그는 산소의 연구로 유산균을 발견하고, 포도주의 산화(酸化)를 막기 위한 저온살균법을 고안하여 프랑스의 포도주 제조고를 5억 프랑에 올려놓았다. 또 잠병(蠶病)의 연구로 프랑스 양잠업을 파멸의 위기에서 구출했다. 여러 가지 전염병을 연구하여 각종 균과 살균법을 알아냈다. 인류에게 남겨 놓은 그의 최대의 업적은 광견병의 예방 접종이다. 오늘날 또 앞으로도 세계의 인류가 그의 과학적 연구와 업적으로 많은 혜택을 누리게 된다. 그는 전 인류가 감사해야 할 위대한 프랑스의 과학자이다. 파스테르는 말했다. "과학에는 국경이 없다." 그렇다. 과학은 인류의 정신적 공동재산이다. 과학은 국경을 초월한다. 그러나 "과학자에게는 조국이 있다"고 그는 말했다. 과학은 객관적 지식의 체계로서 인류의 공동재산이지만 그 과학을 연구하고 발전시키는 과학자는 분명히 어느 민족의 일원으로서 어느 조국에 태어나서 자기 민족과 더불어 고락과 운명을 같이 한다. 우리는 조국 없는 과학자, 국경 없는 학자를 생각할 수 없다. 과학자는 자기 민족에 봉사하는 애국심을 가져야 한다. (안병욱)

● 성도 ●

성도의 바람직한 자세 세 가지

■ 본 문 ■ 믿음의 선한 싸움을 싸우라 영생을 취하라 이를 위하여 네가 부르심을 받았고 많은 증인 앞에서 선한 증언을 하였도다【딤전 6:12】

■ 서 론 ■ 그리스의 철학자 소크라테스는 "가장 존중해야 할 것은 산다는 것이 아니고 훌륭하게 산다는 것이다"라고 했다. 성도의 바람직한 자세는?

■ 말씀 ■

I. 영적 승리를 위해 모든 일에 절제한다【고전 9:25】

성경은 '이기기를 다투는 자마다 모든 일에 절제하나니 그들은 썩을 승리자의 관을 얻고자 하되 우리는 썩지 아니할 것을 얻고자 하노라'고 했다. 절제란 방종에 흐르지 않도록 감성적 욕구를 이성으로써 제어하는 일을 말한다. 본절에서 '절제하나니'는 헬라어 '엥크라튜에타이'로서 이는 '엥크라튜오마이' 곧 '자제한다, 스스로 절제한다, 삼가한다, 억제한다'의 현재중간태이다.

참고 성구 갈 5:22-23 잠 21:17 약 3:2 롬 6:12-13 고전 9:27

II. 그리스도를 전파하여 각 사람을 완전히 세운다【골 1:28】

성경은 '우리가 그를 전파하여 각 사람을 권하고 모든 지혜로 각 사람을 가르침은 각 사람을 그리스도 안에서 완전한 자로 세우려 함이니라'고 했다. 본절의 '권하고'는 헬라어 '누데툰테스'로서 이는 '누스'(마음)와 '티데미'(만들다)의 합성어로 '마음에 둔다'이며, 이것은 마음의 깊은 배려에서 나오는 훈계와 권고와 견책을 뜻하는 말이다. 이런 것들로 그리스도 안에서 성숙한 사람을 만들고 세우는 것이다.

참고 성구 마 5:48 엡 4:13 딤후 2:4 빌 3:15 요일 2:5

III. 믿음의 선한 싸움을 싸워 영생을 취한다【딤전 6:12】

성경은 '믿음의 선한 싸움을 싸우라 영생을 취하라 이를 위하여 네가 부르심을 받았고 많은 증인 앞에서 선한 증언을 하였도다'라고 했다. 본 구절의 '싸우라'는 헬라어 '아고니주'로서 이는 기본형 '아고니조마이'가 '경기하다'인 점을 볼 때 구원의 상급을 위해 영적 전투를 하라는 의미이다. 성도가 믿음의 선한 싸움을 싸우는 것은 궁극적으로 영생을 취하기 위함이다.

참고 성구 행 20:24 딤후 4:7 엡 6:12 딤전 1:18

■ 결 론 ■ 이와 같이 성도의 바람직한 자세를 살폈으니 성도는 모든 일에 절제하고, 주님을 전파하여 각 사람을 성숙케 하며, 믿음의 선한 싸움을 싸워 영생을 취하는 자들이 되자.

■해설■ **참된 신자**

1848년 북미 캘리포니아 주 사클라멘트의 한 골짜기에 거주하던 마샬(J.W. Marshall)씨는 영림서의 종업부로 일했었는데 하루는 우연히 자기가 늘 다니는 모래밭이 황색을 띤 것을 발견하고 그 모래를 가져다가 분석하여 금광임을 알게 되었다. 이 소식이 퍼지자 광업가들이 모여들어 많은 이들이 부자가 되었다. 그러나 정작 마샬 씨 자신은 극빈하게 지내다가 필경은 그가 처음 발견한 그 금광에서 멀지 아니한 지점에서 객사했다. 신자 중에도 시종 은혜의 권내에 있으면서 그리스도 없이 살다가 그리스도 없이 죽을 수 있는 것이다.

■참고■ **번민하지만 말고 하나님의 힘을 덧입으라**
- 욥 - 어찌하여 내가 태에서 죽어나오지 안했던가 하는 탄식(욥 3:11)
- 엘리야 - 여호와여 넉넉하오니 지금 내 생명을 취하옵소서 한 극심한 곤궁(왕상 19:4)
- 모세 - 책임이 심히 중하여 나 혼자는 이 모든 백성을 질 수 없나이다 한 탄식(민 11:14)
- 예레미야 - 내가 환난 중에 마음이 괴롭고 번민하오니 한 고통의 고백(애 1:20)
- 요나 - 사는 것보다 죽는 것이 내게 나으리라 한 괴로움(욘 4:8)
- 바울 - 아시아의 환난으로 살 소망까지 끊어지고(고후 1:8-9)
- 예수 - 땀이 핏방울 같이 떨어짐(눅 22:44)

■예화■ **완전한 자유**

"내가 하려고 한 것, 30년 동안 노력하고 간절히 원한 것은 자기의 완성, 신을 만나는 것, 인간해탈(人間解脫)에 도달하는 것이다. 이 목표를 추구해서 나는 살고 움직이고 또 내 존재가 있는 것이다." 20세기의 최대의 성웅이었던 마하트마 간디가 그의 명저 <나의 자서전>의 서문에서 한 말이다. 이 책에는 부제가 붙어 있다. "진리에 관한 나의 실험의 이야기"다. 화학자가 플라스코를 가지고 화학의 실험을 하듯이 간디는 진리에 관한 용감한 실험을 했다. 간디는 진리파악운동(사티아그라하 ; Satyagraha)을 하였고 비폭운동력을 벌이었다. 그는 성실한 인생을 근본 원칙으로 삼고 살았다. 이 성실이 부모에 대해서는 효성으로 나타났고 나라에 대해서는 충성으로 나타났고 진리에 대해서는 헌신으로 나타났고 인류에 대해서는 사랑으로 나타났다. 그가 30년 동안 애쓴 것은 세 가지였다. 첫째는 자기 완성이다. 도덕적 자기 완성을 위해서 노력했다. 최고의 둘째는 신을 만나는 것이다. 신과의 만남을 갖기 위해서 그는 순결과 비폭력과 봉사와 무사의 생활을 힘썼다. 간디의 신은 진리다. 진리가 곧 그의 신이다. 셋째는 인간 해탈이다. 죄악과 번뇌를 벗어나서 정신의 완전한 자유 자재의 경지에 도달하는 것이 그의 목표이다. 그는 이 세 가지 목표를 추구하면서 살았다. 그의 자서전은 이 목표에 도달하기 위한 정신적 악전고투의 생생한 기록이다. (안병욱)

●성도●

성도의 선택이 올바른 이유 세 가지

■본 문■ 내가 전심으로 주를 찾았사오니 주의 계명에서 떠나지 말게 하소서 내가 주께 범죄하지 아니하려 하여 주의 말씀을 내 마음에 두었나이다 [시 119:10-11]

■서 론■ 작가 존 맥스웰은 "모든 선택은 결과를 낳게 마련이다. 우리의 선택에 대한 책임은 우리에게 있다"고 했다. 성도의 선택이 올바른 이유는?

■말 씀■

Ⅰ. 하나님의 말씀을 따르기 때문이다 [히 11:7]

성경은 '믿음으로 노아는 아직 보이지 않는 일에 경고하심을 받아 경외함으로 방주를 준비하여 그 집을 구원하였으니 이로 말미암아 세상을 정죄하고 믿음을 따르는 의의 상속자가 되었느니라' 고 했다. 노아는 하나님의 말씀에 대하여 믿음으로 순종함으로써 가족을 구원하였고 의인이라는 칭호를 얻었다. 성도들도 하나님의 말씀을 따라 순종하고 선택하여서 멸망에서 구원을 받자.

참고 성구 창 6:22 시 119:9 전 11:9 딤전 4:12 창 39:9-10 창 13:10-11

Ⅱ. 하나님의 약속을 믿기 때문이다 [히 11:8]

성경은 '믿음으로 아브라함은 부르심을 받았을 때에 순종하여 장래의 유업으로 받을 땅에 나아갈새 갈 바를 알지 못하고 나아갔으며' 라고 했다. 아브라함은 약속으로만 받은 기업을 위하여 현재의 친척과 재산을 포기하는 모험을 하였다. 성도들도 복음을 가족이나 재산보다 귀한 것으로 여기며 성도에게도 중대한 결단을 내려야 할 때가 반드시 오는데 이 때 하나님의 약속을 의뢰할 것이다.

참고 성구 창 12:1-4 창 22:3,8,17-18 히 11:17 단 3:17-18 수 2:11-13

Ⅲ. 하나님의 상 주심을 바라보기 때문이다 [히 11:26]

성경은 '그리스도를 위하여 받는 수모를 애굽의 모든 보화보다 더 큰 재물로 여겼으니 이는 상 주심을 바라봄이라' 고 했다. 모세는 왕궁의 호화로움과 사막의 고생, 죄악의 낙과 하나님의 백성과 함께 하는 고난, 애굽의 보화와 그리스도를 위한 능욕 중 하나를 선택해야 하는 기로에 있었으나 그는 이 땅의 잠깐뿐인 것보다 비록 고통이 따르지만 영원한 것을 믿음으로 선택하였다.

참고 성구 히 11:6 마 19:27-29 딤후 4:7-8 빌 3:14 행 14:22

■결 론■ 이와 같이 성도의 선택이 옳은 이유를 살펴보았으니 성도는 하나님의 말씀과 약속을 믿고 의지하여 하늘의 상급을 바라보고 이 땅에서의 모든 고난을 이기고 승리를 쟁취하는 자 되자.

■해설■ **택하다, 선택**

'택하다'(elect)는 말은 적극적인 행동을 나타내는 동사이며, 또한 택함 받은 자란 택함을 받은 대상(사람)을 가리키는 말이다. 이처럼 '택하다'는 말은 '선택하다'(choose)는 말과 동의어이다. 성경에서 이 말은 흔히 사람에 대한 하나님의 적극적인 행동을 가리키며, 이러한 선택의 결과로 선택 받은 사람이 처하는 위치를 가리키기도 한다. 이와 같이 선택이란 말은 하나님의 선택 행위나 그 결과로 사람의 신분이 변하는 것과 신분이 변한 사람이 자취하는, 구별된 사람의 특권에 적용되는 말이다.

■참고■ **우리는 무엇을 결단하며 선택할까**
- 하나님과 사탄 중 택일하라(창 3:1-11)
- 생명과 사망, 복과 저주 중 택일하라(신 30:19-20)
- 하나님과 우상 중 택일하라(수 24:15-28)
- 순종과 불순종 중 택일하라(삼상 15:1-35)
- 하나님과 바알, 아세라 중 택일하라(왕상 18:21-40)
- 지혜와 어리석음 중 택일하라(잠 8:1-21)
- 좁은 길과 넓은 길 중 택일하라(마 7:13-14)
- 경건과 불의 중 택일하라(벧후 2:9)
- 참된 행복과 불행 중 택일하라(룻 1:15-18)

■예화■ **백낙준 목사님**

백낙준 목사님의 인생 고백을 읽을 수 있었다. 그 분은 원래 평안북도 곽산의 아주 가난한 농부의 가정에서 태어나 4형제와 함께 자라다가 다른 형제들은 병으로 인하여 일찍 죽게 되었고, 어머니마저 8살 되던 해 세상을 떠나시고 아버지는 12살에 세상을 떠나서 그 때부터 고아로 자라게 되었다. 그 때에 백낙준 목사님은 그리스도를 믿게 되었고, 기독교 신앙 안에서 절대 가능의 신앙을 깨닫고, 부모님이 그가 장가갈 때를 위해 사두었던 광목 한 필을 팔아 70원을 마련해서 선천의 신성학교에 입학하게 되었다. 그 때에 윤산온 선교사가 그를 보고 학비를 위해 학교에서 일을 도우라고 해서 장작을 패 주고 석탄을 이겨서 불을 때면서 고학으로 공부하였다. 중학교 졸업반 때에는 105인 사건으로 일본 경찰에 체포될 위기를 당했으나 광산으로 피신하여 살기도 하고, 때로는 엿장수를 했던 때도 있었다고 한다. 그는 원하던 대로 결국 미국에 가서 예일대학의 철학박사 학위를 받아 돌아와서 연세대학교의 총장이 되셨던 것이다.

● 성도 ●

성도의 신앙을 시험하는 세 가지

■ 본문 ■ 사탄이 이에 여호와 앞에서 물러가서 욥을 쳐서 그의 발바닥에서 정수리까지 종기가 나게 한지라 욥이 재 가운데 앉아서 질그릇 조각을 가져다가 몸을 긁고 있더니 【욥 2:7-8】

■ 서론 ■ 시험이란 신앙에 있어서 성도가 하나님께 충실하느냐의 여부 또는 그 신앙이 진실한 것인지의 여부를 알기 위해 곤란이나 죄에의 유혹 같은 것이 주어지는 것을 말한다. 성도의 신앙을 시험하는 것은?

■ 말씀 ■

I. 재산 【욥 1:11】
성경은 '이제 주의 손을 펴서 그의 모든 소유물을 치소서 그리하시면 틀림없이 주를 향하여 욕하지 않겠나이까' 라고 했다. 사탄의 첫 번째 시험은 욥의 재산, 곧 재물이 송두리째 사라지게 하는 것이었다. 사탄은 욥의 모든 소유물을 치면 그가 하나님을 욕할 것이라고 장담했다. 돈은 인간이 살아가는 데 있어서 필수불가결한 요소이다. 모든 인생이 돈 때문에 울고 웃는데 욥은 이 시험을 극복했다.

　　참고 성구 욥 1:1,3 욥 1:21-22 대상 29:14 딤전 6:7-8 잠 30:8-9

II. 자녀 【욥 1:20】
성경은 '욥이 일어나 겉옷을 찢고 머리털을 밀고 땅에 엎드려 예배하며' 라고 했다. 욥에게 재산이 없어지자마자 이번에는 자식들이 모두 참변을 당하여 죽게 되었다. 이것은 사탄의 두 번째 시험이다. 욥은 일어나 겉옷을 찢었는데 이는 마음의 번민과 충격을 상징하며, 머리털을 밀고는 개인적인 영광의 상실을 상징한다. 그러나 욥은 공수래공수거(空手來空手去) 인생이라며 오히려 하나님께 경배하며 원망하지 않았다. 욥은 자식을 인한 시험도 극복했다.

　　참고 성구 시 127:3-5 욥 1:19 욥 1:22, 2:10 막 5:38-39

III. 건강 【욥 2:5】
성경은 '이제 주의 손을 펴서 그의 뼈와 살을 치소서 그리하시면 틀림없이 주를 향하여 욕하지 않겠나이까' 라고 했다. 한국 속담에 "돈을 잃은 것은 작게 잃은 것이요, 명예를 잃은 것은 많이 잃은 것이요, 건강을 잃은 것은 모두를 잃은 것이다" 라는 말이 있다. 사탄은 드디어 욥의 건강을 가지고 마지막 시험에 임했다. 그러나 욥은 하나님께 복을 받았으니 재앙도 받지 않겠냐며 입술로 범죄하지 않았다.

　　참고 성구 욥 2:3-4 롬 14:8 갈 6:9 빌 2:17 약 5:11

■ 결론 ■ 이와 같이 성도의 신앙을 시험하는 것들을 살펴보았는데 성도는 재산과 자녀와 건강의 시험을 극복한 욥을 본받아 오직 하나님의 은혜를 구하는 자들이 되자.

■해설■ **찬서리**

한 기독교 청년이 저축한 돈을 몽땅 털어서 과수원을 시작하였다. 그는 온갖 정성을 다해 복숭아나무를 심고 거름을 주어 가꾸었다. 사람들은 대풍이 들거라며 격려하였다. 그러나 극심한 서리가 내려 농작물을 망쳐서 하루 아침에 그만 거지가 되고 말았다. 너무나 비참하고 억울하여 하나님을 원망하고 교회에 나가는 것조차 중단했다. 어느 날, 목사님이 찾아가 모든 걸 다 하나님께 맡기고 교회에 나오도록 권유했다. 그러나 그 젊은이는 화를 내며 "날보고 교회 나오라는 말은 하실 수 없을 거요. 내 과수원을 망친 그런 잔인한 하나님을 난 믿을 수 없소."라고 하였다. 그때 목사님은 "하나님은 당신의 농장보다 당신을 더 사랑하고 있소. 하나님은 찬 서리가 농작물에 해가 된다는 것도 알고 있소. 마찬가지로 시련과 역경의 서리가 없이 기독교인이 생명의 열매를 맺을 수 없다는 것도 알고 계시오."라고 하였다.

■참고■ **시험을 이긴 자**

• 아브라함 - 소돔 왕이 전리품을 취하라고 하자 네가 치부케 했다 할까봐 네게 속한 것은 한 올의 실도 취하지 않겠다 함(창 14:23) • 다니엘 - 다리오 왕의 조서에 어인이 찍힌 금령이 내렸음에도 변함없이 예루살렘을 향해 하루 세 번 기도하고 하나님께 감사함(단 6:4-13) • 엘리사 - 아람의 군대장관 나아만의 문둥병을 고쳐 주자 예물을 산더미처럼 주었으나 내가 받지 아니하리라 함(왕하 5:16) • 욥 - 아내가 하나님을 욕하고 죽으라 하자 도리어 우리가 하나님께 복을 받았으니 재앙도 받지 않겠느냐 함(욥 2:9-10) • 베드로 - 많은 돈을 들여 마술사 시몬이 성령을 사려고 하자 네 은과 네가 함께 망한다며 꾸짖음(행 8:20)

■예화■ **환난이 변하여**

최자실 목사님은 원래 활동적인 여성으로 옛날부터 성냥회사, 비누공장 등 많은 사업을 경영하셨다. 뿐만 아니라 방직에 필요한 셔틀공장을 경영하여 많은 돈을 벌게 되자 돈 모으는 재미로 하루하루를 보냈다. 그러던 중 어느 날 맏딸이 뇌염으로 세상을 뜨게 되었고, 거기에다 한 달만에 어머니도 돌아가셨다. 게다가 사업도 망하고 남편 또한 다른 여자를 얻어 떠나가 버렸다. 이제는 모든 것이 끝났다는 생각이 들어 자살을 생각하고 서울로 올라와 찾아간 곳이 삼각산이었다. 그런데 마침 삼각산에서 부흥회가 열리고 있었다. 우연히 거기에 참석하게 되었던 최 목사님은 하나님을 만나 완전히 변화되어 그 길로 신학교에 들어가게 되었고 오늘날엔 세계적인 주의 여종이 되셨다. 최 목사님에게 만일 그러한 어려움이 다가오지 않았더라면 그것을 통해 오신 예수님을 결코 만나지 못했을 것이다. 그 때는 그런 상황이 절망적으로 보였지만, 세월이 지나고 난 다음 돌이켜 볼 때 그 어려움이야말로 오늘날의 최자실 목사님을 만들어준 크나큰 축복이었던 것이다. "내가 가는 길을 그가 아시나니 그가 나를 단련하신 후에는 내가 순금 같이 되어 나오리라." (욥 23:10) (조용기)

● 성도 ●

성도의 영적 노동 세 가지

■ 본문 ■ 푯대를 향하여 그리스도 예수 안에서 하나님이 위에서 부르신 부름의 상을 위하여 달려가노라 【빌 3:14】

■ 서론 ■ "노동은 생활의 꽃이요, 삶의 보람이요, 마음의 기쁨이다"라고 W.영안은 말했다. 성도가 이 땅에서 평생 동안 해야 할 영적 노동은 무엇인가?

■ 말씀 ■

I. 육체를 극복하는 것 【고전 9:25】

성경은 '이기기를 다투는 자마다 모든 일에 절제하나니 그들은 썩을 승리자의 관을 얻고자 하되 우리는 썩지 아니할 것을 얻고자 하노라'고 했다. 본 구절의 '절제하나니'는 헬라어 '엥크라튜에타이'로서 이는 '자신을 위하여 절제한다, 억제한다, 삼간다'는 뜻으로 이것은 자기의 몸을 쳐서 복종케 하는 것을 뜻한다. 성도들도 바울처럼 날마다 죽는 생활을 해야 한다. 이것이 면류관을 얻기 위하여 하는 자신을 부인하고 이기는 생활이다.

참고 성구 갈 5:23 롬 8:13 갈 5:19-21 고전 9:27

II. 죄를 대항해서 싸우는 것 【히 12:4】

성경은 '너희가 죄와 싸우되 아직 피흘리기까지는 대항하지 아니하고'라 했다. 대항이란 무엇인가? 이는 서로 맞서서 버팀이나 상대하여 덤빔을 말한다. 본 구절의 죄는 헬라어 '하말티아'로서 이는 '과녁에서 빗나감'이란 뜻으로 근본적으로 하나님을 떠나 있는 죄를 말한다. 성도가 죄를 대항하여 싸우되 피흘리기까지 싸워야 함은 죄가 하나님으로부터 단절되는 멸망을 가져오기 때문이다.

참고 성구 빌 1:27 눅 13:24 마 24:9 히 12:1 눅 23:34 골 3:5

III. 푯대를 향해 달려가는 것 【빌 3:14】

성경은 '푯대를 향하여 그리스도 예수 안에서 하나님이 위에서 부르신 부름의 상을 위하여 달려가노라'고 했다. 본 구절의 푯대는 최종 목표 지점을 가리키는데 성도들이 치루는 영적 경기에 있어서 이는 그리스도를 의미한다. 성도들이 푯대를 향해 달려가는 것은 상을 위하여서이다. 이 상은 그리스도 예수 안에서 얻는 구원의 완성을 의미하는데 푯대와 상은 의미가 거의 동일하다.

참고 성구 행 20:24 빌 3:12-14 벧전 5:4

■ 결론 ■ 이와 같이 성도의 영적 노동을 살펴보았으니 성도는 육체를 극복하고 죄와 싸우며 푯대를 향해 달려가는 신앙생활의 마지막이 상급임을 알아 이 땅에서 신실한 신앙인이 되자.

■해설■ **인간의 삶을 망치는 10가지**

• 생명의 주인 되신 하나님을 믿지 않는 불신앙이다. • 인생의 삶의 목적을 모르고 사는 어리석음과 무지이다. • 자기 이상으로 높은 분이 계신 이 앞에서 교만한 자이다. • 자기밖에 모르는 자아중심적인 이기심이다. • 자기 분수를 넘어서는 욕심 곧 탐심이다. • 자기 향락에 취해 인생을 방탕 하는 쾌락주의이다. • 죄를 물마시듯하며 죄악에 빠져 사는 어리석은 자이다. • 내세가 있음에도 불구하고 내세에 대한 아무런 준비가 없는 자이다. • 불평과 원망과 좌절과 낙심으로 사는 희망을 포기한 자이다. • 우상과 미신과 악령과 사탄을 따라가는 사탄의 종들이다.

■참고■ **성도들에게 임할 갖가지 영광들**

• 하나님이 주신 것임 - 내게 주신 영광을 내가 그들에게 주었사오니 (요 17:22) • 그리스도와 같은 영광 - 주의 영광을 보매 저와 같은 형상으로 화하여(고후 3:18) • 현재의 고난과 비교할 수 없음 - 생각건대 현재의 고난은 장차 우리에게 나타날 영광과 족히 비교할 수 없음(롬 8:18) • 환난 가운데서 영광을 바람 - 우리가 환난 중에도 즐거워하나니 (롬 5:2-3) • 그리스도가 영광의 소망이 됨 - 이 비밀의 영광은 너희 안에 계신 그리스도시니 곧 영광의 소망이심(골 1:27) • 구원을 영광과 함께 받음 - 모든 것을 참음은 그리스도 예수 안에 있는 구원을 영원한 영광과 함께 얻음(딤후 2:10) • 그리스도의 재림과 함께 영광 중에 나타남 - 우리 생명이신 그리스도께서 나타나실 그 때에 너희도 그와 함께 영광 중에 나타나리라(골 3:4)

■예화■ **올바른 신앙인**

세상에는 신의 선민이라고 자부하는 사람이 많다. 또 하나님의 선민이라고 일컫는 민족도 있다. 과연 누군가 신의 선민이냐, 어떤 자격을 갖출 때 신의 선민이 될 수 있느냐, 신을 믿으면 또는 절대자를 믿으면 신의 선민이라고 할 수 있느냐, 그렇다면 종교인은 모두 선민인가. 신을 믿는다면서 부정하고 부패하고, 남을 미워하고 안일 나태하고 배타독선(排他獨善)하면 그는 신의 선민이라고 할 수 있느냐, 미국 독립선언서의 기초자요, 제3대 대통령이었던 토마스 제퍼슨은 새로운 선민의 개념과 기준을 용감하게 제시했다. "하나님이 이 세상에서 선민을 택한다면 그것은 땅 위에서 땀을 흘리는 사람들만이 아마 하나님의 선민이 될 수 있을 것이다." 그것은 종교적 기준이 아니고 업적적(業績的) 기준이다. 땀을 흘리는 사람이 신의 선민이라고 그는 갈파했다. 일하는 사람, 생산하고 건설하는 사람, 개척하고 창조하는 사람, 이상을 추구하고 가치를 창조하는 사람들은 모두 다 신의 선민에 속한다는 것이다. 주여! 주여! 하고 외치는 자만이 주의 아들딸이 아니다. 이마에 땀을 흘리면서 온 몸이 기름투성이가 되어 각고면려(刻苦勉勵), 일에 골몰하는 자는 다 신의 선민의 영광과 특권의 자리에 참여하고 또 참여해야 한다. 일하지 않는 종교인은 진정한 종교인이 아니다. 땀을 흘리지 않는 신앙인은 올바른 신앙인이 아니다. 땀, 이것이 신의 선민의 중요한 기준의 하나다. (안병욱)

● 성도 ●

성도의 의미 있는 연합 세 가지

■본 문■ 상전들아 너희도 그들에게 이와 같이 하고 위협을 그치라 이는 그들과 너희의 상전이 하늘에 계시고 그에게는 사람을 외모로 취하는 일이 없는 줄 너희가 앎이라 【엡 6:9】

■서 론■ 연합이란 두 개 이상의 것이 합동함이나 두 개 이상의 것을 합쳐 하나의 조직을 만듦을 말한다. 성도의 의미 있는 연합은 무엇인가?

■말씀■

I. 육체적 연합 / 부부 사이에 【마 19:6】

성경은 '그런즉 이제 둘이 아니요 한 몸이니 그러므로 하나님이 짝지어 주신 것을 사람이 나누지 못할지니라 하시니' 라고 했다. 부부의 연합은 단순히 성적 합일체가 된다는 것이 아니라 전인격적 차원에서 하나님의 법과 생명을 전제로 한 공동운명체가 됨을 의미한다. 따라서 부부 사이의 이혼이나 헤어짐은 하나님의 뜻이 아니므로 의당 나누지 말아야 한다.

참고 성구 창 2:24 막 10:9 고전 7:10-11 엡 5:31-33 마 5:32

II. 사회적 연합 / 상전과 부하로서 【엡 6:9】

성경은 '상전들아 너희도 그들에게 이와 같이 하고 위협을 그치라… 너희의 상전이 하늘에 계시고 그에게는 사람을 외모로 취하는 일이 없는 줄 너희가 앎이라' 고 했다. 고용인과 고용주 사이의 관계는 좋은 하나님 앞에서 주인을 섬기며, 주인은 하나님 앞에서 종을 후대해야 한다. 성도는 이 말씀에 따라 하나님 앞에서 모든 인간, 직업은 평등하다는 것을 알고 바른 사회적 연합을 이루어야 한다.

참고 성구 엡 6:5 딤전 6:1 딛 2:9 골 3:22, 4:1 잠 25:13, 17:2

III. 정신적 연합 / 성도끼리 【고전 1:26】

성경은 '형제들아 너희를 부르심을 보라 육체를 따라 지혜로운 자가 많지 아니하며 능한 자가 많지 아니하며 문벌 좋은 자가 많지 아니하도다' 라고 했다. 본 구절은 세상의 안목으로 봤을 때 소외받는 계층을 뜻한다. 하나님의 가치 판단은 기준이 인간의 그것과는 전혀 다르다. 사회의 모든 기득권으로부터 철저하게 소외당하고 있는 자들에게 하나님은 당신의 유업을 잇게 하신다. 따라서 성도는 부르심을 입은 자답게 주 안에서 올바른 연합을 가질 것이다.

참고 성구 엡 1:4-5 골 3:12-14 몬 1:16-17 요일 2:9 갈 5:22-24

■결 론■ 이와 같이 성도의 의미 있는 연합을 살펴보았으니 성도는 가정에서의 육체적 연합, 사회에서의 사회적 연합, 교회에서의 정신적 연합을 이루어 이 땅에 하나님의 나라를 세우는 데 일조를 하자.

■해설■ 바른 연합

인도의 '썬다 싱'이 어느 추운 겨울에 네팔 지방을 한 사람과 함께 가게 되었다. 무서운 눈보라를 헤치고 가다가 눈 위에 쓰러져 죽어가는 행인을 한 사람 발견하게 되었다. 썬다 싱이 같이 가던 사람에게 번갈아 업고 가자고 말하자 그는 "미쳤소? 우리도 언제 죽을 지 모를 이 판국에 누굴 업고 간단 말이오"하면서 혼자 먼저 길을 떠나버렸다. 하는 수 없이 행인을 업고서 사력을 다해 마을까지 내려오자 땀으로 흠뻑 젖은 몸이 되어 행인도 썬다 싱도 얼은 몸이 풀렸다. 그런데 마을 어구에 웬 시체가 있어 가보니 먼저 간 사람이 추위를 견디지 못해 동사한 채 버려져 있었다.

■참고■ 함께 하여야 할 성도의 각종 모습

• 마음을 같이 함 - 너희가 다 마음을 같이 하여 동정하며 형제를 사랑하며 불쌍히 여기며(벧전 3:8) • 서로 관심을 가짐 - 한 지체가 고통을 받으면 모든 지체도 함께 고통받고(고전 12:25-26) • 연합해 동거함 - 형제가 연합하여 동거함이 어찌 그리 선하고 아름다운고(시 133:1) • 소망을 한 가지로 가짐 - 몸이 하나요 성령이 하나이니 너희가 부르심의 한 소망 안에서(엡 4:4-6) • 서로 교제함 - 날마다 마음을 같이 하여 성전에 모이기를 힘썼고(행 2:42-47)

■예화■ 하나님과 교제하는 사람

며칠 전에 자매님으로부터 다음과 같은 내용의 이야기를 들었다. 학교 다닐 때 교사가 제일 강조했던 말이 "너 자신을 버리지 말라"는 것이었다. 그래서 그 말의 영향 때문에 "자기 자신을 버릴 수 없다"는 사상이 깊이 박혀서 자신이 얼마나 개인주의자인지 모른다고 고백하는 것이다. 무슨 일을 해도 남과 의논하지 않을 뿐 아니라 남에게 복종하지도 않기 때문에 공동생활을 도무지 할 수 없게 되었다. 그로 인해 부부생활도 제대로 할 수 없게 되었다. 가정생활도 실패하고 기도원에 와서도 실패했다. "너 자신을 버리지 말라"는 소리는 마귀의 소리이다. 그런데 요즈음 세상에서는 그런 소리를 흔히 들을 수 있다. "너 자신을 완성해야 한다", "네 목적을 달성해야 한다", "너! 너! 너!", "나! 나! 나!" 하는 소리가 자꾸 나온다. '우리'라는 말은 잘 나오지 않는다. 그러나 성경을 보면 예수 믿는 사람들 사이에 '우리'란 개념이 강했던 사실을 잘 알 수 있다. 같이 전도하러 나가고, 같이 죄 사함을 얻고, 주께 영광 돌리기 위해 같이 손잡고 하나가 되고, 같이 교제하는 것이 얼마나 중요한 것인지 성경에 잘 나온다. 교제할 수 있는 것은 성령의 역사이다. 하나님 아버지와 아들 사이에 하나가 되게 한 것은 성령의 역사이다. 우리의 영이 올바르게 되면 몸이 고침을 받고 우리의 혼도 고침을 받게 된다. 우리의 영이 건강하게 되면 하나님과 교제하는 사람이 될 수 있다. (대천덕)

● 성도 ●

성도의 이름에 대한 증거 세 가지

■본문■ 문지기는 그를 위하여 문을 열고 양은 그의 음성을 듣나니 그가 자기 양의 이름을 각각 불러 인도하여 내느니라【요 10:3】

■서론■ 성도란 구약에서는 주로 하나님의 백성에 대해, 신약에서는 일반적으로 그리스도 신자를 가리키는 용어이다. 성도의 이름을 주님께서는 어떻게 하시는가?

■말씀■

I. 성도의 이름을 주께서 인지하심【요 10:3】

성경은 '문지기는 그를 위하여 문을 열고 양은 그의 음성을 듣나니 그가 자기 양의 이름을 각각 불러 인도하여 내느니라' 고 했다. 인지란 무엇인가? 이는 어떠한 사실을 분명히 인정함을 말하는 것으로, 목자 되시는 주님은 그의 양인 성도들의 이름을 잘 기억하고 이름을 불러서 푸른 초장으로 인도해 주시는 분이시다. 성도는 창세 전에 선택된 귀한 존재이다.

참고 성구 행 9:4,16 창 32:28 마 18:5 요 1:48 엡 1:4-5

II. 성도의 이름을 주께서 시인하심【계 3:5】

성경은 '이기는 자는 이와 같이 흰 옷을… 내가 그 이름을 생명책에서 결코 지우지 아니하고 그 이름을 내 아버지 앞과 그의 천사들 앞에서 시인하리라' 고 했다. 시인이란 옳다고 또는 그러하다고 인정하는 것을 말한다. 주님은 마지막 날 하나님의 백보좌 심판에서 성도를 위해 변호하시면서 하나님께, 그리고 천사들 앞에서 성도가 구원을 받았음을 시인하시어 생명책에 이름이 녹명이 되게 하신다.

참고 성구 계 20:11-15 요 5:45 요일 2:1 출 32:32 고후 5:10

III. 성도의 이름을 주께서 증명하심【눅 10:20】

성경은 '그러나 귀신들이 너희에게 항복하는 것으로 기뻐하지 말고 너희 이름이 하늘에 기록된 것으로 기뻐하라 하시니라' 고 했다. 증명이란 어떤 사실이나 결론이 참인지 아닌지를 밝히는 일을 말한다. 주님 예수께서는 귀신들이 너희에게 항복하는 것으로 기뻐하지 말고 너희 이름이 하늘에 기록된 것을 기뻐하라고 확실히 증명해 주셨다. 성도의 영원한 본향은 하늘 나라이다. 그 하늘에 성도의 이름이 등재되어 있음은 영생을 취할 자격이 있다는 것이다.

참고 성구 빌 4:3, 3:20 히 12:23 골 1:18 계 21:27

■결론■ 이와 같이 성도의 이름에 대한 주님의 증거를 알았으니 성도의 귀한 이름을 주님이 인지하시고 시인하시며 증명하심을 알고 항상 성도로서 이름값을 하는 자들이 되자.

■해설■ **성도**

성도는 구약성경에서 '하시드'(경건한, 경건한 자)와 '카도쉬'(거룩한, 거룩한 자)라는 단어로 되어 있다. '카도쉬'는 "하나님께 구별된다"는 것인 반면 '하시드'는 하나님의 자비에 의해 용납되는 경건을 강조하는 말이다. 신약성경에서 성도에 해당하는 단어는 '하기오스'인데 이는 '거룩한, 거룩한 자'의 뜻이 있다. 성도라는 지위는 하나님께서 부르셨기 때문에 얻어진 것이다(롬 1:7). 신약에 나타난 성도란 "모든 믿는 자"를 가리키는 것으로 "그리스도인 형제"라는 말과 동의어이다(골 1:2). 빌 4:21의 경우를 제외하고 성도란 말은 단수로 사용된 적이 없고 사실 빌 4:21의 경우도 "모든 성도"라는 집합적 개념으로 사용됐다. 성도들(the saints)이 곧 교회(the church)이다(고전 1:2).

■참고■ **예수 그리스도의 이름에 담긴 개괄적 요소 몇 가지**

• 탄생 전에 지어진 이름 - 아들을 낳으리니 이름을 예수라 하라 이는 자기 백성을 죄에서 구원할 자이심(마 1:21,23) • 그 이름을 세상이 미워함 - 너희가 내 이름을 인하여 모든 사람에게 미움을 받을 것이나 견디면 구원 얻음(마 10:22) • 그 이름으로 세례를 받음 - 죄 사함의 세례임(행 2:38) • 그 이름으로 기적을 이룸 - 미문의 앉은뱅이를 베드로와 요한이 일으킴(행 3:6) • 그 이름으로 고난을 받음 - 그 이름을 위해 능욕 받음을 합당히 여긴 사도들(행 5:41) • 그 이름으로 말함 - 사울이었던 바울이 회심 후 전도함(행 9:27) • 모든 자가 그 이름에 복종함 - 하늘과 땅의 모든 자가 예수께 무릎을 꿇음(빌 2:9-10)

■예화■ **노벨상 제도**

노벨(Alfred B. Nobel)은 1833년에 스웨덴에서 태어나 화학자와 발명가가 되었는데 1866년에는 그 유명한 다이너마이트 폭약을 발명했다. 노벨이 나이가 많이 든 시절의 어느 날 신문을 펼치던 그는 깜짝 놀라지 않을 수 없었다. 조간 신문의 일면에는 "알프레드 노벨이 사망하다."라고 큰 제목이 나왔고, 그 기사를 읽어보니 자기를 표현해서 "다이너마이트의 왕"이 죽다라고 또 쓰고 또 "죽음의 사업가" "파괴의 발명자"라고 기록되어 있었다. 물론 그 신문보도는 프랑스의 한 기자가 동명이인(同名異人)의 다른 사람이 죽은 것을 잘못 보도 방송한 것에 착오였지만 이 사실은 노벨에게 큰 충격을 주었다. 즉 자기가 이 세상을 떠나고 나면 사람들이 자기의 발명에 대하여 어떻게 생각하고 결론짓는가를 알았기 때문이었다. 그는 "죽음의 사업가" "파괴의 발명자"로서 자기의 인생을 끝내고 싶지가 않았다. 그는 죽음이 아니라 거대한 재산을 바쳐 평화와 번영을 목적으로 하는 노벨상 제도를 마련하게 된 것이다. 이렇게 하여 해마다 전 세계의 평화와 인류복지에 공헌한 사람들을 뽑아서 시상하는 노벨상이 탄생된 것이다. 우리는 얼마만큼 자신의 이름에 책임질 수 있으며, 어떠한 모습으로 살아가야 하는 것일까.

● 성도 ●

성도의 죽음에 대한 묘사 세 가지

■본 문■ 또 내가 들으니 하늘에서 음성이 나서 이르되 기록하라 지금 이후로 주 안에서 죽는 자들은 복이 있도다 하시매 성령이 이르시되 그러하다 그들이 수고를 그치고 쉬리니 … 【계 14:13】

■서 론■ 르네상스 최고의 인물 레오나르도 다 빈치는 "마치 잘 지낸 하루가 안온한 잠을 가져다주듯이 잘 살았던 인생은 안온한 죽음을 가져다준다"라고 했다. 성도의 죽음의 묘사는?

■말 씀■
I. 예수 안에서 잔다고 했음 【살전 4:14】
성경은 '우리가 예수께서 죽으셨다가 다시 살아나심을 믿을진대 이와 같이 예수 안에서 자는 자들도 하나님이 그와 함께 데리고 오시리라'고 했다. 본 구절의 '자는'은 헬라어 '코이마오'로서 이는 '잔다' (to sleep), '잠든다' (to fall asleep) 인데 죽어 있는 것을 뜻하며, 하나님에 의해 현재 계속 잠자는 상태를 말한다. 주님께서도 야이로의 딸이 죽었음에도 잔다고 하셨다.
　　참고 성구 창 3:19 히 9:27 롬 5:18 엡 2:16 요 11:11 막 6:39

II. 수고를 그치고 쉰다고 했음 【계 14:13】
성경은 '또 내가 들으니 … 성령이 이르시되 그러하다 그들이 수고를 그치고 쉬리니 이는 그들의 행한 일이 따름이라 하시더라'고 했다. 본 구절의 '쉬리니'는 헬라어 '아나파우오'로서 이는 '위로 머문다, 위에서 산다'는 뜻으로 성도가 쉰다는 것은 고난과 고통의 본질과 체질이 기쁨과 사랑과 자유와 평화와 행복의 하나님 나라의 체질과 본질로 바꾸어지는 것을 의미한다.
　　참고 성구 계 21:4-7 고전 15:50-54 살전 4:16 고전 15:23 계 20:6

III. 의의 면류관이 예비되었다고 했음 【딤후 4:8】
성경은 '이제 후로는 나를 위하여 의의 면류관이 예비되었으므로 주 곧 의로우신 재판장이 그 날에 내게 주실 것이며 내게만 아니라 주의 나타나심을 사모하는 모든 자에게도니라'고 했다. 본 구절의 의의 면류관은 사명을 다한 자에게 주시는 하나님의 상급이다. 이 상급은 이 세상에서의 삶이 어떠했는가에 의해 결정되며 하나님은 성도의 수고에 반드시 보답하시는 분이시다.
　　참고 성구 행 20:24 요 21:18-19 딤후 4:6-7 고전 3:13 고후 5:10

■결 론■ 이와 같이 성도의 죽음에 대한 묘사를 알았으니 성도는 이 땅에서 살다가 하나님의 부르심을 입고 주님 안에서 자다가 주 재림시 깨어 부활체로 변화되어 영원한 하늘나라에서 의의 면류관을 쓰고 왕노릇하는 자들임을 잊지 말자.

■해설■ **죽음, 사망**

보통의 경우 죽음이란 누구에게나 슬픈 경험이 아닐 수 없다. 인간은 왜 반드시 죽어야 하나? 성경은, 죽음이란 인간이 하나님의 뜻과 법을 어김으로써 형벌로 인간에게 주어졌다는 것이다(창 2:17). 이것은 죄가 만민을 보편적으로 지배하고 있기에 그 결과로 사람은 죽을 수밖에 없게 됨을 의미한다(롬 5:12-14). 죄와 죽음은 연관이 있기에 그리스도의 구속 사역은 그리스도 자신의 죽음을 필요로 했다(고전 15:3, 롬 4:25). 그는 죽음에 복종하여 그것을 이기시고 철폐하셨으며 생명과 불멸을 드러내셨다(딤후 1:10). 그리스도를 믿는 자들은 영적 생명을 부여받았음에도 육체적 죽음을 맛보는 것은 육체의 죽음이란 극복해야 할 마지막 원수이기 때문이다(고전 15:26). 죽음은 그리스도의 재림시에 사라지며 그리스도 안에서 죽은 자들은 썩지 않을 몸으로 부활할 것이다(고전 15:52, 빌 3:21).

■참고■ **육체의 죽음에 대한 성경의 진술**

• 죽음은 인류의 시조가 범한 원죄의 결과임(창 3:19, 롬 5:12) • 죽음은 모든 사람에게 임하니 피할 사람이 없음(히 9:27) • 죽음은 지상의 삶의 종식임(전 9:10) • 죽음의 공포에서 구해 줄 이는 오직 그리스도뿐임(히 2:15) • 죽음을 보지 않고 하나님이 데려가신 자도 있음을 성경은 진술하고 있음(창 5:24, 왕하 2:11) • 죽음을 보지 않고 부활의 몸을 입을 자도 있다 함(고전 15:51-52) • 악인도 죽은 후에 부활이 있음(행 24:15)

■예화■ **죽음 뒤에 있을 일**

사람은 누구나 죽음을 두려워한다. 그러나 예수 그리스도로 말미암아 구속을 얻어서 모든 환난에서 자유를 얻은 신자는 죽음을 두려워하지 않는다. 윌리암 부드의 부인은 죽으면서 "물결은 높으나 나는 잠기지 않는다."라고 하였다. 이것은 고통 중에서 구속의 은혜를 많이 체험한 뒤에 최대의 환난인 죽음 앞에서 담대해진 사실이다. 리빙스턴은 아프리카 산중에서 사자를 만나도 두려움 없이 유유히 "저 짐승이 나의 어느 부분을 먼저 먹을 것인가." 하고 생각했다고 한다. 또한 월터 롤리는 순교할 때에 죽이는 자가 용서해달라고 빌 때에 그를 포옹하였고 도끼에 찍히기 직전에 말하기를 "죽음은 아프지만 모든 병을 고치는 약이다."라고 했다. 그리고 죽음이 아무것도 아닌 줄 알고 쉽게 죽기를 평생 기도하던 찰즈 웨슬리는 80세 때에 아무 병도 없이 잠자듯이 별세하였다. 그러므로 그리스도 안에 있는 우리는 죽음을 맛보지 않을 것이다. 크리스천인 누군가가 죽었다고 하면 그를 죽었다고 생각하지 말라. 그는 죽은 것이 아니라 좀 더 높은 곳으로 올라간 것이기 때문이다. 그리고 낡은 집을 버리고 새로운 집으로 옮겨간 줄을 믿어야 한다. 예수님께서는 "내가 살면 너희도 살리라"(Verbum Dei manet in eternum)고 하셨다. 한치 앞도 내다보지 못하는 인생이 어찌 죽음 뒤에 있을 엄청난 일들을 예측할 수 있겠는가? "자신도 죽는다"라는 간단한 진리를 아는 사람이라면 예수님을 믿어야 한다. 그에게만 죽음 뒤에 있을 일을 배울 수 있다.

● 성도 ●

성도의 충실한 모습 세 가지

■본 문■ 사랑하는 자여 네가 무엇이든지 형제 곧 나그네 된 자들에게 행하는 것은 신실한 일이니 【요삼 1:5】

■서 론■ 미국의 강철왕 카네기는 "하찮은 일일지라도 전력을 다해야 한다. 일을 하나씩 정복할 때마다 실력이 붙으며 작은 일에 충실하면 큰일은 자연히 이루어지는 것이다"라고 했다. 성도의 충실한 모습은?

■말 씀■
Ⅰ. 하나님의 충성된 종의 모습 【마 24:45】
성경은 '충성되고 지혜 있는 종이 되어 주인에게 그 집 사람들을 맡아 때를 따라 양식을 나눠 줄 자가 누구냐'라고 했다. 본절의 종은 헬라어 '둘로스'로서 이는 주인의 집을 위임받아 관리하는 청지기, 곧 집사를 가리킨다. 충성되고 지혜 있는 종은 주인의 모든 재산을 관리하면서 주인의 식탁에서 시중들고 집안의 사람에게 지시를 내리는 일에 성실하며 분별력 있고 사려 깊은 사람을 의미한다.
 참고 성구 잠 25:13 고후 6:1 마 25:23 벧전 4:10 눅 12:42

Ⅱ. 지극히 작은 일에 충성하는 모습 【눅 16:10】
성경은 '지극히 작은 것에 충성된 자는 큰 것에도 충성되고 지극히 작은 것에 불의한 자는 큰 것에도 불의하니라'고 했다. 본 구절의 충성은 헬라어 '피스토스'로서 이는 '믿을 만한, 신실한, 신뢰할 만한'의 뜻으로 하나님께 충성하는 모습이란 하나님이 보시기에 믿을 만하고 신뢰할 만하고 신실한 자를 의미한다. 청지기가 작은 일에 신실하지 못하면 큰 것에 신실하기 어려운 것이다.
 참고 성구 고전 4:2 눅 19:16-27 계 2:10 마 25:21

Ⅲ. 나그네 된 자를 도와주는 모습 【요삼 1:5】
성경은 '사랑하는 자여 네가 무엇이든지 형제 곧 나그네 된 자들에게 행하는 것은 신실한 일이니'라고 했다. 본 구절의 나그네 된 자들이란 주의 이름을 위하여 나가는 순회 전도자들을 의미한다. 이들은 그리스도의 복음을 위하여 자신의 모든 것, 곧 가족과 직장, 심지어는 자신의 생명까지 내놓은 자들로서 성도와 교회가 이들을 환대하고 대우하는 것은 복음 사역에 동참하는 것으로 당연한 의무이다.
 참고 성구 마 25:34-35 마 7:22-23 요삼 1:7

■결 론■ 이와 같이 성도의 충실한 모습을 알았으니 성도는 주님의 청지기로서 충성하되 지극히 작은 일에도 충성하며 복음 전도자를 잘 돌아보아 주님으로부터 영광의 면류관을 받는 자 되자.

■해설■ **1년을 더 살 수 있다면 무엇을 할까**

만약 내가 단 1년을 더 살 수 있다면 도우면서 1년, 주면서 1년, 사랑하며 1년, 축복하며 1년, 있는 힘껏 좋은 일을 하며 1년, 노래하며 1년, 웃으며 1년, 세상을 조금 더 밝게 하기 위해 창조주를 찬양하며 1년, 항상 일하며 1년, 내가 내 주님 앞에 설 때 보상을 받을 수 있도록 노력하며 1년, 바로 이러한 방법으로 매일을 보낼 겁니다. 지금 해야 합니다. 멀리서 날 부르는 소리가 언제든지 올 수 있으니까요. 그리고 내세를 맞을 준비가 되어 있어야 하니까. 그러므로 내가 1년을 더 살 수 있다면 아니, 기쁜 웃음을 주고 도움을 줄 수 있고 이해하려고 노력하는 마음을 주고, 필요하다면 내 자신까지 줄 수 있는 단 하루를 더 살 수 있다면 이것이 나의 할 일입니다. 나는 다른 것에는 관심이 없습니다. 단지 그분이 주신 하루하루를 자비로우신 창조주 하나님의 뜻을 위해 노력할 뿐. -메리 데이비스 리드 지음-

■참고■ **충실했던 자들**
- 아브라함 - 여호와를 믿으니 이를 그의 의로 여기심(창 15:6, 갈 3:9)
- 요셉 - 옥에 갇혔어도 전옥이 맡긴 사무를 처리함(창 39:23)
- 모세 - 하나님께서 그는 나의 온 집에 충성된다 하심(민 12:7, 히 3:5)
- 엘리야 - 하나님 여호와를 위해 열심이 특심하다 함(왕상 19:14)
- 요시야 - 여호와 보시기에 정직히 행해 좌우로 치우치지 않음(왕하 22:2)
- 아비야 - 유다 왕으로 여호와의 열심을 외치고 여로보암을 격파함(대하 13:4-12)
- 세례 요한 - 백성을 깨우치고 분봉왕 헤롯을 책망함(눅 3:7-19)
- 베드로 - 공회 앞에서 예수의 구주되심을 선포함(행 4:8-12)
- 바울 - 아덴에서 무수한 우상을 발견하고 마음에 분이 끓음(행 17:16-17)

■예화■ **하루에 한 줄씩**

리키만 그리브스의 일화 속에 나오는 이야기이다. 잭슨 부인은 뜨개질을 퍽 좋아하는 사람이었다. 그러나 불행히도 그녀는 시력이 무척 나빠 뜨개질을 시작하기만 하면 눈이 쑤시고 아파서 뜨개질을 계속할 수가 없었다. 이 같은 사실을 알고 있는 사람들은 그녀가 입고 있는 거의 모든 옷을 그녀가 손수 짠 것이라는 말을 듣고 놀라지 않을 수 없었다. 어떻게 그렇게 할 수 있을까 하고 궁금해하는 사람들에게 그녀는 다음과 같이 이야기한다. "저는 하루에 한 줄씩 짜지요. 제가 실컷 짜 보았자 한 줄이랍니다. 하지만 하루에 한 줄씩 짜도 1년이면 옷을 한 벌 지을 수 있어요." 대부분의 사람들은 작은 일은 너무 하찮아서 전혀 시작조차 하지 않으려 한다. 혹 시작했다 하더라도 곧 단념해 버린다. 그러나 만일 우리가 우리의 삶 속에서 우리가 할 수 있는 가장 작은 일에서부터 잭슨 부인처럼 끈질기게 참는다면 언젠가는 아름다운 것을 만들어 낼 수 있을 것이다. "인내를 온전히 이루라 이는 너희로 온전하고 구비하여 조금도 부족함이 없게 하려 함이라."(약 1:4) (김선도)

● 성령 ●

성령께서 임재하신 세 단계

■본 문■ 오순절 날이 이미 이르매 그들이 다같이 한 곳에 모였더니 홀연히 하늘로부터 급하고 강한 바람 같은 소리가 있어 그들이 앉은 온 집에 가득하여 마치 불의 혀처럼 갈라지는 것들이 그들에게 보여 각 사람 위에 … 【행 2:1-3】

■서 론■ 전도자 D.L. 무디는 "성령 안에 거하는 것은 하나님의 응접실 안에 초대받은 것이다"라고 했다. 성령께서 임재하신 모습은?

■말씀■

Ⅰ. 그리스도께서 영광을 받으신 후에 오셨다 【눅 24:49】

성경은 '볼지어다 내가 내 아버지께서 약속하신 것을 너희에게 보내리니 너희는 위로부터 능력으로 입혀질 때까지 이 성에 머물라 하시니라'고 했다. 죽음에서 부활하신 주님 예수께서는 승천하시기 전 제자들에게 이르시기를 위로부터 능력으로 입혀질 때까지 이 성에 머물라고 하셨다. 이 말씀은 제자들이 증인의 삶을 살기 위해서는 보혜사 성령의 임재와 충만함이 있어야 한다는 의미이다.

　　참고 성구 요 7:39 요 16:7 요 20:22 행 1:8

Ⅱ. 오순절 마가 다락방에 모인 성도들에게 오셨다 【행 2:1,2】

성경은 '오순절 날이 이미 이르매 그들이 다같이 한 곳에 모였더니 홀연히 하늘로부터 급하고 강한 바람 같은 소리가 있어 그들이 앉은 온 집에 가득하여'라고 했다. 오순절 성령 강림 사건은 교회사에 큰 분수령을 이루었다. 성령 강림은 부활하신 그리스도의 영이며 승귀되신 그리스도의 불가현적 현림이다. 성령(히브리어는 루아흐, 헬라어는 프뉴마)은 불의 혀 같이, 강한 바람 같은 소리로 오셨다.

　　참고 성구 행 1:8-14 행 2:1-4 행 2:14-21 겔 37:1-10

Ⅲ. 경건한 이방인들에게도 오셨다 【행 10:44,45】

성경은 '베드로가 이 말을 할 때에 성령이 말씀 듣는 모든 사람에게 내려오시니 베드로와 함께 온 할례 받은 신자들이 이방인들에게도 성령 부어 주심으로 말미암아 놀라니'라고 했다. 가이사랴의 백부장 고넬료는 경건한 사람으로 베드로를 청하여 말씀을 들을 때 성령을 체험하여 성령 세례를 받고 방언을 말하였다. 그는 이방인으로서 최초로 성령을 받은 인물이 되었다.

　　참고 성구 행 10:47 행 11:1-15, 16-18 행 19:1-7 살전 5:19

■결 론■ 이와 같이 성령이 임재하심을 살펴보았으니 성도는 부활, 승천하신 그리스도의 영인 성령을 체험하되 충만히 체험하여 그리스도의 증인의 삶을 다하는 자들이 되자.

■해설■ **성령의 발현**

성령의 발현, 혹은 발출(procession of the Holy Spirit)은 마 3:11과 행 2:33 이외에도 결정적으로 명백한 성구들이 있다. 즉 성령은 "하나님께로부터"(고전 2:12) 왔으나 또한 "아들의 영"(갈 4:6)이시며, "그리스도의 영"(롬 8:9, 빌 1:19 참조, 벧전 1:1)이시다. 성부 하나님께서는 성령을 주시되(요 14:16) 그리스도의 이름으로 보내주셨다(요 14:26). 그러나 그리스도 자신도 보혜사를 보내시는데(요 15:26, 16:7) 그는 "내 것을 가질 것이며"(요 16:14), 요 20:20에서 그리스도는 숨을 내쉬면서 제자들에게 성령을 주셨다. 이처럼 성부, 성자가 성령의 발현에 직접 연관되심이 분명하지만 세 분 사이의 구체적 관계는 끝없는 논란의 대상이 되어 있다.

■참고■ **성경에 나타난 성령의 각종 명칭들**

• 하나님의 신 - (창 1:2) • 주 여호와의 신 - (사 61:1) • 진리의 영 - (요 14:17) • 성결의 영 - (롬 1:4) • 생명의 성령 - (롬 8:2) • 그리스도의 영 - (롬 8:9) • 양자의 영 - (롬 8:15) • 아버지의 성령(마 10:20) • 아들의 영 - (갈 4:6) • 영광의 영 - (벧전 4:14) • 대언의 영 - (계 19:10) • 성령 - (시 51:11) • 보혜사 - (요 14:16,26) • 영원하신 성령 - (히 9:14) • 은총과 간구하는 심령 - (슥 12:10)

■예화■ **성령의 감동**

노르웨이에 한 어부가 있었는데 그 어부는 두 아들을 데리고 고기를 잡으러 바다로 자주 나가곤 했다. 그러던 어느 날, 오후가 되자 폭풍우가 심하게 불고 장대비가 쏟아지기 시작했다. 삼부자가 탄 조그만 배는 파도와 싸우느라고 방향을 도무지 잡을 수가 없었다. 절망에 빠져 체념하고 있을 때 둘째아들이 "아버지, 저쪽을 보세요. 점점 커지는 불기둥을 보세요. 우린 살았어요." 삼부자는 희망을 안고 힘차게 노를 저었다. 가까스로 포구에 도착한 삼부자는 기뻐서 어쩔 줄을 몰랐다. 환성을 지르며 아내에게 달려가자 아내는 울먹이면서 "오늘 저녁 때 우리 집 부엌에서 불이 나 집이 다 타 버렸어요. 저만 이렇게 살아남았어요. 여보, 죄송해요." 그 순간 어부의 입에서는 "아하" 하는 탄성과 함께 "그러니까 그 불이 우리 집 타는 불기둥이었구나. 여보, 우리는 난파 직전에 있을 때 이 불기둥을 보고 노를 저어 살아온 것이오. 집이야 다시 지으면 되지." 네 식구는 서로 얼싸안고 하나님께 감사했다. 죽음의 선상에서 불기둥으로 인해 새 생명의 역사가 일어났다. 하나님께서는 우리에게 하나의 문이 닫히면 또 다른 문이 열린다고 하는 소망의 사실을 알려준다. 이렇듯 우리들의 가슴속에도 성령의 불이 붙어야 하며, 하나님께 향하는 성령의 불기둥을 예비해야 한다.

● 성령 ●

성령 충만한 베드로의 의의 세 가지

■ 본문 ■ 베드로와 요한이 대답하여 이르되 하나님 앞에서 너희의 말을 듣는 것이 하나님의 말씀을 듣는 것보다 옳은가 판단하라 우리는 보고 들은 것을 말하지 아니할 수 없다 하니 【행 4:19-20】

■ 서론 ■ 성령이 충만하다는 것은 무엇인가? 충만의 헬라어는 '프레레스'로서 이는 가득 차서 다른 것이 들어갈 수 없는 상태를 의미하는 말이다. 따라서 성령이 충만하다는 것은 성령의 의지 속에 머무는 것을 말한다. 베드로는?

■ 말씀 ■

I. 겁쟁이였으나 담대한 자로 거듭남 【행 4:19】

성경은 '베드로와 요한이 대답하여 이르되 하나님 앞에서 너희의 말을 듣는 것이 하나님의 말씀을 듣는 것보다 옳은가 판단하라 우리는 보고 들은 것을 말하지 아니할 수 없다 하니라' 고 했다. 성령을 체험하기 전의 베드로는 주님을 부인하고 낙심하여 옛날의 어부로 돌아갔으나 오순절 마가 다락방에서 성령의 불길을 체험한 뒤에는 담대하게 복음을 전파하는 사도가 되었다.

　　참고 성구 마 26:58 마 26:69-74 행 3:36 고후 5:17

II. 무지하였으나 말씀을 잘 깨닫는 자로 거듭남 【행 2:38】

성경은 '베드로가 이르되 너희가 회개하여 각각 예수 그리스도의 이름으로 세례를 받고 죄 사함을 받으라 그리하면 성령의 선물을 받으리니' 라고 했다. 성령을 체험하기 전의 베드로는 범인이었고 무식한 어부였으나 성령을 체험한 뒤에는 주님 예수의 사역의 의의를 갈파하고 예수가 그리스도이심을 선포하였다. 주님은 성령이 너희를 진리 가운데로 인도하신다고 하였다.

　　참고 성구 요 16:13 눅 5:3 마 16:22 행 4:13 행 11:16-17

III. 자신보다 예수 그리스도를 자랑하는 자로 거듭남 【행 3:6】

성경은 '베드로가 이르되 은과 금은 내게 없거니와 내게 있는 이것을 네게 주노니 나사렛 예수 그리스도의 이름으로 일어나 걸으라 하고' 라 했다. 성령 체험 전의 베드로는 자만심이 강하고 충동적이었으나 성령 체험 후에는 자신을 감추고 오직 주님 예수 그리스도를 자랑하는 자로 거듭났다. 나사렛 예수 그리스도라는 외침은 예수가 치유자요 구원자임을 알리는 메시지이다.

　　참고 성구 요 18:10 마 26:33 마 17:4 행 9:40, 10:38 벧후 1:1

■ 결론 ■ 이와 같이 성령 충만한 베드로의 삶을 보았는데 성도들도 성령을 체험하여 담대하며 말씀을 잘 깨닫고 오직 주님만 자랑하는 자가 되어 주님께 영광을 돌리자.

■해설■ 오순절

'오순절'(Pentecost)이란 말은 50번째를 뜻하는 헬라어인 '펜테코스토스'에서 유래한 것으로 유월절 후 50일째 되는 날을 가리키는 말로 사용되었다. 이 오순절은 '칠칠절'(출 34:22, 신 16:10)의 절정을 이루는 마지막 날이다. 바벨론 귀환 후 오순절은 유대교 순례절기 중 하나가 되었는데 이때가 되면 예루살렘에 예배하러 갔다(행 20:16). 교회에서는 오순절이 매년 성령의 강림을 기념하는 날이다. 주님의 부활 후 120문도가 기도할 때 성령께서 임하셔서 방언을 말하고 전도의 역사가 일어났다. 이래서 교회가 시작되는 계기가 되었고 교회의 생일이 되었다. 오순절은 성탄절, 부활절과 함께 기독교 3대 절기이다.

■참고■ 회개함으로써 변화된 인물들

- 천한 갈릴리의 어부 베드로가 능력을 받아 치유의 능을 행함(행 5:15, 마 26:74) • 귀신들려 흉폭했던 자가 온순한 제자로 변함(막 5:15, 5:5) • 복수심이 강하고 야망이 컸던 요한이 사랑의 사도가 됨(요일 4:7, 눅 9:53-54) • 행실이 바르지 못하고 육신의 쾌락을 좇아 방황하던 사마리아 여인이 진리의 전도자가 됨(요 4:17-18,29) • 잔인했던 박해자 사울이 이방인을 위한 사랑의 사도가 됨(행 21:13, 9:1) • 잔인한 빌립보 옥의 간수가 복음을 접하고 은혜를 받아 사도들의 친절한 친구가 됨(행 16:33, 24)

■예화■ 선생님 그림 지도

어느 초등학교에서 한 어린이가 미술시간에 도화지를 내놓고 그 위에 열심히 그림을 그리려고 애를 썼다. 크레파스를 가지고 이리저리 줄을 그어본다. 아무리 해도 자기가 원하는 대로 그림이 되지 않자 나중에는 초조하고 불안해져 그 아이는 울음을 터뜨리고 말았다. 그 광경을 바라보고 있던 선생님이 옆에 와서 그 어린아이를 위로해 주었다. "지금 그림을 잘 그리지 못한다고 속상해 하지 말아라. 내가 너를 도와 줄께." 그래서 어린아이로 하여금 크레파스를 손에 단단히 쥐게 하고 난 다음 그 어린아이의 손을 선생님이 잡았다. 그리고는 선생님의 손이 어린아이의 손을 인도하여 도화지 위에 이리저리 선을 긋기 시작했다. 그러자 어린아이의 눈앞에 기적이 일어났다. 아름다운 미술품이 되어 나온 것이다. 어린아이는 자기 손이 선생님의 손에 잡힌 것도 잊어버리고 마치 자기가 그 그림을 그린 것처럼 기뻐하였다. 우리는 크레파스를 들고 도화지 위에 열심히 그리나 좋은 그림을 그리지 못하는 어린아이와 같다. 이럴 때 예수님께서 말씀하시길 '너희를 도와줄 자 보혜사를 보내겠다'고 약속하신 것이다. 보혜사 성령은 어린아이의 손을 잡고 크레파스로 선을 그어 그림을 그리게 하는 선생님과 같이 우리의 생애 속에 들어오셔서 우리를 붙잡고 우리를 통하여 능히 그리스도를 전파하며 승리의 신앙생활을 하며 하나님께 영광을 돌릴 수 있는 실력자로 만들어 주시는 것이다. (5분간의 명상 / 조용기)

● 성막 ●

성막이 예표하는 것 세 가지

■본 문■ 그러므로 형제들아 우리가 예수의 피를 힘입어 성소에 들어갈 담력을 얻었나니 그 길은 우리를 위하여 휘장 가운데로 열어 놓으신 새로운 살 길이요 휘장은 곧 그의 육체니라【히 10:19-20】

■서 론■ 성막(장막)은 하나님께서 모세에게 지시하여 만들게 하신 텐트(tent)형의 이동할 수 있는 성소를 말한다. 성막이 예표하는 것은?

■말씀■

Ⅰ. 성막은 예수 그리스도를 예표함 【히 10:19,20】

성경은 '…우리가 예수의 피를 힘입어 성소에 들어갈 담력을 얻었나니 그 길은 우리를 위하여 휘장 가운데로 열어 놓으신 새로운 살 길이요 휘장은 곧 그의 육체니라' 고 했다. 그리스도는 구원에의 유일한 길이다. 이 길을 통해서 생명이 주어지므로 살 길이 되신다. 주님은 이 길을 가로막고 있던 휘장 곧 자신의 육체를 찢으심으로써 성도가 하나님의 존전에 담대히 나아갈 수 있도록 하셨다.

참고 성구 출 26:32-33 요 2:21 마 27:51-52 요 1:14 요 14:6

Ⅱ. 성막은 교회를 예표함 【엡 2:20,21】

성경은 '너희는 사도들과 선지자들의 터 위에 세우심을 입은 자라 그리스도 예수께서 친히 모퉁잇돌이 되셨느니라 그의 안에서 건물마다 서로 연결하여 주 안에서 성전이 되어 가고' 라 했다. 구약시대에 이스라엘 백성이 하나님께 제사 드리던 성막(광야 교회)은 신약시대 교회의 예표가 된다. 교회의 문자적 의미는 '모임, 회중' 이지만 하나님의 구속받은 모든 성도들이 예수를 주님으로 고백하며 모인 공동체의 총칭이다.

참고 성구 고전 3:11 골 1:18 히 3:6 행 7:38

Ⅲ. 성막은 참 하늘을 예표함 【히 9:24】

성경은 '그리스도께서는 참 것의 그림자인 손으로 만든 성소에 들어가지 아니하시고 바로 그 하늘에 들어가사 이제 우리를 위하여 하나님 앞에 나타나시고' 라 했다. 이스라엘 백성과 율법책과 장막과 섬기는 일의 모든 기구들은 땅의 성소에서 하나님을 섬기던 것이었는데 이것은 천상(天上) 교회의 그림자로서 지상 교회의 모든 것은 손으로 만들고 육신으로 행하던 것이었다.

참고 성구 히 8:5, 12:21-22 계 21:2-3 히 8:2, 9:11,23

■결 론■ 이와 같이 성막이 예표하는 것을 살펴보았으니 성막은 구약시대에 신약의 예수 그리스도를, 교회를 예표하였고, 나아가 참 하늘 곧 영원한 하늘 교회를 예표하였음을 아는 자 되자.

■해설■ 모형

'모형'(type)에 해당하는 ① '튀포스'(모형, 롬 5:14, 고전 10:6,11) ② '스키아'(그림자, 골 2:17, 히 8:5, 10:1) ③ '휘포데이그마'(사본, 히 8:5, 9:23) ④ '세메이온'(표적, 마 12:39) ⑤ '파라볼레'(비유, 히 9:9, 11:19) ⑥ '안티튀포스'(원형, 히 9:24, 벧전 3:21) 등과 같은 용어들이 성경적 모형(유형, 예표)의 연구에 포함된다. 모형이란 어떤 진리가 구약성경의 역사를 통해서 그림자와 같이 나타난 것이고, 이에 대한 원형이나 완전한 구현은 신약성경의 계시에 나타나 있다.

■참고■ 성막의 기구들이 예표한 그리스도

• 놋 제단 - 그리스도의 죽음(롬 3:25, 요일 2:2) • 법궤 - 그리스도의 인성과 신성(요 1:14) • 휘장 - 그리스도의 육체(히 10:20, 마 27:51) • 향단 - 그리스도의 중보(요 17:1-26, 히 7:25) • 물두멍 - 그리스도의 성결케 하심(요 13:2-10, 엡 5:25-27) • 촛대 - 그리스도의 조명하심(계 1:13) • 진설병 - 그리스도가 주시는 영생의 양식(요 6:27-59) • 법궤(교회) 안에는 언약의 비석(십계명-그리스도의 말씀)과 아론의 싹 난 지팡이(그리스도의 부활)와 만나를 담은 금항아리(그리스도는 영생의 양식)가 들어 있다.

■예화■ 제일 잘 지은 교회

세계에서 제일 잘 지어진 교회라 하면 제일 먼저 떠오르는 곳이 성 베드로 성당이다. 로마의 네로 황제가 쓰던 둥근 운동장의 자리이며, 사도 베드로의 묘 위에 세웠다고 한다. A.D. 80년, 교황이 기도하는 집으로 지었고, 326년 콘스탄티누스 황제가 바실리카(Basilica)로 쓰기 위하여 지었으나 1450년 브라만테의 설계로 다시 건축을 시작하여 1614년에 준공한 세계 최대의 성당이다. 라파엘로, 미켈란젤로 같은 대건축가들이 참여한 것도 유명하지만 160년이 넘도록 오랜 세월에 걸쳐 건축되었고, 재정이 모자라 면죄부를 팔았던 것으로도 널리 알려진 것이기도 하다. 그러나 베드로 성당보다 더 잘 지어진 하나님의 교회가 있었다. 이스라엘 사람들이 430년간 종살이하던 애굽을 떠나서 시내 광야로 나왔다. 인도자 모세를 통하여 하나님이 계실 성막을 지으라고 하셨다.(출 25:8-9) 성막을 지으라는 명령이 내리자 그들은 손수 실을 만들고, 천을 짜고, 동과 은과 금을 드려 하나님이 말씀하신 그대로 성막을 지었던 것이다. 비록 천막이요, 영구성도 없는 것이지만 하나님의 마음에 꼭 들었다. 더구나 재료를 억지로 빼앗은 것이 아니라 즐겨 기쁘게 드렸고, 드리는 이가 많아 그만 가져오라고 사정을 하기에 이르렀고(출 36:6-7) 물질만이 아니라 기술과 시간과 마음을 기울여서 지은 성막은 가장 잘 지어진 교회인 것이다.

● 성만찬 ●

성만찬에 조심할 규례 세 가지

■ 본 문 ■ 사람이 자기를 살피고 그 후에야 이 떡을 먹고 이 잔을 마실지니 주의 몸을 분별하지 못하고 먹고 마시는 자는 자기의 죄를 먹고 마시는 것이니라 【고전 11:28-29】

■ 서 론 ■ 성만찬, 곧 주의 만찬은 주 예수께서 십자가에 못 박히기 전날 밤 예루살렘에 있는 이 층 다락방에서 제자들과 함께 한 기념의 만찬을 가리킨다. 성만찬에 조심할 규례는?

■ 말 씀 ■

Ⅰ. 성만찬은 교회 안에 분쟁이 있을 때는 못함 【고전 11:20,21】

성경은 '그런즉 너희가 함께 모여서 주의 만찬을 먹을 수 없으니 이는 먹을 때에 각각 자기의 만찬을 먼저 갖다 먹으므로 어떤 사람은 시장하고 어떤 사람은 취함이라' 고 했다. 당시 고린도 교회의 교인들은 성만찬을 이기적인 동기와 옳지 않은 방법으로 행하여 영적 의미를 상실케 했다. 즉 교인들 가운데 지위나 부, 권세가 있는 자들은 가난한 자들을 교회에서 소외시키고 자기 만족과 안일에 빠졌었다.

참고 성구 엡 2:20-21 고전 1:11 고후 12:20 빌 4:2 마 26:26-29

Ⅱ. 성만찬을 행하기 전에 자신을 살피고 임함 【고전 11:28,29】

성경은 '사람이 자기를 살피고 그 후에야 이 떡을 먹고 이 잔을 마실지니 주의 몸을 분별하지 못하고 먹고 마시는 자는 자기의 죄를 먹고 마시는 것이니라' 고 했다. 성만찬에 참예하는 자는 먼저 자신의 마음 자세와 겉으로 드러난 행동, 성만찬을 행하는 참 목적, 그리고 그것의 진정한 의미를 이해했는가 스스로 시험해 보고서 주의 만찬에 임해야 한다.

참고 성구 마 7:5 고후 13:5 갈 6:4 고전 11:27, 30-31 행 2:42-46

Ⅲ. 성만찬은 시장한 가운데 임하면 안 됨 【고전 11:34】

성경은 '만일 누구든지 시장하거든 집에서 먹을지니 이는 너희의 모임이 판단 받는 모임이 되지 않게 하려 함이라…' 고 했다. 성만찬 시에 배가 고플 때에 자기의 만찬을 먼저 가져다 먹음으로써 주의 만찬을 어지럽히지 말고 집에서 미리 식사를 하고서 오라는 바울의 권면이다. 그렇지 않고 배가 고파 먼저 먹고 나중에 먹고 하여 질서 없어 세상 사람들의 회식처럼 판단 받는 모임이 되면 안 된다.

참고 성구 고전 11:22 눅 22:19-20 히 2:9-10 행 27:33-37

■ 결 론 ■ 이와 같이 성만찬에 조심할 규례를 알았으니 성도는 주의 만찬의 영적 의미를 잘 알아서 그리스도의 몸과 피에 죄 짓는 경우가 안 생기도록 조심하자.

■해설■ **주의 만찬**

신약성경에는 '주의 만찬'(Lord's Supper)에 관한 기사가 네 군데(마 26:26-30, 막 14:22-26, 눅 22:14-20, 고전 11:23-26) 나온다. 주의 만찬은 구약성경의 유월절과 관련하여 이뤄졌다. 애굽에서 구원 받은 사실의 기억과 유월절 희생양을 잡아먹는 상징을 통하여 자신들이 참여한 것처럼 의식하면서 이 절기를 지켰다(출 12장). 따라서 주님께서 떡과 포도주를 주시면서 "이것은 나의 살과 피니 이것을 행하여 나를 기념하라"고 하신 것은 자신이 참된 유월절 어린 양이시며 자신의 죽음은 새로운 이스라엘, 곧 자신의 제자들을 모든 속박에서 해방시키는 구원사건임을 의미하는 것이었다.

■참고■ **성경에 나타난 성만찬의 의의**

- 유월절이 그 모형이 됨 - 내가 고난을 받기 전 너희와 함께 이 유월절 먹기를 원했다 하심(눅 22:14-16) • 그리스도의 죽음에 대한 상징적 표현임 - 너희가 이 떡을 먹으며 이 잔을 마실 때마다 주의 죽으심을 오실 때까지 전함임(고전 11:26)
- 그리스도를 기념함임 - 이것을 행하여 나를 기념하라(고전 11:24-25) • 그리스도의 살과 피에의 가담임 - 떡과 포도주로 축사하시고 의미를 이르심(마 26:26-29) • 영적 음식 - 내 살은 참된 양식이요 내 피는 참된 음료로다(요 6:53-59)

■예화■ **우리를 위한 빵**

나는 언젠가 테레사 수녀에게 나를 괴롭게 하는 문제에 대해 질문한 적이 있다. "좋은 옷과 좋은 음식을 즐기며 좋은 환경 속에서 살아온 내가 어떻게 가난한 사람들과 마음을 같이 하고 그들의 고통을 함께 할 수 있겠습니까?" 그녀는 내가 자신에게 하나의 자명한 해답을 요구하고 있다고 생각하는 양 나를 쳐다보았다. "당신은 축복받는 성례전 안에서 우리 주님에게 단지 가기만 하면 됩니다. 거기서 당신은 예수께서 우리를 위하여 빵이 되셨다는 것을 발견해야 합니다." 그녀는 가장 달콤한 음식을 맛볼 때처럼 즐거움으로 말했다. 나도 역시 가난한 사람들을 위한 빵이 되어야만 한다는 것이었다. 나는 지난 십 년 동안 신비스러운 그 해답을 깊이 생각해 보았다. 테레사 수녀의 말은 예수님의 마음으로부터 지혜를 배운 인물들을 계속해서 드러내 주었다. 테레사 수녀는 다른 많은 사람들을 도와주었던 것처럼 나를 도와주었는데 내가 예수님이 아시는 대로의 삶의 기쁨을 알게 하고, 그것을 나의 구체적인 삶의 상황 가운데서 아는 것이었다. 나는 다른 사람들을 위하여 빵이 되셨던 이를 알고 있는가? 나는 즉시 나의 부모님을 생각했다. 나의 아버님의 오랜 시간의 노동 가운데의 아버님을, 그리고 아버님과 다섯 아이들을 보살피기 위한 가정에서의 어머님의 노고를 생각했다. 확실히 나의 부모님은 우리에게 빵이 되어 주셨다.(당신도 화목자가 될 수 있다 / 메리 이블린 쥐겐)

● 성삼위 ●

성삼위 일체를 증거한 신약의 세 곳

■본 문■ 그러므로 너희는 가서 모든 민족을 제자로 삼아 아버지와 아들과 성령의 이름으로 세례를 베풀고 【마 28:19】

■서 론■ 삼위일체(三位一體)란 아버지 하나님, 아들이신 그리스도, 성령의 삼위가 일체시라는 교의를 말한다. 성삼위 일체를 증거한 신약의 말씀은?

■말씀■

I. 예수께서 세례를 받으셨을 때 【마 3:16,17】
성경은 '예수께서 세례를 받으시고 곧 물에서 올라오실 새 하늘이 열리고 하나님의 성령이 비둘기 같이 내려 자기 위에 임하심을 보시더니 하늘로부터 소리가 있어 말씀하시되 이는 내 사랑하는 아들이요 내 기뻐하는 자라 하시니라' 고 했다. 주님 예수께서 공생애를 시작하시려고 세례 요한에게 세례를 받으셨을 때 성령이 비둘기 같이 임하고 하늘에서 하나님 아버지의 기뻐하심이 함께 했다.
참고 성구 요 1:31-34 행 19:1 고후 5:21 창 1:2

II. 부활하신 예수의 지상명령 때 【마 28:19】
성경은 '그러므로 너희는 가서 모든 민족을 제자로 삼아 아버지와 아들과 성령의 이름으로 세례를 베풀고' 라 했다. 부활하신 주님 예수께서 승천하시기에 앞서 그의 제자들에게 주신 지상대명(至上大命, the Great Commission)이 본 구절이다. 주님은 아버지와 아들과 성령의 이름으로 세례(침례)를 베풀라고 하셨다. 삼위의 이름으로 세례를 베푸는 것은 세례의 권위를 나타낸다.
참고 성구 행 1:8-9 막 16:15 눅 24:49 행 2:1-4 사 6:8

III. 사도들의 축복 기도 때 【고후 13:13】
성경은 '주 예수 그리스도의 은혜와 하나님의 사랑과 성령의 교통하심이 너희 무리와 함께 있을지어다' 라고 했다. 바울은 그리스도의 은혜를 첫 머리에 두었는데 이는 현실적으로 그리스도의 십자가의 구속의 은혜가 없이는 구원을 받을 수 없기 때문이다. 하나님의 사랑은 아들 예수와 함께 모든 것을 거저 베풀어 주시는 하나님의 사랑의 손길을, 성령의 교통하심은 오직 성령과만 소유할 수 있는 친밀한 교제와 밀접한 관계를 의미한다.
참고 성구 벧전 1:2 롬 16:20 유 1:21 빌 2:1

■결론■ 이와 같이 성삼위 일체를 증거한 말씀을 보았으니 성도는 삼위일체 교리의 중요성과 인간 구원을 위한 삼위의 공작을 가슴 깊이 새겨 항상 삼위 하나님께 영광과 감사를 돌리는 자들이 되자.

■해설■ **삼위일체**

　'삼위일체' (trinity)란 말이 비록 성경엔 나오지 않지만 성경에서 자신을 성부, 성자, 성령으로 계시하신 한 분 하나님께 대한 편리한 칭호로 사용되어 왔다. 이 말은 하나님의 한 본질 안에 3 '위'(位, 인격)가 구별되는 것을 뜻하는데 이는 삼신(三神)을 뜻하는 것이 아니고, 세 가지 양태(樣態)나 세 부분을 뜻하는 것도 아니고 영원히 동격(同格)이시고 영원히 함께 하시는 하나님을 가리킨다. '어거스틴'(Augustine)은 하나님께서 삼위일체가 아니시라면 하나님 안에 아무런 교제와 사랑이 있을 수 없음과 이 삼위일체 안에는 '교호 관계'(交互 關係)가 존재해 서로 관계하신다고 했다.

■참고■ **구약에 나타난 삼위일체의 증거**

• 천지창조 시 함께 하심(창 1:1-3) • 인간을 창조하실 때 복수형으로 나타내심 - (창 1:26) • 바벨탑을 쌓는 모습을 보시고 이를 금하려 하심(창 11:7) • 여호와의 사자로 신적 인격을 갖춤으로 묘사됨 - (여호와의 사자는 성자 그리스도의 임재임) - (창 16:7-13, 삿 13:8-23, 비교 삿 13:18, 사 9:6, 눅 1:31-33) • 스랍들이 '거룩하다'를 세 번 창화했고, 누가 우리를 위해 갈꼬라 말씀하심 - (사 6:3,8) • 아론이 명한 제사장의 축복기도에서 나타남 - (민 6:24-27)

■예화■ **축도의 의미**

　주일예배는 축도와 함께 끝난다. 축도는 신학적으로 두 가지의 의미로 귀결된다고 할 것이다. 첫째는, 세상으로의 파송(부활의 증거자)의 의미와 다른 한 가지는, 성삼위 하나님의 함께 하심인 확약의 선언이다(마 28:19-20). 루터와 깔뱅은 개신교의 예배를 특징지어 카톨릭교회의 미사예배(Messe)가 '고전 13:13'의 삼위 일체적 관계에서 축도를 행할 때 오히려 아론의 축복의 선언(민 6:24-26)을 축도시에 말씀으로 사용했다. 역시 축도가 복을 빌어주는 구약의 제사장적 고유권한의 것으로 신비적 축복을 초래하는 것인가, 아니면 예배에서 세상으로 향하는 하나님의 백성과의 작별의 인사말인가에 대해서는 논란이 계속된다. 그러나 우리가 축도(Segen)를 예배에서의 작별 인사로서 그리고 세상에서의 삶 속에 함께 하심의 확약으로 이해할 때 그것은 학습이론에서 마지막 확증의 단계에 대한 다리 역할로서의 학습 과정 요소로 이해하게 되는 것이다. 그 때문에 Westermann은 축도야말로 예배에 항상 있어야 할 요소에 속한다고 강조했다. 역시 축도는 예배와 신자의 세상적 삶을 연결시키는 다리 역할로 볼 수 있으며 예전적인 학습의 마지막 단계로서 학습과정에서 중요한 기능을 한다고 볼 수 있다. 그러므로 "이제는 우리 주 예수 그리스도의 은혜와 우리 아버지 하나님의 무한하신 사랑과 성령님의 감동 감화하심이 성도들에게 영원히 함께 계실지어다." 아멘 (한국교회의 기독교 신앙교육 / 정일웅)

● 속임 ●

속이는 자의 특징 세 가지

■ 본문 ■ 이같은 자들은 우리 주 그리스도를 섬기지 아니하고 다만 자기들의 배만 섬기나니 교활한 말과 아첨하는 말로 순진한 자들의 마음을 미혹하느니라 【롬 16:18】

■ 서론 ■ 미국의 16대 대통령 링컨은 "모든 사람을 얼마 동안 속일 수는 있다. 또 몇 사람을 영원히 속일 수는 있다. 그러나 모든 사람을 영원히 속일 수는 없다"라고 했다. 속이는 자의 특징은?

■ 말씀 ■

Ⅰ. 거짓말로 모해한다 【시 35:20,21】

성경은 '무릇 그들은 화평을 말하지 아니하고 오히려 평안히 땅에 사는 자들을 거짓말로 모략하며 또 그들이 나를 향하여 입을 크게 벌리고 하하 우리가 목격하였다 하나이다' 라고 했다. 거짓말이란 사실과 다르게 꾸며서 하는 말을 일컫는다. 모해란 모략을 써서 남을 해침을 말한다. 본절에는 거짓과 음모, 탐욕과 포악에 젖은 세상 원수들의 사악한 모습이 잘 드러나 있다.

참고 성구 창 3:5 고후 11:3 요 8:44 고후 11:13-15 렘 17:19

Ⅱ. 아첨하는 말로 미혹한다 【롬 16:18】

성경은 '이같은 자들은 우리 주 그리스도를 섬기지 아니하고 다만 자기들의 배만 섬기나니 교활한 말과 아첨하는 말로 순진한 자들의 마음을 미혹하느니라' 고 했다. 미혹이란 마음이 흐려서 무엇에 홀리거나 정신이 헷갈려 갈팡질팡 헤매는 것을 말한다. 속이는 자의 목적은 자기의 배를 위한 자신의 이익뿐이다. 그래서 이들은 교활한 말과 아첨하는 말을 사용하여 미혹한다.

참고 성구 벧후 1:16-17 마 17:8 마 22:15-16 살전 2:5 렘 17:19

Ⅲ. 책략을 즐겨 사용한다 【삼하 15:6】

성경은 '이스라엘 무리 중에 왕께 재판을 청하러 오는 자들마다 압살롬의 행함이 이와 같아서 이스라엘 사람의 마음을 압살롬이 훔치니라' 고 했다. 압살롬은 백성을 기만하여 술책으로 인기를 끌고 있었다. 본절의 '훔치니라' (개역성경은 '도적하니라')는 히브리어 '에가넵' 으로 이는 속여서 훔치는 것을 말한다 속이는 자는 책략을 즐겨 사용하지만 이런 것의 결국은 오래 가지 못한다.

참고 성구 잠 20:17-18 마 2:1-8,16 고전 14:20 눅 18:16 눅 13:31-33

■ 결론 ■ 이와 같이 속이는 자의 특징을 알았으니 성도는 속이는 자의 거짓말과 아첨하는 말과 책략에 미혹되지 말고 오직 말씀으로 무장하여 진실되게 살아가는 자 되자.

■해설■ 다니엘의 재판

구약의 다니엘서 외경에 보면, 수잔나는 바벨론 포로가 된 유다인 요아킴의 아내로 아름답고 믿음이 깊은 부인이었다. 그녀의 집 근처에 사는 판사로 뽑힌 두 장로가 수잔나의 미색에 반해 겁탈하려고 "우리 말을 듣지 않으면 우리가 증인이 되어 당신이 어느 청년과 간통했음을 공표하겠다"며 협박했다. 정숙한 수잔나는 고함을 쳐서 위기를 모면했으나 두 장로의 거짓 증거로 형장에 끌려가게 됐다. 다니엘은 판사의 위증에 의심하여 둘을 따로 분리시켜 "어디서 수잔나가 간음했는가?"라 묻자 한 사람은 향나무라고 하고, 다른 한 사람은 소나무라 하자 도리어 그들을 처형했다. 교묘히 짠 위증은 진실이 아니므로 탄로나게 마련이다.

■참고■ 속이는 자들 – 그들도 속는다

- 뱀 - 하와를 속여 선악과를 먹게 함(창 3:1-6,13) • 아브라함 - 애굽의 바로와 아비멜렉을 속임(창 12:11-13, 20:1-7) • 이삭 - 블레셋 왕 아비멜렉을 속임(창 26:6-7) • 야곱 - 이삭과 에서를 속임(창 27:12-27,36) • 야곱의 아들들 - 세겜과 아비 야곱을 속임(창 34:13,37:31-32) • 라반 - 야곱을 속임(창 29:25) • 라헬 - 라반을 속임(창 31:34-35) • 헤롯 - 동방박사들을 속임(마 2:7-8,12) • 아나니아와 삽비라 - 교회와 성령을 속임(행 5:1-11)

■예화■ 이중 간첩

중국의 전국책(戰國策)에 나오는 이야기이다. 동주와 서주는 원래 한 나라였으나 왕위 쟁탈전을 벌이다가 원수 사이로 변해 극한상태로 대치하고 있었다. 서주에서 벼슬을 하던 창타라는 사람이 섬기던 임금과 나라를 배신하고 동주로 달아났다. 그러나 그가 그것으로 끝나지 않고 서주의 임금을 괴롭히자 서주의 풍수라는 사람이 다음과 같이 진언하였다. "폐하, 저에게 황금 30근만 주시면 책임지고 창타를 없애 버리겠나이다." 임금은 괴로움을 당하고 있는 터라 두말없이 황금을 내놓았다. 풍수는 심부름꾼에게 황금과 편지 한 통을 건네주면서 동주에 있는 창타에게 전하라고 하고 이중간첩질을 하고 있는 사람에게 슬쩍 정보를 흘렸다. 오늘 어떤 사람이 중대한 사명을 띠고 동주로 출발했다는 것이다. 동주의 국경수비대는 수상한 사내의 몸에서 황금과 밀서를 찾아내어 동주의 임금에게 바쳤다. 밀서의 내용은 "그만하면 이제 동주의 임금이 자네를 굳게 믿을 걸세. 성공할 가능성이 있으면 속히 그 일을 진행시키고 가망성이 희박하다고 판단되면 재빨리 도망쳐 오게. 그리고 거사의 자금이 부족할 것 같아서 여기 황금을 보내니 아낌없이 쓰게나." 동주의 임금은 화가 몹시 나 그 자리에서 창타를 죽여버리고 말았다. 자기의 일시적인 이익을 위하여 쉽게 배신하는 사람에게는 그만큼의 합당한 벌과 추하고 더러운 이름을 후세에 남기게 되는 것임을 잊어서는 안 된다. (초가삼간도 나는 만족하네 / 노의일)

●속히●

속히 하여 해를 당하는 세 부류

■본 문■ 내 사랑하는 형제들아 너희가 알지니 사람마다 듣기는 속히 하고 말하기는 더디 하며 성내기도 더디 하라 【약 1:19】

■서 론■ 속히는 기본형이 속하다(速~)로서 빠르다는 뜻의 형용사이며, 속히는 부사이다. 성경이 말하는 속히 하여 해를 당하는 세 부류는 누구인가?

■말 씀■

I. 부하기를 속히 하는 이들 【잠 28:20】

성경은 '충성된 자는 복이 많아도 속히 부하고자 하는 자는 형벌을 면하지 못하리라' 고 했다. 형벌이란 무엇인가? 이는 일반적으로는 국가가 죄를 범한 자에게 제재를 가함이나 그 제재를 말하는데 기독교에서는 국가 대신 하나님께서 벌을 주심을 뜻한다. 바울은 부하려 하는 자들은 시험과 올무와 여러 가지 어리석고 해로운 정욕에 떨어지나니 곧 사람으로 침륜과 멸망에 빠지게 하는 것이라고 했다.

　　참고 성구 렘 17:11 딤전 6:9-10 약 5:3 수 7:21 벧후 2:15

II. 노하기를 속히 하는 이들 【잠 14:17】

성경은 '노하기를 속히 하는 자는 어리석은 일을 행하고 악한 계교를 꾀하는 자는 미움을 받느니라' 고 했다. 노하다는 것은 화를 내다, 성을 내는 것으로 일반적으로는 개체의 요구 및 목표를 달성하는 데에 있어서 그것이 저지되는 데 대한 보복적 정서 반응을 말한다. 잠언 기자는 노하기를 속히 하는 자는 어리석은 일을 행한다고 했는데 이는 분노로 이성을 잃은 자가 취하는 행동은 당연히 어리석다.

　　참고 성구 시 37:8 잠 16:32, 19:11 골 3:8 약 1:20 엡 4:26

III. 말하기를 속히 하는 이들 【약 1:19】

성경은 '내 사랑하는 형제들아 너희가 알지니 사람마다 듣기는 속히 하고 말하기는 더디 하며 성내기도 더디하라' 고 했다. 본 구절의 '말하기는' 은 헬라어 '에이스 토 라레사이' 로서 이는 '그 말하는 것을, 그 이야기하는 것을' 의 뜻으로 이것은 자기의 어떤 주관적 생각이나 의견을 더디 하라는 의미이며 동시에 교회에서 자기의 사사로운 감정을 주장하지 말라는 뜻이다.

　　참고 성구 약 3:2,6,8 잠 29:20 전 5:2 마 26:33,75 에 6:6-12

■결 론■ 이와 같이 속히 하여 해를 당하는 자들을 보았으니 성도는 부하기, 노하기, 말하기를 속히 하여 해를 당하지 말고 오직 주님 은혜로 느긋하게 여유있게 사는 삶을 연습하자.

■해설■ **분노와 달걀**

어느 가정에서 세 아이 중에 한 명이 화가 치밀어 올랐을 때에는 냉장고에 있는 달걀 하나를 꺼내서 얼마 멀지 않은 참나무를 향하여 줄달음치기 시작한다. 그가 뛰어가는 동안에 계속 화를 내면 자기 손바닥에 있는 달걀을 세차게 눌러 깨뜨리게 되고 만다. 보통 그가 참나무에 도착할 때 쯤이면 화를 낸 것이 바보스럽게 느껴지며 마음을 가라앉히려 노력한다. 화가 풀렸다면 달걀을 다시 냉장고에 가져다 놓고, 여전히 화가 나 있을 때는 나무를 향해 달걀을 던진다. 그들의 어머니는 "우리는 훌륭한 세 아들을 얻었으며 많은 달걀을 잃어버렸다"라고 말하였다.

■참고■ **속히 행한 복된 행위들**

- 아브라함 - 마므레 상수리에 나타나신 여호와와 두 천사를 속히 대접하여 축복 받음(창 18:1-10, 히 13:2 참조) • 롯 - 두 천사를 극진히 영접해 소돔과 고모라의 멸망에서 살아났음(창 19:1,22) • 바로 - 늦은 감이 있으나 이스라엘 백성을 재촉하여 보냄으로써 더 큰 화를 면함(출 12:31-33) • 이스라엘 백성 - 기름진 축복의 땅을 눈 앞에 두고 요단강을 속히 건넘(수 4:1-11) • 삭개오 - 여리고의 세리장 삭개오가 주님의 명령에 지체없이 내려와 주님을 집에 모심(눅 19:4-9)

■예화■ **록펠러의 수첩**

미국의 석유 왕 록펠러는 소년 시절부터 매우 검소한 생활을 했다. 그는 가게의 점원으로 일하고 있었는데 어느 날, 같은 또래의 한 점원이 그가 쓰고 있는 수첩을 빼앗아 들고 소리쳤다. "애들아, 이것 좀 봐라! 수첩에다가 깨알 만한 글씨로 뭐라고 적어 놓았다." 너덧 명의 점원들이 우르르 몰려들었다. "자, 내가 읽을 테니 잘 들어 봐. 흑빵 2개, 펜촉 한 개, 성냥 한 갑, 양초 한 자루…" 모두들 신이 나서 웃어댔다. 그러나 록펠러는 조금도 화를 내지 않고 자기 수첩을 돌려주기만 기다렸다. "야, 사내자식이 시시하게 성냥 한 갑, 펜촉 한 개 산 값까지 수첩에다 적어 놓니?" 한 아이가 빈정거리듯 말했다. 록펠러는 더 이상 가만히 있을 수가 없다고 생각했다. "그렇게 해야만 낭비를 안 하게 된단 말이야." 록펠러의 말에 점원들은 또 다시 웃어댔다. "그렇게 모아 한 달에 겨우 3달러씩 저축을 한다는 거냐?" "많이 해봐라, 그건 기껏 모아 봤자 일년에 36달러 밖에 안 된다구!" "너희들은 그까짓 36달러라고 우습게 생각하지만 나는 그 돈으로 큰돈을 만들어 보일테니 두고 봐." 록펠러는 자신 있게 말했다. "그래, 잘 해봐라!" 점원들은 록펠러의 수첩을 팽개치듯 돌려 주고는 흩어졌다. 그로부터 일년 후, 록펠러는 캐나다의 한 상인에게 재목을 샀다. 그 값이 36달러, 일년 동안 절약해서 모은 돈으로 살 수 있는 값이었다. 그런데 록펠러는 그 재목을 산 지 얼마 안되어 100달러에 팖으로써 비웃고 놀려대던 점원들의 코를 납작하게 만들어 주었다.

● 순결 ●

순결을 유지하는 가르침 세 가지

■ 본 문 ■ 또 간음하지 말라 하였다는 것을 너희가 들었으나 나는 너희에게 이르노니 음욕을 품고 여자를 보는 자마다 마음에 이미 간음하였느니라 【마 5:27-28】

■ 서 론 ■ 오스왈드 챔버스는 "하나님이 우리에게 요구하시는 것은 순결과 덕이다"라고 했다. 성경에서 순결을 유지하는 가르침은?

■ 말씀 ■

I. 부정한 것을 피하라 【고전 5:11】
성경은 '이제 내가 너희에게 쓴 것은 만일 어떤 형제라 일컫는 자가 음행하거나 탐욕을 부리거나 우상 숭배를 하거나 모욕하거나 술 취하거나 속여 빼앗거든 사귀지도 말고 그런 자와는 함께 먹지도 말라 함이라'고 했다. 부정이란 깨끗하지 못함을 이르는 말이다. 성도가 영육간에 순결을 지키려면 부정한 것을 피해야 한다. 바울은 그런 자와는 사귀지도, 먹지도 말라고 단호히 말했다.
　참고 성구 민 25:1-3 계 2:14, 20-22 고후 6:14-18 갈 2:12

II. 자신을 지켜 정결케 하라 【딤전 5:22】
성경은 '아무에게나 경솔히 안수하지 말고 다른 사람의 죄에 간섭하지 말며 네 자신을 지켜 정결하게 하라'고 했다. 정결이란 맑고 깨끗함을 말한다. 본 구절의 '정결하게 하라'는 헬라어 '하그논 테레이'는 '순결'(purity)과 '성실'(sincerity)로서 신앙적인 고상함과 윤리적인 순결을 의미한다. 의인 욥은 마음으로 하나님을 배반하였을까 하여 아들들에게 정결 예식을 행하게 했다.
　참고 성구 시 24:3-4 딤전 1:5 스 10:9-12 삼하 13:12 욥 1:5

III. 자기의 마음을 다스리라 【마 5:27,28】
성경은 '또 간음하지 말라 하였다는 것을 너희가 들었으나 나는 너희에게 이르노니 음욕을 품고 여자를 보는 자마다 마음에 이미 간음하였으니라'고 했다. 성 어거스틴은 "마음이 똑바로 있으면 행동도 또한 바르다"고 했다. 본절의 음욕을 품고는 헬라어 '에피두메오'로서 이는 '욕구한다, 동경한다, 욕심을 품는다'는 뜻으로 이것은 여인을 향한 강한 동경과 욕망을 나타내는 상태를 의미한다.
　참고 성구 롬 13:14 잠 6:24-35 창 39:9-10, 34:1-2 살전 4:4

■ 결 론 ■ 이와 같이 순결을 유지하는 가르침을 살폈으니 성도는 영육의 순결을 위해 부정한 것을 피하고 자신을 지켜 정결케 하며 마음을 잘 다스려서 몸과 마음에 흠과 점이 없이 주님 오실 그날까지 잘 보존하자.

■해설■ 간음

성경에서 '간음'(adultery)은 결혼한 사람이 자기의 합법적인 배우자가 아닌 사람과 계획적으로 동거함을 가리킨다. 그러나 때론 비록 이러한 죄가 결혼하지 않은 자와 이성의 사람 간의 계획적인 동거의 죄를 가리키지만 이 죄를 또한 '포르네이아' 곧 '음행'(고전 5:1)이란 말로 나타낸다. 이러한 두 종류의 비행을 구별해야 할 곳에서 성경은 이 두 비행을 '포르노이' 곧 '음행자들'과 '모이코이' 곧 '간음자들'(고전 6:9)이라는 말로 각각 나타낸다. 간음은 성경에서 특별히 가정과 가족의 신성을 위해 금해져 있다(출 20:14, 신 5:18). 이 죄는 레위기 18:20에서 더욱 특별히 기술된다.

■참고■ 영육간의 순결을 유지한 사람들

• 요셉 - 보디발의 아내의 유혹을 단호히 거절함(창 39:9-10) • 욥 - 평소의 마음을 다스려 스스로를 지킴(욥 31:19) • 보아스 - 룻이 자기 발치에 누웠음을 보고 놀라며 그의 현숙함을 칭찬함(룻 3:11, 13-14) • 다니엘 - 왕의 진미와 그의 마시는 포도주로 자신을 더럽히지 않음(단 1:8) • 사드락, 메삭, 아벳느고 - 느부갓네살이 세운 금신상에 절하지 않음(단 3:17-18) • 성도들 - 어린양을 따르는 자로 여자와 더불어 더럽히지 아니하고 정절이 있는 자들임(계 14:4)

■예화■ 잘못된 사랑의 동기

일본의 여류작가 미우라 아야꼬의소설 〈양치는 언덕〉은 잘못 시작된 사랑의 동기와 선택으로 방황하다 다시 하나님 품으로 안기는 주인공 나오미를 중심으로 써어진 작품이다. 목사님의 딸이었던 나오미는 여고 친구인 교오꼬의 바람둥이 오빠 스기하라 로이찌와 사랑에 빠지고 원치 않는 환경 가운데 순결을 잃어 그와 동거에 들어간다. "난 교회가 싫어. 교회란 너같은 건 올 곳이 아니라고 하나님이 눈을 부릅뜨고 있는 것 같애." 라고 얘기하는 스기하라와 나오미는 불행한 삶을 시작한다. 목사님의 딸이었지만 그녀에겐 신앙에 대한 확고한 신념이 없었으므로 하나님은 자신과는 별개의 존재라 느끼며 살았다. 그러므로 그녀를 짝사랑했던 크리스천 다께야마의 진정한 사랑도 스기하라의 뜨겁고 깊은 애무의 눈빛 앞에서 분간할 수 없는 것이 되어 버렸다. 미모의 나오미를 깊이 사랑한다고 하던 스기하라는 외도를 범하고 둘 사이는 깨어진다. 후에 스기하라는 동사하여 이 두 사람의 사랑은 처음부터 잘못된 동기와 선택으로 막을 내린다. 나오미는 자신에게 가장 중요하다고 생각했던 스기하라와의 사랑을 잃고야 하나님 품으로 다시 돌아온다. 인간의 한계와 나약함을 동시에 느끼게 해주는 작품이다. (양치는 언덕 / 미우라 아야꼬)

● 순교 ●

순교에 대한 성도의 자세 세 가지

■본 문■ 장차 형제가 형제를, 아버지가 자식을 죽는 데에 내주며 자식들이 부모를 대적하여 죽게 하리라 또 너희가 내 이름으로 말미암아 모든 사람에게 미움을 받을 것이나 끝까지 견디는 자는 구원을 얻으리라 【마 10:21-22】

■서 론■ "순교자의 피는 교회의 씨앗이다" 성 제롬, "순교자의 피는 교회의 터가 되었다" 성 터툴리안. 순교에 대한 성도의 자세는 어떠해야 하는가?

■말 씀■

Ⅰ. 성도는 순교를 두려워하지 말 것 【마 10:28】

성경은 '몸은 죽여도 영혼은 능히 죽이지 못하는 자들을 두려워하지 말고 오직 몸과 영혼을 능히 지옥에 멸하실 수 있는 이를 두려워하라' 고 했다. 본절의 '두려워하지 말고' 는 헬라어 '메 포베이스데' 로서 이는 '그러므로 너희 자신을 위해서 두려워하지 말라' 는 뜻이다. 이 세상의 박해자들이 성도를 죽인다고 해도 하나님께서 머리털까지 다 세시고 보호하므로 두려워할 것이 없다.

참고 성구 마 5:11-12 히 11:37-38 요 11:16 계 6:9-11

Ⅱ. 성도는 순교를 준비할 것 【행 20:24】

성경은 '내가 달려갈 길과 주 예수께 받은 사명 곧 하나님의 은혜의 복음을 증언하는 일을 마치려 함에는 나의 생명조차 조금도 귀한 것으로 여기지 아니하노라' 고 했다. 본 구절은 복음 전도자 바울의 불타는 사명감이 결연하게 표명되어 있는 부분이다. 복음을 증언하는 일에는 생명조차도 조금도 귀한 것으로 여기지 않는 바울의 자세는 큰 귀감이 된다.

참고 성구 마 16:24 막 14:31, 40, 50, 71 마 16:21-23 딤후 4:7-8

Ⅲ. 성도는 순교를 각오하고 받아들일 것 【행 21:13】

성경은 '바울이 대답하되 여러분이 어찌하여 울어 내 마음을 상하게 하느냐 나는 주 예수의 이름을 위하여 결박 당할 뿐 아니라 예루살렘에서 죽을 것도 각오하였노라 하니' 라 했다. 사도 바울은 복음을 위하여, 주님 예수의 이름을 위하여 예루살렘에서 죽을 것도 각오하였다고 했다. 각오가 무엇인가? 이는 앞으로 닥칠 일에 대비하여 마음의 준비를 하거나 그 준비를 뜻하는 말이다.

참고 성구 히 12:2 행 7:56 딤후 4:6 눅 13:31-33 벧후 1:14

■결 론■ 이와 같이 순교에 대한 성도의 자세를 살펴보았으니 성도는 순교를 두려워 말고 바울과 같이 순교를 준비하고 각오하여 받아들여 찬란히 빛나는 신앙의 금자탑을 세우는 자 되자.

■해설■ 순교자

'순교자'(martyr)를 나타내는 헬라어 '마르투스'는 '증인'을 의미하는 단어인데, 신약에서는 그 범위를 넓혀서 종교적 또는 신학적 자료의 사실적 경험을 입증해 주는 사람들에게도 이 개념을 사용한다(행 1:6-8, 22에서 사도들을 지칭하고, 히 12:1에서는 많은 구약의 성인들을 말하며, 계 1:5, 3:15에서는 예수를 의미한다). 교부 폴리캅(Polycarp)의 말을 음미하라! "예수는 하나님의 아들로서 우리가 예배하는 존재이지만 순교자들은 주님의 제자들인 동시에 주님의 형상을 본받은 자들로서 자신들의 주인에게 충실히 헌신한 자들이매 진정으로 찬사를 보낸다. 그들과 교제를 나누고 제자로서 동행할 수만 있다면 우리에게 무한한 영광이겠다."

■참고■ 성경에 기록된 순교자들

• 선지자들과 사도들 - 아벨의 피로부터 제단과 성전 사이에서 죽임을 당한 사가랴의 피까지(눅 11:50-51) • 세례 요한 - 헤롯 안디파스에게 죽임 당함(마 14:3-10) • 스데반 - 공회에서의 설교로 돌에 맞아 숨짐(행 7:58-60) • 초대 교회 교인들 - 사울의 위협과 살기 등등함에 투옥되어 죽음(행 9:1-2) • 야고보 - 요한의 형제로 헤롯 아그립바 1세에게 죽임 당함(행 12:2) • 베드로 - 주님의 예언(요 21:18-19, 벧후 1:14) • 바울 - 로마에서 처형당함(딤후 4:7-8) • 성도들 - 갖가지 모양으로 순교하여 영광을 돌림(히 11:35-37)

■예화■ 배설되지 않는 사람

B.C. 750년경 북쪽 이스라엘에 가드헤벨 출신 아밋대의 아들로 비둘기라는 뜻을 가진 「요나」라는 예언자가 있었다. 하나님은 이 예언자에게 "큰 성읍 니느웨로 가서 그것을 쳐서 외치라. 그 악독이 내 앞에 상달하였음이니라."(욘 1:2) 명령하셨다. 원수의 나라 앗수르의 수도 니느웨에 가서 그들이 구원받도록 하라는 명령을 즐겨하지 않은 그는 명령을 어기고 반대방향으로 도망갔다. 그가 배를 타고 도망할 때 풍랑을 일으켰다. 견디다 못한 뱃사람들은 요나의 죄를 가려내게 되었고 바다에 던졌다. 커다란 물고기를 준비하셨던 하나님은 바다에 던진 요나를 삼키게 하셨고, 물고기 뱃속에서 3일 3야를 지내게 되었다. 후대의 사람들은 인간의 육체가 물고기 뱃속에서 3일 3야를 견딜 수 없다고 하면서 이 얘기의 진실성을 의심하고 있다. 보통 사람들은 견딜 수 없다. 모두 물고기 배설물이 되어 버려질 수밖에 없다. 어떤 동물의 배설물이든 배설물은 버려야 한다. 그러나 아무리 물고기 뱃속에 들어가서도 배설되지 않는 사람이 있다. 주어진 사명을 깨닫고 회개하며 기도하는 사람이다. 이런 사람은 사탄의 뱃속에 들어 있어도 배설물로 소화되는 사람이 아니다. "이런 사람은 세상이 감당치 못하도다."(히 11:38) 평안할 때는 모두 신사요 훌륭한 사람이다. 그러나 물고기 뱃속에서 배설물이 되는 사람은 시대에 맞는 하나님의 일꾼으로 쓰일 수 없다.

● 순식간 ●

순식간에 지나가는 세 가지

■ 본 문 ■ 마귀가 또 예수를 이끌고 올라가서 순식간에 천하 만국을 보이며 이르되 이 모든 권위와 그 영광을 내가 네게 주리라 이것은 내게 넘겨 준 것이므로 내가 원하는 자에게… 【눅 4:5-7】

■ 서 론 ■ 순식간이란 아주 극히 짧은 동안을 일컫는 말이다. 성경에 나타난 순식간에 지나가는 것은 무엇인가?

■ 말씀 ■

I. 인간의 생명 【대상 29:15】

성경은 '우리는 우리 조상들과 같이 주님 앞에서 이방 나그네와 거류민들이라 세상에 있는 날이 그림자 같아서 희망이 없나이다' 라고 했다. 희망이 없나이다는 히브리어 '미크베웨' 로서 이는 '소원하다' 는 뜻의 '카와' 에서 온 말이다. 이 말은 땅에 애착이 없다는 뜻이다. 솔로몬은 인생을 헛되고 헛되다고 했고, 야고보는 인생을 안개와 같다고 했고, 베드로는 꽃은 떨어진다고 했다. 하나님 앞에서 인생은 연약하고 왜소할 뿐이다.

참고 성구 욥 35:20, 7:6-7 약 4:14 사 38:12 시 39:5 벧전 1:24 전 1:2

II. 거짓된 혀 【잠 12:19】

성경은 '진실한 입술은 영원히 보존되거니와 거짓 혀는 잠시 동안만 있을 뿐이니라' 고 했다. 터키의 격언에는 "벙어리의 혀가 거짓말쟁이의 혀보다 낫다"는 말이 있다. 또한 바이런은 "거짓말이란 가면을 쓴 진실에 불과하다" 라고 했다. 거짓된 혀가 영원토록 존재하는 경우는 없다. 거짓된 혀가 주장하는 효력은 순식간이다. 하나님이 싫어하시는 것 중 하나가 거짓된 혀이다.

참고 성구 약 1:26 딛 1:10 창 3:5,10,14 창 26:7-11 잠 6:17 왕하 5:27

III. 사탄의 시험 【눅 4:5-6】

성경은 '마귀가 또 예수를 이끌고 올라가서 순식간에 천하만국을 보이며 이르되 이 모든 권위와 그 영광을 내가 네게 주리라 이것은 내게 넘겨 준 것이므로 내가 원하는 자에게 주노라' 고 했다. '순식간' 에는 헬라어 '스티그메' (a moment)로서 이는 '찌르다' 에서 파생된 말로 '점' 이란 뜻이다. 무한선상에 찍힌 점 하나처럼 극히 짧은 시간이 순식간이다.

참고 성구 창 3:4,6 마 16:21-24 고후 2:11, 11:3 삼하 11:2-5,27

■ 결론 ■ 이와 같이 순식간에 지나가는 것을 살폈으니 성도는 일장춘몽이요 남가일몽 같은 인생길에서 진실만을 말하고 마귀의 시험을 인내하여 주님이 기뻐하시는 성도의 길을 걷는 자 되자.

■해설■ **심판의 죽음**

미국 인디애나주의 앤더슨(Anderson)에서는 루이스(O.C. Lewis) 경기장에서 벌어지는 불뿜는 챔피언쟁탈 농구경기 결과가 매우 중요했다. 경기 종료를 3분 남기고 상대팀이 2점 앞서고 자기팀이 반칙을 했다. 흥분이 고조된 가운데 앤더슨 팀의 선수가 프리드로우를 위해 파울라인까지 갔다. 갑자기 심판이 쓰러지고 의사가 즉시 달려갔으나 조금 후에 아나운서는 심판이 죽었다고 알렸고, 경기는 취소됐고 경기장은 장례식장처럼 됐다. 잠시 전까지 환호하던 관중들은 뜻밖에도 세속적인 것은 하나도 중요하지 않다는 것을 상기하고는 고요하고 엄숙한 얼굴로 허탈감에 빠져 모두들 두려워하였다.

■참고■ **영원하신 하나님**

• 하나님은 시작도 끝도 없는 영원하신 분이시다. 과거에 있어서도 언제나 계셨으며, 현재에도 언제나 계시며, 영원한 미래에도 언제나 계신다(창 21:22, 사 40:28, 합 1:12, 시 90:2, 출 3:14) • 하나님은 절대 불변하신 분이시다. 변함이 없으신 분은 하나님밖에 없다(말 3:6, 약 1:17, 삼상 15:29, 히 6:17, 민 23:19) • 하나님은 영원히 스스로 계시는 분이시다. 하나님은 자신 속에 생명을 가지신다. 그러므로 하나님은 자존자이시다. 하나님은 영원부터 존재하실 뿐 아니라 스스로 자존하시는 분이시다(출 3:14, 요 5:26, 행 17:24, 28).

■예화■ **밥 피얼스 목사**

한국의 전쟁고아를 위해서 일을 많이 하신 밥 피얼스 목사님의 어릴 때 이야기이다. 밥은 조반을 먹을 때 빵에 쨈을 듬뿍 발라서 먹고 싶은데 그의 어머니는 언제나 조그만 그릇에 겨우 발라먹을 수 있을 만큼의 양만 주셨다. 그런데 한번은 어머니가 시장에 가시면서 집을 보라고 하셨다. 밥은 좋은 기회라고 생각하고 어머니가 나가시자마자 쨈통을 꺼내다가 통째로 입에 대고 먹었다. 단 쨈으로 배를 채웠으니 속이 편할 리도 없었지만 어머니한테 혼날 생각을 하니 걱정이 되었다. 쨈을 꺼내 먹기 위해 사용한 의자와 물건들을 깨끗이 정리정돈 하였으나 여전히 마음은 불안하였다. 마침내 어머니가 시장에서 돌아오셨다. 태연한 척하려고 안간힘을 쓰고 있는데 어머니가 밥을 불렀다. "밥! 집 잘 봤지?" "네." "너 혹시 쨈 먹은 것은 아니지." "아니오. 쨈을 제가 어떻게 먹어요. 어머니 주신 것 외에는 먹은 적이 없어요." "밥, 너 거짓말하는 것은 아닐 테지." "제가 언제 거짓말했다고 그래요." 하면서 밥은 도리어 화를 냈다. 그런데 갑자기 어머니가 거울을 밥에게 들이대었다. 밥은 깜짝 놀라 자빠질 뻔했다. 모든 환경을 원상복귀 해 놓았는데 쨈통에 입을 대고 먹는 바람에 입 주위에 쨈이 묻은 것은 처리하지 못했던 것이다. 피얼스 목사님은 수 십 년이 지났지만 평생 잊을 수 없는 부끄러운 일이라고 하신다. 죄는 자신이 생각하기엔 숨길 수 있는 것 같지만 사실 하나님 앞에서는 숨길 수가 없다. (박조준)

● 순종 ●

순종에 모범을 보이신 그리스도의 세 가지

■ 본 문 ■ 그가 아들이시면서도 받으신 고난으로 순종함을 배워서 온전하게 되셨은즉 자기에게 순종하는 모든 자에게 영원한 구원의 근원이 되시고 [히 5:8-9]

■ 서 론 ■ 리처드 포스트는 "철저한 순종은 우리의 궁극적인 충성을 하나님께 둘 때만 가능하다"라고 했다. 그리스도의 순종의 모범은?

■ 말씀 ■

I. 그리스도께서는 아들이시라도 순종으로 배우심 [히 5:8,9]

성경은 '그가 아들이시면서도 받으신 고난으로 순종함을 배워서 온전하게 되셨은즉 자기에게 순종하는 모든 자에게 영원한 구원의 근원이 되시고' 라 했다. 그리스도는 하나님의 아들이심에도 불구하고 친히 고난을 당함으로써 하나님의 뜻에 전적으로 순종하는 체험을 하셨다. 성도는 하나님의 나라는 말에 있지 않고 능력에 있으며 최선의 교육은 삶의 모범을 직접 보이는 것임을 깨닫자.

참고 성구 히 4:15 삼상 15:22-23 롬 5:19 시 22:1 마 27:46 고전 4:20

II. 그리스도께서는 복종하는 순종을 나타내심 [마 26:42]

성경은 '다시 두 번째 나아가 기도하여 이르시되 내 아버지여 만일 내가 마시지 않고는 이 잔이 내게서 지나갈 수 없거든 아버지의 원대로 되기를 원하나이다 하시고' 라 했다. 복종이란 남의 명령, 요구, 의지 등에 그대로 따름을 뜻한다. 주님 예수께서는 자신의 뜻이 아닌 아버지의 원대로 되시기를 기도했다. 여기서 '원' 은 헬라어 '델레마' 로서 이는 '뜻, 의지, 목적' 의 뜻으로 주님께서 아버지의 뜻과 의지와 목적에 복종하심을 의미한다.

참고 성구 마 8:8-10 요 5:30 눅 22:42 마 12:50 요 12:49-50

III. 그리스도께서는 죽기까지 순종하셨음 [빌 2:8]

성경은 '사람의 모양으로 나타나사 자기를 낮추시고 죽기까지 복종하셨으니 곧 십자가에 죽으심이라' 고 했다. 순종이란 기독교에서는 특히 하나님의 말씀을 듣고 따르는 일, 또는 그대로 준행하는 일을 말한다. 태초에 말씀으로 선재하신 그리스도는 구원의 섭리를 위해 하늘 보좌를 버리시고 낮고 척박한 이 땅에 사람의 형체로 오셔서 하나님 아버지께 죽기까지 순종하셨으니 곧 십자가의 죽으심이다.

참고 성구 사 53:6-7 히 5:7 요 19:30 히 12:2 막 9:31

■ 결 론 ■ 이와 같이 순종에 모범을 보이신 그리스도를 살펴보았으니 성도들도 하나님 아버지께 순종하되 복종하는 순종과, 죽기까지 순종하는 순종의 자세를 주님 예수와 같이 준행하는 자들이 되자.

■해설■ **순종**

이 말은 신,구약에서 원래 '듣다, 청종하다'의 뜻인데 문맥상 '순종하다, 복종하다, 준행하다'의 뜻으로 번역된다. 이것은 단순히 말씀을 수동적으로 귀로 듣는 것만 의미하지 않고 말씀을 듣고 적극적으로 청종하는 것을 의미한다(창 3:17, 출 24:7, 신 21:18-21). 따라서 다른 사람의 명령을 듣고 따르는 호위병이나 부하를 뜻하는 '미쉬마트'는 '솨마'(듣다)에서 나왔다(사 11:14). 이것은 하나님의 명령을 청종하는데 있어서 그러하다. 순종에 대한 최고의 본은 '죽기까지 복종하신'(휘프에코스) 예수 그리스도시다(빌 2:8). 우리는 하나님의 말씀에 대한 적극적인 반응(순종,복종,준행) 없이 살면 안 된다.

■참고■ **성경에 나타난 순종의 신앙인들**
- 노아 - 하나님의 명하심을 준행함(창 6:22) • 아브라함 - 하란을 떠날 때 그 나이 75세였음(창 12:1-4) • 브사렐 - 성소에 쓸 모든 일을 명한 대로 함(출 36:1-2) • 갈렙과 여호수아 - 여분네의 아들 갈렙과 눈의 아들 여호수아는 볼 것이요(민 32:12) • 아사 - 그 조상 다윗처럼 여호와 보시기에 정직히 행함(왕상 15:11,14) • 히스기야 - 저가 여호와께 연합하여 떠나지 않고(왕하 18:5-6) • 요시야 - 좌우로 치우치지 않음(왕하 22:2) • 스룹바벨 - 스알디엘의 아들(학 1:12) • 바울 - 하늘에서 보이신 것을 거스리지 않음(행 26:19)

■예화■ **하나님께서 의도하신 삶**

제2차 세계대전이 끝나고서 막 공군을 제대했던 한 남자의 이야기를 소개할까 한다. 그 사람은 비행 기술을 교습하는 데 매우 뛰어났었기 때문에 큰 항공회사에 취직하여 상업적인 파일럿으로서 남은 생애를 보낼 생각을 가지고 있었다. 보수가 매우 좋은 직업이었고 또 그곳에서 그리스도의 증인으로서 생활할 수 있다고 생각했기 때문이었다. 그러나 하나님께서는 다른 생각을 가지고 계셨다. 여러 가지 제안이 그 사람에게 들어오고 있던 중 오래 된 친구 한 사람이 복음 전도 사역에 동참할 것을 청해왔다. 그는 그렇게 하고 싶지 않다고 하나님께 기도드렸다. 그러나 항공회사에 수락해야 할 시기가 되자 그의 마음은 차츰 꺾이게 되어 마침내 전면적인 목회활동을 시작하기로 결정하게 되었고, 그후 30년 동안 그 일에 정말 성공적인 노력을 기울이며 살게 되었다. 창공을 가르고 머리 위를 지나가는 비행기를 보며 조종사에 대한 미련이 되살아난 적도 많았다고 한다. 또한 그 직업으로 돌아오면 많은 혜택을 주겠다는 제안을 계속 받았지만 그는 오직 하나님께 순종하기를 원했기 때문에 모두 거절하였다. 이러한 순종에 의해서 그는 자기 자신이 손수 짠 계획이 아닌 하나님께서 의도하신 대로 자신의 삶을 살 수 있었던 것이다.

● 순종 ●

순종의 좋은 자세 세 가지

■본 문■ 하나님께 감사하리로다 너희가 본래 죄의 종이더니 너희에게 전하여 준 바 교훈의 본을 마음으로 순종하여 죄로부터 해방되어 의에게 종이 되었느니라 【롬 6:17-18】

■서 론■ 철인 아리스토텔레스는 "사악한 자는 두려움 때문에 복종하고 선한 자는 사랑 때문에 순종한다"라고 했다. 순종의 좋은 자세는 어떤 자세인가?

■말씀■

I. 온 마음을 다하는 순종 【신 26:16】

성경은 '오늘 네 하나님 여호와께서 이 규례와 법도를 행하라고 네게 명령하시나니 그런즉 너는 마음을 다하고 뜻을 다하여 지켜 행하라'고 했다. 본 구절의 '마음'은 히브리어 '레바브'로서 이는 인간의 지적, 감정적, 의지적 기능이 포괄된 내적 성향의 총체적 표현으로 종교가 깃드는 자리라고 볼 수 있다. 성도는 마음을 다하여, 성품을 다하여, 뜻을 다하여, 힘을 다하여 하나님을 사랑하자.

참고 성구 신 32:45-47, 6:5 마 12:30 창 6:22 히 11:7,8 창 12:4

II. 마음에서 진실로 우러나오는 순종 【롬 6:17,18】

성경은 '하나님께 감사하리로다 너희가 본래 죄의 종이더니 너희에게 전하여 준 바 교훈의 본을 마음으로 순종하여 죄로부터 해방되어 의에게 종이 되었느니라'고 했다. 본 구절의 '마음으로는' 헬라어 '에크 카르디아스'로서 이는 순종이 마음으로부터 나오는 출처를 뜻하며 진실과 믿음과 기쁨으로 순종하는 상태를 의미한다. 성도의 순종은 하나님 앞에 마음에서 진실로 우러나오는 순종이어야 한다.

참고 성구 욥 1:9,21-22 막 14:36 빌 2:8 창 22:13

III. 모든 것 위에 가치를 두는 순종 【삼상 15:22】

성경은 '사무엘이 이르되 여호와께서 번제와 다른 제사를 그의 목소리를 청종하는 것을 좋아하심 같이 좋아하시겠나이까 순종이 제사보다 낫고 듣는 것이 숫양의 기름보다 나으니'라고 했다. 본 구절은 사울을 향한 선지자 사무엘의 말씀으로, 예배자의 마음 자세의 중요함과 하나님을 전인격적으로 진실되게 섬겨야 함과 하나님의 말씀은 모든 신앙생활의 표준이 되어야 함을 강조한다.

참고 성구 마 19:22 히 11:24-26 갈 5:24 창 22:9-10 히 5:7-9

■결 론■ 이와 같이 순종의 좋은 자세를 살폈은즉 성도는 온 마음을 다하여, 마음에서 진실로 우러나와서 모든 것 위에 가치를 두는 순종을 하는 자들이 되자.

■해설■ 순종하다, 순종

'순종하다'(obedience)라는 단어는 신,구약 성경에서는 원래 '듣다, 청종하다'의 뜻인데 문맥상 '순종하다, 복종하다, 준행하다'의 뜻으로 번역된다. 하나님의 말씀을 듣는다는 것은 하나님의 말씀을 청종하고 복종하며 준행하는 것을 의미한다. 그래서 여호와께서는 렘 3:13에서 여호와를 배반하는 것은 "내 목소리를 듣지 아니하는(청종치 아니하는)것"이라고 했다. 우리는 하나님의 말씀에 대한 적극적인 반응, 곧 순종, 복종, 준행이 없이는 하나님의 말씀을 진실되이 듣는다고 할 수 없다. 신약성경에는 일상적인 '아쿠오'(듣다) 대신 '휩아쿠오'(청종해야 할 의무감을 가지고 듣다)가 사용됐다(엡 6:1, 빌 2:12).

■참고■ 성경에 나타난 순종의 인물들

• 노아 - 하나님이 명한 대로 방주를 지어 준행함(창 6:22, 7:5) • 아브라함 - 아들 이삭을 번제로 드리라는 명령을 순종함(창 22:9-10) • 갈렙과 여호수아 - 여분네의 아들 갈렙과 눈의 아들 여호수아는 가나안 땅을 볼 것이니 이는 순종하였음임(민 32:11-12) • 히스기야 - 하나님과 연합하여 떠나지 않고 모세의 계명을 지켰음(왕하 18:6) • 바울 - 아그립바 왕에게 내가 하늘에서 보이신 것을 거스리지 않았다고 말함(행 26:19) • 예수 그리스도 - 아버지의 원대로 되기를 원한다고 기도하심(눅 22:42, 히 5:8) • 베드로 - 말씀에 의지하여 그물을 내리리이다 말함(눅 5:5)

■예화■ 황무지를 가나안으로

윈스턴 처칠 수상은 후배들과 수행원들을 잘 격려해 주는 사람으로 유명하다. 한번은 자기의 후배 중 국회의원이 된 사람 하나가 의회에서 첫연설을 하게 되었다. 처음으로 하는 연설이라 얼마나 두렵고 얼마나 떨렸겠는가? 그래서 말의 갈피를 잡지 못하고 당황해서 어쩔 줄 몰라했다. 그런 그의 모습을 보면서 처칠은 그에게 사람을 보내어 쪽지를 건네주었다. 연설 도중에 이 사람이 메모를 받았다. 그 메모의 맨 밑에는 이렇게 씌어 있었다. "너는 해 낼 것이다―처칠" 이 격려로 그는 용기백배하여 연설을 성공적으로 끝낼 수 있었다. 믿을 만한 한 사람의 격려가 이런 결과를 가져온 것이다. 그렇다면 우주를 창조하신 그 하나님, 만물을 손에 쥐고 계신 전지전능하시고 무소부재하신 하나님이 말씀하시는데 그 말씀에 순종하면 우리의 삶이 형통하지 않겠는가? "내가 너와 함께 있다. 내가 너에게 말한다. 내 음성을 들어라. 그리고 내 음성에 순종하라." 만약 이런 말씀이 나에게 들려와 내가 그 길을 걸어갈 수가 있다면……. 우리의 눈이 열려 나와 함께 하시는 주님을 바라보고 우리의 귀가 열려 지금도 나에게 말씀하시는 그 음성을 들을 수 있다면, 그리고 그 말씀을 지키기만 하면 인생은 황무지가 아니다. 우리는 이 황무지를 가나안으로 바꿀 수 있다. 황무지와 계곡이 도사리고 있는 험준한 땅 속에 젖과 꿀이 흘러내리는 기적을 창조하는 삶을 살 수 있다. (여호수아 / 이동원)

● 순종 ●

순종하신 예수의 특징 세 가지

■본 문■ 오직 내가 아버지를 사랑하는 것과 아버지께서 명하신 대로 행하는 것을 세상이 알게 하려 함이로라 일어나라 여기를 떠나자 하시니라 【요 14:31】

■서 론■ "예수는 우리에게 절대적인 순종을 기대한다. 그가 먼저 우리를 위하여 생명을 내놓으셨고 성령을 우리 마음에 두어 주님의 음성을 듣도록 만들었기 때문이다"라고 데이비드 왓슨은 말했다. 순종하신 주님 예수의 특징은?

■말 씀■

I. 세상에 널리 알려져야 될 순종이다 【요 14:31】

성경은 '오직 내가 아버지를 사랑하는 것과 아버지께서 명하신 대로 행하는 것을 세상이 알게 하려 함이로라 일어나 여기를 떠나자 하시니라' 고 했다. 성자 예수께서는 성부 하나님 아버지께 전적으로 순종하셨다. 이것은 하나님께 대한 사랑이 전적인 순종을 수반해야 함을 몸소 실천하신 실례이기도 하다. 주님은 아버지의 명하신 대로 행하는 것을 세상이 알게 해야 한다고 하셨다.

참고 성구 마 17:4,5,12,22-23 요 19:19-20 행 8:32-39 요 10:18

II. 하나님의 뜻을 이행하기 위한 순종이다 【히 10:9】

성경은 '그 후에 말씀하시기를 보시옵소서 내가 하나님의 뜻을 행하러 왔나이다 하셨으니 그 첫째 것을 폐하심은 둘째 것을 세우려 하심이라' 고 했다. 주님 예수께서는 하나님이 기뻐하지 아니하시는 구약 제사 대신 자신을 드려 완전한 속죄를 이루셨으니 이는 하나님의 뜻을 행함이다. 십자가에 달리시기 전 마지막 겟세마네의 기도도 아버지의 뜻을 이행하기 위한 기도였다.

참고 성구 창 3:15 요 19:30 빌 2:7-11 요 4:34 눅 22:42

III. 많은 사람을 의인으로 만든 순종이다 【롬 5:19】

성경은 '한 사람이 순종하지 아니함으로 많은 사람이 죄인 된 것 같이 한 사람이 순종하심으로 많은 사람이 의인이 되리라' 고 했다. 아담의 불순종으로 많은 사람이 죄인이 되었으나 죽기까지 순종하신 주님 예수 그리스도의 순종으로 많은 사람이 의인이 되었다. 여기의 의인이 된다는 것은 성품과 인격이 변화되는 것을 가리키지 않고 하나님 앞에서의 지위(상태)를 가리킨다.

참고 성구 히 5:8-9 행 13:39 벧전 2:22-24 갈 2:21 고후 5:21 롬 8:3-4

■결 론■ 이와 같이 순종하신 예수의 특징을 살펴보았으니 성도는 주님의 순종이 세상에 널리 알려져야 하나님의 뜻을 알 수 있음처럼 많은 사람을 의인으로 만든 순종을 귀하게 여기고 이런 순종을 본받는 자 되자.

■해설■ 성도의 순종 10계명
❶ 말없이 믿음으로 순종하여 축복과 능력을 받으라.
❷ 겸손히 순종하면 축복받고 불순종하면 시험과 저주를 받게 되니 순종하여 복 받으라.
❸ 순종하면 성령 받아 기쁘고 불순종하면 마귀 역사로 원망불평 하게 되니 조심하라.
❹ 기도하면 성령충만받고 성령 충만하여 순종하면 축복을 받으리라.
❺ 하나님의 말씀과 교회의 제도와 목사님의 뜻에 복종하라.
❻ 자신의 뜻과 생각을 포기하고 하나님의 말씀에 순종하라.
❼ 우리는 십자가의 군병이다. 그러므로 무조건 상급자에게 순종하라.
❽ 순종이 제사보다 낫다. 그러므로 감사하며 순종하라.
❾ 억지로라도 순종하는 습관을 기르라. 그러면 위대한 축복의 사람이 되리라.
❿ 순종하는 성도가 되어 교회 부흥시키되 결코 불순종하여 하나님의 집을 파괴하는 성도가 되지 말라.

■참고■ 순종하는 관계들
- 하나님께 사람이 - (행 5:29) • 부모에게 자녀가 - (엡 6:1) • 남편에게 아내가 - (고전 14:34-35) • 상전에게 종이 - (엡 6:5) • 통치자에게 백성이 - (딛 3:1)
- 교회 지도자에게 신도들이 - (히 13:17)

■예화■ 초등학교를 중퇴한 박사님
1837년 미국 매사추세츠 노스필드에서 한 가난한 농부의 아들로 태어나 가난 때문에 초등학교를 중퇴하고 보스톤의 구둣방 점원이 된 사람이 있었는데 이름이 무디(Moody Dwight Lyman, 1837-1899)라고 했다. 한 주일학교 교사의 전도로 예수를 믿은 후 약 40여 년간을 전도하며 부흥회를 인도했다. 남북전쟁이 끝난 뒤 나라가 폐허가 되고 국민의 마음속에 공허와 불신이 만연할 때 그리스도의 복음으로 위로하며 소망을 가지게 했다. 시카고에 성경학교를 세워 성경연구에 커다란 발자취를 남겼다. 당시 무디를 도와 크게 일한 사람 중에 R. A. 토레이 박사는 〈하나님은 왜 무디를 쓰셨는가?〉라는 글을 썼다. 초등학교를 중퇴한 그는 '절대 순종'의 사람이었다. 많은 학식을 자랑하는 것보다 순종하는 것을 하나님은 귀하게 보신 것이다. 1893년 시카고에서 세계 박람회가 열리고 있었다. 시카고의 모든 극장들은 문을 닫고 시장은 철수했다. 그러나 무디는 중앙음악당을 빌려 오전 9시부터 저녁 6시까지 집회를 하겠다고 광고를 했다. 측근들이 모두 만류했지만 기도의 사람, 순종의 사람 무디는 강행했다. 그 날 집회에 너무 많은 사람이 모였기에 창문으로 넘어가야 할 정도였다. 하나님과 사람 앞에서 언제나 겸손하고 물질에 대한 욕심이 없는 하나님의 사람 무디는 초등학교를 중퇴한 박사님이었다. 하나님 앞에서는 과학자나 철학박사가 으뜸이 아니요, 성경 앞에 겸손하여 기도하며 순종하는 사람이 큰 것이다.